Neuropsychologie

Chez le même éditeur

Dans la collection « Abrégés de médecine »

Neurologie, par J. Cambier, M. Masson, H. Dehen. 13e édition, 2012, 560 pages.

Épilepsies, par P. Thomas, A. Arzimanoglou. 3e édition, 2003, 288 pages.

Autres ouvrages

Neurologie du comportement - La dimension neurologique de la neuropsychologie, par A. Schnider. Collection Neuropsychologie, 2008, 272 pages.

Neuropsychologie du vieillissement normal et pathologique, par K. Dujardin et P. Lemaire. Collection Neuropsychologie, 2008, 256 pages.

Neurologie, par le Collège des Enseignants de Neurologie. Collection Abrégés Connaissances et Pratique, 2e édition, 2009, 560 pages.

La maladie d'Alzheimer, par J. Touchon, F. Portet. Collection Consulter/prescrire, 11e édition, 2004, 192 pages.

Neuropsychologie de la maladie de Parkinson et des syndromes apparentés, par K. Dujardin et L. Defebvre. Collection Neurologie, 2e édition, 2007, 184 pages.

Électroencéphalographie de l'enfant, par D. Samson-Dollfus. 2e édition, 2001, 152 pages.

Neuropsychologie

Roger Gil
Professeur émérite de neurologie
à la faculté de médecine et de
pharmacie de l'université de Poitiers

6e édition

ELSEVIER
MASSON

Elsevier Masson SAS, 62, rue Camille-Desmoulins, 92442 Issy-les-Moulineaux cedex
www.elsevier-masson.fr

Abréviations

5-HT	5-hydroxytryptamine (sérotonine)
AA	Amnésie antérograde
AB	Aire de Brodmann
AAMI	*Age Associated Memory Impairment*
ADH	*Antidiuretic Hormone*
APM	Aire prémotrice
apo	Apolipoprotéine
APP	*Amyloid Precursor Protein*
AR	Amnésie rétrograde
ARN	Acide ribonucléique
AMS	Aire motrice supplémentaire
AVA	Aire visuelle associative
AW	Aire de Wernicke
BEM	Batterie d'efficience mnésique (de Signoret)
BOG	Bandelette optique gauche
CADASIL	*Cerebral Autosomal Dominant Arteriopathy with Subcortical Infarcts and leucoencephalopathy*
CC	Corps calleux
CDR	*Clinical Dementia Rating*
ChAT	Choline-acétyltransférase
CIM	Classification internationale de troubles mentaux
CM	Cortex moteur
CS	Cortex somesthésique
DFT	Démence fronto-temporale
DFTP-17	Démences fronto-temporales avec syndrome parkinsonien liées au chromosome 17
DLB	*Dementia with Lewy bodies*
DNF	Dégénérescence neurofibrillaire
DSM	*Diagnostic and Statistical Manual (of Mental Disorders)*
EEG	Électroencéphalogramme
ERFC	Évaluation rapide des fonctions cognitives
FA	Faisceau arqué
FLAIR	*Fluid Attenuated Inversion Recovery*
FMR	*Fragile X Mental Retardation*
GA	Gyrus angulaire
GABA	*Gamma-AminoButyric Acid*
GM	*Gyrus supramarginalis*
HAD	*Hospital Anxiety and Depression* (échelle de Zigmond et Snaith)
HARD	Humeur, Anxiété, Ralentissement, Danger (diagramme de Rufin et Ferreri)
HMPAO	Héxaméthylpropylène amine oxime
IMAO	Inhibiteurs de la mono-amine-oxydase
IRM	Imagerie par résonance magnétique
JC	Jamestown Canyon (virus)

LDL	*Low Density Lipoprotein*
LEMP	Leucoencéphalopathie multifocale progressive
M	Mémoire
MA	Maladie d'Alzheimer
MADRS	*Montgomery-Asberg Depression Rating Scale*
MCI	*Mild Cognitive Impairment*
MCL	Maladie à corps de Lewy
MDI	*Multiple Domain slightly Impairment*
MMN	*Mismatch Negativity*
MMS	*Mini Mental State*
MPTP	1-méthyl-4-phényl-1,2,3,6-tétrahydropyridine
NC	Niveau culturel
NFS	Numération-formule sanguine
NMDA	N-méthyl-D-aspartate (récepteurs –)
NPI	*Neuropsychiatric inventory (Cummings)*
NR	Noyau réticulaire du thalamus
NS	Noyaux spécifiques du thalamus
NSST	*Northwestern Syntax Screening Test*
OMS	Organisation mondiale de la santé
PASAT	*Paced Auditory Serial Attention Test*
PLED	Périodiques latéralisées épileptiques (décharges –)
PrP	Protéine prion
PrPc	PrP cellulaire
PSP	Paralysie supranucléaire progressive
QIP	Quotient intellectuel de performance
QIV	Quotient intellectuel verbal
RD	Région rolandique droite
RG	Région rolandique gauche
RM	Réticulée mésencéphalique
ROG	Radiations optiques gauches
SII	Aire somesthésique secondaire
SDI	*Single non memory Dysfunction Impairment*
Sida	Syndrome d'immunodéficience acquise
SLA	Sclérose latérale amytrophique (maladie de Charcot)
SPECT	*Single Photon Emission Computed Tomography*
TDL	Troubles développementaux du langage
TDM	Tomodensitométrie
TEP	Tomographie par émission de positrons
ToM	*Theory of mind*
VIC	*Computerized Visual Communication*
VIH	Virus de l'immunodéficience humaine
VS	Vitesse de sédimentation
WAIS	*Wechsler Adult Intelligent Scale*
WRAT	*Wide Change Achievement Test Revised*

Avant-propos

Cet ouvrage n'aurait pas vu le jour sans la présence stimulante à mes côtés de l'équipe de secrétaires, d'orthophonistes et de psychologues qui m'a aidé à faire vivre, depuis sa création en 1975, l'unité de neuropsychologie et de rééducation du langage dont mon maître, le professeur Jean-Paul Lefèvre, encouragea la naissance en 1975 au sein de la clinique neurologique du CHU de Poitiers. Je dois tout particulièrement remercier madame Claudette Pluchon qui en fut la première orthophoniste, qui en est aujourd'hui la surveillante et qui, lectrice des épreuves de ce livre, m'a permis d'en ajuster le contenu par ses questions et par ses remarques.

Je remercie l'équipe tout entière du service de neurologie et tout particulièrement Jean-Philippe Neau et Patrick Dumas. Nous sommes unis par notre attachement à la neurologie, vivifié par nos réflexions communes au chevet des malades.

Je remercie mon épouse : je sais tout ce que je lui dois.

Puisse cet Abrégé, conçu pour initier à la neuropsychologie, montrer combien nos connaissances sur le cerveau humain sont encore fragiles et combien grand demeure encore le mystère de la conscience réflexive qui, grâce au cerveau et « le débordant de toutes parts », fonde l'humanité.

Roger Gil

Poitiers, 1995, 2006

L'avant-propos ci-dessus invite à prendre la mesure du chemin parcouru par la neuropsychologie au cours des quinze dernières années. Plus vivante que jamais, la neuropsychologie (qui est aussi une neurologie comportementale) a montré sa capacité à unir la cognition, l'émotion, le comportement pour un abord plus totalisant des sujets dont le cerveau est atteint de lésions dégénératives, métaboliques, tumorales, vasculaires, inflammatoires, traumatiques sans oublier la pathologie développementale. Les troubles présentés par les sujets dont le cerveau souffre concernent aussi bien leur manière d'être que leur manière d'être-au-monde. C'est par la neuropsychologie que la neurologie et la psychiatrie sont appelées à tisser à nouveau des liens que nombre de recherches confortent. Mais les progrès de la clinique neuropsychologique, joints à ceux de l'imagerie cérébrale statique et dynamique ne doivent pas faire croire qu'il suffit de voir une imagerie cérébrale pour en déduire ce que l'être humain pense et ressent. Et tout progrès thérapeutique qui vise à agir sur le cerveau ne peut être déployé qu'avec discernement. La neuro-éthique doit veiller à ce que les savoirs et les pouvoirs sur le cerveau ne conduisent à des visions et à des postures qui menacent de déshumaniser l'être humain en touchant à l'organe qui témoigne biologiquement de son parcours d'humanisation. Le cerveau peut être comparé à un instrument de musique aussi merveilleux que complexe et fragile. Mais le mystère du musicien demeure. Heureusement !

Poitiers, 2009-2010,

Table des matières

1 Éléments d'une propédeutique de neuropsychologie

La neuropsychologie a pour objet l'étude des perturbations cognitives et émotionnelles de même que les désordres de la personnalité provoqués par les lésions du cerveau, qui est l'organe de la pensée donc le siège de la conscience. Recevant et interprétant les informations sensorielles, communiquant avec les autres et agissant sur le monde par le langage et la motricité, forgeant sa continuité donc sa cohérence identitaire par la mémoire, le cerveau exprime sa souffrance lésionnelle par des désordres comportementaux, d'où le nom de neurologie comportementale donné aussi à la neuropsychologie.

Les objectifs de la neuropsychologie sont triples : diagnostiques, thérapeutiques et cognitifs. L'analyse séméiologique des troubles permet de proposer une systématisation syndromique du dysfonctionnement du comportement et de la pensée puis d'étayer son substratum lésionnel et de formuler des hypothèses sur la topographie lésionnelle. Mais le temps n'est plus où seule une démarche clinique minutieuse permettait de déduire la localisation des lésions dont la preuve ultime restait à l'autopsie. L'imagerie moderne, qu'elle soit (tomodensitométrie) ou non à base radiologique (imagerie par résonance magnétique nucléaire) pourrait conduire à se contenter d'une neuropsychologie sommaire quand la stratégie de prise en charge est essentiellement orientée par la nosologie : ainsi une hémiplégie droite avec aphasie de survenue brutale suffit à suspecter un infarctus sylvien, qui sera ou non confirmé par l'imagerie et dont la biologie, les investigations cardio-vasculaires, l'angiographie affineront l'étiologie et permettront de proposer la prévention d'une récidive. La démarche neuropsychologique invite à jeter sur le malade un autre regard qui viendra en complément de la démarche étiologique : analyser de manière détaillée le trouble du langage permettra de mieux comprendre le désarroi du malade et ainsi d'être sensibilisé à la prise en charge rééducative qui est le deuxième objectif de la neuropsychologie. Il reste enfin que la connaissance des désordres provoqués par les lésions du cerveau permet de générer des hypothèses sur le fonctionnement du cerveau normal : tel est le troisième objectif, cognitif, de la neuropsychologie, celui qui tisse un lien entre la neurologie du comportement et les sciences dites humaines.

L'exposé des grandes modalités d'expression neuropsychologique et comportementale des lésions cérébrales ne doit pas laisser l'impression d'un cerveau éclaté entre des fonctions atomisées.

Si l'être humain peut connaître le monde et agir dans le monde, c'est bien grâce à un fonctionnement coordonné de ses ressources cognitives, et grâce aux multiples connexions que le cerveau tisse non seulement d'un hémisphère à l'autre mais aussi à l'intérieur de chaque hémisphère, dessinant un réseau complexe articulé d'un bout à l'autre du névraxe. D'innombrables liens se tissent ainsi entre la cognition, l'affectivité, la sensoricité, la motricité. Ces liens ont pour substratum le *neurone*, désigné comme l'unité fondamentale du système nerveux à condition d'imaginer que, si le rôle du neurone est bien de véhiculer et de traiter de l'information, les neurones ne valent que par leur multiplicité (plusieurs dizaines de milliards) et par la multiplicité des connexions qui les unissent au niveau des synapses pour créer ainsi d'innombrables réseaux. Les corps cellulaires des neurones, rassemblés, constituent la *substance grise* répartie à la surface du cerveau (et constituant le cortex) mais aussi dispersée en petits amas « centraux » constituant le thalamus et les noyaux gris (particulièrement le noyau lenticulaire, le noyau caudé, le *locus niger*). La *substance blanche*, répartie entre le cortex et les noyaux gris (figure 1.1), est constituée des prolongements des neurones, axones et dendrites, entourés de leur gaine de myéline.

Neurones et activité électrique

Les neurones sont le siège d'une activité électrique dont l'enregistrement à la surface du cerveau a permis à Hans Berger de promouvoir en 1929 l'*électroencéphalogramme*, suivi par l'enregistrement des réponses électriques provoquées par les stimulations sensorielles, visuelles, auditives, somesthésiques que l'on dénomme « potentiels évoqués » et dont on peut mesurer l'amplitude et la latence. Un nouveau pas fut franchi quand, à partir des travaux de Sutton (1965), on opposa deux types de potentiels. Les uns attestent de la réception des stimulations, quelle que soit la valeur informative qu'ont, pour le sujet, les stimulations reçues : on peut les dénommer *potentiels exogènes*. Les autres de latence plus tardive apparaissent quand on demande au sujet de pratiquer une

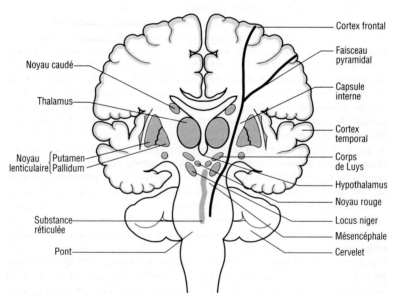

Figure 1.1
Les noyaux gris centraux (ganglions de la base) vus sur une coupe vertico-frontale dite de Charcot.
Tiré de Gil R. *Neurologie pour le praticien*. Paris : Simep ; 1989

tâche mentale dont l'exemple le plus simple est de compter des sons aigus répartis aléatoirement au sein de sons graves : on les dénomme *potentiels évoqués endogènes ou cognitifs*.

Neurones et neurotransmetteurs

Les « influx » nerveux qui parcourent les neurones et qui créent ces activités électriques détectables sont sous-tendus par des phénomènes biochimiques complexes. Les récepteurs sensoriels ont pour tâche la « transduction » des signaux physiques qu'ils reçoivent en impulsions nerveuses. La transmission de l'influx nerveux d'un neurone à l'autre au niveau des synapses et des neurones aux muscles, au niveau des plaques motrices, est permise grâce à la libération de « neuromédiateurs » qui sont ensuite recapturés par la membrane présynaptique ou détruits dans la fente synaptique. Ils exercent un effet inhibiteur ou excitateur sur les membranes postsynaptiques. Même quand la libération de tel ou tel neuro-médiateur par tel ou tel système neuronal est bien identifiée, il ne faut pas en déduire que le neuromédiateur est spécifique du système neuronal en cause ou des fonctions dans lesquelles ce système est impliqué : ainsi, si la dopamine est bien libérée par les neurones nigrostriés, et qu'elle est impliquée dans la motricité, c'est aussi de la dopamine qui est libérée par les neurones mésolimbiques dans la régulation affectivo-émotionnelle.

Les trois cerveaux

Les structures phylogénétiquement les plus anciennes du cerveau sont essentiel-lement constituées d'une grande partie du tronc cérébral et en particulier du système réticulaire impliqué dans la vigilance, ainsi que des noyaux gris centraux impliqués dans la motricité : ces structures correspondent, dans la conception tripartite de MacLean, au « *cerveau reptilien* ». Ce cerveau, le plus archaïque, riche en récepteurs opiacés et en dopamine, contrôle les comportements nécessaires aux besoins de base et à la survie de l'espèce, comme l'acte de se nourrir et la défense du territoire. Le système limbique ou « *cerveau mammifère* » ou « pa-léomammalien » entoure comme un « anneau » (un « limbe ») le précédent, à la face interne des hémisphères cérébraux (figures 1.2 et 1.3). La partie la plus profonde, connectée à l'hypothalamus, est constituée de structures sous-corti-cales et en particulier de l'hippocampe et de l'amygdale. La partie périphérique de l'anneau correspond au cortex limbique, constitué de la circonvolution de l'hippocampe (T5 ou *gyrus parahippocampalis*), et de la circonvolution du corps calleux *(gyrus cinguli)*, l'ensemble constituant la grande circonvolution limbique de Broca ou *gyrus fornicatus* (tableau 1.I), parcouru par un faisceau associatif, le cingulum, et prenant son origine dans le cortex fronto-orbitaire (aires 11, 12, 32). L'appareil olfactif complète le système limbique. De multiples connexions unis-sent en outre le système limbique avec le néocortex (frontal, temporal) de la face interne des hémisphères cérébraux, les noyaux dits limbiques du thalamus (et notamment les noyaux antérieur et dorso-médian), la formation réticulée mésencéphalique (aire limbique du mésencéphale). Enfin, le système limbique comprend le circuit de Papez, fait de fibres efférentes de l'hippocampe qui, par l'intermédiaire du trigone ou fornix, atteignent les corps mamillaires, font relais

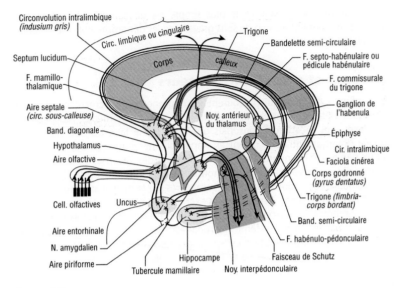

Figure 1.2
Connexions de l'archicortex et du paléocortex.
D'après Lazorthes G. *Le système nerveux central.* Paris : Masson ; 1967

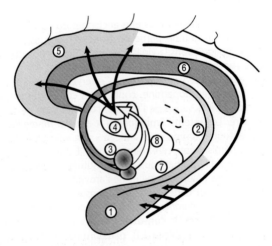

Figure 1.3
Schématisation anatomique du système limbique et des structures du circuit hippocampo-mamillo-thalamo-cingulaire de Papez.
1. Hippocampe. 2. Fornix ou trigone. 3. Tubercule mamillaire. 4. Noyau antérieur du thalamus. 5. *Gyrus cinguli* (partie antérieure). 6. Corps calleux. 7. Tronc cérébral. 8. Faisceau mamillo-thalamique de Vicq d'Azyr (tractus mamillo-thalamicus).
D'après Mamo, 1962 et d'après Barbizet J, Duizabo Ph. *Abrégé de neuropsychologie.* Paris : Masson ; 1985

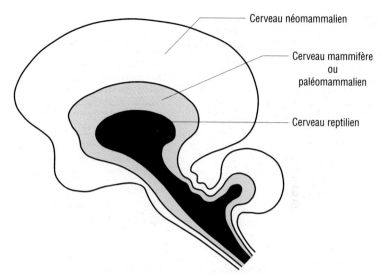

Cerveau néomammalien

Cerveau mammifère
ou
paléomammalien

Cerveau reptilien

Figure 1.4
La conception tripartite du cerveau (selon Mac Lean, 1970).

avec le faisceau mamillo-thalamique de Vicq d'Azyr, pour gagner enfin le noyau antérieur du thalamus et le *gyrus cinguli* (ou cingulaire). Le système limbique intervient dans la régulation des comportements instinctuels, émotionnels ainsi que dans la mémoire.

Au-dessus des cerveaux « *reptilien* » et « *limbique* », se déploient les hémisphères cérébraux recouverts d'un manteau ou cortex cérébral et constituant le « *cerveau néomammalien* » (figure 1.4) qui gère les informations en provenance de l'environnement, adapte les actions, permet le déploiement des fonctions cognitives avec à leur sommet le langage mais aussi les capacités de planification, d'anticipation dévolues au lobe frontal et où culmine l'humanisation du cerveau. Cette conception tripartite, certes schématique, ne peut s'imaginer sans les connexions qui lient entre elles les trois structures.

Cortex et aires de Brodmann

Mises à part les structures phylogénétiquement les plus anciennes citées plus haut (paléocortex de l'appareil olfactif, archicortex de l'hippocampe, groupés sous le nom d'allocortex), la quasi-totalité du cortex ou néocortex ou encore isocortex représente la structure la plus récente. Les colorations à l'argent montrent qu'il est constitué de six couches cellulaires (la quatrième, riche en cellules, est dénommée couche granulaire). Suivant les régions du cerveau, la morphologie et la densité cellulaire des couches sont très variables et ce sont ces critères architectoniques qui ont permis à Brodmann d'établir la carte des aires corticales

Tableau 1.I

Systématisation anatomique simplifiée du système limbique (d'après Poirier et Ribadeau-Dumas, 1978 et Mesulam, 1985)

Système limbique proprement dit (*) et structures para-limbiques	Appareil olfactif ou lobe olfactif de Broca*	Bulbe olfactif Tractus olfactif (ou bandelette olfactive) Racines olfactives Aire olfactive corticale (en particulier aire entorhinale – paléocortex – au niveau de l'uncus ou crochet de l'hippocampe)
	Formation hippocampique*	Hippocampe (ou corne d'Ammon), partie essentielle de l'archicortex, et fornix *Gyrus dentatus* (ou corps goudronné)
	Amygdale*	Adjacente à l'extrémité antérieure de l'hippocampe
	Région septale	Noyaux du septum*
	Striatum ventral*	
	Cortex limbique (grand lobe limbique de Broca) ou *gyrus fornicatus* et autres régions corticales dérivées de l'archicortex	*Gyrus parahippocampalis* (circonvolution parahippocampique) *Gyrus cinguli* (circonvolution du corps calleux) Et cortex rétrosplénial, unissant en arrière les deux précédents Aire septale (à l'extrémité antérieure du *gyrus cinguli*)
	Autres aires corticales dérivées du paléocortex	Cortex orbito-frontal (aires 11, 12, 32) Insula Pôle temporal (aire 38)
Régions connexes	Hypothalamus	Reçoit des afférences néocorticales, limbiques (hippocampe, amygdale), thalamiques, mésencéphaliques
	Ganglion de l'habenula	
	Aire limbique du mésencéphale	Réticulée mésencéphalique
	Noyaux limbiques du thalamus	Noyau antérieur Noyau dorso-médian (noyaux non spécifiques)

*Structures du système limbique proprement dit.

numérotées de 1 à 52 (figure 1.5) et qui peuvent se regrouper en trois grands types : cortex agranulaire avec absence de couche 4 et profusion de cellules pyramidales (aires 4 et 6), cortex hypergranulaire avec une couche granulaire développée et très cellulaire (aires sensitives et sensorielles), cortex eulaminé avec équilibre entre les six couches (aires associatives).

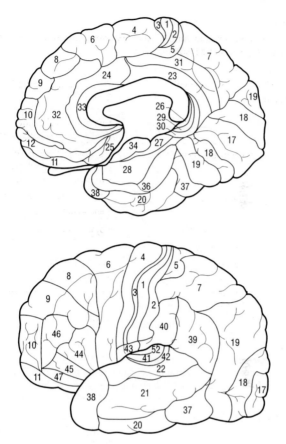

Figure 1.5
Les aires cytoarchitectoniques, selon Brodmann.
D'après Barbizet J, Duizabo Ph. *Abrégé de neuropsychologie*. Paris : Masson ; 1985

Bases de neuroanatomie

La surface des hémisphères cérébraux est parcourue par des scissures et des sillons *(sulcus)* qui délimitent des circonvolutions *(gyrus)* regroupées en lobes *(lobus)* (figures 1.6, 1.7 et 1.8). La scissure de Rolando *(sulcus centralis)*, qui parcourt la face externe de chaque hémisphère oblique en bas et en avant, sépare le lobe frontal en avant du lobe pariétal en arrière. La scissure de Sylvius *(sulcus lateralis)* est profonde (vallée de l'artère sylvienne ou cérébrale moyenne), presque perpendiculaire à la précédente, se dirige d'avant en arrière et un peu de bas en haut. Elle sépare le lobe temporal, situé au-dessous d'elle, du lobe frontal situé au-dessus d'elle et en avant de la scissure de Rolando et du lobe pariétal situé au-dessus d'elle et en arrière de la scissure de Rolando. Tout en arrière, le lobe occipital n'est séparé que virtuellement des lobes pariétal et temporal ; la scissure ou sillon

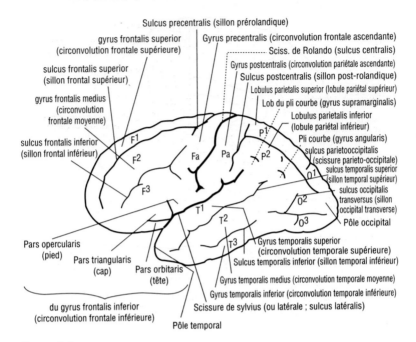

Figure 1.6
Face latérale (face externe) du cerveau.
La surface du cerveau est parcourue de scissures et de sillons *(sulci)*, délimitant des circonvolutions *(gyri)* et des lobules *(lobuli)* qui se groupent en lobes.
F : circonvolutions frontales. P : circonvolutions pariétales. T : circonvolutions temporales. O : circonvolutions occipitales.

calcarin *(sulcus calcarinus)* est située à la face interne et limite, avec le sillon pariéto-occipital en haut, le cunéus. Le lobe de l'insula est enfoui entre les berges de la scissure de Sylvius, recouvert par l'opercule latéral, subdivisé en opercules frontal, central (ou rolandique), pariétal en haut et en opercule temporal en bas.

Les deux hémisphères cérébraux sont unis par des commissures dont la plus volumineuse est le corps calleux.

Spécialisation hémisphérique

Les conséquences des lésions focalisées du cerveau, les troubles provoqués par les lésions calleuses entraînant une disconnexion interhémisphérique ont permis d'établir l'existence d'une spécialisation fonctionnelle de chaque hémisphère que l'on a longtemps résumée sous le nom de *dominance*. C'est sans doute parce que les aphasies ont inauguré l'histoire de la neuropsychologie et parce qu'elles détruisent ou altèrent une fonction fondamentalement humaine que l'on avait pris l'habitude de nommer *dominant* l'hémisphère gérant les fonctions langagières, celui qui commande à la main la plus habile et donc le plus souvent, c'est-à-dire

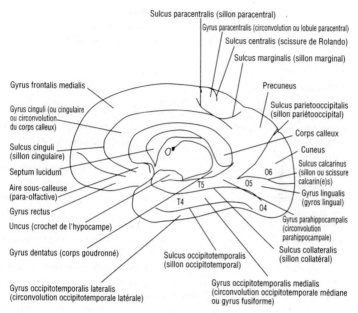

Figure 1.7
Face médiale (face interne) du cerveau.
Voir détails du système limbique figures 1.2 et 1.3.

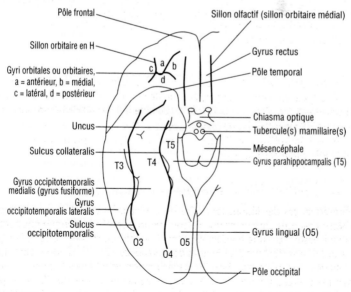

Figure 1.8
Vue inférieure du cerveau.

chez les droitiers, l'hémisphère gauche. C'est d'ailleurs chez les droitiers que la spécialisation hémisphérique est la plus nette (voir chapitre 2). Il est donc important que l'examen neuropsychologique précise si le patient est droitier ou gaucher (pur, « contrarié » ou ambidextre) et si possible recherche des antécédents de gaucherie familiale. Le *test de Wada* (injection intracarotidienne d'amytal sodique) entraîne une hémiplégie sensitivo-motrice controlatérale avec anosognosie quand l'injection est faite du côté de l'hémisphère « non dominant ». L'hémiplégie s'accompagne d'une aphasie précédée d'une suspension du langage et suivie de paraphasies quand l'injection est faite du côté de l'hémisphère « dominant » : les troubles régressent rapidement mais une analyse rigoureuse nécessite qu'on ait contrôlé la souffrance électroencéphalographique (ondes delta) d'un seul hémisphère car la drogue peut, en fonction des particularités du polygone de Willis, avoir une diffusion très rapide. En outre, la lourdeur de la procédure ne permet pas éthiquement d'en faire une épreuve de routine mais une technique réservée aux cas où peut en dépendre par exemple une décision opératoire. Le test d'écoute dichotique permet de mettre en évidence une prédominance de la voie « hémisphère dominant–oreille controlatérale » et par exemple de la voie « oreille droite–cerveau gauche » chez le droitier. Le questionnaire proposé par Hecaen et Ajuriaguerra (tableau 1.II) peut permettre une évaluation quantifiée de la latéralité. La préférence manuelle s'établit tôt dans la vie, vers l'âge de trois ans. Elle est génétiquement déterminée, peut être influencée par des pathologies lésionnelles hémisphériques anté- ou postnatales et pourrait reposer anatomiquement sur une asymétrie anatomique des hémisphères cérébraux et notamment une plus grande surface du *planum temporale* gauche chez les droitiers. Ainsi, outre le langage, la spécialisation de l'hémisphère gauche intéresse la dextérité manuelle, l'organisation du langage et l'activité gestuelle alors que l'hémisphère droit (que l'on disait « mineur ») est spécialisé dans les fonctions visuospatiales, attentionnelles ainsi que dans la reconnaissance des physionomies et dans le contrôle émotionnel. On a aussi pu établir que l'hémisphère gauche procédait à des traitements analytiques et séquentiels, alors que l'hémisphère droit procéderait de manière simultanée et parallèle (holistique).

Attention et vigilance : troubles de la conscience et leur diagnostic differentiel

L'attention est à la source de la connaissance et de l'action. La condition basale à la mise en œuvre de l'attention est l'éveil sous-tendu par le système réticulaire activateur ascendant qui, grâce à ses relations avec les noyaux intralaminaires du thalamus, exerce une influence excitatrice sur l'ensemble du cerveau et notamment vers le cortex cérébral. La réaction d'éveil est donc bien à la base des processus attentionnels permettant à l'organisme de mettre en œuvre une réaction d'orientation à l'égard des stimulations qu'il reçoit. Dans cette réaction d'orientation, interviennent l'amygdale, l'hippocampe et le lobe frontal ; cet éveil met le cerveau dans les conditions optimales pour traiter l'information.

Confusion mentale

La confusion mentale comporte un désordre de la vigilance qui ne permet pas au sujet de maintenir un éveil attentionnel et qui s'accompagne d'un désordre

Tableau 1.II
Questionnaire de latéralité de Humphrey, modifié par Hecaen et Ajuriaguerra

Première partie	Quelle main utilisez-vous ?
	1. Pour lancer :
	2. Pour écrire :
	3. Pour dessiner :
	4. Pour jouer à des jeux tels que tennis, ping-pong, jokari :
	5. Pour utiliser une paire de ciseaux :
	6. Pour vous servir d'un rasoir ou du rouge à lèvres :
	7. Pour vous peigner :
	8. Pour vous servir d'une brosse à dents :
	9. Pour tenir un couteau pour des desseins autres que manger (couper une ficelle, tailler un crayon) :
	10. Pour manger avec une cuillère :
	11. Pour frapper avec un marteau :
	12. Pour vous servir d'un tournevis :
Deuxième partie	13. Avec quelle main tenez-vous le couteau pour manger, en même temps que la fourchette :
	14. Si vous avez deux valises, de quelle main portez-vous la plus lourde :
	15. De quelle main tenez-vous le haut du manche à balai :
	16. De quelle main tenez-vous le haut du râteau :
	17. De quelle main dévissez-vous le bouchon d'un flacon :
	18. De quelle main tenez-vous une allumette pour l'allumer :
	19. De quelle main distribuez-vous les cartes :
	20. De quelle main guidez-vous le fil à travers le chas d'une aiguille :
Troisième partie	21. De quel pied tapez-vous dans la balle :
	22. Avec quel œil visez-vous :

La note 1 est donnée pour une activité exécutée uniquement de la main gauche ; la note 0,5 est donnée si les deux mains l'exécutent avec la même aisance ; le chiffre total ainsi obtenu est divisé par le nombre total de tâches testées. Un gaucher total a donc un score de 1. Les items 1, 2, 3, 5, 8, 9, 10, 15, 17, 18 peuvent constituer un inventaire simplifié (dit d'Edinburgh, Oldfield, 1971).

de la pensée, d'une désorientation spatio-temporelle, d'une défaillance globale de la mémoire et bien sûr d'un déficit de toutes les fonctions spécialisées : écriture, lecture, identification des perceptions et parfois même d'un délire onirique. Les confusions témoignent souvent de pathologies cérébrales diffuses comme elles peuvent parfois représenter l'essentiel d'une pathologie focale (en particulier temporale droite, voir p. 448). Toutefois, un syndrome neuropsychologique spécifique est difficile à rechercher et à affirmer quand il est associé à une confusion. Néanmoins, il est parfois possible de détecter par exemple une aphasie associée à une confusion (au cours par exemple d'une tumeur temporale gauche qui se complique d'une hypertension intracrânienne) ou encore une confusion associée à des éléments korsakoviens, ce qui peut mettre sur la piste d'une encéphalopathie de Gayet-Wernicke. La validité d'un examen neuropsychologique demande donc que l'on prenne garde à l'état de la vigilance.

Le coma et son diagnostic différentiel

Le coma témoigne du défaut d'activation du cortex cérébral et il peut être en rapport avec une dépression lésionnelle ou métabolique du fonctionnement des hémisphères cérébraux ou de la substance réticulée activatrice. Il se traduit à l'électroencéphalogramme par un ralentissement du rythme de fond et par des anomalies lentes qui sont d'autant plus nombreuses et d'autant moins réactives que le coma est plus profond. Le stade ultime de coma « dépassé » (mort cérébrale) est caractérisé par un « silence électrique ».

Le sujet comateux présente donc un amoindrissement ou une abolition des réponses observables verbales et motrices aux sollicitations du monde extérieur. Le sujet a les yeux fermés : quand l'examinateur les ouvre passivement, il peut constater des déviations variées des globes oculaires et notamment une déviation du regard d'un côté, assortie d'une déviation de la tête accomapgnant alors une hémiplégie et se faisant le plus souvent du côté opposé à l'hémiplégie (car le patient a en fait une hémiplégie d'un côté du corps et du même côté une paralysie de l'oculocéphalogyrie, c'est-à-dire des mouvement conjugués de la tête et des yeux). Mais les yeux peuvent aussi être en position médiane et être animés de mouvements d'errance, lents, irréguliers, habituellement horizontaux. Ainsi défini et décrit, le coma doit être distingués d'autres états altérant les capacités d'un sujet à répondre aux sollicitations du monde qui l'entoure.

L'hypersomnie

L'hypersomnie est un trouble du sommeil : elle se distingue donc du coma par sa réversibilité certes transitoire aux stimulations, tandis que l'électroencéphalogramme montre un tracé de sommeil.

Le mutisme akinétique

Décrit par Cairns, il réalise un état d'immobilité silencieuse au cours duquel un éveil apparent avec yeux ouverts contraste avec un mutisme et une mobilité nulle même en réponse à des stimulations douloureuses, alors qu'il n'y a pas d'atteinte des voies nerveuses qui régissent la motilité. Les mouvements du regard sont préservés mais il n'est guère possible de communiquer avec ces sujets en créant des codes de communication (comme les clignements d'yeux) vraisemblablement en raison de leur inertie motrice. Il est impossible de mettre en évidence chez ces sujets tout contenu de conscience (Plum et Posner). Le mutisme akinétique peut être observé lors de lésions bilatérales intéressant notamment le gyrus cingulaire (voir chapitre 13), les noyaux gris centraux, le thalamus (voir chapitre 19). L'extension des lésions à la région sous-thalamique associe au mutisme akinétique une hypersomnie qui lors de sa réversibilité transitoire sous l'effet des stimulations laisse se démasquer l'état de non réponse motrice et verbale (Segarra).

Le syndrome de verrouillage (ou « *locked-in syndrome* » ou syndrome de dé-efférentation)

Il est lié à des lésions des voies motrices qui vont du cortex cérébral au bulbe et à la moelle épinière. Ainsi ces lésions paralysent l'activité gestuelle et les muscles effecteurs moteurs de la verbalisation tout en respectant la vigilance. Les lésions intéressent le tronc cérébral au niveau de la protubérance et respectent la substance réticulée. Les patients, tétraplégiques, sont incapables de parler et de déglutir. Et pourtant ils ne sont pas dans le coma. Leurs yeux sont ouverts sauf lorsqu'ils dorment. Si les mouvements de latéralité du regard sont paralysés, les mouvements de verticalité et les clignements d'yeux sont préservés et c'est en établissant des codes de communication grâce à ces reliquats de motricité que l'on peut entrer en relation avec eux et rompre ainsi leur « enfermement en eux-mêmes ». Des témoignages bouleversants de cet état ont été publiés, comme le livre de Jean-Dominique Bauby, *Le scaphandre et le papillon*.

La catatonie

Il s'agit d'un état de « stupeur » particulier par les conduites de refus (néga-tivisme s'exprimant par un mutisme, un refus d'aliments), l'inhibition motrice avec catalepsie (persévération des attitudes imprimées au malade), voire une rigi-dité musculaire. Mais paradoxalement, le catatonique peut aussi manifester une suggestibilité avec échomimie, échopraxie, écholalie, et phénomènes qualifiés d'obéissance automatique. Il peut être affecté de stéréotypies verbales ou motrices, des grimaces, un « maniérisme », tandis que peuvent aussi surgir des impulsions verbales et gestuelles et même des crises d'agitation qui peuvent prendre l'aspect de « crises pathétiques » mêlant des postures passionnelles, des mouvements frénétiques qui émaillent de manière soudaine la stupeur catatonique. Le tableau peut se surcharger de désordres neurovégétatifs : labilité tensionnelle, tachycardie ou bradycardie, sueurs, acrocyanose.

Décrite par Kahlbaum en 1874 comme une pathologie cyclique, elle a par la suite été considérée comme témoignant d'une schizophrénie de forme dite « catatonique » ou « hébéphréno-catatonique » et sous-tendue par une intense expérience onirique ou délirante. Des formes cliniques diverses ont été décrites : chroniques, aiguës, périodiques et certaines dites malignes peuvent engager le pronostic vital. Les neuroleptiques peuvent provoquer des manifestations extrapyramidales ou un syndrome malin des neuroleptiques dont certains ont discuté les liens avec la catatonie dont on a vu les possibles manifestations végétatives. Le caractère périodique de certaines catatonies a fait discuter des liens avec la psychose maniaco-dépressive et a permis de mieux repérer les troubles de l'humeur qui peuvent s'associer. Les traitements les plus efficaces seraient les benzodiazépines (lorazépam) et l'électroconvulsivothérapie (Pommepuy, 2002). La catatonie a pu être conçue comme un dysfonctionnement des circuits striato-thalamo-limbo-corticaux pouvant rendre compte des désordres cognitifs, émotionnels et comportementaux sur fond de dérégulation du système dopaminergi-que (Penland, 2006). En outre, l'accent a été mis sur les syndromes catatoniques symptomatiques d'affections organiques cérébrales : pathologies diverses affectant le lobe préfrontal mais aussi infarctus pariétal bilatéral, myélinolyse pontine et extra-pontine, déterminations cérébrales du lupus érythémateux aigu disséminé, encéphalopathie du VIH, sans que cette liste ne soit exhaustive.

La mélancolie stuporeuse

Elle est une forme de dépression avec un comportement d'inhibition particulière-ment sévère.

L'aréactivité psychogène ou « pseudo-coma hystérique » ou « léthargie hystérique »

L'aréactivité psychogène réalise l'apparence d'un coma au cours duquel les pau-pières fermées ont souvent « un frémissement vibratoire », offrant une certaine résistance à leur ouverture passive tandis que l'examinateur peut constater l'absence de mouvements d'errance des globes oculaires et la persistance d'un réflexe de clignement à la menace.

L'examen neuropsychologique

L'examen neuropsychologique est inséparable de l'examen neurologique et général : l'un doit venir éclairer l'autre. Le mode d'installation des troubles, la coexistence de signes neurologiques (hémiplégie, hémianopsie...), l'état de la sensoricité (vue, audition...) sont des paramètres indispensables à l'analyse des troubles comportementaux. Un examen neuropsychologique « de débrouillage » peut être fait au lit du malade. Il peut aussi être amplifié dans une démarche unissant neurologues ou neuropsychiatres, orthophonistes et psychologues, dans une multidisciplinarité qui montre combien la neuropsychologie est à la charnière des sciences dites de la vie et des sciences dites humaines.

L'examen neuropsychologique peut nécessiter une évaluation du niveau culturel, ce qui peut se faire en comptabilisant les années d'études, à condition d'avoir une bonne connaissance du système de scolarisation car, si la fin des études secondaires correspond à 12 années, il est difficile de comptabiliser le même nombre à ceux qui quittent le cursus scolaire à 18 ans après avoir redoublé plusieurs classes ou avoir été dirigés vers des classes d'adaptation. L'évaluation peut se faire aussi en fonction du niveau de scolarisation en étudiant bien les conditions d'équivalence avec les métiers manuels sans certificat d'aptitude professionnelle (CAP), avec CAP et avec spécialisation et cursus postscolaire exceptionnel (tableau 1.III).

Il faut aussi très rapidement savoir ce dont se plaint le sujet : paraît-il dépressif, affecté par ses troubles, indifférent ou non, conscient de ses troubles donc anosognosique ?

Les tests cursifs d'évaluation de « l'état mental » sont utiles à l'approche diagnostique des démences et à l'appréciation de la sévérité du déficit cognitif démentiel. Certains comme le *Mini Mental State* (MMS), sans doute le plus utilisé, donnent une évaluation de l'orientation, de l'apprentissage, du contrôle mental (soustraction en série du chiffre 7 à partir de 100), de la dénomination, de la répétition, de la compréhension d'un ordre triple et de la copie d'un dessin : le score seuil de la démence est de 23–24. L'ERFC, test d'évaluation rapide des fonctions cognitives (tableau 1.IV), est hautement corrélé avec le MMS ($r = 0{,}91$) et permet, en moins d'un quart d'heure, un mini examen neuropsychologique étudiant l'orientation, l'apprentissage, la mémoire immédiate (de chiffres), le calcul mental, le raisonnement et le jugement, la compréhension (à travers l'épreuve des trois papiers de Pierre Marie et une épreuve de Luria), la dénomination, la répétition, la compréhension d'un ordre écrit, la fluidité verbale, les praxies idéomotrice et constructive, l'identification d'un dessin et l'écriture. Le maximum est de 50 ; un score inférieur à 46 indique une probabilité significative de déficit cognitif (de même qu'un score inférieur à 47 quand le NC est supérieur ou égal à 4 et l'âge supérieur à 60 ans). Un score de 38,5 à L'ERFC équivaut à un score de 23 au MMS.

L'examen neuropsychologique offre des difficultés variables et donner un plan standard d'examen est toujours quelque peu artificiel et se trouvera bouleversé en

Tableau 1.III
Évaluation du niveau culturel

NC1 :	Illettré
NC2 :	Sait lire, écrire, compter
NC3 :	Niveau de fin d'études primaires (5 années de scolarisation)
NC4 :	Niveau de brevet d'études de premier cycle (au total, à partir du cours préparatoire, 9 années de scolarisation) ; ou pour les métiers manuels niveau CAP sans spécialisation
NC5 :	Niveau classe terminale (fin du deuxième cycle secondaire, 11 ou 12 années de scolarisation) ou pour les métiers manuels, niveau ouvrier ou artisan avec responsabilités techniques ou de gestion
NC6 :	Niveau baccalauréat ou métiers manuels hautement qualifiés avec cursus prolongés comme les compagnons du tour de France
NC7 :	Niveau diplôme universitaire (14 années de scolarisation et au-delà)

Pour les années d'étude, compter les années sans les redoublements en se limitant au cursus normal, la première année étant celle de la classe où se fait l'apprentissage de la lecture (cours préparatoire).

présence d'un malade présentant une pathologie manifeste comme une aphasie « jargonnante » ou une cécité corticale. Un examen de débrouillage peut suivre le plan suivant :

1. évaluation de la latéralité, du niveau culturel, de « l'état mental » (MMS ou ERFC) ;
2. évaluation du jugement, du raisonnement (par l'item IV de l'ERFC) et des capacités d'abstraction (en utilisant quelques questions tirées du subtest des *Similitudes de la Wechsler Adult Intelligent Scale* (WAIS), en demandant, par exemple, en quoi se ressemblent une orange et une banane... un chien et un lion... un manteau et une robe... une hache et une scie... le Nord et l'Ouest...) ;
3. examen du langage. Le dialogue permet de repérer la logorrhée ou la réduction, le caractère informatif ou peu informatif, la conscience du trouble ou l'anosognosie :
   a. la fluidité peut être appréciée par le subtest IX de l'ERFC,
   b. la compréhension du langage oral peut être appréciée par le subtest V de l'ERFC,
   c. l'expression verbale peut être appréciée par l'item VII auquel on peut ajouter les mots : orchestre, entreprenant, frivole,
   d. la dénomination, ébauchée dans le subtest VI de l'ERFC doit être complétée par une sélection d'objets et d'images d'animaux, de fruits et légumes,

d'objets inanimés de classes diverses. On peut étendre la dénomination aux couleurs, aux personnages célèbres en se rappelant que tout trouble de la dénomination n'est pas obligatoirement aphasique,

e. l'écriture doit être étudiée sur copie et en dictée. On examine la forme du graphisme (agraphie apraxique), sa répartition sur la feuille (agraphie spatiale, héminégligence), la syntaxe et le contenu des mots (paragraphies),

f. la lecture doit être explorée sous l'angle de la compréhension (subtest VIII de l'ERFC) et en demandant de lire à haute voix ;

4. les praxies :

a. les praxies constructives sont explorées par le subtest de l'ERFC auquel on peut rajouter le dessin du cube et de la marguerite,

b. les praxies bucco-faciales sont explorées en demandant au sujet de claquer la langue, mordre ses lèvres, gonfler ses joues, mettre ses lèvres en cul de poule,

c. les praxies idéomotrices sont explorées en demandant de réaliser les gestes de faire le salut militaire, un pied de nez, au revoir avec la main, planter un clou, jouer du piano ou du violon ;

5. les fonctions visuognosiques et visuospatiales :

a. la recherche d'une héminégligence est effectuée par un test de barrage (voir chapitre 9),

b. la mémoire topographique est explorée en demandant au sujet de localiser les principales villes de son pays sur une carte muette, de s'orienter sur un plan de sa ville ou de dessiner le plan de son appartement ou de sa maison,

c. les gnosies visuelles sont explorées par le test de Poppelreuter et de Lilia Ghent (voir figures 7.1 et 7.2, p. 104) ;

6. le calcul : il est exploré par la dictée de chiffres en notation verbale et en notation arabe, par le calcul mental (item III de l'ERFC) et par la réalisation écrite d'opérations élémentaires ;

7. la mémoire : elle est explorée par l'item III de l'ERFC. On complète par l'étude de la mémoire sociale (noms du président de la République et des deux ou trois présidents qui l'ont précédé) et autobiographique ;

8. la planification et la flexibilité mentale : elles sont explorées par la reproduction de séquences de figures géométriques (rond, croix, carré, triangle), de séquences gestuelles (comme l'épreuve poing, tranche, paume) et par une épreuve de type « go-no go » (« Prenez ma main : si je dis "rouge", serrez et relâchez ma main ; si je dis "vert", ne faites rien »).

De nombreux tests psychométriques, initialement non destinés à la pratique neuropsychologique, peuvent contribuer à mieux comprendre les perturbations observées. Il en est ainsi de l'échelle d'intelligence de Wechsler pour adultes (WAIS) qui conduit à évaluer un quotient intellectuel dit verbal qui correspond à peu près aux fonctions gérées chez le droitier par l'hémisphère gauche et un quotient intellectuel dit de performance qui correspond à peu près aux fonctions gérées chez le droitier par l'hémisphère droit. En outre, la moyenne de chaque subtest est exprimée sous forme d'un z score dont la moyenne est de 10 et l'écart type de 3, ce qui donne une bonne idée de l'intensité des déviations observées ; on peut par ailleurs établir pour chaque sujet un « patron psychométrique » en faisant la moyenne de ses notes à chaque subtest et en calculant de combien chaque subtest dévie par rapport à cette moyenne : on peut ainsi établir qu'il existe une chute élective de tel ou tel subtest, ce qui peut être utilement rapproché de la localisation lésionnelle (McFie, 1975, tableau 1.V). Il existe par ailleurs un nombre croissant de tests neuropsychologiques spécialisés dans l'étude de telle ou telle facette des fonctions cognitives. Un certain nombre sera cité chemin faisant.

Un examen neuropsychologique ne peut être conçu sans porter une attention à l'existence d'un éventuel trouble de la personnalité et d'un état dépressif. On peut s'aider de nombreuses échelles permettant de guider les interrogatoires comme l'échelle de Zerssen, le MADRS (échelle de dépression de Montgomery et Asberg) ou encore les échelles de dépression et d'anxiété de Goldberg, (tableau 1.VI). Des questionnaires comme le questionnaire de diagnostic d'un état dépressif (DED, voir chapitre 17) permettent de repérer les critères d'un état dépressif sur la bases des symptômes listés par le DSM.

Telles sont les grandes lignes de ce qui en fait ne saurait être qu'une introduction sommaire à un examen neuropsychologique qui devra être détaillé en fonction des orientations fournies par l'examen initial et de la stratégie de prise en charge rééducative qui sera déployée.

Tableau 1.IV
Test d'évaluation rapide des fonctions cognitives (ERFC), d'après R. Gil, G. Toullat *et al*.

Nom et prénom :	Remarques :
Date de naissance et âge : Date de l'examen : Profession : Numéro du dossier :	
I. Orientation temporo-spatiale (1 point par réponse exacte)	
1. En quelle année sommes-nous ? 5. En quelle saison sommes-nous ? 2. Quel jour de la semaine ? 6. Dans quelle ville sommes-nous ? 3. Quel mois ? 7. Dans quel département ? 4. Le combien du mois ? (± 1) 8. En quel lieu sommes-nous ?	Total Score I : /8
II.a) Attention et mémoire	
1. Nommer lentement 4 mots (tourterelle, maison, lunettes, étoile) ; faire répéter et compter 1 point par mot en négligeant leurs éventuelles altérations phonétiques . . . . /4	
S'assurer au besoin par des répétitions successives que les 4 mots sont retenus par le sujet. Abandonner au bout de 3 répétitions infructueuses. 2. Série de chiffres : a) Dire et faire répéter la première série en ordre direct ; en cas d'échec, faire une nouvelle tentative avec la deuxième série : 4 – 2 – 7 – 3 – 1 7 – 5 – 8 – 3 – 6 Compter 1 point pour 5 chiffres successifs, 0,5 pour 4 chiffres, 0 pour moins de 4 chiffres . . . . /1	

Tableau 1.IV
Test d'évaluation rapide des fonctions cognitives (ERFC), d'après R. Gil,
G. Toullat *et al. (suite)*

b) Même procédure pour une série de 4 chiffres à répéter en ordre inverse : 3 – 2 – 7 – 9 4 – 9 – 6 – 8 Compter 1 pour 4 chiffres successifs, 0,5 pour 3 chiffres, 0 pour moins de 3 chiffres . . . ./1	
II.b) Rappel Faire répéter les 4 mots appris en II a) 1. ; 1 point par mot retenu . . . ./4	Total Score II : /10
III. Calcul mental (1 point par opération exacte) 28 – 9 = 102 – 3 =	Total Score III : /2
IV. Raisonnement et jugement 1. Jean est plus grand que Pierre. Quel est le plus petit des deux ? . . . . /2 2. Jean est plus grand que Pierre et plus petit que Jacques. Quel est le plus grand des trois ? . . . . /1 3. Est-il vrai que plus il y a de wagons, plus le train va vite ? . . . . . /1 4. Que faites-vous si vous trouvez dans la rue une enveloppe portant une adresse avec un timbre neuf ? . . . . /1	Total Score IV : /5
V. Compréhension 1. Épreuve des trois papiers de Pierre Marie. « Il y a devant vous trois papiers, un grand, un moyen et un petit. Le grand, vous le jetterez à terre, vous me donnerez le moyen et vous garderez le petit pour vous. » Compter 1 point pour 2 items réussis, 2 en cas de réussite totale . . . . /2 　　　　　　　　– le rond dans un carré . . . . /1 　　　　　　　　– le triangle au-dessus du carré . . . . /1 　　　　　　　　– la croix sous le carré . . . . /1 	Total Score V : /5
VI. Dénomination (1 point par réponse exacte) – deux objets usuels : montre : stylo ou crayon : – deux images : 	Total Score VI : /4

Tableau 1.IV
Test d'évaluation rapide des fonctions cognitives (ERFC), d'après R. Gil,
G. Toullat *et al. (suite)*

VII. Répétition	
Faire répéter les deux mots suivants en cotant 1 si la répétition est correcte, 0,5 si le mot reste reconnaissable bien qu'imparfaitement répété, 0 si la répétition est impossible ou le mot non reconnaissable. CONSTITUTION : SPECTACLE :	Total Score VII : /2
VIII. Ordre écrit (1 point si exécution correcte) # FERMEZ LES YEUX	Total Score VIII : /1
IX. Fluidité verbale	
Demander au sujet de citer 10 noms de villes (en 1 minute). Compter 0 si 3 ou moins de 3 villes sont citées, 1 si 4 ou 5 villes sont citées, 2 si 6 ou 7 villes sont citées, 3 si 8 villes sont citées, 4 si 9 ou 10 villes sont citées.	Total Score IX : /4
X. Praxie	
1. « Faites un pied de nez. » En cas d'échec, procéder par imitation . . . . /1	
2. Reproduire le dessin ci-contre. Compter 1 point par élément reproduit (a, b, c, d, e) mais ne compter que 0,5 en cas de reproduction incomplète, en cas de déplacement ou de disproportion flagrante de taille d'un élément. . . . . /5	Total Score X : /6
XI. Décodage visuel	
Faire identifier le dessin ci-contre. Compter 1 point si réponse correcte (visage, image de femme, buste).	Total Score XI : /1
XII. Écriture (compter 1 point si le mot est correctement écrit)	
1) Dictée : Maison. . . . . /1 2) Copier : Constitution. . . . . /1	Total Score XII : /2
Score global	/50

Tableau 1.IV
Test d'évaluation rapide des fonctions cognitives (ERFC), d'après R. Gil, G. Toullat *et al.* (suite)

Récapitulation			
Score	*Fonctions cognitives*	*Notes maximales*	*Notes obtenues*
Score I	Orientation temporo-spatiale	8	
Score II A Score II B	Attention et mémoire Rappel	10	
Score III	Calcul mental	2	
Score IV	Raisonnement et jugement	5	
Score V	Compréhension	5	
Score VI	Dénomination	4	
Score VII	Répétition	2	
Score VIII	Ordre écrit	1	
Score IX	Fluidité verbale	4	
Score X	Praxies	6	
Score XI	Décodage visuel	1	
Score XII	Écriture	2	
	Total	50	

L'ERFC permet un mini examen neuropsychologique. Un score < 46 indique une probabilité significative d'atteinte des fonctions cognitives. Pour les sujets dont le niveau culturel est > 4 ou dont l'âge est < 60 ans, un score < 47 indique un déficit cognitif.

Tableau 1.V
Sensibilité des subtests de la WAIS à la topographie lésionnelle (d'après McFie)

Topographie lésionnelle	Subtests de la WAIS les plus atteints
Lobe frontal gauche	Mémoire de chiffres
Lobe temporal gauche	Similitudes Mémoire de chiffres
Lobe pariétal gauche	Cubes Arithmétique Mémoire de chiffres
Lobe frontal droit	Arrangement d'images
Lobe temporal droit	Arrangement d'images
Lobe pariétal droit	Arrangement d'images Cubes Assemblage d'objets

Tableau 1.VI
Échelle de Goldberg*

Échelle d'anxiété	1. Vous est-il arrivé de vous sentir tendu, nerveux, « sur les nerfs » ?
	2. Vous est-il arrivé de vous sentir anxieux, de vous faire du souci, d'être inquiet ?
	3. Vous est-il arrivé d'être irritable, de vous sentir agacé, de vous mettre facilement en colère ?
	4. Avez-vous eu des difficultés pour vous relaxer, pour vous détendre ?
	Si la réponse est oui à au moins deux des questions précédentes, poser les questions suivantes :
	5. Vous est-il arrivé de mal dormir ?
	6. Avez-vous eu des maux de tête ou des douleurs à la nuque ?
	7. Avez-vous ressenti l'un de ses troubles : tremblements, picotements, sueurs abondantes, diarrhée ?
	8. Vous êtes-vous fait du souci pour votre santé ?
	9. Avez-vous eu des difficultés pour vous endormir ?
Échelle de dépression	1. Avez-vous ressenti une baisse d'énergie ?
	2. Avez-vous perdu le goût de faire ce qui vous intéressait auparavant ?
	3. Avez-vous perdu confiance en vous-même ?
	4. Vous êtes-vous senti désespéré, sans espoir ?
	Si la réponse est oui à une question, poser les questions suivantes :
	5. Avez-vous eu des difficultés pour vous concentrer ou vous sentez-vous l'esprit moins clair, la mémoire moins bonne ?
	6. Avez-vous perdu du poids par manque d'appétit ?
	7. Avez-vous eu tendance à vous réveiller trop tôt le matin ?
	8. Vous êtes-vous senti ralenti ?
	9. Avez-vous tendance à vous sentir plus mal le matin que le soir ?

*Compter un point par réponse positive. Lors de la validation du questionnaire, les auteurs ont précisé que les questions concernaient les symptômes éprouvés au cours du mois précédent l'examen clinique. Il faut en tout cas ne tenir compte que des troubles suffisamment durables. Les personnes qui ont un score d'anxiété de 5 et un score de dépression de 2 ont une chance sur deux d'avoir des troubles déjà importants et au-dessus de ces scores, cette probabilité augmente rapidement.

Bibliographie

Gil R, Toullat G, Pluchon C et al. Une méthode d'évaluation rapide des fonctions cognitives (ERFC). Son application à la démence sénile de type Alzheimer. Sem Hôp de Paris 1986;62(27):2127–33.

Goldberg D, Bridges K, Duncan-Jones P, Grayson D. Detecting anxiety and depression in general medical settings. BMJ 1988;297:897–9.

Hecaen H, de Ajuriaguerra J. Les gauchers. Paris : PUF ; 1963.

Heilman KM, Bowers D, Valenstein E, Watson RT. The right hemispheric functions. J Neurosurg 1986;64:693–704.

Lezak MD. Neuropsychological assessment. Oxford : Oxford University Press ; 1995.

McFie J. Assessment of organic intellectual impairment. Londres : Academic Press ; 1975.

Mesulam M. Principles of behavioral neurology. Philadelphie : FA Davies ; 1985.

Oldfield RC. The assessment and analysis of handedness : the Edinburgh inventory. Neuropsychologia 1971;9:97–113.

Penland HR, Wedre N, Tampi RR. The catatonic dilemma expanded. Annals of General Psychiatry 2006;5:1–14.

Pommepuy N, Januel D. Catatonia : resurgence of a concept. A review of the international litterature. Encéphale 2002;28(6):481–92.

Poirier J, Ribadeau-Dumas JL. Le système limbique. Cerveau affectif. Puteaux : Laboratoires Hoechst ; 1978.

2 Les aphasies

« Nous vivons dans un monde où la parole est instituée… Le sens du mot n'est pas fait d'un certain nombre de caractères physiques, c'est avant tout l'aspect qu'il prend dans une expérience humaine. »
Merleau-Ponty, 1945

Le langage s'exprime par la parole et par l'écriture. Bien qu'ils traduisent une capacité spécifique et électivement humaine, les messages linguistiques s'expriment au monde en utilisant des voies et des effecteurs non spécialisés. Les effecteurs sont les muscles du membre supérieur qui permettent d'écrire mais l'écriture n'est qu'une activité motrice parmi bien d'autres et seule une plus grande « dextérité » sépare la capacité d'écriture d'une main dominante de celle d'une main non dominante ou d'une bouche qui serrerait un crayon comme on le voit chez des personnes handicapées. Les effecteurs sont aussi les muscles de l'appareil buccophonatoire qui permettent de parler. Mais on sait que la trachée qui conduit le souffle, le voile du palais, la langue, les fosses nasales ont bien d'autres fonctions. La parole qui sort de la bouche peut, avec le même contenu, être exprimée par des gestes comme le font les sourds en utilisant le « langage des signes » qui, comme le langage oral, s'exprime sous forme de langues multiples. Les voies motrices, elles aussi non spécialisées, sont constituées par le système pyramidal qui régit la motilité volontaire des membres comme des muscles (par son contingent corticogéniculé) de l'extrémité céphalique et sur lequel s'exercent les influences régulatrices des voies extrapyramidales et cérébelleuses. Les lésions de ces effecteurs et de ces voies altèrent la capacité d'écrire et de parler et l'histoire de l'aphasie n'a commencé que quand Dax, Bouillaud et Broca ont permis d'isoler les perturbations du langage lui-même (que l'on appellera ensuite « aphasies ») liées à la lésion de structures cérébrales spécifiques, les distinguant ainsi des troubles de la parole et de la voix.

Ainsi appelle-t-on *dysphonies* les anomalies de la voix, résultant de lésions des organes phonatoires comme une laryngite, une tumeur du larynx. Il existe aussi des dysphonies par dystonie des cordes vocales et la voix bitonale des paralysies récurrentielles est aussi classée dans les dysphonies. Les dysarthries sont les perturbations de la parole liées à des lésions des voies pyramidales, du motoneurone périphérique tant au niveau des noyaux que des nerfs crâniens bulbaires ainsi que des voies cérébelleuses et extrapyramidales assurant la coordination des mouvements. Les premières correspondent aux dysarthries paralytiques des syndromes bulbaire et pseudo-bulbaire dont on peut rapprocher les dysarthries de la myasthénie. Les secondes correspondent aux dysarthries cérébelleuses, parkinsoniennes, ainsi qu'aux dysarthries observées au cours des autres affections du système extrapyramidal. *Les aphasies désignent les désorganisations du langage pouvant intéresser aussi bien son pôle expressif que son pôle réceptif, ses aspects parlés que ses aspects écrits, et en rapport avec une atteinte des aires cérébrales spécialisées dans les fonctions linguistiques* (tableau 2.I). Ainsi définies, les aphasies doivent encore être distinguées :

- des défauts d'acquisition du langage de l'enfant, qu'il s'agisse des retards de langage accompagnant les déficits mentaux, des retards de parole ou des retards simples de langage, des dysphasies et des dyslexies développementales ;
- des perturbations du *discours* frappé d'incohérence, observées chez les psychotiques.

Le langage

Le langage est à la fois l'instrument privilégié de la communication interhumaine et le véhicule privilégié de la pensée. Le langage s'exprime sous forme de langues, qui peuvent être conçues comme des institutions sociales, bâties par les communautés humaines, et constituées « d'un système structuré de signes exprimant des idées » et dont « la parole est la mise en œuvre ».

L'organisation structurale du langage

De la troisième à la première articulation du langage

Les *unités de première articulation* sont les *monèmes* (figure 2.1) qui sont les plus petites unités dotées de sens. Ils comportent un contenu sémantique (le signifié ou sens) et une expression phonique (le signifiant). Les mots peuvent être

Tableau 2.I
Situation des aphasies au sein des autres troubles de l'expression verbale

Perturbations intéressant	Désignation des troubles	Remarques
La voix	Dysphonies	Laryngites, tumeurs du larynx, dystonies, voix bitonale des paralysies unilatérales des cordes vocales
La parole	Dysarthries	Paralysies bulbaires, pseudo-bulbaires et de la myasthénie ; cérébelleuses et extrapyramidales. Ne pas confondre avec la désintégration phonétique des aphasies de Broca
Le langage	Aphasies	À distinguer des anomalies développementales : retards de langage des déficits mentaux, retards de parole, dysphasies et dyslexies
Le discours*	Troubles de la pragmatique**	Incohérence psychotique : discours incohérent par barrages, diffluence, digressions, réponses à côté (syndrome de Ganser), mélange chaotique de pensées, délire. Troubles de la communication des syndromes frontaux et des syndromes hémisphériques droits

*On peut certes parler d'une incohérence du discours lors de certaines aphasies (voir infra) mais en se souvenant qu'elle témoigne d'une désorganisation du langage et non d'une incohérence délirante.
**Voir chapitres 13 et 17.

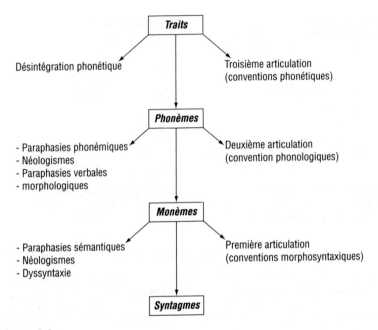

Figure 2.1
Le langage et ses trois « articulations ».
« Le langage est une entité multiarticulée et économique » (Martinet). Quelques dizaines de phonèmes permettent de bâtir des milliers de mots et une infinité de phrases.
Tiré de Gil R. *Neurologie pour le praticien.* Paris : Simep ; 1989

constitués d'un monème *(manteau)* ou de plusieurs monèmes *(télé-phone)*. Certains monèmes expriment une fonction grammaticale (ils chanter-*ont*) et sont parfois appelés morphèmes par opposition aux lexèmes. Le lexique d'une langue se compose de (dizaines de) milliers de mots.

Le choix et le groupement des monèmes selon des règles syntaxiques permettent de constituer des syntagmes et des phrases : ainsi se définit la première articulation du langage. Une phrase comme « *Le chien aboie* » est constituée de deux syntagmes : un syntagme nominal *(le chien)* et un syntagme verbal *(aboie)*.

Les *unités de deuxième articulation* sont les *phonèmes* qui constituent les plus petites unités de son ; elles appartiennent à une liste fermée (moins d'une quarantaine dans la langue française) dont la combinaison donne les monèmes (ainsi le mot *chapeau* est-il constitué de quatre phonèmes : *ch ; a ; p ;* eau).

Les *unités de troisième articulation* que l'on dénomme *traits* sont les mouvements élémentaires de l'appareil bucco-phonatoire permettant, conformément à des conventions phonétiques, la réalisation des phonèmes.

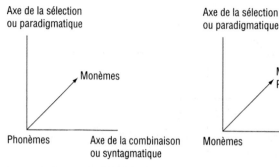

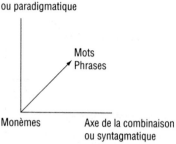

Deuxième articulation (Martinet)
Plan du signitifiant ou plan
phonlogique (Sabouraud)

Première articulation (Martinet)
Plan du signifié ou plan
séméiologique (Sabouraud)

Figure 2.2
La double articulation du langage et les deux modes d'arrangement (sélection et combinaison des unités linguistiques).
L'énoncé d'un mot ou d'une phrase suppose deux modes d'arrangement des unités linguistiques : la sélection ou choix de phonèmes (deuxième articulation) et de mots (première articulation), la combinaison ou enchaînement des phonèmes et des mots les uns par rapport aux autres (Jakobson, 1963 ; Sabouraud, 1995). L'aphasie de Wernicke peut ainsi être conçue comme un déficit de la sélection des phonèmes (paraphasies phonémiques et verbales morphologiques) et des mots (paraphasies sémantiques, dyssyntaxie). L'aphasie de conduction correspond à une atteinte isolée de la sélection au niveau du plan phonologique. L'aphasie de Broca correspond à un déficit de la combinaison des phonèmes (simplifications des mots associées à la désintégration phonétique) et des mots (réduction du volume verbal, stéréotypies, agrammatisme).

On peut par ailleurs distinguer deux modes d'arrangement des unités linguistiques (figure 2.2) : le mode (ou axe) du choix (ou de la sélection) et le mode (ou axe) de la combinaison. L'acte de parler nécessite ainsi au niveau de la deuxième articulation du langage (ou plan phonologique) une sélection et une combinaison des phonèmes permettant de créer les monèmes et il existe au niveau de la première articulation du langage (ou plan séméiologique) une sélection et une combinaison des monèmes permettant ainsi de créer les syntagmes et les phrases.

Langage et humanité

Dire que le langage est spécifiquement humain nécessite de préciser de quel langage on veut parler. Les expériences faites sur les singes, et en particulier les travaux des Gardner sur la femelle chimpanzé Washoe à qui ils ont enseigné le langage américain des signes, ont montré que cet animal avait pu apprendre un vocabulaire de quelque 130 signes (ou mots) que Washoe pouvait combiner dans des séquences allant jusqu'à quatre mots. Toutefois ce vocabulaire était utilisé pour des demandes instinctuelles (la nourriture) ou affectives. Les séquences étaient faites de mots juxtaposés, sans règles syntaxiques et dont l'ordre pouvait varier d'un énoncé à l'autre (la séquence « *Tu me chatouilles* » pouvait ainsi être dite dans n'importe quel ordre). Enfin Washoe n'enseigna et n'utilisa jamais ce mode de communication avec ses petits : cette langue rudimentaire qu'elle avait apprise ne demeura qu'un apprentissage accidentel, n'appelant nul partage.

C'est ainsi que Popper et Eccles furent conduits à distinguer quatre fonctions, ou niveaux, de langage :

- la *fonction expressive* manifeste des émotions (un cri, un gémissement). La *fonction de signal* permet d'émettre des signaux destinés à engendrer une réaction chez celui ou ceux à qui ils sont adressés : c'est par exemple l'homme qui siffle ou parle pour appeler son chien ; ce sont encore les signaux transmis par des animaux à d'autres animaux. Ces deux premières fonctions sont donc des fonctions primaires, communes à l'Homme et aux animaux ;
- la fonction de *description* concerne des énoncés factuels (raconter ce qu'on vient de faire par exemple). La fonction de *discussion argumentée* permet la mise en œuvre de la pensée rationnelle et de la discussion critique. Ces deux fonctions sont exclusivement humaines. Ces fonctions coexistent avec un vocabulaire développé mais en outre elles procèdent de l'aptitude combinatoire selon des règles grammaticales qui contribuent avec les mots à donner du sens au discours. Le langage ajoute ainsi à sa fonction pragmatique (essentiellement faite de l'expression d'émotions et de désirs, commune à l'Homme et aux animaux et seule présente chez ces derniers) une fonction de connaissance spécifiquement humaine et qui apparaît très tôt dans le développement du langage enfantin.

L'ontogenèse du langage

Elle est étroitement liée à la maturation cérébrale (myélinogenèse) et à l'environnement sociofamilial. Il faut y ajouter la nécessité d'une audition satisfaisante (car l'enfant construit ses performances phonologiques et phonétiques à partir des perceptions auditivoverbales en provenance de son entourage).

L'acquisition du langage enfantin commence par une période prélinguistique : le bébé émet d'abord des cris, puis vers le deuxième mois des sons, surtout gutturaux qui, vers trois mois, s'organisent en « une gamme étendue d'expressions sonores » sans rapport avec la langue parlée, les lallations, correspondant à des connexions cortico-sous-corticales encore immatures. Puis, en sus de ce babillage ou gazouillis, va émerger, à partir du huitième mois, un comportement écholalique puis quelques « segments articulés » comme « *maman... papa...* ». Par l'écholalie, l'enfant est ainsi entré dans la phase linguistique qui va le mener des « mots–phrases » (première moitié de la seconde année), liés à l'action ou à un état affectif, souvent polysémiques, aux premières phrases grammaticales. La compréhension du langage précède son exécution, et est déjà efficace entre huit et treize mois. Le langage continue de se structurer (vocabulaire, formes grammaticales) au cours des années suivantes pour achever son organisation de base vers cinq ou six ans. Il restera ensuite à l'enfant à élaborer la maîtrise des techniques du langage écrit, le perfectionnement de la communication sociale, et le développement de la pensée conceptuelle.

La latéralisation des fonctions linguistiques à un hémisphère (celui qui commande à la main la plus habile, et le plus souvent le gauche) s'organise entre quatorze mois et deux ans et se consolide progressivement jusqu'à la période pubertaire et surtout entre trois et dix ans. Les lésions hémisphériques des toutes premières années de la vie donnent en règle générale des troubles du langage régressifs grâce à la prise en charge de la fonction linguistique par l'hémisphère opposé. Il reste toutefois que, même chez l'adulte, l'hémisphère non dominant (et le plus souvent le droit) conserve des capacités linguistiques élémentaires.

Organisation neuroanatomique du langage

Une zone limitée de l'hémisphère dominant (figure 2.3) est le support de l'organisation du langage : cette asymétrie hémisphérique est génétique mais peut aussi être acquise pendant la vie intra-utérine et pourrait, au moins partiellement, reposer sur la plus grande surface du *planum temporale* de l'hémisphère dominant (voir chapitre 1).

L'organisation du langage se distribue autour de deux pôles :

- un pôle réceptif, porte d'entrée comportant d'une part l'audition et la compréhension du langage parlé, d'autre part la vision et la compréhension du langage écrit ;
- un pôle expressif, porte de sortie comportant d'une part la phonation ou articulation verbale, d'autre part l'écriture.

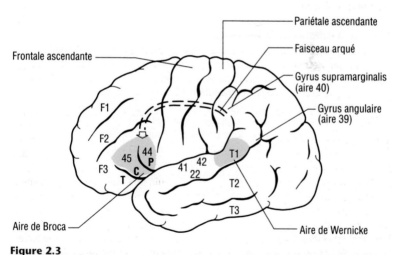

Figure 2.3
Les « aires » du langage.
La circonvolution frontale inférieure (F3) comporte trois parties qui sont, d'avant en arrière, la tête (ou *pars orbitaris* : T), le cap (ou *pars triangularis* : C), le pied (ou *pars opercularis* : P). Le pied (aire 44) et le cap (aire 45) constituent l'aire de Broca. L'aire de Wernicke, au sens restreint du terme, est située au niveau de la partie postérieure de T1 ou circonvolution temporale supérieure, au niveau de l'aire 22. L'aire de Wernicke peut aussi désigner l'association de la partie postérieure de T1 et du territoire de Geschwind gyrus angulaire (aire 39) et *gyrus supramarginalis* (aire 40), voir *infra*, « Le pôle réceptif du langage »)..

Le pôle expressif du langage

Les altérations du pôle expressif du langage restent aujourd'hui encore attachées au souvenir de Broca et à l'aphasie qui porte son nom. Il faut cependant se rappeler que la découverte de Broca est le produit d'une effervescence culturelle sur la théorie des localisations cérébrales prônée d'abord par Gall qui, au début du XIXᵉ siècle, créa la phrénologie qui tenta, par la palpation des crânes, de repérer les éventuelles protrusions reflétant le développement des facultés mentales qu'il localisa ainsi sur le cerveau. Parmi les quelque vingt-sept facultés isolées par Gall (et en particulier le sens des nombres et des mathématiques, le sens de la mécanique, la prudence, l'amitié…), le « sens du langage et de la parole » fut localisé dans les lobes antérieurs du cerveau. On se déchira alors entre les localisationnistes et les antilocalisationnistes : Bouillaud, séduit par la théorie de Gall, soutint dès le premier quart du XIXᵉ siècle que « les mouvements de la parole sont régis par un centre cérébral, spécial… (qui) occupe les lobules antérieurs » que ce soit au niveau de la substance blanche ou de la substance grise. Dax, médecin à Sommières dans le Gard, fit à Montpellier en 1836 une communication intitulée *Lésion de la moitié gauche de l'encéphale coïncidant avec l'oubli des signes de la pensée*. Mais c'est Broca, chirurgien et anthropologue, qui, en 1861, autopsia le malade nommé Leborgne, atteint d'hémiplégie droite avec une « aphémie » qui l'engluait dans une stéréotypie verbale (il ne pouvait dire que « *Tan* »…). Il put ainsi établir, dans une série de communications successives (jusqu'en 1868), que la perte de parole était liée à la lésion de la troisième circonvolution frontale et plus précisément de son tiers postérieur (le pied de F3) considéré ainsi comme le siège de la faculté du langage articulé, et il finit par admettre la spécificité de la latéralisation lésionnelle à l'hémisphère gauche.

On peut aujourd'hui retenir l'existence d'un pôle antérieur expressif du langage, incluant la *pars opercularis* (tiers postérieur ou pied) mais aussi la *pars triangularis* qui, ensemble, forment l'opercule frontal (aires 44 et 45) de la troisième circonvolution frontale (ou circonvolution frontale inférieure) qui, en lien avec l'insula et les noyaux gris centraux, permet la réalisation des programmes phonétiques dont la mise en œuvre nécessitait pour Pierre Marie l'intégrité d'un vaste « quadrilatère » (figure 2.4). Le lobe préfrontal assure l'incitation et la stratégie de la communication verbale de même que son adéquation au contexte environnemental. Le programme moteur, une fois élaboré, est exécuté à partir de la partie basse de la frontale ascendante par le faisceau pyramidal (voir *supra* : dysarthries). Le pied de F2 (« centre » de l'écriture) serait au langage écrit ce que l'aire de Broca est au langage parlé.

Le pôle réceptif du langage

Treize ans après Broca, Wernicke isola une autre aphasie caractérisée par l'incapacité de comprendre le langage parlé alors que le langage articulé était conservé et que les malades étaient même plutôt « loquaces ». Il attribua ce trouble à la lésion du centre sensoriel du langage dans la première circonvolution temporale gauche. L'aire de Wernicke désigne aujourd'hui une aire associative auditive située à la partie postérieure de la face externe de T1 (circonvolution temporale supérieure), au niveau de l'aire 22, en dessous des aires auditives primaire et secondaire (aires 41 et 42 : circonvolutions de Heschl) ; elle permet la compréhension du langage parlé dont les messages, d'abord entendus, doivent

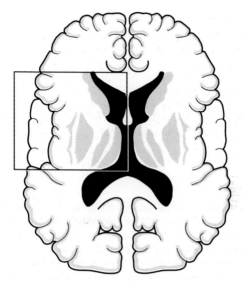

Figure 2.4
Le quadrilatère de Pierre Marie, limité en avant par un plan vertico-frontal allant de F3 au noyau caudé, en arrière par un plan vertico-frontal allant de la partie postérieure de l'insula à la partie postérieure du noyau lenticulaire.
D'après Barbizet J, Duizabo Ph. *Abrégé de neuropsychologie*. Paris : Masson ; 1985

être analysés sur le plan phonologique pour permettre ensuite l'extraction de leur sens, c'est-à-dire leur traitement sémantique. Le lobule pariétal inférieur (et en particulier sa partie inférieure constituée du *gyrus supramarginalis* – aire 40 – et du gyrus angulaire – aire 39), inséparable de l'aire de Wernicke, en lien avec le cortex auditif associatif mais aussi les cortex visuel et somesthésique, joue un rôle essentiel dans la compréhension du langage parlé, dans l'encodage du langage écrit (écriture), mais aussi dans sa compréhension (lecture) une fois les messages décodés comme signes graphiques au niveau du cortex visuel associatif (aires 18 et 19). Par sa situation de carrefour, interconnecté avec les cortex auditif, visuel et somesthésique, le gyrus angulaire est ainsi impliqué dans des associations multimodales (Geschwind, 1965) entre audition, vision et toucher : association d'un mot entendu à un objet vu ou palpé par la main, activation des réseaux associatifs après information auditive (ou visuelle ou somesthésique) isolée. En outre, les aires de Broca et de Wernicke sont reliées par le faisceau arqué : la tractographie par imagerie par résonance magnétique (IRM) nucléaire en tenseur de diffusion permet de visualiser les faisceaux de substance blanche ; elle a pu montrer qu'à côté d'une connexion directe entre les deux aires, il existait une voie indirecte comportant deux segments. Un segment antérieur relie l'aire de Broca au lobule pariétal inférieur (au niveau du *gyrus supramarginalis*) et un segment postérieur unit le lobule pariétal inférieur à l'aire de Wernicke (Catani, 2008). Aussi, en hommage aux travaux initiaux de Geschwind, il a été proposé d'appeler « territoire de Geschwind » le lobule pariétal inférieur (gyrus angulaire et *gyrus supramarginalis*), inséparable de l'aire de Wernicke et relais entre les aires de Broca et de Wernicke. Mais l'appellation d'aire de Wernicke au sens large du terme est aussi donnée à l'ensemble formé par l'aire 22 de Brodmann (et plus précisément son tiers postérieur au niveau de la circonvolution temporale supérieure) et par les parties adjacentes du cortex hétéromodal des aires 39 et 40 (Mesulam, 1998).

Les pôles postérieur (réceptif) et antérieur (expressif) du langage sont unis par de très nombreuses fibres associatives et en particulier par le faisceau arqué. Les noyaux gris centraux, et en particulier le thalamus, interviennent aussi dans les réseaux associatifs des deux pôles du langage.

Les aphasies

Modalités de l'examen

L'examen d'un patient atteint de troubles du langage doit toujours tenir compte du fait que les tâches cognitives sont complexes, que les performances des sujets peuvent être variables d'un instant à l'autre et que les troubles aphasiques peuvent être aggravés par la fatigue. L'examen se doit pourtant d'être méthodique afin d'explorer les diverses facettes du langage en adoptant soit une démarche qualitative, soit une démarche structurée par les étapes d'une des batteries d'examen de l'aphasie comme le test pour l'examen de l'aphasie de B. Ducarne, l'échelle de Goodglass et Kaplan, la batterie d'aphasie de Kertesz *(Western Aphasia Battery)*, le protocole Montréal–Toulouse d'examen linguistique de l'aphasie. Ces batteries standardisées donnent des scores d'aphasie, proposent un classement dans l'un des grands types d'aphasies, peuvent servir de base à un suivi évolutif.

Le premier contact avec le malade permet déjà de repérer quelques grands traits des troubles : parle-t-il de manière aisée ou laborieuse ? Est-il silencieux ? Comprend-on ce qu'il dit ?

Étude de la compréhension du langage parlé

On utilise des épreuves d'exécution d'ordres de complexité croissante : ordres simples (« Montrez-moi votre nez… votre oreille gauche… mon nez… Ôtez vos lunettes… Regardez le plafond… »), associés (« Touchez votre oreille gauche avec le pouce de la main droite… Prenez ce crayon et touchez ma montre… ») et des épreuves à choix multiple dont la plus connue est l'épreuve des trois papiers de Pierre Marie (« Voici trois papiers : un petit, un moyen et un grand. Le petit, vous le jetterez par terre, le moyen, vous le garderez pour vous, et le grand, vous me le donnerez »).

On peut utiliser aussi des épreuves de désignation de figures géométriques (de taille, de forme et de couleur différentes comme dans le *Token test*), d'objets et d'images *(« Montrez-moi la porte, la fenêtre, le crayon »*, etc.). Ces épreuves permettent aussi de complexifier les ordres en les associant par des mots grammaticaux *(« Touchez la montre avec le crayon… Montrez-moi le triangle qui se trouve dans le rond… »)*. Quand les troubles ne sont pas massifs, on peut recourir à des épreuves plus élaborées testant la compréhension de phrases et de textes.

La notion de compréhension recouvre des compétences disparates bien que complémentaires.

■ La *surdité verbale pure* (voir chapitre 11) peut être liée soit à un déficit perceptif préphonémique, soit à un déficit de la discrimination phonémique. Le sujet peut par ailleurs parler, lire, écrire (sauf en dictée) de manière satisfaisante. Les lésions sont typiquement situées en amont de l'aire de Wernicke.

- L'*aphasie de Wernicke* comporte un déficit du « décodage » du langage parlé qui peut relever soit d'une altération du décodage phonémique (donc d'une surdité verbale) soit d'une altération de l'accès à la compréhension, l'une ou l'autre de ces altérations pouvant prédominer. Quand la part de la surdité verbale est prédominante, la compréhension du langage écrit, la lecture, la copie sont moins atteintes que la compréhension du langage parlé et la dictée ; la répétition présente les mêmes difficultés pour les mots que pour les logatomes. Quand le trouble de la compréhension verbale prédomine sur la surdité verbale, les mots sont mieux répétés que les logatomes. Quand le trouble de la compréhension est isolé, la répétition est préservée, réalisant le tableau de l'aphasie transcorticale sensorielle. Il s'ensuit donc qu'un déficit de la compréhension des mots peut relever soit d'un déficit d'ordre phonologique, soit d'un déficit du traitement sémantique que l'on peut imaginer dans un schéma de type cognitiviste (voir figure 2.9, p. 43), soit comme une lésion d'un « centre des concepts » ou « centre de traitement sémantique » soit comme une disconnexion entre ce centre et l'aire de Wernicke (centre de traitement acoustique selon Lichteim). En outre, les lésions de l'aire de Wernicke ont la particularité d'associer un déficit de désignation des objets sur ordre verbal à un déficit de dénomination des mêmes objets. L'aire de Wernicke peut ainsi être conçue comme une zone de rencontre et de coordination réciproque entre les représentations sensorielles des formes auditives et visuelles des mots et les réseaux associatifs qui construisent les représentations sémantiques des mots. On comprend ainsi que les lésions de l'aire de Wernicke altèrent à la fois le décodage du langage, quelle que soit la modalité sensorielle de présentation (mots entendus, mots lus), et l'encodage du langage. L'aire de Wernicke ne peut plus être définie comme « centre des images auditives des mots » tel que l'avait conçu Déjerine qui toutefois parlait de l'association de surdité verbale et de cécité verbale observées dans l'aphasie de Wernicke, qu'il opposait à la surdité verbale pure d'une part, la cécité verbale pure d'autre part. L'aire de Wernicke ne peut pas être conçue non plus comme le centre de stockage du lexique car on ne pourrait alors expliquer que des lésions épargnant l'aire de Wernicke et postérieures à elle entraînent des aphasies (dites transcorticales sensorielles, voir p. 44 et figure 2.10).

- Les *déficits de la compréhension de phrases* peuvent relever d'un déficit du traitement sémantique de certains des mots qui la composent surtout s'il s'agit de mots abstraits, ce qui peut être observé dans une aphasie de Wernicke en cours d'amélioration. La partie postérieure de la première circonvolution temporale gauche (T1 ou circonvolution temporale supérieure, donc au niveau de l'aire dite de Wernicke ; voir figure 2.3), en arrière du cortex auditif primaire, pourrait être le substrat partagé de la mémoire auditivo-verbale à court terme (mesurée par exemple par l'empan de chiffres) et de la compréhension du langage parlé (voir chapitre 14, « Les mémoires sectorielles », p. 198). Mais les déficits de la compréhension de phrases peuvent aussi relever d'une difficulté à comprendre l'ordonnancement syntaxique de la phrase au cours d'une aphasie agrammatique ou d'un syndrome frontal (« *Si Pierre prend une douche après la promenade, qu'a-t-il fait en premier ?* »).

■ Les *déficits de la compréhension catégorielle* et l'*organisation catégorielle (et distribuée) des connaissances*. Certains déficits de la compréhension se limitent à une catégorie verbale. Goodglass et ses collaborateurs ont fait, en 1966, la première étude systématique de la compréhension et de la dénomination de six catégories de mots (parties du corps, objets, actions, couleurs, lettres, nombres) dans une série de 135 aphasiques et ont pu observer des difficultés variables en fonction des catégories, ces difficultés pouvant prédominer soit sur la compréhension, soit sur la dénomination. Sur une autre série de 167 aphasiques, la même équipe a pu observer, en 1993, une dissociation entre la désignation de lieux sur une carte géographique et la désignation des parties du corps, en fonction des types d'aphasies (les aphasies de Wernicke et globales altérant davantage la compréhension des noms des parties du corps que des noms désignant des lieux géographiques). De nombreux travaux ultérieurs, fondés soit sur les données de l'imagerie de cas uniques ou de courtes séries soit sur les données de l'imagerie dynamique lors de tâches de dénomination, ont pu montrer que les zones lésionnelles ou les zones activées peuvent être situées en dehors de l'aire de Wernicke. En outre, la dénomination et la compréhension peuvent être atteintes de manière parallèle ou dissociée. Ainsi, il est important cliniquement de tester et la dénomination sur présentation visuelle (et idéalement multimodale : auditive, tactile...) et la désignation d'objets (« *Montrez-moi le marteau, le canard, le tank, le coude, le piano, l'artichaut...* »).

En présence d'une anomie, il faut, avant d'évoquer une anomie pure par déficit catégoriel de la sélection lexicale, s'assurer que l'anomie ne relève pas d'une agnosie limitée à une modalité sensorielle comme une agnosie visuelle (qui peut aussi affecter spécifiquement une catégorie lexicale, voir chapitre 7). D'ailleurs l'existence d'un déficit de la dénomination réduit à une modalité sensorielle (comme dans l'aphasie optique, voir p. 112) a entraîné d'importants débats sur le caractère unique ou multiple (visuel, verbal, etc.) du système sémantique. Quand il existe un déficit de la compréhension verbale, il faut savoir s'il témoigne d'un déficit sélectif de la modalité auditive, ce qui est montré quand des réponses normales sont fournies sur demande écrite de désignation. On a pu en effet observer des troubles de la compréhension verbale entrant dans le cadre de déficits globaux des connaissances sémantiques, indépendants de la modalité sensorielle utilisée. La reproductibilité du déficit sur les mêmes mots, la préservation relative de la capacité du sujet à fournir la catégorie superordonnée du mot (*canard → animal*), l'absence d'amorçage sémantique dans des tests de décision lexicale sont plus en faveur d'une dégradation des représentations sémantiques que d'un déficit de l'accès au système sémantique (Warrington et Shallice, 1984) encore que la distinction ne soit pas toujours aisée (Caplan, 1987). Il est important, comme le souligne Goodglass (1987), de distinguer les troubles catégoriels limités à la compréhension auditivoverbale, observés spécifiquement chez les aphasiques, et les déficits catégoriels des connaissances sémantiques qui peuvent exister en présence ou en absence d'une aphasie. Enfin, le diagnostic d'un déficit catégoriel implique de s'assurer que les mots utilisés pour tester les catégories verbales ont la même fréquence lexicale. Les déficits catégoriels de la dénomination, de la compréhension auditivoverbale ou des connaissances sémantiques peuvent ainsi intéresser les mots abstraits contrastant avec l'intégrité des mots concrets, une dissociation inverse étant plus exceptionnellement observée (ainsi en est-il du malade A.B. de Warrington [1975] qui définissait le mot « *étoile* » comme « *petit insecte* » et le mot « *supplication* » comme « *demander de l'aide avec insistance* »). Au sein de la catégorie des mots concrets, les déficits catégoriels peuvent intéresser les animaux avec intégrité des objets ou, de manière plus générale, les items animés ou biologiques (animaux, fleurs) et les items inanimés ou plus précisément « manufacturés », des dissociations inverses pouvant aussi être observées. Ceci conduirait donc à opposer deux grandes catégories. La première est essentiellement caractérisée par des attributs sensoriels (il s'agit des concepts « biologiques » : la couleur, la forme, le parfum d'une fleur ; la couleur, la forme, le goût d'un fruit), les informations visuelles concernant la forme ayant souvent un rôle décisif (par exemple pour distinguer un chien d'un lion). La seconde est essentiellement caractérisée par des attributs fonctionnels (l'utilisation d'une scie, d'une paire de tenailles). Toutefois les distinctions sont encore plus complexes car, au sein même des objets manufacturés, des dissociations peuvent être observées entre les objets de petite taille (ceux qui sont d'ailleurs habituellement utilisés lors des examens d'aphasiques, comme la gomme, la fourchette, la tasse…) et des objets de grande taille (un train, un autobus, un tank), ce qui peut conduire à opposer les objets manipulables et les objets non manipulables.

Des préservations de la compréhension de noms propres (pays, personnes et bâtiments célèbres) ont pu être observées au cours d'une aphasie altérant par ailleurs massivement la compréhension et une dissociation inverse a pu aussi être notée. Il existe aussi des anomies pour les noms propres. Outre des anomies pour les couleurs (voir p. 117), il existe des troubles de la compréhension des noms de couleurs que Willbrand avait appelés, en 1887, cécité amnésique des couleurs.

L'autotopoagnosie (voir chapitre 10) peut relever soit d'un trouble du schéma corporel, soit d'une incapacité de compréhension des mots désignant les différentes parties du corps.

Le lexique des mots concrets peut aussi être divisé en deux ensembles spécifiquement linguistiques : les verbes (ou noms d'action) et les noms (ou objets). Une altération spécifique d'une catégorie (en dénomination et en compréhension) avec respect de l'autre catégorie peut être constatée.

Ces constatations plaident en faveur d'une organisation catégorielle du système sémantique fondée sur les propriétés sensorielles et fonctionnelles des items rassemblés dans une catégorie. On peut même aboutir à une organisation catégorielle très fine (comme l'atteinte des connaissances sur les fruits et légumes contrastant avec la préservation des connaissances sur les autres aliments, Hart *et al.*, 1985) en formulant des hypothèses sur l'élaboration des représentations sémantiques à partir d'associations nées des sources sensorielles, des informations motrices et en recherchant les trames associatives multimodales qui individualisent des catégories et des sous-catégories : ainsi, parmi les objets, les outils comme le marteau nécessitent la sommation d'informations visuelles (la forme), proprioceptives et motrices (l'acte de tenir le marteau) inséparables de ses attributs fonctionnels (enfoncer un clou). À l'inverse, un grand objet comme une fusée est surtout connu par ses attributs sensoriels visuels (sa forme), alors que ses attributs fonctionnels (sert à aller dans l'espace) ne sont pas élaborés à partir d'informations proprioceptives ou motrices. Ceci permet donc d'élaborer une distinction entre les objets manipulables et non manipulables (McCarthy et Warrington, 1994). Le système sémantique pourrait ainsi être conçu comme un « réseau distribué géant » vers lequel convergent des connexions multiples venant de systèmes extérieurs sensoriels et moteurs et en interaction avec les systèmes permettant l'analyse des formes auditive et visuelle des mots. L'accès au sens et à la dénomination peut aussi être envisagé comme la reviviscence des apprentissages, c'est-à-dire comme la réactivation des réseaux neuronaux dont la mise en œuvre répétée et simultanée a permis au sujet d'élaborer sa connaissance des objets à partir des informations reçues par les canaux sensoriels et moteurs lors de chaque rencontre avec les mêmes « objets » et par les contextes émotionnels qui peuvent les accompagner. Les apprentissages perceptifs créent ainsi, selon Damasio, des réseaux unis par des zones de convergence (des nœuds) codant les événements sensoriels, moteurs, émotionnels, qui ont simultanément accompagné la perception de l'objet et dont la réactivation permet de faire l'hypothèse d'un modèle dit épisodique ou événementiel (et distribué) de l'accès au sens. Comment néanmoins structurer ces hypothèses sur des bases neuroanatomiques ?

Les études des productions verbales lors de tâches de dénomination et lors de tâches de fluence catégorielle ont montré que les productions verbales liées aux différentes catégories de mots activent des zones distinctes du lobe temporal dont la majorité n'empiète pas sur l'aire de Wernicke. Ainsi la dénomination des animaux et des outils active le cortex associatif visuel au voisinage du gyrus fusiforme, aire d'identification des objets dans la partie ventrale du lobe temporal ; toutefois la dénomination des outils et des actions liées à leur utilisation active aussi une zone temporale moyenne légèrement antérieure à l'aire V5, responsable de la perception du mouvement, ainsi qu'une aire prémotrice, toutes deux à gauche. Il apparaît bien ainsi que l'activation du lexique est une fonction largement distribuée et relayée par des zones du cerveau proches de celles qui gèrent les informations motrices et l'intégration perceptive des entités qui composent l'environnement. Les observations de malades cérébrolésés confortent aussi ces hypothèses. En effet, les déficits catégoriels du traitement sémantique des verbes (noms d'action) coexistent avec des lésions de la partie postérieure du lobe frontal gauche, suggérant donc que le lobe frontal, impliqué dans la programmation des mouvements, a aussi acquis un rôle dans les représentations sémantiques des actions et dans les composants lexicaux impliqués dans le traitement des noms d'action (Daniele et al., 1994). Le traitement sémantique des entités « vivantes » implique les structures temporo-limbiques bilatérales et la partie inférieure du lobe temporal, tout particulièrement le gyrus fusiforme (par exemple au cours d'encéphalites herpétiques) montrant l'implication de traitements visuels élaborés et de convergences sensorielles multimodales dans l'organisation des représentations sémantiques des vivants. Les déficits catégoriels affectant les objets manufacturés et les parties du corps empiètent sur les aires fronto-pariétales où la conjugaison des informations motrices et proprioceptives permet l'organisation des représentations sémantiques des objets manufacturés et des parties du corps (Gainotti et al., 1995) tandis que pour Tranel et ses collaborateurs (1997), la zone critique pour le rassemblement des connaissances concernant les outils est localisée au niveau de régions plus latérales du cortex temporal postérieur au voisinage de V5. L'utilisation de tâches de décision lexicale avec comparaison des résultats obtenus pour les mots concrets et les mots abstraits a pu montrer, en tomographie par émission de positrons, que les mots abstraits activent les régions temporales de manière bilatérale avec une nette prévalence droite où l'activation intéresse aussi l'amygdale et la partie antérieure du gyrus cingulaire, ce qui pourrait être lié à la valence émotionnelle des mots abstraits, en général plus importante que celle liée aux mots désignant des outils ou leur manipulation (Perani *et al.*, 1999). L'inventaire complet et cohérent de ces localisations demandera encore bien d'autres recherches. Cependant on peut déjà penser que les aires qui contrôlent l'accès lexical ne sont pas superposables à celles qui contrôlent l'accès aux autres connaissances conceptuelles et qui sont des aires de convergence transmodales (ou multimodales). Ceci explique d'ailleurs qu'un trouble de la dénomination puisse laisser intacte la connaissance des attributs sensoriels et fonctionnels des items non dénommés car ces connaissances rassemblées dépendent des zones de convergence. En outre, si les aires critiques pour la dénomination des différentes catégories d'objets sont pour l'essentiel situées en dehors de la zone de Wernicke, leurs lésions ne donnent que des troubles sélectifs de la dénomination alors que les troubles de la dénomination observés lors des lésions de l'aire de Wernicke sont massifs. On peut en inférer que ces aires de récupération lexicale « catégorie–spécifiques » apparaissent comme nécessaires mais non suffisantes à l'acte de dénomination et que leur rôle pourrait être de fournir des représentations prélexicales ou implicites « catégorielles » qui seront ensuite transformées en sorties verbales explicites (sous forme de mots parlés, écrits, lus) grâce à la médiation de l'aire de Wernicke puis des réseaux neuronaux qui permettront les diverses modalités de production des mots (Mesulam, 1998 ; figure 2.5).

Étude de l'expression orale

Elle repose sur l'écoute du langage spontané, la répétition de mots ou de phrases, la dénomination d'objets et d'images.

Le volume verbal

Il peut être logorrhéique, adapté ou réduit, ce qui permet d'opposer les aphasies fluides ou « fluentes » aux aphasies « non fluentes » ou « réduites ». Les premières surviennent habituellement dans les lésions de l'hémisphère dominant situées en arrière de la scissure de Rolando alors que les secondes sont habituellement liées à des lésions situées en avant de la scissure de Rolando. Les aphasiques logorrhéiques ont un discours abondant et fluide, mais habituellement peu ou pas compréhensible par l'examinateur, et réalisant un jargon. La réduction du langage peut, à l'extrême, être une *suspension* du langage ; parfois le langage se réduit à quelques syllabes ou mots inlassablement répétés (« orgue de Barbarie ») et émis de façon involontaire lors de toute tentative de verbalisation : on les appelle des stéréotypies. Dans les formes moyennes, il est nécessaire de stimuler le sujet pour obtenir quelques tentatives de verbalisation. Cependant une réduction du langage peut coexister avec le jaillissement de phrases qui sont souvent des formules de politesse ou des phrases toutes faites : c'est la *dissociation automatico-volontaire* qui permet d'opposer le langage automatique au langage construit, propositionnel.

La dysprosodie

Outre la prosodie émotionnelle gérée par l'hémisphère mineur (voir chapitre 17), il existe une prosodie linguistique caractérisant le rythme, le timbre et l'inflexion de la voix. Les dysprosodies observées chez l'aphasique désignent le remplacement de l'accent habituel du patient par un accent de type « étranger » que

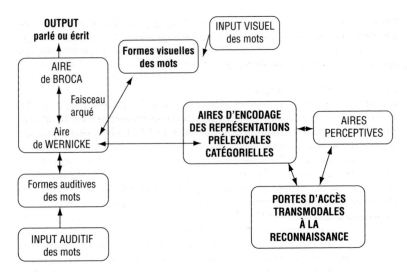

Figure 2.5

Interprétation du modèle proposé par Mesulam et représentant de manière schématique l'évocation lexicale et la compréhension des mots entendus et lus. (Pour Mesulam, le terme d'aire de Wernicke indique l'ensemble formé par l'aire 22 et par les parties adjacentes des aires 39 et 40 de Brodmann (voir *supra* : « Le pôle réceptif du langage » et figure 2.3.))

Les portes d'accès transmodales (ou connexions transmodales) ne sont spécifiques d'aucune modalité sensorielle. Elles permettent la convergence d'informations multimodales rassemblant les divers engrammes perceptifs et émotionnels et jouent donc un rôle critique dans le rassemblement des connaissances sémantiques. Les aires d'encodage des représentations prélexicales, catégorielles ou aires lexicales intermédiaires jouent un rôle central dans la dénomination des couleurs, des animaux, des objets, des outils et des verbes d'action. L'anomie « catégorielle » résultant d'une lésion de ces aires reste « pure » si les zones de convergence multimodales sont intactes : cette dissociation entre le savoir lexical et le savoir conceptuel peut être considérée comme la base anatomique de la séparation de la pensée et du langage. Les formes des mots entendus et lus sont encodées dans des aires unimodales qui entrent en connexion avec l'aire de Wernicke qui agit comme une aire de décodage et d'encodage phonologiques. C'est alors que peuvent s'établir les liens avec les zones de convergence transmodales qui construisent l'accès au sens. De même les connaissances sémantiques peuvent activer de manière « interne » les représentations prélexicales catégorielles. L'aire de Wernicke permet donc de lier les aspects perceptifs de la forme des mots aux réseaux associatifs distribués qui permettent l'accès au sens. Les lésions situées en amont de l'aire de Wernicke entraînent une alexie pure en cas de disconnexion entre l'*input* visuel des mots et les formes visuelles des mots, ainsi qu'entre les formes visuelles des mots et l'aire de Wernicke. Une disconnexion entre l'input auditif des mots et leurs formes auditives ainsi qu'entre les formes auditives des mots et l'aire de Wernicke entraîne une surdité verbale.

Brain 1998 ; 121 : 1013-52

l'on peut parfois qualifier de germanique ou d'anglo-saxon : ainsi un parler lent, syllabe par syllabe, avec suppression des groupes diconsonantiques et utilisation des consonnes sourdes donne à la voix un pseudo-accent germanique (« *Bonjour,*

Docteur » est ainsi dit : « *Pon... chou... Tô Teu... e...* »). Ailleurs une tendance à la diphtongaison des voyelles donne un pseudo-accent britannique (« *Je suis malade* » devient « *Je-é sé-uis ma-é la-éde* »). Les dysprosodies sont habituellement observées dans les aphasies de Broca.

La désintégration phonétique
Désigné sous les noms de troubles arthriques, d'anarthrie, d'aphémie, d'aphasie motrice ou de réalisation phonématique, le terme de syndrome de désintégration phonétique, créé par Alajouanine, rassemble les perturbations de l'expression orale en rapport avec des difficultés de réalisation phonétique portant sur l'émission comme sur l'enchaînement des phonèmes. Le parler, globalement réduit, est lent, syllabaire, haché. Les mots sont habituellement contractés ; certains phonèmes sont supprimés et d'autres réitérés, ce qui entraîne une « réduction des contrastes » ; les consonnes sourdes sont préférées aux consonnes sonores, les groupes diconsonantiques sont supprimés (spectacle : *pec... ta... le...* ; chapeau : *a... po...*). Ces troubles, qui ne sont pas sans rappeler le langage enfantin, peuvent être analysés par l'épreuve de répétition de mots ou de phrases (comme *spectacle ; espiègle ; constitution ; ce gros verrou rouillé, le dévérouillerai-je ; il fut le peintre des princes et le prince des peintres...*). Les troubles comportent plusieurs aspects diversement associés chez chaque malade :

- un aspect paralytique avec insuffisance du souffle trachéal et faiblesse articulatoire ;
- un aspect dystonique avec mouvements articulatoires excessifs, démesurés, syncinétiques ;
- un aspect apraxique avec désorganisation des gestes nécessaires à l'élocution. Il se trouve englobé dans un trouble plus vaste de la gesticulation du visage et de la bouche que l'on appelle apraxie *bucco-faciale* et que l'on recherche en demandant au sujet de siffler, de souffler, de montrer les dents, de claquer la langue, de mettre la bouche en cul de poule.

Le syndrome de désintégration phonétique est le plus souvent associé aux autres signes d'une aphasie de Broca. Il peut aussi exister des anarthries pures (avec préservation de l'écriture et absence de tout signe d'aphasie) lors de lésions limitées de la partie operculaire (*pars opercularis*) de la troisième circonvolution frontale, de l'ensemble de l'opercule frontal ou de la substance blanche du bras antérieur de la capsule interne, ce qui renvoie au quadrilatère de Pierre Marie : ces anarthries sont aussi appelées aphémies ou qualifiées de dysarthries dans la littérature anglo-saxonne.

Les troubles de la dénomination
Le manque du mot
Il peut être observé dans le langage spontané et est électivement mis en évidence par l'épreuve de dénomination qui se traduit soit par une impossibilité de dénommer soit par une définition par l'usage (*couteau → pour couper*), soit par la production de formules circonlocutoires, parfois accompagnées d'approximations synonymiques et intégrées dans des conduites d'approche (« *...pour... euh... on le tient comme ça dans l'assiette ; pour la viande... on coupe...* »). Le manque du mot s'observe dans tous les types d'aphasie. Quand il est isolé, on parle alors d'aphasie amnésique. L'ébauche orale (ou « clé » phonémique) a ou

non un effet facilitateur : le fait de dire la première syllabe du mot peut faire surgir le mot recherché ; parfois la facilitation n'entraîne aucune réponse ou provoque une réponse erronée soit d'un mot commençant par la même syllabe, soit d'un mot ne contenant même pas la syllabe prononcée. Ainsi, au manque du mot peut s'ajouter, en dénomination avec ou sans facilitation, comme dans le langage spontané, la production, au lieu du mot attendu, d'une autre production verbale : telle est la définition des paraphasies.

Les paraphasies
Elles peuvent faire l'objet d'une classification inspirée de l'analyse structurale du langage (figure 2.6).

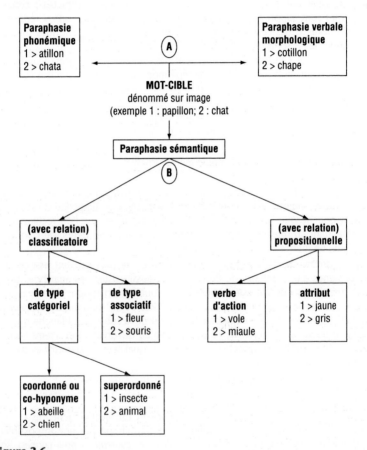

Figure 2.6
Classification des paraphasies.
En A : paraphasies relevant d'un désordre de la deuxième articulation du langage.
En B : paraphasies relevant d'un désordre de la première articulation du langage. La classification des paraphasies verbales (substitutions lexicales) sémantiques est celle proposée par H. Kremin.

Les *paraphasies phonémiques ou littérales* réalisent des distorsions de mots en rapport non avec des difficultés de la réalisation phonétique mais avec des perturbations de l'agencement phonémique par omissions, adjonctions, inversions, déplacements de phonèmes *(locomotive → colotomive ; thermomètre → terbomètre, termonètre ; crayon → credon, crason)*. L'examinateur peut parfois, dans le langage spontané ou dans la conversation, grâce à la parenté phonologique et au contexte, détecter le mot cible ; toutefois, quand la structure du mot est trop bouleversée, sa valeur informative est perdue et l'on parle alors de néologisme. Les paraphasies phonémiques correspondent à la désorganisation de la deuxième articulation du langage.

Les *paraphasies verbales* désignent la substitution d'un mot par un autre mot du lexique. Il peut s'agir :

■ de paraphasies verbales morphologiques (ou paraphonies) quand le mot émis est phonétiquement proche du mot cible (tulipe : tuile ; constitution : consultation ; échelle : échine ; cravate : cravache) et qui peuvent être interprétées, à l'instar des paraphasies phonémiques, comme un désordre de la deuxième articulation ;

■ de *paraphasies verbales sémantiques* quand le mot émis a un lien conceptuel avec le mot recherché *(table : chaise ; clé : fer)* ; elles peuvent s'interpréter comme un désordre de la première articulation du langage, c'est-à-dire du choix des mots.

Les paraphasies verbales sémantiques peuvent, selon la classification de Kremin, témoigner de deux types de relation avec le mot cible : classificatoire et propositionnelle (voir figure 2.6).

Certaines paraphasies verbales sont de classification difficile *(buvard : poulain)* de même que la genèse de néologismes très éloignés du mot cible *(manteau : apur)*.

Il arrive qu'un petit nombre de paraphasies verbales (mots de *prédilection*) reviennent à plusieurs reprises dans le discours. Ailleurs, lors de l'épreuve de dénomination d'objets, le malade émet des paraphasies verbales qui sont la reprise d'un mot précédemment énoncé par le sujet ou l'examinateur : il s'agit alors de persévérations ou d'intoxication par le mot. La profusion des transformations paraphasiques peut aboutir à un jargon dont plusieurs variétés sont individualisées : jargon indifférencié fait d'une suite de phonèmes, jargon asémantique fait de néologismes, jargon paraphasique fait de paraphasies verbales. Dans tous les cas, le discours est incohérent et témoigne d'une « désintégration… des valeurs sémantiques du langage ».

Les troubles du maniement de la grammaire et de la syntaxe

L'*agrammatisme* se caractérise par la réduction des monèmes grammaticaux et l'emploi de verbes à l'infinitif donnant au langage un style télégraphique (« *Nice : non !… trois semaines… à côté… des paniers… euh, il y a du monde… casino aussi… à Noël… et puis avant aussi… mais maintenant ma femme… à moi… avant non… 6 ans maintenant* »).

L'agrammatisme, parfois appelé agrammatisme expressif, accompagne les aphasies non fluentes.

La *dyssyntaxie* est radicalement différente et se caractérise par l'emploi de mots grammaticaux nombreux mais inappropriés qui sont l'équivalent de paraphasies sémantiques (« *la route dont je repars* »; « *l'enfant que je tendais un bonbon vient par la prendre* »). Elles accompagnent d'ailleurs le langage paraphasique et s'associent à une incapacité de reconnaissance des erreurs grammaticales, d'où l'appellation d'agrammatisme impressif.

Les perturbations du langage écrit
Les troubles de la lecture
La compréhension du langage écrit est explorée par les épreuves d'exécution d'ordres écrits, les épreuves de correspondance entre des textes et des images. La lecture à haute voix permet d'apprécier les perturbations des transpositions visuophonatoires. S'il est rare qu'un texte parfaitement lu ne soit pas compris, par contre, des perturbations de la lecture n'impliquent pas obligatoirement l'existence de troubles majeurs de la compréhension.

Les alexies aphasiques se caractérisent par la production de paralexies qui procèdent des mêmes transformations de mots que celles observées dans les paraphasies. Elles accompagnent l'aphasie de Wernicke, et elles sont associées à une agraphie. Des paralexies phonémiques et verbales morphologiques avec troubles parallèles de l'écriture, tentatives réitérées d'autocorrections et une bonne qualité de la compréhension peuvent être observées dans les aphasies de conduction. Une alexie particulière, dite antérieure, peut accompagner l'aphasie de Broca. Certaines alexies « sans agraphie » ou pures ne s'accompagnent d'aucun autre trouble du langage écrit. Une étude des différents types d'alexies est présentée au chapitre 4.

Les troubles de l'écriture
Les agraphies aphasiques réalisent des distorsions du langage écrit superposables aux désordres de la production verbale, tant sur le plan quantitatif (aphasies fluentes *vs* aphasies non fluentes) que qualitatif avec la production de paragraphies voire d'une jargonagraphie. Il existe aussi, à l'instar des alexies, des agraphies pures. Une étude des différents types d'agraphies est présentée au chapitre 3.

Les troubles du calcul
Des troubles du calcul peuvent accompagner les aphasies. Ils sont envisagés au chapitre 6.

Les formes cliniques des aphasies
La multiplicité des classifications des aphasies incite à maintenir comme centre de gravité la dichotomie classique entre les aphasies de Broca et les aphasies de Wernicke.

L'aphasie de Wernicke et les autres aphasies ne comportant pas de perturbation de la réalisation phonétique
Il s'agit le plus souvent d'aphasies à langage fluide.

L'aphasie de Wernicke proprement dite
Elle est liée à une lésion de l'aire de Wernicke (voir *supra*). Elle est dénommée aphasie de Wernicke de type I dans la classification de Roch-Lecours et Lhermitte, d'aphasie sensorielle dans la classification de Wernicke, d'aphasie sensorielle

centrale (Goldstein), d'aphasie sensorielle et d'aphasie acousticomnésique (dont les signes sont moins massifs) dans la classification de Luria.

Cette aphasie ne s'accompagne pas d'hémiplégie et s'associe habituellement à une hémianopsie latérale homonyme. Il n'existe ni trouble de la réalisation phonétique, ni réduction du langage. L'expression orale est au contraire caractérisée par une logorrhée et par l'émission de nombreuses paraphasies. La logorrhée est souvent telle qu'il est très difficile d'interrompre le sujet, de le canaliser, donc de l'interroger ; elle est sous-tendue par une anosognosie du trouble. Les paraphasies truffent le langage spontané mais aussi les tentatives de dénomination ou de répétition. Elles sont de tous types, peuvent s'associer à une dyssyntaxie et font perdre au langage, quand elles sont trop nombreuses, sa valeur informative, pour aboutir à un véritable jargon. La compréhension est massivement atteinte avec des éléments plus ou moins marqués de surdité verbale. Il peut être difficile, dans les demandes d'exécution de gestes, de distinguer ce qui peut revenir à une apraxie ou à un trouble de la compréhension (figure 2.7).

Une alexie et une agraphie aphasique complètent le tableau dans les formes massives.

Certaines aphasies de Wernicke se caractérisent par une prédominance des troubles affectant le langage écrit (aphasie de Wernicke de type III) que l'on peut rapprocher du syndrome *alexie–agraphie* décrit par Hecaen, associant un trouble de la reconnaissance des mots plus que des lettres, un déficit de la compréhension du langage écrit, une perte de la stratégie perceptive de la lecture qui peut parfois commencer par le milieu ou par la fin des mots, et une agraphie. Ce syndrome correspond à une lésion pariétale (gyrus angulaire) (figure 2.8).

Certaines aphasies de Wernicke s'accompagnent d'un débit élocutoire réduit pouvant survenir d'emblée ou caractériser un mode évolutif coïncidant avec une régression de l'anosognosie.

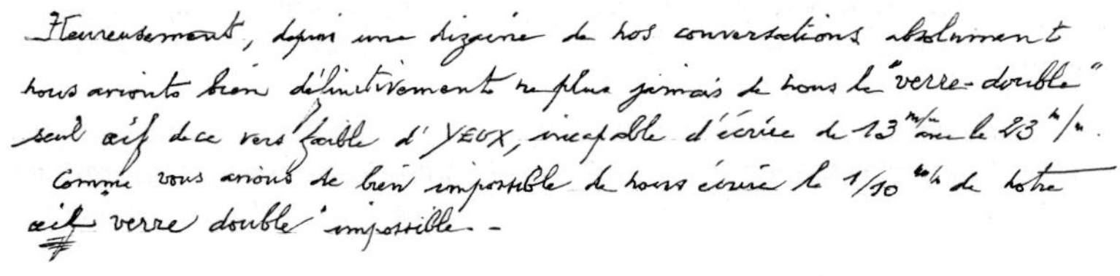

Figure 2.7
Fragment d'une lettre écrite par un patient atteint d'aphasie de Wernicke.
Le patient exprime son désarroi après avoir cassé ses lunettes à double foyer.
Jargonagraphie.

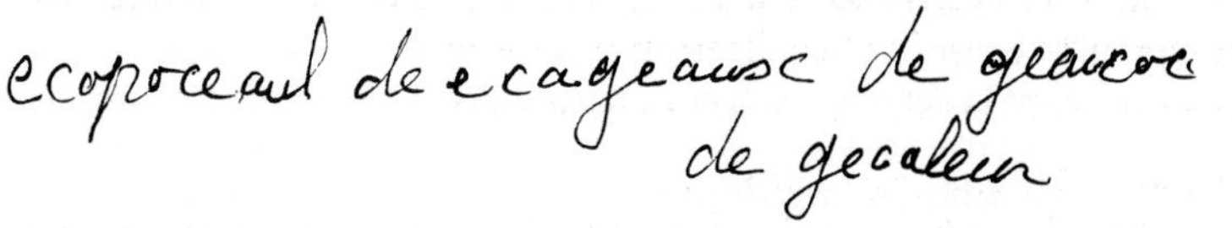

Figure 2.8
Agraphie (écriture copiée) au cours d'une aphasie de Wernicke.

Les aphasies amnésiques ou anomiques
L'aphasie amnésique

L'aphasie amnésique de Pitres se caractérise par un manque du mot avec définition par l'usage, sans trouble de la compréhension et sans paraphasie. Elle peut constituer le mode de présentation des aphasies progressives et notamment tumorales comme le mode évolutif d'une aphasie de Wernicke.

L'aphasie amnésique répond à de multiples sites lésionnels. Les aphasies amnésiques les plus pures sont observées lors des lésions temporales et tout particulièrement les lésions de la circonvolution temporale inférieure (Goodglass), tandis que les aphasies amnésiques liées à une lésion du gyrus angulaire ajoutent au déficit de l'évocation du mot, un déficit sémantique altérant la compréhension du sens du mot ; dans ce cas, l'aphasie anomique est souvent associée à une alexie et une agraphie voire à un syndrome de Gerstmann. Toutefois, des manques du mot peuvent être observés dans de nombreux autres sites lésionnels, par exemple lors des lésions frontales gauches accompagnant alors une aphasie transcorticale motrice ou même lors de lésions de l'hémisphère droit.

Les autres aspects des anomies

Les anomies aphasiques sont dues à une incapacité d'accès à la sélection lexicale et elles doivent être distinguées des anomies en rapport avec un déficit du traitement perceptif ou associatif des informations sensorielles (voir chapitre 7). Aussi le déficit de dénomination des aphasiques existe quelle que soit la modalité sensorielle de présentation des informations (la vue, le tact, l'audition) : on dit que l'anomie aphasique ne dépend pas du canal emprunté. Toutefois, on peut exceptionnellement observer des aphasies spécifiques d'une modalité sensorielle, comme une aphasie tactile ou une aphasie optique qui sont plutôt considérées comme des syndromes de disconnexion (voir chapitre 7) entre le traitement associatif des informations sensorielles et les aires du langage. Il existe, dans le même champ des disconnexions, des anomies pour les couleurs. Les lésions du corps calleux peuvent entraîner des anomies tactiles gauches par disconnexion interhémisphérique (voir chapitre 15).

Certaines anomies sont spécifiques ou relativement spécifiques d'une catégorie lexicale. Avec les déficits de la compréhension verbale catégorielle envisagés plus haut (p. 31), elles permettent d'esquisser le vaste problème de l'organisation catégorielle des connaissances, elle-même suggérée par la constatation d'altérations catégorielles, donc dissociées des connaissances (Shallice, 1988) : elles peuvent être associées à un trouble catégoriel de la compréhension verbale donc du savoir sémantique (voir *supra*) comme elles peuvent être « pures », c'est-à-dire liées au seul déficit catégoriel de la sélection lexicale. On peut ainsi observer des anomies pour les parties du corps, pour les objets familiers d'une pièce, pour les items animés (ou biologiques) avec préservation des items inanimés ou manufacturés ou manipulables ou encore des dissociations inverses. De même existe-t-il des dissociations entre la dénomination des images d'objets (noms), plutôt préservée, et celle des images d'actions (verbes), plutôt altérée dans les agrammatismes, des dissociations semblables ou inverses pouvant être observées dans des aphasies amnésiques ou sensorielles (Kremin, 1990). Il existe aussi des anomies pour les noms propres (noms de personnes, noms géographiques) qui relèvent de lésions topographiquement variables de l'hémisphère gauche, les sites électivement impliqués pouvant être, sans certitude absolue, la partie antérieure du lobe temporal (aire 38) et le thalamus gauches (Semenza). L'implication des structures profondes comme le caractère encore provisoire des limites catégorielles peuvent encore être illustrés par l'observation de Crosson concernant un cas d'anomie limitée aux termes médicaux après hémorragie affectant le pulvinar (Crosson *et al.*, 1997).

L'*aphasie de conduction* ou aphasie motrice afférente (Luria) ou aphasie centrale (Goldstein) se caractérise par d'importantes perturbations du langage spontané et surtout de la répétition qui comporte de nombreuses paraphasies phonémiques et verbales morphologiques, alors qu'il n'existe pas de désintégration phonétique et que la compréhension est normale. La conscience du trouble est préservée comme en témoignent les tentatives d'autocorrection du langage oral comme de l'écriture spontanée et dictée alors que l'écriture copiée est préservée. Cette aphasie peut être conçue comme un déficit isolé de la sélection et de l'ordonnancement des phonèmes (2e articulation du langage). Elle est le plus souvent liée à une atteinte de la substance blanche sous-corticale du *gyrus supramarginalis* (aire 40) lésant le faisceau arqué et entraînant, comme l'avait postulé Wernicke, une dissociation entre le cortex temporo-pariétal et la troisième circonvolution frontale. Peuvent aussi donner une aphasie de conduction, des lésions étendues de l'aire de Wernicke (pouvant évoquer une prise en charge de la compréhension par l'autre hémisphère) interrompant le faisceau arqué à son origine, de même que des lésions des aires auditives primaires et secondaires (aires 41 et 42), de l'insula et de la substance blanche sous-jacente interrompant le faisceau arqué plus en aval ou plus en profondeur. Il a pu aussi être postulé l'existence de deux voies de production de la parole (figure 2.9) : l'une, passive,

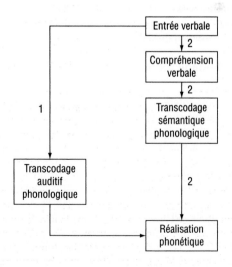

Figure 2.9
Les deux voies de production de la parole.
1. Voie directe ou passive (lésée dans l'aphasie de conduction). 2. Voie active (lésée dans l'aphasie transcorticale motrice).
D'après McCarthy et Warrington. *Brain* 1984 ; 107 : 463-85

transfère directement les entrées auditives vers le traitement phonologique, l'autre procède à un traitement sémantique précédant le traitement phonologique. Seule la première procédure serait atteinte dans l'aphasie de conduction, ce qui pourrait expliquer que les phrases nécessitant un traitement sémantique actif soient mieux répétées que les phrases où la mise en jeu de la fonction sémantique n'est pas sollicitée. Ainsi, un aphasique de conduction peut échouer à répéter le mot *magicien* mais pourra améliorer ses performances si ce mot est inclus dans une phrase dont on lui demande de décider si elle a ou non un sens comme par exemple : « L'homme qui noie un lapin de son chapeau est un magicien ». Dans l'aphasie de conduction, pourrait aussi être observé un déficit de la mémoire auditivoverbale à court terme dont le codage serait phonologique contrairement à la mémoire auditivoverbale à long terme dont le codage serait sémantique (voir chapitre 14).

L'aphasie transcorticale sensorielle
Elle est définie par le contraste entre les perturbations de la compréhension et l'intégrité de la répétition avec tendance écholalique au cours d'une aphasie, par ailleurs semblable, sur le plan du langage parlé, à une aphasie de Wernicke (aphasie de Wernicke de type II). Cette aphasie permet de dissocier anatomiquement l'aire de Wernicke conçue comme une aire de décodage phonémique d'une zone d'intégration sémantique dont l'altération entraverait la compréhension en préservant une répétition devenue psittacisme (figure 2.10).

L'aphasie transcorticale sensorielle est typiquement liée à des lésions temporo-pariétales postérieures à l'aire de Wernicke dans la zone bordante et tout particulièrement au niveau des aires 37 (aire de transition temporo-occipitale) et 39 (gyrus angulaire), les lésions pouvant s'étendre au lobe occipital tout particulièrement au niveau des aires visuelles associatives 18 et 19.

L'aphasie transcorticale sensorielle peut exceptionnellement s'accompagner d'une préservation (relative) de la dénomination (figure 2.11).

Les aphasies à langage réduit

L'aphasie de Broca

Les lésions, antérieures, intéressent non seulement la *pars triangularis* et la *pars opercularis* de la troisième circonvolution frontale mais aussi les régions corticales voisines et notamment l'insula, s'étendant en profondeur vers la substance blanche des capsules externe et interne et vers les noyaux gris centraux (quadrilatère de Pierre Marie, voir figure 2.4). Aussi s'associe-t-elle habituellement à une hémiplégie droite, totale ou à prévalence brachio-faciale, parfois à une hémianesthésie et à une hémianopsie latérale homonyme. Les autres troubles neurologiques le plus souvent associés sont une apraxie idéomotrice de la main gauche et bien sûr une apraxie bucco-faciale. Dénommée aphasie d'expression par Déjerine, aphasie motrice efférente par Luria, aphasie de réalisation phonématique par Hecaen, cette aphasie se caractérise par une réduction du langage avec des difficultés de l'articulation des mots, une certaine facilitation par l'ébauche orale, des troubles de l'écriture alors que la compréhension est perturbée de manière plus discrète que dans l'aphasie de Wernicke.

La réduction du langage est toujours manifeste mais d'intensité variable. Dans certains cas, les malades parlent peu et doivent être incités de manière répétée

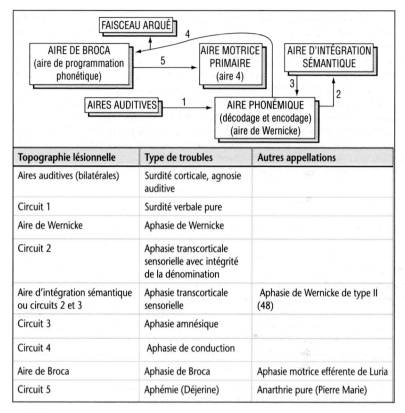

Figure 2.10
Représentation des aires corticales du langage parlé et de leurs connexions connues ou supputées en fonction des signes de certaines aphasies.
Toutefois, ces schémas occultent le rôle « initiateur » du lobe frontal et le rôle des noyaux gris, tout particulièrement du thalamus dans l'activation des tâches linguistiques et de l'accès au lexique (voir aussi figure 2.5).
D'après les schémas de Kussmaul et de Heilman *et al. Brain* 1976 ; 99 : 415-26

pour émettre quelques mots. D'ailleurs, la réduction du langage est parfois telle que le malade ne produit que des *stéréotypies*. Parfois une émission verbale laborieuse peut être entrecoupée de phrases, de mots prononcés de manière fluide (formules de politesse, jurons, etc.) illustrant le principe de la dissociation automatico-volontaire du langage. Les troubles de l'expression orale réalisent le syndrome de désintégration phonétique souvent accompagné d'une apraxie bucco-faciale. Ils peuvent s'associer à une dysprosodie. La production du chant est souvent épargnée : des mélodies peuvent ainsi être fredonnées ou marmonnées et le chant, ou tout simplement l'inscription de la production orale dans une ligne mélodique même sobre, peut favoriser l'expression verbale. Les monosyllabes sont par ailleurs mieux réalisées que les dissyllabes et les logatomes sont

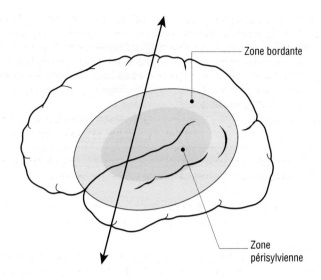

Zone bordante

Zone
périsylvienne

Figure 2.11
Répartition anatomique schématique des aphasies altérant (zone périsylvienne) et préservant la répétition (zone bordante) et limite verticale séparant les aphasies à langage réduit et les aphasies fluides.
On peut distinguer deux vastes zones impliquées dans le traitement du langage. L'une, « périsylvienne », contient les aires classiques de Broca et de Wernicke, le *gyrus supramarginalis* et leurs faisceaux d'association. Cette zone est impliquée dans le décodage et l'encodage phonémiques ainsi que dans la réalisation phonétique. Ses lésions produisent des aphasies de séméiologie variée mais dont le caractère commun est d'altérer la répétition. L'autre zone, bordant en couronne la précédente, implique le cortex préfrontal en avant, le carrefour temporo-pariéto-occipital (dont le gyrus angulaire) en arrière. Ses lésions donnent les aphasies transcorticales qui altèrent en avant l'initiation articulatoire (aphasie transcorticale motrice ou dynamique), en arrière les traitements sémantiques (aphasie transcorticale sensorielle) mais qui respectent la répétition. En outre, une frontière représentée par la scissure de Rolando sépare approximativement les sites lésionnels des aphasies « non fluentes » (à langage réduit) ou antérieures des aphasies « fluentes » ou postérieures.
D'après Benson DF. *The Neurology of Thinking.* Oxford University Press ; 1994

mieux réalisés que les mots de même longueur, peut-être en raison de l'ambiguïté introduite par leur charge significative.

L'évolution peut se faire à l'oral mais aussi à l'écrit vers un agrammatisme qui dans certains cas domine le tableau clinique (*aphasie agrammatique*) : le contraste entre l'efficacité de la sélection des mots du lexique et l'incapacité de les combiner en raison de l'utilisation réduite des mots grammaticaux peut être illustré par l'épreuve des contraires décrite par Hecaen au cours de laquelle les contraires de type lexical (grand, petit) sont mieux préservés que les contraires morphologiques (légal, illégal), la même dissociation étant d'ailleurs observée dans les aphasies de conduction.

L'étude de la dénomination, outre les difficultés de réalisation phonétique, révèle un défaut d'évocation des mots plus ou moins corrigé par l'ébauche orale ; les troubles de la compréhension sont habituellement modérés et en tout cas la compréhension est de meilleure qualité que la production orale. Les difficultés intéressent moins les syntagmes nominaux et verbaux *(Le gros chien aboie)* que les liens signifiants dépendant de mots grammaticaux *(Après s'être levé et avant de partir, Pierre a pris son petit déjeuner)*.

L'écriture peut montrer des transformations paragraphiques, une dysorthographie, un agrammatisme (voir chapitre 3). La compréhension du langage écrit est médiocre, les difficultés intéressant les phrases complexes mais parfois aussi les mots. Outre la désintégration phonétique extériorisée dans la lecture à haute voix, peuvent être observées une alexie dite antérieure, une alexie phonologique, une dyslexie profonde (voir chapitre 4).

Les sujets sont conscients de leur trouble, ce qui explique la fréquence des réactions dites de catastrophe et d'une dépressivité (voir chapitre 17).

L'anarthrie pure de Pierre Marie

Les anarthries pures de Pierre Marie réalisent un mutisme ou un syndrome de désintégration phonétique, l'un et l'autre étant habituellement successifs et par ailleurs caractérisés par la préservation de la compréhension et de l'expression écrite qui permet de communiquer avec les patients. Une apraxie bucco-faciale y est associée. Les sites lésionnels ont déjà été envisagés (voir *supra*). Certaines désintégrations phonétiques isolées, ou relativement isolées, peuvent représenter le mode évolutif d'une aphasie de Broca. Il faut à ce sujet rappeler que les lésions limitées à l'aire de Broca donnent le plus souvent un mutisme rapidement suivi d'une désintégration phonétique sans autre trouble significatif du langage.

L'aphasie totale de Déjerine ou grande aphasie de Broca

Elle se caractérise par une suspension du langage, une compréhension nulle, l'impossibilité de lire et d'écrire. Elle correspond souvent à de vastes lésions hémisphériques gauches pré et rétrosylviennes et s'accompagne donc d'une hémiplégie sensitivo-motrice mais elle peut, plus exceptionnellement, être liée à des lésions non contiguës des aires de Broca et de Wernicke : elle ne s'accompagne alors pas d'hémiplégie et elle est souvent, mais pas toujours, liée à une embolie cérébrale.

Les autres aphasies

L'aphasie transcorticale motrice

L'aphasie transcorticale motrice (ou aphasie frontale dynamique, selon Luria) se caractérise par le contraste entre une réduction massive du langage spontané (qui peut aller jusqu'au mutisme) et la préservation des capacités de répétition qui peut même être écholalique. La compréhension auditivoverbale est normale ou assez bien préservée, de même que la lecture à haute voix et la compréhension du langage écrit. La dénomination montre un manque du mot d'intensité variable, volontiers amendé par l'ébauche orale. Cette aphasie, centrée par un déficit de l'initiation élocutoire est liée à des lésions situées en avant ou au-dessus de l'aire de Broca qui peut être partiellement intéressée ; il peut aussi s'agir de lésions de l'aire motrice supplémentaire à la face interne de l'hémisphère gauche, en particulier lors d'infarctus de la cérébrale antérieure : le mutisme, initialement total, s'améliore secondairement ou coexiste avec une restauration de la répétition ; une agraphie non apraxique est volontiers associée. Enfin, il apparaît que des lésions de la substance blanche du lobe frontal, situées au-dessus et en dehors de la corne frontale, donnent aussi une aphasie transcorticale motrice dont le dénominateur commun pourrait être représenté par une atteinte de l'aire motrice supplémentaire elle-même ou par une lésion entraînant une disconnexion entre l'aire motrice supplémentaire et l'aire de Broca. L'aire motrice supplémentaire est en effet la structure la plus haute d'un ensemble fonctionnel (figure 2.12) responsable de l'initiation élocutoire et comportant par ailleurs, de haut en bas, le gyrus cingulaire, le noyau réticulaire du thalamus et la substance blanche péri-aqueducale : les lésions de l'une ou l'autre de ces structures entraînent un mutisme, tandis que leur stimulation entraîne une vocalisation. Ce système est lié par le gyrus cingulaire à de nombreuses structures limbiques dont les influences se rassemblent au niveau de l'aire motrice supplémentaire elle-même connectée à l'aire de Broca. L'aphasie transcorticale motrice exprime ainsi la suppression des influences limbiques sur les aires cérébrales responsables de l'expression du langage.

L'aphasie transcorticale motrice, quand elle est liée à une lésion de l'aire motrice supplémentaire (AMS), s'accompagne souvent d'une hémiplégie (syndrome de l'aire motrice supplémentaire). Les exérèses chirurgicales de tumeurs frontales internes impliquant l'aire motrice supplémentaire dominante sont en règle suivies d'une hémiplégie controlatérale et d'une aphasie transcorticale motrice pouvant aller jusqu'au mutisme, mais l'une et l'autre sont régressives dans un délai de l'ordre de quelques semaines à quelques mois. L'AMS intervient ainsi non seulement dans l'initiation et la planification élocutoires, mais aussi dans le contrôle moteur. L'amélioration des troubles témoigne d'une neuroplasticité permettant la mise en place d'une « réserve cérébrale » compensatoire qui ne semble pas impliquer l'AMS de l'hémisphère sain, même si elle est activée en imagerie fonctionnelle préopératoire par une tâche verbale. En effet, la stimulation corticale directe (à visée inhibitrice) de l'AMS lésée réalisée en peropératoire et en condition de chirurgie éveillée n'entraîne aucune modification des tests

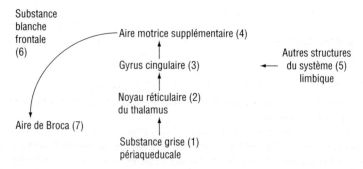

Figure 2.12
Le système de contrôle de l'initiation élocutoire (1, 2, 3, 4) et les sites lésionnels responsables de l'aphasie transcorticale motrice (4, 6).

moteurs (tapotement digital) ou de langage (génération de verbes) chez les patients dont l'imagerie fonctionnelle préopératoire avait montré une plus forte activation de l'AMS de l'hémisphère lésé. Ces mêmes patients avaient le couplage le plus important entre l'AMS lésée et l'aire motrice primaire d'une part, les aires du langage (F3) d'autre part. Ces constatations plaident plutôt en faveur d'une neuroplasticité homolatérale dont l'efficacité compensatoire dépendrait et de l'activation dans le voisinage de l'AMS et de la richesse de ses connexions (Rosenberg *et al.*, 2010).

L'aphasie transcorticale mixte
L'aphasie transcorticale mixte (avec suspension du langage et incapacité de la compréhension) réalise le tableau d'une aphasie globale avec préservation de la répétition. Dénommée aussi syndrome d'isolement de l'aire du langage, elle est liée à de vastes lésions de la couronne périsylvienne (voir figure 2.11) et a pu être observée au cours d'intoxications oxycarbonées, dans des infarctus jonctionnels après occlusion carotidienne et dans des infarctus étendus fronto-pariétaux internes du territoire de la cérébrale antérieure. Les capacités de répétition persistant après lésion conjointe du faisceau arqué, il est possible qu'elles reflètent une activité de l'hémisphère droit.

Les aphasies sous-corticales
Les aphasies sous-corticales peuvent être liées à l'atteinte :
- de la substance blanche périventriculaire et sous-corticale ;
- du thalamus ;
- de la région capsulo-striée.

Les aphasies par lésions de la substance blanche périventriculaire et sous- corticale
Les lésions périventriculaires donnent un tableau d'aphasie transcorticale motrice plus ou moins pur (voir *supra*). Une lésion de l'isthme temporal peut perturber la compréhension ou même donner un tableau voisin de l'aphasie transcorticale sensorielle ; une lésion de l'isthme frontal, sous l'opercule frontal, peut entraîner un tableau d'aphasie de conduction.

Les aphasies thalamiques et capsulo-striées
Parfois rapprochées des aphasies transcorticales en raison de la préservation de la répétition, elles offrent une séméiologie variée et doivent être suspectées quand :
- une aphasie ressemblant à un Wernicke s'accompagne d'une hémiplégie droite ;
- il existe une diminution de l'intensité vocale (hypophonie) ;
- des troubles arthriques ou une réduction de la fluence verbale s'associent à des paraphasies verbales ;
- il existe des paraphasies « extravagantes », des persévérations et une incohérence du discours (*épis de blé → des liennes de jointure fixe en génuflexion ; fourchette → c'est une chose qui prend son air en « brique »* ; menuisier = *« quelqu'un qui travaille les cuisines de fer pour faire des cheveux ».* Question : *« En quoi se ressemblent l'air et l'eau ? »* ; réponse : *« … un des moyens pour commettre une arme tranchante »*).

La moitié des cas d'aphasies sous-corticales réalise le tableau des « *aphasies dissidentes* » de Puel et ses collaborateurs, associant une hypophonie, une réduction du volume verbal, des paraphasies verbales souvent étranges voire extravagantes et des persévérations aboutissant à des propos incohérents, une compréhension du langage oral totalement ou largement préservée. Ces aphasies correspondent le plus souvent à des aphasies thalamiques, qu'il s'agisse d'hémorragies ou d'infarctus intéressant soit le territoire tubéro-thalamique (ou polaire antérieur) soit, plus exceptionnellement, le territoire paramédian. Un déficit important de la mémoire verbale y est associé. Les troubles du langage liés à un infarctus du territoire de l'artère choroïdienne antérieure gauche réalisent aussi le tableau d'une aphasie thalamique. Les aphasies striato-caudées par hémorragie ou -infarctus des artères lenticulo-striées donnent des aphasies se rapprochant des aphasies classiques de Broca ou de Wernicke, des aphasies globales ou transcorticales mixtes en cas de lésions étendues, des aphasies dissidentes avec ou sans troubles arthriques. Des productions verbales prolixes, extravagantes, riches en persévérations et en glissements sémantiques, qui font perdre le « fil d'un discours » devenu incohérent, contaminant aussi l'expression graphique, peuvent constituer l'élément essentiel de certaines aphasies lenticulo-caudées ou limitées au noyau caudé. Elles peuvent s'enrichir de « signes frontaux » (comportement de préhension, persévérations dans les séries gestuelles). Des lésions strictement putaminales peuvent donner des perturbations du débit articulatoire avec pseudo-bégaiement et palilalie, isolés ou associés à une réduction de la fluence et un manque du mot.

Les études isotopiques du débit sanguin ou de la consommation en oxygène ont pu objectiver, lors des aphasies sous-corticales, un déficit fonctionnel plus ou moins étendu du cortex, notamment frontal et pariétal. Toutefois le mécanisme des aphasies sous-corticales ne se résume pas à la désafférentation du cortex et les expériences de stimulation confortent l'hypothèse d'un rôle spécifique des noyaux gris centraux dans la mise en œuvre des capacités langagières : ce rôle s'exercerait par l'intermédiaire d'une multitude de boucles cortico-striato-pallido-thalamiques dont les lésions perturberaient, selon Cambier, la dynamique attentionnelle et intentionnelle de la communication, le choix lexical et la cohérence sémantique, l'exécution de la parole dans ses aspects vocaux et articulatoires. Ainsi, selon Crosson, la programmation motrice et la formulation lexicale dépendraient des aires antérieures, le décodage phonologique et lexical dépendrait des aires temporo-pariétales qui exerceraient en outre un précontrôle sur les aires antérieures grâce aux influences facilitatrices ou inhibitrices des noyaux gris centraux et du thalamus.

L'aphasie des gauchers et des ambidextres

Chez le gaucher et l'ambidextre, existe plus fréquemment, et de manière plus accentuée que chez le droitier, une dominance « partagée » pour le langage. Il s'ensuit qu'une aphasie peut survenir soit après une lésion droite, soit après une lésion gauche : il s'agit d'aphasies habituellement modérées et régressives, avec des perturbations le plus souvent modérées de la compréhension.

Les aphasies croisées

On désigne sous ce terme les aphasies par lésion de l'hémisphère droit chez le droitier, à condition qu'il n'y ait pas de notion de gaucherie familiale et que l'intégrité de l'hémisphère gauche puisse être solidement documentée. Leur fréquence est estimée à 1 %. Le tableau considéré comme le plus habituel est celui d'une aphasie d'expression avec réduction du volume verbal, stéréotypies, paraphasies surtout phonémiques, agrammatisme avec expression écrite agrammatique ou jargona-graphique alors que la compréhension est épargnée ou modestement atteinte. Les troubles associés peuvent mêler les signes d'une atteinte de l'hémisphère majeur (avec certains éléments d'un syndrome de Gerstmann) et de l'hémisphère mineur (avec notamment des perturbations visuospatiales). Les lésions sous-corticales sont considérées comme fréquentes. Loin s'en faut toutefois que ce tableau soit constant : on a en effet aussi pu observer des aphasies de Broca, des aphasies de Wernicke avec les mêmes troubles sévères de la compréhension que ceux observés dans leurs homologues hémisphériques gauches, des aphasies de conduction, des surdités verbales et même des aphasies globales. De même la réputation de bénignité évolutive des aphasies croisées est loin d'être constante.

La séméiologie des aphasies peut ou non correspondre avec les localisations lésionnelles : ainsi une lésion antérieure peut donner une aphasie non fluente, voire un « Broca », mais peut aussi donner une aphasie fluente avec paraphasies, de telles atypies s'observant dans un tiers environ des cas.

Ces constatations suggèrent que les dominances hémisphérique droite pour le langage et hémisphérique droite pour la main puissent être dissociées ; elles suggèrent aussi que la latéralisation droite du langage peut être plus ou moins complète, ce qui peut rendre compte du caractère plus ou moins bénin de l'aphasie croisée. Si l'asymétrie des formations anatomiques, et en particulier un plus grand développement du *planum temporale* gauche (pouvant être mis en évidence dès la 31e semaine de la gestation), a été invoquée comme fondement de la dominance hémisphérique gauche, rien ne prouve qu'une asymétrie inverse existe en cas d'aphasie croisée ; bien plus, une asymétrie anatomique comparable à celle d'un « droitier » a même pu être observée.

L'aphasie des sourds-muets ou aphasie du langage des signes
Les lésions de l'hémisphère gauche du sourd-muet peuvent entraîner des perturbations du langage oral quand il a été acquis et parallèlement du langage des signes, de même que la compréhension du langage des signes peut être altérée en même temps que la compréhension du langage lu sur les lèvres. La spécialisation de l'hémisphère gauche pour le langage apparaît donc comme indépendante des canaux sensoriels qui ont permis son élaboration.

L'aphasie des polyglottes
Les aphasies des sujets parlant deux ou plusieurs langues se caractérisent souvent par la plus grande robustesse de la langue maternelle mais il ne s'agit pas là d'une constatation constante : ainsi, la langue usuelle au sujet au moment de l'installation de l'aphasie peut récupérer le plus rapidement ; la lecture et l'écriture (composantes visuelles du langage) peuvent expliquer la récupération plus rapide d'une langue secondairement apprise par rapport à un dialecte ou un patois véhiculés par la seule voix verbale. Mais l'importance affective de la langue doit aussi être prise en compte : ainsi a-t-on pu observer une restitution préférentielle de la langue hébraïque chez des sujets émigrés en Israël et dont la langue maternelle était l'allemand, le russe ou l'anglais.

Hémisphère droit et langage

Un certain nombre d'arguments plaident pour une « contribution » de l'hémisphère droit à l'activité langagière : préservation d'un langage automatique malgré des lésions massives de l'hémisphère gauche, aggravation d'une aphasie liée à une lésion hémisphérique gauche lors de la survenue d'une nouvelle lésion de l'hémisphère droit, aggravation d'une aphasie par lésion gauche lors d'un test de Wada (injection intracarotidienne d'amytal sodique) effectué du côté droit, tandis que quelques rares observations d'amélioration des capacités de langage écrit ou oral chez des cérébrolésés gauches après excision lobaire voire hémisphérectomie suggèrent même une inhibition des capacités langagières de l'hémisphère droit par l'hémisphère gauche lésé. Enfin les études faites chez les commissurotomisés montrent que l'hémisphère droit est capable de comprendre le sens de mots, qu'ils soient présentés à l'oral ou à l'écrit, ce qui indique donc une compétence de cet hémisphère dans les traitements lexico-sémantiques. Il faut y ajouter son rôle dans la prosodie émotionnelle (voir chapitre 17) et dans la fonction pragmatique du langage, c'est-à-dire le langage dans sa fonction de communication telle qu'elle se déploie dans le discours conversationnel qui, au-delà des aspects phonologiques, synataxiques et sémantiques, doit s'adapter au contexte, répondre avec pertinence aux attentes de l'interlocuteur, mobiliser la « mise en acte » de la parole avec la mimique, le geste, la posture. Ainsi, les malades atteints de lésions hémisphériques droites peuvent présenter des troubles dans l'organisation du discours, qui peut paraître « décousu » avec des digressions, des commentaires inadaptés voire insolites (*tangential speech*), des difficultés pour repérer les « incongruités » ou les informations implicites (comme la morale d'une histoire). L'humour, les métaphores peuvent être difficilement accessibles. Les actes de langage, c'est-à-dire l'intention, la requête du locuteur sont difficilement accessibles. Ainsi, en fonction du contexte, la phrase « J'ai froid » peut être une constatation purement informative ou être un moyen de suggérer que l'on ferme une fenêtre d'une pièce d'habitation ou la vitre d'une voiture ; la requête elle-même peut cacher un agacement ou solliciter une aide. Telles sont les informations qui, au-delà du sens littéral des mots, surgissent du contexte et permettent d'étudier l'aptitude du sujet à utiliser son langage pour communiquer (Hannequin).

L'aphasie de l'enfant

Les aphasies de l'enfant surviennent après que l'enfant a acquis certaines capacités langagières et sont consécutives à une souffrance lésionnelle intéressant, dans la majorité des cas, l'hémisphère gauche : elles s'opposent aux dysphasies développementales qui altèrent l'élaboration même du langage et surviennent en l'absence de substratum lésionnel.

L'aphasie de l'enfant a initialement été envisagée comme étant surtout une aphasie d'expression, avec réduction du langage améliorée par les sollicitations et l'ébauche orale, simplification de la syntaxe, désintégration phonétique, relative discrétion des troubles de la compréhension. Le langage écrit est sévèrement perturbé, avec alexie globale littérale et verbale, tandis que la production graphique peut être impossible ou grevée de dysorthographies. L'évolution est souvent favorable sur le plan linguistique mais il apparaît ensuite une insuffisance du rendement scolaire liée à d'importantes difficultés d'acquisition des connaissances. En fait, ce tableau relativement stéréotypé a été remis en question et

pourrait correspondre à des aphasies sélectionnées sur la présence d'une hémiplégie, donc correspondant en majorité à des lésions plutôt antérieures. C'est dire
que certaines aphasies de l'enfant sont fluides (au moins en début d'évolution),
qu'elles peuvent, à l'instar de l'adulte, se manifester par des paraphasies verbales
ou phonémiques, des persévérations et des stéréotypies, des troubles sévères de
la compréhension. Des tableaux d'aphasie fluide peuvent correspondre à des
lésions de la partie postérieure de l'hémisphère dominant. Les cas de meilleur
pronostic correspondraient aux lésions traumatiques. Dans certaines séries,
un pronostic plus favorable est attaché aux aphasies survenant le plus précocement (et en particulier avant 8 ans), ce qui n'a pas été unanimement constaté.
C'est vers l'âge de 10 ans que les aphasies de l'enfant partagent les caractères de
celles des adultes.

Le syndrome de Landau-Kleffner ou syndrome d'aphasie acquise avec épilepsie
survient entre 18 mois et 13 ans. L'aphasie associe des troubles de l'expression
verbale (qui est réduite et affectée de distorsions phonétiques et de paraphasies
phonémiques) et des troubles de la compréhension orale parfois associés à une
agnosie auditive (intéressant les voix, les bruits familiers et pouvant conduire à
prendre l'enfant pour un sourd). À ces troubles s'ajoutent des crises épileptiques
partielles ou généralisées et des troubles du comportement (instabilité, troubles
caractériels, énurésie, perturbations du sommeil). L'électroencéphalogramme
montre des pointes-ondes bilatérales prédominant en temporal et accrues par
le sommeil lent, au cours duquel l'aspect observé peut être indissociable de
celui du syndrome de pointes-ondes continues du sommeil durant lequel des
pointes-ondes diffuses occupent la majeure partie du sommeil lent. Il n'a pas
été individualisé de substratum lésionnel objectivable par l'imagerie mais il a été
observé des cas secondaires ou associés à des pathologies diverses (artérite cérébrale, neurocysticerose, kyste arachnoïdien de la vallée sylvienne gauche). Le
pronostic de l'aphasie est d'autant meilleur que les troubles apparaissent plus
tard, les cas ayant le plus mauvais pronostic étant âgés de moins de 6 ans. La
corticothérapie paraît être le traitement le plus actif. Les cas rebelles peuvent être
améliorés par les immunoglobulines voire par les résections transpiales du cortex
concerné par l'activité épileptique.

Localiser les lésions responsables des aphasies, est-ce localiser le langage ? De l'associationnisme au connexionnisme, du connexionnisme à l'hodologie

Ce parcours de la variété voire de la multitude des formes cliniques d'aphasies
a permis, on l'a vu chemin faisant, de générer des hypothèses sur l'organisation cérébrale du langage « normal ». Telle a été en effet la démarche initiale
anatomo-clinique : en montrant que des lésions localisées du cerveau produisent
des troubles spécifiques du langage, on voulut abattre l'hypothèse d'une conception holistique du fonctionnement cérébral. En effet, la région cérébrale dont la
lésion abolissait une fonction ne pouvait être que le siège de cette fonction. Dans
la lignée de l'une des idées directrices de la phrénologie qui avait entrepris, sur
des bases incertaines, de faire l'inventaire de la localisation des « facultés », mais
avec l'argumentation fournie par la mise en relation d'une observation clinique et
d'une lésion, Paul Broca conforta le localisationnisme : il déclara tout à la fois avoir

montré et l'existence et le siège de la « faculté spéciale du langage articulé ». Il considéra comme « assez vraisemblable » que cette faculté relève d'« une espèce particulière de mémoire qui n'est pas la mémoire des mots mais celle des mouvements nécessaires pour articuler les mots ». Le localisationnisme engendra ainsi l'associationnisme : il fut promu par Wernicke qui, décrivant l'aphasie qui porte son nom, ouvrit la voie à l'associationnisme ou « doctrines des centres d'images verbales » (De Ajuriaguerra, 1964). Ainsi, l'aphasie sensorielle lésait au niveau du gyrus temporal supérieur le centre des images auditives des mots, « images de mémoire » élaborées et stockées par les traces sensorielles laissées par l'audition du langage parlé, tandis que l'aphémie décrite par Broca lésait plus en avant le centre des images motrices verbales. Mais ces centres ne pouvant fonctionner que de manière complémentaire et coordonnée, il fallut bien imaginer qu'ils fussent connectés entre eux. Et c'est ainsi que Wernicke put postuler de manière théorique l'existence d'une aphasie par lésion des voies d'association entre les deux centres et il proposa de l'appeler « aphasie de conduction » : le malade parlerait comme un aphasique sensoriel mais aurait une compréhension normale. L'associationnisme ouvrit la vie au connexionnisme. Jules Dejerine (1914) montra ainsi qu'à côté de l'alexie-agraphie de l'aphasie de Wernicke peut exister une « cécité verbale » pure, c'est-à-dire une alexie sans agraphie. La lésion intéressait le lobe occipital gauche et le *splenium* du corps calleux. Déjerine attribua le trouble à la destruction « des fibres qui unissent le centre des images visuelles du langage, – pli courbe, – au centre de la vision générale » du lobe occipital de l'hémisphère gauche. Ce fut Geschwind qui reconnut le rôle de la lésion calleuse et fit de l'alexie sans agraphie un exemple typique de syndrome de disconnexion inter-hémisphérique : la lésion intéressant le lobe occipital gauche et le splenium du corps calleux, il s'ensuit que le malade ne voit qu'avec son lobe occipital droit et que la lésion calleuse empêche le transfert inter-hémisphérique des informations visuo-graphiques vers la zone du langage de l'hémisphère gauche.

Mais que veut dire localiser ? Certes certaines zones du cerveau sont nécessaires pour comprendre le langage parlé et écrit, pour pouvoir dénommer, pour répéter, pour parler, lire et écrire. Mais dire que l'intégrité de certaines zones du cerveau est nécessaire à la compréhension du langage, à l'expression verbale, à la dénomination ne veut pas dire que ces mêmes zones contiennent, enferment la compréhension, l'expression, la dénomination : ce fut l'erreur des conceptions associationnistes. S'il existe des « centres » interconnectés entre eux, on peut seulement dire d'eux non qu'ils « renferment » une fonction, mais qu'ils sont nécessaires à la manifestation de la fonction. Les fibres nerveuses (substance blanche) qui permettent les connexions naissent de rassemblements de corps cellulaires neuronaux (substance grise) ; ou y aboutissent, ou y convergent pour y faire relais.

On pourrait aussi de manière simple distinguer des troubles du langage liés à des lésions de « centres », c'est-à-dire de ces rassemblements neuronaux au niveau essentiellement du cortex (aires associatives) mais aussi de structures sous-corticales (noyaux gris centraux) et des troubles du langage liés à des lésions de la substance blanche comme celles lésant le faisceau arqué dans les aphasies de conduction. Encore faut-il remarquer qu'il existe des lésions cortico-sous-corticales impliquant largement la substance blanche et la substance grise, mais aussi que les lésions d'une aire corticale associative, autour d'une aire sensorielle primaire, déconnectent celle-ci, comme l'a fait remarquer Geschwind, du reste du néocortex. Le connexionnisme ne se fonde pas sur la théorie de centres d'images, mais il oppose à une conception holistique du fonctionnement cérébral un cerveau fait d'un maillage entre des centres nécessaires au traitement des informations et les voies qui les unissent, qu'elles soient inter-hémisphériques (comme le corps calleux) ou intra-hémisphériques.

La neuropsychologie cognitive essaya bien de se dégager des contraintes anatomiques en polarisant ses observations sur des modèles de traitement de l'information qui, par analogie avec l'ordinateur, font transiter les données reçues vers des traitements centraux, aboutissant en sortie à une réponse. Ainsi en est-il du « modèle » à deux voies de la lecture montrant que l'on peut lire de deux manières, à partir de la prononciation (voie phonologique) ou à partir de l'activation iconique d'un lexique visuel (voie lexicale). Ces modèles s'écrivent sous formes de boîtes et de flèches dépouillées de références anatomiques : leur mérite a été et reste d'aiguiser l'analyse clinique au risque de fragmenter l'activité cognitive en se fondant sur les désordres qu'elle exprime. Car si l'associationnisme recherchait la localisation correspondant à un tableau clinique en multipliant les correspondances anatomo-cliniques, le cognitivisme recherche plutôt la dissociation des fonctions : ainsi, si un malade ne peut lire des logatomes (comme tafulo) alors qu'il lit des mots même irréguliers (comme oignon) et qu'un autre malade lit les logatomes et les mots réguliers (qui se lisent comme ils s'écrivent) et ne peut plus lire les mots irréguliers, il existe donc une « double dissociation » de la fonction de la lecture qui permet de faire l'hypothèse de deux voies de la lecture dont l'altération donne une alexie phonologique dans le premier cas et une alexie dite de surface dans le second cas (voir figure 4.1). Pas à pas, la neuropsychologie cognitive a ainsi permis de créer et d'enrichir des modèles de production des gestes, du calcul, du traitement des informations sensorielles, de la reconnaissance de visages, et de multiples modèles de mémoire. Mais le courant cognitiviste généra aussi des modèles hybrides car les flèches désignent un transit d'informations soit entre deux étapes anatomiquement virtuelles soit entre deux étapes anatomiques et le cognitivisme put alors nouer des liens avec le connexionnisme. C'est ce que peuvent montrer les travaux consacrés par exemple à l'aphasie optique. Ce terme créé par Freund en 1889 fut la première exception à la conception générale selon laquelle les désordres aphasiques de la dénomination ne dépendent pas du canal sensoriel emprunté. Or au cours des aphasies optiques, le déficit de la dénomination n'existe que si l'objet est présenté par la vue alors qu'il est bien dénommé s'il est présenté par voie tactile ou auditive. Et pourtant l'objet est reconnu, comme semble le montrer par exemple la capacité qu'a le sujet d'en mimer son usage. L'aphasie optique qui s'accompagne d'une hémianopsie latérale homonyme droite peut être conçue dans une approche connexionniste comme une disconnexion visuo-verbale (voir p. 112). Mais on peut aussi dans une approche cognitiviste faire l'hypothèse de plusieurs systèmes sémantiques sollicités par des stimulations spécifiques, visuelle, verbale, tactile ; ces systèmes étant interconnectés et la dénomination n'étant possible qu'après accès au système sémantique (voir figure 7.4). Les modèles hybrides (voir figures 2.10, 3.4) qui furent générés tentèrent à chaque fois que possible de faire correspondre les

« boîtes » et les « flèches » à des structures anatomiques, des « centres » pour les premières, des « faisceaux d'association » pour les secondes. Des démarches épistémologiques différentes, l'une fondée sur la proposition de modèles théoriques bâtis à partir de constatations cliniques, l'autre fondée sur la méthode anatomo-clinique, ont pu ainsi se féconder mutuellement.

Il faut dire que les progrès de l'imagerie morphologique et ceux de l'imagerie fonctionnelle ont pu montrer que le langage ne pouvait être enfermé dans quelques centres spécialisés et dans les connexions qui les unissent. Les études sur les déficits catégoriels de la compréhension et de la dénomination (voir *supra*) s'observent lors de lésions situées en dehors des aires classiques du langage. Ainsi, ces « aires » impliquées dans le passage de la pensée au langage et dont ont été signalées dans ce chapitre quelques-unes des localisations proposées dans la littérature, se dispersent sur une vaste région de l'hémisphère gauche incluant la jonction temporo-pariéto-occipitale, le lobe temporal, certaines parties du lobe frontal et parfois aussi le lobe temporal droit. Le langage ne peut déployer ses composantes sémantiques, phonologiques, articulatoires, phrastiques, ses modalités parlées et écrites sans une connectivité très dense en réseaux cortico-sous-corticaux parallèles et largement distribués. C'est l'étude de ces réseaux faits de faisceaux de substance blanche que l'on appelle l'hodologie. Elle peut susciter un point de vue hodologique selon lequel un symptôme peut être provoqué par une souffrance de sites corticaux distants ou de leurs voies de connexion (Catani et Ffytche, 2005 ; Duffau *et al.*, 2009). Cette étude a été accélérée par un certain nombre de circonstances :

■ le développement de la chirurgie en condition éveillée (Duffau, 2012). Son objectif est de traiter chirurgicalement les tumeurs cérébrales en conjuguant l'efficacité maximale et des séquelles minimales ou nulles (De Benedictis *et al.*, 2010). Cela implique de tenir compte des modifications de la réorganisation des fonctions cérébrales sous l'effet notamment de tumeurs d'évolution lente comme les gliomes de bas grade. Ainsi, l'exérèse d'une tumeur envahissant l'opercule frontal gauche chez un sujet droitier peut ou non entraîner une aphasie en fonction des capacités et des modalités de neuroplasticité propres à chaque sujet. C'est en réveillant le malade pendant l'intervention, en délivrant au niveau du cerveau des stimulations électriques directes à visée inhibitrice que l'on peut évaluer les particularités fonctionnelles ou le silence fonctionnel du tissu dont on peut ainsi décider de pratiquer ou non l'exérèse. Cette chirurgie permet en effet, en fonction de la localisation tumorale, une étude de la cartographie peropératoire, de la fonctionnalité des réseaux et de son éventuelle réorganisation ;

■ parallèlement, la tractographie a permis de visualiser les faisceaux d'association grâce à l'IRM par tenseur de diffusion.

C'est ainsi que l'organisation suivante des fibres d'association intra-hémisphériques peut être proposée (figure 2.13).

■ Le faisceau longitudinal supérieur (gauche) : sa partie profonde est constituée du faisceau arqué. C'est une voie dorsale reliant le lobe frontal d'une part aux lobes temporal et pariétal d'autre part. On peut lui reconnaître deux constituants. La voie directe, la plus profonde, a une forme en C qui, partant du lobe temporal, circonscrit l'insula et rejoint le lobe frontal. La voie indirecte fait relais dans le lobule pariétal inférieur : son segment antérieur connecte l'aire de Broca au lobule pariétal inférieur ; son segment postérieur connecte le lobule pariétal

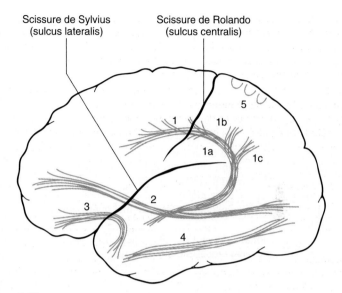

Figure 2.13
Les principaux faisceaux d'association intra-hémisphériques.
Ils font partie de la substance blanche des hémisphères cérébraux (voir encadré 15.1).
1. Faisceau longitudinal supérieur/faisceau arqué (lobe frontal <—> lobes temporal/
pariétal). 1a. Voie directe fronto-temporale (fibres longues profondes). 1b/1c.
Segments antérieur (1b) et postérieur (1c) de la voie indirecte qui fait relais dans
le lobule pariétal inférieur. 2. Faisceau fronto-occipital inférieur (aires postérieures
temporo-occipitales <—> cortex préfrontal). 3. Faisceau unciné (région temporale
antérieure <—> cortex frontobasal). 4. Faisceau longitudinal inférieur (aires postérieures temporo-occipitales, à partir des aires occipitales associatives <—> pôle
temporal). 5. Les fibres en U, très nombreuses, sont de courtes fibres situées sous la
substance grise corticale qui relient les gyri contigus.

inférieur à l'aire de Wernicke. Cette voie dorsale est phonologique. (Les lésions
de ce même faisceau à droite entraînent une négligence spatiale gauche.)
■ Le faisceau fronto-occipital inférieur (IFOF) est la structure essentielle de la voie
ventrale sémantique. Il connecte les aires postérieures occipito-temporales au
cortex préfrontal. La voie ventrale indirecte pourrait être constituée par le faisceau
unciné puis par le faisceau longitudinal inférieur. Le faisceau unciné connecte la
région temporale antérieure au cortex fronto-basal (portion orbitaire et polaire)
qui fonctionnerait en parallèle du précédent. Est-ce parce que son fonctionnement est compensé que sa stimulation peropératoire ne produit aucun trouble
du langage ? Quant au faisceau longitudinal inférieur connectant les aires postérieures occipito-temporales (à partir des aires visuelles associatives) au pôle
temporal, son rôle dans le traitement sémantique n'est pas établi. La preuve de
l'implication de cette voie ventrale indirecte dans le traitement sémantique n'a
donc pas pu être apportée par la stimulation électrique directe. L'utilisation
de tests neuropsychologiques plus sensibles pourrait peut-être permettre des

réponses plus précises (Duffau *et al.*, 2009). En revanche, le faisceau longitudinal inférieur joue un rôle-clé dans les gnosies visuelles (un cas d'hémiagnosie visuelle gauche transitoire a pu être obtenu par stimulation électrique directe de ce faisceau lors de l'exérèse en condition de chirurgie éveillée d'un gliome de bas grade temporo-occipital droit ; Fernandez-Coello *et al.*, 2013).

Étiologie et pronostic

Les causes les plus fréquentes d'aphasies sont les accidents vasculaires cérébraux, les traumatismes craniocérébraux, les tumeurs intracrâniennes. Les aphasies peuvent faire partie de la séméiologie des démences de même que des atrophies « lobaires » entraînent des aphasies « progressives ». Les aphasies brèves peuvent relever d'accidents ischémiques transitoires, de migraines accompagnées de crises épileptiques focales mais une aphasie prolongée n'exclut pas une étiologie épileptique (état de mal guérissant sous traitement spécifique).

Le pronostic de l'aphasie dépend de l'étiologie (suivant qu'elle renvoie à des causes stabilisées comme les séquelles d'une contusion traumatique du lobe temporal gauche ou évolutives comme une tumeur intracrânienne). Les aphasies des gauchers et des ambidextres sont souvent moins massives et de tendance plus régressive que celles des droitiers. Au cours des ictus, le pronostic est essentiellement fonction de la gravité initiale de l'aphasie et de ses modalités évolutives dans les quatre premières semaines suivant l'ictus.

Outre la régression des lésions initiales, l'amélioration des aphasies peut s'expliquer par le transfert fonctionnel sur d'autres structures de l'hémisphère gauche, en particulier périlésionnelles et sur la contribution de l'hémisphère droit (voir *supra*, p. 52). Il est intéressant de constater que l'imagerie dynamique a pu montrer, à la phase aiguë de l'ictus, une dépression métabolique des zones lésionnelles de l'hémisphère gauche mais aussi une dépression par diaschisis de zones non lésées de l'hémisphère gauche et de l'hémisphère droit : l'amélioration est associée à la régression de la dépression métabolique des zones non lésées, tout particulièrement de l'hémisphère droit (Cappa *et al.*, 1997). Toutefois les meilleures évolutions sont associées à la réactivation métabolique périlésionnelle, tout particulièrement au niveau du gyrus temporal supérieur gauche, ce qui montre que l'atteinte partielle des zones du langage est le meilleur facteur de bon pronostic (Heiss *et al.*, 1997 ; Karbe *et al.*, 1998).

Les traitements médicamenteux des aphasies sont essentiellement à visée étiologique : il en est ainsi par exemple des aphasies épileptiques ou des aphasies liées à une tumeur maligne. Quant à la pharmacothérapie fondée sur le substratum biochimique des innombrables circuits neuronaux qui sous-tendent le langage, elle demeure balbutiante : le piracétam s'est avéré un adjuvant de la prise en charge orthophonique ; la bromocriptine a pu améliorer des aphasies à langage réduit tandis que les troubles de dénomination et de la compréhension pourraient être améliorés par les substances cholinergiques comme les anticholinestérasiques (Albert, 1998). La mémantine soulève actuellement quelques espoirs ténus : en tout cas dans une population de malades présentant une aphasie chronique après accident vasculaire cérébral, la mémantine comme la rééducation entraînent une amélioration significative des performances linguistiques, explorées par la

WAB *(Western Aphasia Battery)* mais une amélioration encore plus importante et durable est observée en associant la rééducation et la mémantine (Berthier).

La stimulation magnétique transcrânienne est en cours d'évaluation : elle pourrait en modulant l'activité cérébrale agir favorablement sur la neuroplasticité et s'avérer être un traitement complémentaire de la prise en charge des aphasiques. En effet, les lésions cérébrales responsables de l'aphasie entraînent un déséquilibre inter-hémisphérique avec hyperactivité des zones cérébrales hémisphériques droites situées en regard des zones du langage lésées, ce qui accroît l'inhibition exercée par le cerveau droit sur le cerveau gauche et entraverait donc l'amélioration de l'aphasie. Des essais thérapeutiques prometteurs on notamment été faits sur des malades atteints d'aphasie non fluente avec stimulation à basse fréquence (donc inhibitrice) de la région droite en miroir de la *pars triangularis* de l'aire de Broca (aire de Brodmann 45) avec amélioration des capacités de dénomination (de Boissezon ; Martin) et, de manière plus exceptionnelle, avec une stimulation à haute fréquence donc activatrice au niveau du cortex préfrontal gauche et notamment dans un cas d'aphasie progressive où il a été obtenu une meilleure production des verbes (Finocchiaro).

La description séméiologique des aphasies permet d'imaginer le désarroi psychologique entraîné, en l'absence d'anosognosie, par l'impossibilité phonétique, phonémique ou sémantique de communiquer. L'évolution sera d'autant meilleure que le sujet a des troubles modérés de la compréhension et qu'il surmonte une tendance dépressive, des réactions de catastrophe, des manifestations caractérielles secondaires à sa détresse pour participer activement à sa rééducation. Même si les méthodes de prise en charge sont diverses, l'évolution est de meilleure qualité quand le patient bénéficie de séances rééducatives et la réhabilitation des aphasi-ques constitue aujourd'hui l'une des missions du métier d'orthophoniste. Certes il est des cas où la situation rééducative reste bloquée : ainsi en est-il des aphasies globales avec suspension du langage et compréhension nulle dont il faut attendre les premiers balbutiements et l'accès à la réalisation de quelques ordres simples ; ainsi en est-il aussi des aphasies de Wernicke avec un jargon logorrhéique, une compréhension massivement atteinte et une anosognosie, dont il faut guetter la première prise de conscience des troubles, une régression modérée des troubles de la compréhension, avant de pouvoir envisager de limiter la logorrhée en « canalisant » l'expression verbale du malade.

La rééducation du langage dispose de multiples méthodes qui d'ailleurs ne sont pas exclusives les unes des autres.

■ Les *méthodes de stimulation* exaltent les processus attentionnels et visent à faire surgir des processus langagiers que l'on estime inactivés par l'aphasie.

■ La *méthode dite séméiologique de Ducarne de Ribaucourt* est fondée aussi sur la stimulation en y associant des techniques d'apprentissage planifiées grâce à une étude minutieuse des perturbations du langage. L'utilisation d'un matériel audiovisuel et de l'ordinateur permet au malade de s'autoévaluer ses productions. Le recours à des procédures palliatives est envisagé en cas de prévision d'échec du réapprentissage : les prothèses de parole permettent ainsi à des anarthriques de transformer leur langage tapé au clavier en paroles prononcées par l'ordinateur. Le réapprentissage peut utiliser des stratégies de réorganisation (voir *infra*).

■ Les *méthodes comportementales* d'inspiration behavioriste sont fondées sur la recherche des stimulations aptes à permettre l'apprentissage en suscitant des réponses contrôlées qui pourront faire l'objet de renforcements et en organisant des exercices de complexité croissante. Le conditionnement opérant proposé par Holland (Seron *et al.*, 1978), avec ou sans support informatique, fait l'inventaire du langage résiduel et des principales difficultés du patient, choisit des thèmes langagiers conformes aux intérêts du patient, définit un programme gradué, renforce systématiquement les réponses correctes, tout particulièrement par les encouragements de thérapeute. La VIC (*Computerized Visual Communication*, Weinrich, 1991) permet à des aphasiques sévères d'apprendre à communiquer à l'aide d'images et d'icônes représentant des mots qui sont ensuite utilisés pour communiquer grâce à l'ordinateur à l'aide de phrases simples et agrammatiques, ce qui permet au moins d'extraire le patient de son isolement relationnel. Les thérapies mélodiques, fondées sur la constatation empirique de la facilitation exercée par le chant sur l'expression orale d'aphasiques réduits, ont été développées aux États-Unis sous le nom de *Melodic Intonation Therapy* tandis qu'en langue française, une autre méthode a été mise au point en 1997 par Van Eeckhout et ses collaborateurs sous le nom de « thérapie mélodique et rythmée ». Cette méthode est fondée sur le rythme (accentuation de chaque unité signifiante d'une phrase comme « *Je suis content de sortir demain* »), la scansion par les gestes, la mélodie faite de deux notes dont l'intervalle est d'une quarte, le schéma visuel représentant la partition musicale dont les deux notes, l'une aiguë, l'autre grave, correspondant chacune à une syllabe, sont représentées par un trait vertical sur deux lignes, la supérieure pour la note aiguë, l'inférieure pour la note grave. Il est intéressant de noter que la tomographie par émission de positrons (TEP) en situation mélodique chez l'aphasique montre, en dehors des zones d'hypométabolisme lésionnelles, une activation pariéto-temporo-frontale limitée à l'hémisphère gauche.

■ Les *méthodes cognitives* fondent leur approche, non pas sur les symptômes, mais sur les modèles cognitifs susceptibles de les expliquer : après validation du modèle, il reste le choix de la méthode qui peut être le plus souvent une tentative de réorganisation de la fonction, la facilitation de la fonction, et parfois le rétablissement de la fonction dans son état antérieur ou encore le recours à une stratégie palliative. Ainsi en était-il déjà pour Luria (1963, 1970) pour qui des organisations fonctionnelles indépendantes peuvent générer une compétence neuropsychologique unitaire. L'objectif de la rééducation est alors de tenter la réorganisation de la fonction en recherchant, en présence de chacun des troubles présentés par le malade, s'il est possible de l'aider à mettre en œuvre une autre organisation fonctionnelle que celle qui lui est habituelle pour améliorer ou restaurer une compétence déficitaire : la visualisation de diagrammes articulatoires peut ainsi améliorer les troubles de la réalisation phonétique. Parmi les modèles développés pour expliquer les troubles du langage et leur dissociation, il a pu ainsi être proposé, en présence d'une alexie sans agraphie laissant persister un déchiffrage des lettres en suivant leur contour avec le doigt, de ne pas se contenter, sur le plan rééducatif, de remplacer l'afférence visuelle par l'afférence gestuelle mais d'utiliser le geste comme relais entre la perception visuelle et la verbalisation (Beauvois et Derouesné, 1982).

■ Les *méthodes* « *sociothérapiques* » privilégient le fonctionnement langagier du patient dans sa vie quotidienne, professionnelle et familiale, ce qui impose d'adapter la rééducation à l'environnement du patient. La rééducation en groupe peut favoriser cet abord rééducatif si la composition des groupes permet d'allier des contextes socioculturels proches et des troubles du langage assez voisins dans leur qualité et leur intensité. Car il est vrai que le problème reste souvent pour l'aphasique de pouvoir transférer les progrès réalisés avec son thérapeute dans le cadre de sa vie familiale et sociale.

En tout cas, aucune méthode n'a pu faire la preuve de sa supériorité. Les thérapeutes, mis à part les troubles dissociés ciblant un déficit électif, ont tendance à utiliser des approches méthodologiques variées, sans négliger l'approche pragmatique ciblée sur les échanges de la vie quotidienne et recourant à tous les modes, verbaux ou non, de communication. Moins que du type de technique rééducative, le pronostic dépend de la dimension stimulante du climat rééducatif, fondée sur une analyse précise des troubles du langage tout comme sur l'encouragement et le soutien qu'instaure la relation thérapeutique. Mais le thérapeute restera toujours fort démuni en présence d'un malade anosognosique ou d'un malade présentant des troubles massifs de la compréhension ou encore en présence d'une aphasie globale. Le thérapeute doit alors considérer que les connaissances techniques sur l'aphasie doivent contribuer, non pas à oublier, mais au contraire à mieux approcher le drame que représente la dévastation aphasique du langage. Ce drame est parfois limité aux proches en cas d'anoso-gnosie ou d'indifférence du malade. Ce drame est parfois vécu de manière -pathétique par le malade comme le manifestent les témoignages recueillis chez des aphasiques : « J'avais l'impression d'être enterrée vivante », disait une patiente... « Déchu, déchu », répondait Valéry Larbaud, interrogé sur son état de santé... Ces témoignages montrent que soigner est aussi accompagner. Le dépistage (et le traitement) d'une dépression (voir p. 387), une assistance psychothérapique peuvent avoir leur part dans la prise en charge thérapeutique. On sait la difficulté qu'il peut y avoir à interrompre des rééducations quand les patients n'ont eu qu'une amélioration partielle qui demeure stagnante et quand le climat rééducatif permet des échanges qui demeurent laborieux ou rudimentaires dans la vie quotidienne. C'est dire aussi l'intérêt et le soutien que peut apporter la vie associative.

Tableau 2.II
Caractères séméiologiques des principaux types d'aphasies

Type d'aphasie	Langage spontané	Compréhension	Répétition	Dénomination	Lecture	Écriture	Signes associés	Localisation
Aphasie globale ou totale ou grande aphasie de Broca	Nul	Nulle ou très perturbée	Nulle	Nulle	Nulle	Nulle	1) Hémiplégie sensitivo-motrice 2) Absence d'hémiplégie Opercule frontal, quadrilatère de Pierre Marie	1) Vastes lésions pré- et rétrosylviennes 2) Lésions non contiguës des aires de Broca et de Wernicke
Anarthrie pure	Nul ou réduit	Préservée	Nulle ou altérée (désintégration phonétique)	Possible par écrit	Comprise mais non parlée	Préservée	Hémiplégie inconstante	Opercule frontal, quadrilatère de Pierre Marie
Aphasie de Broca	Réduit, stéréotypies, désintégration phonétique	Peu perturbée	Laborieuse avec désintégration phonétique	Perturbée	Alexie antérieure, dyslexie profonde	Dysorthographie	Hémiplégie	Opercule frontal, insula et quadrilatère de Pierre Marie
Aphasie de Wernicke	Fluide, logorrhée avec jargon	Très altérée	Paraphasies	Très altérée	Alexie aphasique	Agraphie aphasique	Hémianopsie	Aire de Wernicke

Tableau 2.II
Caractères séméiologiques des principaux types d'aphasies (*suite*)

Type d'aphasie	Langage spontané	Compréhension	Répétition	Dénomination	Lecture	Écriture	Signes associés	Localisation
Aphasie de conduction	Fluide, autocorrections	Préservée	Paraphasies	Paraphasies	Alexie aphasique Paralexies, compréhension préservée	Paragraphies en dictée	Signes pariétaux	Gyrus *supramarginalis* et faisceau arqué
Aphasie amné-sique	Fluide	Préservée	Préservée	Manque du mot	Préservée	Préservée		Lobe temporal
Aphasie transcorticale motrice	Réduit, voire mutisme	Préservée	Préservée	Manque du mot	Préservée	Agraphie	Hémiplégie (crurale) inconstante Signes sensitifs, hémianopsie	Antérieure et supérieure à l'aire de Broca
Aphasie transcorticale sensorielle	Fluide	Altérée	Préservée, écholalie	Paraphasies	Alexie apha-sique	Agraphie	Signes sensitifs, hémianopsie	Partie postérieure zone bordante
Aphasie transcorticale mixte	Réduit	Altérée	Préservée	Très altérée	Nulle	Nulle	Hémiplégie, troubles sensitifs, hémianopsie	Vastes lésions de la couronne bordant les aires du langage
Aphasie dissi-dente	Réduit avec hypophonie (parfois fluide dans les lésions caudées)	Préservée	Préservée	Paraphasies extravagantes	Altérations variables	Altérations variables	Hémiplégie, troubles sensitifs, hémianopsie, atteinte de la mémoire verbale	Thalamus, région lenticulo-caudée

Bibliographie

Alajouanine T. L'aphasie et le langage pathologique. Paris: J.-B. Baillière et Fils; 1968.

Albert ML. Treatment of aphasia. Arch Neurol 1998;55:1417–9.

Beauvois MF, Derouesné J. Recherche en neuropsychologie et rééducation : quels rapports ? In: Seron X, Laterre C. Rééduquer le cerveau1. Bruxelles: Mardaga; 1982.

Berthier ML, Green C, Lara JP, Higueras C, Barbancho MA, Davila G, Pulvermüller F. Memantine and constraint-induced aphasia therapy in chronic post-dtroke aphasia. Ann Neurol 2009;65(5):577–85.

Caplan D. Neurolinguistics and linguistic aphasiology. Cambridge: University Press; 1987, 159–200.

Cappa SF, Perani D, Grassi F, et al. A PET follow-up study of recovery after stroke in acute aphasics. Brain and Language 1997;56:55–67.

Catani M, Ffytche DH. The rises and falls of disconnection syndromes. Brain 2005; 128(Pt 10):2224–39.

Catani M, Mesulam M. The arcuate fasciculus and the disconnection theme in language and aphasia: history and current state. Cortex 2008;44(8):953–61.

Crosson B. Subcortical functions in language : a working model. Brain and Language 1985;25:257–92.

Crosson B, Moberg PJ, Boone JR, et al. Category-specific naming deficit for medical terms after dominant thalamic/capsular hemorrhage. Brain and Language 1997;60:407–42.

Damasio AR. Aphasia. New England J Med 1992;326(8):531–9.

Daniele A, Giustolisi L, Silveri MC, et al. Evidence for a possible neuroanatomical basis for lexical processing of nouns and verbs. Neuropsychologia 1994;11:1325–41.

De Ajuriaguerra J, Hecaen H. Le Cortex cérébral. Paris: Masson; 1964.

De Benedictis A, Moritz-Gasser S, Duffau H. Awake mapping optimizes the extent of resection for low-grade gliomas in eloquent areas. Neurosurgery 2010;66(6):1074–84.

De Boissezon X, Raboyeau G, Simonetta-Moreau M, Puel M, Demonet JF, Cardebat D. Imagerie fonctionnelle cérébrale et prise en charge thérapeutique de l'aphasie : orthophonie et stimulation magnétique transcrânienne répétitive. Rev Neurol (Paris) 2008;164:S45–8.

Dejerine J. Séméiologie des affections du système nerveux. Paris: Masson; 1914.

Ducarne de Ribaucourt B. Rééducation séméiologique de l'aphasie. Paris: Masson; 1988.

Duffau H. The challenge to remove diffuse low-grade gliomas while preserving brain functions. Acta Neurochir (Wien) 2012;154(4):569–74.

Duffau H, Gatignol P, Moritz-Gasser S, Mandonnet E. Is the left uncinate fasciculus essential for language ? A cerebral stimulation study. J Neurol 2009;256(3):382–9.

Eccles JC. Évolution du cerveau et création de la conscience. Paris: Champs Flammarion; 1994.

Eustache F, Lambert J, Viader F. Rééducations neuropsychologiques1. Paris: Bruxelles: De Boeck Université; 1997.

Eustache F, Lechevalier B. Langage et aphasie. Bruxelles: De Boeck Université; 1989.

Fernandez Coello A, Duvaux S, De Benedictis A, Matsuda R, Duffau H. Involvement of the right inferior longitudinal fascicle in visual hemiagnosia : a brain stimulation mapping study. J Neurosurg 2013;118(1):202–5.

Finocchiaro C, Maimone M, Brighina F, Piccoli T, Giglia G, Fierro B. A case study of primary progressive aphasia : improvement for verbs after rTMS treatment. Neurocase 2006;6:317–21.

Freedman M, Alexander MP, Naeser MA. Anatomic basis of transcortical motor aphasia. Neurology 1984;34:409–17.

Gainotti G, Silveri MC, Daniele M, Guistolisi M. Neuroanatomical correlates of category-specific semantic disorders : a critical survey. Memory 1995;3:247–64.

Geschwind N. Disconnexion syndromes in animals and man. I. Brain 1965;88(2):237–94.

Goodglass HG. Understanding Aphasia. Londres: Academic Press; 1993.

Hannequin D, Goulet P, Joanette Y. La Contribution de l'hémisphère droit à la communication verbale. Paris: Masson; 1987.

Hart J, Berndt R, Caramazza A. Category-specific naming deficits following cerebral infarction. Nature 1985;316:439–40.

Heiss WD, Karbe H, Weber-Luxenburger G, et al. Speech-induced cerebral metabolic activation reflects recovery from aphasia. J Neurol Sci 1997;145:213–7.

Jakobson R. Essais de linguistique générale. Paris: Éditions de Minuit; 1963.

Karbe H, Thiel A, Weber-Luxenburger G, et al. Brain plasticity in poststroke aphasia : what is the contribution of the right hemisphere ? Brain and Language 1998;64:215–30.

Kertesz A. The Western Aphasia Battery. Londres: Grune and Stratton; 1982.

Kertesz A, Sheppard A, Mackenzie R. Localization in transcortical sensory aphasia. Arch Neurol 1982;39:475–8.

Kremin H. La dénomination et ses problèmes. In: Nespoulos JL, Leclerq M, eds. Linguistique et neuropsycholinguistique. Tendances actuelles. Paris: Société de neuropsychologie de langue française; 1990.

Lebrun Y. The inside of aphasia. In: Lebrun Y, Hoops R, eds. The management of aphasia, neurolinguistics8. Amsterdam and Lisse: Swets et Zeitlinger; 1978.

Loonen MC, Van Dongen HR. Acquired childhood aphasia. Arch Neurol 1990;47:1327–8.

Martin PI, Naeser SA, Gopinath K, White KD, Wierenga CE, et al. Transcranial magnetic stimulation as a complementary treatment for aphasia. Semin Speech Lang 2004;25(2):181–91.

Martinet A. Éléments de linguistique générale. Paris: Armand Colin; 1970.

McCarthy RA, Warrington EK. A two route model of speech production : evidence from aphasia. Brain 1984;107:463–5.

McCarthy RA, Warrington EK. Neuropsychologie clinique1. Paris: PUF; 1994.

Mesulam MM. From sensation to cognition. Brain 1998;121:1013–52.

Perani D, Cappa SF, Schnur T, et al. The neural correlates of verb and noun processing. A PET study. Brain 1999;122:2337–44.

Pluchon C. Le cerveau foudroyé ou la déchirure aphasique. Isbergues: L'Ortho édition; 1991.

Puel M, Demonet JF, Cardebat D, et al. Aphasies sous-corticales. Rev Neurol 1984;140(12):695–710.

Roch-Lecours A, Lhermitte F. Flammarion Médecine Sciences. Paris: L'aphasie; 1979.

Rosenberg K, Nossek E, Liebling R, Fried I, Shapira-Lichter I, Hendler T, Ram Z. Prediction of neurological deficits and recovery after surgery in the supplementary motor area : a prospective study in 26 patients. J Neurosurg 2010;113:1152–63.

Sabouraud O. Le Langage et ses maux. Paris: Odile Jacob; 1995.

Schiff HB, Alexander MP, Naeser MA, Galaburda AM. Aphemia. Clinical-Anatomic correlations. Arch Neurol 1983;40:720–7.

Seron X, Van Der Linden M, Vanderkaa-Delvenne MA. The operant school of aphasia rehabilitation. In: Lebrun Y, Hoops R, eds. The management of aphasia, neurolinguistics8. Amsterdam and Lisse: Swets et Zeitlinger; 1978.

Shallice T. From neuropsychology to lental structure1. New York: Cambridge University Press; 1988.

Tranel D, Damasio H, Damasio AR. A neural basis for the retrieval of conceptual knowledge. Neuropsychologia 1997;35:1319–27.

Van Hout A, Evrard P, Lyon G. On the positive semiology of acquired aphasia in children. Developmental Medicine and Child Neurology 1985;27:231–41.

Warrington EK. The selective impairment of semantic memory. Quaterly Journal of Experimental Psychology 1975;27:635–57.

Warrington EK, Shallice T. Category-specific semantic impairments. Brain 1984;107:829–53.

Weinrich M. Computerized visual communication as an alternative communication system and therapeutic tool. J Neurolinguist 1991;6:159–76.

3 Les troubles de l'écriture : agraphies et hypergraphies

L'écriture permet de représenter ce qu'un individu veut dire par des signes conventionnels qui s'inscrivent le plus souvent dans les deux plans de l'espace, à l'instar du dessin. Ces signes peuvent être des *idéogrammes* quand « ils traduisent les idées par des signes susceptibles de suggérer les objets » (Littré) : il en est ainsi dans la langue chinoise. Ces signes permettent le plus souvent de transcrire des sons verbaux grâce à l'assemblage de lettres dont la forme et la correspondance phonique constituent l'alphabet d'une langue. Les Phéniciens semblent avoir été les inventeurs de l'alphabet. Ainsi, chaque son (ou phonème) peut s'exprimer par une lettre (ou graphème). Néanmoins nombre de langues comportent des irrégularités orthographiques, soit qu'un phonème puisse correspondre à plusieurs graphèmes (le son « o » peut, selon les cas, s'écrire « o », « au », « eau », etc.), soit qu'un graphème puisse correspondre à plusieurs phonèmes. Ces pluralités de la conversion graphémo-phonémique ne sont pas optionnelles mais s'exercent comme des contraintes dont les règles définissent la « manière de bien écrire » c'est-à-dire l'orthographe des langues. La langue japonaise possède deux systèmes d'écriture : un système idéographique (appelé *kanji*) utilisé pour les noms, les adjectifs, les verbes, les adverbes et un système alphabétique (appelé *kana*) surtout utilisé pour écrire les onomatopées et les mots d'origine étrangère.

L'écriture est réalisée de la manière la plus aisée par la main dite dominante, c'est-à-dire la plus habile mais il s'agit d'une aptitude qui peut être exercée même maladroitement par tout segment du corps. Les *allographes* constituent les différentes manières d'écrire les lettres (majuscule, minuscule, script, gothique, ronde, cursive, etc.). L'écriture acquiert tout au long de l'enfance des particularités de réalisation d'un individu à l'autre : ces particularités se stabilisent et permettent, une fois cette écriture connue, de la reconnaître comme l'on reconnaît un individu en entendant le son de la voix. Notre manière d'écrire, donc de former les lettres, pourrait même refléter certains traits de notre personnalité. Toutefois notre capacité d'écrire peut s'exprimer par l'assemblage de lettres choisies soit sur des plaques ou des cubes comme dans des jeux d'enfants, soit sur un clavier de machine à écrire ou d'ordinateur. L'*épellation* est la manière verbale de dire lettre après lettre l'orthographe des mots (encadré 3.1).

L'écriture est un geste moteur qui nécessite l'intégrité des sensibilités et de la motricité (d'où par exemple la micrographie parkinsonienne). Comme tout geste moteur, elle nécessite une organisation mettant en jeu des compétences de type « praxique ». L'écriture est aussi une activité visuoconstructive mettant en jeu une importante activité de spatialisation : on écrit ainsi de gauche à droite et de haut en bas. Telles sont les conditions qui permettent à l'écriture de mettre en œuvre la fonction langagière qu'elle représente et à laquelle il convient d'ajouter ses dimensions motivationnelle et émotionnelle.

Neuropsychologie
© 2014 Elsevier Masson SAS. Tous droits réservés.

Encadré 3.1

Plan sommaire d'examen de l'écriture

1. Écriture spontanée d'une ou plusieurs phrases.
2. Écriture dictée :
– d'une phrase : « Le cheval blanc galope à travers l'immense prairie » ;
– de mots réguliers et irréguliers (voir liste ci-dessous) ;
– de logatomes.
3. Écriture copiée de mots des listes ci-dessous.
4. Lecture et épellation des mots écrits.
LISTE. Mots réguliers : bocal, canari, four, rivage, moto, tour, piano, cheval, montagne, mari.
Mots irréguliers : album, oignon, croc, agenda, zinc, pied, femme, second, monsieur, août.
Logatomes : brupa, rocrin, ripo, jendou, foma, iglu, drito, agrinu, trigalou, tris.

D'après Morin P *et al.* Les troubles aphasiques du langage écrit. *Rev Prat* 1991 ; 41 (2) : 117-21.

Les *agraphies* désignent les difficultés praxiques, visuospatiales ou langagières de « s'exprimer par écrit » en l'absence de paralysie, ou de trouble affectant la coordination des mouvements. Les *hypergraphies* désignent un comportement excessif d'écriture et en tout cas inadapté à la situation environnementale : elles peuvent ou non s'accompagner d'une agraphie.

L'écriture étant un mode particulier et plus tardivement acquis d'expression du langage (tant dans l'histoire de l'humanité que dans l'histoire de chaque homme), un long débat s'est instauré sur l'autonomie ou la dépendance du langage écrit par rapport au langage oral, ce qui renvoyait dans la vague associationniste à la recherche d'un « centre graphique » qui pourrait rendre compte de l'existence d'agraphies pures coexistant avec des agraphies aphasiques.

Les agraphies

Séméiologie des agraphies

Les agraphies aphasiques

Elles accompagnent les perturbations du langage oral. L'*anarthrie pure* de Pierre Marie ne s'accompagne pas typiquement d'agraphie bien que des paragraphies littérales et un déficit de l'épellation, voire un agrammatisme, puissent être observés. L'écriture est difficile à explorer dans sa composante motrice dans l'*aphasie de Broca* en raison de l'hémiplégie : les lettres écrites avec la main non dominante sont donc maladroites, parfois grossies en capitales. Mais les désordres objectivables par l'écriture manuelle ou l'assemblage de cubes alphabétiques montrent des paragraphies littérales donnant à la production, habituellement réduite, un caractère dysorthographique avec parfois un agrammatisme. La dictée est laborieuse, la copie de meilleure qualité, l'épellation très déficitaire. Dans les *aphasies transcorticales motrices*, la production écrite est, comme la production orale, réduite, avec des omissions de lettres ou de mots et une amélioration des performances par la dictée.

Dans l'*aphasie de conduction*, l'écriture est, à l'instar de la production verbale, truffée de paragraphies littérales surchargées de ratures et d'autocorrections générant d'autres paragraphies en cascade (figure 3.1). Les performances sont meilleures en copie que dans l'écriture spontanée et dictée. Dans l'*aphasie de Wernicke*, la jargonagraphie est en règle générale à l'image de la jargonaphasie, avec des paragraphies littérales et verbales, des néologismes et de la dyssyntaxie. Dans l'*alexie–agraphie*, dont le « centre de gravité » est pariétal et plus précisément au niveau du gyrus angulaire, l'écriture peut être réduite à des « traits informes », ou revêtir un type spatial avec fragmentation des mots, décalages entre les mots, inclinaison de la ligne d'écriture qui peut en outre dépasser les limites de la feuille. Les autres perturbations observées peuvent être paragraphiques ou dyssyntaxiques, voire jargonagraphiques. Elles peuvent s'associer aux autres éléments d'un syndrome de Gerstmann ou à une aphasie sensorielle plus ou moins marquée quand la lésion s'étend vers le cortex temporal postérieur.

Le syndrome de Gerstmann

Il associe typiquement une *agnosie digitale* (incapacité de désigner et distinguer les doigts), une *indistinction droite–gauche*, une *acalculie* (intéressant le calcul mental et écrit avec un trouble de l'ordonnancement des chiffres et de la disposition spatiale des opérations) et une *agraphie* reflétant parfois des perturbations apraxiques ; le plus souvent l'écriture est paragraphique voire jargonagraphique et améliorée par la copie. La lésion intéresse la région pariétale postérieure de l'hémisphère dominant et en particulier l'aire de jonction entre le pli courbe

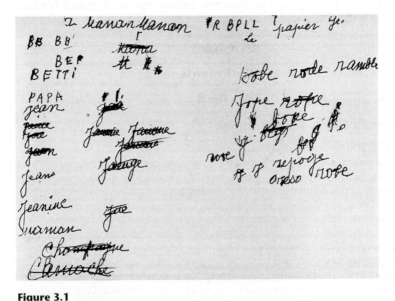

Figure 3.1
Échantillon d'écriture au cours d'une aphasie de conduction.
Les nombreuses autocorrections avec paragraphies « en cascade » témoignent de la conscience du trouble.

(gyrus angulaire) et le gyrus occipital moyen (O2). Gerstmann avait initialement interprété l'agnosie digitale comme une amputation sectorielle du schéma corporel. Ainsi le malade est incapable de nommer, de reconnaître, de désigner, de distinguer ses propres doigts comme ceux de l'examinateur. Il existe aussi des difficultés pour imiter les mouvements des doigts de l'examinateur (« apraxie du choix des doigts ») et pour imiter les positions des doigts de l'examinateur alors que les mouvements sont corrects sur instruction verbale (« apraxie constructive des doigts »). Les troubles prédominent sur les trois doigts centraux. Ultérieurement, Gerstmann rattacha le deuxième symptôme cardinal (l'agraphie) aux deux autres symptômes (qualifiés d'accompagnement, à savoir l'indistinction droite–gauche et l'acalculie) en évoquant un dénominateur commun à ce syndrome qui pourrait s'organiser autour de l'agnosie digitale, l'auteur évoquant l'importance des doigts et des mains dans l'écriture, le calcul, l'orientation droite–gauche. Le syndrome est souvent accompagné d'une apraxie constructive, et parfois d'une hémianopsie latérale homonyme, d'une aphasie amnésique voire d'une agnosie visuelle ou d'une alexie en cas d'extension postérieure de la lésion. Quand il existe une aphasie de Wernicke, l'individualisation du syndrome est impossible à tel point qu'il avait même été proposé que le syndrome de Gerstmann ne soit qu'un ensemble de manifestations liées à une aphasie même légère. Même en reconnaissant, en l'absence ou en dépit d'une aphasie légère, la réalité du syndrome, de nombreuses controverses ont été suscitées par son interprétation soit comme reflétant une même perturbation de base, soit comme l'addition de troubles de nature différente et seulement unis par la topographie lésionnelle. C'est ainsi que Benton (1961) désigna le syndrome comme une « fiction », tandis que l'hypothèse d'un « dénominateur commun » a toujours eu ses partisans : incapacité du sujet à relier spatialement, les uns avec les autres, et avec lui-même, les objets qui font partie d'un tout organisé (Stengel, 1944) ou, plus récemment, désordres visuospatiaux impliquant la manipulation mentale des images (Mayer *et al.*, 1999).

Les agraphies pures

Elles sont rares et surviennent en l'absence de tout trouble du langage oral, de la lecture et même typiquement en l'absence de perturbation praxique. Elles peuvent être liées à une lésion de la partie postérieure de F2 (« centre d'Exner »), du lobule pariétal supérieur, de la région périsylvienne postérieure, voire de structures sous-corticales. Elles ne constituent pas un ensemble homogène : l'épellation est préservée ou non, il en est de même de la copie ; les perturbations vont de la dysorthographie à la jargonagraphie ; on peut observer des persévérations de « traits, de lettres, de syllabes ».

Les agraphies confusionnelles

Elles pourraient remettre en cause l'étiologie « focale » de certaines agraphies pures d'origine tumorale et permettent de souligner la fragilité de la capacité d'écrire comme la vulnérabilité aux souffrances cérébrales diffuses aspécifiques. Elles associent des déformations de lettres sans réitérations, des désordres spatiaux voisins de ceux observés dans l'agraphie pariétale (voir *supra*), une réticence à écrire, de l'agrammatisme, des erreurs d'épellation, tout trouble régressant quand régresse la confusion mentale.

Les agraphies apraxiques

Elles désignent les agraphies en rapport avec l'atteinte du savoir-faire gestuel nécessaire à la réalisation des lettres, à l'ordonnancement spatial des mots, à la manipulation des outils nécessaires à l'écriture. L'écriture peut être totalement irréalisable ; elle peut être constituée de lettres mal formées, mal agencées. Une agraphie apraxique associée ou non à des désordres linguistiques peut s'observer dans le syndrome de Gerstmann et dans l'alexie–agraphie : c'est donc dire qu'une telle apraxie relève pour l'essentiel d'une localisation pariétale. Une agraphie apraxique peut accompagner une ataxie optique avec des lettres dispersées sur la feuille. Elle peut aussi accompagner une apraxie idéomotrice : les performances sont parfois meilleures en copie et l'épellation est inconstamment préservée. L'agraphie apraxique peut enfin accompagner une apraxie constructive : la copie est de mauvaise qualité ou servile mais l'épellation est toujours préservée. L'*agraphie idéatoire* désigne une incapacité du choix et de la production de la forme des lettres : typiquement le patient déforme, omet des lettres ou met une lettre pour une autre, alors que la copie est satisfaisante à condition que le patient conserve les mêmes allographes. Il n'existe pas d'apraxie associée des membres, d'où son nom d'agraphie apraxique sans apraxie.

Les agraphies spatiales

Les lésions postérieures de l'hémisphère mineur (non dominant) peuvent entraîner une agraphie massive faite de la répétition de traits plus ou moins arrondis simulant des graphèmes déformés de façon caricaturale. Mais habituellement, l'aspect est celui d'une *agraphie spatiale* dont les trois aspects sont la limitation de l'écriture à la partie droite de la feuille, l'impossibilité de maintien de la ligne droite et les itérations de jambages, de lettres voire de groupes de lettres. L'héminégligence explique aussi que lors de la copie, seule la partie droite des mots soit transcrite. Les itérations pourraient traduire la désactivation des contrôles des afférences visuelles et kinesthésiques, exprimant ainsi une agraphie afférente s'intégrant dans la désorganisation attentionnelle des lésions de l'hémisphère droit chez le droitier.

Des agraphies spatiales intéressant l'un ou l'autre hémiespace ont pu être observées chez des sujets droitiers ou gauchers. On a pu décrire des agraphies directionnelles, avec écriture en miroir ou en boustrophédon. On a pu aussi observer un déficit de l'épellation et de l'orthographe des premières ou des dernières lettres des mots plaidant pour une représentation interne de la forme graphique des mots dont la partie droite ou gauche pourrait ainsi être négligée par atteinte de l'un ou l'autre hémisphère.

Les agraphies calleuses

Elles intéressent la seule main gauche chez le droitier et seraient liées à un déficit du transfert des informations visuokinesthésiques et langagières de l'hémisphère gauche où elles sont organisées vers la zone motrice de l'hémisphère droit. L'aspect réalisé peut être celui d'une agraphie apraxique (avec épellation et écriture non manuscrite préservée) ou d'une agraphie aphasique ou encore d'une agraphie composite parfois massivement désorganisée et réduite à un gribouillis (voir chapitre 15).

Apport de la neuropsychologie cognitive

Quelques observations privilégiées ont permis de valider un modèle d'organisation de l'écriture (comme de la lecture) à deux voies : une voie lexicale et une voie phonologique (figure 3.2).

La *voie lexicale* ou *lexico-sémantique* permet d'écrire un mot en accédant directement à sa forme orthographique contenue dans un lexique mémorisé ; la voie phonologique permet d'écrire en se fondant sur la prononciation donc en convertissant les phonèmes en graphèmes. La *voie phonologique* suffirait si tous les mots s'écrivaient comme ils se prononcent. Or, il existe des mots dits irréguliers quand leur orthographe n'est pas conforme aux règles habituelles de correspondance entre les phonèmes et les graphèmes (ainsi le mot « oignon » se prononce « *o-n-ion* ») (figure 3.3) ; d'autres mots sont ambigus dès lors que l'un des sons qui le compose peut s'orthographier de plusieurs manières (il en est ainsi du mot « bateau » qui pourrait aussi s'écrire « *bato* » ou « *batau* ») et *a fortiori* s'il s'agit d'homophones que seuls le contexte et l'orthographe permettent de distinguer (comme « *thym* », « *teint* », « *tain* »). C'est donc la voie lexicale qui permet ainsi d'accéder à une représentation globale de la forme (configuration) du mot en activant ce qui peut être conçu comme un lexique orthographique. À l'opposé, seule la voie phonologique permet l'écriture de logatomes (suite de syllabes dépourvues de sens comme « *tilugo* ») ou de mots signifiants mais inconnus du sujet donc non représentés dans sa mémoire sémantique. Le lexique orthographique pourrait aussi être activé directement, sans médiation sémantique, ce qui pourrait expliquer que des sujets normaux fassent en écriture des confusions d'homophones *(voie lexicale non sémantique)*.

Les malades atteints d'*agraphie lexicale* (dite aussi agraphie de surface ou orthographique) ne peuvent orthographier les mots qu'à partir de leur prononciation,

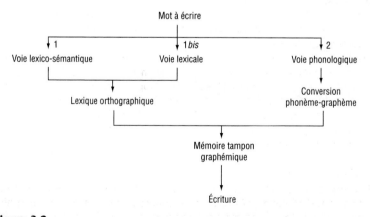

Figure 3.2
Les deux voies de l'orthographe.
1 et 1 bis. Orthographe fondée sur le lexique. 2. Orthographe fondée sur la prononciation.
D'après McCarthy RA, Warrington EK. *Neuropsychologie cognitive*. Paris : PUF ; 1994

c'est-à-dire par la seule voie phonologique : il s'ensuit qu'ils peuvent écrire correctement les logatomes et les mots réguliers quelle que soit leur fréquence. En revanche, les mots irréguliers et ambigus font l'objet d'erreurs dites de régularisation, les patients reconstituant l'orthographe en utilisant les correspondances graphèmes–phonèmes les plus fréquentes dans la langue. L'agraphie lexicale s'associe souvent à une alexie non obligatoirement lexicale, ce qui plaide pour l'indépendance des voies de la lecture et de l'écriture. Une aphasie peut ou non s'y associer et elle est volontiers modérée. L'association à un syndrome de Gerstmann est fréquente. Il est vrai que si de multiples sites lésionnels ont été observés (régions temporale postérieure ou frontale gauche, noyau caudé ou thalamus gauche), c'est la région du gyrus angulaire gauche qui est le plus souvent en cause.

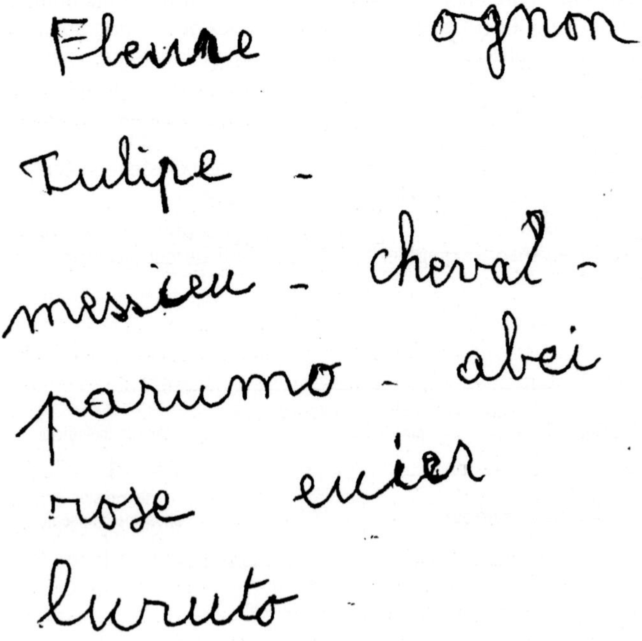

Figure 3.3
Agraphie lexicale (ou agraphie de surface ou dysgraphie de surface) chez une malade présentant une démence sémantique.
Seuls les logatomes et les mots réguliers sont bien orthographiés. Il a été dicté à la malade de haut en bas : fleur, oignon, tulipe, monsieur, cheval, puis un logatome : parumo, puis abbaye, rose, écuyer et un autre logatome, luruto.

Ce type d'agraphie peut être observé dans la maladie d'Alzheimer et les atrophies progressives du lobe temporal gauche. Les malades atteints d'*agraphie phonologique* ne peuvent orthographier les mots qu'après activation de leur lexique mémorisé, c'est-à-dire par la seule voie lexico-sémantique. Il s'ensuit que, ne pouvant orthographier à partir de la prononciation, ils écrivent et épellent mal les logatomes alors que les performances sont correctes pour les mots. Il peut toutefois exister des difficultés d'écriture des mots grammaticaux et des mots abstraits sans que l'on puisse incriminer toujours un trouble de la compréhension auditive. Une alexie du même type peut s'y associer. L'aphasie, de type variable, est habituelle. Les lésions intéressent volontiers le *gyrus supramarginalis* et l'insula et, de manière plus générale, la région périsylvienne postérieure mais aussi certaines structures sous-corticales. Les malades présentant une agraphie (ou *dysgraphie profonde*, ainsi nommée par analogie avec l'alexie profonde) sont incapables d'écrire les non-mots, comme dans l'agraphie phonologique, mais ils ont aussi des difficultés pour orthographier les mots et en particulier les noms abstraits plus que les noms concrets (effet de concrétude), les verbes, les adjectifs et les mots grammaticaux plus que les substantifs (effet de classe), et les mots les moins fréquents. Ils font en outre des paragraphies sémantiques écrivant des mots sémantiquement liés au mot dicté, comme par exemple « hélice » pour « escadrille », « industrie » pour « agriculture », « sourire » pour « rire », ce qui implique aussi un dysfonctionnement de la voie lexicale ; les lésions, hémisphériques gauches, sont plus étendues que celles observées dans l'agraphie phonologique mais épargneraient le gyrus angulaire. La mémoire tampon graphémique est le lieu de convergence et de maintien temporaire des représentations graphémiques issues des systèmes phonologique et lexico-sémantique : l'atteinte de cette mémoire de travail spécialisée ou *syndrome de la mémoire tampon graphémique* entraîne des omissions, des substitutions, des transpositions et des additions de lettres aussi bien pour les mots que pour les non-mots. Ces erreurs ne sont influencées ni par la concrétude, ni par la classe, ni par la fréquence des mots mais seulement par leur longueur. À longueur égale, les mots ne comportant qu'un monème (comme *canari*) entraînent plus d'erreurs que les mots composés de plusieurs monèmes (*para/sol*). Il est difficile d'assigner à ce syndrome une localisation, ni même une latéralisation, univoques. Les erreurs concernent également tous les modes de l'expression écrite (épellation, dictée, copie). Les représentations stockées dans la mémoire tampon graphémique sont ensuite adressées à l'aire graphémique dont l'atteinte produit l'agraphie idéatoire (voir *supra*) et dont la localisation lésionnelle correspond au lobe pariétal dans l'hémisphère homo- ou hétérolatéral à la main qui écrit. *L'atteinte du système allographique* se manifesterait par des lettres de forme normale mais de choix inadapté (majuscule, minuscule) ou aléatoire, et avec des difficultés pour changer de variété allographique (script en cursive, par exemple) sans atteinte de l'épellation (figure 3.4).

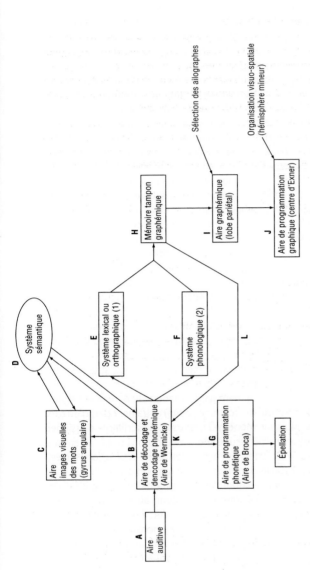

Figure 3.4
Un modèle cognitif et anatomique de l'écriture et de l'épellation.

1. Confins pariéto-occipitaux, lobe temporal, noyau caudé, thalamus. 2. Région périsylvienne postérieure, noyaux gris centraux. Le mot entendu (A) active son image visuelle (C) : les informations ainsi collectées activent le système sémantique (D). La répétition (qui ne nécessite pas la compréhension donc l'accès au système sémantique) se fait grâce aux connexions entre l'aire de Wernicke (B) et l'aire de Broca (G) via le faisceau arqué (K). Le processus d'écriture peut être initié soit par le système lexical ou orthographique (E) dont le silence fonctionnel induit l'agraphie lexicale, soit par le système phonologique (F) dont le silence fonctionnel induit l'agraphie phonologique. La structure graphique des mots est provisoirement stockée dans une mémoire tampon (H) puis transmise à l'aire graphémique pariétale puis à l'aire de programmation graphique frontale d'Exner. L'hémisphère non dominant intervient dans l'organisation visuospatiale de l'écriture. L'épellation pourrait procéder d'un lien (L) entre la mémoire graphémique et l'aire d'encodage–décodage phonémique puis la transmission de l'information suivrait le faisceau arqué (K).
D'après Heilman KM, Valenstein E. *Clinical Neuropsychology*. Oxford University Press ; 1993

Les hypergraphies

Séméiologie des hypergraphies

L'*épilepsie du lobe temporal* peut entraîner, entre les crises, une hypergraphie : la personnalité est souvent obsessionnelle et peut s'accompagner d'une exaltation de l'humeur, d'une hyperreligiosité. L'écriture est normale et reflète les préoccupations des sujets ; parfois même les patients montrent de la créativité, écrivant des poèmes ou des nouvelles. Il s'agit d'une hypergraphie « émotionnelle », prédominant dans les épilepsies de l'hémisphère non dominant.

Des accès d'une écriture normale ou jargonagraphique peuvent exceptionnellement être observés en période critique ou postcritique, accompagnant des crises épileptiques avec foyer fronto-temporal droit. Des salves répétitives d'écriture de mots grossiers ou orduriers peuvent s'intégrer dans la maladie des tics de Gilles de la Tourette (coprographie).

L'*hypergraphie frontale* peut être l'une des manifestations du comportement d'hyperutilisation. La *graphomanie* (figure 3.5) désigne un besoin impérieux d'écrire

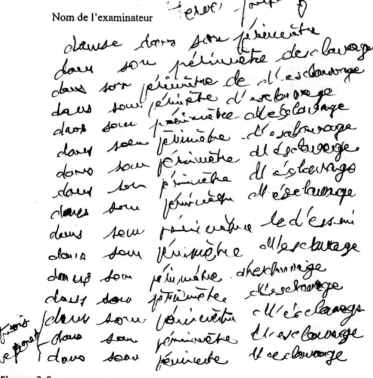

Figure 3.5
Graphomanie chez une malade présentant une variante frontale de démence fronto-temporale.

entraînant une production écrite abondante et incoercible, le sujet copiant ce qu'il voit ou entend, réitérant les mêmes phrases en respectant orthographe et syntaxe mais avec une incohérence sémantique : ce comportement, contrastant avec une indifférence affective et une passivité, a pu être observé au cours d'une lésion frontale bilatérale et calleuse. L'*échographie*, elle aussi rare, est la reproduction écrite incoercible par le sujet des phrases qu'on lui adresse.

Les hypergraphies hémisphériques droites sont observées au cours d'ictus avec lésions cortico-sous-corticales périsylviennes ou thalamiques. L'écriture est déclenchée par la vue d'un crayon ou par un ordre et se poursuit de manière semi-automatique. L'agencement spatial est perturbé, les lettres sont irrégulières, la valeur informative est pauvre mais la grammaire et le choix lexical sont corrects. Ces hypergraphies pourraient résulter d'une levée de l'inhibition qu'exercerait normalement l'hémisphère droit (qui organise la dimension spatiale de l'écriture sur les fonctions graphiques de l'hémisphère gauche). La *graphomimie*, observée au cours d'une vaste lésion hémisphérique droite réalise un comportement subpermanent et anosognosique d'écriture réalisée avec un crayon ou avec le doigt ; l'écriture est massivement désorganisée sur le plan spatial et réduite à un gribouillis. Elle est dépourvue de tout désir de communication.

Bibliographie

Beauvois MF, Derouesné J. Lexical or orthographical agraphia. Brain 1981;104:21–49.

Benton AL. The fiction of the Gerstmann syndrome. J Neurol Neurosurg Psychiatry 1961;24:176–81.

Cambier J, Masson C, Benammou S, Robine B. La graphomanie. Activité graphique compulsive manifestation d'un gliome fronto-calleux. Rev Neurol 1988;144(3):158–64.

Chedru F, Geschwind N. Writing disturbances in acute confusional states. Neuropsychologia 1972;10:343–53.

Dubois J, Hecaen H, Marcie P. L'agraphie pure. Neuropsychologia 1969;7:271–86.

Gil R, Neau JP, Aubert I et al. Graphomimie anosognosique : variété particulière d'hypergraphie au cours d'un infarctus sylvien droit. Rev Neurol 1995;151:198–201.

Hecaen H, Angelergues R, Douzenis JA. Les agraphies. Neuropsychologia 1963;1:179–208.

Lecours AR, Lhermitte F. L'agraphie. Paris : Flammarion Médecine Sciences ; 1979.

Mayer E, Martory MD, Pegna AJ et al. A pure case of Gerstmann syndrome with a subangular lesion. Brain 1999;122:1107–20.

Morin P, Viader F, Eustache F, Lambert J. Les agraphies. Rapport de neurologie. Congrès de psychiatrie et de neurologie de langue française. Paris : Masson ; 1990.

Roberts JKA, Robertson MM, Trimble MR. The lateralizing signifiance of hypergraphia in temporal lobe epilepsy. J Neurol Neurosurg Psychiatry 1982;45:131–8.

Roeltgen DP, Heilman KM. Apraxic agraphia in a patient with normal praxis. Brain and Language 1983;18:35–46.

Serratrice G, Habib M. Troubles de l'écriture. Encycl Méd Chir. Neurologie, éditions techniques, 17-019-8-10.1995.

Shallice T. Phonological agraphia and the lexical route in writing. Brain 1981;104:412–29.

Stengel E. Loss of spatial orientation, constructional apraxia and Gerstmann's syndrom. J Mental Science 1944;90:753.

Yamadori A, Mori E, Tabuchi M et al. Hypergraphia : a right hemisphere syndrome. J Neurol Neurosurg Psychiatry 1986;49:1160–4.

4   Les alexies

L'alexie désigne traditionnellement la perturbation (pouvant aller jusqu'à l'incapacité totale) de la *compréhension du langage écrit*. Dans son sens le plus restrictif, le déficit est langagier, en sachant que l'étape initiale du traitement est visuelle et que les lettres et les mots doivent d'abord être reconnus comme tels ; mais la compréhension d'un texte dépend aussi de son balayage visuospatial ; ainsi une héminégligence altère la compréhension d'un texte à cause du caractère parcellaire de son exploration : on parle parfois d'alexie spatiale ou d'alexie par négligence.

Les alexies proprement dites (réalisant dans leurs formes extrêmes une *cécité verbale*) ont été diversement classées. Toutefois il n'est pas d'usage de dénommer alexie une perturbation de la lecture à haute voix sans atteinte de la compréhension : une désintégration phonétique altère la lecture à haute voix comme toute expression verbale et, malgré d'abondantes paraphasies (dénommées paralexies car suscitées par la lecture), la compréhension d'un texte lu au cours d'une aphasie de conduction peut être bonne ou peu perturbée (encadré 4.1).

Encadré 4.1

Plan sommaire d'examen de la lecture

1. Compréhension d'ordres écrits et correspondance texte–action (le texte écrit doit être affecté à l'image correspondante présentée en choix multiple).
2. Lecture à haute voix d'un texte et évaluation de sa compréhension. Rechercher l'effet de stratégies vicariantes (lecture par épellation ; lecture en suivant le contour des lettres avec le doigt).
3. Lecture de lettres.
4. Lecture de logatomes, de mots réguliers et irréguliers.

Le terme de *dyslexie*, qui était autrefois réservé aux désordres de l'apprentissage de la lecture, tend à remplacer le terme d'*alexie*, en opposant les dyslexies acquises et les dyslexies développementales.

On peut distinguer les *alexies périphériques* liées à un déficit du traitement visuel de l'information écrite (alexie pure ou agnosique et alexie par négligence) et les *alexies centrales* liées à un déficit spécifiquement linguistique.

On peut aussi classer les alexies de manière anatomoclinique.

Les variétés anatomocliniques d'alexie

Trois types d'alexie peuvent être individualisés : l'alexie sans agraphie, l'alexie avec agraphie et l'alexie frontale.

L'alexie sans agraphie ou alexie « pure » ou alexie « agnosique » ou alexie « postérieure » ou « cécité verbale pure » (Déjerine, 1891) se caractérise par le contraste existant entre l'incapacité de la lecture et le caractère (presque) correct de l'écriture, le patient ne pouvant alors pas relire ce qu'il vient d'écrire, alors qu'il n'existe pas de troubles du langage, sauf parfois un léger manque du mot. L'alexie peut intéresser les lettres (alexie littérale), les mots (alexie verbale), la phrase (alors que les mots isolés sont assez bien identifiés) ou être globale (la lecture des chiffres et des nombres restant préservée). En cas d'alexie littérale, le malade ne peut pas lire par épellation, les difficultés croissant avec la longueur des mots par un effet de simultagnosie : les premières lettres sont ainsi bien identifiées et les dernières syllabes sont inventées car supposées plausibles (« incohérent » est lu « incognito ») ; un mot peut être ainsi remplacé par un autre mot qui a une forme graphique voisine, mais parfois par un autre mot lié sémantiquement. Les mots du lexique sont beaucoup mieux lus que les mots grammaticaux ou les logatomes. En règle générale, et contrairement à ce que l'on observe dans les aphasies, l'alexie verbale l'emporte sur l'alexie littérale, le malade déchiffrant alors les mots de manière analytique, en les épelant (alexie avec épellation), ce qui l'expose d'ailleurs à des erreurs. Les logatomes sont bien lus mais la compréhension du langage écrit reste laborieuse et seuls les ordres simples sont exécutés. C'est surtout quand l'alexie est globale, intéressant lettres et mots, que le malade utilise, pour reconnaître les lettres, ses afférences kinesthésiques en en suivant le contour avec le doigt.

L'alexie pure s'associe généralement à une hémianopsie latérale homonyme droite, parfois à une agnosie visuelle (ou à une anomie pour les couleurs), à une aphasie optique et plus rarement à une agnosie pour les images et les objets. La lésion responsable est le plus souvent un infarctus de l'artère cérébrale postérieure gauche lésant le lobe occipital et le splénium du corps calleux : les informations visuelles n'atteignent que le seul hémisphère droit et la lésion calleuse empêche le transfert des informations visuo-graphiques vers les aires du langage (alexie splénio-occipitale : voir chapitre 2, p. 54). Toutefois l'atteinte du corps calleux peut manquer, les connexions entre le lobe occipital droit et la région pariéto-temporale gauche pouvant être interrompues au niveau de la substance blanche de la jonction temporo-pariéto-occipitale : il s'agirait dans tous les cas d'une disconnexion ; cependant l'alexie avec épellation a pu aussi être interprétée comme un déficit de l'analyse de la forme visuelle des mots ou encore comme un déficit de type simultagnosique. Il existe en langue japonaise des cas d'alexie intéressant les systèmes *Kanji* (idéographique) et *Kana* (alphabétique) soit de manière globale (pour les lésions occipitales) soit de manière dissociée, ce qui plaide pour la dualité anatomique des structures assurant le traitement des informations en *Kanji* et en *Kana*.

L'*alexie–agraphie* ou alexie centrale associe une incapacité de la compréhension du langage écrit, qui ne s'améliore pas lorsqu'on tente de faire suivre avec le doigt le contour des lettres, et une agraphie. La lecture à haute voix est impossible ou truffée de paralexies phonémiques et verbales pouvant réaliser un jargon. Le langage oral est typiquement normal ou peu perturbé. Une telle alexie serait liée à une atteinte du gyrus angulaire gauche et se limiterait donc à une atteinte de l'encodage et du décodage du langage écrit. Elle peut s'accompagner d'une apraxie idéomotrice, d'une apraxie constructive ou des éléments d'un syndrome de Gerstmann. Il existe néanmoins une imbrication entre l'alexie–agraphie « angulaire », l'alexie–agraphie accompagnée d'un manque du mot, voire de paraphasies par extension lésionnelle à la jonction temporo-pariétale et les alexies de l'aphasie de Wernicke habituellement désignées sous le nom d'*alexies apha-siques*. L'alexie–agraphie angulaire altère, dans la langue japonaise, l'écriture en *Kanji* et en *Kana* tandis que l'alexie se limite aux seuls caractères *Kana*, la lecture en *Kanji* étant au moins relativement préservée (peut-être par la mise en jeu d'une compétence hémisphérique droite).

L'alexie frontale ou alexie antérieure ou « troisième alexie » accompagne habituellement une aphasie de Broca : les lettres sont mal identifiées, les mots isolés peuvent être reconnus globalement (alexie littérale), l'épellation est donc très déficitaire ; la compréhension des phrases est très altérée. Une agraphie accompagne le trouble de la lecture. Cette alexie pourrait procéder d'une parésie résiduelle du balayage oculaire de la gauche vers la droite (par lésion de l'aire 8, et l'on sait la déviation du regard observé au stade aigu des hémiplégies droites avec aphasies), d'un déficit du traitement séquentiel des mots auquel s'ajoutent les difficultés à comprendre les mots et les liens grammaticaux. Il s'agit donc peut-être d'une alexie composite pouvant mêler un dysfonctionnement frontal, de l'agrammatisme et une dyslexie profonde (voir *infra*).

Apport de la neuropsychologie cognitive

Les alexies centrales

La lecture peut se faire à partir de deux voies (figure 4.1). La *voie phonologique* permet de lire à partir de la prononciation, en « déchiffrant les mots » (c'est la conversion graphème–phonème). Mais cette voie, si elle permet de lire des mots inconnus ou des logatomes, est insuffisante pour prononcer correctement des mots irréguliers comme *femme, oignon, paon* qui, par convention, ne se

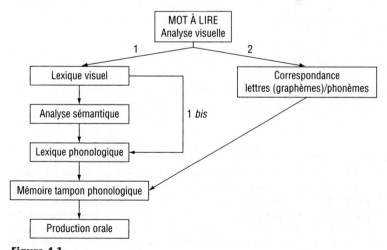

Figure 4.1
Les deux voies de la lecture.
1 et 1*bis*. Fondée sur le lexique. 2. Fondée sur la prononciation (conversion des lettres en sons).

prononcent pas comme ils s'écrivent. L'autre voie est *lexicale* : elle permet d'activer directement un lexique visuel permettant d'identifier les mots sans avoir besoin de recourir à un déchiffrage des correspondances entre les lettres et les mots ; cette voie permet sans doute d'accéder à un grand nombre de mots dans la lecture mais elle seule permet de lire les mots irréguliers alors qu'elle est, par définition, incapable de lire des logatomes (car ils n'appartiennent pas au lexique).

La *dyslexie de surface*, par atteinte de la voie lexicale, ne permet qu'une lecture phonologique : les mots réguliers sont ainsi déchiffrés de même que les logatomes alors qu'il existe des difficultés à lire les mots irréguliers, d'autant plus importantes que les mots sont moins fréquents ; les erreurs de lecture créent des paralexies allant dans le sens d'une régularisation, le malade appliquant les règles usuelles de prononciation des graphèmes ; les paralexies pouvant être soit des non-mots, soit le plus souvent des mots (ainsi « ail » est lu « *aile* ») ; la compréhension des homophones peut être difficile *(sot, seau, sceau ; pouls, pou ; chêne, chaîne…)*. La dyslexie de surface s'accompagne habituellement de troubles de l'écriture et souvent d'une aphasie fluide. Les lésions, traumatiques, tumorales ou vasculaires (par exemple un infarctus sylvien postérieur), intéressent la région temporale postérieure et la substance blanche sous-jacente ; elles peuvent s'étendre au gyrus supramarginal et au gyrus angulaire ; le dénominateur commun lésionnel paraît être la partie postérieure des circonvolutions temporales supérieure et moyenne (T1 et T2). Une dyslexie de surface pure, avec respect des règles de conversion graphème–phonème (on peut alors parler d'alexie lexicale), peut s'observer dans la maladie d'Alzheimer et l'aphasie progressive, accompagnée d'une atteinte massive de la voie lexico-sémantique.

L'*alexie phonologique* désigne l'incapacité de lire à partir de la prononciation par perturbation de la voie phonologique : la lecture ne peut se faire qu'après activation du lexique visuel : les logatomes ne peuvent donc pas être déchiffrés alors que les mots sont lus correctement ; parmi les mots, les meilleures performances sont obtenues pour les noms (effet de classe), les mots les plus fréquents et les mots concrets. Les mots grammaticaux offrent des difficultés majeures. La dyslexie profonde associe, au syndrome d'alexie phonologique, la production d'erreurs (paralexies) soit sémantiques (parfois quasi synonymiques comme « *les écoles* » pour « *les élèves* », « *cousin* » pour « *oncle* », « *rivage* » pour « *côte* »), soit dérivationelles (transformant la catégorie grammaticale des mots comme « *peureux* » pour « *peur* », « *France* » pour « *Français* ») et des erreurs visuelles (aboutissant à un mot morphologiquement proche comme « *sandale* » pour « *scandale* », « *venin* » pour « *venir* »). La dyslexie profonde coexiste anatomiquement avec de volumineuses lésions de l'hémisphère gauche. Elle accompagne souvent une aphasie de Broca. Elle pourrait témoigner d'une lecture par l'hémisphère droit (ce que suggèrent les analogies de lecture observées dans la dyslexie profonde et dans les disconnexions calleuses) ou des capacités résiduelles de lecture de l'hémisphère gauche, ajoutant au déficit phonologique, un dysfonctionnement du système lexico-sémantique (soit intrinsèquement, soit au niveau de son accès soit au niveau de ses liens avec le lexique phonologique).

La *lecture asémantique* est une lecture normale mais sans accès au sens, observée chez des sujets déments (rappelant l'hyperlexie d'enfants autistes ou débiles) et permettant de postuler l'existence d'une voie lexicale non sémantique qui serait intacte alors que le dysfonctionnement intéresserait la voie lexico-sémantique.

Les alexies périphériques

Elles regroupent les alexies par épellation (voir *supra*) et les alexies par négligence : ces dernières, le plus souvent consécutives à une lésion pariétale de l'hémisphère droit, perturbent la lecture du début des mots : les substitutions de lettres entraînent la production d'autres mots du lexique (« *voix* » pour « *choix* », « *enduit* » pour « *produit* »…). Il est plus rare d'observer une négligence droite portant sur la fin des mots.

Bibliographie

Beauvois MF, Derouesné J. Phonological alexia : three dissociations. J Neurol Neurosurg Psychiatry 1979;42:1115–24.

Benson DF. The third alexia. Arch Neurol 1977;34:327–31.

Damasio AR. Varieties and significance of the alexias. Arch Neurol 1977;34:325–6.

Déjerine J. Sur un cas de cécité verbale avec agraphie, suivi d'autopsie. Mem Soc Biol 1891;3: 197–201.

Hecaen H. Introduction à la neuropsychologie. Paris : Larousse Université ;1972.

Shallice T, Warrington EK, McCarthy R. Reading without semantics. Quaterly Journal of Experimental Psychology 1983;35A:111–38.

Warrington EK, Shallice T. Word-form dyslexia. Brain 1980;103:99–112.

5 Les apraxies

> « *La main est action : elle prend, elle crée et parfois on dirait qu'elle pense.* »
>
> Focillon

Les apraxies désignent des perturbations de l'activité gestuelle, qu'il s'agisse de « mouvements adaptés à un but » ou de la manipulation réelle ou mimée d'objets, ne s'expliquant « ni par une atteinte motrice, ni par une atteinte sensitive ni par une altération intellectuelle » (Déjerine, 1914) et survenant lors de la lésion de certaines zones cérébrales.

L'apraxie idéomotrice

Décrite par Liepmann (1900, 1908), elle concerne les gestes simples et en pratique ce vocable réunit les gestes dits intransitifs, c'est-à-dire n'impliquant pas la manipulation d'objets réels. Cette apraxie peut ne pas apparaître dans la vie quotidienne qui comporte nombre de mouvements automatisés par leur innombrable répétition. C'est donc l'examen clinique qui repère au mieux l'apraxie idéomotrice et de manière très élective au niveau des membres supérieurs où l'activité gestuelle est naturellement la plus riche chez l'être humain.

Par exemple, chez un sujet dont la compréhension verbale est par définition jugée suffisante pour saisir la consigne, on étudie successivement la réalisation sur ordre verbal ou sur imitation visuelle de gestes porteurs ou non d'une signification. Les *gestes sans signification* sont des gestes *arbitraires*, comme faire deux anneaux entrecroisés entre le pouce et l'index, mettre le pouce et l'index droits sur l'oreille gauche en même temps que l'index gauche sur les lèvres, mettre le dos de la main sur le front, décrire un cercle en l'air avec l'index, et les exemples pourraient être multipliés (figure 5.1). Les *gestes significatifs* ont une intentionnalité communicative ou fonctionnelle. Les premiers sont des gestes *expressifs*, comme envoyer un baiser, dire au revoir avec la main, menacer quelqu'un du poing, faire le salut militaire, faire un pied de nez, prêter serment. Les seconds sont des gestes dont la réalisation doit mimer l'utilisation d'objets comme des jeux de mimes ou pantomimes : les uns, dirigés vers le corps, sont dits *réflexifs*, comme boire un verre d'eau, se brosser les dents, se peigner, se saisir d'un téléphone pour écouter, se limer les ongles ; les autres sont dits *non réflexifs*, tels les gestes de planter un clou, visser, tourner une clé dans une serrure, moudre du café, peindre un mur, se servir d'un téléphone. Outre l'expression gestuelle, l'examinateur doit étudier la capacité du sujet à comprendre le sens des mêmes gestes réalisés devant lui.

Les perturbations s'expriment par l'incapacité de toute ébauche gestuelle, par la réalisation de mouvements inadaptés (parapraxies), par des persévérations du même geste, et parfois par des tentatives vaines d'autocorrection. Dans quelques cas, prié de mimer un geste fonctionnel comme se brosser les dents, le sujet utilise *un segment de corps comme objet* et se frotte les dents avec son index.

L'apraxie idéomotrice peut être bilatérale ou intéresser un seul membre, en l'occurrence le membre supérieur gauche. L'incapacité gestuelle peut se manifester quelle que soit la modalité de sollicitation du geste. Elle peut aussi être dissociée et n'apparaître que sur ordre verbal (apraxie verbomotrice) ou sur imitation (apraxie visuomotrice).

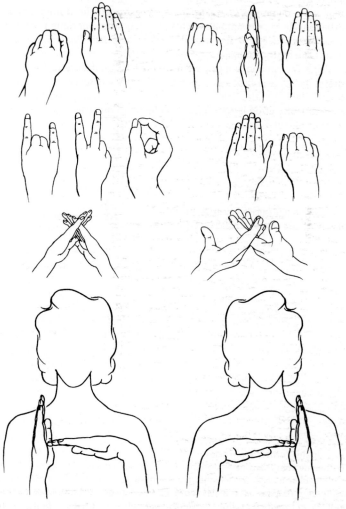

Figure 5.1
Épreuves d'imitation des gestes de l'examinateur (d'après Barbizet et Duizabo).

L'*apraxie idéomotrice bilatérale* est le plus souvent liée aux lésions (pariétales et en particulier du *gyrus supramarginalis*) de l'hémisphère gauche. Au cours des lésions frontales, on observe une difficulté d'imitation des gestes et de réalisation des gestes séquentiels. Ces désordres accompagnent les perturbations de la programmation liées aux lésions frontales et en particulier à ce que Luria avait appelé l'organisation dynamique des actes moteurs (apraxie dynamique, voir chapitre 13). La nature de la désorganisation gestuelle est très certainement différente au cours des lésions frontales et pariétales encore que les discordances relevées dans la littérature sur la réalité ou non d'une apraxie frontale montrent les limites des analyses séméiologiques. En tout cas, il devrait être possible d'isoler deux types d'apraxies frontales, une apraxie dynamique, à intégrer dans les perturbations de la programmation caractéristiques du syndrome frontal et une apraxie idéomotrice par lésion du cortex moteur associatif (figure 5.2) ; ainsi l'atteinte de l'aire motrice supplémentaire (gauche) peut aussi entraîner une apraxie bilatérale ne s'accompagnant pas, selon Heilman, de troubles de la discrimination des gestes mimés (voir *hypothèses concernant la désorganisation des gestes*, p. 87). Il est aussi établi que des lésions sous-corticales (en particulier du thalamus, du noyau lenticulaire et de la substance blanche périventriculaire) puissent donner une apraxie idéomotrice.

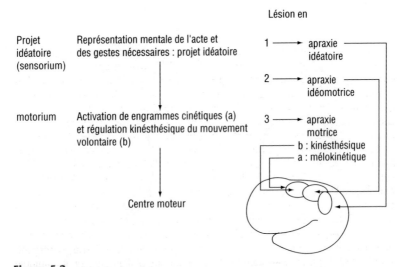

Figure 5.2
Les principales formes d'apraxies.
Les termes de motorium et sensorium renvoient aux conceptions associationnistes et en particulier à celle de Déjerine. La topographie lésionnelle proposée est celle de Liepmannn et, pour les apraxies motrices, respecte la classification de Luria (voir *organisation et hypothèses concernant la désorganisation des gestes*, p. 87).

Les *apraxies unilatérales* sont, en dépit du cas princeps de Liepmann, le plus souvent gauches. Certaines, dénommées *apraxies sympathiques*, accompagnent une aphasie de Broca et pourraient être liées à une disconnexion entre le cortex moteur associatif (aire 6) gauche et son homologue droit dont les fibres associatives cheminent dans la portion antérieure du corps calleux : elles pourraient ainsi être lésées par une lésion de la profondeur du lobe frontal. Ainsi l'apraxie existe-t-elle du côté non hémiplégique. L'apraxie idéomotrice unilatérale gauche *sur ordre verbal* peut bien sûr être liée à une lésion calleuse, comme l'avait indiqué Liepmann, alors que les ordres moteurs sont correctement exécutés dès lors qu'ils intéressent le membre supérieur droit.

La rupture de l'équilibre entre les comportements moteurs d'exploration sous-tendus par le lobe pariétal et les comportements d'inhibition sous-tendus par le lobe frontal a conduit Denny-Brown à opposer deux désordres moteurs qu'il qualifia d'apraxiques encore que ce terme puisse être discuté : l'apraxie unilatérale kinétique *répulsive* dénommant la contamination des gestes par des réactions de retrait, d'évitement, d'éloignement du membre de sa cible et qui répond à des lésions pariétales ; l'apraxie unilatérale kinétique d'aimantation, où se mêlent une activité de préhension voire d'utilisation et une exaltation tonique comme si l'objet exerçait une *aimantation* irrépressible rendant la main esclave de son environnement : ce type de comportement qui peut être considéré comme l'une des formes cliniques de la main étrangère fait partie des désordres engendrés par les lésions frontales.

L'apraxie idéatoire

L'apraxie idéatoire désigne l'incapacité de manipuler des objets. Cette définition a été obscurcie par la distinction des deux grandes variétés d'apraxies en fonction du paradigme « tâches simples » pour les apraxies idéomotrices et « tâches complexes » pour les apraxies idéatoires comme si ces dernières impliquaient obligatoirement des manipulations d'objets. Comme il est difficile d'affirmer l'étanchéité des distinctions entre apraxies idéomotrice et idéatoire et, si l'on considère que les perturbations de gestes mimés sont à classer dans les apraxies idéomotrices, on peut au moins provisoirement cantonner l'apraxie idéatoire aux perturbations de gestes impliquant des manipulations d'objets réels qui doivent bien entendu être parfaitement identifiés afin d'éliminer la perplexité ou l'incohérence manipulatoire d'un objet non ou mal reconnu visuellement et tactilement. On peut utiliser des manipulations impliquant plusieurs séquences de gestes comme mettre une feuille de papier dans une enveloppe et la cacheter, verser de l'eau d'un verre dans une bouteille à l'aide d'un entonnoir, se servir d'une boîte d'allumettes pour allumer une bougie… Les gestes sont inappropriés, incohérents, désorganisés : le malade ne sait plus comment ouvrir la boîte d'allumettes qu'il manipule en tous sens. Arrive-t-il à extraire une allumette, qu'elle est tapotée sur n'importe quelle face de la boîte, etc. Il est tentant d'imputer ces comportements à une désorganisation de la planification mentale des actes élémentaires nécessaires à la réalisation de l'action projetée. La fréquence de ces apraxies chez les déments a même conduit nombre d'auteurs, dont Déjerine et Pierre Marie, à considérer que seules des lésions étendues, donc une détérioration mentale, pouvaient expliquer l'intensité de cette déstructuration gestuelle. Cependant, les échecs manipulatoires peuvent survenir aussi en présence d'objets isolés et de manipulations mono- ou pauciséquentielles telles que demander de se peigner avec une brosse à cheveux, de porter une pipe aux lèvres, etc. Ceci a conduit à considérer le déficit du plan idéatoire comme secondaire à une agnosie ou amnésie d'utilisation. Ainsi, reprenant le terme déjà utilisé, en particulier par Déjerine, d'apraxie de conception, Heilman propose de distinguer quatre types d'erreurs. Le premier concerne la connaissance de l'action outil–objet : un déficit d'un geste mimé peut ainsi témoigner d'une apraxie idéatoire quand le sujet prié de montrer comment on se sert d'un tournevis fait le geste de frapper avec un marteau ou d'une apraxie idéomotrice quand il fait maladroitement de vagues arcs de cercle, démontrant cependant qu'il a la connaissance du geste et que son déficit concerne la production du mouvement. Le deuxième type d'erreurs concerne la connaissance de l'association outil–objet, comme choisir parmi des outils un marteau quand on montre au sujet une pièce de bois avec un clou partiellement enfoncé en lui demandant de poursuivre la tâche. Le troisième type d'erreurs concerne la connaissance mécanique des outils (choisir parmi plusieurs marteaux ou plusieurs tournevis celui qui est le plus adéquat en fonction de la tâche) ; le quatrième type concerne la connaissance de la fabrication d'outils dont on sait depuis Bergson qu'elle est une des caractéristiques de l'*Homo sapiens*, inséparable de l'*Homo faber*. L'apraxie idéatoire est liée à des lésions de la partie postérieure de l'hémisphère gauche, et plus particulièrement de la région temporo-pariétale.

L'apraxie mélokinétique et l'apraxie kinesthésique : deux variétés d'apraxie motrice ?

L'*apraxie mélokinétique* (étymologiquement, apraxie des « mouvements des membres ») est difficile à distinguer des troubles parétiques et se caractérise par des difficultés à réaliser des mouvements fins et successifs, comme pianoter ou faire successivement le geste de serrer le poing puis de faire un anneau entre le pouce et l'index. Les difficultés intéressent tant la motilité volontaire que la motilité automatique et elles associeraient, selon Luria, une « désautomatisation des actes moteurs complexes et la mise en œuvre d'automatismes élémentaires ». Elles sont unilatérales et sont habituellement confinées à un petit territoire musculaire. Les mouvements perdent ainsi leur fluidité et apparaissent hachés, malhabiles ; ils peuvent être contaminés par des « automatismes compulsifs » qui se traduisent par une répétition du même mouvement (la difficulté à pianoter peut conduire le même doigt à réitérer un mouvement et cette réitération peut s'observer aussi dans le dessin) : ce comportement d'allure persévérative ne correspond pas dans les cas purs à un trouble de la programmation, qui concerne les lésions préfrontales. Cette apraxie encore dénommée innervatoire pourrait en effet être liée à une perte des « engrammes ou des mélodies cinétiques » (séquences d'enchaînement de l'activation des contractions musculaires nécessaires à l'harmonie du mouvement), entravant ainsi la réalisation motrice de l'acte et s'observant dans les lésions de l'aire prémotrice (aire 6) hétérolatérale.

Si les notions d'apraxie motrice et d'apraxie mélokinétique sont souvent confondues, Luria (1978) isole une autre variété d'apraxie motrice liée à un trouble « de la base afférente du mouvement volontaire » et qu'il dénomme « *apraxie afférente ou kinesthésique* ». Proche elle aussi des troubles parétiques mais indemne dans les cas purs de tout déficit moteur segmentaire, elle est liée à des lésions des parties postcentrales (rétrorolandiques) du cortex sensori-moteur mais ne peut s'expliquer seulement par des perturbations sensitives. Cette apraxie se caractérise par une perte de la sélectivité des mouvements qui, au niveau des doigts, se manifeste par d'intenses difficultés à reproduire des positions élémentaires. Les doigts réalisent des mouvements mal différenciés, quasi athétoïdes, inadaptés au but à atteindre (comme la taille de l'objet à saisir par exemple). Le geste est encore plus maladroit dans le mime d'utilisation d'objet ou d'outil en raison de la perte de l'influence régulatrice de la vue. Cette apraxie kinesthésique se distingue de l'apraxie mélokinétique car cette dernière préserve les mouvements isolés ; elle se distingue de l'apraxie idéomotrice car cette dernière épargne les mouvements automatisés, ce qui limite son retentissement sur les gestes de la vie quotidienne. Les troubles sont plus fréquents au cours des lésions de l'hémisphère dominant mais se manifestent avec le plus de netteté au niveau de la main opposée à la lésion (aires postcentrales 1, 2, 3, 5 et surtout aire 7, aire d'association sensitive située dans le lobule pariétal supérieur).

Hypothèses concernant la désorganisation des gestes

La réalisation d'un mouvement intentionnel suppose, selon Liepmann, plusieurs étapes.

- La *conception d'un projet idéatoire* nécessite la représentation mentale de l'acte à accomplir puis la succession de gestes nécessaires à son exécution : tel est le rôle du *sensorium motorium* (ou du *sensorium* selon l'acception de Déjerine) dont l'altération définit l'apraxie idéatoire ou apraxie de conception.
- La *transmission de ce projet* se ferait soit directement à la zone motrice (Liepmann) soit au *motorium* (selon l'acception de Déjerine, voir figure 5.2) où sont activés les *engrammes cinétiques* correspondant au niveau de chaque hémicorps aux représentations mentales du mouvement : c'est l'incapacité de transmettre le projet idéatoire aux structures motrices d'aval qui définit l'apraxie idéomotrice, apraxie de transmission conçue comme la difficulté de réaliser des gestes pourtant correctement conçus dans un projet idéatoire.
- L'*apraxie motrice* est liée à la lésion du *motorium* (au sens de Déjerine) ou à ses connexions avec le centre moteur, ce qui induit une désorganisation des activités musculaires élémentaires constitutives du mouvement ou des mélodies cinétiques : il s'agit donc d'une *apraxie d'exécution ou apraxie mélokinétique*, dernière étape avant la parésie ou la paralysie qui résultent de la lésion du centre moteur. L'apraxie mélokinétique peut aussi être conçue comme liée à une lésion du centre moteur trop discrète pour induire une paralysie. Luria distingue de l'apraxie mélokinétique, l'*apraxie kinesthésique*.

▶

Von Monakow, à qui l'on doit le concept de *diaschisis*, s'inscrit contre l'enfermement des mouvements dans des centres localisés : l'instinct (les besoins vitaux) suscite des mélodies cinétiques dont l'acquisition est d'autant moins altérée qu'elles répondent à des désirs réels de mouvements et non à des ordres arbitraires et qu'elles sont d'acquisition ancienne, donc mieux enracinées. Ainsi s'expliquerait la persistance de certains mouvements ou la possibilité de leur réalisation spontanée au cours des apraxies. En outre les lésions focales observées sont trop disparates pour admettre leur spécificité topographique et l'essentiel résulte de la désactivation (désafférentation, diaschisis) étendue provoquée par la lésion focale.

Selon d'autres conceptions où l'on retrouve des idées défendues par Foix, Morlaas ou Lhermitte, la source de l'apraxie idéomotrice réside dans un désordre du traitement des informations posturales et visuospatiales dont la synthèse est nécessaire à la mise en œuvre du mouvement tandis que l'apraxie idéatoire relève de la perte du sens de l'utilisation des objets, même si ces objets sont dénommés et reconnus. Ces conceptions, défendues dans le premier quart de ce siècle, vont bien dans le sens d'une conception multifactorielle de la fonction sémantique conçue comme la convergence de souvenirs sensoriels multiples (visuels, tactiles, gustatifs, olfactifs, kinesthésiques) mêlés à l'impact de la vie émotionnelle et de la fonction langagière. La fonction sémantique est donc une fonction ouverte qui va bien au-delà de la nomination et la reconnaissance visuelle qui n'épuisent pas le savoir sur les objets et ne disent en tout cas rien ou peu sur la capacité des hommes à manipuler. Ainsi, l'apraxie idéatoire pourrait apparaître comme l'expression d'un trouble particulier de la mémoire sémantique qui concernerait le savoir-faire.

Il pourrait aussi être distingué une conceptualisation de séquences d'actions (perturbée selon Hecaen, dans l'apraxie idéatoire), un système particulier de signes expressifs (envoyer un baiser, dire au revoir, etc.) dont la perturbation réaliserait une variété d'apraxie idéomotrice dont une autre variante serait représentée par la perturbation des gestes descriptifs et des pantomimes.

Heilman pense que les représentations motrices organisées dans le temps et dans l'espace que l'on peut appeler « praxicons » ou représentations gestuelles sont stockées dans le lobe pariétal dominant puis doivent ensuite être transcodées dans un programme moteur grâce à des connexions avec l'aire motrice supplémentaire, les noyaux gris centraux et enfin le cortex moteur (figure 5.3). Les lésions de ces zones (à l'exception du cortex moteur) tout comme les lésions des connexions entre ces zones peuvent induire une apraxie idéomotrice. Ainsi peut-on expliquer que, chez un apraxique, la préservation de la capacité de reconnaître le caractère correct ou incorrect d'un geste appris dépend de l'intégrité ou non des « praxicons » et permettrait donc de distinguer les apraxies pariétales des apraxies d'autres localisations. Heilman a ensuite scindé les « praxicons » en deux types : d'entrée, permettant la reconnaissance des gestes, et de sortie, permettant leur exécution ; ainsi en est-il de l'observation d'un apraxique sur imitation capable de reconnaître les gestes (suggérant l'intégrité des « praxicons » d'entrée et la localisation de l'atteinte entre les « praxicons » d'entrée et de sortie), la préservation des gestes mimés sur commande suggérant en effet que les « praxicons » de sortie étaient intacts et activables par le langage (figure 5.4). De plus, à l'instar de l'aphasie qui peut atteindre la compréhension en respectant la répétition, l'incapacité de reconnaître les gestes mimés (pantomimagnosie) peut-elle coexister avec la préservation de l'imitation des gestes. Chez les aphasiques, la pantomimagnosie est souvent associée à un déficit de la compréhension de la lecture : la compréhension des gestes pourrait ainsi représenter le stade prélinguistique de la compréhension des textes (Varney).

Quant à l'apraxie idéatoire, elle peut relever d'une désorganisation d'un plan idéatoire bouleversant la séquence d'une série d'actes élémentaires et elle s'observe alors volontiers dans la démence d'Alzheimer ou la confusion. Elle peut aussi être une apraxie conceptuelle relative à la manipulation des objets (voir *supra*).

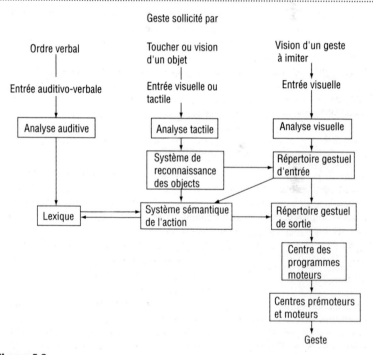

Geste sollicité par

Figure 5.3
Modèle (simplifié) proposé par Rothi *et al.* pour expliquer la production des gestes.
Le répertoire des gestes est appelé « praxicons ». Le centre des programmes moteurs permet le transcodage des représentations gestuelles (voir figure 5.4).

L'apraxie constructive

L'apraxie constructive désigne l'altération d'une autre capacité humaine, celle de construire, c'est-à-dire assembler des éléments dans les deux ou les trois plans de l'espace. Le bonhomme que dessine l'enfant, le plan du maître d'œuvre ou de

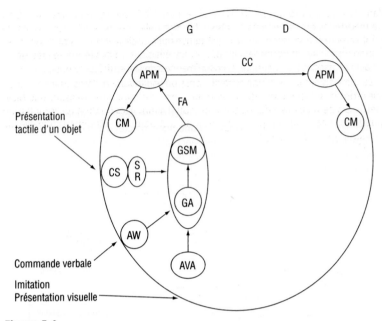

Figure 5.4
Schéma de l'apraxie idéomotrice (modifié, d'après Heilman).
G : hémisphère cérébral gauche.
D : hémisphère cérébral droit.
AW : aire de Wernicke.
AVA : aire visuelle associative.
GA (gyrus angulaire) et GM (gyrus supramarginalis) : lieux de stockage des représentations gestuelles ou « praxicons ».
FA : faisceau arqué permettant les connexions entre les aires pariétales et l'APM.
APM : aire prémotrice (cortex moteur associatif et en particulier l'aire motrice supplémentaire), lieu de transcodage des « praxicons » en programmes moteurs.
CM : cortex moteur.
CC : corps calleux.
CS : cortex somesthésique.
SR : système de reconnaissance tactile des objets.
Une lésion pariétale induit une apraxie idéomotrice perturbant conjointement la réalisation et la compréhension des gestes par destruction du répertoire des représentations gestuelles. Une lésion du FA induit une apraxie idéomotrice respectant la compréhension des gestes, les « praxicons » étant respectées. Une lésion cortico-sous-corticale des aires motrice et prémotrice gauches (produisant une hémiplégie droite avec aphasie de Broca) entraîne une apraxie idéomotrice gauche (apraxie sympathique) par lésion des fibres calleuses à leur origine. Une lésion du CC entraîne une apraxie idéomotrice gauche par déficit du transfert interhémisphérique entre l'APM gauche et l'APM droite, de même qu'une lésion de la substance blanche du lobe frontal droit (détruisant les fibres calleuses à leur émergence) ou de l'APM droite.

l'amateur, le dessin d'un jardin ou l'esquisse d'un détail architectural, la construction de maquettes ou de demeures, tels sont, entre mille, des exemples nécessitant le déploiement d'une compétence constructive qui associe le maniement de données visuoperceptives, et visuospatiales ordonnancées dans un projet qui se crée grâce à l'activité motrice : Kleist parlait ainsi d'associations kinesthéso-optiques.

La mise en évidence d'une apraxie constructive se fait en demandant au sujet, sur ordre et sur imitation, de dessiner un carré, un cube, une maison, une bicyclette. On peut aussi s'aider de bâtonnets ou d'allumettes ou de la réalisation d'un puzzle tout comme l'on peut s'adresser au test de praxies tridimensionnelles de Benton (figures 5.5 et 5.6).

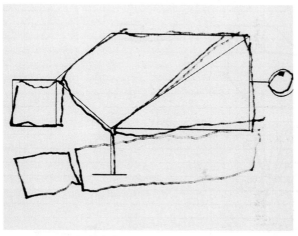

Figure 5.5
Apraxie constructive. Tentative de copie avec phénomène d'accolement au modèle.

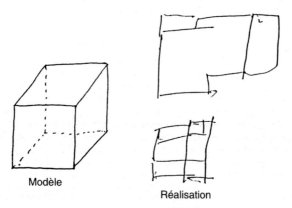

Modèle

Réalisation

Figure 5.6
Apraxie constructive (lésion pariétale de l'hémisphère gauche).
D'après R. Gil. *Neurologie pour le praticien.* Paris : Simep ; 1989

L'apraxie constructive témoigne d'une lésion pariétale qui peut intéresser l'un ou l'autre hémisphère : la distinction de la latéralité lésionnelle n'est pas évidente, même s'il serait logique de considérer que les apraxies constructives droites devraient s'associer aux désordres visuospatiaux propres aux lésions de l'hémisphère droit. Ainsi une apraxie constructive au cours de laquelle existe une amputation d'une moitié (et habituellement la moitié gauche du dessin) est le fait d'une lésion de l'hémisphère non dominant (habituellement l'hémisphère droit).

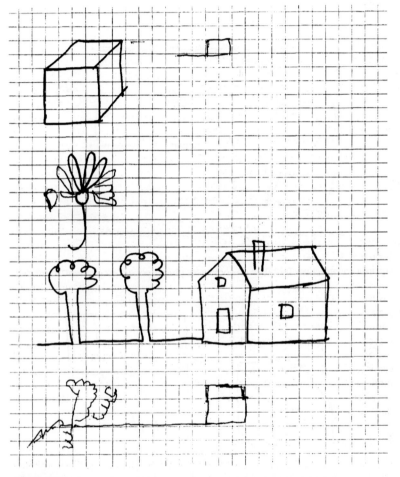

Figure 5.7
Apraxie constructive associée (comme cela est fréquemment observé) à un syndrome de Gerstmann (voir chapitre 3).

Le phénomène d'accolement au modèle conduisant le malade à inscrire son dessin à l'intérieur de celui de l'examinateur *(closing-in)* est le fait des lésions de l'hémisphère gauche. L'existence d'un modèle ou l'aide par des repères (comme des points au sommet du cube) peuvent améliorer les performances des malades ayant une lésion de l'hémisphère gauche (figure 5.7). La latéralisation lésionnelle gauche est compatible avec le maintien de certaines capacités d'apprentissage. Aussi a-t-on voulu opposer les apraxies « idéatoires » dues aux lésions gauches, qui exprimeraient essentiellement un trouble de la programmation, aux apraxies par lésion droite, qui relèveraient d'une désorganisation spatiale.

L'apraxie de l'habillage

L'apraxie de l'habillage est un trouble singulier survenant, comme l'avaient souligné Pierre Marie puis Brain, en l'absence d'apraxie idéatoire ou idéomotrice : il s'agit donc d'un type particulier d'apraxie réflexive (puisque le corps en est l'objet) mais ne concernant que l'activité d'habillage dont on connaît la place qu'elle occupe, depuis la naissance jusqu'à la mort, dans la plupart des groupes culturels de l'humanité. Dire que « l'habit ne fait pas le moine » témoigne de la fonction identitaire du vêtement et du mélange de dextérité automatisée et de création que constitue cet ensemble de gestes qui accompagne quotidiennement la vie des hommes. *La région postérieure de l'hémisphère droit* est le lieu de convergence des informations visuelles, spatiales et motivationnelles nécessaires au déploiement de cette activité : le sujet ayant une lésion de cette région contemple énigmatiquement son vêtement, le tourne et le retourne, peut enfiler à force d'essais et d'erreurs l'une des manches dans l'un ou l'autre bras, pour renoncer finalement à pouvoir enfiler l'autre manche qui pend dans son dos comme un problème dont la solution est devenue insurmontable (figure 5.8). Enfiler un pantalon, des chaussures, nouer une cravate offrent les mêmes obstacles ; *a fortiori* l'ordre des vêtements n'est plus conceptualisé et le malade livré à lui-même avec quelques habits n'aboutit qu'à un accoutrement tristement burlesque. Dans les cas légers, sa mise en évidence nécessite que les vêtements soient présentés au malade de manière inhabituelle (par exemple, en retournant l'une des jambes du pantalon ou l'une des manches de la veste). L'apraxie de l'habillage est souvent associée à une apraxie constructive. Elle peut aussi être associée à une hémiasomatognosie : on peut considérer qu'elle garde son identité séméiologique quand elle intéresse la vêture du corps dans sa totalité. Elle n'est probablement qu'un mode particulier de l'hémiasomatognosie quand le recouvrement par le drap ou l'habillage « ignorent » l'hémicorps gauche. L'apraxie de l'habillage est fréquente dans la maladie d'Alzheimer.

L'apraxie de la marche

L'apraxie de la marche désigne, chez un malade non parétique, l'incapacité de disposer convenablement ses membres inférieurs : le sujet ne peut plus avancer ses membres inférieurs alternativement ou il le fait de manière rudimentaire avec une tendance à la rétropulsion. Ce trouble est aussi appelé ataxie frontale mais peut s'observer non seulement dans des tumeurs frontales ou fronto-calleuses mais aussi dans des hydrocéphalies ou chez des sujets âgés et déments. La distinction peut d'ailleurs être séméiologiquement difficile entre des perturbations intéressant la programmation motrice d'un projet idéatoire typiquement préservé et un désordre de la motilité automatique tel qu'on peut l'observer dans les perturbations de la marche et de l'équilibre chez le parkinsonien.

L'apraxie de la marche permet d'évoquer aussi deux autres types d'apraxies. L'*apraxie idéomotrice des membres inférieurs* (faire le geste de taper dans un ballon, dessiner un huit avec le pied le membre inférieur étant relevé au-dessus du pied du lit) peut accompagner une apraxie idéomotrice uni- ou bilatérale des membres supérieurs. L'*apraxie truncopédale* affecte les mouvements axiaux et bilatéraux du corps : se retourner dans le lit, se coucher et, comme manœuvre d'examen, prendre la « position du boxeur ». L'autonomie de cette apraxie est discutée, certains pensant qu'elle accompagne toujours une apraxie idéomotrice par lésion de l'hémisphère dominant pour le langage.

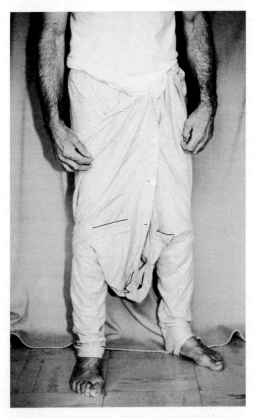

Figure 5.8
Apraxie de l'habillage.

L'apraxie bucco-faciale

L'apraxie bucco-faciale accompagne souvent la suspension du langage de l'anarthrique et de l'aphasique global ou la désintégration phonétique de l'aphasique de Broca. Il est en effet frappant de constater que les muscles qui concourent à la réalisation de l'expression verbale (bouche, langue, joues, respiration) se voient dans l'impossibilité de générer volontairement des mouvements à but non langagier alors que ces mouvements sont préservés quand ils surviennent de manière automatique. Ainsi tente-t-on de demander au malade, sur ordre verbal ou sur imitation, de tirer la langue, de montrer les dents, de mettre la bouche en cul de poule, de se pourlécher les lèvres, de claquer la langue ; la partie supérieure du visage, notamment les mouvements des paupières, est le plus souvent épargnée. Ces perturbations ont quelques analogies avec la composante apraxique des troubles de la réalisation phonétique. Toutefois une apraxie bucco-faciale peut, bien que plus rare, survenir au cours d'une aphasie de conduction ou de Wernicke. L'apraxie bucco-faciale est plus souvent associée à une apraxie idéomotrice qu'à une apraxie idéatoire. L'apraxie unilatérale kinétique d'aimantation est toujours, selon Hecaen, accompagnée d'une apraxie bucco-faciale.

Les apraxies palpébrales

Les apraxies palpébrales peuvent concerner la fermeture ou l'ouverture des yeux.

Une *incapacité de fermer les yeux* avec persistance du réflexe cornéen, du réflexe cochléo-palpébral et même du réflexe de clignement à la menace peut témoigner d'une paralysie supranucléaire comme d'une apraxie de la fermeture des yeux. Une abolition du phénomène de Bell (déviation vers le haut des yeux lors de leur fermeture) et une parésie des saccades (mouvements oculaires rapides permettant de porter son regard sur des cibles successives) induisant un spasme de fixation sont des arguments en faveur d'une paralysie supranucléaire qui accompagne des lésions sévères des neurones du cortex moteur comme dans des infarctus bioperculaires, dans la sclérose latérale amyotrophique, dans la maladie de Creutzfeldt-Jakob. Au cours des apraxies, la fréquence des clignements palpébraux spontanés doit être respectée de même que la motilité faciale spontanée ; de tels faits pourraient s'observer dans des lésions du *gyrus supramarginalis* de l'hémisphère dominant ainsi que du lobe frontal tout comme dans certaines apraxies développementales associées à un retard mental. Les apraxies frontales pourraient se rapprocher des apraxies kinétiques et traduire l'incapacité d'inhiber l'ouverture des yeux provoquée par les stimulations visuelles.

L'*apraxie de l'ouverture des yeux* survient typiquement en l'absence de blépharospasme et s'accompagne, lors des tentatives d'ouverture des yeux, d'une contraction des muscles frontaux. Un tel trouble peut être observé dans des affections du système extrapyramidal : chorée de Huntington, syndrome de Shy-Drager, paralysie supranucléaire progressive, maladie de Parkinson. S'agit-il alors, même en l'absence de blépharospasme évident, d'une authentique apraxie ? Ne s'agit-il pas plutôt d'un désordre moteur et donc non apraxique qui pourrait être interprété soit comme une akinésie de l'ouverture palpébrale, soit comme une inhibition involontaire des muscles releveurs des paupières, soit comme une dystonie focale de la portion prétarsale de l'orbiculaire de l'œil ? L'effet favorable de l'injection prétarsale de toxine botulinique plaide en faveur de cette dernière hypothèse. Le fait que les patients tentent et obtiennent même laborieusement l'ouverture des paupières en s'aidant de leurs doigts est aussi en faveur d'un désordre moteur. Toutefois cette même incapacité d'ouvrir les yeux a pu aussi être observée dans des lésions corticales bilatérales ou du seul hémisphère droit et plus particulièrement du lobe pariétal.

Il n'est donc pas possible de réduire l'apraxie de l'ouverture et de la fermeture des yeux à une dissociation automatico-volontaire des mouvements palpébraux, altérant l'initiation volontaire du mouvement des paupières. Le terme d'apraxies de la fermeture comme de l'ouverture des yeux regroupe donc des troubles composites, qu'ils soient moteurs ou apraxiques.

La(les) main(s) étrangère(s)

Le *concept de main étrangère* recouvre des faits disparates. Outre la main étrangère par « asomatognosie » (voir chapitre 10), plusieurs entités peuvent être individualisées. La *dyspraxie diagonistique* décrite après section du corps calleux par Akelaïtis désigne un comportement conflictuel intermanuel, caractérisé par le fait que les mouvements d'une main réalisent l'inverse de ce qui est fait ou doit être fait par l'autre main. Il existe donc un « conflit » entre l'acte que le sujet veut faire et l'acte que réalise au même moment une main, le plus souvent la gauche : ainsi la main gauche repose sur le comptoir du boulanger le pain dont le sujet vient de se saisir de la main droite ; ainsi encore le sujet ayant soif et désirant boire emplit un verre de sa main droite puis l'autre main se saisit du verre et le vide. Ce comportement traduit une perturbation du transfert interhémisphérique par la section calleuse, ce qui entraîne une ignorance d'un hémicorps par rapport à l'autre.

Le *signe de la main étrangère* a été décrit par Brion et Jedynak pour désigner l'incapacité qu'a le malade de reconnaître l'une de ses mains quand elle est placée dans l'autre main en dehors du contrôle de la vue. (Ainsi, un patient, alors qu'il était prié de s'habiller, accroche derrière son dos une de ses mains avec l'autre et dit à l'examinateur : « *Lâchez ma main, vous m'empêchez de m'habiller !* »). Le sujet sait qu'il tient une main mais ne reconnaît pas qu'il s'agit de la sienne. Observé aussi dans les lésions calleuses, ce signe témoigne, en outre, de l'ignorance et de l'étrangeté d'un hémicorps par rapport à l'autre en raison d'une disconnexion interhémisphérique. Par la suite, le signe de la main étrangère a désigné la tendance irrépressible d'une main à explorer l'environnement en tâtonnant, en saisissant, en agrippant, en manipulant les objets rencontrés. Quand on attire l'attention du sujet sur son comportement manuel, il déclare qu'il est involontaire, que la main agit d'elle-même et il peut exister une personnification de la main dont le sujet peut parler comme d'un enfant. La main intéressée est le plus souvent la main dominante. Les lésions intéressent la partie antérieure du corps calleux et la région frontale incluant l'aire motrice supplémentaire, la partie antérieure du gyrus cingulaire et le cortex préfrontal médian. Selon la conception de Goldberg, le cortex prémoteur latéral orienté vers le monde extérieur est libéré de l'influence inhibitrice de l'aire motrice supplémentaire (ASM) homolatérale lésée et de l'ASM hétérolatérale déconnectée par la lésion calleuse. Le comportement de la main peut la faire qualifier de capricieuse, peut rappeler l'apraxie d'aimantation de Denny-Brown ou peut réaliser une utilisation compulsive des objets entrant dans le cadre du syndrome de dépendance à l'environnement décrit par Lhermitte (voir chapitre 13). L'association à un *grasping* est possible.

Le concept de main étrangère a été étendu à la *désafférentation* sensitive d'une main ataxique et animée de mouvements anormaux. La dégénérescence corticobasale peut entraîner une main étrangère avec des mouvements anormaux soit de type postural, soit plus élaborés à relier à l'atteinte pariétale et frontale (en particulier de l'aire motrice supplémentaire).

Bibliographie

Doody RS, Jankovic J. The alien hand and related signs. J Neurol Neurosurg Psychiatry 1992; 85:806–10.

Goldstein JE, Cogan DG. Apraxia of lis opening. Arch Ophtalmol 1965;73:155–9.

Habib M, Alicherif A, Balzamo M et al. Caractérisation du trouble gestuel dans l'apraxie progressive primaire. Rev Neurol 1995;151(10):541–51.

Hecaen H. Les apraxies idéomotrices. Essai de dissociation. In: Hecaen H, Jeannerod M. Du contrôle moteur à l'organisation du geste. Paris : Masson ; 1978.

Heilman KM, Rothi LJG. Apraxia. In: Heilman KM, Valenstein E. Clinical neuropsychology. Oxford : Oxford University Press ; 1993.

Johnston JC, Rosenbaum DM, Picone CM, Grotta JC. Apraxia of eyelid opening secondary to right hemisphere infarction. Neurology 1989;25:622–4.

Krack P, Marion MH. Caractérisation « Apraxia of lid opening », a focal eyelid dystonia : clinical study of 32 patients. Mov Disord 1994;6:610–5.

Le Gall D, Aubin G. Apraxies et désordres apparentés. Société de neuropsychologie de langue française ; 1993.

Levine D, Rinn WE. Opticosensory ataxia and alien hand syndrome after posterior cerebral territory infarction. Neurology 1986;36:1094–7.

Poncet M, Ceccaldi M. Dyspraxie diagionistique et main étrangère (main capricieuse) : deux comportements gestuels distincts. In: Le Gall D, Aubin G. Apraxies et désordres apparentés. Société de neuropsychologie de langue française ; 1993.

Riley DE, Lang AE, Lewis A et al. Cortical-basal degeneration. Neurology 1990;40:1203–12.

Ross Russell RW. Supranuclear palsy of eyelid closure. Brain 1980;103:71–82.

Rothi LG, Ochipa C, Heilman KM. A cognitive neuropsychological model of limb praxis. Cognitive neuropsychology 1991;8:443–58.

Les acalculies

> « *Le souffle de la fausseté n'atteint aucunement le
> nombre ; car la fausseté combat et hait sa nature,
> tandis que la vérité est chose propre et connaturelle au
> nombre.* »
>
> Philolaos

Les nombres sont faits de chiffres répertoriés dans un lexique (douze, 12), unis entre eux par des *règles syntaxiques* (trois cent vingt et un, 321), bénéficiant tant au niveau de leur *compréhension* que de leur production de plusieurs types de signifiants (ou notations) dont deux sont essentiellement utilisés : la *notation verbale* utilisée à l'oral et à l'écrit ; la *notation arabe*, utilisée à l'écrit. Ces deux types de notations bénéficient d'un *transcodage* mutuel permettant de passer d'un système à l'autre. Les nombres permettent des calculs exprimés sous forme de *signes arithmétiques* qui peuvent être dits (multiplier), lus ou écrits verbalement (moins, plus…) ou symboliquement (−, +, =…) permettant ainsi de réaliser les quatre opérations de base. Ces opérations peuvent être effectuées mentalement ou par écrit en utilisant une *disposition spatiale* rigoureuse, comme l'alignement séquentiel de la droite vers la gauche des unités, dizaines, centaines… joint, dans l'addition par exemple, à un alignement vertical de chaque classe lexicale numérique.

Une acalculie ou une dyscalculie peut donc procéder de mécanismes multiples voire composites. La classification proposée en 1961 par Hecaen et ses collaborateurs peut fournir la matrice des situations rencontrées en clinique et qui conduit à distinguer :

- les acalculies en rapport avec des troubles de la lecture et de l'écriture des nombres, liées ou non à une alexie ou une agraphie verbale parfois dénommées acalculies aphasiques ;
- les acalculies spatiales ;
- les désordres du calcul lui-même ou anarithmétie, pouvant correspondre à l'acalculie primaire selon l'acception de Berger (1926) à opposer aux acalculies secondaires à des troubles du langage, de la mémoire, de l'attention ou à d'autres distorsions cognitives.

Les acalculies aphasiques et les déficits de la compréhension et de la production orales des nombres

Les alexies et les agraphies pour les chiffres et les nombres

L'incapacité de lire et d'écrire les nombres accompagne *souvent mais non constamment une aphasie* et peut s'associer à une apraxie idéatoire ou idéomotrice, à des désordres visuoconstructifs, à une alexie pour les mots et les lettres, à une agraphie. Mais des dissociations sont possibles entre la lecture et l'écriture des chiffres d'une part, des lettres et des mots d'autre part. Ainsi peut-on observer une incapacité sélective de la compréhension écrite des nombres, tant en notation verbale qu'en notation arabe contrastant avec une compréhension normale des mots écrits. De même a pu être observée une agraphie pour les mots et les lettres coexistant avec une préservation de l'écriture des chiffres et des nombres. Si la plupart des alexies et des agraphies sont mixtes (lettres, nombres), on peut aussi observer des alexies verbales isolées, des alexies numérales isolées, des agraphies verbales isolées et des agraphies isolées pour les nombres.

L'*alexie des nombres* peut être globale ou intéresser les chiffres isolés (ce qui peut être considéré comme comparable à l'alexie littérale) ou encore les nombres avec perte de la signification positionnelle des chiffres, omission et inversion. De même peut-on distinguer une *agraphie pour les chiffres isolés et une agraphie pour les nombres* (figure 6.1). L'alexie et l'agraphie pour les chiffres pourraient correspondre à une atteinte lexicale tandis que l'alexie et l'agraphie pour les nombres pourraient correspondre à l'atteinte des processus syntaxiques numériques permettant la combinaison des chiffres en nombres. Mais d'autres dissociations ont été observées :

■ altération de la compréhension des nombres écrits en notation verbale (« *Parmi les chiffres suivants, quel est le plus grand, trois cent quarante-huit ou deux cent cinquante-neuf ?* ») contrastant avec la préservation de la compréhension des nombres écrits en notation arabe (348 et 259) ;

■ altération de la compréhension des signes arithmétiques écrits contrastant avec la préservation de la compréhension des nombres écrits quel que soit le système de notation, le même contraste s'observant aussi en écriture et en dénomination (chez deux patients avec une aphasie amnésique et de conduction).

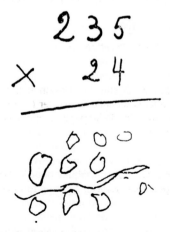

Figure 6.1
Multiplication exécutée par un malade agraphique pour les nombres.
On note que la disposition spatiale de la multiplication est préservée.
D'après Hecaen H. *Rev Neurol* 1961 ; 105 (2) : 85-103

Les lésions observées dans les alexies et les agraphies pour les chiffres et les nombres intéressent plutôt l'hémisphère gauche : les lésions peuvent être étendues en cas d'association à une aphasie mais l'alexie et l'agraphie pour les nombres paraissent électivement liées à des lésions du lobe pariétal et tout particulièrement du gyrus angulaire gauche, mais une atteinte associée du lobe pariétal droit est possible.

Les déficits de la compréhension et de la production orales des nombres

La compréhension orale des nombres peut être atteinte (avec échec aux comparaisons de nombres présentés verbalement), alors que les nombres écrits en chiffres arabes peuvent être aisément comparés et en l'absence de troubles de la compréhension générale.

La production des nombres peut être altérée à la lecture (alexie), à l'écrit (agraphie) mais aussi à l'oral avec, au cours d'aphasies fluentes, des substitutions de nombres à d'autres qui doivent être considérées comme des paraphasies : les performances des sujets en calcul sont alors altérées alors même que les capacités de calcul sont intrinsèquement préservées. Ainsi en est-il de ce patient, chez qui la lecture de nombres en chiffres arabes était préservée et qui, confronté au problème écrit « 4 + 5 », écrivait « 5 », disait « 8 » mais sur choix multiple indiquait la bonne réponse : « 9 ». L'étude du transcodage des nombres (du code arabe au code verbal et inversement) a pu montrer que les erreurs des aphasies de Broca évoquent un déficit morphosyntaxique (avec bouleversement des classes lexicales : *treize* → 3 ; *quinze* → 50) alors que dans l'aphasie de Wernicke les erreurs restent dans le cadre de la même classe lexicale (*douze* → 11).

Les acalculies spatiales

Elles se caractérisent par le bouleversement de l'agencement spatial des nombres qu'écrit le sujet avant de réaliser le calcul qui lui est demandé, alors que le principe même du calcul est conservé comme en témoigne la préservation habituelle du calcul mental. En effet les erreurs ne dépendent ni du type de calcul ni de sa complexité. L'acalculie spatiale est souvent (deux fois sur trois pour Hecaen et ses collaborateurs) associée à une agnosie spatiale unilatérale gauche et il est alors légitime de penser que les erreurs viennent de l'omission de la partie gauche des nombres et des opérations arithmétiques. Le problème est de savoir si toutes les acalculies spatiales relèvent d'une héminégligence ou s'il existe des désordres spatiaux spécifiques pour le calcul. Il reste aussi que les acalculies spatiales peuvent s'associer à des perturbations visuoconstructives, à une apraxie de l'habillage, à des agnosies spatiales (et en particulier à une planotopokinésie), à une dyslexie de type spatial, à une hémiasomatognosie. L'existence de dissociations entre ces troubles et les acalculies spatiales montre qu'il est difficile de faire de ces acalculies une simple conséquence des troubles associés. Les lésions intéressent donc les régions postrolandiques (et en particulier pariéto-occipitales) de l'hémisphère droit mais des lésions bihémisphériques ont pu aussi être observées.

Encadré 6.1

Plan de l'examen des capacités de calcul

Préalablement à l'examen du calcul, il faut déterminer s'il existe ou non une aphasie (avec ou sans troubles de la compréhension, avec ou sans paraphasies dans le langage écrit et parlé), une apraxie constructive, une agnosie spatiale unilatérale, une planotopokinésie, un syndrome démentiel.

1. Lecture à haute voix (B21, B22) couplée à l'étude de la compréhension écrite (A11 et A12) des chiffres et nombres en notations verbale et arabe en demandant dans plusieurs paires de chiffres, lequel des deux chiffres est le plus grand et en faisant désigner des chiffres et nombres présentés visuellement.
   Demander de lire : *7, 9 ; 28, 31 ; cinquante et un, vingt-trois ; 102, 943*. Demander dans chaque paire lequel est le plus grand. Si besoin, faire dans chaque paire une épreuve de désignation orale.
2. Étude de la compréhension auditivoverbale (A21) des chiffres et nombres dits au malade en lui demandant dans plusieurs paires de chiffres (*3 et 9 ; 37 et 29 ; 71 et 68 ; 302 et 179*) lequel est le plus grand.
3. Répétition de chiffres et nombres (B21).
4. Écriture en notations verbale et arabe de chiffres et nombres dictés et copiés (B111, B112, B121, B122). Tenter de distinguer les erreurs lexicales (exemple : *12, 21*) et les erreurs syntaxiques (exemple : *12, 102*).
5. Demander au sujet de lire, d'écrire les signes opératoires de base sous forme verbale (plus, moins…) et sous forme symbolique (+, −…) et de les expliquer (A22, B13, B23).
6. Transcodage de la notation arabe en notation verbale et inversement (c) ; par exemple *8, 12, trente-deux, sept*.
7. Évaluation du système sémantique de la représentation des nombres en demandant de faire à côté de chiffres le nombre de points correspondants (exemple : *7…….*).
8. Calcul mental et écrit pour les quatre opérations de base. Apprécier la vitesse du calcul. Tenter d'analyser les erreurs (l'atteinte de certaines opérations est-elle sélective ou globale ? la disposition spatiale est-elle correcte ? les procédures de calcul sont-elles préservées pour les retenues, l'alignement de chiffres avec les déports nécessaires, les tables de multiplication sont-elles connues ou oubliées ou mémorisées mais mal appliquées ?).
9. Faire des opérations en série (suite des nombres obtenus en enlevant *7* de *100*). Tester l'empan verbal et la résolution de problèmes arithmétiques comme ceux proposés dans la WAIS.

Les indications composées d'une lettre suivie de deux ou trois chiffres (par exemple B21) renvoient à la figure 6.3 où sont matérialisées les étapes de l'examen des capacités de calcul

---

L'anarithmétie

L'anarithmétie ou acalculie primaire désigne les perturbations intéressant la mise en œuvre des opérations arithmétiques : mémorisation des faits arithmétiques (tables, en particulier pour la multiplication), utilisation des retenues et des autres procédures de calcul. L'anarithmétie peut s'associer à une aphasie, un déficit visuoconstructif, un déficit cognitif global, une alexie verbale, une indistinction droite–gauche.

Le déficit du calcul peut être sélectif avec préservation des capacités de rappel et d'emploi des procédures de calcul contrastant avec une très grande lenteur à réaliser les opérations arithmétiques. L'anarithmétie peut intéresser de manière dissociée certaines capacités de calcul : altération des capacités de multiplication et de division avec préservation de l'addition et de la soustraction ; atteinte sélective de l'utilisation des retenues ou incapacité de réalisation des multiplications à plusieurs chiffres par absence de décalage d'une colonne vers la gauche de chaque produit intermédiaire ; incapacité de faire des additions écrites avec préservation de la soustraction et, chez le même malade, intégrité du calcul mental.

Les différentes variétés d'anarithmétie coexistent en règle générale avec des lésions de l'hémisphère gauche, pariéto-temporales ou pariéto-occipitales, l'implication du gyrus angulaire gauche semblant jouer un rôle essentiel. L'acalculie du syndrome de Gerstmann a pu être décrite soit comme une anarithmétie soit comme une acalculie spatiale (voir p. 95), mais ce syndrome est un ensemble composite et non pas une entité clinique (voilà pourquoi Benton le considérait comme une « fiction »). En tout cas l'acalculie n'y comporte aucune spécificité car, outre une anarithmétie, elle peut aussi être due aux désordres visuoconstructifs associés ou être de type agrapho-alexique. Les lésions frontales préservent généralement les opérations élémentaires mais perturbent les opérations complexes et la résolution de problèmes ainsi que les opérations en série (décompter de 7 en 7 à partir de 100 ; Luria, 1978) mais il ne s'agit pas de troubles spécifiques du calcul (voir chapitre 13). Toutefois des lésions intéressant F1 et F2 peuvent induire une acalculie associée à une agraphie : l'agraphie dans le cas de Toghi et de son équipe épargnait d'ailleurs l'écriture des nombres et l'acalculie était bien une anarithmétie avec une incapacité sélective des multiplications et des divisions liée aux difficultés à se rappeler des tables puis ultérieurement à les appliquer.

Parmi les modèles cognitifs proposés pour rendre compte des acalculies (figure 6.2), McCloskey (1987) postule une organisation en trois systèmes cognitifs : le *système de compréhension des nombres* (en notations arabe et verbale) ; le *système de production des nombres* (en notations arabe et verbale). Chaque système de notation comporte un stock lexical (3, 2…) et les règles syntaxiques qui permettent de les combiner (23, trente-deux…). La notation arabe est écrite et la notation verbale est à la fois écrite et parlée. Il reste *système de calcul* qui contient les outils nécessaires à l'interprétation de symboles mathématiques, à la récupération en mémoire des faits arithmétiques (en particulier tables de multiplication) et à la mise en œuvre des procédures de calcul. Ces trois systèmes sont unis par le *système sémantique de la représentation des nombres* (figure 6.3). L'existence d'une dissociation entre le calcul mental et le calcul écrit pourrait suggérer (McNeil *et al.*, 1994) qu'il existe à l'intérieur du système de calcul de deux sous-systèmes, l'un visuel pour le calcul écrit en notation arabe et un calculateur verbal tandis qu'un canal indépendant permettrait le transcodage des nombres d'une notation à l'autre. Par ailleurs, constatant chez un malade aphasique et acalculique une préservation des approximations (« $2+2=5$ » était accepté comme exact mais des erreurs plus grossières – par exemple « $2+2=9$ » – étaient rejetées), Dehaene et Cohen (1991) ont postulé deux systèmes de calcul mental : l'un pour le calcul exact nécessitant le traitement des représentations symboliques des chiffres et permettant le calcul exact, l'autre pour la manipulation de grandeurs numériques approximatives sous forme analogique. Ainsi pourrait s'expliquer, lors de lésions gauches massives, la préservation de capacités limitées de calcul (l'intuition mathématique) de l'hémisphère droit.

Il reste que certains considèrent que les acalculies n'existent pas au sens de troubles spécifiques du calcul mais sont la conséquence de désordres associés, qu'il s'agisse de désordres instrumentaux (aphasie, agnosie spatiale, apraxie constructive) ou d'une détérioration intellectuelle globale.

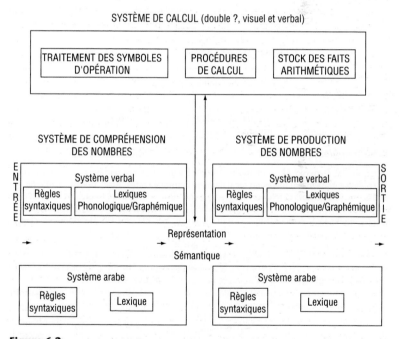

Figure 6.2
Modèle de l'organisation du calcul, selon McCloskey.
Un double système de calcul, visuel et verbal, est postulé par McNeil et Warrington. À côté de ce système de calcul, pourrait prendre place une conversion analogique permettant, par l'estimation des quantités, un deuxième mode de calcul, le calcul approximatif. Le transcodage numérique du code arabe au code verbal pourrait être effectué soit selon des règles syntaxiques (codage asémantique du modèle de Deloche et Seron), soit après articulation sur une représentation sémantique. On peut aussi penser que les signes opératoires doivent être compris dans un système de compréhension distinct avant d'être appliqués au niveau du calcul.

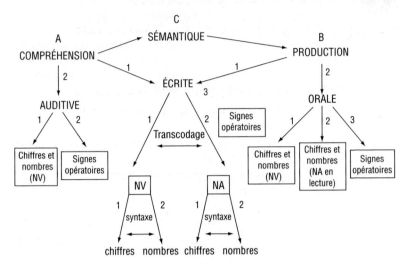

Figure 6.3
Schéma des étapes de l'examen du calcul (voir encadré 6.1).
NA : notation arabe. NV : notation verbale.

Bibliographie

Anderson SW, Damasio AR, Damasio H. Troubled letters but not numbers : domain specific cognitive impairment following focal damage in frontal cortex. Brain 1990;113:749–66.

Assal G, Jacot-Descombes C. Intuition arithmétique chez un acalculique. Rev Neurol 1984;140:374–5.

Benton AL. The fiction of the Gerstmann syndrome. J Neurol Neurosurg Psychiatry 1961;24:176–81.

Boller F, Grafman J. Acalculia. In : Vinken PJ, Bruyn GW, Klawans HL. Handbook of clinical neurology. Amsterdam : North Holland Publishing Company;1985. p. 473–81.

Caramazza A, McCloskey M. Dissociation of calculation processes. In : Deloche G, Seron X. Mathematical disabilities. Hillsdale (NJ) : Lawrence Erlbaum;1987. p. 221–34.

Collignon R, Leclerq C, Mahy J. Étude de la séméiologie des troubles du calcul observés au cours des lésions corticales. Acta Neurologica Belgica 1977;77:257–75.

Dehaene S, Cohen L. Two mental calculation systems : a case study of severe acalculia with preserved approximation. Neuropsychologia 1991;29(11):1045–74.

Deloche G, Seron X. From three to three : a differential analysis of skills in transcoding quantities between patients with Broca's and Wernicke's aphasia. Brain 1982;105:719–33.

Hecaen H, Angelergues R, Houillier S. Les variétés cliniques des acalculies au cours des lésions rétrorolandiques : approche statistique du problème. Rev Neurol 1961;2:85–103.

Kinsbourne M, Warrington EK. The developmental Gerstmann syndrome. Arch Neurol 1963;8:490–501.

McCloskey M, Caramazza A. Cognitive mechanisms in normal and impaired number processing. In : Deloche G, Seron X. Mathematical disabilities. Hillsdale (NJ) : Lawrence Erlbaum;1987. p. 201–19.

McNeil JE, Warrington EK. A dissociation between addition and subtraction with written calculation. Neuropsychologia 1994;32(6):717–28.

Seron X, Deloche G. Les troubles du calcul et du traitement des nombres. In : Seron X, Jeannerod M. Neuropsychologie humaine. Mardaga : Liège;1994. p. 1998.

Toghi H, Saitoh K, Takahashi S et al. Agraphia and acalculia after a left prefrontal (F1 F2) infarction. J Neurol Neurosurg Psychiatry 1995;58:629–32.

Warrington EK. The fractionation of arithmetic skills : a single case study. Quarterly Journal of Experimental. Psychology 1982;34A:31–51.

La cécité corticale
et les agnosies visuelles

« *Notre connaissance dérive de deux sources,*
dont la première est la capacité de recevoir des
représentations...
et la seconde, la faculté de connaître un objet au moyen
de ces représentations...
Intuition et concepts, tels sont donc les éléments
de toute notre connaissance...
Sans la sensibilité, nul objet ne nous serait donné,
sans l'entendement, nul ne serait pensé. »

Kant

La cécité corticale

La *cécité corticale* désigne l'abolition de la vision en rapport avec une destruction du cortex visuel occipital (aire striée ou aire 17 occupant le sillon calcarin et la face interne du lobe occipital) et plus généralement des connexions géniculo-calcarines ou radiations optiques, ce qui a pu faire proposer le terme, resté peu usité, de *cécité cérébrale*. Ainsi définie, la cécité corticale doit être distinguée de :

■ la double hémianopsie, qui respecte la vision maculaire, donc la vision centrale, le malade voyant comme à travers « un canon de fusil ». Une double hémianopsie peut néanmoins précéder ou suivre une cécité corticale ;

■ la *cécité psychique de Munk* où il n'y a pas disparition de la sensation visuelle et que l'on appelle maintenant agnosie visuelle (voir *infra*) ;

■ la *cécité hystérique* qui laisse le malade indifférent mais non anosognosique et au cours de laquelle il est possible de déclencher un réflexe de clignement à la menace mais dont le diagnostic peut être difficile ;

■ la cécité simulée (dans le cadre d'un syndrome de Münchhausen).

Description séméiologique

La cécité corticale (le plus souvent due à un infarctus biocipital) peut s'installer soudainement ou de manière bégayante après une hémianopsie unilatérale ou d'emblée bilatérale. Il s'agit d'une cécité « véritable », totale ou importante, pouvant laisser une vague perception de la lumière ou du mouvement. Cette cécité ne s'accompagne d'aucune anomalie du fond d'œil et les réflexes photomoteurs sont conservés alors que le réflexe de clignement à la menace est aboli ; la capacité d'évoquer des images visuelles peut disparaître ; quand elle persiste, les couleurs sont absentes tout comme dans les rêves.

Cette cécité s'accompagne souvent d'anosognosie (syndrome d'Anton), le malade se refusant à admettre qu'il est aveugle même s'il se cogne aux obstacles en marchant ; l'anosognosie peut parfois se réduire à une indifférence ou à une appréciation partielle de l'importance du déficit visuel. La réalité de cette méconnaissance de la cécité a été discutée : en effet, il peut exister des hallucinations visuelles simples ou élaborées qui expliqueraient alors la négation de la cécité ; il peut par ailleurs s'associer à la cécité une amnésie antérograde, le fait d'être aveugle ne pouvant donc pas être mémorisé et parfois il existe aussi une confabulation visuelle remplaçant la perception absente par des souvenirs visuels. Mais l'anosognosie peut être irréductible à ces explications. La cécité corticale est rarement isolée. Elle peut s'accompagner d'une confusion mentale, d'une désorientation spatiale, d'une acalculie, de troubles sensitivo-moteurs dimidiés, d'une amnésie korsakovienne par un infarctus bilatéral des cérébrales postérieures lésant les lobes occipitaux et les hippocampes et réalisant le syndrome de Dide-Botcazo.

Sur le plan oculomoteur, on ne peut pas obtenir de mouvement de poursuite et le nystagmus optocinétique est aboli, mais les mouvements volontaires sur ordre et la motilité oculaire automatico-réflexe sont préservés. Sur le plan électroencéphalographique, l'alpha est aboli, ou diminué d'amplitude avec une réaction d'arrêt abolie et une absence d'entraînement à la stimulation lumineuse intermittente. Des ondes lentes delta, souvent plates, et plus rarement des anomalies épileptiques peuvent intéresser les régions postérieures. Les potentiels évoqués visuels peuvent être altérés ou abolis mais la présence d'une onde P100 normale ne permet pas d'exclure une cécité corticale.

Étiologie et pronostic

Des cécités corticales régressives peuvent s'observer comme manifestations épileptique, migraineuse ou de l'encéphalopathie hypertensive. Les cécités corticales durables sont le plus souvent de cause ischémique, par infarctus des cérébrales postérieures ou du tronc basilaire ; des cécités ischémiques peuvent aussi compliquer l'angiographie cérébrale et la chirurgie cardiaque. Les autres étiologies sont l'encéphalopathie anoxique, l' intoxication oxycarbonée et, plus rarement, les traumatismes craniocérébraux ou les tumeurs, ces dernières pouvant se compliquer d'une ischémie des cérébrales postérieures lors d'un engagement.

Le pronostic est sombre quand la perte de vision est totale, sans perception de lumière, quand la cécité est liée à un infarctus spontané (encore que les accidents artériographiques et postchirurgicaux puissent aussi être de mauvais pronostic) et surtout quand la tomodensitométrie objective des lésions biocciptales. L'amélioration, quand elle existe, commence par la vision de la lumière et se poursuit par la perception du mouvement ou des couleurs et enfin des formes. La régression peut être partielle, le malade gardant une agnosie visuelle plus ou moins massive.

Les agnosies visuelles

Les informations visuelles élémentaires cheminant de la rétine aux corps genouillés externes puis à l'aire striée (ou aire visuelle primaire ou aire 17 ou aire V1 du singe) font ensuite l'objet d'un traitement séparé pour la forme, la couleur, le mouvement au niveau des aires extrastriées (numérotées de V2 à V5) : il existe donc une spécialisation fonctionnelle des aires extrastriées étalées dans la région occipito-temporale de la même manière que le traitement des attributs spatiaux des informations visuelles est assuré par la région occipito-pariétale. Ainsi, les informations visuelles parvenant au lobe occipital cheminent par deux systèmes. L'un, archaïque, est le système magnocellulaire, empruntant les tubercules quadrijumeaux antérieurs *(colliculi superiores)*, se projetant de manière dorsale vers la région occipito-pariétale et qui permet la localisation de l'information visuelle *(where ?)* en vue d'agir sur l'objet perçu (par exemple l'atteindre et s'en saisir : *how ?*). Le second système est le système parvocellulaire, plus récent, de trajet ventral, se projetant vers le cortex occipito-temporal, qui a pour fonction l'analyse et l'identification de l'information. Ainsi, sitôt la réaction d'orientation mise en œuvre, le cerveau opère en induisant la meilleure rencontre visuelle et visuo-motrice de la stimulation (le « où » de la voie occipito-pariétale) avant même d'effectuer les traitements nécessaires à l'identification du stimulus (le « quoi » de la voie occipito-temporale). Les agnosies visuelles et les ataxies optiques montrent les conséquences des lésions de chacun de ces deux canaux, l'un dévolu à la perception pour l'identification, l'autre dévolu à la perception pour l'action (voir encadré 7.1 et figure 7.8).

La cécité corticale est définie par l'abolition des sensations visuelles : même si ces dernières sont préservées, il reste ensuite à effectuer les traitements perceptifs conçus comme l'intégration d'un ensemble de sensations permettant ensuite d'aboutir à la connaissance de notre environnement visible. L'*agnosie, qui peut intéresser tout canal sensoriel*, désigne, dans le cadre de la vision, l'incapacité d'accéder à la reconnaissance de certains composants du monde visuel, en l'absence de tout trouble sensoriel élémentaire, d'aphasie, de perturbations intellectuelles. Il s'agit, selon l'expression de Teuber (1968), « d'une perception dépouillée de sa signification ». Une agnosie visuelle est pure quand elle se limite au seul canal sensoriel de la vision alors qu'elle est parfois associée à une agnosie tactile ou auditive. Les agnosies visuelles peuvent intéresser les objets, les images, les couleurs, les physionomies, ces déficits s'associant fréquemment entre eux. Elles peuvent exceptionnellement intéresser un seul hémichamp visuel : on parle alors d'une hémiagnosie.

Les agnosies visuelles des objets

La préservation d'une sensoricité visuelle est nécessaire à l'individualisation d'une agnosie visuelle mais un examen fin de la vision peut, chez ces malades, s'avérer difficile et, en présence d'une anomalie de la vision, il faut déterminer si elle peut à elle seule expliquer le déficit de la reconnaissance visuelle. Il faut donc disposer au moins d'une mesure de l'acuité visuelle, d'une périmétrie qui peut montrer une hémianopsie latérale homonyme d'un enregistrement du nystagmus opto-cinétique (qui peut être normal ou asymétrique) ; des potentiels évoqués visuels normaux ou unilatéralement altérés ne permettent pas d'exclure une cécité corticale (voir *supra*). Il est utile de pouvoir disposer d'une étude de la sensibilité au contraste pour les différentes gammes de fréquences spatiales mais il faut bien admettre qu'il n'existe pas une limite nette mais un continuum entre les sensations visuelles élémentaires et la perception et qu'un déficit de la sensibilité aux contrastes, s'il peut rendre plus difficile l'analyse perceptive, ne donne pas cliniquement le change avec une agnosie visuelle. La vision des couleurs doit aussi être analysée (voir *infra*).

Il reste cliniquement efficace, même si les intrications sont fréquentes, de continuer de distinguer, depuis la féconde approche de Lissauer (1890), deux types d'agnosies visuelles : aperceptive et associative.

L'agnosie aperceptive

Elle désigne l'incapacité pour le malade d'accéder à la structuration perceptive des sensations visuelles : il s'agit donc de l'atteinte de l'étape « discriminative » de l'identification visuelle : ces malades sont incapables de dessiner un objet ou son image, d'apparier entre eux des objets ou des images, d'apparier entre eux des objets de même morphologie ou de même fonction. Ils sont conscients de leurs difficultés d'identification visuelle et regardent avec perplexité ce qu'on leur demande de reconnaître : ils tentent d'identifier, en examinant et en proposant une description pour certaines parties de l'objet ou pour certains détails, des images et les erreurs sont surtout de type morphologique *(chapeau de paille → anneau ; ciseaux → un rond… du métal… une sorte d'outil…)*. Un « détail critique » peut permettre l'identification *(« ça pourrait être une voile… ah! c'est un bateau sur la mer »)* ou entraîner une erreur *(« une roue… peut-être une bicyclette »*, alors qu'il s'agit d'une carriole). La mobilisation de l'objet peut faciliter son identification de même que le fait de mimer son utilisation, ce qui expose toutefois à des erreurs : ainsi le fait de montrer une cuillère et de la porter à la bouche peut la faire identifier comme un cigare. Dans les formes non massives, les échecs portent sur l'identification d'images fragmentaires progressivement enrichies de détails et sur l'identification d'images superposées et emmêlées comme le test de Poppelreuter (figure 7.1) et le test de Lilia Ghent (figure 7.2). En revanche, l'objet est reconnu s'il est palpé ou s'il émet un bruit spécifique et il peut être dénommé sur définition verbale ou défini après avoir été dénommé au sujet. L'agnosie aperceptive peut s'accompagner de troubles du champ visuel uni- ou bilatéraux, en particulier d'une hémianopsie altitudinale, d'une achromatopsie, d'une proso-pagnosie. Les lésions observées sont bilatérales et postérieures, pariéto-temporo-occipitales, parfois étendues et diffuses, difficilement systématisables, parfois plus localisées et permettant alors d'impliquer les circonvolutions temporo-occipi-tales inférieures, c'est-à-dire le gyrus lingual et le gyrus fusiforme. Les étiologies correspondent à des infarctus du territoire des cérébrales postérieures et à des intoxications par l'oxyde de carbone ; il existe aussi des cas de nature tumorale ou traumatique.

Il peut exister des *agnosies pour les formes* ne permettant plus de discriminer les figures géométriques élémentaires (cercles, carrés, triangles…), ce qui expli-que l'incapacité d'identification des perceptions plus élaborées (objets et images) : ce déficit peut être conçu comme un trouble sensoriel ou comme une variété d'agnosie aperceptive (voir *infra*). On a pu aussi observer une incapacité d'identifier le mouvement. La *simultagnosie* ou *agnosie simultanée*, décrite par Wolpert en 1924, désigne l'incapacité de reconnaître des images complexes alors que des détails, des fragments, ou des objets isolés peuvent être perçus

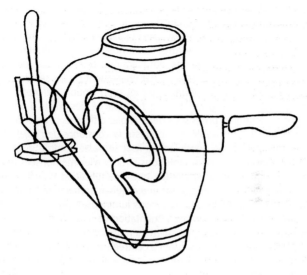

Figure 7.1
Le test de Poppelreuter.

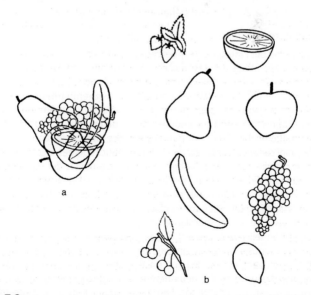

Figure 7.2
L'épreuve des dessins emmêlés de Lilia Ghent.
a. Le sujet doit identifier chaque dessin. b. En cas d'échec, une épreuve à choix multiple est proposée.

sans qu'une synthèse cohérente ne puisse être faite ; les sujets ne peuvent pas voir plus d'un objet à la fois. On distingue une simultagnosie dite dorsale, par lésion pariéto-occipitale bilatérale, souvent associée à un syndrome de Balint et qui pourrait être reliée aux désordres oculomoteurs (la mobilisation de l'objet aggrave d'ailleurs le trouble) et une simultagnosie dite ventrale, par lésion de la jonction temporo-occipitale gauche, habituellement moins sévère, associée à une alexie d'épellation et qui pourrait relever d'un trouble perceptif. Le déficit de la catégorisation perceptive désigne l'incapacité des sujets à apparier des images d'objets identiques prises sous deux angles différents : l'un conventionnel et l'autre inhabituel. Ce trouble qui intéresse la *constance de l'objet* n'a guère de retentissement sur la vie quotidienne. Tout se passe comme si les sujets ne pouvaient pas accéder aux représentations structurelles mémorisées des objets. Le modèle de Marr (figure 7.3) postule que l'identification visuelle commence par une étape égocentrée, comportant une esquisse primaire de l'objet reposant sur l'analyse de la répartition des sensations lumineuses, puis une esquisse dite en 2,5D permettant d'appréhender l'orientation et la profondeur des surfaces visibles du seul « point de vue » du sujet. La représentation 3D constitue l'étape ultérieure permettant une reconnaissance centrée sur l'objet donc « sur toutes ses faces » : on pourrait aussi considérer que c'est à cette étape que ne pourraient pas accéder les malades atteints d'un déficit de la catégorisation perceptive. Il a aussi pu être postulé que la reconnaissance des objets dépend de traits distinctifs activant des représentations volumétriques des objets : la lésion cérébrale aboutit au fait que les traits distinctifs des objets présentés sous un angle inhabituel sont insuffisants pour que les représentations correspondantes puissent être activées. Les lésions intéressent la partie postérieure de l'hémisphère droit.

L'agnosie associative

Elle se caractérise par l'intégrité de la perception : les sujets, qui ne se plaignent pas de leur vue, ne reconnaissent pas les objets mais ils sont capables de les décrire, de les dessiner en copie. Ils ne peuvent pas apparier des objets sur une base catégorielle ou fonctionnelle ; les erreurs d'identification peuvent être morphologiques, fonctionnelles ou persévératives. La désignation d'objet peut être un peu moins mal réussie que l'identification visuelle par la dénomination ou le geste. Par contre les patients peuvent montrer l'usage des objets sur consigne verbale (« *Montrez-moi comment on se sert de…* »). L'identification des images est généralement plus difficile que celle des objets. Dans les cas purs le déficit de reconnaissance est limité à l'identification visuelle et les sujets reconnaissent efficacement en modalité tactile tout comme ils peuvent être capables de classer les étiquettes verbales d'images quand elles sont présentées oralement. L'agnosie associative est *souvent* associée à une hémianopsie latérale homonyme (communément droite, exceptionnellement gauche), à une prosopagnosie ou à une anomie des visages, à une agnosie ou à une anomie des couleurs, à une alexie. Les lésions intéressent typiquement la région postérieure (occipito-temporo-pariétale) de l'hémisphère gauche ou des deux hémisphères. Deux types d'agnosie visuelle associative peuvent être distingués. Le premier, *agnosie associative stricto sensu*, se caractérise par des erreurs surtout morphologiques en dénomination visuelle alors que la reconnaissance tactile est préservée, la copie des dessins figuratifs est possible mais laborieuse et servile, plus malaisée que le dessin sur consigne verbale ;

les objets réels sont mieux reconnus que les images ; les difficultés sont majeures quand les dessins sont fragmentés, incomplets ou quand les objets sont présentés sous des angles inhabituels et s'il existe un accès à la forme, cet accès est imparfait. Les malades se plaignent de difficultés visuelles. C'est ce type d'agnosie associative qui est associé à une prosopagnosie, à une achromatopsie et parfois à une alexie totale. Comme l'agnosie aperceptive, les lésions, bilatérales, impliquent le gyrus lingual et le gyrus fusiforme ce qui reviendrait à faire de l'agnosie associative *stricto sensu* une forme fruste d'agnosie aperceptive. La seconde variété, *agnosie associative multimodale* (ou polymodale), se caractérise par des erreurs surtout sémantiques et persévératives en dénomination ; les objets, bien qu'utilisés dans la vie de tous les jours, ne sont pas reconnus et, sur ordre, les malades ne peuvent en mimer l'usage, alors que les dessins d'objets comme leur appariement témoignent de la qualité d'accès à la forme. Cependant le déficit de l'identification n'est pas typiquement limité à la sphère visuelle et peut intéresser aussi la palpation ou l'audition (la cloche, bien que dessinée, ne peut être identifiée ni par sa forme

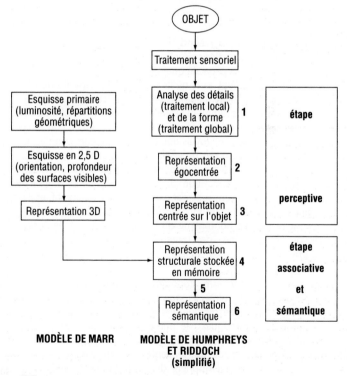

Figure 7.3
Mise en parallèle des modèles de Marr (à gauche), de Humphreys et Riddoch avec figuration des étapes du traitement des informations visuelles et de leurs altérations dans les différentes variétés d'agnosie visuelle (1 à 6, voir texte p. 111 et 115).

ni par son bruit). Le système sémantique, exploré par voie verbale, est altéré (ce qui renvoie au concept d'agnosie asémantique exposé ci-dessous) ; la définition des mots concrets est médiocre, contrairement aux mots abstraits ; le dessin est difficilement réalisé sur consigne verbale. Une anomie des couleurs et une alexie sans agraphie sont volontiers associées. Les lésions expriment la désactivation de l'aire 39 (gyrus angulaire gauche) conçue comme une aire de convergence polymodale permettant le traitement des informations sensorielles visuelles, tactiles, auditives, verbales, en provenance de l'un et l'autre hémisphère : la désactivation de l'aire 39 peut être liée à son atteinte propre ou à une atteinte des lobules lingual et fusiforme gauches : les informations en provenance des régions symétriques de l'hémisphère droit, et transitant par le corps calleux, sont donc privées de leur accès à l'hémisphère gauche et l'aire 39 est ainsi privée des connexions avec les informations sensorielles visuelles en provenance des deux hémisphères, ce qui aboutit « à une pensée et à un langage sans image ».

Ainsi l'hémisphère droit joue un rôle essentiel dans l'extraction d'éléments invariants des objets et donc dans la catégorisation perceptive : son intégrité dans l'agnosie associative polymodale rend compte de la préservation d'une utilisation des objets dans la vie quotidienne. L'hémisphère gauche est dévolu au traitement associatif catégoriel et fonctionnel.

L'aphasie optique, décrite par Freund en 1889, correspond à l'étape visuoverbale du traitement des informations visuelles : les sujets reconnaissent les objets et les images, ce que suggère la capacité que gardent les malades de mimer l'usage d'objets présentés visuellement alors qu'ils sont dans l'incapacité de dénommer les objets : ils font des conduites d'approche et des substitutions verbales sémantiques, persévératives et plus rarement visuelles (dindon → « c'est un oiseau, c'est un pigeon, ça fait la roue, c'est pourtant pas un paon… ça a un cou rouge et il le gonfle quand il fait la cour… je croyais que c'était un pigeon–paon »). Certaines conduites d'approche utilisent des procédures extravagantes : casserole → « un pot de confiture que l'on transvase… un bocal dans lequel il y a une… casserole ». Il ne s'agit pas d'une anomie aphasique car l'objet est bien dénommé s'il peut être présenté par un autre canal sensoriel, par exemple tactile ou auditif, et il ne s'agit pas d'une agnosie puisque l'objet est reconnu. L'aphasie optique s'accompagne d'une hémianopsie latérale homonyme droite, d'une alexie et de perturbations (associatives ou visuoverbales) des traitements impliqués dans l'identification visuelle des physionomies et des couleurs. La lésion intéresse habituellement le lobe occipital gauche.

L'aphasie optique a pu être considérée comme une agnosie visuelle associative fruste : le fait de mimer l'usage d'un objet ne prouve pas que l'objet ait été correctement identifié ou que le sujet ait pu accéder à l'identification de tous ses attributs sémantiques ; le mime d'usage d'un objet pourrait être directement activé par l'identification de la forme de l'objet. En somme, les deux syndromes ne différeraient que par le degré de compensation fourni par les ressources sémantiques de l'hémisphère droit (De Renzi et Saeti, 1997). Ainsi les aphasies optiques pourraient s'expliquer globalement par une disconnexion : des lésions calleuses pourraient empêcher les informations visuelles de l'hémisphère droit intact d'être traitées au niveau des aires du langage de l'hémisphère gauche. Il reste que, sans méconnaître la possibilité de troubles associés des étapes associative et visuoverbale de l'identification visuelle, la qualité de l'identification visuelle, constatée dans certaines observations, doit permettre d'admettre l'autonomie de l'aphasie optique. Le problème que pose avec acuité l'aphasie optique concerne la question du caractère unique ou multiple du système sémantique (voir figure 7.4 et 7.5). On peut ainsi concevoir plusieurs systèmes sémantiques sollicités par des stimulations spécifiques visuelle, verbale, tactile ; ces systèmes sont interconnectés et la dénomination ne serait possible qu'après accès au système sémantique verbal : l'aphasie optique témoignerait d'une disconnexion entre les représentations sémantiques visuelle et verbale. On peut aussi concevoir un système sémantique unique, certes activé par le système des représentations structurales, mais aussi une liaison directe (analogue à la voie lexicale non sémantique en lecture) unissant les représentations structurales au lexique : l'atteinte de cette voie directe pourrait expliquer l'aphasie optique à condition d'admettre qu'une dénomination correcte nécessite le fonctionnement des deux voies. La disconnexion pourrait intéresser les liens entre le gyrus angulaire gauche (aire 39), conçu comme une zone de convergence polymodale, et l'aire de Wernicke.

Les *agnosies catégorielles*. Les agnosies associatives peuvent n'intéresser que certaines catégories d'objets visuels comme les êtres vivants, la reconnaissance des objets inanimés étant préservée ou inversement. Le déficit se situerait soit au niveau du système de traitement sémantique des perceptions structurées, soit au niveau de l'accès à ce traitement. D'autres agnosies avec spécificité catégorielle ont été observées comme une dissociation entre la reconnaissance d'objets (altérée, comme l'identification d'une tasse) et la reconnaissance d'actions (préservée, comme le geste de boire). Cette atteinte de la reconnaissance de certaines catégories d'informations visuelles, même si elle est accompagnée d'une alexie, contraste avec la préservation des connaissances verbales en dénomination d'objets à partir de leur définition verbale.

Toutefois, dans certains cas, le déficit de la reconnaissance n'est pas limité à la sphère visuelle et témoigne d'une altération soit de la mémoire sémantique elle-même, soit des connexions entre les diverses catégories d'informations sensorielles et la mémoire sémantique : ainsi en est-il quand les « objets » ne sont pas identifiés et quand, même lorsque leur nom est donné au sujet, ce dernier témoigne d'une méconnaissance des attributs sémantiques de l'objet, tout particulièrement des attributs spécifiques ou subordonnés (les attributs « jaune », « petit », « chanteur » pour le canari) alors que les attributs superordonnés (information catégorielle) sont mieux préservés (le canari peut ainsi être catégorisé comme « vivant », « animal », « oiseau »). Ces *agnosies d'objets*, pouvant intéresser les différentes modalités sensorielles (visuelle, tactile, auditive et verbale pour les mots parlés et écrits) peuvent être appelées *agnosies asémantiques*. Leur spécificité catégorielle peut être une dichotomie entre les items vivants et inanimés ou entre les items biologiques et manufacturés. L'atteinte préférentielle des catégories biologiques pourrait s'expliquer par une organisation taxonomique du système sémantique, ou bien parce que l'identification des items vivants est visuellement plus complexe tandis que les objets manufacturés bénéficient d'apprentissages à la fois visuels et sensori-moteurs donc moins vulnérables (tableau 7.I). Des agnosies asémantiques ont pu être observées dans des encéphalites herpétiques. Dans le cadre des maladies dégénératives, elles s'observent dans les démences sémantiques (voir chapitre 16, p. 335).

La classification exposée ci-dessus s'est inspirée de la neuropsychologie clinique et des apports de la psychologie cognitive. Le *modèle perceptif de Marr* (voir figure 7.3) a été brièvement évoqué chemin faisant et fait l'hypothèse de la succession, à partir de la vue d'un objet, d'une esquisse primaire puis d'une esquisse en 2,5D montrant un volume du seul point de vue du sujet ; elle est suivie d'une représentation tridimensionnelle indépendante du point de vue et permettant

Tableau 7.I
Caractères distinctifs des différentes agnosies visuelles et de l'aphasie optique

	Agnosie aperceptive	Agnosie associative *stricto sensu*	Agnosie associative multimodale	Aphasie optique
Dénomination	–	– (Surtout erreurs morphologiques)	– (Surtout erreurs sémantiques et persévératives)	– (Surtout erreurs sémantiques et persévératives)
Définition par l'usage (mime)	–	–	–	+
Appariement (objets de même forme, objet et image)	–	±	+	+
Classements catégoriels et fonctionnels	–	–	–	+
Dessin (sur ordre)	–	+	±	+
Dessin (sur copie)	–	±	+	+
Signes associés	Prosopagnosie Alexie	Prosopagnosie Agnosie des couleurs Alexie	Agnosie tactile Agnosie auditive Anomie des couleurs Anomie des physionomies Atteinte de la mémoire sémantique verbale	Alexie Anomie des couleurs Anomie des-physionomies
Sites lésionnels	Diffus Atteinte bilatérale des lobules lingual et fusiforme	Atteinte bilatérale des lobules lingual et fusiforme	Infarctus cérébral postérieur gauche ou autres lésions des lobules lingual et fusiforme gauches Atteinte aire 39	Infarctus cérébral postérieur gauche Lobe occipital gauche

une représentation épisodique de l'objet, c'est-à-dire liée à l'objet lui-même et permettant de le reconnaître quand il est présenté sous différents angles : c'est cette aptitude qui serait abolie dans le déficit de la catégorisation perceptive (voir *supra*). Il reste ensuite, pour identifier l'objet, à accéder aux représentations stockées en mémoire (sous forme de représentations prototypiques ou pictogènes) qui permettront la reconnaissance à laquelle participent les informations fournies par la mémoire sémantique sur les attributs de l'objet et le réseau associatif dont il fait partie. Le *modèle cognitif proposé par Humphreys et Riddoch* (1987, figure 7.3) postule, après le traitement sensoriel basal, une étape d'analyse locale (détails) et globale (forme) dont l'altération définirait (en 1 sur la figure 7.3) l'*agnosie des formes* (voir *supra*) ; l'étape suivante permettrait l'intégration de la perception en un ensemble permettant la ségrégation de la figure du fond et l'élaboration d'une représentation dépendant du point de vue du sujet, que l'on peut considérer comme l'analogue de l'esquisse en 2,5D du modèle de Marr : l'altération de cette étape constituerait l' *agnosie intégrative*, deuxième variété d'agnosie aperceptive (en 2 sur la figure 7.3) au cours de laquelle les sujets reconnaissent des détails mais ne peuvent en faire la synthèse, recopient des dessins trait par trait de « manière servile » et échouent aux épreuves des figures enchevêtrées. L'étape suivante permet une représentation stable, centrée sur le sujet, tridimensionnelle (voir la représentation 3D de Marr) et son altération définirait l'*agnosie de transformation* (en 3 sur la figure 7.3) qui correspondrait au déficit de la catégorisation perceptive décrit plus haut et qui pourrait être considérée soit comme la troisième variété d'agnosie aperceptive, soit déjà comme une agnosie associative puisque le malade est capable de dessiner ce qu'il voit, soit comme une *pseudo-agnosie* puisque les objets vus dans leur présentation habituelle de la vie de tous les jours, sont bien identifiés. L'étape ultérieure est la reconnaissance de la forme grâce au *stock des représentations structurales en mémoire* dont l'altération associerait au déficit de l'identification, un déficit de l'imagerie (les sujets échouent au test de « décision d'objet » qui consiste à dire si une série de traits correspond ou non à un objet réel) ; le dessin de mémoire est impossible ; les sujets ont aussi des difficultés à assembler des objets sur des similitudes de contour général quand ces objets sont évoqués par écrit ou verbalement, par exemple savoir, sur un groupe de trois objets, rassembler le marteau et la hache et exclure la scie (Mehta *et al.*, 1992 ; atteinte en 4 sur la figure 7.3). L'étape suivante permettrait, à partir des représentations stockées, d'accéder au système sémantique : l'*agnosie d'accès sémantique* est, comme la précédente, une agnosie associative avec préservation de l'imagerie (réussite au test de décision d'objet et possibilité de dessiner un objet sur dénomination verbale ; atteinte en 5 sur la figure 7.3). Enfin, l'atteinte du système sémantique donnerait l'agnosie asémantique décrite ci-dessus (atteinte en 6 sur la figure 7.3). L'aphasie optique est considérée à partir de ce modèle comme une variété d'agnosie d'accès sémantique, le mime de l'objet étant directement activé par sa représentation (voir discussion *supra*).

Les agnosies des couleurs

L'absence d'identification de la couleur, qu'elle concerne des pastilles sans support morphologique significatif, des images ou des objets, peut relever d'un déficit de la perception, d'un déficit de la reconnaissance des couleurs en tant qu'attributs d'objets, ou d'un déficit ne concernant que la dénomination de la couleur. L'examen doit d'abord analyser le niveau perceptif, par des explorations visuovisuelles : test d'Ishihara, épreuve d'appariement (test de Farnsworth, laines de Holmgreen). La deuxième étape est l'étude du niveau associatif : épreuves visuelles comme le coloriage de dessins, les appariements de couleurs et d'objets *(cerise rouge ; ciel bleu…)*. La troisième étape est l'étude du niveau visuoverbal : dénomination de couleurs sur stimuli non significatifs et sur images familières de couleur constante (tomate, petits pois…) ; on peut y ajouter des épreuves verboverbales : interrogation sur des couleurs d'objets *(« Quelle est la couleur de… une tomate, un artichaut, etc. »)* ; recherche de noms d'objets d'une même couleur.

L'*achromatopsie* désigne l'incapacité acquise de perception des couleurs dans une partie (en particulier un hémichamp) ou la totalité du champ visuel. Les malades se plaignent de voir tout « en gris ». Ils échouent dans les épreuves visuovisuelles et visuoverbales mais réussissent aux épreuves verboverbales qui ne comportent pas de confrontation avec un stimulus visuel. L'achromatopsie peut survenir isolément ou peut s'associer à une alexie pure (infarctus de la cérébrale postérieure) ou à une prosopagnosie. Les lésions peuvent être uni- ou bilatérales, et intéressent le cortex ventro-médian inférieur, atteignant le gyrus lingual et le gyrus fusiforme qui pourraient être l'homologue de l'aire V4 du singe (voir *supra*).

L'*agnosie des couleurs* respecte la perception de la couleur et les patients réussissent au test d'Ishihara et aux appariements de couleurs. Par contre, ils échouent au coloriage de dessins, aux appariements de couleurs et d'objets. Ce cadre séméiologique est discuté : le fait d'échouer à l'évocation verbale de couleurs attachées à des objets dont on donne le nom au sujet a pu faire considérer ce trouble comme une aphasie spécifique pour les couleurs, d'autant que des signes d'aphasie peuvent coexister. Mais un échec aux tâches visuoverbales *(« Quelle est la couleur d'une tomate ? »)* peut survenir en l'absence de tout autre signe d'aphasie et la réponse à cette question peut procéder soit d'une récupération en mémoire d'informations purement verbales (un aveugle de naissance peut même savoir qu'une tomate est rouge parce qu'on le lui aura appris), soit d'une récupération d'informations picturales concernant l'imagerie des couleurs (retrouver mentalement l'image d'une tomate) et il est bien difficile en pratique de savoir lequel de ces deux processus est mis en jeu. On peut toutefois faire recourir obligatoirement le sujet à une imagerie des couleurs quand on lui demande de retrouver le nom d'objets dont la couleur est déterminée par des conventions sociales (contrairement aux objets naturels : couleur des boîtes à lettres, des ambulances, des voitures de pompiers) ou d'objets personnels (couleur de la voiture, du chien, du chat, de la bicyclette…). Il est ainsi possible de distinguer deux situations cliniques. Au cours de la première, le système d'imagerie est altéré, tout se passant comme si les sujets avaient un déficit de leur mémoire visuelle à long terme pour les attributs chromatiques des objets (ce qui peut coexister avec une agnosie pour les couleurs et des lésions biocciptales). Au cours de la seconde, le système d'imagerie est préservé, ce qui évoque une disconnexion entre le langage et l'imagerie (disconnexion verbovisuelle).

Tableau 7.II
Schéma distinctif des perturbations de la perception, de la reconnaissance et de la dénomination des couleurs

	Achromatopsie	Agnosie	Anomie
Niveau perceptif	–	+	+
Ishihara	–	+	+
Appariement de couleurs			
Niveau associatif	–	–	+
Coloriage de dessins	–	–	+
Appariement de couleurs et d'objets			
Niveau visuoverbal	–	–	–
Dénomination de couleurs « pures » ou sur objets			
Étape verboverbale	+	+ ou –	+
Dénomination de couleurs d'objets nommés au sujet			

L'*anomie des couleurs* désigne l'incapacité de nommer ou désigner des couleurs alors que la perception est correcte et que le coloriage de dessins et les appariements de couleurs et d'objets sont bien réalisés (tableau 7.II). Les épreuves verboverbales sont en principe réussies. L'anomie accompagne volontiers une hémianopsie latérale homonyme, une alexie sans agraphie, voire une aphasie optique. L'anomie des couleurs pourrait être liée à la disconnexion entre les aires visuelles et les centres du langage pouvant impliquer soit le corps calleux, soit le transfert intrahémisphérique d'informations entre le lobe occipital gauche et les aires du langage (figures 7.4, 7.5 et 7.6).

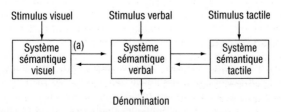

Figure 7.4
Organisation du système sémantique, selon Beauvois.
En a, siège présumé de la disconnexion dans l'aphasie optique.

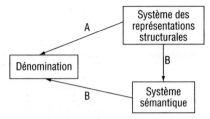

Figure 7.5
Voies directe (A) et indirecte (B) unissant le système des représentations structurales au lexique (d'après Ratcliff et Newcombe).

Le syndrome de Riddoch et l'akinétopsie

Riddoch (1917), se fondant sur l'étude de déficits du champ visuel lors de
blessures de guerre du lobe occipital, constatant la préservation de la perception du mouvement dans des portions aveugles du champ visuel suggéra que la
perception du mouvement était indépendante de la perception « de la lumière,
de la forme, de la couleur ». Il est aujourd'hui admis que des lésions du cortex
strié (V1, correspondant à l'aire 17 de Brodmann, sur les berges de la scissure
calcarine) entraînent une hémianopsie ou, en cas de bilatéralité, une cécité
corticale préservant la perception du mouvement : cette dissociation pourrait
être dénommée syndrome de Riddoch (Ceccaldi *et al.*, 1992 ; Zeki *et al.*, 1998).
La dissociation inverse, c'est-à-dire la non-perception du mouvement ou akinétopsie, fut notamment décrite par Zihl et ses collaborateurs qui observèrent une
malade ayant quelques difficultés du calcul et du langage et qui en outre avait
perdu la perception du mouvement : elle avait ainsi des difficultés à se servir du
thé ou du café car le liquide lui paraissait immobile, gelé, comme une glace ; elle
était incapable d'évaluer le déplacement donc la vitesse des véhicules, il lui était
très difficile de traverser une rue. Elle n'avait ni déficit du champ visuel ni agnosie
visuelle. Les lésions, de nature vasculaire, épargnaient le cortex strié.

La perception du mouvement est contrôlée par l'analogue de l'aire V5 du
singe, à la partie postérieure du gyrus temporal moyen, aux confins des aires 19
et 37 (Ceccaldi et Benelhadj, 1998). La stimulation magnétique a pu montrer
que les influx visuels générant la perception du mouvement se divisent en deux
courants, l'un gagnant V5 après relais en V1, l'autre gagnant V5 directement
(Beckers et Zeki, 1995).

La prosopagnosie

La *prosopagnosie* désigne l'incapacité de reconnaître les visages familiers.
Les malades, qui peuvent se plaindre de leur trouble ou paraître indifférents,
ne reconnaissent pas leurs proches réellement ou sur photographies ; ils ne
reconnaissent pas non plus les personnages publics vus sur photographies ou à
la télévision et ils ne reconnaissent même pas leur propre image dans le miroir.
Toutefois la reconnaissance peut s'effectuer par des procédures vicariantes : la
voix, la démarche, le port de lunettes ou de moustache, ou encore des particularités vestimentaires.

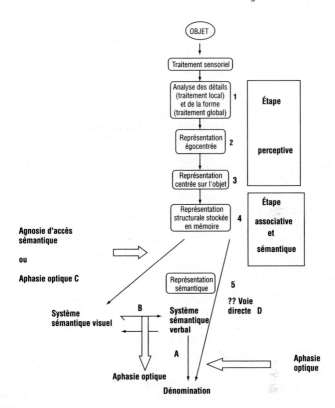

Figure 7.6
L'aphasie optique, essai de synthèse.
L'aphasie optique peut ainsi témoigner d'une disconnexion visuoverbale située en aval des traitements sémantiques de l'information visuelle (A) ou d'une disconnexion entre le système sémantique visuel et le système sémantique verbal (B) si l'on admet un système sémantique multiple (voir figure 7.4).
Sur un plan anatomique, on pourrait mettre en parallèle ces hypothèses avec des lésions occipito-temporales inférieures gauches étendues au splénium du corps calleux. Dans ces cas, les patients devraient pouvoir mimer l'utilisation des objets présentés visuellement et qu'ils ne peuvent dénommer et ils devraient pouvoir utiliser des objets sans difficultés.
Mais l'aphasie optique pourrait comme l'agnosie associative (d'accès sémantique) être liée à une disconnexion entre les représentations structurales et le ou les système(s) sémantique(s) hémisphérique(s) gauche(s) : la préservation du mime d'usage d'un objet ne peut pas permettre d'affirmer que l'objet est reconnu, car le mime peut être directement activé par les représentations structurales de l'objet perçu. Il y aurait ainsi un continuum entre l'aphasie optique et l'agnosie associative en fonction du degré de compensation fourni par les ressources sémantiques de l'hémisphère droit.
Il a pu aussi être fait l'hypothèse d'un lien direct entre les représentations structurales et la dénomination (voir figure 7.5) : son altération (D) pourrait rendre compte d'une aphasie optique à condition d'admettre que la dénomination des objets présentés visuellement nécessité l'intégrité et de la voie directe et de la voie indirecte passant par le système sémantique.

On peut douter de la spécificité du trouble quand il existe une agnosie visuelle aperceptive, et en particulier une agnosie des formes, qui pourrait atteindre massivement la discrimination des visages en raison de la complexité de la tâche visuelle. De même, certains sujets prosopagnosiques ont des difficultés du traitement perceptif des visages comme des difficultés pour apparier des visages identiques vus sous des angles différents, ou encore pour reconnaître le sexe correspondant à des visages sur photographies. Ils ont aussi des difficultés pour apparier des visages vus sous diverses conditions d'éclairage, ou pour apparier des expressions émotion-nelles : toutefois ces troubles (observés électivement dans les lésions de l'hémisphère droit) peuvent ne pas coexister avec une prosopagnosie. Il reste les prosopagnosies dépouillées de tout trouble du traitement perceptif visuel des visages avec aussi impossibilité d'apprendre de nouveaux visages à identifier (comme celui de l'équipe soignante après hospitalisation). La prosopagnosie peut être associée à une achromatopsie, à des troubles du champ visuel, à une acalculie ou à une alexie spatiale, à une perte de la mémoire topographique, à une agnosie des couleurs, mais ces troubles peuvent régresser sans que la prosopagnosie ne se modifie.

La prosopagnosie peut paraître laisser une reconnaissance implicite, du moins si l'on en juge par les réactions émotionnelles appréciées par le réflexe sympathique (visages familiers, appariement d'un nom et d'un visage). Dans certains cas, le sujet prosopagnosique voit son déficit s'étendre à ses animaux familiers (comme les vaches pour un éleveur qui ne pouvait plus les distinguer les unes des autres). Le déficit peut s'étendre aussi à la reconnaissance des marques de voitures, des variétés de fleurs ou d'oiseaux, ce qui a pu conduire à considérer la prosopagnosie comme un trouble aspécifique de l'identification individuelle des membres d'une même classe sémantique. Il reste cependant les cas de prosopagnosies pures et des doubles dissociations observées (zooagnosie sans prosopagnosie par exemple) qui permettent de soutenir la spécificité des processus de reconnaissance des visages humains d'autant plus que, chez des sujets avec lésions corticales unilatérales, il n'a pas été trouvé de corrélation entre les perturbations à des tests de reconnais-sance et d'appariement de visages et celles à des tests concernant des photos d'objets divers appartenant à la même catégorie (par exemple, des bâtiments).

Sur le plan lésionnel, même s'il est souvent retrouvé des lésions temporo-occipitales bilatérales, il est maintenant établi que des lésions unilatérales droites de la jonction temporo-occipitale (gyrus parahippocampique, gyrus lingual, gyrus fusiforme) suffisent à entraîner une prosopagnosie.

Le *modèle cognitif de reconnaissance* des visages élaboré par Bruce et Young (1986) suggère, conformément aux données cliniques, qu'après analyse visuelle, les visages sont identifiés grâce aux unités de reconnaissance spécifique des visages (figure 7.7) qui se comportent comme un stock mémorisé de visages connus qui seraient ensuite reliés aux nœuds d'identité des personnes ou ensemble des connaissances nécessaires à l'individualisation des personnes. Ces nœuds identitaires seraient reliés à la mémoire sémantique générale. Cependant, même en cas d'atteinte des unités de reconnaissance des visages (donc en cas de prosopagnosie), les patients pourraient apparier des visages et identifier des expressions faciales, car il s'agit de traitements indépendants directement reliés au système sémantique. On peut aussi comprendre que des informations visuelles (lunettes, port de barbe...) ou extravisuelles puissent permettre à un prosopagnosique de reconnaître certains visages car ces informations sont directement reliées aux codes d'identité des personnes. Au cours de certaines agnosies visuelles et de l'aphasie optique, les visages sont reconnus mais non dénommés par le canal visuel, ce qui réalise une disconnexion visuoverbale, à distinguer de l'anomie des noms propres qui ne dépend pas du canal sensoriel emprunté. Il est difficile de réduire la prosopagnosie à un syndrome amnésique. En effet, au cours d'un syndrome amnésique, la mémoire des faits anciens est conservée et le patient se souvient des personnes qu'il connaît depuis longtemps, ce qui n'est pas le cas des prosopagnosiques. Mais il a pu être observé chez un amnésique, une non-reconnaissance sur photo de personnes célèbres et familières alors que sur choix multiple, la personne célèbre était identifiée : cette dissociation peut suggérer qu'il existerait deux types de représentations des personnes connues, l'une purement mnésique, l'autre correspondant aux unités de reconnaissance des visages et qui permettrait les jugements de familiarité.

La prosopagnosie doit être distinguée du *syndrome de Capgras* ou « illusion des sosies », classé en psychiatrie dans les délires d'identification des personnes : le sujet n'identifie pas les personnes familières et pense qu'elles sont remplacées par un imposteur, un sosie *(« Il lui ressemble, mais ce n'est pas lui »...).* Ce trouble parfois observé au cours de lésions de l'hémisphère droit a pu être interprété comme une « agnosie d'identification » qui, dans le modèle de Bruce et Young, pourrait correspondre à une incapacité d'accès aux nœuds d'identité des personnes alors que la reconnaissance des visages serait préservée. Il y a en effet dans ce

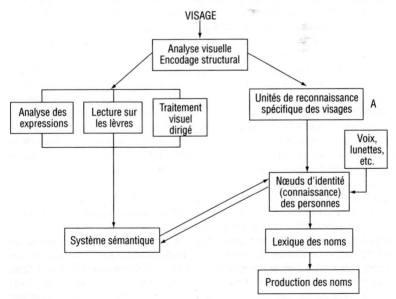

Figure 7.7
Modèle cognitif de la reconnaissance des visages (d'après Bruce et Young et d'après Hodges).
La prosopagnosie est due à une lésion en A.

syndrome la conviction que le proche est reconnu comme un imposteur et pris pour un sosie ou un double (voir chapitre 22, p. 450).

Les prosopagnosies asémantiques

Les prosopagnosies peuvent aussi relever d'une incapacité à identifier les visages de personnages célèbres en raison d'une altération des connaissances liées à ces personnages, donc du système ou mémoire sémantique. De tels faits sont observés notamment dans la démence sémantique : le déficit d'identification concerne le personnage lui-même que sa présentation soit faite sur photographie ou par la présentation verbale ou écrite de son nom. Il s'agit donc d'« agnosies asémantiques », par essence multimodales (voir *supra*), ce qui pose une nouvelle fois le problème du caractère unique ou multiple du système sémantique. Dans le premier cas, le système sémantique serait « amodal », indépendant des modalités sensorielles d'accès au sens et pourrait être conçu comme un stockage des « représentations sémantiques ». Dans le second cas, les systèmes sémantiques seraient séparés et chacun spécifique d'une modalité sensorielle (et, dans ce cas particulier de la reconnaissance des visages célèbres, coexisteraient un système sémantique verbal et un système sémantique visuel). En faveur de la seconde hypo- thèse pourraient militer certaines observations : observations de lésion temporale gauche présentant un déficit sélectif de production et de compréhension des noms (Vertischel) ; observation de déficit d'accès aux informations concernant des personnages célèbres à partir de leur nom mais non de leur visage, avec une lésion temporale gauche et profil inverse lors d'une lésion temporale droite (Eslinger, Haslam). En faveur d'un système unique peuvent plaider les corrélations observées entre les troubles de l'identification à partir des noms et à partir des visages dans des populations de malades d'Alzheimer et de démences sémantiques (Snowden), mais aussi, dans ces mêmes populations, les corrélations observées entre le sentiment explicite de familiarité *(feeling of knowing)* pour les noms et les visages correspondants. Mais comment expliquer que le déclin de ces mêmes patients ne se fasse pas avec la même intensité quand ils sont revus un an plus tard ? Par ailleurs, chez ces mêmes malades, les performances à l'identification des personnages par le nom sont plutôt corrélées aux autres tests de mémoire sémantique verbale (version « mots » du *Palm Tree Test*) et non aux tests de mémoire sémantique visuelle (version « images » du *Palm Tree Test*). L'avenir est sans doute au dépassement de cette alternative entre un système sémantique unique et des systèmes sémantiques multiples. Comme cela a déjà été exposé au chapitre 2 (p. 34), le système sémantique pourrait être conçu comme un « réseau distribué » connectant des informations multimodales sensorielles, émotionnelles qui ont accompagné les apprentissages et qui se rassemblent dans des zones de convergence (Damasio, Tranel) ou « zones transmodales » (Mesulam, voir figure 2.5, p. 36). Ces zones de convergence se situeraient pour l'identification des personnages célèbres dans la portion antérieure des lobes temporaux, avec une prédominance gauche pour le traitement des informations verbales et une prédominance droite pour le traitement des informations visuelles. Ainsi peuvent s'expliquer des dissociations variables entre l'identification par les noms ou par les visages en fonction de la localisation des lésions sur le réseau interconnecté (Snowden). Cette conception avec la possibilité de dissociations est difficilement intégrable dans le modèle de Bruce et Young (voir figure 7.7). Dans ce modèle, les prosopagnosies au sens habituel du terme sont liées à une altération des « unités de reconnaissance spécifique des visages », tandis que les prosopagnosies asémantiques sont imputées à l'atteinte des « nœuds d'identité des personnes » élaborant l'identification grâce aux informations venues des « unités de reconnaissance spécifique des visages » et du système sémantique. En effet, si ce système est unique, il n'y aurait pas de dissociation possible entre les performances d'identification par le nom et par le visage.

Une prosopagnosie « progressive » pour les personnages célèbres a été décrite par Evans (1995) comme la manifestation clinique d'une atrophie temporale antérieure droite, distincte de la démence sémantique, car le trouble de l'identification est limité à la voie visuelle, ce qui s'opposerait au caractère multimodal du déficit observé dans la démence sémantique. En fait, l'évolution du cas décrit par Evans et les autres cas rapportés dans la littérature suggèrent que l'altération de l'identification n'est pas limitée à la voie visuelle mais qu'elle intéresse aussi, même à un moindre degré, la modalité verbale dont l'atteinte se majore avec le temps. Ainsi la prosopagnosie progressive serait l'une des présentations cliniques de la démence sémantique : une atrophie temporale antérieure à prévalence gauche induirait d'abord des troubles de l'identification prédominant sur la dénomination et la compréhension des mots, y compris ceux désignant des personnages ; quand l'atrophie prédomine à droite, le déficit d'identification concernerait d'abord les visages. Dans les deux cas, l'atteinte de l'autre modalité de présentation sensorielle serait peu atteinte initialement mais s'aggraverait pour donner dans les deux cas une prosopagnosie asémantique multimodale (Snowden).

Les troubles de la reconnaissance et de l'identification de Soi

Les troubles de la reconnaissance (autoprosopagnosie) et de l'identification de l'image spéculaire sont des troubles complexes qui peuvent aussi intéresser la gestion de l'espace spéculaire. Ils concernent les interactions entre l'être humain, son environnement, son corps « senti » (point de vue en première personne) et l'image qu'en reflète le miroir (point de vue en troisième personne). Ils seront abordés aux chapitres 8 (p. 131-132), 10 (p. 155) et 22 (p. 444-445).

Les métamorphopsies des visages

Les métamorphopsies sont le plus souvent paroxystiques. Quand elles sont permanentes, elles sont parfois associées à une prosopagnosie mais elles peuvent être isolées, le malade ayant l'impression d'une perception déformée des visages pouvant épargner les photographies « à cause, disait un malade, de l'immobilité des traits ».

L'ataxie optique

L'ataxie optique ou ataxie visuomotrice (encadré 7.1 et figure 7.8) désigne l'incapacité d'atteindre une cible en se guidant par la vue : le malade ne peut se saisir d'un objet placé dans son champ de vision et cette difficulté, bilatérale, peut prédominer au niveau de l'une des deux mains, la préhension étant

Encadré 7.1

La perception pour identifier *(what ?)* et la perception pour agir *(where ? how ?)*

(figure 7.8)

Après les travaux de Mishkin *et al.* (1982, 1983) le modèle de Goodale et Milner (1992) établissait qu'à partir du cortex visuel primaire, le traitement des informations visuelles se scindait en deux flux, l'un, ventral, permettant de « voir pour percevoir » (qu'est-ce ? : *what ?*), l'autre, dorsal, permettant de « voir pour agir » (où et comment : *where ? how ?*). Le *flux ventral*, cheminant vers le cortex temporal inférieur, permet l'identification de l'objet et de son environnement spatial. Les traitements effectués sont centrés sur l'objet de la perception (référence allocentrique). Mais le flux ventral permet aussi de planifier une éventuelle action à déployer en direction de l'objet « perçu ».

Le *flux dorsal*, cheminant vers le cortex pariétal supérieur, permet la programmation et le contrôle des mouvements nécessaires pour mener l'action souhaitée (par exemple, atteindre l'objet et le prendre avec la main) en utilisant les informations sur la taille, la forme, la localisation de l'objet. Il ne s'agit pas seulement de repérer l'objet *(where ?)* mais aussi de déterminer comment agir sur lui *(how ?)*. Les traitements effectués sont centrés sur le sujet « percevant » (référence égocentrique).

Ainsi, le système ventral est un dispositif de connaissance et concerne la « conscience visuelle de l'objet » ; son atteinte provoque une *agnosie visuelle*. Le système dorsal dont l'atteinte donne une *ataxie optique* permet le contrôle « en temps réel » *(online)* de la programmation motrice nécessaire pour se diriger vers l'objet et éventuellement s'en saisir. Ce comportement visuomoteur nécessite que le membre supérieur se dirige vers l'objet *(reaching)* et que, s'il doit être saisi *(grasping)* l'écart entre le pouce et les doigts, en particulier l'index et/ou le majeur (pince pollici-digitale) adapte son amplitude à la taille et à la forme de l'objet.

On comprend alors que la stimulation magnétique transcrânienne en regard du cortex pariétal postérieur ait pu sélectivement perturber la capacité d'atteindre une cible visuelle (Desmurget, 1999). Quant à la malade DF étudiée par James *et al.* (2003) et qui avait des lésions bilatérales de la voie ventrale dans les régions ventrolatérales du cortex occipital, elle avait une agnosie visuelle mais avait des mouvements de préhension adaptés pour se saisir d'objets qu'elle ne reconnaissait pas et qu'elle ne pouvait pas non plus discriminer en fonction de leur taille.

Si la perception pour la vision est à la fois inconsciente et consciente, la procédure utilisée pour la perception pour l'action, à savoir l'information visuelle nécessaire pour programmer et contrôler les mouvements est automatique et inconsciente.

Les traitements effectués par le flux dorsal sont plus rapides que ceux effectués par le flux ventral.

Les traitements effectués par le flux dorsal proviennent plutôt de la vision périphérique, alors que ceux effectués par le flux ventral proviennent plutôt de la vision centrale. Il est vrai que la détérioration de la capacité d'atteindre une cible, c'est-à-dire l'ataxie optique est souvent plus évidente en vision périphérique qu'en vision centrale. Mais il ne s'agit pas d'une règle absolue. En effet, la capacité de se saisir d'un objet, si elle est moins altérée en vision centrale, n'est pas pour autant normale. Toutefois, il est non moins vrai que l'ataxie optique peut ne se manifester qu'en vision périphérique, tandis que les mouvements effectués en vision centrale, accompagnés d'une saccade oculaire de capture fovéale de l'objet, ne sont pas affectés (Prado, 2005).

Les deux circuits naissent de cellules rétiniennes différentes. Le circuit parvocellulaire (flux ventral) serait dévolu aux informations de forme et de couleur. Le circuit magnocellulaire (flux dorsal) serait dévolu au traitement du mouvement.

▶

Les nombreux travaux effectués avec des illusions perceptives montrent en règle qu'elles n'affectent pas les comportements visuomoteurs. La prise en compte et l'évitement d'obstacles situés sur la trajectoire d'une cible à atteindre dépendent de l'intégrité de la voie ventrale. Ainsi, cette capacité d'évitement est préservée chez la malade DF et altérée en cas d'atteinte du flux dorsal comme chez le malade atteint d'ataxie optique rapporté par Schindler (2204).

Les traitements perceptifs essentiels à l'identification visuelle et gérés par la voie ventrale nécessitent la confrontation des informations perçues avec un système de stockage des connaissances perceptives. Les capacités de stockage à court terme de la voie dorsale sont limitées : ainsi la malade DF pouvait pointer vers une cible « en temps réel » mais ses performances se détérioraient quand un délai séparait la présentation du stimulus et la réponse. Ces constatations suggèrent que le pointage immédiat dépend bien de l'intégrité de la voie dorsale alors que le pointage avec délai nécessite la participation de la voie ventrale, altérée chez la malade DF. Au contraire, les malades atteints d'ataxie optique améliorent leur capacité d'atteindre une cible quand un délai est imposé, ce qui est possible grâce à l'intervention de leur voie ventrale, intacte : les sujets utilisent alors la mémorisation de la localisation permise par le traitement perceptif de l'information visuelle. En outre, les patients atteints d'ataxie optique ont un déficit net de l'évaluation de l'écartement de la pince digitale nécessaire pour se saisir des objets qui leur sont présentés, alors qu'ils peuvent être capables en voyant l'objet, et en dehors de tout geste dirigé vers cet objet, d'estimer l'amplitude de la pince digitale qui serait nécessaire pour saisir l'objet. À l'inverse la malade agnosique avec lésions ventrales bilatérales de Goodale *et al.* (1991) peut diriger correctement sa main vers un objet, et adapter sa pince digitale à la taille de l'objet ; par contre elle se révèle incapable d'estimer correctement la taille d'un objet par l'amplitude de l'écart entre le pouce et l'index.

Il semble donc bien exister une double dissociation entre les capacités préservées et atteintes lors des lésions des voies ventrale et dorsale, ce qui, en neuropsychologie, est un argument en faveur de la validité de la distinction des fonctions de ces deux voies.

Néanmoins ces deux flux ne sont pas étanches. Au niveau des aires visuelles, des connexions existent entre V1 et V2 d'une part, V3, V4, V5 d'autre part. Les fibres issues de V4 se projettent (aussi) en pariétal et les fibres issues de V5 se projettent aussi bien que de manière moindre en temporal. D'importantes connexions relient le sulcus temporal supérieur au cortex pariétal. Dépassant la dualité anatomique de ces systèmes de traitement des informations visuelles, Jeannerod (1997) préfère distinguer l'analyse sémantique et l'analyse pragmatique des informations visuelles. Une même information visuelle peut générer l'une et l'autre analyse ; ces deux types d'analyse peuvent aussi se compléter pour une meilleure efficacité et de la perception et de l'action.

Bibliographie

Creem SH, Proffitt DR. Defining the cortical visual systems : "What", Where", and "How". Acta Psychologica 2001;17:43–68.

Desmurget M, Epstein CM, Turner RS, Prablanc C, Alexander GE, Grafton ST. Role of the posterior parietal cortex in updating reaching movements to a visual target. Nature Neuroscience 1999;2:563–7.

Goodale MA, Milner AD, Jakobson LS, Carey DP. Perceiving the world and grasping it. A neurological dissociation. Nature 1991;349:154–6.

Jeannerod M. The cognitive neuroscience of action. Oxford : Blackwell;1997.

Milner AD, Goodale MA. Two visual systems revizwed. Neuropsychologia 2008;46:774–85.

Mishkin M, Ungerleider LG, Macko KA. Object vision and spatial vision: two cortical pathways. Trends in Neuroscience 1983;6:414–7.

Schindler I, Rice NJ, McIntosh RD, Rossetti Y, Vighetto A, Milner AD. Automatic avoidance of obstacles is a dorsal stream function: Evidence from optic ataxia. Nature Neurosciences 2004;7:779–84.

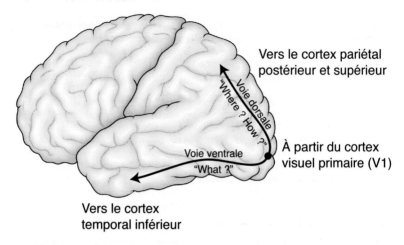

Vers le cortex pariétal
postérieur et supérieur

Voie dorsale
"Where ? How ?"

Voie ventrale
"What ?"

À partir du cortex
visuel primaire (V1)

Vers le cortex
temporal inférieur

Figure 7.8
**Les voies de la perception pour l'identification *(What ?)* et de la perception
pour l'action *(Where ? How ?)*.**
L'atteinte de la première, de trajet ventral, entraîne une agnosie visuelle. L'atteinte
de la seconde, de trajet dorsal, entraîne, tout particulièrement au niveau du lobule
pariétal supérieur, une ataxie optique.
Illustration Éléonore Lamoglia

la plus difficile dans l'hémichamp visuel opposé à la main la plus atteinte. La
recherche d'une ataxie optique doit être rigoureuse : l'examinateur, face au
sujet, l'invite à regarder droit devant lui ; on présente au sujet un objet dans
chaque quadrant supérieur et inférieur de chaque hémichamp visuel en l'invitant
à s'en saisir d'abord avec une main puis avec l'autre main ; on présente simultanément deux objets dans les hémichamps droit et gauche en invitant le sujet à s'en
saisir simultanément, d'abord avec la main homolatérale à chaque objet, puis de
manière croisée, la main gauche saisissant l'objet situé à droite et inversement.
Pour affirmer une ataxie optique, il faut que l'acuité visuelle, la force musculaire,
la sensibilité proprioceptive et la coordination des membres soient satisfaisantes.
En cas d'ataxie, le membre tâtonne vers la cible, la manque, la dépasse ou peut
remonter vers la cible après avoir heurté le bras de l'examinateur. L'amplitude de
l'écartement de la pince digitale (en particulier entre le pouce et l'index) n'est
pas adaptée à la taille et à la forme de l'objet à saisir. Les tests exigeant une coordination visuomotrice (par exemple, entourer une figure géométrique puis placer
un point en son centre) sont très perturbés (Luria, figure 7.9). L'ataxie optique
est liée à l'atteinte de la voie dorsale allant du cortex visuel primaire au cortex
pariétal postérieur et supérieur tout particulièrement au niveau du lobule pariétal
supérieur. Il peut exister, en dehors du syndrome de Balint, des ataxies unilatérales, c'est-à-dire n'intéressant qu'un seul hémichamp visuel, les objets pouvant
être mal saisis par la main homolatérale à l'hémichamp atteint (ataxie directe),
par la main opposée (ataxie croisée) ou par les deux mains. Une lésion pariétale

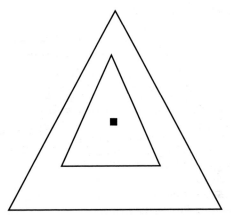

Figure 7.9
Épreuve proposée par Luria pour explorer la coordination visuomotrice (entourer le triangle, puis placer un point en son centre).

postérieure ou pariéto-occipitale unilatérale a pu être documentée dans des cas d'ataxie unilatérale. L'ataxie optique suggère l'altération de connexions homo- et hétérolatérales entre le cortex visuel et le cortex moteur.

Le syndrome de Balint

Ce syndrome a été décrit en 1909 sous le nom de paralysie psychique du regard. Il associe trois éléments séméiologiques.

La *paralysie dite psychique du regard ou apraxie optique* désigne l'incapacité pour le regard du malade de fixer une cible dans son champ visuel périphérique tout en voyant et reconnaissant l'objet qu'il doit regarder : le malade ne peut donc plus porter son regard d'un objet à un autre. Ainsi le malade d'Hecaen et de ses collaborateurs qui ne pouvait plus allumer sa cigarette avec la flamme qu'on lui présentait, ou de cet autre malade qui disait : « *Je ne sais plus où je regarde, je vois bien, mais je ne sais pas où c'est.* » Des mouvements oculaires rapides appelés saccades permettent en effet de porter son regard, spontanément ou sur ordre, sur tout objet apparaissant dans le champ visuel : ce sont ces saccades qui ne peuvent plus être produites ; ainsi le sujet s'arrache laborieusement à l'objet qu'il fixe (d'où le nom de spasme de fixation donné par Holmes) ; puis son regard semble errer jusqu'à ce qu'il rencontre par hasard l'objet recherché sur lequel il se fixera à nouveau. L'électro-oculographie confirme la désorganisation anarchique de l'exploration visuelle, la fixation spasmodique et l'altération des mouvements visuels guidés, des mouvements de poursuite et des saccades d'attraction visuelle. Toutefois les mouvements de poursuite d'une cible ont pu s'avérer normaux ; le nystagmus optocinétique est aboli.

L'*ataxie optique* ou ataxie visuomotrice qui peut exister isolément (voir *supra*) est le deuxième élément séméiologique du syndrome de Balint. Le *déficit de l'attention visuelle* (ou désorientation visuelle) désigne l'impossibilité qu'ont les stimulations périphériques à solliciter l'attention visuelle. Le malade ne peut voir qu'un objet à la fois et ce, quelle que soit sa taille : il s'agit d'une simultagnosie (voir *supra*) et seuls les stimuli maculaires sont perçus. Les malades peuvent avoir de très grosses difficultés à percevoir les objets en mouvement.

La gêne fonctionnelle est importante. Les lésions intéressent les deux régions pariéto-occipitales (en particulier par infarctus jonctionnel des cérébrales antérieures et postérieures ou lors de métastases ; Mesulam, 1985). Le lobe pariétal, en particulier l'aire 7, contiendrait un centre visuomoteur impliqué dans la mobilisation du regard provoquée par le surgissement de stimuli visuels ainsi que dans la coordination du regard et de la préhension. Il existe aussi, dans les formes sévères du syndrome, une atteinte frontale qui, par atteinte de l'aire 8, rendrait compte de la fixation spasmodique du regard. En l'absence d'atteinte frontale, une disconnexion occipito-frontale peut être évoquée. Le syndrome de Balint apparaît bien comme la conséquence de désordres intéressant à la fois le traitement des afférences visuelles, les mouvements du regard et les gestes sollicités par l'environnement panoramique.

Bibliographie

Aldrich MS, Alessi AG, Beck RW, Gilman S. Cortical blindness : etiology, diagnosis, and prognosis. Ann Neurol 1987;21:49–158.

Assal G, Faure C, Anderes JP. Non-reconnaissance d'animaux familiers chez un paysan : zoo-agnosie ou prosopagnosie pour les animaux. Rev Neurol 1984;140:580–4.

Bauer RM. Autonomic recognition of names and faces in prosopagnosia : a neuropsychological application of the guilty knowledge test. Neuropsychologia 1984;22:457–69.

Beckers G, Zeki S. The consequences of inactivating areas V1 and V5 on visual motion perception. Brain 1995;118:49–60.

Bruce V, Young A. Understanding face recognition. Br J Psychology 1986;77:305–27.

Cambier J, Signoret JL, Bolgert F. L'agnosie visuelle pour les objets : conceptions actuelles. Rev Neurol 1989;145(8-9):640–5.

Ceccaldi M, Benelhadj M. Perception du mouvement et pathologie cérébrale. In: Boucart M, Henaff MA, Belin C. Vision, aspects perceptifs et cognitifs. Marseille : Solal ;1998.

Ceccaldi M, Mestre D, Brouchon M et al. Autonomie déambulatoire et perception visuelle du mouvement dans un cas de cécité corticale quasi-totale. Rev Neurol 1992;148:343–9.

Charnallet A, Carbonnel S, Pellat J. Right visual hemiagnosia. A single case report. Cortex 1988;24:347–55.

Damasio AR, Damasio H, Van Hoesen GW. Prosopagnosia : anatomic basis and behavioral mechanisms. Neurology 1982;32:331–41.

De Renzi E, Saetti MC. Associative agnosia and optic aphasia : qualitative or quantitative difference ? Cortex 1997;33:115–30.

Eslinger PJ, Easton A, Grattan LM et al. Distinctive forms of partial retrograde amnesia after asymmetric temporal lobe lesions. Cereb Cortex 1996;6:530–9.

Evans JJ, Heggs AJ, Antoun N et al. Progressive prosopagnosia associated with selective right temporal atrophy. Brain 1995;118:1–13.

Farah MJ. Visual agnosia : disorders of object recognition and what they tell us about vision. Cambridge (Mass.) : The MIT Press;1990.

Gil R, Pluchon C, Toullat G et al. Disconnexion visuoverbale (aphasie optique) pour les objets, les images, les couleurs et les visages avec alexie « abstractive ». Neuropsychologia 1985;23(3):333–49.

Haslam C, Cook M, Coltheart M. I know your name but not your face : explaining modality-based differences in access to biographical knowledge in a patient with retrograde amnesia. Neurocase 2001;7:189–99.

Hecaen H. Introduction à la neuropsychologie. Paris : Larousse Université ; 1972.

Hecaen H, De Ajuriaguerra J. de Balint's syndrome (psychic paralysis of visual fixation) and its minor forms. Brain 1954;77:373–400.

Hecaen H, Angelergues R. La cécité psychique. Paris : Masson ;1963.

Hecaen H, Angelergues R, Bernhardt C, Chiarelli J. Essai de distinction des modalités cliniques de l'agnosie des physionomies. Rev Neurol 1957;96:125–44.

Hodges JR. Cognitive assessment for clinicians. Oxford : Oxford Medical Publications ;1994.

Humphreys GW, Riddoch MJ. Visual object processing : a cognitive neuropsychological approach. Londres : Laurence Erlbaum ;1987.

Lechevalier B, Eustache F, Viader F. Perceptions et agnosies. Bruxelles : De Boeck Université ; 1995.

Lhermitte F, Beauvois MF. A visual-speech disconnexion syndrome. Report of a case with optic aphasia, agnosic alexia and colour agnosia. Brain 1973;96:695–714.

Lhermitte F, Chedru F, Chain F. À propos d'un cas d'agnosie visuelle. Rev Neurol 1973;128:301–22.

Luria AR. Les fonctions corticales supérieures de l'homme. Paris : PUF ;1978.

Marr D, Nishiara HK. Representation and recognition of the spatial organisation of three-dimensionnal objects. Proceedings of the Royal Society of London 1978;B200:269–94.

McCarthy RA, Warrington EK. Neuropsychologie cognitive. Une introduction clinique. Paris : PUF ;1990.

Mehta Z, Newcombe F, De Haan E. Selective loss of imagery in a case of visual agnosia. Neuropsychologia 1992;30(7):645–55.

Mesulam MM. Principles of behavioral neurology. Philadephie : FA Davis Company ;1985.

Oxbury J, Oxbury S, Humphrey N. Varieties of color anomia. Brain 1969;92:847–60.

Pillon B, Signoret JL, Lhermitte F. Agnosie visuelle associative. Rôle de l'hémisphère gauche dans la perception visuelle. Rev Neurol 1981;137(12):831–42.

Ratcliff G, Newcombe F. Object recognition : some deductions from the clinical evidence. In: Ellis AW. Normality and pathology in cognitive functions. New York : Academic Press ;1982. p. 147–71.

Riddoch G. Dissociation of visual perception due to occipital injuries, with special reference to appreciation of movement. Brain 1917;40:15–57.

Riddoch MJ, Humphrey GW. Visual object processing in optic aphasia : a case of semantic access agnosia. Cognitive Neuropsychology 1987;4:131–85.

Rondot P. Le geste et son contrôle visuel, ataxie visuomotrice ? In: Hecaen H, Jeannerod M. Du contrôle moteur à l'organisation du geste. Paris : Masson ;1997.

Sabouraud O, Masson C, Cambier J. Un trouble de la vision et du langage soudainement apparu chez un homme de 70 ans. Rev Neurol 1992;148(4):302–10.

Schnider A, Benson DF, Scharre DW. Visual agnosia and optic aphasia : are they anatomically distinct ? Cortex 1994:445–57.

Snowden JS, Thompson JC, Neary D. Knowledge of famous faces and names in semantic dementia. Brain 2004;127:860–72.

Tranel D, Damasio H, Damasio AR. A neural basis for the retrieval of conceptual knowledge. Neuropsychologia 1997;35:1319–27.

Tzavaras A. La reconnaissance du visage humain et les lésions hémisphériques. In: Hecaen H. Neuropsychologie de la perception visuelle. Paris : Masson ;1972. p. 251–64.

Verstichel P, Cohen L, Crochet G. Associated production and comprehension deficits for people's names following left temporal lesion. Neurocase 1996;2:221–3.

Warrington EK, Shallice T. Category specific impairments. Brain 1984;107:829–54.

Zeki SM. A Vision of the brain. Oxford : Blackwell Scientific Publications ;1993.

Zeki SM, Ffytche DH. The Riddoch syndrome : insights into the neurobiology of conscious vision. Brain 1998;121:25–45.

8 Les agnosies spatiales

> *« Nos yeux ne nous trompent [...] pas seulement dans
> la grandeur des corps en eux-mêmes, mais aussi dans
> les rapports que les corps ont entre eux. »*
> Malebranche, La Recherche de la vérité

Agir dans le monde qui nous environne implique de pouvoir connaître les paramètres spatiaux des objets (volume, direction, mouvement), leurs relations spatiales, mais implique aussi de savoir mobiliser notre corps au sein d'un espace réel déjà connu ou exploré grâce à la lecture, sur carte ou sur plan, de relations topographiques. On peut, avec Hecaen (1972), distinguer les troubles de la perception spatiale et les troubles de la manipulation et de la mémoire des données spatiales et topographiques.

Les troubles de la perception spatiale

La désorientation visuelle de Holmes et Horrax

Elle regroupe les troubles de la localisation d'objets isolés, le malade pouvant déclarer que les objets lui semblent trop grands ou trop petits ou trop courbés ou trop proches ou trop éloignés ou parfois le désordre est confusément perçu (*« Les choses ne ressemblent pas à ce qu'elles devraient. »*, Critchley, 1960). Ainsi les sujets ne peuvent-ils indiquer, dans un groupe d'objets, celui qui est le plus lointain ou le plus proche, le plus à droite ou le plus à gauche, le plus long ou le plus court ; il leur est difficile de pointer le doigt vers un stimulus ou de suivre un objet en mouvement. Ils peuvent avoir des difficultés à dénombrer des objets dans l'espace et ces troubles peuvent se limiter à un hémichamp visuel, même en l'absence d'hémianopsie. Les difficultés peuvent prédominer dans l'espace proche. La vision stéréoscopique peut aussi être défaillante, en sachant qu'il faut distinguer la perception de la profondeur réelle des objets dans l'espace et la perception de relief liée à la vision binoculaire. La perception du mouvement peut être abolie mais cette abolition peut aussi exister de manière isolée.

Les déficits des jugements de direction de lignes peuvent être objectivés en présentant au sujet des paires de lignes de direction différente et de choisir les deux lignes de même direction dans une disposition étalonnée disposée en éventail (Benton, 1978 ; figure 8.1).

Les troubles de la perception spatiale sont liés à des lésions postérieures des hémisphères cérébraux, particulièrement du côté droit.

Les troubles de la rotation mentale désignent l'incapacité à imaginer, et donc à désigner dans une épreuve à choix multiple, comment évolue la représentation d'une figure quand elle tourne autour de son axe. Chez les sujets « normaux », le temps de réaction à des jugements de rotation est d'autant plus long que la valeur de l'angle de rotation est élevée. Les troubles de la rotation mentale peuvent s'observer après une lésion gauche comme après une lésion droite et il a

Neuropsychologie
© 2014 Elsevier Masson SAS. Tous droits réservés.

été avancé que l'hémisphère droit assure la transformation des images mentales, tandis que l'hémisphère gauche permet l'évocation des images à partir du stock mnésique.

L'ataxie et l'agnosie du miroir

L'être humain acquiert progressivement, tout au long de son enfance et à l'âge adulte, les adaptations visuomotrices nécessaires pour reconnaître ce qui est vu dans un miroir y compris son propre corps et pour agir sur l'objet « réel » en regardant l'objet « virtuel ». C'est ainsi que l'être humain peut se raser, se coiffer, se maquiller en se regardant et en guidant son action dans un miroir. L'ataxie du miroir et l'agnosie du miroir se caractérisent par l'incapacité d'atteindre un objet réel en regardant dans un miroir son image virtuelle.

L'*ataxie du miroir* se caractérise, dans ses formes sévères, par le fait que le patient à qui l'on demande d'attraper un objet réel en regardant dans un miroir son image virtuelle dirige spontanément sa main vers l'objet virtuel sans pouvoir se corriger de façon autonome, mais en accomplissant des mouvements erratiques qui oscillent entre l'objet réel et l'objet virtuel. Le sujet peut toutefois diriger sa main vers l'objet réel après que l'examinateur lui aura indiqué la direction du mouvement à travers le miroir, encore que cette aide laisse persister des erreurs directionnelles, aussi bien avec le bras controlatéral qu'avec le bras homolatéral. Même si une amélioration est obtenue, elle ne se maintient pas quand la même tâche est proposée ultérieurement au malade. Le trouble n'est pas de nature agnosique car l'objet réel est correctement distingué de son image virtuelle. Les formes mineures se caractérisent par des erreurs directionnelles, le sujet dirigeant néanmoins son bras non vers l'image virtuelle mais vers l'objet. Il n'y a pas de trouble au test de jugement de direction de lignes de Benton (voir figure 8.1). L'ataxie du miroir évoque une rivalité permanente entre l'image réelle et l'image virtuelle, le sujet pouvant spontanément ou par apprentissage, mais de manière transitoire, atteindre la cible.

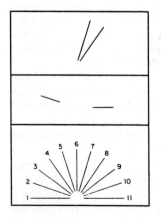

Figure 8.1
Exemple extrait du test de jugement de direction de lignes de Benton (1978).

L'*agnosie du miroir* se caractérise par l'incapacité de distinguer l'espace réel de l'espace virtuel vu dans le miroir : l'objet est ainsi localisé dans ou derrière le miroir et l'une et l'autre main se dirigent vers le miroir quand on demande au sujet d'attraper l'objet. Le geste fait pour tenter d'atteindre l'objet n'a pas le caractère erratique observé dans l'ataxie du miroir. Le sujet dirige parfois sa main vers l'objet réel, ce qui arrive plus souvent avec la main ipsilatérale à la lésion qu'avec la main controlatérale. Les malades savent néanmoins qu'ils se trouvent devant un miroir dont ils connaissent les propriétés. Ils se reconnaissent dans le miroir. Tout se passe comme s'il existait une dissociation entre les connaissances sémantiques sur le miroir et la capacité d'utiliser ces connaissances de manière procédurale en interagissant avec le miroir. Même si les patients savent que l'expérimentateur et l'objet qu'ils doivent attraper est derrière eux, ils continuent de diriger leur main vers le miroir pour attraper l'objet placé, par exemple, sur leur épaule (Connors et Coltheart, 2011). Il existe des perturbations au test évaluant les capacités de rotation mentale (Peters *et al.*, 1995) et au test de jugement de lignes. Les lésions intéressent l'un ou l'autre lobe pariétal et s'expriment de manière bilatérale avec une plus grande sévérité pour l'hémicorps controlatéral.

Au cours des ataxies du miroir, les lésions sont localisées entre la partie postérieure de la portion inférieure du gyrus postcentral et le gyrus supramarginal ainsi que dans la profondeur du sillon intrapariétal antérieur. Au cours des agnosies du miroir, les lésions, un peu plus postérieures, intéressent la partie postérieure du lobule pariétal inférieur et la jonction temporo-pariéto-occipitale au voisinage du sillon temporal supérieur (Binkofski *et al.*, 1999).

C'est en examinant le comportement de malades atteints de « démences dégénératives et vasculaires » devant un miroir qu'Ajuriaguerra *et al.* (1963) ont pu repérer deux autres types de troubles.

Le premier intéressait les malades les moins sévèrement atteints : il s'agit de l'incapacité de désigner les parties du corps au niveau de l'image réfléchie par le miroir. Ce trouble pourrait être dénommé *autotopagnosie du miroir* ou *autotopagnosie spéculaire*. Alors qu'ils se reconnaissent dans le miroir, qu'ils peuvent atteindre un objet réel qu'ils voient dans le miroir, les malades, priés de désigner dans le miroir les parties de leur corps, portent leur index non sur l'image spéculaire mais sur leur corps réel. Ainsi, au lieu de désigner leur nez dans le miroir, ils portent leur index vers leur nez « réel ». Tout se passe comme s'ils ne pouvaient pas se distancier de leur propre corps pour interagir avec lui à partir de son image spéculaire. En d'autres termes et en référence aux constatations de Binkofski *et al.* (1999), il existe une dissociation entre la capacité de gérer l'espace personnel qui est préservée et la capacité de gérer l'espace péripersonnel qui est altérée. Ainsi, en regardant le miroir, le malade peut attraper un objet réel placé sur son épaule alors que si l'objet est placé juste au-dessus de lui, il tend son bras vers le miroir pour tenter de l'atteindre. Cela suggère que la gestion motrice dans l'espace personnel et celle dans l'espace péripersonnel relèvent de deux processus différents.

Le second type de trouble intéressait les malades les plus sévèrement atteints : ils ne se reconnaissent plus dans le miroir ; ils peuvent se palper le visage, parler avec leur image spéculaire comme avec un étranger et ils sont parfois angoissés. Ce déficit relève-t-il d'une autoprosopagnosie) ? On ne peut évoquer cette hypothèse sans prosopagnosie associée pour les visages familiers. En outre, certaines observations indiquent que les malades reconnaissent pourtant leur visage présenté en photographie. L'agnosie du miroir pourrait jouer un rôle favorisant dans le déficit d'identification du visage, mais son rôle ne saurait être exclusif car l'agnosie du miroir peut exister sans déficit d'identification du visage. Le caractère fluctuant du trouble d'un moment à l'autre peut être rapproché de ce qui est observé dans d'autres illusions délirantes comme le syndrome de Capgras (voir chapitre 22, p. 450) et justifierait alors l'appellation d'« illusion délirante de méconnaissance du Soi spéculaire » ou de « délire de méconnaissance du Soi spéculaire ». On pourrait alors évoquer, comme dans les délires d'identité, un trouble multifactoriel où interviendraient les distorsions perceptives, la perte du sentiment de familiarité, et la capacité du sujet d'évaluer et de critiquer ses croyances en fonction de ce qu'il perçoit, du contexte de ses perceptions, des interrogations suscitées par ses perceptions, de son état de vigilance. En tout cas et en l'absence de démence, un tel trouble a été observé en présence d'une souffrance lésionnelle hémisphérique droite et bifrontale (Villarejo *et al.*, 2011), ce qui est un argument complémentaire pour rapprocher ce délire, parfois désigné par le terme elliptique de « signe du miroir », des délires d'identité à type d'hypo-identification (voir p. 450).

Les troubles du maniement des données spatiales et de l'orientation topographique

La négligence spatiale unilatérale

La négligence spatiale unilatérale (voir p. 141) est une perturbation du traitement des données spatiales dont l'existence peut à elle seule rendre compte de troubles du maniement des données spatiales (comme s'orienter sur un plan) ou de la mémoire topographique (comme marcher dans une ville selon un itinéraire défini). Mais ces troubles peuvent exister intrinsèquement en dehors de toute héminégligence. En outre, ainsi que le soulignent Hecaen et ses collaborateurs en 1956, ces troubles ne sont pas purement agnosiques : ils compromettent aussi l'action sur l'espace et ils sont étroitement associés avec des perturbations visuo-constructives, des agraphies, des alexies ou des acalculies spatiales, des asomatognosies pour réaliser « un syndrome apractognosique du carrefour postérieur de l'hémisphère mineur ».

La planotopokinésie de Pierre Marie

Décrite par Pierre Marie en 1924, et désignée par Hecaen et ses collaborateurs en 1972 sous le nom de perte des notions topographiques, elle se caractérise par l'incapacité de s'orienter sur une carte. On peut la rechercher en étudiant les performances des sujets dans :
- la localisation des villes sur une carte muette ;
- l'indication, sur un plan, d'un itinéraire habituel (sur route, en bus, en métro… en fonction du contexte de vie du sujet) et en le comparant à ses capacités de verbalisation : les rues, les stations de métro ou les arrêts de bus sont nommés mais leurs relations spatiales sont désorganisées et le sujet erre sur son plan ;
- la recherche et l'apprentissage d'un itinéraire sur le plan d'une ville imaginaire ;
- l'apprentissage d'un labyrinthe.

Ces troubles sont électivement liés à des lésions postérieures de l'hémisphère droit mais leur interprétation doit être prudente. En effet, des troubles de l'apprentissage d'un labyrinthe ou de reconnaissance et d'apprentissage d'un itinéraire peuvent relever de mécanismes multiples : planotopokinésie, mais aussi agnosie spatiale unilatérale dans les mêmes lésions postérieures de l'hémisphère droit, trouble mnésique perturbant l'apprentissage des relations spatiales dans les lésions hippocampiques droites, indistinction droite–gauche dans les lésions pariétales gauches, perturbation des capacités de programmation séquentielle dans les lésions frontales. La difficulté de s'orienter sur un plan est souvent associée à une acalculie spatiale et à des troubles de l'habillage.

La perte de la mémoire topographique ou désorientation spatiale

Elle est parfois regroupée avec la planotopokinésie (qu'elle accompagne souvent) sous le nom de déficit de l'orientation topographique. Elle est aussi désignée sous le nom de désorientation topographique, de désorientation environnementale, de désorientation spatiale. Elle se manifeste par l'incapacité de reconnaître des lieux familiers (agnosie environnementale) et de s'y orienter : maison, quartier, ville, ces malades étant tout à fait incapables d'apprendre à s'orienter dans un lieu nouveau comme l'hôpital. Les rues, les maisons, les bâtiments, les stations de bus ou de métro sont reconnus comme tels mais perdent leur valeur identitaire de repères topographiques. On a voulu discerner dans le trouble deux variétés. La première est d'ordre agnosique : le sujet, bien qu'apte à classer catégoriellement les bâtiments (église, immeuble…) ou les meubles qui structurent son habitation (armoire, buffet…), ne les reconnaît plus ; il s'agit donc d'une agnosie des lieux familiers, intéressant aussi les rues, les places, qui paraissent étranges et différents et qui peut être rapprochée de la prosopagnosie, parfois associée. La seconde variété est une amnésie topographique abolissant la capacité à utiliser l'environnement pour s'y orienter. En fait, cette distinction entre une *variété agnosique* et une *variété amnésique de désorientation topographique* apparaît cliniquement difficile. Les malades sont souvent dans l'impossibilité de décrire verbalement des lieux familiers comme un itinéraire ou une maison ; quand ils peuvent le faire, il s'agit souvent de la mise en œuvre d'une mémoire purement verbale (donner le nombre de pièces de leur maison, signaler l'existence d'un escalier, énumérer des stations de métro ou des noms de rues…). Ils se perdent même chez eux, ne retrouvant que difficilement, par tâtonnements successifs, la porte de la cuisine, du salon ou de la salle de bains.

Il existe souvent des troubles associés : hémianopsie, parfois quadrantale et gauche, achromatopsie, prosopagnosie, apraxie constructive, apraxie de l'habillage, agraphies, alexies, acalculies de type spatial. La désorganisation spatiale est massive quand la désorientation topographique s'intrique d'une agnosie spatiale unilatérale.

Les lésions sont bilatérales ou unilatérales et dans ce cas un rôle prépondérant est accordé à la région occipitale de l'hémisphère droit et au gyrus parahippocampique droit ainsi qu'à la substance blanche adjacente dans le territoire de l'artère cérébrale postérieure. Cette topographie lésionnelle peut conforter aussi bien l'hypothèse d'un désordre agnosique (lobe occipital) que celle d'un déficit mnésique (gyrus parahippocampique) concevant la désorientation spatiale comme une perturbation des mécanismes d'apprentissage et de rappel des informations visuelles qui structurent géographiquement l'environnement dans lequel l'être humain se déplace. Le plus frappant est, quelle que soit l'explication, le caractère très spécialisé des troubles, puisqu'une désorientation spatiale peut exister en l'absence d'une planotopokinésie et en dehors de troubles élémentaires de la mémorisation spatiale comme l'apprentissage d'un labyrinthe.

Proposition de classification des aspects anatomo-cliniques de la « désorientation topographique »

Aguirre et d'Esposito ont proposé, en 1999, de distinguer quatre aspects cliniques et neuroanatomiques de désorientation topographique.

- La désorientation égocentrique (voir *supra*, désorientation visuelle de Holmes et Horrax) au cours de laquelle il existe des difficultés pour localiser les objets par rapport au corps ; les descriptions d'itinéraires sont pauvres et inexactes, alors que les capacités de reconnaissance visuelle de l'environnement sont intactes. Ce syndrome de désorientation dans l'espace égocentrique correspond à des lésions bilatérales ou droites du lobe pariétal postérieur.

- La *désorientation directionnelle* témoigne de perturbations des représentations spatiales exocentriques (allocentriques). Alors que la reconnaissance des points de repère de l'environnement est préservée et en l'absence de désorientation égocentrique, il existe une incapacité à déduire les informations directionnelles nécessaires pour définir le trajet à parcourir. Ainsi en est-il d'un patient de Takahashi (Takahashi *et al.*, 1997), chauffeur de taxi qui, soudainement, ne sut plus quelle direction prendre pour rejoindre sa destination alors que l'environnement (immeubles, paysages) était parfaitement reconnu. Il existe une incapacité à décrire les positions respectives de lieux connus et une incapacité à dessiner la carte d'un itinéraire. Ce syndrome de désorientation directionnelle correspondrait à des lésions de la région cingulaire postérieure (droite) au niveau de laquelle il a pu être mis en évidence chez le rongeur une petite population de cellules activées quand l'animal doit maintenir une tâche d'orientation dans son environnement (Chen *et al.*, 1994). Une lésion du thalamus droit dorso-médian et latéral pourrait aussi donner le même trouble (Kawahara *et al.*, 1986).

- L'*agnosie topographique* ou agnosie des points de repère topographiques serait une variété de « perte de la mémoire topographique » (voir *supra*) au cours de laquelle il existe une incapacité à utiliser les points de repère de l'environnement pour s'orienter. En fait, la mémoire topographique, au sens strict du terme, est bonne : le sujet peut typiquement dessiner des plans et des itinéraires de lieux familiers, il peut décrire sa maison ou des monuments familiers mais il est incapable de les reconnaître sur photographies ou quand il est en leur présence. Un détail comme le numéro apposé sur la façade peut permettre au sujet d'identifier sa demeure. Ainsi les sujets ne peuvent ni s'orienter dans des endroits connus ni apprendre à s'orienter dans des endroits nouveaux. Ils sont néanmoins aptes à mettre en œuvre des conduites vicariantes : savoir qu'il faut tourner à droite ou à gauche à tel feu tricolore, se guider en lisant le nom des rues et en identifiant les numéros. Il s'agirait en somme d'une agnosie visuelle spécialisée aux informations topographiques fournies par les éléments bâtis ou non bâtis qui composent l'environnement. Les lésions, latéralisées à droite ou bilatérales, intéressent électivement la partie médiane du lobe occipital et notamment le gyrus lingual au-dessous de la scissure calcarine comme au cours d'un infarctus de l'artère cérébrale postérieure droite.

■ La *désorientation topographique antérograde* épargne l'orientation dans les lieux connus, alors que le sujet ne peut apprendre à s'orienter dans des lieux nouveaux. Néanmoins les informations autres que topographiques peuvent être mémorisées et le sujet peut développer des comportements vicariants en s'aidant d'indices comme les inscriptions apposées sur une porte ou les noms de rue. Les lésions intéressent le gyrus parahippocampique droit et induisent donc une amnésie spécialisée montrant ainsi le rôle du cortex parahippocampique dans l'acquisition des informations topographiques. Les lésions limitées à l'hippocampe et unilatérales ne donnent pas d'amnésie topographique, tandis que les lésions bilatérales des hippocampes donnent une désorientation antérograde incluse dans les perturbations mnésiques plurisectorielles de la mémoire épisodique qui caractérisent les amnésies hippocampiques.

Modélisation de la navigation spatiale dans un réseau interconnecté (figure 8.2)

Les cibles lésionnelles de la maladie d'Alzheimer (voir chapitre 16) et les progrès de l'imagerie cérébrale morphologique et fonctionnelle, joints à des études sur l'animal, ont permis d'élaborer une modélisation en réseau des structures sous-tendant

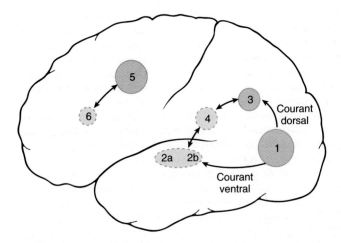

Figure 8.2
Réseau des aires cortico-sous-corticales et de leurs connexions impliquées dans la navigation spatiale (Lithfous *et al.*, 2013). En traits pleins : aires corticales ; en pointillés : aires sous-corticales.
1. Cortex occipital (repères topographiques : gyrus fusiforme). 2a. Hippocampe antérieur (création des référentiels allocentriques). 2b postérieur (stockage des référentiels allocentriques). 3. Cortex pariétal postérieur (référentiels égocentriques). 4. Cortex rétrosplénial (conversions des référentiels allocentriques en référentiels égocentriques). 5. Cortex préfrontal (contrôle exécutif). 6. Noyau caudé (mémoire procédurale/navigation égocentrique).

les compétences complexes qui régissent les déplacements de l'homme dans son environnement en créant et en mémorisant des itinéraires adaptés afin d'« aller et venir » dans l'espace.

La navigation spatiale désigne donc cette capacité de suivre un trajet correspondant à un projet de déplacement d'un point à l'autre de l'espace. Il s'agit de l'espace constitué par sa propre demeure, par son village ou son quartier, par sa ville et bien au-delà encore. Les itinéraires peuvent être connus du sujet et certains lui sont très familiers : sa maison, faire ses courses à pied ou en voiture ; d'autres sont appris depuis peu ou sont en cours d'apprentissage : l'hôtel où l'on séjourne quelques jours, la « maison de retraite » où l'on vient d'être admis, un itinéraire à repérer sur une carte, que l'on se déplace à pied, ou par un moyen de transport collectif ou encore en voiture personnelle. On conçoit donc que les conditions dans lesquelles peut se manifester une « désorientation spatiale », dite aussi « désorientation topographique » sont très nombreuses. Il s'agit d'une manifestation à la fois précoce et fréquente de la maladie, souvent obscurcie par les appellations de « déambulation », d'« errance », de « fugue » qui recouvrent des comportements dont les causes ne sont pas univoques mais que l'on englobe sous le même terme en raison des risques que peuvent avoir ces comportements en termes de santé publique. En suivant les processus mis en œuvre dans l'orientation et la navigation spatiales, on peut repérer les étapes suivantes.

■ Il est d'abord nécessaire de « reconnaître » l'environnement comme porteur, outre ses caractères identifiants intrinsèques (l'hôtel de ville, l'hôpital, le jardin botanique, la place de la Bourse), de repères topographiques : la défaillance de cette capacité visuognosique spécifique définit l'agnosie topographique ou variété agnosique de la désorientation topographique (*vide supra*) typiquement liée à une lésion droite ou bilatérale impliquant le gyrus lingual.

■ Ces repères permettent de mémoriser une carte cognitive (ou cadre de référence ou référentiel) allocentrique où les différents éléments de l'environnement sont repérés les uns par rapport aux autres et séquentiellement tout au long du trajet, et ce indépendamment de la position du sujet. Cette capacité d'organisation et de mémorisation d'un itinéraire (dont la défaillance a pu être décrite sous le nom de désorientation directionnelle, accompagnée d'une planotopokinésie ; *vide supra*) est liée à l'hippocampe et plus précisément à l'hippocampe droit, tandis que l'hippocampe gauche serait impliqué dans la mémorisation épisodique séquentielle des événements survenus pendant les trajets une fois qu'ils ont été parcourus (Lambrey *et al.*, 2003). Le gyrus parahippocampique serait aussi impliqué dans la phase d'apprentissage (désorientation topographique antérograde ; *vide supra*). Des études en IRM morphologique de chauffeurs de taxi londoniens, réputés suivre un entraînement intensif dans l'apprentissage d'itinéraires, ont montré que le volume de leur hippocampe postérieur était bilatéralement plus important que celui de sujets témoins, mais aussi plus important que celui de chauffeurs de bus qui suivent des trajets prédéfinis. En outre, le volume de leur hippocampe postérieur droit était corrélé avec la durée de leurs fonctions (Maguire *et al.*, 2000 ; 2006). On pourrait ainsi penser que l'hippocampe postérieur est impliqué dans le stockage des cartes cognitives tandis que l'hippocampe antérieur serait plutôt impliqué dans la formation de nouveaux référentiels allocentriques.

■ Pour permettre le déplacement du sujet conformément à l'itinéraire souhaité, les représentations spatiales allocentriques (au Nord, au Sud, à l'Est, à l'Ouest) doivent être transformées en représentations égocentriques (à droite, à gauche, devant, derrière) : le sujet doit identifier sa position, effectuer les opérations de rotation mentale nécessaires de la carte cognitive allocentrique pour qu'elle concorde avec sa propre position. Bien entendu, ce cadre de référence égocentrique doit tout au long du déplacement être mis à jour par les informations sensorielles issues des déplacements du corps (proprioceptives, vestibulaires) et de l'environnement (par exemple visuelles, auditives, olfactives). Et c'est ainsi que le sujet peut adapter efficacement son déplacement. Le référentiel égocentrique implique le cortex pariétal postérieur.

■ Il apparaît donc nécessaire que s'établisse une synchronisation permanente entre le référentiel allocentrique et le référentiel égocentrique : cette fonction serait assurée par le cortex cingulaire postérieur au sens large du terme, mais plus précisément par le cortex rétrosplénial qui opérerait la conversion du référentiel allocentrique hippocampique en référentiel égocentrique pariétal. Les connexions du cortex rétrosplénial (hippocampe, cortex pariétal et occipital, cortex préfrontal dorsolatéral, thalamus) seraient en faveur de cette hypothèse. La désorientation spatiale précoce de la maladie d'Alzheimer pourrait illustrer le déficit de cette fonction de synchronisation du cortex rétrosplénial, précocement atteint dans la maladie, et ce d'autant qu'il a pu être montré, en imagerie fonctionnelle, un déficit métabolique de cette région de manière aussi précoce et plus intense que celle de l'hippocampe (Serino et Riva, 2013). Mais la dépression métabolique rétrospléniale pourrait aussi être liée à un *diaschisis* transmis par les connexions hippocampo-rétrospléniales à partir d'un hippocampe lésé et hypométabolique (Villain *et al.*, 2008).

■ Le cortex préfrontal est impliqué dans la navigation comme il l'est dans toute activité qui nécessite un contrôle exécutif impliquant le choix d'un itinéraire, sa programmation, la capacité de changer une partie du programme si un événement imprévu survient sur le parcours ou si le sujet constate une erreur ou prend conscience d'une autre alternative plus efficiente. La mémoire de travail est une nécessité opérationnelle de la navigation. Aussi, l'imagerie fonctionnelle montre que les tâches de navigation effectuées dans une ville virtuelle activent le cortex préfrontal : ces tâches montrent que l'activation préfrontale croît quand le protocole demande de faire des détours par rapport à l'itinéraire (Maguire *et al.*, 1998).

■ La navigation spatiale fait aussi l'objet d'un apprentissage égocentrique en mémoire procédurale : les meilleures performances pour les itinéraires connus sont corrélées avec l'activation du noyau caudé (Hartley et Burgess, 2005).

Bibliographie

Aguirre GK, D'Esposito M. Topographical disorientation : a synthesis and taxonomy. Brain 1999;122:1613-28.

Aimard G, Vighetto A, Confavreux C, Devic M. La désorientation spatiale. Rev Neurol 1981;137:97-111.

Ajuriaguerra J de, Strejilevitch M, Tissot R. À propos de quelques conduites devant le miroir de sujets atteints de syndromes démentiels du grand âge. Neuropsychologia 1963;1: 59-73.

Benton AL, Varney NR, Hamsher K. Visuospatial judgment : a clinical test. Arch Neurol 1978;35:364-7.

Binkofski F, Buccino G, Dohle C, et al. Mirror agnosia and mirror ataxia constitute different parietal lobe disorders. Ann Neurol 1999;46:51-61.

Chen LL, Lin LH, Green EJ, et al. Head-direction cells in the rat posterior cortex. Exp Brain Res 1994;101:8-23.

Connors MH, Coltheart M. On the behaviour of senile dementia patients vis-à-vis the mirror : Ajuriaguerra, Strejilevitch and Tissot (1963). Neuropsychologia 2011;49(7):1679-92.

Critchley M. Altérations de l'organisation visuospatiale dans les lésions occipito-pariétales. In: Alajouanine T. Les grandes activités du lobe occipital. Paris: Masson ; 1960.

Habib M, Sirigu A. Pure topographical disorientation : a definition and anatomical basis. Cortex 1987;23:73-85.

Hartley T, Burgess N. Complementary memory systems : competition, cooperation and compensation. Trends in Neurosciences 2005;28(4):169-70.

Hecaen H. Introduction à la neuropsychologie, vol. 1. Paris : Larousse Université ; 1972.

Hecaen H, Penfield W, Bertrand C, Malmo R. The syndrome of apractognosia du to lesions of the minor cerebral hemisphere. Archives of Neurology and Psychiatry 1956;75: 400-34.

Kawahara N, Sato K, Muraki M, et al. CT classification of small thalamic hemorrhages and their clinical implications. Neurology 1986;36:165-72.

Lambrey S, Lambrey S, Samson S, Dupont S, Baulac M, Berthoz A. Reference frames and cognitive strategies during navigation : Is the left hippocampal formation involved in the sequentiel aspects of route memory ? International Congress Series 2003;1250:261-74.

Lithfous S, Dufour A, Després O. Spatial navigation in normal aging and the prodromal stage of Alzheimer's disease : insights from imaging and behavioral studies. Ageing Res Rev 2013;12(1):2012-3.

Maguire EA, Burgess N, Donnett JG, Frackowiak RS, Frith CD, O'Keefe J. Knowing where and getting there : a human navigation network. Science (NY) 1998;280:921-4.

Maguire EA, Gadian DG, Johnsrude IS, Good CD, Ashburner J, Frackowiak RS, Frith CD. Navigation-related structural change in the hippocampi of taxi drivers. Proceedings of the National Academy of Sciences of the United States of America 2000;97:4398-403.

Maguire EA, Woollett K, Spiers HJ. London taxi drivers and bus drivers : a structural MRI and neuropsychological analysis. Hippocampus 2006;16:1091-101.

Milner B. Visually-guided maze learning in Man : effects of bilateral hippocampal, bilateral frontal and unilateral brain lésions. Neuropsychologia 1965;3:339-52.

Newcombe F, Ratcliff G. Disorders in visuospatial analysis. In: Boller F, Grafman J. Handbook of neuropsychology. Amsterdam : Elsevier ; 1989.

Pallis CA. Impaired identification of faces and places with agnosia for colours. J Neurol Neurosurg Psychiatry 1955;18:218-24.

Peters M, Laeng M, Latham K, et al. A redrawn Vanernberg & Kuse mental rotation test : different versions and factors that affect performance. Brain Cogn 1995;28:39-58.

Serino S, Riva G. Getting lost in Alzheimer's disease : a break in the mental frame syncing. Med Hypotheses 2013;80(4):416-21.

Takahashi N, Kawamura M, Shiota J, et al. Pure topographic disorientation due to right retrosplenial lesion. Neurology 1997;49:464–9.

Villain N, Desgranges B, Viader F, De La Sayette V, Mézenge F, Landeau B, et al. Relationships between hippocampal atrophy, white matter disruption, and gray matter hypometabolism in Alzheimer's disease. The Journal of Neuroscience 2008;28(24):6174–81.

Villarejo A, Martin VP, Moreno-Ramos T, Camacho-Salas A, Porta-Etessam J, Bermejo-Pareja F. Mirrored-self misidentification in a patient without dementia: evidence for right hemispheric and bifrontal damage. Neurocase 2011;17(3):276–84.

Warrington EK, Rabin P. Perceptual matching in patients with cerebral lesions. Neuropsychologia 1970;8:475–87.

9 Les négligences unilatérales

> « Et je ne vois plus, dans sa boîte,
> Le fin ressort du balancier
> Aller, venir, à gauche, à droite,
> Ainsi qu'un papillon d'acier. »
> Théophile Gautier

La négligence spatiale unilatérale et son environnement séméiologique

Description clinique

La négligence pour un côté de l'espace ou inattention visuelle unilatérale, ou encore *agnosie spatiale unilatérale*, désigne l'incapacité à porter son attention et à engager son action au niveau d'un hémiespace comme au niveau de l'hémicorps correspondant. L'espace (corporel et extracorporel) intéressé est le plus souvent gauche : ce sont en effet les lésions de l'*hémisphère droit* qui provoquent les négligences les plus fréquentes, les plus sévères et les plus durables.

Dans les formes massives, il existe une négligence absolue de tout ce qui se passe à la gauche du malade qui n'écrit, ne lit, ne dessine, ne prend avec l'une ou l'autre main (akinésie directionnelle) que sur un seul hémiespace, en l'occurrence le droit, que cet espace soit matérialisé par une page, une table, une chambre. L'espace négligé est celui qui est proposé à l'exploration du sujet : il s'agit donc de l'espace « global » (ainsi le sujet ne lit-il et ne dessine-t-il que sur la partie droite de la page) mais aussi des unités de traitement qui segmentent l'espace « global » (ainsi le sujet ne dessine-t-il, sur la droite de la page, que la partie droite d'un cube ou d'une maison ; ainsi ne lit-il que la partie droite d'un texte écrit et que la partie droite des mots, la partie gauche de chaque mot étant soit non lue, soit lue de manière inexacte). Le malade ne prête pas attention à tout observateur situé sur sa gauche et en tout cas ne se tourne pas vers lui : s'il répond à ses questions, il le fait en regardant l'interlocuteur situé sur sa droite. Les sujets ont de grosses difficultés à suivre un itinéraire ou même à sortir d'une pièce quand la porte est située sur leur gauche : dans ce cas, l'issue peut être retrouvée une fois que les sujets ont, en tournant en cercle, réintégré la porte dans leur espace droit. Ils heurtent, en marchant, les obstacles situés à leur gauche et ils sont incapables de conduire un véhicule. La négligence intéresse bien une moitié de l'espace et non pas un hémichamp visuel. Il s'ensuit que, si une *hémianopsie latérale homonyme* est fréquemment associée à la négligence spatiale, elle n'est « ni constante ni nécessaire » (Hecaen, 1972).

La négligence est donc à la fois *attentionnelle* ou perspective (versant afférent) et *intentionnelle* (versant efférent). La négligence intéresse aussi la *représentation mentale* de l'espace : ainsi, le sujet ne peut décrire que la partie droite d'un endroit familier (comme une place de la ville qu'il habite) mais décrit l'autre côté de la place si on lui demande de se retourner mentalement et de décrire à nouveau la place ; le même phénomène peut être observé en demandant au sujet de citer, en imaginant la carte de son pays, les principales villes. Il peut être considéré comme établi que la négligence représentationnelle n'est pas une modalité évolutive d'une négligence globale et qu'il peut exister dès l'installation des troubles une dissociation entre une négligence perceptive et une négligence représentationnelle. Toutefois, une négligence représentationnelle isolée est moins fréquemment observée qu'une négligence perceptive avec ou sans négligence représentationnelle (Ortigue *et al.*, 2001).

L'hémicorps est aussi intéressé par cette négligence spatiale : ainsi le sujet « oublie-t-il » de se raser la partie droite du visage, ne recouvre-t-il avec son drap ou ses habits que le seul hémicorps droit. Cette perturbation peut certes être interprétée comme d'ordre asomatognosique ; on peut aussi considérer que le corps, lui-même partie de l'espace, est l'objet de la même héminégligence.

La négligence spatiale peut s'accompagner d'une *négligence multimodale* – tactile (en l'absence d'anesthésie), auditive, olfactive – ainsi que d'une négligence motrice (voir *infra*).

L'agnosie spatiale unilatérale se recherche de multiples manières (figure 9.1) : on demande au sujet de dénombrer, en les pointant du doigt, les personnes présentes dans la pièce autour de lui ; on lui demande de nommer des objets éparpillés devant lui ; on lui demande de dessiner un cube, une maison, d'écrire une courte dictée, de décrire un paysage ou de lire un texte : la négligence spatiale dans sa forme pure apparaît quand on demande au sujet de lire un texte disposé verticalement en trois ou quatre colonnes ; on peut aussi utiliser des tests de barrage en dessinant sur une feuille de papier des ronds ou des traits successifs emplissant la page et en demandant au sujet de les barrer les uns après les autres ; on peut utiliser des tests de barrage « étalonnés », certains simples comme le test d'Albert, d'autres plus complexes et donc plus aptes à révéler des héminégligences modérées comme le test de Weintraub et Mesulam. Le test de bissection de lignes consiste à demander au sujet d'indiquer le milieu de lignes de longueur variable : le milieu indiqué est déporté vers la droite. Le test comportemental d'inattention comprend six subtests permettant de quantifier la négligence spatiale *(Thames Valley Test Company)*.

Les autres manifestations de l'héminégligence et les troubles associés

Le phénomène d'extinction

Un stimulus sensoriel, perçu quand il est appliqué isolément, ne l'est plus (est éteint) quand un stimulus identique est appliqué au même moment de manière symétrique. L'extinction peut ainsi être sensitive (ainsi le sujet perçoit le tact sur son hémicorps gauche mais ne le perçoit plus que sur l'hémicorps droit quand deux stimulations tactiles sont appliquées en même temps sur deux points symétriques des deux hémicorps). Elle peut être visuelle, le sujet cessant de percevoir le doigt de l'examinateur qui bouge dans son hémichamp gauche quand un doigt bouge symétriquement dans chaque hémichamp visuel. Elle peut être auditive, le sujet ayant une hémianacousie gauche aux tests d'écoute dichotique. Elle peut même être olfactive. L'extinction pourrait être une forme atténuée de négligence, encore que des observations montrant l'un ou l'autre phénomène survenant de manière isolée aient été rapportées.

L'alexie et l'agraphie spatiales

Elles ont déjà été envisagées (voir *supra* et p. 65 et 76) ; on peut y ajouter la *dyscalculie spatiale* : le malade, héminégligent, pose ses opérations sur la partie droite de la feuille ; il sait calculer mais il peut faire des erreurs, car il omet de tenir compte d'un ou de plusieurs chiffres situés à gauche ou il peut, dans une addition ou une soustraction, déporter vers la droite une ligne par rapport à une autre.

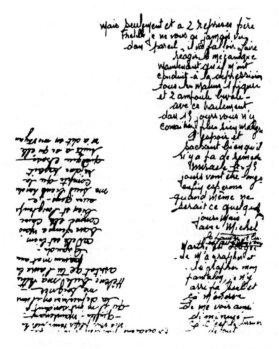

Figure 9.1
Agnosie spatiale unilatérale gauche.
Négligeant l'espace gauche, le malade a commencé sa lettre sur la partie droite de la feuille ; manipulant ensuite la feuille, il l'a tournée de 180° de haut en bas et, comme on peut le constater en effectuant la même opération, le malade a alors continué sa lettre sans voir ce qu'il avait écrit sur sa gauche.
Tiré de Gil R. *Neurologie pour le praticien*. Paris : Simep ; 1989

L'anosognosie et l'hémiasomatognosie

Une anosodiaphorie, une anosognosie d'une hémiplégie, voire une hémiasomatognosie accompagnent volontiers la négligence spatiale. On peut aussi observer une alloesthésie. Une anosognosie peut aussi accompagner une hémianopsie.

Les perturbations motrices et oculomotrices

Outre l'akinésie directionnelle, on observe fréquemment une akinésie spatiale (le bras controlatéral à la lésion étant moins mobile dans l'hémiespace homolatéral à la lésion) et une négligence motrice (voir *infra*).

Les perturbations oculomotrices sont fréquentes mais non constantes : déviation de la tête et des yeux vers l'hémisphère lésé, paralysie ou parésie du regard (parfois limitée aux saccades) vers le côté opposé à la lésion. Certaines limitations des mouvements de latéralité vers l'hémiespace négligé sont interprétées comme un trouble intentionnel traduisant une absence d'action exploratoire du regard à l'égard d'un hémiespace, réalisant un type particulier de négligence motrice ou d'akinésie directionnelle, appliquée à la sphère oculomotrice.

Localisations lésionnelles

La négligence spatiale unilatérale appartient électivement, mais non exclusivement, à la pathologie de l'hémisphère mineur : les lésions, quand elles sont corticales, intéressent le lobe pariétal droit et tout particulièrement le lobule pariétal inférieur (AB 39 et 40), en association avec le gyrus temporal supérieur dans sa portion caudale (AB 22 et 42 qui sont à droite les homologues de l'aire de Wernicke). La structure cible est discutée : des cartographies lésionnelles effectuées en imagerie par résonance magnétique de haute résolution ont impliqué le gyrus angulaire du lobule pariétal inférieur (et la région parahippocampique : Mort *et al.*, 2003). Mais pour d'autres, la structure cible est le gyrus temporal supérieur (Karnath). Une négligence peut aussi être observée dans les lésions du lobe frontal dorso-latéral droit, ainsi que du gyrus cingulaire. Les lésions souscorticales peuvent intéresser le thalamus, le néostriatum (noyau caudé et putamen). L'héminégligence frontale serait moins durable que l'héminégligence rétrorolandique (Stone *et al.*, 2010). Les connexions entre ces structures passant par la substance blanche, des lésions de cette dernière peuvent entraîner une négligence (en particulier dans le lobe frontal). Une négligence a aussi pu être observée après lésion du bras postérieur de la capsule interne (infarctus de la choroïdienne antérieure). Quant aux stimulations peropératoires, elles ont pu, en analysant la déviation droite d'un test de bissection de lignes, montrer que les structures en cause sont le lobule pariétal inférieur et le gyrus temporal supérieur caudal, mais aussi les structures sous-corticales impliquées dans les faisceaux d'association cortico-sous-corticaux frontopariétaux (faisceau longitudinal supérieur droit chez le droitier ; Doricchi *et al.*, 2008 ; voir aussi figure 2.13, p. 57).

La *physiopathologie de la négligence spatiale* a fait l'objet de nombreuses hypothèses et controverses. On a pu y voir une séméiologie « construite » sous l'influence des troubles de la sensibilité de l'hémicorps (empêchant la synthèse des données sensorielles : amorphosynthèse, selon l'expression de Denny-Brown), de l'hémianopsie latérale homonyme (qui pourrait aggraver une négligence), des troubles oculomoteurs (entravant l'exploration d'un hémiespace mais qui peuvent parfois être conçus comme une conséquence de la négligence), ainsi que d'un déficit de la vigilance avec confusion mentale. Mais ces troubles ne sont pas constamment retrouvés au cours des négligences spatiales. On a pu avancer l'hypothèse de la dislocation d'une représentation interne de l'espace extracorporel ce qui n'expliquerait pas l'amélioration du trouble sur incitation verbale ou par orientation du regard vers le côté négligé. La négligence spatiale dans sa composante afférente pourrait, selon Heilman et ses collaborateurs, être conçue comme un désordre de la vigilance et de l'attention, induit par le dysfonctionnement d'une *boucle réticulo-thalamo-cortico-limbo-réticulaire* (figure 9.2) : la formation réticulée mésencéphalique, dont la lésion induit chez le singe une héminégligence, permet une activation corticale (exacerbation de la vigilance ou éveil attentionnel) permettant, préparant et précédant les traitements sensoriels

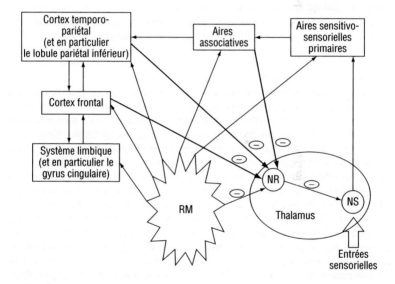

Figure 9.2
Schéma simplifié des circuits impliqués dans l'éveil attentionnel et l'attention sensorielle (d'après Heilman).
RM : réticulée mésencéphalique.
NR : noyau réticulaire du thalamus.
NS : noyaux spécifiques du thalamus (noyau ventro-caudal ou ventro-postéro-latéral, relais des voies sensitives, corps géniculé latéral, relais des voies visuelles, corps géniculé médial, relais des voies auditives).
Le noyau réticulaire inhibe les projections thalamo-corticales à partir des noyaux spécifiques. L'inhibition du NR par la RM facilite donc la projection des messages sensoriels à partir des noyaux thalamiques spécifiques. C'est aussi une facilitation que permet l'inhibition du NR par le cortex : cette inhibition s'exerce de manière spécifique sur chacune des modalités sensorielles à partir des aires associatives, alors qu'elle s'exerce de manière globale à partir des aires de convergence polymodales (cortex temporo-pariétal et préfrontal).

spécifiques qui sont à la base de l'attention dirigée ou sélective. En effet, la réticulée mésencéphalique exerce une action inhibitrice sur le noyau réticulaire thalamique, levant ainsi l'inhibition que ce dernier exerce sur la transmission au cortex des messages sensitivo-sensoriels aboutissant aux noyaux thalamiques spécifiques. Ces messages parviennent ensuite aux aires primaires (somesthésique, auditive, visuelle...), sont transmis aux aires associatives uni-modales puis à des aires de convergence polymodales (en particulier le sillon temporal supérieur et le lobule pariétal inférieur), structures elles-mêmes en lien avec le cortex frontal et le cortex limbique. Or, le cortex temporo-pariétal et le cortex frontal peuvent à leur tour se projeter sur la réticulée mésencéphalique, renforçant l'éveil, et vers le noyau réticulaire thalamique, renforçant la transmis-sion des messages sensitifs et sensoriels au cortex primaire spécifique. Le phé-nomène d'extinction pourrait s'expliquer par une élévation du seuil perceptif du côté atteint, entraînant en cas de stimulation simultanée une non-perception du côté controlatéral à la lésion (« obscuration »).

On a pu aussi évoquer une suppression de l'inhibition réciproque des hémisphères cérébraux : en cas de lésion cérébrale, l'hémisphère normal exerce sur l'hémisphère lésé une action inhibitrice plus puissante que celle qu'il reçoit de l'hémisphère lésé ; ainsi les stimulations controlatérales à l'hémisphère lésé (trop inhibé) ne sont pas perçues. On peut aussi supputer une limitation de la capacité attentionnelle de l'hémisphère sain qui dirige son attention vers les stimulations hétérolatérales mais qui tente aussi de compenser la lésion de l'autre hémisphère en dirigeant son attention vers les stimulations ipsilatérales : cette compensation, de capacité limitée, est débordée en cas de stimulations bilatérales. Constatant que la déviation du regard vers la gauche pouvait supprimer une extinction somesthésique gauche, il a pu être proposé que la déviation du regard soit un moyen privilégié d'activation hémisphérique et que l'extinction pourrait être la conséquence du déséquilibre d'activation hémisphérique. Le cortex frontal, en raison de ses liens avec le lobe pariétal, le gyrus cingulaire (impliqué dans l'infor-mation motivationnelle), le striatum et le colliculus supérieur (impliqué dans le contrôle oculomoteur), joue un rôle central dans le dispositif intentionnel, c'est-à-dire les réponses motrices générées par les informations sensorielles. Selon Mesulam, l'organisation du réseau neuronal impliqué dans la distribution de l'at-tention dirigée est fondée sur trois structures connectées entre elles (figure 9.3) : le cortex pariétal postérieur (référence sensorielle du monde environnant ou extrapersonnel), le lobe frontal et ses aires oculomotrices (qui organisent l'orientation et les mouvements dans l'espace extrapersonnel), le gyrus cingulaire impliqué dans la représentation motivationnelle ; chacune de ces trois structures reçoit des influx en provenance de la substance réticulée et a des connexions spécifiques avec le striatum et le thalamus. L'association de la négligence aux perturbations somatognosiques est liée à l'atteinte du schéma corporel dans le même lobe pariétal.

L'*asymétrie hémisphérique* pourrait s'expliquer par le fait que les réseaux neuronaux impliqués dans les processus attentionnels et intentionnels sont acti-vés au niveau du seul hémisphère gauche par les informations en provenance de l'espace droit ou par les actions à entreprendre dans ce même espace, alors que les mêmes réseaux hémisphériques droits sont activés quel que soit l'hémiespace

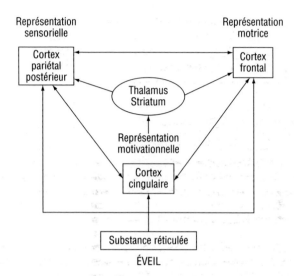

Figure 9.3
Les circuits impliqués dans la mise en jeu de l'attention dirigée vers le monde environnant, selon Mesulam.
Il existe trois représentations indépendantes mais interconnectées de l'espace extra-personnel et chacune reçoit des influences réticulaires. Les lésions de chacune de ces représentations, de leurs connexions (tout comme du thalamus et du striatum) peuvent entraîner une héminégligence.

concerné (figure 9.4) ; en outre l'hémisphère droit jouerait un rôle prédominant dans l'éveil cortical : ainsi une lésion gauche peut être compensée par l'activité de l'hémisphère droit. La théorie des *vecteurs attentionnels* postule que l'attention est sous-tendue par deux vecteurs directionnels, dont l'un, dirigé vers la droite et géré par l'hémisphère gauche, est normalement plus puissant que son homologue hétérolatéral – ainsi une lésion droite fera éclater ce déséquilibre et captera l'attention vers la droite –, alors qu'une lésion de l'hémisphère gauche atténuera le déséquilibre naturel et aura ainsi des conséquences moindres.

Le *modèle référentiel* postule que le cerveau, rassemblant les informations sensorielles visuelles, vestibulaires, proprioceptives, génère et gère une référence égocentrique, c'est-à-dire une représentation de l'espace centrée sur l'axe sagittal du corps. En demandant aux sujets, yeux fermés, de pointer « droit devant », on a pu observer, au cours des héminégligences, une déviation ipsilésionnelle exprimant le déplacement, vers le côté lésé, de la position de la référence égo-centrique, annulant ainsi la superposition existant chez le sujet normal entre ses coordonnées égocentriques et allocentriques, ce qui expliquerait la négligence spatiale (Jeannerod et Biguier, 1989). Ainsi, la stimulation vestibulaire calorique par irrigation d'eau froide dans l'oreille gauche, entraînant un nystagmus dont la phase lente est dirigée vers la gauche, améliore transitoirement les composantes attentionnelle, intentionnelle mais aussi représentationnelle de la négligence gauche en rétablissant transitoirement la référence égocentrique. Il en est de

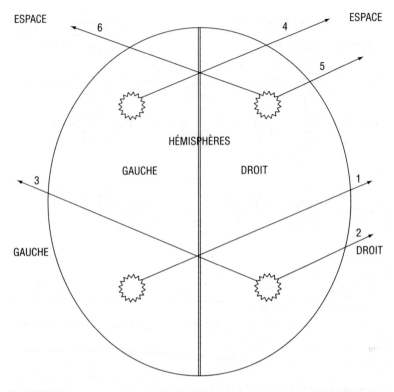

Figure 9.4
Asymétrie hémisphérique de l'attention dirigée.
Modèle proposé par Mesulam pour expliquer la spécialisation de l'hémisphère droit dans la distribution de l'attention dirigée dans son versant afférent (ou sensoriel ou attentionnel proprement dit, 1, 2, 3) et dans son versant efférent (ou exploratoire ou intentionnel, 4, 5, 6).

même du maintien prolongé d'une rotation du tronc vers la gauche, de la vibration des muscles de la nuque ou des stimulations électriques transcutanées de la nuque du côté gauche. Le port de prismes imposant une déviation du regard vers la droite entraîne chez le sujet normal un déplacement du pointage « droit devant » vers la droite, puis un phénomène d'adaptation avec déplacement du pointage du côté opposé (donc vers la gauche). Ce phénomène d'adaptation est retrouvé aussi chez les sujets héminégligents qui décalent leur référence égocentrique vers la gauche de manière même plus importante que les sujets normaux (figure 9.5). Mais l'adaptation prismatique, outre l'amélioration du « pointage droit devant » améliore aussi les autres signes de négligence spatiale observés en particulier en test de barrage ou de bissection de ligne (Rossetti *et al.*, 1998), en dessin (figure 9.6), en lecture. Même la négligence représentationnelle est favorablement influencée. Toutefois, la négligence ne peut s'expliquer par la seule atteinte de la référence égocentrique car la déviation de la référence

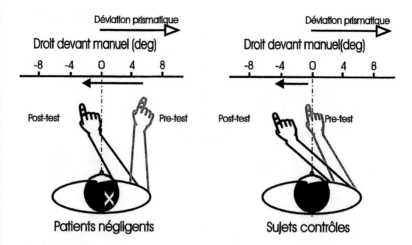

Figure 9.5
Action de la déviation prismatique sur le « droit devant » manuel.
Les pointages réalisés « droit devant » par des sujets sains pour évaluer leur référence égocentrique correspondent habituellement à leur axe sagittal objectif (prétest). L'adaptation prismatique (50 mouvements de pointages réalisés en quelques minutes) à un décalage optique vers la droite (10 degrés) induit un déplacement de ces pointages vers la gauche (post-test). Les patients négligents présentent le plus souvent dans le cadre de leur pathologie un décalage de leur référence égocentrique vers la droite (prétest). L'effet de l'adaptation prismatique sur le « droit devant » manuel des patients est plus important que celui observé chez les sujets témoins (flèches noires) et décale donc les pointages vers la gauche.
Tiré de Rossetti Y *et al.* In : Perennou D, V. Brun V, Pélissier J (dir.). *Les syndromes de négligence spatiale*. Paris : Masson ; 1998, p. 303

égocentrique peut s'observer en l'absence de négligence (par exemple, chez des sujets ayant une hémianopsie latérale homonyme, une hémiplégie gauche par lésion hémisphérique droite, voire un syndrome vestibulaire), tandis que certains héminégligents n'ont pas de déviation de la référence égocentrique. Enfin certains héminégligents sont capables de copier des dessins situés vers leur gauche mais ils ne copient pas la moitié gauche des dessins, ce qui montre que la négligence peut aussi procéder d'une altération des coordonnées allocentriques, c'est-à-dire de l'axe de symétrie des objets eux-mêmes (Chokron et Bartolomeo, 1999 ; Driver et Halligan, 1991). À l'inverse, on a pu observer une négligence représentationnelle pure en suscitant une description visuelle par rapport à une référence égocentrique alors que la négligence n'apparaissait plus en suscitant la même description visuelle mais sans imposer au sujet de référence égocentrique, c'est-à-dire en condition allocentrique (Ortigue *et al.*, 2001). Toutefois pour affirmer une telle dissociation, il faut bien veiller à susciter une imagerie visuelle car si on demandait par exemple à un sujet de citer les principales villes de France sans lui demander d'imaginer la carte de France, on réaliserait alors une simple épreuve de fluence lexicale.

Figure 9.6
Copie de dessin de Gainotti montrant les effets et la persistance de l'adaptation prismatique.
A. avant adaptation prismatique ; B. juste après adaptation prismatique ; C. deux heures plus tard.
Tiré de Rossetti Y *et al.* In : Perennou D, V. Brun V, Pélissier J (dir.). *Les syndromes de négligence spatiale.* Paris : Masson ; 1998, p. 305

Ainsi, les effets de l'adaptation prismatique ne peuvent se résumer en une modification des informations visuelles amendant la seule référence égocentrique, ce qui entraînerait dans son sillage l'amélioration des autres manifestations de négligence. Tout permet de penser que les prismes agissent au niveau des représentations spatiales, peut-être par une activation de l'hémisphère gauche. En tout cas, ils induisent une réorganisation durable puisque le phénomène d'adaptation persiste (post-effet) après qu'ils ont été retirés. *L'adaptation prismatique est de ce fait considérée comme la méthode de choix pour aider à la réhabilitation des patients souffrant d'héminégligence* (Farne *et al.*, 2002).

La négligence motrice

La négligence motrice, hémiaspontanéité motrice ou hémiakinésie, est une sous-utilisation d'un hémicorps dans sa motilité spontanée ; elle ne doit être confondue ni avec l'akinésie directionnelle ni avec l'akinésie spatiale. Elle coexiste avec la négligence spatiale (voir *supra*) mais elle peut aussi apparaître de manière isolée. L'hémicorps, tout particulièrement la main négligée, est sous-utilisé dans la gesticulation spontanée comme dans les activités gestuelles uni- ou bimanuelles que l'on demande au sujet d'effectuer (se verser à boire, enlever le bouchon d'une bouteille) ; le membre supérieur négligé peut pendre hors du lit ou le long du corps quand le sujet est assis devant une table sur laquelle une seule main vient se poser. En marchant, le membre supérieur ne balance pas et le membre inférieur traîne. Mais les troubles sont fluctuants et sont améliorés par l'incitation verbale. La négligence n'est pas imputable à une paralysie fruste comme le prouve la possibilité de pianoter. Mais une négligence peut s'ajouter à une hémiparésie. Il n'y a pas d'anosognosie et l'interrogatoire peut faire croire à l'existence d'un déficit moteur. Les négligences pures s'observent un peu plus souvent lors de lésions de l'hémisphère droit qui peuvent intéresser la région pariétale postérieure, le lobe frontal, (et en particulier l'aire motrice supplémentaire, le gyrus cingulaire antérieur) le thalamus ou la substance blanche sous-corticale unissant ces trois structures, voire le bras antérieur de la capsule interne. La négligence motrice peut être conçue comme un trouble de l'intentionnalité du geste, mais il est vrai qu'elle intéresse aussi les mouvements automatiques. Même pure, elle pourrait être conçue comme une forme légère de négligence attentionnelle altérant l'adaptation des gestes dont l'adéquation dépend de la qualité du traitement des informations spatiales et tout particulièrement visuelles.

Bibliographie

Albert MI. A simple test of visual neglect. Neurology 1973;23:653–64.

Chokron S, Bartolomeo P. Réduire expérimentalement la négligence spatiale unilatérale : revue de la littérature et implications théoriques. Revue de Neuropsychologie 1999;9:129–65.

Doricchi F, Thiebaut de Schotten M, Tomaiuolo F, Bartolomeo P. White matter (dis)connections and gray matter (dys)functions in visual neglect : gaining insights into the brain networks of spatial awareness. Cortex 2008;44(8):9839–95.

Driver J, Halligan PW. Can visual neglect operate in object-centered coordinates ? An affirmative single case study. Cognitive Neuropsychology 1991;8:475–96.

Farne A, Rossetti Y, Toniolo S, Ladavas E. Ameliorating neglect with prism adaptation : visuomanual and visuoverbal measures. Neuropsychologia 2002;40:718–29.

Gainotti G, Erme P, De Bonis C. Aspects cliniques et mécanismes de la négligence visuospatiale. Rev Neurol 1989;145(8-9):626–34.

Graveleau P, Viader F, Masson M, Cambier J. Négligence thalamique. Rev Neurol 1986;142(4):425–30.

Heilman KM, Valenstein E. Mechanisms underlying hemispatial neglect. Ann Neurol 1979;5:166–70.

Jeannerod M, Biguier B. Référence égocentrique et espace représenté. Rev Neurol 1989;145:365–9.

Karnath HO, Ferber S, Himmelbach M. Spatial awareness is a function of the temporal not the posterior parietal lobe. Nature 2001;411:950–3.

Kinsbourne M. Mechanisms of unilateral neglect. In : Jeannerod M. Neurophysiological and neuropsychological aspect of spatial neglect. North Holland : Elsevier ; 1987. p. 69–86.

Laplane D. La négligence motrice a-t-elle un rapport avec la négligence sensorielle unilatérale. Rev Neurol 1990;146:635–8.

Mesulam MM. Principles of behavioral neurology (vol. 1). Philadelphie : FA Davis Company;1985.

Mort DJ, Malhotra P, Mannan SK, Rorden C, Pambakian A, Kennard C, Husain MT. The anatomy of visual neglect. Brain 2003;126:1986–97.

Ortigue S, Viaud-Delmon I, Annoni JM, Landis T, Michel C, Blanke O, Vuilleumier P, Mayer E. Pure representational neglect after right thalamic lesion. Ann Neurol 2001;50:401–4.

Rode G, Perenin MT, Boisson D. Négligence de l'espace représenté : mise en évidence par l'évocation mentale de la carte de France. Rev Neurol 1995;151(3):161–4.

Rossetti Y, Rode G, Pisella L et al. Prism adaptation to a rightward optical deviation rehabilates left hemispatial neglect. Nature 1998;395:166–9.

Stone JJ, Reynold MR, Leuthardt EC. Transient hemispatial neglect after surgical resection of a right frontal lobe mass. World Neurosurg 2011;76, 3/4:361.e7-361.e10. DOI:10.1016/j.wneu.2010.03.018.

Thames Valley Test Company. The Behavioural Inattention Test (BIT). The Green, Flempton, Bury St Edmunds, Suffolk IP28 6EL, Royaume-Uni.

Viader F, De la Sayette V. Les syndromes de négligence unilatérale. Rapport de neurologie, LXXXX session, 1992. Paris : Masson ; 1992.

Weintraub S, Mesulam MM. Visual hemispatial inattention : stimulus parameters and exploratory strategies. J Neurol Neurosurg Psychiatry 1988;51:1481–8.

Les troubles du schéma corporel ou asomatognosies

Même les yeux fermés, nous avons conscience des limites de notre corps, de son volume dans l'espace, de nos postures et de nos mouvements. Cette expérience de notre corps constitue une « référence égocentrique » nous permettant d'agir dans l'espace qui nous environne. La représentation mentale du corps, dénommée « schéma corporel », s'élabore progressivement grâce aux afférences sensitives en lien étroit, dès le début de la vie, avec la motricité : ainsi se construit l'image de notre corps qui devient ensuite relativement indépendante des processus qui ont permis son élaboration, c'est ce dont témoigne par exemple l'expérience du membre fantôme des amputés ou des lésions médullaires. Le lobe pariétal joue un rôle central dans l'édification et le maintien de l'image du corps dont les perturbations peuvent s'exprimer de manière unilatérale ou bilatérale.

Les perturbations unilatérales de la somatognosie

Elles accompagnent habituellement une hémiplégie et elles peuvent se présenter sous trois aspects. L'*anosodiaphorie* désigne l'indifférence du malade à l'égard de son hémiplégie. L'*anosognosie* (terme désignant la négation d'une « maladie » au sens large du terme comme une aphasie de Wernicke, une hémianopsie, une cécité corticale) s'applique ici à l'hémiplégie, le malade n'admettant pas qu'il a un hémicorps paralysé et se refusant à admettre l'évidence, même quand on porte devant ses yeux sa main inerte en lui demandant s'il peut la bouger (syndrome d'Anton-Babinski). Le malade admet parfois une « faiblesse » de la main, du bras ou du membre inférieur mais se refuse à admettre que cette faiblesse est la cause de son handicap. L'*hémiasomatognosie* désigne le sentiment d'étrangeté, de non-appartenance de l'hémicorps et tout particulièrement de la main que le malade ne reconnaît pas sienne ; parfois le malade attribue l'hémicorps et tout particulièrement son membre supérieur et sa main, vécus de façon hallucinatoire comme surnuméraires, comme appartenant à quelqu'un d'autre, comme étrangers (somatoparaphrénie). Il s'agit là (voir chapitre 5) de l'un des types séméiologiques de « main étrangère » (*ainsi un agriculteur devenu hémiplégique priait de téléphoner à son épouse qui avait oublié sa main dans son lit et qui devait lui faire défaut car son épouse « était seule pour s'occuper des travaux de la maison et de la ferme »*). Il a pu être observé (Fotopoulou *et al.*, 2011) une disparition immédiate de la somatoparaphrénie dès que le malade était mis face à un miroir : observant alors l'image spéculaire de son bras gauche, il n'éprouvait plus de sentiment de non-appartenance de son membre supérieur gauche ; la somatoparaphrénie réapparaissait dès que le malade, détournant son regard du miroir, le dirigeait à nouveau vers son membre supérieur gauche. Des dissociations inverses ont été observées à la phase de « guérison » d'une hémiasomatognosie qui réapparaissait quand le malade regardait son image dans le miroir (Beis *et al.*, 2007). Ces constatations montrent que les mécanismes neuronaux qui sous-tendent la perspective d'appartenance du corps en première personne (le corps « senti ») et la perspective en troisième personne (le corps « vu ») sont distincts. Dans quelques cas, l'hémicorps paralysé est l'objet d'une personnification. Le malade exprime à l'égard de son hémicorps des sentiments de colère ou de haine (misoplégie) ou lui fait *des reproches qui peuvent être exprimés de manière plus ou moins humoristique (une dame hémiplégique disait : « je n'ai jamais aimé ma main gauche, car elle a toujours été paresseuse et même pas gentille avec moi »).* On peut parfois observer une *alloesthésie* (le malade disant qu'il est touché sur l'hémicorps ipsilatéral à la lésion quand on le touche du côté opposé à la lésion). Quand on prie le patient de mouvoir le bras paralysé, on peut observer soit une mobilisation du membre homolatéral (allokinésie), soit l'affirmation du malade selon laquelle il a exécuté l'ordre, ce qui peut être considéré comme une *hallucination kinesthésique.*

Les perturbations somatognosiques s'associent fréquemment à une héminégligence spatiale, à une hémianopsie latérale homonyme, à une déviation de la tête et des yeux, à des troubles sensitifs de l'hémicorps, à une apraxie constructive, à une apraxie de l'habillage, à des troubles de la vigilance, à une confusion mentale, à une indifférence comme à un état dépressif mais ces associations ne sont pas constantes et l'anosognosie peut exister de manière pure, accompagnant l'hémiplégie. Les lésions intéressent très préférentiellement l'hémisphère droit : le lobe pariétal (tout particulièrement le lobule pariétal inférieur) mais aussi les structures sous-corticales (thalamus, noyaux gris centraux).

Il apparaît difficile de faire de l'anosognosie une conséquence des troubles sensitifs, d'une confusion mentale, d'un trouble antérieur de la personnalité, d'une disconnexion des aires du langage qui, en raison de la lésion hémisphérique droite, ne reçoivent plus d'informations proprioceptives et visuelles en provenance de l'hémicorps et de l'hémichamp visuel gauches car, dans ce cas, l'anosognosie devrait disparaître quand l'examinateur porte le bras du malade dans son hémichamp visuel droit. Il a été envisagé d'en faire un trouble de type attentionnel ou intentionnel à l'égard de l'hémicorps, l'absence d'information sensitive ne permettant pas au système intentionnel de détecter la non-mobilisation du membre. Il reste donc toujours plausible de considérer les troubles comme secondaires à l'atteinte de la fonction somatognosique, sous-tendue par le schéma corporel et organisée au niveau de l'hémisphère mineur.

Le syndrome de surinvestissement (à l'égard de l'hémicorps) gauche

Ce syndrome a été observé à la phase aiguë d'infarctus de l'artère pariétale antérieure droite. Il accompagne un déficit sensitif sévère de l'hémicorps qui pourrait entraîner une sensation d'étrangeté de l'hémicorps gauche que les sujets frottent, pressent, pincent, manipulent avec leur main droite ou leur pied droit. Ce comportement régresse dès que le déficit sensitif s'améliore.

Les perturbations bilatérales de la somatognosie

Le syndrome de Gerstmann

Il a été décrit précédemment (voir chapitre 3, p. 69).

L'autotopoagnosie et l'hétérotopoagnosie

L'autotopoagnosie réalise une incapacité à désigner et à décrire les différentes parties du corps sur le sujet lui-même, en présence d'un miroir et sur l'examinateur. Par contre, les vêtements et les objets sont bien désignés. Les parties du corps ne peuvent pas non plus être désignées sur dessin sauf pour des parties de corps spécifiquement animales (comme la trompe, les cornes…). Typiquement, le sujet reste capable de nommer les parties du corps quand elles sont désignées par l'observateur (Poncet *et al.*, 1971). Les lésions intéressent la région pariétale postérieure de l'hémisphère dominant et peuvent accompagner les éléments d'un syndrome de Gerstmann, une apraxie constructive, une apraxie idéomotrice, une aphasie de conduction. Comme pour le syndrome de Gerstmann, la réalité de l'autotopoagnosie a été discutée pour en faire une conséquence de troubles du langage ou d'une désorientation spatiale. Pour Hecaen (1972), l'agnosie digitale et l'autotopoagnosie pourraient témoigner soit d'une atteinte spécifique de la somatognosie, soit de désordres sémantiques atteignant électivement les éléments du corps humain.

L'allotopoagnosie correspond à l'incapacité de désigner des éléments du monde hors du corps du sujet et, en son sein, l'hétérotopoagnosie (Degos et Bachou-Levi, 1998) correspond à l'incapacité de désigner les éléments du corps d'autrui : prié de désigner (en le montrant avec son doigt pointé) le nez de l'examinateur ou d'une tierce personne, le patient désigne son propre nez. En revanche, les parties du corps peuvent être désignées sur une image et sur une poupée et il n'existe pas d'autotopoagnosie. Il est important de constater qu'il s'agit bien d'un trouble électif de la désignation puisque les sujets ne commettent pas d'erreur sur les parties du corps à désigner, le fait remarquable étant qu'ils désignent sur eux-mêmes les parties du corps qu'on leur demande de désigner sur autrui. Enfin, les patients sont largement capables de saisir ou de toucher les éléments du corps d'autrui qu'ils ne peuvent pas désigner (Cleret de Langavant *et al.*, 2009). En effet, l'hétérotopoagnosie correspond à une altération de la fonction de désignation intégrée dans un projet de communication avec autrui. Dans cette acception, la fonction de désignation s'inscrit dans la mise en œuvre d'interactions sociales au cours desquelles deux sujets (le sujet questionné : le « je » et le destinataire : le « tu ») sont engagés dans une relation de communication à propos d'un tiers (le « il ») qui n'a pas de statut de sujet, qui n'est pas concerné par la relation de communication mais qui est « objet » de la désignation. Certes le destinataire (celui qui demande au sujet testé de désigner) peut à la fois être en position de sujet (et en relation de communication) et d'objet (quand il demande à ce que la désignation s'opère sur lui-même). Pour désigner, l'être humain doit donc concilier le statut de sujet d'autrui et sa position d'objet. Le geste de désignation, parce qu'il doit prendre en compte cette tension entre un autre/sujet et un autre/objet, a un « coût » cognitif dont témoigne la mesure des temps de réaction. En effet, chez des sujets sains, la désignation des parties du corps d'autrui nécessite des temps de réaction plus lents que la désignation d'objets de même localisation et que la désignation des parties du corps sur un mannequin. C'est donc bien le corps d'une personne vivante dont le geste de désignation montre le statut spécifique, non réductible à sa réalité spatiale tridimensionnelle (Cleret de Langavant *et al.*, 2012). Tout se passe comme si le sujet hétérotopoagnosique ne pouvait activer simultanément la représentation du corps de l'autre comme sujet (représentation hétérocentrique) et la représentation du corps de l'autre comme objet ; il est du coup incapable de « constituer une triangulation entre autrui et l'objet désigné » (du Boisguéheneuc, 2013).

Cela implique que la représentation spatiale du corps d'autrui ait un statut spécifique par rapport à la représentation de son propre corps, les deux représentations s'appuyant sur des systèmes neuronaux distincts. Effectivement, la clinique peut montrer une double dissociation, une autotopoagnosie pouvant exister sans hétérotopoagnosie et une hétérotopoagnosie pouvant exister sans autotopoagnosie. Les recherches en imagerie fonctionnelle effectuées chez des sujets sains et chez des malades (Félician *et al.*, 2003 ; Cleret de Langavant *et al.*, 2012) indiquent que la région pariétale supérieure gauche (aire 7 de Brodmann et partie supérieure de l'aire 39) est impliquée dans la désignation des parties de son propre corps (et donc en pathologie dans l'autotopoagnosie), tandis que le lobule pariétal inférieur, et tout particulièrement le sillon intrapariétal postérieur, gauche est impliqué dans la désignation des parties du corps d'autrui (et donc en pathologie dans l'hétérotopoagnosie).

L'asymbolie à la douleur

Elle ne doit pas être confondue avec l'hémiagnosie douloureuse qui peut accompagner certaines hémiasomatognosies : l'asymbolie à la douleur est en effet bilatérale (Hecaen, 1972). Quoi qu'il en soit, l'absence de réaction motrice à la douleur ne peut pas s'expliquer par une hypoesthésie : la piqûre est distinguée du tact, la sensation douloureuse est reconnue comme telle mais le sujet n'y réagit pas de manière habituelle ; il peut être étonné par son trouble et parfois il s'offre à la douleur qui, ainsi, non seulement ne génère plus de phénomène d'évitement, mais peut même induire une réaction d'attraction. L'absence de réaction motrice peut aussi intéresser toute menace faite au sujet, qu'elle soit verbale ou visuelle (asymbolie au danger), alors que les réactions végétatives sont préservées. L'asymbolie à la douleur a pu être considérée comme une agnosie spécialisée (analgognosie ou apractognosie algique) ; la douleur perdrait sa signification, ce qui est différent des conséquences des lobotomies qui atténuent la composante affective des douleurs, induisant à leur égard un comportement d'indifférence. Le trouble peut accompagner une aphasie de Wernicke ou une aphasie de conduction, une apraxie constructive ou idéomotrice, une autotopoagnosie, une aprosodie. Les lésions intéressent plus souvent l'hémisphère gauche ; des localisations lésionnelles plus ou moins vastes ont été rapportées intéressant le lobe pariétal et tout particulièrement le *gyrus supramarginalis*, l'aire somesthésique secondaire (SII) qui occupe une petite partie de l'opercule pariétal sur la berge supérieure de la scissure de Sylvius, le lobe frontal, mais il semble que la localisation lésionnelle représentée de manière constante soit le cortex insulaire. L'asymbolie à la douleur et au danger a pu être considérée comme une agnosie spécialisée, une perturbation du schéma corporel ou un syndrome de disconnexion sensori-limbique. En faveur de cette dernière hypothèse milite le fait que les lésions insulaires postérieures peuvent interrompre les connexions entre l'aire somesthésique secondaire SII et le système limbique ; en outre l'insula postérieure entretient des connexions réciproques non seulement avec les aires somesthésiques mais aussi avec le cortex

auditif et le cortex visuel : leur interruption expliquerait que les stimulations douloureuses (et parfois aussi les menaces verbales et visuelles) soient identifiées mais
ne génèrent plus les réponses motrices et émotionnelles appropriées.

Bibliographie

Beis JM, Paysant J, Bret D, Le Chapelain L, André JM. Specular right-left disorientation, finger-agnosia, and asomatognosia in right hemisphere stroke. Cogn Behav Neurol 2007;20(3):163–9.

Berthier M, Starkstein S, Leiguarda R. Asymbolia for pain : a sensory-limbic disconnexion syndrome. Ann Neurol 1988;24:41–9.

Bogousslavsky J, Kumral E, Regli F et al. Acute hemiconcern : a right anterior parietotemporal syndrome. J Neurol Neurosurg Psychiatry 1995;58:428–32.

Cleret de Langavant L, Trinkler I, Cesaro P, Bachoud-Levy AC. Heterotopagnosie : when I point at parts of your body. Neuropsychologia 2009;47:1745–55.

Cleret de Langavant L, Trinkler I, Remy P, Thirioux B, McIntyre J, Berthoz A, et al. Viewing another person's body as a target object : a behavioural and PET study of pointing. Neuropsychologia 2012;50(8):1801–13.

Degos JD, Bachou-Levi A. La désignation et son objet. Pour une neuropsychologie de l'objectivation. Rev Neurol 1998;154(4):283–90.

Du Boisguéheneuc F. Interprétation phénoménologique des troubles neruologiques. Paris: De Boeck-Solal; 2013.

Felician O, Ceccaldi M, Didic M, Thinus-Blanc C, Poncet M. Pointing to body parts : a double dissociation study. Neuropsychologia 2003;41(10):1307–16.

Fotopoulou A, Jenkinson PM, Tsakiris M, Haggard P, Rudd A, Kopelman MD. Mirror-view reverses somatoparaphrenia : dissociation between first- and third-person perspectives on body ownership. Neuropsychologia 2011;49(14):3946–55.

Heilman KM. Anosognosia : possible neuropsychological mechanisms. In: Prigatano G, Schacter D. Awareness of defect after brain injury. Oxford : Oxford University Press ;1991.

House A, Hodges J. Persistent denial of handicap after infarction of the right basal ganglia ; case study. J Neurol Neurosurg Psychiatry 1988;51:112–5.

Jeannerod M, Biguer B. Référence égocentrique et espace représenté. Rev Neurol 1989;145 (8-9):635–9.

Poncet M, Pellissier JF, Sebahoun M, Nasser CJ. À propos d'un cas d'autotopoagnosie secondaire à une lésion pariéto-occipitale de l'hémisphère majeur. Encéphale 1971;2:110–23.

11 Les surdités corticales et les agnosies auditives

À l'instar de la cécité corticale et des agnosies visuelles, peut répondre une systématisation des désordres de l'identification auditive qui distingue d'abord les déficits sensoriels liés à un déficit de la réception corticale des messages sensoriels auditifs (et qui correspondrait à la surdité corticale, équivalent de la cécité corticale) et les déficits du traitement perceptif et associatif des sensations élémentaires (et qui correspondraient aux agnosies auditives). Si la distinction entre surdité corticale et agnosie auditive n'est pas toujours aisée, l'essentiel est d'affirmer l'intégrité de l'oreille interne, des nerfs auditifs et des voies auditives du tronc cérébral : l'audiogramme tonal est parfois perturbé ou d'interprétation difficile mais les potentiels évoqués auditifs du tronc cérébral et le réflexe stapédien sont normaux.

L'absence d'identification des sons alors que l'audition est possible (et donc que les messages auditifs parviennent de l'oreille au cortex auditif primaire) définit donc l'agnosie auditive. Ce terme peut être utilisé pour désigner l'incapacité à reconnaître soit toutes les classes de sons (verbaux et non verbaux), soit les seuls sons non verbaux (musique et bruits), soit les seuls bruits, ce qui revient alors à distinguer la surdité verbale pure, l'amusie et l'agnosie auditive ou agnosie pour les bruits. Encore faudrait-il y ajouter les troubles de l'identification de la prosodie émotionnelle du langage parlé.

Rappels neurophysiologique et neuropsychologique des voies auditives[1]

Les ondes sonores transmises par voie aérienne sont transmises à la cochlée où elles stimulent les cellules ciliées sensorielles de l'organe de Corti (figure 11.1). Les messages sont ensuite transmis au nerf auditif qui parcourt le conduit auditif interne, puis l'angle ponto-cérébelleux jusqu'à son entrée dans le tronc cérébral au niveau du sillon bulbo-protubérantiel. Les fibres auditives aboutissent ainsi aux noyaux cochléaires où naissent les axones du deuxième neurone. La partie la plus importante croise la ligne médiane, constituant le lemnisque latéral ou ruban de Reil latéral qui monte dans le tronc cérébral, fait relais ou non dans les tubercules quadrijumeaux postérieurs (colliculus inférieur) et passe dans les corps genouillés internes (corps géniculé médial). Des corps genouillés internes naissent les radiations auditives (voie géniculo-temporale) qui traversent le secteur sous-lenticulaire de la capsule interne et rejoignent les aires de réception auditive constituées au niveau de T1 (gyrus temporal supérieur) par les circonvolutions transverses de Heschl (aires 41 et 42 de Brodmann, constituant respectivement les aires auditives primaire et secondaire), au-dessus de l'aire 22 dont on connaît le rôle dans le décodage du langage.

---

1. Tiré de Gil R. *Neurologie pour le praticien.* Paris : Simep ; 1989.

Chaque cochlée se projetant sur les deux hémisphères, il s'ensuit qu'une lésion hémisphérique unilatérale n'abolit pas l'audition de l'oreille opposée. En outre, un hémisphère dont le gyrus de Heschl est lésé peut recevoir, par le corps calleux, des informations auditives de l'autre hémisphère. Le déficit auditif d'un hémisphère peut seulement être détecté par le test d'écoute dichotique qui consiste à présenter à chaque oreille, par l'intermédiaire d'un casque stéréophonique, des messages auditifs simultanés et différents. Dans cette situation, chaque hémisphère n'écoute que l'oreille opposée, la voie croisée neutralisant la voie ipsilatérale. Il s'ensuit que les messages venus de l'oreille opposée à l'hémisphère lésé ne sont pas entendus : c'est l'hémianacousie.

Par ailleurs, le test d'écoute dichotique reflète l'asymétrie fonctionnelle des hémisphères et montre la dominance perceptive de l'hémisphère gauche pour le matériel verbal et de l'hémisphère droit pour le matériel non verbal (mélodies, bruits familiers, intonation).

L'hémianacousie et la surdité corticale

L'hémianacousie est à l'audition ce que l'hémianopsie est à la vision. Toutefois, les voies auditives venues de chaque oreille se projetant essentiellement sur l'hémisphère hétérolatéral et accessoirement sur l'hémisphère homolatéral (voir *supra*), l'hémianacousie ne peut être détectée cliniquement et nécessite l'artifice du *test d'écoute dichotique* qui consiste à présenter simultanément à chaque oreille un stimulus auditif différent (sous forme de paires de stimulus, phonèmes ou mots). Une hémianacousie ne peut être affirmée que si l'audition des sons présentés de manière monaurale est normale et si elle se caractérise par l'extinction des stimulations en provenance d'une oreille. Les hémianacousies relèvent le plus souvent de lésions hémisphériques controlatérales à l'oreille « défaillante », temporales (cortex auditif primaire, aires 41 et 42) ou périsylviennes, et s'accompagnent d'une abolition ou d'une asymétrie des potentiels évoqués auditifs de latence moyenne sur l'hémisphère malade. Toutefois une hémianacousie gauche peut survenir en cas de disconnexion temporo-temporale, qu'il s'agisse d'une lésion du corps calleux lui-même ou de lésions profondes de la substance blanche perturbant, à droite l'entrée, à gauche la sortie des messages qui doivent franchir le corps calleux. En effet, les messages auditifs parvenant au cerveau droit doivent être transférés à l'autre hémisphère pour que le sujet puisse verbaliser les stimulations auditives qu'il a entendues (voir figure 11.1).

La surdité corticale peut être conçue comme une double hémianacousie et nécessite donc des lésions bilatérales du cortex auditif primaire temporal ou des lésions interrompant les voies génículo-temporales. Mais il est vrai qu'elle peut être difficile à distinguer des agnosies auditives globales aperceptives. La surdité intéresse en principe tous les types de sons, verbaux et non verbaux. Liée habituellement à des lésions vasculaires, elle s'installe le plus souvent de manière soudaine chez un sujet qui a eu un premier ictus. Typiquement, le sujet se plaint d'une surdité et les potentiels évoqués auditifs (Pa) de moyenne latence sont abolis, mais ces faits ne sont pas constants. En effet, les surdités peuvent ne pas être complètes et il est fréquent qu'une surdité initiale évolue plus ou moins rapidement vers une agnosie.

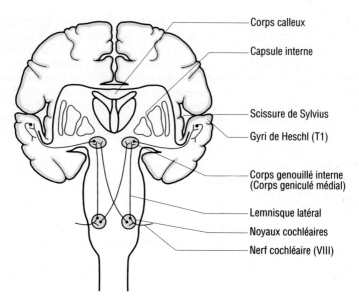

Corps calleux

Capsule interne

Scissure de Sylvius

Gyri de Heschl (T1)

Corps genouillé interne
(Corps geniculé médial)

Lemnisque latéral

Noyaux cochléaires

Nerf cochléaire (VIII)

Figure 11.1
Schéma simplifié des voies auditives (d'après Gardner).

Les agnosies auditives

Elles peuvent être classées selon le niveau, aperceptif ou associatif, du déficit du traitement des informations visuelles et aussi selon les registres de sons dont la reconnaissance est altérée.

Les agnosies auditives aperceptive et associative

Elles peuvent donc s'installer d'emblée ou représenter le stade évolutif d'une surdité corticale : il peut donc exister une inattention auditive et quelques perturbations de l'audition mais ces troubles sont insuffisants pour expliquer l'incapacité d'identification des sons. Les bruits (de cloche, de voiture, tout comme les cris d'animaux) ne sont ni distingués ni reconnus sauf pour ce qui concerne leur intensité ; l'épreuve du loto sonore (Nathan éditeur) montre que les malades ne peuvent ni dire ce qu'ils entendent ni désigner l'origine du bruit dans un choix d'images. Ils ont aussi une surdité pour le langage et donc ne peuvent pas comprendre ce qu'on leur dit ; ils ne reconnaissent pas les mélodies, les instruments de musique qu'on leur fait entendre, de même que les rythmes. Les malades peuvent reconnaître ou non s'ils entendent leur langue ou une langue étrangère ; ils peuvent ou non reconnaître le sexe du locuteur et identifier la personne qui parle (phonoagnosie) ou la tessiture émotionnelle de ce qui se dit (agnosie auditive affective, voir *infra*). Le déficit peut initialement ou secondairement prédominer sur tel ou tel type de sons, la dichotomie la plus habituelle s'effectuant entre les sons verbaux d'une part, les sons non verbaux d'autre part. Une aphasie de Wernicke plus ou moins sévère peut s'y associer. Les lésions intéressent le plus souvent les deux lobes temporaux, impliquant le gyrus temporal supérieur, c'est-à-dire les connexions efférentes du gyrus de Heschl. Une atteinte bilatérale sous-corticale a pu être observée.

En poursuivant l'analogie avec le modèle visuel, il devrait être possible de distinguer des agnosies aperceptives et des agnosies associatives. Dans les premières, le déficit intéresserait le niveau discriminatif et ne permettrait plus d'apparier des sons identiques (notes musicales, refrains de chansons célèbres, cris d'animaux, voix humaines, bruits de train, de cloche, de voiture). Dans les secondes, le déficit intéresserait le niveau associatif et, bien que capables d'apparier des sons identiques, les sujets n'identifieraient pas les sons et, sur des épreuves à choix multiple, ne pourraient pas attribuer le son du marteau à l'image du marteau et le son de la cloche à l'image de la cloche, alors qu'ils seraient aptes à distinguer un son de l'autre. Certaines observations suggèrent la validité de cette distinction. En outre, des agnosies aperceptives sans agnosie associative donc sans déficit de la reconnaissance ont pu être observées, ce qui montre qu'un processus perceptif fragmentaire peut néanmoins suffire à la reconnaissance d'événements sonores probablement parce qu'ils sont antérieurement connus du sujet. Néanmoins, il est difficile d'assigner à ces deux (et même ces trois) types d'agnosie une latéralisation préférentielle dans l'un ou l'autre hémisphère.

Les agnosies sélectives (ou relativement sélectives)

L'agnosie des bruits

L'agnosie sélective des bruits (non verbaux non musicaux) est exceptionnelle et en fait « relativement sélective » car elle représente habituellement le mode évolutif d'une agnosie globale ou s'associe à un déficit de la perception des sons musicaux. Elle peut toutefois être pure, même s'il arrive que les résultats de l'exploration de la perception musicale soient équivoques. Elle relève de lésions de l'hémisphère droit, plus particulièrement de la région temporale, le recoupement des observations plaidant plutôt pour le gyrus temporal supérieur. Une lésion profonde thalamo-géniculée, incluant le corps géniculé médial pourrait être responsable de ce type d'agnosie par disconnexion entre le corps géniculé médial et le cortex temporal droit. La reconnaissance des cris d'animaux paraît aussi dévolue à l'hémisphère droit, alors que les lésions gauches entraînent un déficit de la reconnaissance des onomatopées des mêmes cris (« *hi-han* » pour l'âne, « *cocorico* » pour le coq, etc.).

La surdité verbale

La surdité verbale pure se caractérise par une incapacité de la compréhension du langage parlé alors que le sujet, dépourvu d'atteinte du langage intérieur, peut parler, lire, écrire (sauf en dictée) de manière satisfaisante. La surdité verbale se distingue de l'aphasie de Wernicke par l'absence de jargon ainsi que de désordres de l'écriture et de la lecture et elle se distingue de l'aphasie transcorticale sensorielle par l'incapacité de la répétition sauf en cas de lecture labiale. La surdité verbale est souvent le mode évolutif d'une aphasie de Wernicke et l'expression orale peut comporter quelques paraphasies. Le malade peut se plaindre d'une difficulté à « entendre » ou a l'impression d'entendre une langue étrangère ou un « fredonnement indifférencié ». Quand l'atteinte n'est pas totale et que les patients tentent d'identifier les mots, leurs erreurs ne sont pas de type sémantique. Par contre, ils peuvent parfois distinguer leur langue d'une langue étrangère, probablement grâce à la prosodie ; ils peuvent parfois reconnaître les voix des locuteurs familiers ou diverses intonations émotionnelles.

Il semble bien que des désordres perceptifs accompagnent la surdité verbale : troubles de la résolution temporelle avec allongement du seuil de fusion de deux clics, c'est-à-dire de l'intervalle de temps nécessaire pour que deux clics soient perçus comme un stimulus unique, ce que l'on peut rapprocher de l'amélioration de la compréhension des mots par le ralentissement du débit du locuteur et par la préservation de la reconnaissance des voyelles dont la durée est plus longue que les consonnes ; on peut aussi observer un déficit dans les tâches de discrimination phonémique.

La surdité verbale est observée au cours de lésions cortico-sous-corticales bitemporales ou temporales gauches. Les premières seraient responsables des surdités verbales par déficit perceptif préphonémique, les secondes des surdités verbales par déficit de la discrimination phonémique encore que cette correspondance lésionnelle ne soit pas constante (Lambert, 1997). Les déficits préphonémiques témoigneraient de perturbations du traitement auditif général des sons, qu'ils soient verbaux ou non verbaux (voir *supra*). Les déficits phonémiques témoigneraient de perturbations du traitement spécifique des sons verbaux. La surdité verbale peut être conçue comme la disconnexion entre l'aire de Wernicke (épargnée) et les afférences auditives homo- et hétérolatérales au niveau de chaque gyrus de Heschl ou des radiations auditives. En cas de lésion unilatérale gauche, la lésion concernerait non seulement les radiations auditives gauches mais encore les fibres émergeant du corps calleux en provenance du cortex auditif droit et se dirigeant vers le cortex auditif gauche. Dans le schéma de Mesulam (1997), la surdité verbale peut procéder d'une disconnexion entre l'*input* auditif des mots et l'aire unimodale traitant les formes auditives des mots ou encore entre cette aire et l'aire de Wernicke. Ellis et ses collaborateurs ont opposé, en 1994, la surdité verbale « classique » par déficit d'analyse auditive des sons du langage (*word sound deafness*) à la surdité à la forme des mots (*word form deafness*) conçue comme une atteinte du lexique phonologique qui préserverait la capacité de discrimination des phonèmes mais laisserait altérées les épreuves de décision lexicale auditive (dire si une suite de phonèmes entendus est un mot ou un non-mot) et empêcherait bien entendu la compréhension des mots.

Les agnosies de la musique ou amusies réceptives

Les amusies réceptives désignent l'incapacité de reconnaître les mélodies ainsi que leurs caractéristiques musicales de base telles qu'elles peuvent être inventoriées dans le test de Seashore : hauteur tonale, intensité, rythme, durée, timbre et mémoire mélodique. De tels troubles peuvent survenir en l'absence d'aphasie et même en l'absence d'une agnosie pour les bruits de même que cette dernière peut survenir sans amusie, ce qui plaide pour la spécificité du traitement cérébral des messages musicaux. Mais la spécificité n'écarte pas le caractère composite des mécanismes de la reconnaissance musicale qui ferait intervenir l'analyse de son organisation mélodique et de son organisation temporelle (rythme, mesure) précédant et permettant l'accès à une représentation mémorisée dans un lexique ou répertoire. Une autre classification propose de distinguer trois niveaux de désintégration : la non-reconnaissance de la musique en tant que telle parmi les autres sons, la non-reconnaissance des caractères structuraux de la musique (hauteur tonale, timbre, etc., voir *supra*), et enfin l'impossibilité d'identifier une mélodie connue qui peut exister en l'absence des troubles précédents. La musique est en outre, comme le langage, un système codifié possédant à la fois un pôle réceptif et un pôle expressif, un mode parlé, chanté et écrit. Enfin l'exploration des connaissances musicales n'est pas facilitée par la diversité des connaissances et des aptitudes musicales : c'est ce que montre le test de Seashore conçu pour dépister les talents musicaux dans la population scolarisée.

C'est probablement la grande diversité des compétences mises en jeu par la musique qui explique le caractère confus sinon contradictoire des observations recueillies chez les aphasiques. Certes, une amusie peut accompagner une aphasie mais la préservation de la reconnaissance des rythmes, du timbre, des mélodies a pu être aussi observée. Des aphasiques de Broca ou de Wernicke peuvent ainsi reconnaître un accord majeur d'un accord mineur, dépister les erreurs faites dans l'exécution de mélodies connues, reconnaître, en choix multiple, une mélodie précédemment présentée, ce qu'a aussi montré l'observation d'aphasiques musiciens dont le cas le plus connu est sans doute celui de Maurice Ravel. Ces constatations peuvent donc signifier qu'une préservation de la reconnaissance musicale est compatible avec une aphasie et pourrait donc plutôt relever de l'hémisphère droit. L'étude du test de Seashore avant et après lobectomie temporale a pu montrer une chute des scores après lobectomie droite pour les subtests de durée, de timbre, d'intensité, de mémoire mélodique. La supériorité de l'oreille gauche en test d'écoute dichotique de mélodies s'inverserait au profit de l'oreille droite chez les musiciens. On peut avec prudence estimer qu'une non-reconnaissance de la musique comme musique, considérée alors comme « un grincement, un bruit », relève d'une lésion hémisphérique droite. La perception des caractères structuraux des partitions musicales relève sans doute des deux hémisphères. S'il paraît ainsi établi que la perception des rythmes soit habituellement assurée par l'hémisphère gauche, l'appréciation du contour mélodique serait dévolue à l'hémisphère droit, alors que l'analyse des hauteurs tonales serait plutôt une fonction hémisphérique gauche. Ainsi s'expliquerait l'observation d'un violoniste qui, après un infarctus sylvien gauche, perdit l'oreille absolue, c'est-à-dire la possibilité de reconnaître les notes sans référence à une note de base. Quant à la capacité d'identifier une mélodie, elle serait électivement altérée dans les lésions de l'hémisphère gauche même s'il est vrai qu'elle peut être préservée chez certains aphasiques et perturbée lors de certaines lésions de l'hémisphère droit. La réception de la musique échappe à une spécialisation hémisphérique trop tranchée et il est au moins clair que les deux hémisphères y sont impliqués. La diversité des situations cliniques tient sans doute à de multiples facteurs : latéralisation hémisphérique ambiguë et variable des nombreuses compétences mises en œuvre ? diversité des aptitudes musicales ? Implication préférentielle de l'un ou l'autre hémisphère en fonction de l'apprentissage musical ? Il est vrai que, même à aptitudes égales, la discrimination de deux hauteurs tonales, de deux mélodies ne représente certainement pas la même démarche chez le non-musicien, le mélomane et le musicien chevronné car ces tâches peuvent procéder de qualités perceptives pures ou façonnées par une formation qui renforce ces qualités (une oreille « s'éduque ») et peut les soumettre à des représentations sémantiques de plus en plus verbalisées. Reconnaître la mélodie d'une chanson et d'un concerto peut sous-tendre des démarches différentes en fonction des sujets. Et reste sans doute le rôle joué par l'émotion esthétique peu mobilisée dans les investigations neuropsychologiques qui sont centrées plus sur des inventaires techniques des aptitudes musicales que sur une démarche écologique, car le rôle central de la musique est avant tout de communiquer des émotions très diversement ressenties d'un individu à l'autre en fonction de sa culture, de sa propre histoire et de ses goûts.

Mais il serait artificiel d'envisager les amusies « réceptives » sans aborder les désordres de l'expression musicale. Il est admis que l'expression mélodique est préservée dans l'aphasie et que les malades peuvent chanter avec pour paroles leur stéréotypie dans le Broca, en fredonnant sans paroles dans le Wernicke comme il est possible de constater que l'expression mélodique peut favoriser l'expression verbale dans l'un ou l'autre type d'aphasie, ce qui d'ailleurs suscite un intérêt rééducatif. L'hémiplégique gauche peut présenter une perturbation de l'expression chantée avec dysprosodie contrastant avec la capacité de dire les paroles. Les capacités d'expression musicale sont donc dévolues à l'hémisphère droit.

La musique peut être certes entendue et chantée ; elle peut aussi être lue et écrite grâce à un système codifié verbalisé : portées, clés, notes, règles de solfège dont les perturbations accompagnent les aphasies, les agraphies, les alexies mais il est vrai qu'il existe d'exceptionnelles observations d'agraphie musicale sans agraphie verbale et d'alexie musicale sans alexie verbale. La manipulation des instruments de musique relève de compétences apraxiques. Il a pu être décrit une apraxie spécifiquement musicale, l'*apraxie instrumentale bimanuelle* ne permettant plus de jouer (du piano ou de l'accordéon) : ce trouble a pu être observé après des lésions de l'hémisphère droit, du lobe temporal gauche ou des deux hémisphères.

Les agnosies paralinguistiques : les agnosies de la prosodie émotionnelle et la phonoagnosie

Les agnosies paralinguistiques regroupent les agnosies intéressant non les messages verbaux eux-mêmes mais leur environnement affectif et l'identification du locuteur.

L'incapacité de reconnaître les intonations émotionnelles du langage parlé est une agnosie auditivoverbale affective ou une aprosodie réceptive : elle survient lors de lésions de l'hémisphère droit (voir chapitre 17).

La *phonoagnosie*, observée dans les lésions temporo-pariétales droites, est à la voix ce que la prosopagnosie est aux visages. Elle relève aussi de lésions de l'hémisphère droit, ce qui confirme que les composants linguistiques et non linguistiques du langage parlé ne dépendent pas du même hémisphère.

Bibliographie

Alajouanine T. L'aphasie et le langage pathologique. Paris : J.-B. Baillière et fils ;1968.

Assal G, Aubert C. La reconnaissance des onomatopées et des cris d'animaux lors de lésions focalisées du cortex cérébral. Rev Neurol 1979;1(135):65–73.

Auerbach SH, Allard T, Naeser M et al. Pure word deafness : analysis of a case with bilateral lesions and a defect at the prephonemic level. Brain 1982;105:271–300.

Barbizet J, Ben Hamida M, Duizabo P. Le monde de l'hémiplégique gauche. Paris : Masson ; 1972.

Bever TG, Chiarello RJ. Cerebral dominance in musicians and non-musicians. Science 1974: 185–537.

Botez MI. Neuropsychologie clinique et neurologie du comportement. Paris : Les Presses de l'université de Montréal/Masson ;1987.

Botez MI, Botez T, Aubé M. La neuromusicologie, partie intégrante de la neuropsychologie clinique. Union Médicale du Canada 1983;113(4):366–75.

Buchman AS, Garron DC, Trost-Cardamone JE et al. Word deafness : one hundred later. J Neurol Neurosurg Psychiatry 1986;49:489–99.

Fuji T, Fukatsu R, Watabe S et al. Auditory sound agnosia without aphasia following a right temporal lobe lesion. Cortex 1990;26:263–8.

Hecaen H. Introduction à la neuropsychologie. Paris : Larousse Université ;1972.

Heilman KM, Scholes R, Watson RT. Auditory affective agnosia. Disturbed comprehension of affective speech. J Neurol Neurosurg Psychiatry 1975;38:69–72.

Lambert J. Troubles de la perception du langage parlé : approche cognitive et orientations thérapeutiques. In: Lambert J, Nespoulous JL. Perception auditive et compréhension du langage (vol. 1). Marseille : Solal ;1997.

Lechevalier B, Eustache F, Rossa Y. Les troubles de la perception de la musique d'origine neuro-logique. Paris : Masson ;1985.

Lhermitte F, Chain F, Escourolle R et al. Étude des troubles perceptifs auditifs dans les lésions temporales bilatérales. Rev Neurol 1971;128:329–51.

Mendez MF, Greehan GR. Cortical auditory disorders : clinical and psycho-acoustic features. J Neurol Neurosurg Psychiatry 1988;51:1–9.

Michel J, Peronnet F, Shott B. A case of cortical deafness : clinical and electrophysiological data. Brain and Language 1980;10:367–77.

Motomura N, Yamadori A, Mori E, Tamari F. Auditory agnosia. Analysis of a case with bilateral subcortical lesions. Brain 1986;109:379–91.

Peretz I. Processing of local and global musical information by unilateral brain-damaged patients. Brain 1990;113:1185–205.

Van Lanker DR, Cummings JL, Kreiman L, Dobkin BH. Phonoagnosia : a dissociation between familiar and unfamiliar voices. Cortex 1988;24:195–209.

12 Les agnosies tactiles

Le cortex somesthésique assure la réception des messages extéroceptifs et proprioceptifs nécessaires à la reconnaissance par le palper des objets placés dans la main. Ce processus est essentiellement le fait des sensibilités lemniscales transmettant le tact et la proprioception : elles sont faites de fibres myélinisées, de vitesse de conduction rapide, disposant d'une somatotopie précise tout au long de leur trajet, des cordons postérieurs de la moelle au noyau ventro-postérolatéral du thalamus jusqu'au gyrus postcentral où se projette l'*homunculus* sensitif. Les sensibilités extralemniscales n'ont qu'une fonction accessoire dans ce dispositif : transmettant la douleur, le chaud, le froid, elles sont faites de fibres de petit diamètre, peu ou pas myélinisées, de vitesse de conduction lente, de somatotopie imprécise, se projetant dans le thalamus « aspécifique » (noyau réticulaire et noyaux thalamiques intrinsèques), faisant aussi relais dans de multiples cibles (réticulée, noyaux gris centraux, hypothalamus et système limbique) avant d'atteindre le cortex somesthésique mais aussi le cortex associatif non spécifique et le lobe frontal.

Le cortex somesthésique est constitué de deux aires. L'aire SI est l'aire primaire du gyrus postcentral (aires 1, 2, 3 de Brodmann). L'aire SII, située sur la berge supérieure de la scissure de Sylvius, sans somatotopie précise reçoit des afférences extralemniscales mais aussi lemniscales et ces deux aires sont connectées entre elles ainsi qu'avec l'aire 4 et l'aire motrice supplémentaire. La région pariétale postérieure semble impliquée dans la discrimination tactile des formes, dans l'analyse spatiale (discrimination des cercles du compas de Weber, localisation des sensations, direction des stimulations cutanées et des mouvements passifs) et dans la précision de la prise manuelle indépendamment des sensibilités élémentaires. Les afférences de SII sont bilatérales et il existe un chevauchement entre les aires somesthésiques et la région précentrale justifiant une vision globale d'un cortex sensori-moteur. Le mot « palper » indique d'ailleurs bien l'interrelation entre le mouvement et la sensation. Il y aurait une supériorité de l'hémisphère droit pour les tâches d'exploration spatiale.

Une ou des astéréognosies ?

L'astéréognosie désigne l'incapacité de reconnaître les objets par la palpation et sans le secours de tout autre canal sensoriel, en particulier visuel. L'astéréognosie est donc banale quand il existe des troubles sensitifs élémentaires dont elle n'est qu'une conséquence attendue. L'astéréognosie est dite pure quand elle existe en dehors de toute perturbation sensitive comme si les sensations ne pouvaient accéder à leur signification. Malgré le débat qui a surgi sur la nécessaire minutie de l'examen des sensibilités préalable au diagnostic d'astéréognosie voire même sur la négation du concept au motif que toute astéréognosie procéderait d'un déficit, même minime, des sensibilités élémentaires, l'existence d'authentiques astéréognosies est généralement admise.

Lors de la palpation d'un objet, quatre niveaux de traitements (figure 12.1) peuvent être distingués : le niveau des sensations élémentaires (froid, chaud, lisse, rugueux, mou…), le niveau des perceptions (de la forme : *une sphère, un cube…* et de la matière : du *métal, du plastique…*), le niveau d'identification ou associatif au cours duquel l'objet est reconnu donc nommé, mais il peut être reconnu mais non nommé s'il existe un déficit du niveau tactiloverbal. L'atteinte du premier niveau est réalisée par les syndromes déficitaires sensitifs périphériques ou centraux jusqu'au cortex pariétal. L'atteinte des 2e et 3e niveaux correspond aux astéréognosies, l'atteinte du 4e niveau aux anomies tactiles. Bien entendu le sujet n'effectue pas un traitement analytique séquentiel strict car il n'est pas nécessaire qu'une étape soit terminée pour que l'autre commence, et la reconnaissance paraît immédiate d'autant qu'un minimum d'informations peut être suffisant à la reconnaissance d'objets usuels. Néanmoins, quand l'objet est petit ou peu courant, on constate en clinique que le sujet se livre à une analyse déductive, essayant de déduire la nature de l'objet de renseignements aussi précis que possible sur ses caractères perceptifs.

Les déficits sensitifs pariétaux correspondent nettement à l'atteinte du premier niveau quand le tableau réalisé est celui du syndrome de *Déjerine-Mouzon* avec hémianesthésie dimidiée intéressant les sensibilités élémentaires tactile, vibratoire,

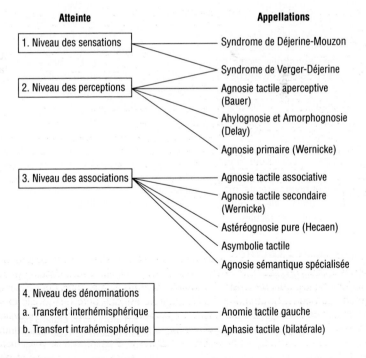

Figure 12.1
Tentative de classification des astéréognosies.
À partir du niveau 4, les objets palpés sont reconnus.

thermique, douloureuse. Le syndrome de *Verger-Déjerine* montre des sensibilités élémentaires intactes ou peu perturbées et le déficit intéresse la discrimination tactile (compas de Weber), la localisation des sensations, la kinesthésie avec une astéréognosie. Ce syndrome peut être considéré soit comme la conséquence de déficits discrets des sensibilités élémentaires, soit déjà comme une agnosie aperceptive, l'astéréognosie observée mêlant les éléments d'un déficit de la reconnaissance de la forme et de la matière des objets.

L'astéréognosie peut concerner, selon la conception de Delay (1935), la matière ou la forme des objets. On parle alors d'*ahylognosie* ou d'*amorphognosie*, la première est liée à un déficit des analyseurs d'intensité, la seconde à un déficit des analyseurs spatiaux (dits aussi d'extensité), les uns et les autres situés au niveau du cortex pariétal et traitant les sensations qui leur parviennent : il s'agit donc de ce que Wernicke avait appelé agnosie tactile primaire qu'il attribuait dans la conception associationniste à une lésion du « centre des images tactiles » et que l'on retrouve aussi sous le nom de déficit de la reconnaissance tactile spatiale (Head, 1911). Ce type d'astéréognosie correspond à une atteinte du 2e niveau de traitement et si on lui conserve le qualificatif d'agnosie, il s'agit d'une agnosie tactile aperceptive. La manipulation de l'objet est difficile, réduite et gestuellement stéréotypée.

L'astéréognosie pure implique l'absence de tout trouble sensitif et de déficit des analyseurs ; elle correspond à l'agnosie tactile secondaire que Wernicke attribuait à l'incapacité d'associer les images tactiles, intactes, aux autres représentations sensorielles des objets, auditives, olfactives et surtout visuelles par disconnexion entre le centre des images visuelles et les autres images sensorielles. Elle est aussi dénommée asymbolie tactile ou agnosie tactile « vraie ». Elle procède d'une atteinte du troisième niveau de traitement, le niveau d'identification : il s'agit d'une agnosie tactile associative au cours de laquelle le sujet peut typiquement apparier par la palpation des paires d'objets, dessiner les objets palpés non identifiés en les reconnaissant dès qu'ils sont dessinés. Ainsi, palpant une petite cuillère, le commentaire rapporté dans le cas de Delay (1935) est le suivant : « *C'est en métal, c'est froid et dur, c'est mince au milieu. Il y a une extrémité aplatie, une autre ovale avec un creux.* » Les lésions intéressent la région pariétale postérieure ou le cortex temporo-pariétal et tout particulièrement SII ; le plus souvent l'astéréognosie est unilatérale et hétérolatérale, mais il existe quelques cas d'astéréognosie bilatérale après lésion unilatérale, ce qui pose d'ailleurs le problème du diagnostic différentiel avec les aphasies tactiles.

Les anomies tactiles

Les *aphasies tactiles* sont très exceptionnelles ; le cas de Beauvois et ses collaborateurs (1978) est survenu après un hématome pariéto-occipital gauche : le sujet, qui dénommait correctement les objets présentés visuellement, ne pouvait plus nommer les objets palpés dans l'une ou l'autre main alors qu'ils étaient parfaitement reconnus. En plus, les erreurs de dénomination étaient de type sémantique (*boîte d'allumettes* → *quelques cigarettes* ; *couteau* → *fourchette*). Il s'agit donc d'un déficit du 4e niveau, tactiloverbal, analogue à l'aphasie optique en modalité visuelle et attribuable à un déficit du transfert intrahémisphérique, car il n'existait ni lésion de l'hémisphère droit ni lésion du corps calleux.

Les *anomies tactiles gauches* par disconnexion calleuse réalisent un tableau différent de l'aphasie tactile : les sujets ne peuvent pas nommer les objets placés
dans leur seule main gauche ; les objets sont parfaitement reconnus et les patients
peuvent les retrouver par la palpation parmi d'autres objets ou en montrer l'usage.
Quand le sujet donne un nom à l'objet palpé, la substitution verbale semble se
faire au hasard sans les erreurs sémantiques rencontrées dans l'aphasie tactile.

Bibliographie

Bauer RM. Agnosia. In: Heilman KM, Valenstein E. Clinical neuropsychology. Oxford : Oxford
    University Press ;1993.
Beauvois MF, Saillant B, Meininger V, Lhermitte F. Bilateral tactile aphasia : a tacto-verbal dys-
    function. Brain 1978;101:381–402.
Caselli RJ. Rediscovering tactile agnosia. Mayo Clin Proc 1991; 66:129–42.
Delay JPL. Les astéréognosies. Paris : Masson et Cie ;1935.
Geshwind N, Kaplan EF. A human disconnection syndrome. Neurology 1962;12:675–85.
Hecaen H, Albert ML. Human neuropsychology (vol. 1). New York : John Wiley and Sons ;1978.
Hecaen H, David M. Syndrome pariétal traumatique : asymbolie tactile et hémiasomatognosie
    paroxystique et douloureuse. Rev Neurol 1945;77:113–23.
Newcombe F, Ratcliff G. Agnosia : a disorder of object recognition. In : Michel F, Schott B. Les
    syndromes de disconnexion calleuse chez l'homme. Lyon;1974.

Neuropsychologie du lobe frontal

« Toute conscience est anticipation de l'avenir. »
Bergson

Le lobe frontal désigne la partie du cerveau située en avant de la scissure de Rolando. Il comporte :

- le gyrus central (circonvolution frontale ascendante) bordant la scissure de Rolando constituant l'aire motrice (aire 4 de Brodmann) ;
- le cortex prémoteur ou aire d'association motrice, situé en avant du précédent et comprenant les aires 6, 8, 44 (aire de Broca), 45 ainsi que l'aire motrice supplémentaire à la face interne de l'hémisphère ;
- le cortex préfrontal, en avant du précédent, cortex granulaire dont les lésions entraînent les manifestations désignées sous le nom de syndrome frontal et lui-même divisible en trois parties :
  - une portion dorso-latérale au niveau de la convexité cérébrale (aires 9, 10, 46),
  - une portion orbitaire ou ventrale (aires 11, 12, 25, 32, 47),
  - une portion interne ou mésiale, constituée du gyrus cingulaire, inclus dans le système limbique et constitué des aires 24 et 32 ainsi que de la partie interne des aires 6, 8, 9, 10.

Le cortex préfrontal, qui représente entre un quart et un tiers de la masse du cortex, et qui n'est ni le départ de voies motrices ni l'aboutissement de voies sensorielles, a de multiples connexions, souvent réciproques, avec de nombreuses régions du cerveau. Les connexions avec les aires sensorielles n'intéressent pas les aires primaires mais les aires associatives temporales, pariétales, occipitales, ce qui indique que les afférences frontales concernent des informations déjà élaborées, qu'elles soient sensitives, auditives ou visuelles. Le cortex préfrontal est le seul site néocortical des informations circulant par les circuits limbiques et il entretient des connexions avec l'hippocampe, l'amygdale, le thalamus (surtout le noyau médiodorsal), avec le cortex limbique parahippocampique et cingulaire, avec l'hypothalamus, avec le tegmentum mésencéphalique et on a pu dire ainsi qu'il se comportait comme une interface entre la cognition et les sentiments. Il faut ajouter son implication dans la mémoire par l'intermédiaire du système limbique et dans les processus attentionnels par le thalamus, lui-même en relation, par les noyaux intralaminaires, avec la substance réticulée. Les connexions corticofuges avec les noyaux gris centraux (ganglions de la base) sont organisées en cinq circuits qui aboutissent tous au thalamus en passant par le striatum, le pallidum, le locus ni*ger* (voir figure 19.2) : l'un, moteur, est issu de l'aire motrice supplémentaire ; l'autre, oculomoteur, est issu des aires oculomotrices frontales (aire 8) ; les trois autres, impliqués dans les fonctions cognitives et les régulations émotionnelle et motivationnelle, sont respectivement issus du cortex préfrontal dorsolatéral, du cortex fronto-orbitaire et du cortex frontal interne au niveau du gyrus cingulaire. Ces circuits sont des boucles qui, à partir du thalamus, se projettent de manière récurrente sur le cortex préfrontal. Le cortex préfrontal reçoit aussi des afférences en provenance des aires olfactives de la base du cerveau et il est aussi lié par le thalamus et ses connexions descendantes au système nerveux autonome.

Et pourtant, malgré le volume du lobe frontal et la richesse de ses connexions, la notion même de syndrome *frontal* a eu du mal à se dégager d'une approche uniciste des troubles mentaux au cours des tumeurs cérébrales, ce qui a même pu conduire à refuser au lobe frontal une séméiologie originale et *a fortiori* spécifique.

Toutefois, dès 1875, Ferrier note qu'après ablation de l'aire orbito-frontale du singe, les animaux continuent à bouger, voir, entendre, sentir, goûter..., chercher leur nourriture mais une « observation attentive montre qu'en fait les animaux avaient subi un grand changement : ils ne manifestent plus aucun intérêt à quoi que ce soit... restent stupidement calmes et paraissent avoir perdu le don d'observation intelligente et attentive ». Les travaux de Jacobsen dans les années trente ont montré que les lésions expérimentales du cortex dorsal préfrontal du singe altéraient les tâches *à réponse différée*, c'est-à-dire les tâches au cours desquelles le stimulus était soustrait de la vue de l'animal pendant moins de cinq secondes grâce à un écran coulissant. Ces tâches nécessitaient la mise en œuvre de plusieurs traitements cognitifs : attention aux coordonnées spatiales du stimulus, mémorisation des informations, choix de la réponse avec capacité d'inhiber les réponses inexactes. Jacobsen remarqua aussi que le chimpanzé ayant une double lobectomie préfrontale voyait disparaître l'agitation anxieuse provoquée par les difficultés des tâches auxquelles il était soumis (ce que l'auteur appelait « névrose expérimentale ») et devenait équanime, ce qui donna à Egas Moniz l'idée d'utiliser la lobectomie préfrontale à titre thérapeutique.

Chez l'homme, le triste accident de Phineas Gage est devenu exemplaire : en 1848, cet employé des chemins de fer, compétent et efficace, fit exploser malencontreusement une charge explosive et la barre à mine qu'il tenait traversa sa joue gauche, son lobe frontal gauche puis la convexité crânienne. Apparemment guéri, il devint évident que sa personnalité fut profondément bouleversée : il était devenu grossier, capricieux, instable et l'on disait de lui que « Gage n'était plus Gage ». Il perdit son métier et mena une vie d'errance et d'instabilité professionnelle. En dépit de quelques théorisations sur les fonctions frontales, il fallut attendre les travaux de Luria pour renouveler l'analyse séméiologique des troubles en rapport avec des lésions des lobes frontaux ; cette approche déboucha sur une conception tripartite du cerveau : une zone basale intégrant le tronc cérébral et le système limbique, générant un « tonus cortical » permettant attention et mémorisation ; une zone postérieure dévolue au traitement des informations sensorielles ; une région antérieure assurant la régulation séquentielle et la planification de l'activité cérébrale, qu'elle soit motrice ou mentale, avec ce que ces fonctions impliquent dans les choix à opérer et à adapter, comme dans la résolution des problèmes et dans la capacité stratégique à sélectionner les comportements nécessaires à la réalisation des projets qui tissent la vie humaine. La plupart des fonctions du lobe frontal sont rassemblées sous le terme anglais de « fonctions exécutives », ce qui ne veut pas dire que le lobe frontal soit chargé de fonctions d'exécution : le lobe frontal est chargé du contrôle de la mise en œuvre d'actions adaptées à un but (*executive cognitive control*, écrit Benson), impliquant de dépasser les routines pour s'adapter à des situations nouvelles. Le contrôle exécutif déploie et contrôle l'anticipation, le choix des buts à atteindre, la planification, la sélection adéquate (qui sous-entend le choix d'une réponse et l'inhibition d'autres réponses), la surveillance du déroulement et la vérification du résultat obtenu. Le contrôle exécutif correspond ainsi à ce que Luria (1978) avait décrit comme un système de programmation, de régulation et de contrôle de l'activité. Ce système correspond, dans le cadre de la modélisation cognitive effectuée par Norman et Shallice à partir de 1980, au système attentionnel de supervision. Ce système ne contrôle pas directement les actions, mais il module un système de niveau inférieur qui est le gestionnaire de l'ordonnancement des contraintes (encore appelé répertoire d'habitudes ou gestionnaire des priorités de déroulement [*contention scheduling mechanism*]). En effet, tant que l'activité à déployer est faite de routines (ou schémas d'actions) ne nécessitant aucune exaltation attentionnelle, le répertoire d'habitudes met en œuvre des schémas d'actions compétitifs qui se succèdent de manière automatique, un schéma d'action pouvant s'éteindre une fois son but atteint ou être inhibé par un autre schéma d'action (mettre en marche la voiture, accélérer, poursuivre à une vitesse stable sur un itinéraire connu, amorcer un freinage à la vue d'un feu rouge). En cas d'événement imprévu (si survient un danger ou si le conducteur se rend compte qu'il a oublié de faire une course avant de rentrer chez lui et doit changer d'itinéraire), le système attentionnel de supervision intervient en modulant le gestionnaire de l'ordonnancement des contraintes, donc le niveau d'activation des schémas d'actions pour les adapter à l'activité nouvelle envisagée (s'arrêter pour téléphoner à son épouse, reprendre la route, ne pas poursuivre l'itinéraire initial mais revenir sur ses pas au prochain carrefour giratoire). Ainsi, le contrôle exécutif permet de modifier le plan directeur en modulant le niveau d'activité des schémas d'action compétitifs. Il évite ainsi la distractibilité (en inhibant des schémas parasites) et la persévération (en inhibant des schémas dominants) et permet la flexibilité mentale. Les *actes manqués* pourraient relever d'un fléchissement du contrôle du superviseur attentionnel, laissant surgir l'activation d'un schéma d'action inapproprié. Il reste à ajouter que, pour Baddeley, le système attentionnel de supervision rend bien compte du fonctionnement de ce qu'il a décrit sous le nom d'administrateur central pour la mémoire de travail (Baddeley ; voir chapitre 14).

Ce contrôle préfrontal dorsal des actions est lié aussi à la motivation soustendue par la région frontale médiane (en particulier le gyrus cingulaire) et à la capacité de se projeter dans l'avenir, dénommée par Ingvar « mémoire du futur » (voir chapitre 14, voir p. 206). L'altération des fonctions du lobe frontal s'accompagne chez les malades d'une perte de l'autocritique, d'une incapacité à évaluer leurs propres performances, de la mésestimation ou de l'inconscience du caractère morbide de leur état.

Envisager la neuropsychologie du lobe frontal nécessite un certain nombre de précautions.

- Le concept de syndrome frontal est anatomique alors que le concept de dysfonctionnement exécutif est une réalité fonctionnelle. Ces deux concepts se chevauchent mais ne doivent pas être confondus. Le terme de fonction exécutive a pu faire l'objet de définitions extensives : assimilation des fonctions exécutives à l'intelligence fluide de Cattell (voir chapitre 16, p. 252), remplacement dans les critères de démence du DSM-III-R de l'« altération de la pensée abstraite » et du jugement par la simple mention dans le DSM-IV-TR de « perturbations des fonctions exécutives » (faire des projets, organiser, ordonner dans le temps, avoir une pensée abstraite). La segmentation des différents composants du contrôle exécutif risque, malgré sa complexité, d'être réductionniste, mais a au moins le mérite de clarifier la démarche clinique : choix de l'action et du but à atteindre, définition d'une stratégie, mise à jour de la mémoire de travail, flexibilité, inhibition permettant la mise en œuvre d'une planification, attention divisée en cas de double tâche, évaluation du résultat obtenu. Mais une souffrance frontale peut se manifester par d'autres troubles cognitifs comme l'atteinte de la fonction pragmatique du langage (voir p. 23 et 185). Le dysfonctionnement exécutif peut entraîner des troubles comportementaux comme la distractibilité et les persévérations, mais tous les troubles comportementaux liés aux souffrances frontales ne sont pas d'origine dysexécutive, comme ceux observés lors de lésions fronto-orbitaires (voir ci-dessous et chapitre 18). Enfin, le dysfonctionnement exécutif est un concept cognitif alors que le lobe frontal est aussi engagé dans des activités impliquant la vie émotionnelle comme les prises de décision (voir ci-dessous) et, de manière plus générale, l'ensemble des compétences et des expériences cognitivo-émotionnelles qui régissent les relations de l'être humain avec le monde qui l'entoure et que l'on désigne sous le nom de cognition sociale (voir chapitre 18).

- L'exploration neuropsychologique des fonctions exécutives est complexe (Godefroy *et al.*, 2008). La sensibilité d'un test au dysfonctionnement exécutif ne doit pas être confondue avec sa spécificité. Ainsi, le *Wisconsin Card Sorting Test* (voir ci-dessous), très sensible à la flexibilité mentale, peut être perturbé par des lésions corticales ou cortico-sous-corticales non frontales (Anderson *et al.*, 1991). Il faut dire que la réalisation du test demande l'intégrité de fonctions de base : compréhension du langage, absence de troubles visuognosiques ou visuospatiaux, etc.

- Affirmer l'existence de perturbations « frontales » (qu'elles soient ou non dysexécutives) ne veut pas dire qu'il existe une souffrance lésionnelle du lobe frontal lui-même. Les trois grandes parties du lobe frontal, dorsolatérale, orbitaire, mésiale (ou interne), sont connectées aux noyaux gris et au thalamus par des boucles cortico-sous-corticales (voir figure 19.13) dont les lésions peuvent entraîner non une souffrance frontale lésionnelle, mais une dépression fonctionnelle du lobe frontal par désafférentation *(diaschisis)* sous-cortico-frontale (voir ci-dessous : « Esquisse étiologique » et chapitre 19). Mais les autres connexions du lobe frontal, notamment avec les aires associatives, ou encore le complexe amygdalo-hippocampique (voir en début de chapitre), peuvent expliquer la constatation de perturbations dysexécutives par désafférentation pour des lésions très à distance, comme celles observées dans l'hippocampe et le cortex temporo-occipital au cours de la maladie d'Alzheimer.

Tableau 13.I
Principaux signes de dysfonctionnement préfrontal en fonction des trois grandes subdivisions du lobe préfrontal

Cortex dorso-latéral	Cortex frontal interne (gyrus cingulaire)	Cortex orbito-frontal
Aphasie transcorticale motrice (lésion gauche) *Réduction de la fluence* *Apathie, aboulie, inertie, distractibilité*		
Dépression Troubles de l'organisation dynamique des actes moteurs Échopraxie Perturbations du contrôle exécutif avec atteinte : – de la planification – de la mémoire prospective – de la flexibilité mentale de la résolution de problèmes	Apathie parfois intense Akinésie Mutisme akinétique (lésions bilatérales)	Moria Euphorie Désinhibition Irritabilité État maniaque Impulsivité Distractibilité Dépendance à l'environnement Sociopathie acquise

La personnalité frontale

Les troubles de la personnalité sont dus aux liens du lobe frontal avec le système limbique et les structures régulant les manifestations autonomiques de la vie émotionnelle (tableau 13.I).

L'humeur peut être, sur le versant euphorique, expansive, d'une niaiserie puérile et insouciante, donnant parfois au comportement une allure hypomaniaque réalisant la « moria » avec son cortège de plaisanteries sottes (*« Vous me demandez comment je m'appelle… Si c'est ma pelle, c'est pas ma pioche. Ah ! non, mais avec ma pelle, on peut faire du boulot »… « Comment je vais ! ah ! je vais assez mal… assez mal, c'est pas assez femelle pour être assez mal »…*) ou caustiques, souvent érotiques ou grossières (*« Vous me demandez qui est le président de la République ? ah! ah! de la ré… publique ! enfin ! »*). Le comportement peut être de type psychopathique (voir *infra*) ou agité et ineffi-cace. Ce versant exalté de la personnalité frontale s'observe plutôt dans les lésions de la portion orbitaire du lobe frontal. Le comportement de miction voire de défécation dans des endroits inappropriés est, en règle générale, observé dans les lésions médianes bilatérales des lobes frontaux et est à relier à la perte des influences inhibi-trices qu'exercent les régions frontales. Il laisse le malade indifférent ou goguenard.

L'humeur peut être dépressive. Le comportement peut aussi correspondre à une apathie avec démotivation, inertie, réduction des activités, désintérêt à l'égard de l'environnement, apragmatisme, aboulie, adynamie, et placidité émotionnelle, sans la douleur morale des états dépressifs. Une certaine confu-sion règne dans la littérature attribuant le versant apathique–aboulique de la personnalité frontale, soit au syndrome dorso-latéral préfrontal soit au syndrome cingulaire antérieur. L'un et l'autre peuvent comporter une perte des capacités d'initiative et de l'élan psychique (drive des auteurs anglo-saxons), une inertie, une lenteur idéatoire et motrice, un désinvestissement des activités quoti-diennes, une relative indifférence, une distractibilité (voir encadré 13.1).

Encadré 13.1

Une ou des apathies ?

L'apathie, dans le langage médical, n'a qu'une ressemblance de surface avec l'apathie des philosophes stoïciens. Pour ces derniers, l'*apatheia* ou impassibilité désigne le contrôle et l'éradication des passions par la raison, ce qui permet un détachement, une tranquillité de l'âme. Il s'agit d'une *apatheia* volontaire, inscrite dans un projet de vie.

L'apathie, au sens médical du terme, a été initialement décrite par Marin (1991) comme une perte de la motivation induisant une réduction des activités intentionnelles, et ce en l'absence de détresse émotionnelle, ce qui la distingue de la dépression.

La première difficulté est qu'apathie et dépression peuvent s'associer ; l'apathie peut accompagner une symptomatologie dépressive mais, dans ce cas, la réduction des activités, la démotivation s'accompagnent d'un *tœdium vitae* et d'une douleur morale. Contrairement aux sujets dépressifs, les malades apathiques restent typiquement hétéroactivables.

L'émoussement émotionnel et la démotivation comme extinction du mouvement qui porte soi vers le monde ont été au centre du concept d'apathie et représentent son étymologie. Cependant, il s'agit non de faits objectifs mais de l'interprétation causale de l'inertie comportementale qui gélifie les rapports du sujet avec le monde. Si l'émoussement émotionnel manque, faut-il pour autant considérer qu'il ne s'agit pas d'une apathie, ou faut-il au contraire définir l'apathie de manière comportementale comme une réduction des activités intentionnelles et décliner alors ses formes cliniques ?

Une définition comportementale peut alors conduire à distinguer plusieurs types d'apathies (Lévy et Dubois), mais toutes correspondent à des lésions situées sur le trajet des boucles fronto-striato-pallido-thalamiques dont les circuits impliquent de manière sélective le cortex préfrontal dorsolatéral, le cortex préfrontal fronto-orbitaire et le cortex préfrontal interne ou cingulaire antérieur (voir figure 19.3, p. 431).

L'apathie affectivo-émotionnelle, la plus classique, est due à l'incapacité d'associer les signaux émotionnels avec les comportements ; l'émoussement émotionnel désactive le système de récompense, paralyse la motivation : le sujet devient indifférent et se désintéresse de son environnement. Les lésions impliquent le cortex cingulaire et orbito-frontal inclus dans une boucle limbique en lien par le striatum ventral (appelé aussi striatum limbique), avec l'amygdale (voir chapitre 17, p. 368).

L'apathie cognitive est une « inertie cognitive » liée au déficit de la planification des actions dirigées vers un but. Elle est donc une conséquence de l'atteinte du contrôle exécutif et relève du circuit cortico-sous-cortical impliquant le cortex préfrontal dorsolatéral (voir figure 19.3, p. 431).

L'apathie par perte d'autoactivation psychique est la plus sévère et est caractérisée par la perte de toute activité spontanée cognitive (vide mental), comportementale (inertie majeure), émotionnelle (indifférence). L'hétéroactivation permet une réversibilité partielle et temporaire des troubles. Les lésions intéressent les noyaux gris centraux et interrompent de manière bilatérale les boucles striato-pallido-thalamo-corticales (voir chapitre 19, p. 431) associatives (ou cognitives, impliquant le cortex préfrontal dorsolatéral) et limbiques (impliquant les cortex orbitofrontal et cingulaire antérieur). Un rôle majeur pourrait être attribué à l'« extinction », par les lésions des noyaux gris, du cortex cingulaire, et au découplage des fonctions limbiques et associatives. Le déficit d'autoactivation pourrait aussi être dû de manière plus

▶

▶

élémentaire à une défaillance des signaux représentant les actions et les pensées auto-initiées, transmis normalement par les boucles cortico-sous-corticales permettant d'atteindre le seuil nécessaire à l'activation de l'auto-initiation (Dubois et Lévy). La perte d'autoactivation psychique peut « libérer » des pensées (arithmomanie) ou des comportements (collectionnisme) de type compulsif pseudo-obsessionnel. Mais l'apathie par perte d'autoactivation peut aussi être conçue comme un syndrome « athymhormique » (voir chapitre 19, p. 431). Le trouble de l'activité (inertie, apragmatisme, passivité, stéréotypies) n'est que la manifestation de surface d'un comportement d'indifférence affective par perte de l'élan vital qui rompt le lien qui permet de convertir une expérience émotionnelle en une « action actualisée » (Habib, 1998 ; voir chapitre 17, p. 368). Le striatum limbique (striatum ventral), structure dopaminergique, recevant ses informations de l'amygdale, apparaît comme le lieu où convergent de manière interconnectée la boucle limbique (impliquant le cingulum antérieur et le cortex fronto-orbitaire), la boucle associative ou cognitive (impliquant le cortex préfrontal dorsolatéral et le striatum associatif : portion dorsolatérale du noyau caudé), mais aussi la boucle motrice (impliquant l'aire motrice supplémentaire, les cortex prémoteur, moteur, somatosensitif et le putamen). Ainsi, les lésions bilatérales de la boucle limbique interrompent aussi l'activité des deux autres boucles, ce qui « désactive l'interface entre la motivation et l'action » (Mogenson et al., 1980).

Le nombre des cibles anatomiques impliquées dans les apathies rend compte de la diversité topographique (du cortex préfrontal au thalamus) et nosologique des lésions en cause. Les apathies peuvent être évaluées par l'inventaire neuropsychiatrique de Cummings (voir chapitre 16), l'échelle d'évaluation de l'apathie de Marin, l'échelle d'apathie de Starkstein, l'inventaire d'apathie de Robert, la *Lille Apathy Rating Scale* (Sockeel et al., 2006). Les échelles évaluent les différentes manifestations des apathies. Ainsi, l'échelle de Lille évalue les activités de la vie quotidienne, les centres d'intérêt, la prise d'initiatives, l'intérêt pour la nouveauté, la motivation, l'intensité des émotions, l'inquiétude, le comportement social et la capacité d'autocritique.

Les états apathiques les plus profonds, parfois qualifiés d'akinétiques, sont observés dans le syndrome cingulaire antérieur et sa forme extrême est représentée par le *mutisme akinétique* qui s'observe dans les lésions frontales internes bilatérales comme lors d'un infarctus des deux cérébrales antérieures lésant les gyrus cingulaires et qui réalise un état d'immobilité éveillée et silencieuse.

La personnalité peut aussi, sous l'influence d'une lésion plutôt ventro- médiane (plus particulièrement droite), se désorganiser sur un mode désigné par Damasio de « sociopathie acquise » pour décrire une analogie séméiologique avec la sociopathie du DSM III, ou déséquilibre mental qui est une anomalie du développement de la personnalité. Ainsi certains sujets, adaptés et stables sur les plans professionnel et affectif, développent-ils, après une lésion frontale, une instabilité professionnelle et affective, accompagnée d'une incapacité à prendre des décisions qui sont alors suscitées par le hasard, qu'il s'agisse de choix apparemment simples comme la sélection des plats sur la carte d'un restaurant ou de décisions engageant la vie professionnelle et affective. Cet état serait lié au défaut d'activation de *marqueurs*

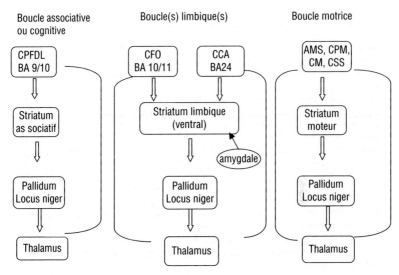

Figure 13.1
Les boucles fronto-striato-pallido-thalamo-frontales interconnectées et entraînées par la boucle limbique.
AMS : aire motrice supplémentaire ; BA : aires de Brodmann ; CCA : cortex cingulaire antérieur ; CFO : cortex fronto-orbitaire ; CM : moteur ; CPFDL : cortex préfrontal dorsolatéral ; CPM : cortex prémoteur ; CSS : cortex somatosensitif. Les connexions nigrostriées sont dopaminergiques. Voir encadré 13.1 et figure 19.3.

somatiques qui tout au long de l'existence lient des « situations » (les stimuli) et leur retentissement émotionnel vécu par le corps sous l'impulsion du système nerveux autonome soit sous une forme positive, attractive, soit sous une forme négative, répulsive (striction pharyngée, malaise général, etc.). En présence d'un choix à opérer, l'activation des marqueurs fonctionne comme un signal émotionnel corporel d'aide à la décision. Le cortex frontal est le centre de convergence des perceptions venues du monde et des signaux émotionnels qu'elles véhiculent. Privé de cette assistance émotionnelle à la décision, le sujet ne peut plus sélectionner les choix positifs même s'il accède à la reconnaissance du sens des situations sociales et imagine les réponses possibles. Tel est l'un des aspects de l'engagement du lobe frontal dans la « cognition sociale » (voir chapitre 18). Selon Laplane, ce type de comportement pourrait relever d'une perte de « l'auto-activation psychique », accompagnée de manifestations obsessionnelles dont pourraient témoigner non seulement l'incapacité à choisir mais aussi des activités mentales stéréotypées (comme des activités de comptage) qui occupent le « vide mental » : cette interprétation séméiologique sera abordée au chapitre traitant de la neuropsychologie des noyaux gris centraux (chapitre 19).

Figure 13.2
Trouble de la programmation d'une séquence de figures géométriques.
Tiré de Gil R. *Neurologie pour le praticien*. Paris : Simep ;1989

Le concept de programmation appliqué aux mouvements

Les lésions du cortex préfrontal entraînent un déficit de l'*organisation dynamique* des actes moteurs caractérisé par la difficulté de réaliser des actions séquentielles selon un *programme* fixé, par de la persévération du même geste alors qu'une autre action peut être oubliée, ce qui entraîne une simplification du programme qui, parti par exemple de quatre mouvements successifs, peut se réduire à la réitération anarchique de deux d'entre eux.

On peut ainsi demander au sujet de répéter la séquence de gestes suivante : mettre successivement sur le bureau la main à plat puis le poing puis la tranche ou encore reproduire des rythmes sonores que l'examinateur indique en tapant sur la table avec un crayon ou encore reproduire des séquences de figures géométriques simples comme un rond puis une croix puis un triangle puis un carré (figure 13.2). La régulation verbale des actes moteurs est diversement altérée. Ainsi la verbalisation à haute voix peut faciliter le maintien du programme mais dans les cas plus graves les sujets répètent la consigne sans la réaliser (comme s'il existait une rupture entre la pensée et l'action) ou encore se bornent à répéter la consigne verbale de manière écholalique. Il faut d'ailleurs souligner que le langage n'acquiert que progressivement pendant l'enfance son pouvoir de réguler les activités motrices : pendant les toutes premières années de la vie, l'enfant, malgré une consigne verbale (quand la lumière s'allumera, il faudra se lever), a tendance à effectuer une réponse motrice immédiate. Quant à l'imitation de gestes, elle montre des réponses en miroir de type *échopraxique*. Quand on attire l'attention sur leurs erreurs, les malades peuvent se corriger, ce qui ne les empêche pas ensuite de se tromper à nouveau.

Les troubles des activités perceptives visuelles

La perception visuelle est sous-tendue par une activité exploratoire du regard parcourant le paysage selon une stratégie permettant de repérer les détails les plus significatifs. L'enregistrement des mouvements du regard montre que l'identification des images, dans l'ensemble satisfaisante, s'effectue à partir de quelques détails sur lesquels les yeux se fixent compulsivement, ce qui peut d'ailleurs expliquer quelques erreurs d'identification. Il s'agit donc bien de l'incapacité à établir une stratégie comportementale. D'ailleurs, si l'on pose au sujet une question précise sur un tableau (représentant par exemple une famille rassemblée dans une salle de séjour), la stratégie d'exploration visuelle de la scène ne change pas si l'on demande au sujet s'il s'agit d'une famille riche ou pauvre puis si on lui demande de donner l'âge des personnes figurant sur le tableau. Sur le plan perceptivo- moteur, la reproduction de mémoire de la figure de Rey montre une simplification avec répétition stéréotypée de détails. Cependant, en présentant successivement au sujet les différentes fractions de la figure, la réalisation s'améliore, ce qui montre qu'il ne s'agit pas d'une apraxie constructive mais bien d'un déficit de la programmation : c'est alors l'examinateur qui, en indiquant les étapes de la tâche, devient en quelque sorte le lobe frontal du malade.

Lobe préfrontal et attention

La distractibilité, la contamination des tâches par les stimulations venues de l'environnement (effet dit « de champ » par Luria) témoignent des difficultés attentionnelles des sujets atteints de lésions frontales. L'attention suppose à la fois l'orientation et la concentration mentales vers une tâche et l'inhibition d'activités concurrentes.

Certains tests dits de « contrôle mental » sont couramment utilisés pour évaluer l'attention : le compte à rebours (par exemple de 20 à 0), les soustractions en série (par exemple soustraire plusieurs fois de suite le chiffre 7 à partir de 100), les subtests de mémoire de chiffres (en ordre direct et inverse) de la WAIS. L'attention *sélective ou focalisée ou dirigée* peut être explorée par les tests de barrages qui peuvent montrer, en cas de lésion droite, une héminégligence ou qui objectivent une lenteur et des erreurs persévératives dans l'application de la consigne. On peut aussi utiliser le *Trail Making* A ou le test des figures emmêlées de Gottschaldt. La continuité d'une tâche peut être affectée par une déviation de l'attention qui certes peut être liée à une stimulation extérieure au test mais qui peut aussi être en rapport avec le stimulus lui-même : ainsi l'*Odd-Man-Out test* consiste à présenter au sujet des cartons où sont dessinées trois figures géométriques (par exemple un grand triangle, un petit triangle, un petit rond) donc différant soit par la taille, soit par la forme. On demande au sujet de « chasser l'intrus », c'est-à-dire la figure qui ne correspond pas aux deux autres ; le sujet peut donc choisir d'éliminer le grand triangle (critère : taille) ou le petit rond (critère : forme) ; on lui présente alors les cartons suivants en lui disant de continuer à chasser le même type d'intrus puis on lui demande de changer d'intrus et ainsi de suite en alternance, le sujet devant choisir d'exclure soit en fonction de la taille soit en fonction de la forme. Au cours de lésions frontales, les sujets changent spontanément de type d'intrus et récidivent dans ce comportement car ils répondent en fonction de l'impression initiale déclenchée par la vue des figures et non en fonction de la règle qui a été adoptée. La sensibilité aux *interférences* est électivement évaluée par la procédure de *Stroop* ; la plus connue est le test couleurs–mots qui consiste à demander d'abord au sujet de dénommer les quatre couleurs différentes de pastilles, puis de lire les mots écrits en noir correspondant aux quatre couleurs, puis de dénommer la couleur de l'encre avec laquelle les mots sont écrits sachant que cette couleur peut ou non correspondre au mot écrit : il existe ainsi une interférence entre la lecture du mot et la dénomination de la couleur qui allonge chez le sujet normal le temps de dénomination de la couleur de l'encre des mots « conflictuels » (comme le mot *rouge* écrit en vert) ; l'interférence peut se mesurer soit par le temps de réaction, soit plus couramment par la comparaison du nombre d'items lus ou nommés dans chacune des trois parties de l'épreuve. Chez le sujet frontal, l'interférence est beaucoup plus marquée que chez le sujet normal et les erreurs sont plus nombreuses. Les études en TEP ont montré, qu'en dehors des aires cérébrales liées spécifiquement aux traitements sensoriels, moteurs et verbaux liés à la procédure de Stroop utilisée, c'est l'activation du cortex cingulaire antérieur qui apparaît essentiel au procédure de sélection des réponses compétitives permettant au sujet de surmonter l'interférence conflictuelle (Pardo, 1990). L'*attention partagée* impose le traitement simultané de plusieurs tâches ou de plusieurs informations : il en est ainsi du *Trail Making B* qui consiste à relier alternativement dans l'ordre numérique et alphabétique 13 nombres et 12 lettres (A à L) dispersés sur une feuille (1--A--2--B--, etc.) : les résultats sont exprimés en fonction du temps. Le test d'addition sérielle de Gronvall consiste à présenter au sujet, une fois toutes les deux secondes, un chiffre de 1 à 9, en lui demandant à chaque fois de l'additionner avec le chiffre précédent (3–2… – *réponse :* 5–6…– *réponse :* 8, etc.). L'implication du lobe préfrontal dorso-latéral (ainsi que de la jonction temporo-pariétale) dans l'*attention phasique* ou *automatique* peut être mise en évidence par l'enregistrement des potentiels évoqués cognitifs : ainsi en modalité visuelle, quand on demande au sujet d'appuyer sur un bouton chaque fois qu'apparaît un triangle inversé survenant aléatoirement (10 % des présentations) au sein de triangles reposant sur leur base (80 % des présentations), il survient sur le scalp une grande onde positive appelée P300 et maximale sous les électrodes centro- pariétales. L'introduction d'un stimulus inattendu (une figure géométrique complexe) apparaissant aussi de manière aléatoire (10 % des présentations) fait apparaître une onde dite P300A, apparaissant 20 à 50 ms plus tôt et maximale sous les électrodes fronto-centrales : l'amplitude de cette onde est réduite ou effondrée par les lésions préfrontales et de la jonction temporo-pariétale, ce qui suggère que ces deux régions sont impliquées dans un réseau multimodal intervenant dans la prise en compte rapide des modifications environnementales.

Lobe préfrontal et mémoire

Quand on interroge un patient atteint d'une lésion frontale sur des événements explorant la mémoire des faits anciens et récents, on ne trouve guère de perturbations évidentes et les syndromes amnésiques observés dans les tumeurs médio-frontales ou au cours des anévrismes de la communicante antérieure répondent à des lésions débordant le cortex frontal ventro-médian, notamment au niveau des noyaux du septum et des fibres des colonnes du fornix (trigone).

Toutefois des épreuves comme le *test des mots de Rey* peuvent montrer un déficit du rappel alors que la reconnaissance est satisfaisante : il s'agit donc d'un déficit de la récupération et non de l'apprentissage ; ceci peut être rapproché du comportement de certains malades qui, malgré une bonne réussite aux tests de mémoire, n'utilisent pas leurs capacités mnésiques dans la vie quotidienne et font des oublis parfois grossiers comme s'ils omettaient de se rappeler.

En outre, certains aspects particuliers de la mémoire peuvent s'avérer perturbés pour peu que l'on utilise des méthodes d'examen orientées. Ainsi les lésions frontales altèrent-elles la *mémoire dite de source*. Les tests de réponses différées (voir *supra*) montrent l'importance du lobe préfrontal (et plus particulièrement de sa portion dorso-latérale) dans la mémoire de travail : cette mémoire de travail est d'ailleurs impliquée dans les tests d'attention exposés plus haut. Le test de la *Tour de Londres* est composé d'une planche où s'insèrent trois tiges verticales : trois anneaux colorés sont répartis dans un ordre déterminé sur deux de ces tiges et l'épreuve consiste à réaliser d'autres configurations de complexité variable en faisant le moins possible de déplacements d'anneaux. Ce test qui comporte plusieurs variantes *(Tour de Hanoï, Tour de Toronto)* montre, dans les lésions frontales (sans que l'on ne puisse retenir formellement une latéralisation lésionnelle exclusive à gauche), une augmentation du nombre des déplacements alors que le but fixé n'est pas toujours atteint : ceci suggère à la fois un déficit attentionnel, un déficit de la mémoire de travail mais aussi un déficit des capacités de planification. On peut aussi évoquer un déficit de l'*ordonnancement temporel des événements récents* : on peut ainsi présenter aux sujets des cartes où s'inscrivent des couples de mots ou des couples d'images ; les couples ne sont pas constitués des mêmes items et la consigne consiste à demander au sujet lequel des deux items d'un couple a été vu le plus récemment ; les sujets frontaux font de nombreuses erreurs dans ce jugement *de récence*, surtout dans les lésions droites alors que les lésions gauches perturberaient électivement et modérément l'épreuve verbale. Le test *d'auto-ordonnancement des réponses* consiste à présenter au sujet des planches où sont représentés une série de mots ou de dessins mis à chaque fois dans un ordre différent : le sujet doit pointer une image à chaque présentation mais chaque image ne peut être pointée qu'une seule fois ; les erreurs sont plus nombreuses dans les lésions frontales gauches, que le matériel présenté soit verbal ou non verbal. De même doit-on rattacher à un déficit de l'organisation temporelle de la mémoire l'incapacité des sujets atteints de lésions frontales (quel que soit le côté) d'effectuer un *apprentissage associatif* : on peut ainsi disposer devant un sujet six lampes et six cartes, de telle sorte que quand une lampe s'allume elle ne s'éteindra que lorsque le sujet aura touché la carte à laquelle la lampe est associée ; l'épreuve est poursuivie dans le but d'apprendre, par essais successifs et mémorisation des réussites, les couples (une carte–une lampe) qui sont constitués ; c'est encore le cortex dorso-latéral qui serait électivement impliqué. Les tests d'apprentissage de labyrinthes sont très déficitaires et reflètent les difficultés de la *mémorisation séquentielle* donc de la planification. L'*interférence proactive* désigne la perturbation de l'apprentissage d'une tâche par la contamination exercée par la tâche précédente : ainsi en est-il quand un sujet apprend des séquences successives de mots appartenant à la même catégorie sémantique ; les performances du sujet tendent ainsi à décroître d'une liste à l'autre ; toutefois si une séquence de mots appartenant à une autre catégorie sémantique est présentée, les performances du sujet remontent : c'est la libération de l'interférence proactive. Cette amélioration ne surviendrait pas chez les sujets frontaux mais certains pensent que cette constatation ne concernerait que les malades frontaux présentant en outre une amnésie antérograde. Ainsi, les lésions frontales perturberaient la mémoire *prospective* qui permet d'accéder à des informations ordonnées dans le temps et l'espace afin de mettre en œuvre les stratégies nécessaires à la planification des actions et à la résolution des problèmes : par exemple, se rappeler son emploi du temps des deux jours précédents et organiser, en fonction de ses engagements et de ses projets, son emploi du temps pour les deux jours à venir fait appel à la mémoire prospective.

La *métamémoire* est perturbée : lors de l'apprentissage d'une liste de mots, le sujet est incapable d'évaluer approximativement, avant chaque rappel, le nombre de mots qu'il croit avoir retenus. Il existe aussi chez ces patients des difficultés à évaluer leur propre capacité à reconnaître les items qu'ils n'ont pas pu rappeler ; cette atteinte du « sentiment de savoir » (*feeling of knowing*) renvoie essentiellement à des difficultés d'organisation, de manipulation, de récupération et d'évaluation des informations (voir chapitre 14).

Des réponses confabulatoires peuvent survenir en l'absence de troubles de la mémoire et pourraient aussi être reliées à un déficit de la stratégie et du contrôle de la récupération des souvenirs ou à la désinhibition. On peut parfois observer un syndrome de Capgras ou des paramnésies de reduplication caractérisées par le dédoublement des perceptions, le malade se disant par exemple à l'hôpital mais localisant en même temps le même hôpital dans sa propre ville (voir chapitre 22).

Lobe préfrontal et flexibilité mentale

L'être humain peut être amené à choisir entre plusieurs éventualités (ce peut être en situation clinique une tâche de *classement catégoriel*) puis, en fonction des contingences, changer de choix, ce qui suppose d'inhiber le premier choix et de se diriger ensuite vers un autre. Le défaut d'inhibition entraîne une *persévération*, une adhérence à la tâche : une « *stuck-in-set perseveration* ». La flexibilité mentale désigne ainsi la capacité d'adapter ses choix aux contingences. Elle est difficilement séparable du contrôle inhibiteur qui est la nécessaire capacité à inhiber des réponses non adaptées : ainsi les lésions frontales entraînent-elles une *désinhibition*. Les tests dits de « go–no go » explorent électivement la capacité d'inhiber en demandant par exemple au sujet de serrer la main de l'examinateur si ce dernier dit le mot « rouge » et de ne pas serrer la main si l'examinateur dit le mot « vert » ; au cours des lésions frontales, l'audition du mot « vert » entraîne toujours ou fréquemment une réponse motrice que le sujet ne peut inhiber. Le test de *classement des cartes du Wisconsin*, dont il existe plusieurs variantes, consiste par exemple à placer devant le sujet quatre cartes différant par le nombre d'éléments (de 1 à 4), la couleur (rouge, vert, jaune, bleu), la forme des éléments (triangle, étoile, croix, cercle) : le principe est de demander au sujet de classer les cartes en fonction d'un critère de son choix, puis de continuer selon le même critère. Au bout des six essais, on lui demande de changer de critère et ainsi de suite six fois consécutivement. On calcule le nombre de catégories choisies, le nombre d'erreurs et surtout le nombre d'erreurs persévératives, c'est-à-dire les erreurs correspondant à la réponse immédiatement antérieure bien qu'elle ait été signalée comme inexacte au sujet : les malades atteints de lésions frontales (tout particulièrement dorso-latérales droites ou gauches) font plus d'erreurs *persévératives* que les sujets normaux ou indemnes de lésions frontales. Le *Trail Making B* (voir *supra*) est aussi un test de flexibilité mentale. La flexibilité perceptive peut être explorée par des images de figures ambiguës (voir p. 442 ainsi que les figures 21.2 et 21.3) qui cachent deux représentations différentes : le sujet atteint d'une lésion frontale a du mal à passer de la perception d'une image à celle de l'autre image sur la même figure.

La tendance qu'ont certains malades à répondre aux questions posées à leur voisin a pu être reliée à des lésions frontales droites débordant en temporo- pariétal et a pu être interprétée comme une forme particulière de persévération.

Lobe préfrontal et résolution de problèmes

La résolution de problèmes illustre et résume la mise en œuvre de processus électivement organisés par le lobe frontal. Les problèmes désignent les « questions à
résoudre portant sur un résultat inconnu à trouver à partir de certaines données
ou sur la méthode à suivre pour obtenir un résultat supposé connu ». Tout problème nécessite donc :
- l'investissement de l'individu interrogé et la focalisation de son attention ;
- l'analyse des données du problème ;
- l'établissement d'une stratégie, c'est-à-dire d'un programme ;
- l'exécution contrôlée de ce programme sous-tendue par la mémoire prospective ;
- l'évaluation du résultat, c'est-à-dire la comparaison du résultat obtenu et des
données initiales en termes d'acceptabilité et de crédibilité.

La *résolution de problèmes mathématiques* illustre bien, comme l'a montré Luria,
le comportement en rapport avec une défaillance frontale. Ainsi en est-il dans le
problème du type : *le père a 24 ans, la mère a 3 ans de moins, le fils a 20 ans de
moins que la mère, le grand-père dit : « j'ai l'âge des trois réunis » ; quel est l'âge du
grand-père ? Le malade répondra, par exemple: « 24 + 3 + 20 = 47 »* ; en revanche
le problème sera résolu s'il est décomposé dans ses séquences successives de raisonnement. Selon le modèle de Shallice, la défaillance du système superviseur
attentionnel altère la planification, le gestionnaire des contraintes laissant surgir
des schémas d'action inadéquats induisant distractibilité et persévérations. À côté
de ces problèmes d'arithmétique « solubles », quelques travaux ont concerné des
problèmes insolubles (du type : *« Dans la classe de l'école, il y a 7 rangées de 4
tables, quel est l'âge du maître ? »*). La production de réponses (*comme 7 × 4=
28 ans !*) correspondrait moins à un trouble de la planification qu'à une dépendance à l'environnement et relèverait plutôt de lésions fronto-orbitaires ventro-
médianes, alors que la résolution de problèmes solubles engagerait
préférentiellement le cortex frontal dorsolatéral (Aubin *et al.*, 1994 ; Le Gall *et
al.*, 2001).

Les tâches d'*estimation cognitive* demandent au sujet de déduire une réponse
qu'il ne connaît pas en s'aidant de faits connus : on peut ainsi demander quelle
est la hauteur de la tour Eiffel, la hauteur d'un bus, la longueur d'un billet de
cinquante euros, la vitesse à laquelle galopent les chevaux de course, la longueur
de la colonne vertébrale humaine. Le résultat est surestimé ou sous-estimé exagé-
rément comme lorsqu'on demande au sujet le prix de divers objets (appareils
ménagers, jouets d'enfants, etc.). Ainsi sont illustrées les difficultés des malades
frontaux à affronter des situations nouvelles tant pour choisir une stratégie de
réponse que pour évaluer la plausibilité des réponses fournies.

Lobe préfrontal et langage

Une réduction de la fluence *verbale* spontanée avec un parler plus ou moins laco-
nique peut être observée dans les lésions frontales dorso-latérales ou médianes
mais un mutisme durable n'est observé que dans les lésions médio-frontales
gauches (gyrus cingulaire, aire motrice supplémentaire), tandis que le mutisme
akinétique est le fait de lésions bilatérales.

Une réduction de la fluence verbale induite par des épreuves associatives peut s'observer même en l'absence d'une réduction du volume verbal spontané, qu'il s'agisse de la fluence verbale littérale (explorée en demandant au sujet de dire en une minute le maximum de mots commençant par une lettre donnée) ou de la fluence catégorielle (donner des noms de couleurs, d'animaux, de fruits puis de villes dans le test d'Isaacs). La réduction de la fluence verbale n'est pas liée à un déficit de la mémoire sémantique : il s'agit d'un trouble du contrôle exécutif. En effet, selon Baddeley, la difficulté de l'épreuve est liée au fait qu'il n'existe pas de programme surappris et automatisé de génération catégorielle d'items ; les malades montrent alors leurs difficultés à mettre en place des stratégies de récupération, à contrôler pas à pas que les items appartiennent à la catégorie demandée (d'où parfois des intrusions de mots n'appartenant pas à la catégorie demandée) ; ils peuvent aussi avoir des difficultés à maintenir leur programme de récupération et à vérifier que les mots énoncés n'ont pas déjà été exprimés, ce qui rend compte de persévérations. Les lésions frontales gauches entraînent un déficit plus marqué que les lésions droites. Les mêmes tendances sont observées avec les tests de fluence alternée (dire pendant une minute successivement un nom d'oiseau et un nom de couleur ou un prénom de garçon et un nom de fruit) qui imposent donc, en outre, une flexibilité mentale.

La génération aléatoire de lettres (en demandant par exemple au sujet d'imaginer qu'il tire les lettres d'un chapeau) produit assez rapidement des séquences stéréotypées (sigles ou acronymes), et ce d'autant plus rapidement que la vitesse imposée de production est plus rapide. Baddeley évoque une défaillance du système superviseur attentionnel qui laisse émerger des programmes stéréotypés.

L'*aphasie transcorticale motrice* ou *aphasie dynamique* comporte une « aspontanéité verbale », pouvant confiner au mutisme, associée à une compréhension normale et à une répétition préservée avec même parfois une tendance écholalique. Elle répond à des lésions préfrontales dorso-latérales de l'hémisphère gauche ou du gyrus cingulaire.

L'atteinte des capacités de planification et d'organisation du discours altère sa structure logique comme on peut le montrer en demandant au patient de résumer un texte lu ou de raconter comme le propose Lhermitte l'histoire du *Petit Chaperon rouge* qui se structure en une série de séquences (déplacement de l'enfant dans la forêt ; première rencontre loup–enfant ; rencontre loup–grand-mère, etc.) qui seront réduites en nombre et dont l'ordre sera modifié voire anarchique. La compréhension d'un texte complexe offre les difficultés liées à l'incapacité de restituer de manière ordonnée les séquences d'actions qui y sont décrites. Le malade restitue des détails juxtaposés sans pouvoir accéder à la conclusion du texte.

De la même manière, les troubles de la compréhension des structures grammaticales complexes révèlent l'inaptitude à appréhender des phénomènes séquentiels, que ces derniers constituent une suite arbitraire (exemple 1) ou une suite logique (exemple 2) :

■ exemple 1. « Voici deux cartes : une grise et une noire. S'il fait nuit, vous me montrez avec votre doigt la carte grise ; s'il fait jour, vous me montrez la carte noire. » Après la réponse du sujet, la même question est posée en inversant les consignes ;

■ exemple 2. « Quelle est la phrase juste : le printemps vient avant l'été ou l'été vient avant le printemps ? » ou encore « Quand je vous dis que j'ai pris mon petit déjeuner avant d'avoir fait le ménage dans ma maison, qu'ai-je fait en premier ? »

Les explications de proverbes montrent qu'ils sont réduits à leur sens concret, ce qui peut s'interpréter comme un aspect particulier de l'atteinte de la flexibilité mentale, empêchant le patient de passer du sens propre au sens figuré : « *Qui veut voyager loin ménage sa monture ? Quand on veut voyager, il ne faut pas se fatiguer et la monture aussi doit aller plutôt lentement sur la route...* » Cette rigidité mentale entrave de manière générale l'accès à l'abstraction et donc la pensée conceptuelle. Ainsi le malade sait ce que veut dire le mot « *outil* » mais il ne peut plus accéder aux associations conceptuelles nécessaires pour dire « en quoi un marteau et une scie se ressemblent ». C'est ce que peut en particulier montrer le subtest de similitudes de la WAIS. (*Question :* « *En quoi se ressemblent une hache et une scie?* » *Réponse :* « *Une hache, ça marche à grands coups, tandis qu'une scie, c'est le va-et-vient, sur un objet, du bois, qui coupe... ah ! ben ! ça ne se ressemble pas du tout... plus la scie va vite, plus la scie souille... trouille, parfois elle casse...* »).

De manière plus générale, les lésions frontales sont (avec les lésions de l'hémisphère droit) au cœur d'études de la pragmatique, c'est-à-dire de l'« utilisation du langage dans le discours ». La pragmatique étudie le « langage en action » donc la pertinence du langage conversationnel qui peut être perturbée en l'absence de désordres phonologiques, syntaxiques ou sémantiques. Car le langage est bien un acte social qui doit s'adapter au discours d'autrui, mais aussi repérer les intentions et les attentes d'autrui (ce qui rejoint la « théorie de l'esprit », voir p. 421). L'analyse conversationnelle peut ainsi être menée à partir de protocoles comme celui de Prutting et Kirchner qui étudie trente paramètres tels que les tours de parole, les temps de pause, la précision du lexique, la fluence, et aussi des aspects non verbaux tels que la proximité physique, la posture, l'expression faciale (Peter, Dardier).

La formulation du langage peut être aussi entravée par un manque du mot comme elle peut aussi l'être par les perturbations de la personnalité telles que l'euphorie et la tendance aux calembours.

L'aphasie de Broca (qui implique mais déborde le lobe frontal) et l'agraphie frontale sont traitées aux chapitres 2 et 3.

Lobe préfrontal et autonomie des comportements

L'être humain doit forger son indépendance comportementale à l'égard de son environnement ; l'autonomie comportementale, c'est-à-dire le fait d'obéir à sa propre loi, se construit grâce à l'inhibition frontale : c'est du moins ce que suggère l'observation de patients atteints de lésions frontales et présentant, sans qu'aucune consigne ne leur soit donnée, une *imitation* des gestes de l'examinateur ; ce comportement décrit par Lhermitte est différent de l'échopraxie qui est une imitation automatisée et impulsive alors que le comportement d'imitation reste conscient, volontaire, les patients pensant qu'ils doivent faire les mêmes gestes que l'examinateur et restant capables de critiquer le caractère inadapté de

---

Encadré 13.2

Autres manifestations – que celles traitées dans le texte – des lésions des lobes frontaux

1. Paralysie controlatérale des mouvements oculaires volontaires et sur ordre avec préservation des mouvements de poursuite en rapport avec une paralysie des saccades (aire 8).

2. Négligence spatiale (lobe frontal dorso-latéral et gyrus cingulaire) et négligence motrice.

3. Apraxie mélokinétique et apraxie idéomotrice.

4. Paralysie faciale émotionnelle.

5. Ataxie dite frontale et apraxie de la marche.

6. Main étrangère et apraxie d'aimantation (cortex médian).

7. Anosmie (les bandelettes olfactives cheminent sous le lobe frontal).

8. Impersistance motrice (ou incapacité de maintenir durablement une attitude). Elle peut intéresser le visage (demander de fermer les yeux pendant 20 secondes) ou les membres (demander d'étendre le bras pendant 20 secondes) : elle peut alors être directionnelle (vers la droite, vers la gauche) ou spatiale (dans l'hémiespace droit ou gauche). Elle s'observe surtout dans les lésions frontales dorso-latérales.

9. Allochirie motrice (ou désinhibition motrice). Elle désigne le mouvement d'un membre (homolatéral à la lésion) en réponse à un ordre concernant l'autre membre.

10. Résistance oppositionnelle à la mobilisation (phénomène de Mayer-Reisch). Rigidité et tremblement de repos ou d'attitude des tumeurs parasagittales.

11. Réflexe de préhension forcée (*grasping-reflex*, aire 6).

12. Crises épileptiques adversives, giratoires et de l'aire motrice supplémentaire avec vocalisation, rotation de la tête et des yeux vers le membre supérieur hétérolatéral qui s'élève, hypertonie des membres inférieurs.

---

certains gestes qu'ils peuvent parfois refuser d'imiter. Le comportement d'*utilisation* marque un degré de plus et apparaît comme une dépendance physique aux stimulations de l'environnement ; le sujet a tendance à prendre et à manipuler ce qui se trouve à sa portée. La main étrangère capricieuse et la graphomanie réalisent des aspects particuliers de ce comportement dont la base serait une libération des influences inhibitrices qu'exerce le lobe frontal sur le lobe pariétal. Le site lésionnel électif serait la moitié inférieure de la portion antérieure de l'un ou l'autre des lobes frontaux.

Toutefois, il y aurait pour Shallice (1988) deux types de comportement d'utilisation. Celui décrit par Lhermitte qui l'objectivait en plaçant des objets dans la paume de la main est « induit ». En revanche, un comportement d'utilisation « incident » peut être objectivé en présentant des objets visuellement à un sujet soumis par ailleurs à une épreuve psychométrique sans relation avec les objets situés sur la table de l'examinateur. Ces comportements peuvent exister de manière dissociée. Le comportement d'utilisation induit serait-il lié à une banale méprise du malade sur les intentions se l'examinateur ? Doit-on en faire l'expression d'une souffrance plutôt fronto-orbitaire induisant un trouble de la cognition sociale fondé sur un déficit de la théorie de l'esprit (Besnard *et al.*, 2011 ; voir chapitre 18, p. 421) ? Mais comment expliquer qu'une lésion bilatérale parasagittale de l'aire motrice supplémentaire puisse aussi s'accompagner d'un tel comportement, opposant à l'hypothèse d'une levée de l'inhibition pariétofrontale proposée par Lhermitte celle d'une levée d'inhibition de l'aire motrice supplémentaire sur le cortex prémoteur ? Les auteurs font alors du comportement d'utilisation l'équivalent d'une double main capricieuse (Boccardi *et al.*, 2002). Quant au comportement d'utilisation incident, Shallice le considère comme une expression de l'altération du système superviseur attentionnel qui ne contrôle plus le gestionnaire de l'ordonnancement des contraintes ; ce dernier, sollicité par la perception des objets, déclenche une activité d'utilisation routinière. Le comportement est ainsi imputé à un trouble de contrôle exécutif. Mais comment expliquer que l'on puisse ne pas trouver de corrélation entre la fréquence du comportement d'utilisation et les scores aux épreuves évaluant le fonctionnement exécutif (Besnard *et al.*, 2011) ?

Lobe préfrontal et intelligence

Si l'intelligence est « ce que mesurent les tests », force est de constater que des lésions frontales même importantes peuvent coexister avec des performances psychométriques satisfaisantes permettant de considérer que le quotient intellectuel, exploré par des tests comme la WAIS est « normal » encore que le concept de normalité soit un concept large et peu propice à l'analyse de nuances. Toutefois une analyse des performances aux subtests de la WAIS peut objectiver une baisse des scores à l'*arrangement d'images,* aux *cubes* (à relier avec le déficit de la programmation), à la *mémoire de chiffres* (voir *supra*). Les tests explorant l'intelligence fluide, nécessitant une adaptation à des situations nouvelles et non liés au niveau culturel, sont les plus aptes à extérioriser des perturbations lors de lésions frontales : il en est ainsi du test des matrices progressives de Raven ou du test de D48 qui sont censés refléter l'intelligence « pure » et qui sont dits saturés en facteur g. Mais il ne faudrait pas tomber dans le piège qui consisterait à croire que le lobe frontal est le siège de l'intelligence, ce qui reviendrait à confondre une corrélation et une identité. L'intelligence ne peut être enfermée dans un lobe et le problème reste toujours de savoir, non pas si l'intelligence est atteinte, mais quels aspects de l'intelligence sont altérés.

« Vivre, c'est choisir », disait Bergson ou encore « conscience signifie hésitation et choix ». L'atteinte des fonctions de planification et l'ensemble des troubles du contrôle exécutif, les perturbations de la personnalité, concourent à altérer la capacité qu'a l'être humain d'analyser les informations et sollicitations venant de lui-même comme de son environnement. Sont donc aussi altérés les choix qui découlent de ces sollicitations comme la capacité d'évaluer les conséquences de ces choix. Le malade frontal perd d'une certaine manière la maîtrise du dipôle « conscience–action » pour sombrer dans l'incohérence comportementale : il s'agit bien d'une atteinte de la conscience réflexive qui permet à l'homme d'évaluer et donc de réguler ses pensées et ses actions.

Sur le plan clinique, le diagnostic de syndrome frontal ne peut être synonyme d'un échec au *Wisconsin,* à l'*Odd-man-out,* à un test de *Stroop,* au *Trail Making B* comme à tout autre test susceptible d'être altéré par un dysfonctionnement frontal. La sensibilité d'un test ne doit pas être confondue avec sa spécificité.

Une confusion satellite d'une encéphalopathie métabolique peut altérer tous les tests précités. Les fonctions langagières, gnosiques, praxiques doivent toujours être étudiées conjointement. Enfin, la multiplicité des connexions du lobe frontal explique aussi que des signes de dysfonctionnement frontal soient observés dans des lésions situées à distance du lobe frontal.

Esquisse étiologique

Les souffrances lésionnelles du lobe frontal sont le fait de tumeurs, soit extracérébrales comme les méningiomes de l'étage antérieur, soit intracérébrales comme les gliomes. Elles sont aussi le fait d'infarctus des cérébrales antérieures mais aussi d'infarctus sylviens antérieurs et d'anévrismes de la communicante antérieure (voir *supra*). La pathologie dégénérative peut être regroupée sous le vocable de démences frontales. Il faut y ajouter les séquelles de la psychochirurgie du lobe frontal (devenue inacceptable sur le plan éthique) et les lésions traumatiques des lobes frontaux.

Des signes de dysfonctionnement frontal s'observent aussi dans des maladies lésant les structures sous-corticales et sont attribués à l'atteinte des voies unissant ces structures au lobe frontal. Un hypométabolisme frontal peut d'ailleurs être mis en évidence par les études isotopiques. Il s'agit de maladies des noyaux gris centraux comme la maladie de Parkinson, la paralysie supranucléaire progressive, la chorée de Huntington, la maladie de Wilson qui ont permis de construire le concept de démence sous-corticale. Mais il peut aussi s'agir de lésions de la substance blanche comme dans la sclérose en plaques, tandis que la pathologie vasculaire peut offrir des exemples d'atteinte de la substance blanche (maladie de Binswanger, syndrome du genou inférieur de la capsule interne) ou de la substance grise (infarctus bilatéral pallido-strié, hémorragie thalamique) ou mixte (lacunes multiples). La démence du syndrome d'immunodéficience acquise témoigne d'une atteinte lésionnelle intéressant surtout la substance blanche.

Enfin, et malgré l'absence de lésions anatomiques, on sait que des signes de dysfonctionnement frontal peuvent être observés dans la schizophrénie (encadré 13.2).

Bibliographie

Anderson SW, Damasio H, Jones RD, Tranel D. Wisconsin Card Sorting Test performance as a measure of frontal lobe damage. Journal of Clinical and Experimental Neuropsychology 1991;13(6):909–22.

Aubin G, Le Gall D, Guyard H. Étude de la résolution de problèmes numériques chez des patients frontaux. Revue de Neuropsychologie 1994;4:437–67.

Besnard J, Allain P, Aubin G, Chauviré V, Etcharry-Bouyx F, Le Gall D. A contribution to the study of environmental dependency phenomena : the social hypothesis. Neuropsychologia 2011;49(12):3279–94.

Boccardi E, Della Sala S, Motto C, Spinnler H. Utilisation behaviour consequent to bilateral SMA softening. Cortex 2002;38(3):289–308.

Bogousslavsky J. Frontal stroke syndromes. European Neurology 1994;34:306–15.

Cummings JL. Frontal-subcortical circuits and human behavior. Arch Neurol 1993;50:873–80.

Damasio AR, Tranel D, Damasio H. Individuals with sociopathic behavior caused by frontal damage fail to respond autonomically to social stimuli. Behav. Brain Res 1990;41(2):81–94.

Dardier V, Bernicot J. Les troubles de la communication consécutifs aux lésions frontales : l'exemple de la situation d'interview. Revue de Neuropsychologie 2000;10(2):281-309.

Godefroy O, Jeannerod M, Allain P, Le Gall D. Lobe frontal, fonctions exécutives et contrôle cognitif. Revue Neurologique 2008;164:S119-27.

Gronwall D. Paced auditory serial addition task. A mesure of recovery from concussion. Perceptual and Motor Skills 1977;44:133-5.

Habib M. Apathie, aboulie, athymhormie : vers une neurologie de la motivation humaine. Revue de Neuropsychologie 1998;8(4):537-86.

Laplane D, Dubois B, Pillon B, Baulac M. Perte d'auto-activation psychique et activité mentale stéréotypée par lésion frontale. Rev Neurol 1988;144(10):564-70.

Le Gall D, Allain P, Aubin G. Dissociations et associations dans le syndrome frontal : à propos des troubles de la résolution de problèmes et de l'arrangement de scripts. Revue de Neuropsychologie 2001;11:299-322.

Levine HS, Eisenberg HM, Benton AL. Frontal lobe function and dysfunction. Oxford: Oxford University Press; 1991.

Levy R. Apathy : A pathology of goal-directed behaviour. A newconcept of the clinic and pathophysiology of apathy. Revue Neurologique 2012;168:585-97.

Lhermitte F, Pillon B, Serdaru M. Human autonomy and the frontal lobes. Ann Neurol 1986;19:326-43.

Luria AR. Les fonctions corticales supérieures de l'homme. Paris: PUF; 1978.

Marin RS, Biedrzycki RC, Firinciogullari S. Reliability and validity of the apathy evaluation scale. Psychiatry Res 1991;38:143-62.

Mendez MF, Adams NL, Lewandowski KSL. Neurobehavioral changes associated with caudate lesions. Neurology 1989;39:349-54.

Mogenson GJ, Jones DL, Yim CJ. From motivation to action : functional interface between the limbic system and the motor system. Progress in Neurobiology 1980;14:69-97.

Owen AM, Downes JJ, Sahakian BL, et al. Planning and spatial working memory following frontal lobe lesions in man. Neuropsychologia 1990;28(10):1021-34.

Pardo JV, Pardo PJ, Janer KW, et al. The anterior cingulate cortex mediates processing selection in the Stroop attentional conflict paradigm. Proc Natl Acad Sci 1990;87:256-9.

Peter C. Conversations avec une patiente souffrant de lésions traumatiques bifrontales : ajustements mutuels. Revue de Neuropsychologie 1995;5(1):53-85.

Ricci C, Blundo C. Perception of ambiguous figures after focal brain lesions. Neuropsychologia 1990;28(11):1163-73.

Robert PH, Clairet S, Benoit M, Koutaich J, Bertogliati C, Tible O. The apathy inventory : assessment of apathy and awareness in Alzheimer's disease, Parkinson's disease and mild cognitive impairment. Int J Geriatr Psychiatry 2002;19:1099-105.

Shallice T. From neuropsychology to mental structure. New York: Cambridge University Press; 1988.

Shallice T, Evans ME. The involvement of the frontal lobe in cognitive estimation. Cortex 1978;14:294-303.

Sockeel P, Dujardin K, Devos D, et al. The Lille apathy rating scale (LARS), a new instrument for detecting and quantifying apathy : Validation in Parkinson's disease. J Neurol Neurosurg Psychiatry 2006;77:579-84.

Starkstein SE, Mayberg HS, Preziosi TJ, Andrezejewski P, Leiguarda R, Robinson RG. Reliability, validity, and clinical correlates of apathy in Parkinson's disease. J Neuropsychiatry Clin Neurosci 1992;4:134-9.

Zomeren AH, Van Brouwer WH. Clinical neuropsychology of attention. New York: Oxford University Press; 1994.

14   Les troubles de la mémoire

« Conscience signifie d'abord mémoire. »

Bergson

Les peuples ont une mémoire qui s'exprime dans leur culture et témoigne de leur identité. Les hommes qui composent un peuple partagent la même mémoire et ils vivent, dans le groupe social qu'ils choisissent ou qu'ils subissent, une histoire unique qui témoigne aussi de leur identité. La mémoire est cette aptitude qui, parce qu'elle permet le souvenir, permet du même coup à tout être humain de se reconnaître dans un présent qui est le produit de son histoire et la racine de son avenir. L'élaboration identitaire de chaque être humain est bien la résultante de la cascade d'événements survenus depuis sa naissance comme de l'édification d'un savoir-faire et d'un savoir. La mémoire est donc multiple. Sa mise en œuvre suppose :

- la réception, la sélection (consciente ou inconsciente) et, de manière plus générale, le traitement d'informations reçues par les organes des sens ;
- le codage et le stockage de ces informations sous forme « d'engrammes » qui seraient, au sein d'ensembles de neurones, des réseaux représentant le support des informations stockées ;
- la capacité d'accéder à ces informations.

La comparaison des capacités de *rappel* et de *reconnaissance* permet de distinguer ce qui peut revenir à une atteinte des processus d'encodage et de stockage d'une part, de rappel (récupération en mémoire) d'autre part. Ces capacités sont testées par le *rappel libre* d'une liste de mots (comme la *liste des mots* de Rey), le *rappel indicé* où des aides sont fournies au sujet (par exemple, « *Vous ne vous souvenez pas du troisième objet. C'était un fruit…* »), la reconnaissance au cours de laquelle les items précédemment rappelés sont présentés au sujet, mêlés à d'autres items. Ainsi, quand les informations ont été correctement encodées mais ne peuvent pas être rappelées, les performances sont médiocres en rappel libre et meilleures en rappel indicé et en reconnaissance : c'est ce qui peut être observé dans les détériorations cognitives sous-corticales et dans les lésions frontales. Si le déficit touche les capacités d'encodage et de stockage, les performances sont altérées à la fois dans les procédures de rappel et de reconnaissance : c'est ce que l'on observe typiquement dans les amnésies hippocampiques.

La diversité des compétences mnésiques peut s'envisager selon deux axes : un axe séquentiel ou diachronique qui inscrit la mémoire sur l'abscisse du temps, un axe synchronique qui décrit les différents domaines où opère la mémoire.

Mémoire et mémoires

Les étapes de la mémorisation

Mémoire à court terme, mémoire de travail

Les informations sensorielles sont maintenues fugitivement (200 à 300 ms) sous forme de traces caractérisant une *mémoire sensorielle* visuelle (ou iconique), auditive (ou échoïque), olfactive... La *mémoire à court terme* ou *mémoire immédiate* ou *mémoire primaire* est une mémoire de capacité limitée englobant l'analyse de l'information sensorielle au niveau des aires cérébrales spécifiques (visuelles, auditives...) et sa reproduction immédiate pendant un temps de rémanence très bref de l'ordre d'une à deux minutes. Cette « duplication », « sur le champ », des informations concerne un nombre restreint d'éléments qui définissent l'*empan*. On distingue ainsi un empan auditif et un empan visuel. L'*empan auditif* peut concerner des chiffres (dit *numéral* ou *digital*, couramment exploré par le subtest de mémoire de chiffres de la WAIS) ou des mots *(empan verbal)* : parfois globalement désigné sous le nom d'empan verbal, l'empan auditif chez le sujet normal est de sept (plus ou moins deux) lettres, chiffres ou mots. L'empan visuel mesure la rétention et la restitution immédiate d'informations visuelles comme la disposition spatiale d'une série de carrés de couleur dans le subtest de mémoire visuelle de l'échelle clinique de mémoire de Wechsler. Cette mémoire immédiate, intacte dans les syndromes amnésiques, correspond à la rémanence d'informations, en instance ou non, de destinée mnésique durable. Son substratum serait représenté par des modifications électrophysiologiques fondées sur des circuits réverbérants locaux qui pourraient impliquer des systèmes neuronaux corticaux ou des boucles cortico-thalamiques : ainsi s'expliquerait le fait que toute modification soudaine du fonctionnement cérébral (émotion, bruit...) annule par interférence la rétention immédiate des informations préalablement délivrées.

L'*oubli en mémoire à court terme* est classiquement illustré par le *paradigme de Brown et Peterson* : le sujet doit rappeler dans un délai bref (jusqu'à une vingtaine de secondes) des trigrammes, c'est-à-dire des séries de trois éléments (lettres ou mots) ; dès que le trigramme est présenté, et dans le délai séparant la présentation du rappel, on demande au sujet de compter à rebours à partir d'un nombre donné. L'examinateur dit par exemple au sujet « RXT 188 ». Le sujet compte alors « 188-187-186... » jusqu'à ce que l'examinateur l'arrête au bout d'une durée de temps précise au terme de laquelle, il lui demande de rappeler le trigramme ; on constate alors que l'oubli survient très rapidement ; le nombre de consonnes rappelées chutant dès que la durée de la tâche distractive augmente (de 3 à 18 secondes dans les protocoles habituellement utilisés), ce qui a pu être interprété, la répétition étant gênée par la tâche concurrente, soit comme le déclin rapide de la trace mnésique soit comme la conséquence d'une interférence proactive entre les trigrammes successifs. S'il est maintenant établi que les deux mécanismes interviennent, ces interrogations ont nourri un débat sur la nécessité d'admettre ou non deux systèmes mnésiques différents sous-tendant la mémoire à court terme et celle à long terme : privilégier la théorie de l'interférence plaidait pour une conception unitaire d'un seul système mnésique, privilégier l'effacement de la trace mnésique militait pour la conception d'un double système. La conception dualiste s'imposa finalement sur de multiples arguments, les uns d'ordre cognitif (comme l'existence d'un effet de récence dans une tâche de rappel libre, voir *infra*), les autres d'ordre neuropsychologique (et en particulier la dissociation de l'atteinte des registres mnésiques à court et à long terme montrés en pathologie).

Le paradigme de Brown et Peterson a permis à Baddeley d'introduire le concept de mémoire de travail. La mémoire à court terme ne peut être réduite à un système de stockage passif à court terme : elle sert en effet de *mémoire de travail* et fonctionne, selon le modèle de Baddeley et Hitch, comme un système de capacité limitée capable de stocker mais aussi de manipuler les informations, permettant ainsi l'accomplissement de tâches cognitives comme le raisonnement, la compréhension, la résolution de problèmes grâce au maintien et à la disponibilité temporaires des informations. Il s'agirait donc d'une *mémoire tampon*, permettant l'allocation de ressources attentionnelles, supervisée par un système de contrôle de l'attention appelé « administrateur central » (analogue au *système attentionnel de supervision* lié au lobe frontal et décrit par Shallice) qui coordonne des systèmes dits auxiliaires ou esclaves dont les plus étudiés sont la *boucle phonologique* et le *bloc-notes visuospatial* (figure 14.1). La boucle phonologique permet le stockage des informations verbales, qu'elles soient présentées par la voie auditive ou par la voie visuelle ; elle est faite de deux composantes, une unité de stockage phonologique et un processus de contrôle articulatoire fondé sur « l'autorépétition subvocale » qui permet d'alimenter l'unité de stockage ; en outre les informations écrites font l'objet d'un codage phonologique avant d'être transmises à l'unité de stockage grâce au processus de contrôle articulatoire (figure 14.2).

Figure 14.1
Schéma du modèle de mémoire de travail de Baddeley et Hitch.

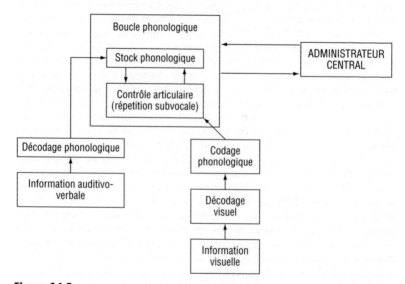

Figure 14.2
L'administrateur central et la boucle phonologique dans le modèle de mémoire de travail de Baddeley et Hitch.

Ainsi s'explique la *suppression articulatoire* : lors du subtest de mémoire de chiffres, les performances (c'est-à-dire l'empan) seront plus basses si l'on demande au sujet de répéter un son sans signification (comme « bla... bla... bla... ») pendant qu'on lui présente la suite de chiffres à restituer. Ainsi s'explique aussi l'*effet de similarité phonologique* et l'*effet de longueur* : l'empan d'une suite de lettres ou de mots est moins élevé quand ils sont phonologiquement proches et le nombre de mots à rappeler est d'autant plus bas que les mots sont plus longs. L'empan est donc limité par la saturation de la boucle phonologique : il équivaut à peu près au nombre d'éléments qui peuvent être prononcés en deux secondes et il est donc fonction du temps (et par conséquent de la vitesse) d'articulation. Néanmoins, comme le souligne Baddeley (1993), les termes d'auto-répétition subvocale ou de contrôle articulatoire ne doivent pas faire croire à la nécessité d'une activité réelle des organes phonatoires ou des mécanismes nerveux aspécifiques qui les régissent (voir chapitre 2, p. 23 et tableau 2.1). Ainsi des sujets ayant une dysarthrie paralytique majeure incapacitant toute production vocale conservent un empan mnésique normal, un effet de similarité phonologique, un effet de longueur des mots. L'essentiel réside dans la capacité d'un codage et d'un décodage pho-nologiques nécessaires pour accéder à la boucle phonologique qui concerne le « langage intérieur ». En outre, et sur le plan écologique, il faut noter les effets d'une « écoute inattentive » c'est-à-dire de messages auditifs parasites sur le rappel sériel immédiat. Ainsi les performances de rappel d'une suite de chiffres sont affec-tées par un environnement « phonémique » (personne ou groupe parlant ou chantant dans une langue comprise du sujet ou dans une langue étrangère non comprise du sujet) alors que les performances sont moins affectées en ambiance de musique instrumentale et non affectées par les bruits délivrés à la même inten-sité que le langage. Ces travaux devraient compléter de manière qualitative les études sur la « pollution sonore » centrées sur la seule intensité sonore affectant de manière composite l'attention sélective et donc l'apprentissage. Le bloc-notes visuospatial est alimenté soit par la perception visuelle soit par l'imagerie mentale. Son fonctionnement, analogue à celui de la boucle phonologique, permet le maintien temporaire des informations visuelles (qui concernent la reconnais-sance, c'est-à-dire le « quoi ») et des informations spatiales (qui concernent la localisation, c'est-à-dire le « où »). Toutefois, le modèle de Baddeley ne laisse pas de place au codage sémantique dont l'intervention dans la mémoire de travail semble prouvée par le fait que l'empan est augmenté quand les mots à restituer ont une ressemblance sémantique : ceci pourrait permettre d'envisager une mémoire de travail faite de représentations multiples constituant autant de systèmes tampons connectés entre eux (visuel, auditif, phonologique, lexical, sémantique, moteur, etc.). En outre Baddeley a adjoint à son modèle de mémoire de travail, un *buffer épisodique* (voir Fig. 14.8) qui serait un nouveau système de stockage temporaire d'informations épisodiques (donc référencées dans le temps et dans l'espace), multimodales, interposé entre l'administrateur central (qui lui délivrerait des informations issues de la boucle phonologique et du bloc-notes visuospatial) et la mémoire à long terme. En effet une des limitations de son modèle tenait à ce que l'empan verbal est voisin de sept mots, alors qu'il en atteint quinze à seize dès que ces derniers sont intégrés dans des phrases (prose). Si l'empan verbal pour la prose dépendait de la mémoire à long terme, les patients amnésiques devraient avoir des empans verbaux pour la prose très médiocres. Or Baddeley (2002) a pu montrer que des patients amnésiques avaient une préservation de leur empan verbal pour la prose alors même que leurs performances en rappel différé de prose étaient effondrées. Bien entendu, ces malades étaient indemnes de tout syndrome dysexécutif, alors que les malades Alzheimer ayant à la fois un syndrome dysexécutif et un syndrome amnésique, avaient des performances effondrées, et en rappel immédiat et en rappel différé de prose. C'est ce constat qui conduisit à postuler l'existence d'un buffer phonologique dont l'intégrité permettrait chez des patients amnésiques de garder des performances préservées pour le rappel immédiat de la prose.

Sur le plan anatomique, le fonctionnement de la boucle phonologique impliquerait l'aire 44 pour le stockage phonologique et les aires 6 et 40 pour le contrôle articulatoire. Le fonctionnement du calepin visuospatial, composé de sous-systèmes visuels et spatiaux impliquerait, au niveau de l'hémisphère droit, les régions fronto-pariéto-occipitales (aires 6, 19, 40, 47). L'administrateur central et ses sous-systèmes impliqueraient les régions préfrontales.

Mémoire à long terme

La *mémoire à long terme* comporte d'abord une mémoire dite secondaire (figure 14.3) qui permet la conservation durable des informations grâce à un codage, suivi d'un stockage organisé dans une trame associative multimodale (sémantique, spatiale, temporelle, affective) ; cette mémoire permet l'apprentissage et les informations engrangées font l'objet d'une *consolidation* variable en fonction de leur importance émotionnelle et de leur répétition. Cette mémoire est un système distinct de la mémoire à court terme et repose anatomiquement sur le circuit de *Papez* (figure 14.4), bilatéral et symétrique (initialement décrit comme support de la régulation des émotions), unissant l'hippocampe, le fornix, les corps mamillaires, rejoignant par le faisceau mamillo-thalamique, les noyaux antérieurs du thalamus pour aboutir ensuite au gyrus cingulaire. Ainsi, l'exemple le plus étudié d'amnésie hippocampique est le malade H.M., suivi par Scoville et Milner, opéré à l'âge de 27 ans d'une double lobectomie temporale incluant l'hippocampe et devenu incapable de mémoriser les événements survenus depuis sa lobectomie, alors même que son empan est normal. Il a pu même être exceptionnellement observé (dans l'aphasie de conduction) la dissociation inverse, à savoir un déficit de la mémoire auditivoverbale à court terme contrastant avec une préservation de la mémoire à long terme. Ces constatations sont importantes car elles empêchent de considérer que la mémoire à court terme est le passage obligé vers la mémoire à long terme. Le modèle de Shallice et Warrington postule un fonctionnement « en parallèle » de ces deux mémoires (figure 14.5).

Les effets seriels de récence et de primauté s'inscrivent aussi contre une conception uniciste de la mémoire : en effet, quand on demande à un sujet de restituer dans une tâche de rappel immédiat une liste (supérieure à l'empan) de mots sans lien, de syllabes ou de chiffres, les derniers mots (effet de récence) et les premiers mots de la liste (effet de primauté) sont les mieux mémorisés. L'effet de récence dépendrait de la mémoire à court terme, labile, alors que l'évocation des premiers mots, plus stable, montrerait qu'ils sont récupérés à partir de la mémoire à long terme. Ainsi, chez le malade H.M., qui a un empan normal, il persiste un effet de récence mais pas d'effet de primauté.

Les souvenirs font l'objet pour certains d'entre eux d'une consolidation et constituent alors la mémoire des faits anciens ou mémoire consolidée ou mémoire

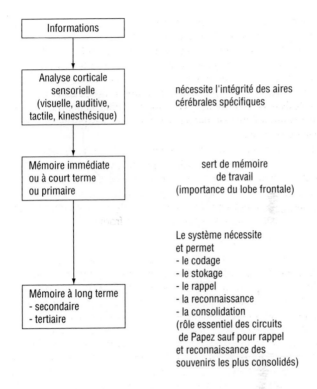

Figure 14.3
Les étapes de la mémorisation (telles qu'elles ont été en particulier envisagées dans le modèle « modal » d'Atkinson et Shiffrin).
On note toutefois que le système de mémoire à court terme peut ne pas être un passage obligatoire avant le système à long terme puisqu'il a été observé un déficit du rappel auditivoverbal à court terme sans atteinte du rappel à long terme (voir texte et figure 14.5).

tertiaire. H.M., cité plus haut, et dont l'amnésie s'étend sur une période de onze ans précédant l'intervention chirurgicale, a conservé les souvenirs des événements précédant cette période, qu'ils concernent son autobiographie ou l'histoire sociale. Ceci démontre que les régions temporales ne sont pas liées au stockage permanent des souvenirs : leur rôle s'étendrait de la phase d'apprentissage à la période de consolidation. On peut ainsi postuler que le stockage et le décodage des souvenirs récents dépendent d'interactions entre le circuit de Papez et d'autres sites plus disséminés dans le cerveau. Progressivement, après consolidation, ces sites fonctionnent de manière autonome. Les lésions du circuit de Papez empêchent l'apprentissage (d'où l'oubli à mesure), tandis que les souvenirs les plus récents sont perdus ; mais les souvenirs anciens sont préservés car devenus indépendants du circuit de Papez.

L'apprentissage et les modifications neuronales et synaptiques qu'il suppose auraient un support biochimique et feraient intervenir l'ARN ou des protéines,

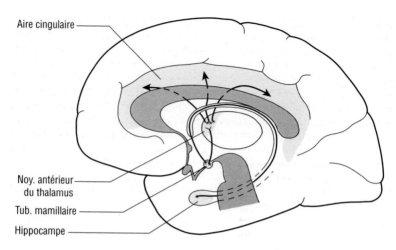

Figure 14.4
Le circuit de Papez : circuit hippocampo-mamillo-thalamo-cingulaire.
D'après Lazorthes G. *Le système nerveux central.* Paris : Masson ; 1967

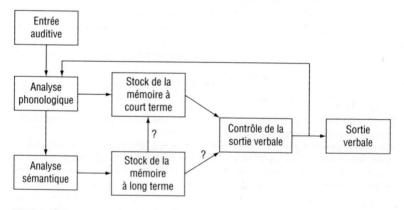

Figure 14.5
Modèle de Shallice et Warrington (1979) postulant les relations entre la mémoire à court terme et la mémoire à long terme dans le rappel auditivoverbal.
Le codage est phonologique pour la mémoire à court terme et sémantique pour la mémoire à long terme. Les deux systèmes de mémoire peuvent être lésés indépendamment.

comme le suggèrent certaines expériences animales de transfert chimique d'informations, ainsi que l'effet amnésiant de produits inhibant la synthèse protéique. La mémorisation fait par ailleurs intervenir plusieurs systèmes de neuromédiation parmi lesquels une place doit être réservée à l'acétylcholine.

Les techniques d'imagerie dynamique suggèrent que l'encodage verbal met en jeu le cortex préfrontal gauche en lien avec l'hippocampe gauche (Dolan, 1997 ;

Fletcher, 1998), tandis que le rappel impliquerait surtout le cortex préfrontal droit. L'encodage visuel et visuospatial impliquerait le cortex préfrontal droit (Kelley *et al.*, 1998) mais aussi les régions temporales moyennes (et en particulier les hippocampes : Grady *et al.*, 1998). Toutefois la lecture des nombreux travaux consacrés à l'imagerie ne peut se faire sans tenir compte de la multiplicité des protocoles : certain utilisent des tâches d'activation en IRM fonctionnelle, en SPECT (tomographie à émissions monophotoniques), PET (tomographie à émisssion de positons) chez le sujet normal ; chez les sujet cérébrolésés, outre les tâches d'activation, d'autres études examinent la consommation de glucose au repos et analaysent ensuite les liens entre les performances mnésiques. Les résultats doivent donc être interprétés de manière nuancée. Ainsi le modèle HERA *(hemispheric encoding/retrieval asymetry)* proposé par Tulving (1994) indique que le cortex préfrontal droit est électivement impliqué dans le rappel d'informations épisodiques (qu'elles soient verbales ou visuospatiales), tandis que le cortex préfrontal gauche est plutôt impliqué dans le rappel en mémoire sémantique mais dans l'encodage en mémoire épisodique. Ainsi il n'est pas contradictoire de dire que :

- en frontal gauche, l'activité liée à l'encodage et au rappel de matériel verbal est supérieure à l'activité liée à l'encodage et au rappel de matériel non verbal ;
- en frontal droit, l'activité liée à l'encodage et au rappel de matériel non verbal est supérieure à l'activité liée à l'encodage et au rappel de matériel verbal ;
- l'activité d'encodage en mémoire épisodique est supérieure à l'activité de rappel dans l'hémisphère gauche, quel que soit le matériel, tandis que l'activité de rappel est supérieure à l'activité d'encodage dans l'hémisphère droit, quel que soit le matériel, ce qui est conforme au modèle HERA[1].

Mais ces modèles doivent sans cesse être nuancés : l'imagerie dynamique indique que le rappel en mémoire autobiographique active le cortex préfrontal gauche même pour sa composante épisodique, alors que c'est le lobe préfrontal droit (voir *supra*) qui est activé pour les tests de mémoire épisodique usuels non autobiographiques. Il est probable que le lobe préfrontal gauche voit se superposer les structures liées à la mémoire de travail, au rappel autobiographique et à la mémoire sémantique (Piolino, 2009). Les aires intéressées en rappel autobiographique seraient les aires de Brodmann (AB) 11/47 (connectées aux structures limbiques) au niveau du cortex fronto-orbitaire interne et les AB 6/45 au niveau du cortex dorsolatéral, suggérant à la fois le rôle joué dans le rappel épisodique par les fonctions exécutives nécessaires à la « reconstruction » du souvenir (Svoboda, 2006) et par la vie émotionnelle.

En clinique, il est habituel d'opposer l'amnésie *antérograde* à l'amnésie *rétrograde*. La première désigne l'incapacité ou les difficultés de mémorisation des événements nouveaux : il s'agit donc d'un oubli à mesure dont le commencement correspond au début de la maladie ou de l'accident. L'amnésie antérograde altère donc les capacités d'apprentissage de même que la mise en mémoire des événements de la vie quotidienne pouvant dans les cas les plus graves entraîner une désorientation dans le temps voire dans l'espace. L'amnésie rétrograde intéresse les événements survenus avant le début de la maladie ou du traumatisme avec un

---

1. Habib. *Trends in Cognitive Neurosciences* 2003 ; 7 : 241-5.

gradient temporel, les événements les plus anciens étant les mieux mémorisés. La durée de l'amnésie rétrograde est variable, de quelques jours à quelques années ; son étendue temporelle peut être évaluée en fonction des réponses aux questions concernant les événements datés de la vie familiale et sociale. Quand la maladie évolue vers la guérison, l'amnésie rétrograde régresse des souvenirs les plus anciens vers les souvenirs les plus récents. Quand la maladie s'aggrave (par exemple, une démence d'Alzheimer), l'amnésie rétrograde s'étend et dissout progressivement des tranches de passé de plus en plus ancien.

Il faut aussi en clinique tenter de distinguer les amnésies, selon qu'elles sont liées à un déficit de l'encodage, du stockage ou du rappel (dit encore de la récupération en mémoire ou du repêchage) : ces trois paramètres peuvent être par exemple contrôlés dans le test de Gröber-Buschke (voir *infra*, *l'examen de la mémoire* et chapitre 16). Le plus souvent les amnésies par déficit du stockage correspondent à une atteinte hippocampique (voir chapitre 16). Les amnésies dites d'évocation ou encore par déficit de la récupération en mémoire se caractérisent par un déficit en rappel libre amélioré ou normalisé par l'indiçage ou la reconnaissance sur choix multiple. Une dissociation entre le rappel altéré et la reconnaissance, moins altérée ou normale, peut avoir des significations multiples ; elle peut témoigner d'un déficit de la stratégie de récupération (lobe frontal dorso-latéral, voir chapitre 13, et démences fronto-sous-corticales mais aussi dépression, voir chapitre 16). Comme on le verra plus loin, un tel profil peut aussi témoigner d'un déficit de la mémoire épisodique contrastant avec une préservation ou une moindre atteinte de la mémoire sémantique et, dans ce cas, les bonnes performances en reconnaissance sont imputées à la persistance du sentiment de familiarité (voir *infra*).

Les autres aspects de la mémoire

Les mémoires « sectorielles »

La mémoire *auditive verbale*, explorée par l'empan auditif (par exemple subtest de mémoire de chiffres de la WAIS) est électivement altérée lors des lésions rétrofrontales de l'hémisphère gauche et tout particulièrement temporo-pariétales, la structure clé étant soit la partie inférieure du lobe pariétal, soit la partie postérieure de la première circonvolution temporale gauche (circonvolution temporale supérieure), en arrière du cortex auditif primaire : cette région pourrait être le substrat partagé de la mémoire auditivo-verbale à court terme et de la compréhension du langage parlé, tout particulièrement des phrases, ce qui requiert que de multiples représentations auditives lexicales soient concurremment actives (Leff). La mémoire *visuoverbale* à court terme est quant à elle altérée par les lésions de la partie postérieure de l'hémisphère majeur (dominant). Par contre, la mémoire à court terme *visuospatiale* (explorée par exemple par un test de dénombrement de points en présentation tachistoscopique) dépend de lésions temporales ou pariétales de l'hémisphère droit. Cette « spécialisation hémisphérique » demeure au-delà de la mémoire à court terme, tant pour l'apprentissage verbal (histoire, liste de mots) électivement lié à l'hémisphère gauche que pour l'apprentissage visuel (figures ou images) lié à l'hémisphère droit.

Mémoire sémantique et mémoire épisodique

C'est Tulving qui a soutenu la distinction entre deux types de mémoires, sémantique et épisodique. La *mémoire épisodique* (*mémoire pure* selon la terminologie bergsonienne ; mémoire autonoétique selon Tulving, car impliquant la connaissance par le sujet de sa propre histoire construite par les événements de la vie) permet au sujet d'enregistrer et de se souvenir d'informations référencées dans un environnement spatial et temporel, donc de se souvenir d'événements de sa propre histoire personnelle, familiale ou sociale : il s'agit donc d'une mémoire événementielle permettant au sujet d'actualiser des souvenirs qu'il reconnaît « comme siens et comme passés ». La mémoire épisodique peut concerner la mémoire secondaire et tertiaire. Chez un sujet ayant un syndrome amnésique, l'altération de la mémoire épisodique est antérograde et rétrograde. En clinique, la mémoire épisodique la plus étudiée est la mémoire épisodique secondaire : relater les événements d'une journée ou d'un passé récent relève typiquement de la mémoire épisodique qu'il est très habituel d'explorer par de nombreuses épreuves d'apprentissage comme le test des mots de Rey, le test de Gröber-Buschke, la figure complexe de Rey, l'apprentissage d'histoires, l'échelle clinique de mémoire de Wechsler, la batterie d'efficience mnésique de Signoret (voir *infra*, l'examen de la mémoire). La mémoire épisodique se confond en partie avec la *mémoire autobiographique* dont certains éléments renvoient cependant à un savoir et relèvent alors de la mémoire sémantique. Le statut mnésique des événements publics peut être difficile à établir : ils peuvent ou non faire partie de la mémoire autobiographique ; alors qu'ils sont par définition référencés dans le temps et dans l'espace, ils peuvent relever soit de la mémoire épisodique, soit de la mémoire sémantique. La mémoire des faits anciens (ou mémoire rétrograde définie de manière plus stricte comme antérieure au début de la maladie) ou mémoire du passé mêle mémoire épisodique et mémoire sémantique. La *mémoire sémantique* (mémoire noétique, selon Tulving) concerne le corpus des connaissances d'un individu affranchies de toute référence spatio-temporelle : elle définit le savoir ou la « culture » ou encore les « compétences » d'un individu ; c'est donc une mémoire *didactique* qui concerne des informations dont l'évocation est dépourvue de toute référence à l'histoire personnelle du sujet (*qui a assassiné Henri IV ? quelle est la capitale des États-Unis ?*). Cette mémoire gère aussi la signification des mots comme des informations qui parviennent à notre conscience par le canal des sens. Cette distinction a été stimulée par la séméiologie des syndromes amnésiques qui représenteraient un découplage entre la mémoire épisodique, massivement atteinte et la mémoire sémantique, préservée ou relativement préservée : ainsi en est-il du professeur d'histoire, qui, au cours d'un ictus amnésique, peut évoquer la vie de Charlemagne mais qui, quelques instants plus tard, ne se souvient pas l'avoir fait. On pourrait ainsi opposer, selon l'hypothèse de Tulving, une mémoire sémantique hautement organisée, relativement permanente, indépendante du contexte et une mémoire épisodique bien moins organisée, hautement sujette à l'oubli et dépendante du contexte. Cependant, il serait abusif de faire une dichotomie stricte entre ces deux mémoires et surtout d'en inférer qu'elles expriment deux systèmes mnésiques séparés. Les constatations faites chez les amnésiques peuvent aussi être expliquées par la distinction entre les mémoires rétrograde et antérograde ou encore entre les mémoires secondaire et tertiaire : ce que l'on désigne sous le nom de mémoire sémantique a fait l'objet d'un apprentissage répétitif et ancien et a ainsi bénéficié des effets structurants de la consolidation. De la même manière, comme le montre le cas H.M., les événements les plus anciens de l'existence, même s'ils font partie de la mémoire épisodique, sont pourtant préservés dans les amnésies. Il existe ainsi un gradient temporel de l'amnésie rétrograde qui explique que les malades amnésiques se rappellent plutôt bien les informations épisodiques et sémantiques acquises tôt dans la vie et plutôt plus mal les deux types d'informations acquises plus tardivement dans l'existence. Au cours d'un syndrome amnésique avec oubli à mesure, le malade ne mémorise pas ce qu'il vit et du même coup, il ne peut « mettre à jour » sa mémoire sémantique. Il paraît assez clair que les événements de l'existence comme les apprentissages nouveaux concernent la mémoire épisodique et les informations à visée didactique sont mémorisées en même temps que le contexte dans lequel elles ont été apprises. Progressivement les connaissances s'autonomisent par rapport au contexte et ainsi rejoignent la mémoire sémantique.

Mémoire autobiographique et identité humaine

La mémoire autobiographique exprime nos capacités de mémoire épisodique à long terme quand elle nous permet de nous souvenir, après qu'ils ont été encodés et stockés, des événements de vie qui peuvent être ainsi situés dans le temps et dans l'espace. Il s'agit donc là d'une conscience autonoétique. Mais la mémoire autobiographique comporte aussi une part sémantique qui se constitue de diverses manières : il peut s'agir de souvenirs qui avec le temps perdent leur références spatio-temporelles (on sait qu'on s'est blessé au coude jadis sans s'en rappeler les circonstances), soit de souvenirs qui se répètent et se sémantisent (tous les ans, je pars en vacances en Bretagne ; ma tante m'offre un livre à chaque anniversaire), soit de connaissances générales sur soi et son environnement (dates de naissance, adresses, etc.). L'étude des amnésies développementales a bien contribué à montrer que ces deux composantes de la mémoire autobiographique (le « *Remember* » épisodique et le « *Know* » sémantique), ne reposant pas sur les mêmes structures, pouvaient être atteintes de manière dissociée. L'exploration neuropsychologique de la mémoire autobiographique doit donc tenir compte du caractère composite de cette mémoire (voir p. 226).

La mémoire autobiographique nous permet ainsi tout au long de la vie d'inscrire les changements dans une continuité historique qui permet d'énoncer qu'enfant, adulte puis vieillard, il s'agit de la même personne même si elle n'est pas la même tout au long de sa vie. Et ainsi peut être surmontée « la diversité de nos perceptions en les reliant dans un flux continu qui aboutit à créer la notion du "Soi" » (Hume). Et on sait aussi l'importance de l'émotion dans l'encodage, le stockage et la reviviscence des souvenirs.

Mais comment s'organise cette mémoire tout au long de la vie et plus précisément comment vieillit-elle ? On se souvient de la loi de Ribot : « La destruction progressive de la mémoire suit donc une marche logique, une loi. Elle descend progressivement de l'instable au stable. Elle commence par les souvenirs récents, mal fixés dans les éléments nerveux, rarement répétés et par conséquent faiblement associés avec les autres, représentant l'organisation à son degré le plus faible. Elle finit par cette mémoire sensorielle, instinctive qui, fixée dans l'organisme, devenue une partie de lui-même ou plutôt lui-même, représente l'organisation à son degré le plus fort. » On voit que cette loi privilégie à la fois les souvenirs anciens et la répétition. Or, dans le vieillissement normal, l'étude de la courbe d'évolution des souvenirs montre que les plus robustes sont bien les plus récents, que leur volume tend ensuit à décroître avec le temps avec toutefois un « pic de réminiscence » pour les souvenirs correspondant à la période de vie située entre 18 et 30 ans. L'effet de récence n'est donc pas aboli dans le vieillissement normal qui ne suit donc pas la loi de Ribot. Par ailleurs, les scores de rappel en mémoire autobiographique épisodique baissent avec l'âge et avec l'intervalle de rétention tandis que les scores de rappel en mémoire autobiographique sémantique restent à peu près stables (Piolino, 2009).

La comparaison (Piolino, 2007) des scores en mémoire autobiographique épisodique et sémantique a pu montrer dans une population de malades Alzheimer (dont la lésion cible est hippocampique) un gradient temporel conforme à la loi de Ribot alors que les démences sémantiques (lésion cible : cortex temporal externe) avaient un gradient inverse (voir chapitre 16) avec un effet de récence particulièrement net, alors qu'il n'était observé aucun gradient temporel dans la population atteinte de variantes frontales de démences fronto-temporales (fv-DFT). En comparant dans des protocoles *Remember/Know* les réponses de type « *Remember* » (mémoire épisodique) par rapport aux réponses « *Know* » (sentiment de familiarité relevant de la mémoire sémantique), la proportion des premières était inférieure à celle des secondes chez les malades Alzheimer et chez les malades atteints de démence fronto-temporale mais pas chez les malades présentant une démence sémantique. Ainsi, l'atteinte de la conscience autono-étique est probante dans la maladie d'Alzheimer et dans les démences frontales, ce qui est en accord avec l'implication et du lobe frontal et de l'hippocampe dans le rappel autobiographique épisodique, le premier intervenant schématiquement dans la stratégie du rappel, le second dans la « reviviscence » du souvenir. Quant au cortex temporal antérieur et externe, affecté dans la démence sémantique, il n'altère pas la mémoire antérograde et permet donc la mémorisation d'informations épisodiques récentes préservant ainsi la conscience autonoétique.

À première vue, ces résultats peuvent conforter le modèle selon lequel le lobe temporal interne intervient dans la récupération en mémoire épisodique comme en mémoire sémantique pendant toute la période de consolidation (jusqu'à une dizaine d'années) après laquelle les souvenirs en mémoire épisodique et les informations en mémoire sémantique seraient stockés dans des aires néocorticales et deviendraient autonomes par rapport aux structures temporales internes (voir *mémoire à long terme*, p. 194). Cependant, il a pu aussi être observé (Piolino, 2003, 2007, 2009) que les malades atteints de démence sémantique avaient un déficit de la mémoire autobiographique éloignée qui concernait aussi sa composante épisodique : dans ces conditions, on pourrait contester que le gradient temporel inverse observé soit seulement lié à la sémantisation « déficiente » des souvenirs en admettant que le support de la mémoire autobiographique épisodique est le lobe temporal interne pour le passé récent et le néocortex pour le passé ancien (Bailey, 2003). En outre, il est apparu que le gradient temporel n'était plus observé chez les malades Alzheimer et déments frontaux quand on ne considérait que les scores en mémoire épisodique, ce qui pourrait suggérer que le rôle de l'hippocampe dans la consolidation des souvenirs s'étend sur une période de temps plus prolongée que les quelques années qui étaient alors évoquées. Ainsi, selon un nouveau modèle dit traces multiples, on pourrait admettre que le rappel épisodique dépend toujours du lobe temporal interne quel que soit l'inter-valle de temps et du lobe frontal pour l'indexation temporelle des souvenirs, tandis que le modèle classique de consolidation s'accorderait mieux avec le rappel de la part sémantique de la mémoire autobiographique. Mais il s'en faut que ces propositions puissent être considérées comme définitives.

La latéralisation gauche de l'activation hémisphérique et notamment frontale constatée lors des tâches de rappel en mémoire autobiographique doit conduire moins à contredire qu'à nuancer et à compléter le modèle HERA (voir *mémoire à long terme*, p. 194).

Les amnésies rétrogrades massives induisent des amnésies d'identité, essentiellement psychogènes (voir *infra*). C'est ainsi que la mémoire qui fabrique l'identité de chaque être humain, dont le Self, se construit à partir des expériences de vie et des comportements qui vont le configurer à l'égard des autres de telle manière qu'il soit « reconnu » (James). Mais la construction du Self permet aussi au sujet de se reconnaître lui-même dans une histoire et de manifester cette identité narrative dont Paul Ricœur avait fait l'une des manifestations privilégiées de la prise de conscience et de l'attestation du sentiment de Soi. La mémoire constitue le fil d'Ariane qui donne au sentiment de Soi, sa continuité identitaire. Et ainsi avait déjà dit John Locke, en prenant appui sur la mémoire, « aussi loin que la conscience peut remonter vers quelque action ou pensée passée, aussi loin s'étend l'identité personnelle ». « It is the same self now it was then. » Le Soi est maintenant le même qu'il était alors. L'identité personnelle est donc bien dans la reconnaissance par chaque sujet comme sienne et comme passée de son histoire quels que soient les changements de « substance » (Locke), de « caractère » (Hume).

On conçoit donc le rôle clé (mais non exclusif) joué par la mémoire autobiographique dans cette construction et ce maintien du Soi (Piolino, 2007), l'identité humaine s'élaborant « en inscrivant chaque sujet dans une histoire unique » (Gil, 2004). Et c'est ainsi que la conscience de Soi se hisse dans une Représentation de Soi, un Soi historique, qui peut d'ailleurs se raconter dans un « récit », une « méta-conscience de Soi » dont elle est indissociable. Hume (12) avait pressenti que la mémoire autobiographique ne pouvait être réduite à une succession d'évènements mais qu'il fallait en outre que puisse se tisser entre eux une continuité fondée sur « des relations de ressemblance, de contiguïté, de causalité », car l'identité implique la continuité dans le temps donc l'inter-connection d'états de conscience se succédant tout au long de la vie. La mémoire autobiographique n'est pas une mémoire exhaustive qui compilerait un à un tous les évènements, les actions et les connaissances de la vie et la mémoire ne saurait exister sans la capacité de tri que constitue l'oubli. Des informations, des situations innombrables auxquelles le sujet est confronté, seules quelques-unes vont être mémorisées en fonction de leur impact émotionnel, de leur répétition, de l'importance que le sujet leur accorde en fonction de sa personnalité, de ses projets, de ses intérêts de vie. Tout cela renvoie à une supervision dont il est logique de penser qu'elle mobilise les fonctions dites exécutives et qui correspond à ce que Conway a proposé de dénommer le Self de travail ou « *Working Self* ». Cet auteur a construit un modèle complexe du Self qui a côté du Self de travail compte deux autres systèmes, le Self à long terme et le système de mémoire épisodique. Le Self à long terme est lui-même constitué du Self conceptuel qui regroupe les connaissances sémantiques personnelles les plus abstraites (images de soi et de ses relations sociales, systèmes de valeurs et de croyances auxquelles le sujet se réfère) et la base des connaissances autobiographiques constituées de niveaux hiérarchisés allant de l'histoire de vie reflétant l'histoire générale de l'individu (travail, famille, amis), aux périodes de vie (mon internat au lycée, mes dix ans d'engagement dans l'armée...) puis aux évènements généraux uniques (mon voyage en Inde) ou répétés (les dimanches à la campagne). Et pour Conway c'est cette base des connaissances autobiographiques qui permet l'accès aux souvenirs autobiographiques. L'accès à ces souvenirs épisodiques conçus comme une reconstruction du passé est régulée : facilitation, inhibition, modifications des souvenirs afin de les mettre en cohérence et en correspondance avec l'état d'esprit du sujet, les buts qu'il poursuit, son adaptation à la vie. On voit ainsi que le Self de travail pourrait réguler la mémorisation à l'encodage et au rappel dans le but de préserver le Self en lui assurant le sentiment de continuité nécessaire à son harmonie identitaire. Et c'est dans la conscience de Soi du temps présent que le sujet, façonné par son histoire dont témoigne sa mémoire, peut déployer sa mémoire du futur (*voir ci-dessous*). "Conscience signifie mémoire et anticipation", écrivait Bergson.

Ainsi, les termes identités et identiques ne sont pas homonymes. Le sentiment de continuité, de permanence identitaire nécessite l'acceptation, l'intégration des changements des représentations de Soi. Il en est ainsi des changements liés au vieillissement : les modifications morphologiques, physiologiques, sociales (qui répondent à la question : "Que suis-je devenu ?") doivent s'intégrer dans ce que Paul Ricœur désigne sous le nom "d'identité-mêmeté" (du latin *idem*) comme "principe de permanence dans le temps". Cette composante du Self qu'est l'identité interroge l'estime de Soi et se décline dans les interactions de l'être humain avec son environnement familial et social. La conscience de soi se déploie en lien avec la conscience de l'Autre, ce qui convoque d'autres compétences neuropsychologiques comme la théorie de l'esprit (voir p. 421 ; Duval) et l'empathie. La dépression du vieillissement (Gil 2012) peut ainsi refléter la souffrance narcissique d'un Soi désemparé par les changements d'une mêmeté dont le sentiment de continuité et de permanence dans le temps devient souffrance (*Que suis-je devenu* ?). Il s'agit bien d'un déficit de l'identité-mêmeté qui ne peut mettre les changements vécus en cohérence avec l'histoire. Ce déficit ne procède pas d'une insuffisance de mémoire mais bien au contraire d'une incapacité de lier le présent à l'histoire racontée par la mémoire. Mais on peut sans doute se risquer à énoncer que l'identité-ipséité reste préservée. L'autre composante de l'identité est en effet, selon Paul Ricœur, l'identité-ipséité (du latin *ipse*). Elle renvoie au "maintien de soi" de manière invariable, malgré les changements, en dépit des changements, "une sorte de permanence dans le temps qui soit une réponse à la question : Qui suis-je ?". Il en est ainsi par exemple de la fidélité à la parole donnée, de la constance dans l'amitié. On peut y ajouter ce que l'on peut nommer le caractère, la personnalité, la manière d'être et "d'être-au-monde" en tant que notre comportement nous permet d'être sans cesse identifiés par autrui comme étant le même. Le Self n'est pas qu'une construction de la conscience, il est aussi exposé, en tant qu'il induit une manière d'être, au regard, au jugement d'autrui. Le Soi est aussi un Soi comportemental (Fargeot, 2010). L'ipséité s'appuie certes sur la mémoire autobiographique. La maladie d'Alzheimer, en atteignant la mémoire épisodique, rompt la continuité et la connexion des expériences vécues et altère l'identité-mêmeté. Mais l'atteinte mnésique ne peut manquer aussi de retentir sur le maintien de Soi, la permanence du Soi donc l'ipséité car elle ne permet plus la fidélité à la parole donnée. Mais l'ipséité a dans la maladie d'Alzheimer et dans d'autres syndromes neuropsychologiques bien d'autres manières d'être altérée. De Phineas Gage, après le délabrement par la barre à mine de son lobe frontal, (voir chapitre 13, p. 171) des collègues de travail avaient dit : "*Gage n'est plus Gage*". Les troubles de la personnalité et du comportement de certaines lésions frontales (traumatiques, tumorales, dégénératives) que l'on peut englober sous le vocable de troubles de la cognition sociale (voir chapitre 18, p. 406) exposent ainsi à une altération de l'identité-ipséité que l'entourage exprime en disant : "*Je ne le reconnais plus*".

Mémoire déclarative et mémoire non déclarative ou implicite

Se souvenir d'un événement de sa vie, répondre à des questions de vocabulaire, d'histoire, de géographie renvoient à une mémoire (épisodique et sémantique) consciemment exprimée : on peut la nommer mémoire déclarative. Mais l'acte de mémoire n'est pas toujours mis en œuvre de manière consciente. On distingue ainsi trois types de mémoire non déclarative ou *implicite* (figure 14.6) :

- le premier type est le *conditionnement* ;
- le deuxième est la *mémoire procédurale* (ou mémoire anoétique) qui permet d'acquérir des « habiletés » ou « savoir-faire » perceptivo-moteurs ou cognitifs sans qu'il ne soit nécessaire de faire une référence explicite aux expériences antérieures. Ainsi, la rapidité de la lecture des mots en miroir s'améliore-t-elle avec la pratique répétée de ce mode de lecture : quand un sujet amnésique (comme H.M.) est soumis à cette tâche, il voit ses performances s'améliorer comme le sujet normal ; ultérieurement confronté à la même tâche, le sujet amnésique gardera de bonnes performances témoignant du maintien de l'apprentissage mais il n'aura conservé aucun souvenir d'avoir déjà réalisé cette tâche. Cette constatation importante a donc suggéré que la mémoire explicite et la mémoire procédurale reposaient sur des systèmes neuroanatomiques distincts. Un certain nombre de travaux ont porté sur d'autres habiletés perceptivo-motrices : apprentissage d'un labyrinthe, poursuite de cibles en

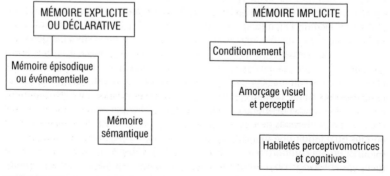

Figure 14.6
Mémoires explicite et implicite.

mouvement, apprentissage de séquences d'apparition d'une cible aux quatre angles d'un écran avec amélioration des temps de réaction. Parmi les habiletés cognitives, on peut citer le test de la Tour de Hanoï : l'acquisition de ces procédures dépendrait des structures sous-corticales et en particulier du striatum, ce que suggèrent leur altération dans la maladie de Huntington et leur intégrité dans la maladie d'Alzheimer ;

■ l'*amorçage* (ou *priming*) par *répétition* représente une autre manifestation de la mémoire implicite : il peut être *verbal* ou perceptif. L'épreuve d'amorçage verbal habituellement utilisée est une tâche de complément de trigrammes (groupes de trois lettres) au cours de laquelle on montre d'abord au sujet une liste de mots sur lesquels on sollicite un jugement affectif en ne faisant référence à aucune tâche de mémorisation ; puis on présente au sujet des trigrammes qu'on lui demande de compléter et l'on constate que les sujets normaux utilisent préférentiellement les mots qui leur ont été préalablement présentés. Ce type de tâche peut être effectué par les patients amnésiques alors même qu'ils sont ensuite incapables de rappeler sur ordre les mots qui leur ont été préalablement présentés. L'amorçage *perceptif* peut être objectivé en constatant que l'identification de mots préalablement montrés peut se faire pour des durées de présentation plus brèves que pour des mots non préalablement rencontrés ; de même l'identification de mots et de dessins (amorçage pictural) partiellement effacés par fragmentation est-elle plus satisfaisante pour les items auxquels le sujet a été préalablement exposé. L'amorçage dépendrait de l'intégrité du cortex : l'amorçage perceptif serait atteint dans la maladie d'Alzheimer alors que les performances aux épreuves d'amorçage verbal donnent des résultats plus disparates.

Mémoire et émotions

De nombreux travaux ont montré que les émotions positives ou négatives facilitent la mémorisation. Ainsi en mémoire explicite, les performances dans l'apprentissage d'une liste d'images ou de mots sont meilleures pour une liste d'items émotionnellement connotés que pour une liste d'items émotionnellement neutres, ce qui permet ainsi de définir un « delta émotionnel ». Ces constats valent aussi bien pour les items chargés d'émotions positives que pour les items chargés d'émotions négatives (Haman). Les émotions associées au matériel présenté exercent leur effet lors de l'encodage, renforcé par l'éveil attentionnel suscité par l'émotion comme lors de la consolidation des souvenirs. Les données de la neuro-imagerie permettent d'attribuer cet effet facilitateur du contexte émotionnel sur l'encodage et sur la consolidation à une action modulatrice de l'amygdale sur l'hippocampe. Ces constats, effectués lors d'apprentissages réalisés en conditions de recherches ou d'évaluations neuropsychologiques et concernant la mémoire épisodique, laissent entrevoir l'importance des émotions en mémoire autobiographique, qu'il s'agisse d'évènements personnels ou qu'il s'agisse d'évènements publics particulièrement marquants par le bouleversement émotionnel collectif qu'ils ont entraîné et dont le souvenir surgit toujours de manière particulièrement vive. Ainsi en est-il pour la mémorisation collective de ce que Brown et Kulik ont décrit sous le nom de « souvenirs en flash » (*flash-bulb memories*). Dans leur étude princeps, ces auteurs ont montré que dix ans après l'assassinat du président Kennedy, la plupart des personnes interrogées pouvaient se rappeler avec précision les conditions dans lesquelles elles avaient appris la nouvelle. Ces souvenirs en flash, outre la précision de leur reviviscence, concernent aussi bien l'évènement que le contexte spatio-temporel de la mémorisation, donc la mémoire de source. On voit ainsi comment des évènements publics s'implémentent avec la mémoire autobiographique. Bien entendu, les mêmes remarques valent pour les évènements personnels, ceux qui concernent le sujet lui-même, sa famille, son cercle de relations et tout particulièrement pour les évènements malheureux. L'effet neuromodulateur exercé par l'amygdale sur l'hippocampe s'exercerait par une neuromédiation adrénergique dont l'activation excessive rendrait compte du syndrome de stress-post traumatique lié à la reviviscence répétée et envahissante d'expériences traumatisantes (catastrophes naturelles, expériences de guerre, agressions, maltraitances). Ainsi lors du processus de rappel, l'hippocampe est impliqué dans le contenu-même du souvenir et de sa composante spatio-temporelle, tandis que l'amygdale est engagée dans le contenu et le vécu émotionnel (Holland). Quand le sujet engage des stratégies de régulation émotionnelle, en prenant de la distance par rapport à l'évènement lors de l'encodage, le rappel s'accompagne alors d'une activation du cortex préfrontal dorsolatéral gauche (Erk). Ces constats pharmacologiques (centrés sur les mécanismes adrénergiques impliquant le couple amygdalo-hippocampique) et psychologiques (régulation émotionnelle) expliquent les propositions de prise en charge pharmacothérapiques et psychothérapiques du syndrome de stress post-traumatique (Auxémery).

Interférences proactive et rétroactive

Ces interférences sont susceptibles d'expliquer des difficultés de mémorisation chez le sujet normal. L'*interférence proactive* désigne l'effet délétère qu'exerce un premier apprentissage sur la mémorisation d'un second apprentissage. L'*interférence rétroactive* désigne l'effet délétère qu'exerce un second apprentissage sur le rappel du premier apprentissage. L'importance des interférences pro- et rétroactives est d'autant plus grande qu'il existe une similarité entre les informations à rappeler et les informations interférentes. Le phénomène de libération de l'interférence proactive est envisagé au chapitre 13. Une grande sensibilité aux interférences rétroactives est observée dans la maladie d'Alzheimer.

Mémoire prospective ou mémoire stratégique et mémoire du futur

Saint Augustin, après avoir décrit la reviviscence dans "le vaste palais de la mémoire" des souvenirs avec leur contexte spatio-temporel et émotionnel, explique comment il peut, à la "lumière de ces connaissances", éclairer le présent et il ajoute : "*je médite l'avenir, actions, évènements, espoirs ; et tout ceci m'est comme présent, -je ferai ceci ou cela-*"[2]. Si le temps peut être segmenté en passé, présent et futur, déjà était pressentie l'existence chez l'être humain d'une capacité d'anticiper le futur, de décrire les actions à effectuer dans leur ordonnancement temporel, d'imaginer les évènements attendus, qu'ils soient espérés ou redoutés. Telle est la définition de la mémoire dite prospective qu'Ingvar avait

---

2. Sainr Augustin, Confessions, X, 14.

nommée "mémoire(s) du futur" car les programmations d'actions ou l'anticipation d'évènements font aussi partie de la conscience autonoétique du sujet et sont donc mémorisées et évoquées, soit de manière introspective, soit à la demande d'un interlocuteur. La conscience du présent articule la mémoire du passé et les réseaux neuronaux qui la sous-tendent (en particulier les régions temporales internes) avec la mémoire du futur, liant l'avenir au passé avec la nécessaire planification, les mises à jour, la flexibilité qui relèvent des fonctions dites exécutives gérées par le lobe préfrontal.

Envisagée dans sa concrétude, la mémoire prospective au sens restreint, peut désigner exclusivement les activités à effectuer dans le futur. Le terme renvoie, dans le déroulement d'une vie où le présent absorbe sans cesse le passé, à cette capacité de s'appuyer sur la continuité identitaire de la mémoire et sur la capacité à construire et à encoder des intentions d'actions qui doivent aussi être maintenues en mémoire. Leur récupération peut être induite par un indice évènementiel (*Je passe devant la boulangerie et je pense à acheter le pain*) ou doit être auto-initiée par le souvenir actif d'une durée (*Je dois aller chercher mon collègue à la gare demain au train de 12h 47*). On voit donc que la mémoire prospective est doublement liée au passé. Elle l'est de manière stratégique (*le congrès scientifique où un certain nombre de collègues vont intervenir*) et de manière tactique (*j'ai la mission d'aller chercher à la gare ce collègue*). La mémoire prospective est donc indissociable des capacités générales de mémorisation épisodique et sémantique comme d'une planification relevant du contrôle exécutif. De plus, une fois que l'action a réalisé l'intention et que l'objectif escompté a été atteint (*j'ai accueilli mon collègue à la gare et je l'ai conduit à l'université où se déroule le congrès*), l'intention doit être supprimée et la suppression maintenue en mémoire afin de ne pas être inutilement répétée (Gonneaud). On comprend donc qu'un syndrome frontal par déficit du contrôle exécutif mais aussi un syndrome amnésique (par exemple une amnésie hippocampique) puissent altérer la mémoire prospective. En incapacitant la mémorisation épisodique, l'amnésie hippocampique incapacite aussi la mémorisation nécessaire à la mise en œuvre de la mémoire prospective. Mais la mémoire du futur ne s'inscrit pas uniquement dans la concrétude d'actions inscrites dans un avenir que résumerait un agenda. En permettant, à l'instar de la mémoire du passé, un "voyage dans le temps" qu'elle inscrit dans l'avenir, la mémoire du futur permet de manière plus large, d'imaginer des évènements heureux ou malheureux dont on pense qu'ils surviendront ou qu'ils pourraient survenir dans le futur, parfois avec une quasi-certitude mais parfois de manière très hypothétique (*on peut imaginer avec force détails les prochaines vacances d'été. On peut aussi imaginer tout ce que l'on fera au cas où l'on gagnerait une immense somme d'argent à une loterie*). Cette capacité qui confine à une neuropsychologie de l'imagination a pu être appelée "simulation épisodique d'évènements futurs" (Schacter) et c'est à elle que l'on a pu réserver la dénomination de mémoire du futur. L'être humain peut ainsi imaginer épisodiquement des évènements futurs pour lui-même mais aussi pour toute autre personne ou pour tout groupe social. Les récits d'évènements imaginaires produits par des patients atteints d'amnésie hippocampique ont un contenu très pauvre et sont faits d'éléments juxtaposés qui ne s'inscrivent pas dans une cohérence spatiale. Une pauvreté d'évocation des souvenirs autobiographiques et d'imagination d'évènements futurs a aussi été décrite dans des dépressions sévères et dans des schizophrénies.

Au cours du vieillissement, le contraste qui a été décrit entre l'appauvrissement des représentations épisodiques de Soi puisées dans la mémoire autobiographique et l'intégrité des souvenirs personnels sémantiques (Piolino, 2010, voir chapitre 16, p. 269), s'accompagne parallèlement du même appauvrissement de la projection "épisodique" dans le futur. Les études en imagerie fonctionnelle ont pu montrer que la capacité de se souvenir du passé et d'imaginer le futur activait solidairement un système cérébral hautement spécifique impliquant : les régions pré-frontales, temporales internes, le cortex temporal externe, les régions postérieures au niveau du cortex pariétal interne et latéral s'étendant au précuneus et au cortex rétro-splénial. Ces régions sont corrélées fonctionnellement entre elles et tout particulièrement avec l'hippocampe. Ce sont ainsi les souvenirs épisodiques (mais aussi sémantiques) puisés dans la mémoire du passé qui sont réorganisés, recombinés, adaptés pour permettre l'élaboration de la mémoire du futur. Ainsi, une étude menée chez des sujets jeunes, a pu montrer que leurs simulations épisodiques d'évènements futurs étaient plus vivantes et plus riches en détails quand on leur demandait d'imaginer des évènements qui pourraient survenir la semaine suivante dans leur milieu familial ou quand on leur imposait un contexte non familier comme la Jungle ou le Pôle Nord.

Mémoires automatique et d'effort, mémoires incidente et intentionnelle

La forme la plus achevée de la mémoire automatique est la mémoire incidente envisagée au sens strict du terme et qui concerne une mémorisation effectuée lors d'une tâche ne faisant explicitement référence à aucune requête de mémorisation. On a pu ainsi observer que certains types de mémorisation comme les jugements de récence pouvaient être considérés comme des processus automatiques : ainsi si l'on présente à un sujet des mots dans deux conditions, la première demandant au sujet si ces mots lui sont ou non agréables, la seconde en prévenant le sujet qu'une fois les mots présentés, il devra dire lors de présentations de paires de mots, lequel a été proposé le plus récemment, on constate que les performances du jugement de récence ne diffèrent pas dans les deux conditions expérimentales : mémorisation incidente et mémorisation intentionnelle (que l'on pourrait aussi appeler contrôlée ou d'effort). De même, dans une tâche de mémorisation de mots lus chacun d'une à plusieurs fois, le rappel libre des mots entendus est une tâche mnésique d'effort, alors qu'un jugement sur le nombre de fois où chaque mot a été énoncé, est une tâche mnésique essentiellement « automatique ». Enfin, la mémorisation contextuelle (ou spatio-temporelle ou de source) pourrait ne pas dépendre d'une mémoire stratégique contrôlée mais de processus automatiques nécessitant l'intégrité du lobe frontal.

Mémoire factuelle et mémoire contextuelle

On peut donc distinguer la *mémoire des faits* et la *mémoire contextuelle* qui regroupe les attributs spatio-temporels de l'information ou mémoire de source (« où » et « quand ») et les modalités de l'information (« comment »). Les atteintes de la *mémoire de source* et de la *mémoire factuelle* peuvent être associées ou dissociées. La synthèse des données actuelles de la littérature manque encore d'homogénéité.

On peut d'abord remarquer que, au cours des syndromes amnésiques, une amnésie de source peut ou non s'associer à l'amnésie factuelle. Il n'est toutefois pas possible de répondre à la question de savoir à quoi tient la diversité des situations observées : sévérité du syndrome amnésique qui, à partir d'un certain seuil, entraverait et l'apprentissage factuel et celui du contexte ? Rôle de certaines régions du circuit de Papez ? Existence de lésions frontales associées ou disconnexion entre les lobes frontaux et le circuit de Papez ? En tout cas, une amnésie de source coexistant avec une mémoire factuelle normale est observée au cours des lésions frontales. Si l'on assigne au lobe frontal la mission d'associer l'information aux différents aspects de son contexte, on pourrait alors concevoir qu'un dysfonctionnement du lobe frontal entraîne une disconnexion entre la mémoire factuelle et la mémoire de source. Ceci pourrait aussi être rapproché du rôle du lobe frontal dans la mémorisation de l'ordre temporel des informations comme les jugements de récence (voir *supra*). Le lobe frontal permettrait ainsi d'automatiser la mise en mémoire du contexte des informations. Baddeley a introduit une distinction entre les contextes indépendant et dépendant. Le contexte dépendant est encodé et stocké en même temps que le stimulus, traité de manière plutôt automatique, ne modifie pas la trace mnésique et correspond à la mémoire de source et d'ordre temporel des informations. Le contexte dépendant ou interactif désigne ce qui accompagne la mémorisation en influant sur le stimulus : ainsi, écrit Baddeley, le mot « *pot* » suivi par « *échappement* » n'est pas le même « *pot* » que « *pot* » suivi de « *confiture* » : dans ce cas, le contexte agit sur l'apprentissage et le stockage de l'information.

Mémoire et métamémoire

La *métamémoire* est à la fois la conscience qu'a le sujet de sa propre mémoire, le jugement qu'il peut porter sur les tâches comme sur les stratégies mnésiques qu'il peut mettre en œuvre. Les plaintes mnésiques sont une manifestation de métamémoire que l'on peut utilement comparer aux performances réelles des sujets. Ainsi, au cours des états dépressifs des sujets âgés, l'intensité des plaintes mnésiques est davantage corrélée à la gravité de la dépression qu'aux scores aux tests de mémoire ; après électrochoc, les sujets, alors améliorés sur le plan dépressif, déclarent peu ou pas de plaintes mnésiques alors qu'ils présentent des troubles objectifs de la mémorisation.

Une altération de l'estimation que le sujet peut porter sur le sentiment qu'il a de pouvoir reconnaître ou non (*feeling of knowing*, voir p. 182) parmi d'autres la réponse à une question (« *Comment s'appellent les îles anglo-normandes ?* ») ou sur le score qu'il peut obtenir à l'apprentissage d'une liste de mots, peut être observée dans les lésions du lobe frontal et dans le syndrome de Korsakoff au cours desquels les difficultés mnésiques sont sous-estimées, ce qui mesure alors d'une certaine manière la méconnaissance (anosognosie) du trouble mnésique. Toutefois, le déficit du sentiment de savoir (*feeling of knowing)* apparaît après un délai de mémorisation plus court dans le syndrome de Korsakoff alors qu'il n'apparaît pas chez les malades frontaux dans les quelques minutes qui suivent la présentation du matériel à mémoriser. En outre, ce déficit épargnerait chez le malade frontal les questions d'intérêt général (« *Qui a assassiné Henri IV ?* »). Il a donc pu être avancé que le déficit du « sentiment de savoir » relève chez le korsakovien de troubles sévères de l'apprentissage et de la métamémoire, alors que dans la pathologie frontale, l'atteinte de la métamémoire serait prédominante, coexisterait avec un déficit de l'estimation cognitive (voir *lobe préfrontal et résolution de problèmes*, p. 168) et relèverait pour l'essentiel de l'atteinte des processus d'organisation, de manipulation, de récupération et d'évaluation des informations, qu'elles soient apprises de manière récente ou déjà stockées dans la mémoire à long terme.

La mémoire déclarative et l'hippocampe : l'apport des amnésies développementales ou comment revisiter les modèles de systèmes de mémoire

La mémoire déclarative a été segmentée de multiples manières. La distinction de base contraste la mémoire épisodique et la mémoire sémantique. La mémoire autobiographique est une mémoire composite, à la fois épisodique et sémantique. La mémoire sémantique a plutôt été considérée comme une mémoire dont la consolidation était en quelque sorte parallèle à son autonomisation par rapport à la mémoire « du contexte », ou « de la source » qui relève donc de la mémoire épisodique (c'est-à-dire des événements de vie) mais qui du coup se confondait aussi avec la mémoire des faits récents, celle précisément qui repose sur les circuits de Papez dont le fondement est hippocampique. D'où le risque de faire un amalgame avec la mémoire des faits anciens et la mémoire des faits récents alors que ces deux types « temporels » de mémoires comportent à la fois des éléments épisodiques et des éléments sémantiques. Mais il est vrai que la mémoire sémantique s'accroissant et se consolidant avec le temps, renforçant sans cesse des données acquises à côté de l'acquisition de données nouvelles, se distingue d'une mémoire épisodique qui est affrontée même à travers les habitudes de la vie à des événements qui par essence sont uniques et dont le volume est tel que certains seulement sont mémorisés. Jorge Luis Borges, homme de lettres, a d'ailleurs montré avec maestria, dans une nouvelle intitulée *Funes ou la mémoire*, comment un individu qui se souviendrait de tout ce qu'il vit ne pourrait plus survivre. Et ainsi les souffrances aiguës des circuits de Papez comme celle qui s'exprime par l'ictus amnésique montrent à la fois l'atteinte de la mémoire des faits récents et l'atteinte élective de la mémoire épisodique : mais en faisant cette assertion, on oppose le fait que le malade a un « oubli à mesure » dont la composante « épisodique » est la plus spectaculaire, alors qu'il conserve ses compétences et ses connaissances (ce qui constitue sa « culture ») donc sa mémoire sémantique. Mais on doit ajouter que ce même malade conserve les souvenirs épisodiques survenus avant son amnésie rétrograde. Cependant ce malade, pendant son ictus amnésique, peut-il apprendre des connaissances nouvelles ? Si l'on répond que non, c'est que l'on considère que l'hippocampe est la porte d'entrée obligatoire et de la mémoire sémantique, qui est la mémoire factuelle, et de la mémoire épisodique, qui est la mémoire contextuelle. Telle est l'opinion de l'équipe de Squire et les travaux auxquels s'est prêté H.M. (voir *supra*) montraient que depuis da double lobectomie temporale, son amnésie « hippocampique » l'empêchait de mémoriser et événements et connaissances. Toutefois en utilisant des protocoles reliant des faits nouveaux à des représentations mentales anciennes que H.M. possédait avant son intervention, il a pu être montré qu'H.M. pouvait faire l'objet d'un apprentissage sémantique (Stokto). De même l'acquisition de connaissances sémantiques en l'absence de mémorisation épisodique a pu être montrée dans l'ictus amnésique (Guillery). Mais peut-on parler d'une réelle préservation de la mémoire sémantique en cas d'atteinte hippocampique ? L'apprentissage est laborieux, lent, et reste au-dessous de ce qui peut être considéré comme normal et d'ailleurs ces performances pourraient même témoigner selon Squire et Zola de quelques capacités résiduelles en mémoire épisodique. Ce que conteste d'ailleurs Tulving (1995) qui utilisant son protocole « *Remember/Know* » suggéra que le déficit du rappel chez l'amnésique pouvait coexister avec la persistance d'un sentiment de familiarité favorisant la reconnaissance *(« know »)* et attribué à la mise en jeu de la mémoire sémantique.

Le problème comme souvent en neuropsychologie est d'inférer le fonctionnement normal en partant du fonctionnement pathologique. Certes à l'état normal la mémoire épisodique et la mémoire sémantique ont partie liée : on vit un événement (en mémoire épisodique : l'enfant dans sa salle de classe un jour d'hiver où l'instituteur l'avait grondé) et on apprend un fait (en mémoire sémantique : l'assassinat d'Henri IV). Il a aussi été évoqué au chapitre 2 le modèle épisodique de l'accès au sens. Mais on doit convenir qu'il peut s'agir soit d'un fonctionnement unique soit d'un fonctionnement synchrone et coordonné mais distinct. Dans ce cas, il faut démontrer qu'il peut exister en pathologie une double dissociation, c'est-à-dire une amnésie épisodique avec respect de la mémoire sémantique et une amnésie sémantique avec respect de la mémoire épisodique.

Les observations de neuropsychologie de l'enfant ont été à cet égard démonstratives : Vargha-Cadem *et al.* dans une série de travaux de recherche commencés en 1997 ont rapporté des cas qualifiés d'amnésie développementale chez des enfants (dont le cas le plus étudié est *Jon*) et qui avec des lésions périnatales anoxo-ischémiques des hippocampes, présentaient une atteinte sévère de la mémoire épisodique contrastant avec une préservation de la mémoire sémantique. Mais une précision nosologique s'impose tout d'abord. En effet, comme le fait remarquer Temple, il avait été classique jusque là d'opposer les amnésies acquises de l'enfant et les amnésies développementales caractérisées par l'absence de lésions acquises. Or, l'habitude a été prise de qualifier de développementales des amnésies survenant chez des enfants ayant eu des lésions prénatales mais aussi chez des enfants ayant eu des lésions périnatales et postnatales et même chez des enfants atteints dans les premières années de la vie, en considérant en somme que ces lésions perturbent l'acquisition de compétences non encore acquises ou acquises de manière rudimentaire pour que l'aspect développemental soit au premier plan. Et de fait, la comparaison (Vargha-Khadem, 2001) des profils cliniques de l'amnésie chez des enfants dont les lésions hippocampiques étaient survenues tôt (dans la première année de la vie) ou tard (entre 6 et 14 ans) s'est avérée superposable. Ainsi ces enfants qui avaient présenté une encéphalopathie anoxo-ischémique néonatale et qui avaient été examinés en âge scolaire, et plus précisément entre 8 et 14 ans (Gadian), avaient malgré le déficit de leur mémoire épisodique, franchi les principales étapes du cursus scolaire, ce qui montre qu'ils avaient pu acquérir les connaissances sémantiques requises. L'efficience intellectuelle telle qu'elle peut être évaluée par l'échelle de Weschler est normale de même que les capacités langagières. Certes la scolarité ne s'était pas déroulée sans difficultés mais avec des troubles qui avaient été considérés comme relevant de simples problèmes attentionnels : ils oublient ce qu'on vient de leur dire, se perdent dans des endroits non familiers, et paraissent mélanger des souvenirs quand on leur demande d'évoquer tel ou tel événement. Dans une autre observation (Lebrun-Givois), l'enfant âgé de 12 ans et dont le cursus scolaire a été normal a intrigué ses parents et ses professeurs en posant toujours les mêmes questions, en s'avérant incapable de raconter ce qu'il avait fait la veille ou lors des dernières vacances, en ne relatant de sa biographie que des faits généraux (il sait qu'il s'est blessé) sans pouvoir donner les références spatio-temporelles (il ne sait ni où, ni quand), ce qui montre son incapacité à témoigner d'un souvenir unique en mémoire épisodique. Ce déficit dans la compilation des événements de la vie quotidienne est ainsi bien mis en évidence par le « *Rivermead Behavioural Memory Test* » qui comporte des items écologiques comme se rappeler d'un itinéraire, d'une date, d'un message, de l'endroit où tel ou tel objet a été déposé. Les tests de rappel différé de mots, d'histoires (Weschler mémoire), de figures géométriques (Weschler mémoire, figure de Rey) sont bien sûr très déficitaires. Il est par ailleurs important de constater que si le rappel est déficitaire, les épreuves de reconnaissance sont satisfaisantes ou moins altérées que le rappel, ce qui doit être imputée à la préservation du sentiment de familiarité en lien avec la mémoire sémantique. L'acquisition de nouvelles connaissances sémantiques a pu être démontrée ; toutefois, en raison du manque d'appui de la mémoire épisodique, l'acquisition est plus laborieuse (Martins), nécessite davantage de répétitions et s'améliore en condition d'encodage sémantique (Gardiner). Ces constatations permettent de penser comme le pressentait Tulving (1995) que la mémoire épisodique et la mémoire sémantique ne fonctionnent pas comme deux sous-systèmes parallèles de la mémoire déclarative et que la mémoire épisodique ne représente pas la clé d'accès à la mémoire sémantique. Aussi l'acquisition de connaissances sémantiques est donc possible en dépit d'un déficit sévère de la mémoire épisodique. En termes neuroanatomiques, on peut ainsi concevoir selon Tulving que l'hippocampe soit nécessaire à la mémoire épisodique (au sens du rappel d'événements donc de contexte temporel et spatial) et que la mémoire sémantique (au sens de rappel de faits) dépende des structures temporales internes voisines à savoir les cortex entorhinal, périrhinal et parahippocampique (Tulving et Markowitsh). Bien entendu, l'étude de ces cas de dissociation doit rester prudente car les protocoles de recherche sont multiples et les lésions ne recouvrent pas toujours strictement la totalité des structures cérébrales imputées. Certaines observations montrent donc une dissociation moins tranchée. Ainsi la préservation de capacités résiduelles en mémoire épisodique peut permettre d'avoir des performances en mémoire sémantique tout à fait normales (Martins), alors qu'à l'opposé, l'atteinte massive de la mémoire épisodique peut coexister avec une mémoire sémantique qui n'est pas effondrée mais dont certains aspects sont très altérés, comme les connaissances générales (telles qu'elles peuvent être explorées par le subtest information de la WISC), arithmétiques et lexico-sémantiques (Temple et Richardson, 2006).

En étendant ces constatations aux syndromes amnésiques de l'adulte, on peut sur la base des nombreux travaux publiés considérer au moins provisoirement que les patients ayant un syndrome amnésique peuvent avoir une mémoire sémantique normale à condition que les lésions soient limitées à l'hippocampe et ne débordent pas au niveau des structures voisines (cortex entorhinal, périrhinal et parahippocampique ; Verfaellie). Il n'en reste pas moins que les données de la littérature sont disparates. Si la moindre altération des capacités de reconnaissance par rapport aux capacités de rappel peut témoigner d'une préservation des structures avoisinant l'hippocampe, des observations de lésions hippocampiques pures sont rapportées avec atteinte équivalente du rappel et de la reconnaissance. Les interprétations restent ouvertes : l'intégrité des régions parahippocampiques pourrait n'être qu'apparente avec des techniques d'IRM standard, une atteinte de la substance blanche ne pouvant parfois être objectivée que par des techniques de diffusion ; le processus de reconnaissance fait intervenir et la familiarité (dépendant des structures parahippocampiques) et le souvenir (dépendant de l'hippocampe), et dans ce cas la plus grande neuroplasticité de l'enfant pourrait expliquer que la dissociation soit plus évidente dans les amnésies de l'enfant que dans celles de l'adulte (Adlam). D'ailleurs, si la mémoire autobiographique authentiquement épisodique avec conscience autonoétique est déficitaire dans les amnésies développementales, elle n'est pas pour autant abolie : Jon peut se souvenir de certains événements et il sait les distinguer de ceux qu'il connaît simplement, c'est-à-dire sans pouvoir les rapporter à une expérience personnelle clairement référencée dans son histoire. De plus, l'étude en IRM fonctionnelle a montré que même si son hippocampe a un réduction de volume de moitié, il s'active lors du rappel d'événements épisodiques avec conscience autonoétique et d'ailleurs Jon active les mêmes régions que les sujets témoins mais contrairement aux sujets témoins, il active certes les mêmes régions qu'eux sur l'hémisphère gauche mais il active aussi les régions homologues droites et les régions préfrontales ; en outre il existe chez Jon une connectivité plus intense entre l'hippocampe et le cortex rétrosplénial d'une part, entre le cortex rétrosplénial et frontal interne d'autre part. Ces constatations montrent qu'une structure altérée peut rester fonctionnelle et que la neuroplasticité permet de recruter des régions cérébrales bilatérales en intensifiant la connectivité, ce qui à la fois permet une compensation certes partielle du déficit mais atteste en même temps des désordres de la mémoire (Maguire).

La dissociation inverse est-elle possible, à savoir une altération de la mémoire sémantique en présence d'une mémoire épisodique intacte. La question reste débattue. Une telle éventualité est inenvisageable pour Tulving (1995) dans le cadre du modèle SPI *(Sériel/Parallèle/Indépendant)*. En effet, ce modèle isole au-delà des entrées sensorielles, cinq systèmes de mémoire hiérarchiquement organisés (tableau 14.I).

Le système de représentation perceptive qui permet la mémorisation implicite par effet d'amorçage (*priming*, voir p. 205) et qui permet le stockage de la forme visuelle et auditive des mots, de la structure des objets, des visages mais à l'exclusion de leurs propriétés sémantiques ; il est la première étape du processus d'*encodage* qui chemine ensuite de manière *sérielle* vers les autres systèmes, à savoir : la mémoire sémantique, puis la mémoire de travail, puis la mémoire épisodique, tandis que le *stockage* de l'information s'effectue de manière *parallèle* dans chacun des systèmes, la *récupération* des informations étant *indépendante* pour chaque système. L'organisation hiérarchique de ce système explique qu'un encodage puisse se faire en amont d'un système lésé : ainsi un encodage sémantique peut se faire même si le système de mémoire épisodique situé en aval est déficitaire et ceci rendrait compte de la dissociation observée entre l'altération de la mémoire épisodique et la préservation de la mémoire sémantique. Mais à l'inverse, un encodage d'aval (par exemple épisodique) ne peut se réaliser que si les encodages d'amont, par exemple l'encodage sémantique, ont été réalisés. Ainsi ce modèle rend incompatible une préservation de l'encodage épisodique s'il existe un

Tableau 14.I

Les systèmes de mémoire d'après Tulving et Schacter (modèle dit SPI) dont le fonctionnement (par emboîtement) hiérarchiquement lié dans le sens « bas–haut » a surtout été défendu pour le « circuit » SRP – mémoire sémantique – mémoire épisodique (voir texte)

Mémoire épisodique Système cognitif Mémoire déclarative	*Conscience autonoétique* (= de soi, de son identité) Événements personnellement vécus	*Hippocampe*, fornix, diencéphale
Mémoire de travail (mémoire à court terme) Système cognitif	Stockage et manipulation à court terme d'informations verbales et visuospatiales	Cortex préfrontal dorso-latéral (administrateur central) Préservée dans les syndrômes amnésiques purs
Mémoire sémantique Système cognitif Mémoire déclarative	*Conscience noétique* (= du monde) Connaissances générales sur le monde	Cortex entorhinal, périrhinal et parahippocampique
SRP – système de représentations perceptives : trois sous-systèmes : de la forme visuelle des mots, de la forme auditive des mots, de la description structurale des objets Système cognitif	Concerne la forme et la structure des informations mais sans fonction sémantique Sous-tend les effets d'amorçage *(priming)* en mémoire implicite	Cortex (occipital ?) Préservée dans les syndrômes amnésiques purs
Mémoire procédurale Système d'action	*Conscience anoétique* Habiletés perceptives, motrices, cognitives	Structures sous-corticales (striatum) Préservée dans les syndrômes amnésiques purs

Ce fonctionnement sériel concerne l'encodage ; le stockage s'effectue de manière parallèle mais la récupération est indépendante pour chaque système. La colonne de droite liste de manière schématique les principales structures cérébrales liées à chaque système

déficit de l'encodage sémantique ; en d'autres termes une amnésie antérograde pourrait être épisodique et sémantique, épisodique pure mais ne pourrait pas être sémantique pure. Par contre, la récupération des informations stockées dans chaque système étant indépendante, la récupération d'informations stockées préalablement à la maladie pourrait être l'objet d'une double dissociation ; en d'autres termes, une amnésie rétrograde pourrait être épisodique et sémantique, épisodique et non sémantique, sémantique et non épisodique.

Toutefois certains auteurs ont contesté ce modèle « d'emboîtement mono-hiérarchique » et défendent l'existence de cas d'amnésies sémantiques coexistant avec une mémoire épisodique normale. Tel est le cas de Temple (2004, 2006) qui a rapporté deux cas d'amnésie développementale assez proches sur le plan séméiologique. Le premier (cas CL) a été repéré lors d'un examen systématique d'enfants de 8–9 ans en école primaire : CL, avec un QI de 115, avait des performances normales aux tests de mémoire épisodique utilisant des matériels verbal et visuel mais il s'avérait déficitaire dans des épreuves de connaissance sémantique

de faits généraux et de mots, en particulier compréhension et jugements concep-
tuels au niveau superordonné (exemple au niveau général : la pomme est-elle un
objet, un animal ou une plante ? Au même niveau catégoriel superordonné : la
pomme est-elle un arbre, un légume ou un fruit ?). Les faits arithmétiques étaient
préservés. La mémoire autobiographique était préservée tant dans ses aspects
sémantique qu'épisodique.

Même si ces observations n'ont pas convaincu de manière unanime, le débat
s'est étendu aux démences sémantiques au cours desquelles l'équipe de Hodges
a pu montrer que ces malades, en dépit de leur déficit en mémoire sémantique,
pouvaient obtenir des performances normales à des tâches de reconnaissance à
deux conditions : utiliser un matériel non verbal (dessins d'objets par exemple),
présenter les mêmes images lors de la phase de présentation et lors de la phase
de reconnaissance. Cette procédure permet d'éviter le recours à la mémoire
sémantique défaillante qui serait sollicitée en cas de matériel verbal et si les
images présentaient les objets sous des angles différents lors des deux phases de
l'expérience, ce qui contraindrait le sujet à utiliser des informations sémantiques.
Par contre en utilisant les mêmes images, le système sémantique est court-circuité
et les sujets peuvent n'avoir recours qu'à un encodage perceptif pré sémantique.
L'équipe de Hodges en conclut que l'information visuelle peut passer directement
du SRP (système de représentation perceptive) à la mémoire épisodique sans
passer obligatoirement par la mémoire sémantique comme le soutient le modèle
SPI de Tulving. Ils formulent donc un nouveau modèle nommé « à entrées
multiples » vers la mémoire épisodique. La même équipe (Simons) a par la suite
montré qu'en outre ces mêmes patients pouvaient réussir à un test de mémoire
de source (repérer l'une des deux listes au sein de laquelle un dessin a été
préalablement présenté) et à un test d'apprentissage associatif de paires d'images
d'objets (divans et portes). Mais peut-on conclure à une intégrité de la mémoire
épisodique « dans sa plénitude » (Eustache) de conscience autonoétique ou
seulement à la préservation de certaines capacités de mémorisation épisodique.
Les auteurs ont par ailleurs souligné l'absence de corrélation entre les performances
à ces tâches et le volume de l'hippocampe alors que les performances sont liées à des
tests impliquant les lobes frontaux. Quant à l'absence de corrélation avec le volume
hippocampique, elle ne renseigne pas sur le circuit des traitements mnésiques entre
l'hippocampe (liée à la mémoire épisodique) et les structures avoisinantes (liées à la
mémoire sémantique). Il est par ailleurs logique que les structures hippocampiques
ne soient pas affectées par la démence sémantique. Dans le cas où les variations de
volume ne reflètent pas un processus atrophique mais des différences anatomiques
individuelles, il est aléatoire de tenter de relier une performance psychométrique au
volume de la structure. La controverse reste donc ouverte.

Le modèle MNESIS, proposé par Eustache et Desgranges (2003) ou modèle néo-
structural inter-systémique de la mémoire humaine est une synthèse cohérente des
divers modèles et théories proposées (figures 14.7 et 14.8). Les trois systèmes de
représentations à long terme (mémoire épisodique, sémantique, perceptive) correspondent à la proposition de Tulving mais le terme de mémoire perceptive utilisé
à la place de système de représentation perceptive indique que cette mémoire
comporte non seulement des opérations inconscientes mais encore des opérations conscientes. Le traitement sériel de Tulving est respecté mais, en outre, le
modèle intègre un transfert rétroactif des souvenirs de la mémoire épisodique vers

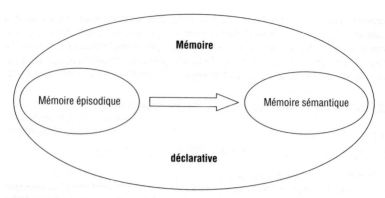

Figure 14.7
La mémoire déclarative selon Squire inclut la mémoire épisodique et la mémoire sémantique et la première est la porte d'entrée de la seconde.
Le fonctionnement de ces deux mémoires se fait de manière parallèle et toute nouvelle information est d'abord épisodique. La mémoire déclarative tout entière repose sur les structures temporales internes et diencéphalique. Les lésions de ces structures affecteront de manière parallèle la mémoire épisodique et la mémoire sémantique.

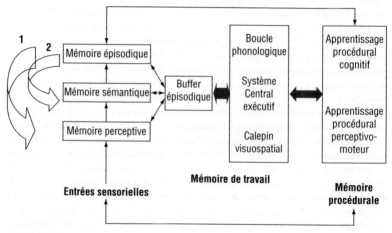

Figure 14.8
Modèle MNESIS (Eustache et Desgrange, 2003) ou modèle néo-structural inter-systémique de la mémoire humaine.
1. Reviviscence, consolidation. 2. Sémantisation.

la mémoire sémantique permettant ainsi leur sémantisation. Par ailleurs, le transfert rétroactif de la mémoire épisodique vers les mémoires perceptives permet à la fois la reviviscence et la consolidation des souvenirs. Ainsi la mémoire n'est pas un système d'engrangement passif d'informations mais une structure de traitement actif et « reconstructif ». La mémoire de travail, selon la conception de Baddeley (voir p. 191) est au centre du dispositif et intègre le buffer épisodique qui a des liens privilégiés avec le système central exécutif et la mémoire épisodique et dont les liens avec les mémoires sémantique et perceptives demandent à être précisés. Quant à la mémoire procédurale, elle représente un système d'action lié à la mémoire de travail mais aussi à la mémoire perceptive (pour l'apprentissage procédural perceptivo-moteur) et avec la mémoire épisodique (pour l'apprentissage procédural cognitif).

Séméiologie des troubles de la mémoire

Les amnésies

Les syndromes amnésiques durables par lésions du circuit de Papez

Le terme de syndrome amnésique au sens large désigne les amnésies antéro-grades par lésion habituellement bilatérale du circuit de Papez ; elles s'accompa-gnent d'une lacune rétrograde plus ou moins étendue. Quand elles s'associent à des fabulations et à des fausses reconnaissances, on parle alors de syndrome de Korsakoff. Les syndromes amnésiques purs sont le fait de lésions hippocampiques mais le terme de syndrome de Korsakoff peut aussi désigner tous les syndromes amnésiques avec oubli à mesure.

Les amnésies hippocampiques

Leur noyau central est l'*amnésie antérograde* dont le début commence avec la manifestation clinique de la lésion (maladie, traumatisme craniocérébral, inter-vention neurochirurgicale). Le cas prototypique d'amnésie bihippocampique est le patient H.M. (voir *supra*) qui, depuis son intervention de 1953, présente un oubli à mesure interdisant depuis cette date toute acquisition d'informations, qu'elles concernent des connaissances culturelles, sociales ou autobiographiques. Ainsi, H.M. ne sait ni son âge, ni ce qu'il a fait la veille, ni ce qu'il a mangé au repas précédent ; il ne connaît pas le nom du président des États-Unis et il ne se souvient pas que ses parents sont décédés. Il ne se souvient pas des tests auxquels il est soumis d'une séance à l'autre. Dans les tests d'apprentissage, les résultats sont très altérés tant en rappel libre qu'en rappel indicé et en reconnaissance. À l'amnésie antérograde s'ajoute une *amnésie rétrograde* qui remonte à l'année 1950 alors qu'il se souvient des événements et des personnages célèbres des décennies précédentes ; toutefois, pour les décennies les plus anciennes (1920 et 1930), ses souvenirs se détériorent vraisemblablement par incapacité, contrai-rement aux sujets témoins, de renforcer son stock mnésique. Les tests d'intelli-gence générale donnent des résultats satisfaisants. La mémoire à court terme est préservée, tout comme les autres manifestations mnésiques indépendantes des circuits de Papez en général et des hippocampes en particulier : mémoire procé-durale avec acquisition d'habiletés perceptivo-motrices et cognitives (voir *supra*), mémoire implicite verbale avec amorçage de répétition (voir *supra*).

H.M. sait qu'il a des troubles de mémoire. Son comportement général est par ailleurs peu perturbé mais il faut remarquer que depuis le décès de ses parents, il a dû vivre en institution, il manque d'initiative, ses émotions sont émoussées et il doit être surveillé dans ses soins personnels, parfois négligés.

Outre les cas neurochirurgicaux, les amnésies hippocampiques peuvent relever d'autres étiologies au cours desquelles la localisation hippocampique (ou temporale interne) n'est pas exclusive d'autres lésions en dehors ou en d'autres endroits du circuit de Papez, ce qui ne peut manquer de retentir sur la présentation séméiologique. Les *lésions vasculaires* relèvent de doubles infarctus hippocampiques par obstruction des artères perforantes hippocampiques des cérébrales postérieures ou d'obstructions bilatérales des cérébrales postérieures réalisant le *syndrome de Dide-Botcazo* associant une cécité corticale et une amnésie rétroantérograde de type hippocampique ; les fabulations et les fausses reconnaissances sont exceptionnelles et doivent évoquer, quand elles existent, l'extension des lésions vers d'autres structures des circuits de Papez. Des amnésies hippocampiques peuvent être observées après arrêt cardiaque, intoxication oxycarbonée, état de mal épileptique et sismothérapie. Au cours de l'*encéphalite herpétique*, le syndrome amnésique peut s'enrichir de troubles du langage et de troubles de la personnalité traduisant l'extension des lésions au lobe temporal et à d'autres structures du système limbique, en particulier l'amygdale et le gyrus cingulaire, ainsi qu'au cortex orbito-frontal. L'*encéphalite limbique* fait partie des syndromes paranéoplasiques. Certaines maladies d'Alzheimer débutent par une amnésie hippocampique qui précède, alors à court ou moyen terme, les autres signes de la maladie.

Le syndrome de Korsakoff

Le syndrome de Korsakoff, décrit en 1889, comporte typiquement une tétrade séméiologique : amnésie antérograde, désorientation spatio-temporelle, fabulation et fausses reconnaissances. Les structures lésionnelles en cause peuvent être les corps mamillaires et le thalamus, le trigone (ou fornix), le télencéphale basal, le lobe frontal et en particulier le gyrus cingulaire.

L'amnésie antérograde entraîne, comme dans l'amnésie hippocampique, un oubli à mesure, effaçant les événements de la mémoire explicite en quelques dizaines de secondes. Toutefois, l'amnésie antérograde ne s'explique pas toujours par une incapacité du stockage mais peut être en partie liée à un trouble du rappel, ce qui est un élément de distinction entre les amnésies hippocampiques et les amnésies mamillo-thalamiques ; ainsi, au cours de ces dernières, le malade peut nier le souvenir et exprimer ensuite de manière spontanée une réminiscence, par exemple, nier être venu dans le bureau du médecin pour, aussitôt après, accrocher son béret en précisant qu'il le met « au même endroit que la dernière fois ». Ainsi en est-il aussi de la malade de Claparède qui, ce dernier lui ayant piqué le doigt à l'aide d'une aiguille dissimulée, en lui serrant la main la veille, esquive la main qui lui est tendue le jour suivant, malgré l'absence de souvenir explicite de cet événement. L'amnésie diencéphalique (mamillo-thalamique) aurait aussi une évolution de l'oubli moins rapide que l'amnésie hippocampique.

Une lacune rétrograde couvre les quelques mois ou années précédant le début de la maladie avec souvent un gradient temporel, les souvenirs les moins récents étant les plus mal mémorisés. Les souvenirs anciens sont, au contraire, préservés et en particulier les souvenirs d'enfance, les malades pouvant dire le nom de leurs premiers instituteurs. Toutefois, si l'entourage peut fournir des éléments anamnestiques permettant de contrôler de manière précise et détaillée les allégations des patients, on pourra souvent constater que la préservation n'est pas aussi parfaite qu'on peut le croire à un interrogatoire habituel : relative pauvreté des événements de vie rapportés, erreurs de datation des événements. Les connaissances culturelles et didactiques sont préservées.

La désorientation spatio-temporelle est essentiellement la conséquence de l'amnésie antérorétrograde : les malades se trompent sur l'année, sur le mois, sur le jour de la semaine, sur leur âge... Sur le plan spatial, ils oublient les déplacements auxquels ils sont soumis et peuvent affirmer se trouver pour la première fois dans le bureau de consultation ; ils peuvent aussi fournir des réponses confabulantes ; ils peuvent apprendre à s'orienter dans des lieux nouveaux même quand ils affirment ne pas les reconnaître.

Les fabulations sont des récits de richesse variable venant remplacer les souvenirs. On peut observer des réponses confabulantes, pauvres et plausibles, facilement induites où, en questionnant le sujet sur ses activités récentes, on obtient une réponse « inventée » mais voisine des activités coutumières du malade. Il peut aussi s'agir de fabulations de remémoration au cours desquelles les réponses fournies sont des souvenirs anciens et récents, parfois désorganisés sur un mode chaotique et mêlés d'événements imaginaires. Plus exceptionnellement sont observées des fabulations purement imaginatives, fantastiques ou de grandeur. Les fausses reconnaissances conduisent le malade à affubler un inconnu de l'identité d'un proche ou d'un familier. Malgré ces troubles, l'intelligence et le raisonnement sont préservés et il est devenu classique de citer avec Korsakoff le cas de malades qui, en dépit de leur amnésie, pouvaient jouer aux échecs mais oubliaient la partie sitôt qu'elle était terminée et le jeu rangé. Les désordres mnésiques s'accompagnent d'une anosognosie et, plus inconstamment, d'une euphorie.

Les syndromes de Korsakoff *nutritionnels* sont liés à une carence en vitamine B_1. Au cours de l'alcoolisme, le syndrome de Korsakoff peut s'installer isolément ou émerger au sein du noyau confusionnel de l'encéphalopathie de Gayet-Wernicke. Les lésions intéressent les tubercules mamillaires mais aussi le noyau dorso-médian du thalamus dont l'atteinte coexisterait avec la composante fabulatoire du syndrome. La vitaminothérapie B_1 peut amener la guérison quand elle est entreprise précocement. Les autres causes nutritionnelles sont représentées par toutes les causes de vomissements profus, les anorexies sévères, les syndromes de malabsorption intestinale et les carences d'apport en vitamine B_1 en rapport avec une alimentation parentérale ou entérale ou des conditions particulières d'alimentation (béribéri). Les syndromes de Korsakoff *tumoraux* sont le fait des tumeurs envahissant le *plancher du troisième ventricule* et tout particulièrement du cranio-pharyngiome de l'adulte ainsi que de tumeurs bifrontales internes entraînant soit une destruction *cingulaire* soit un envahissement du *fornix*. Il faut noter que, malgré la fréquence du craniopharyngiome chez l'enfant, on n'y observe pas de syndrome de Korsakoff, ce qui suggère que la plénitude des fonctions mnésiques du circuit de Papez n'est atteinte qu'à l'âge adulte encore qu'il faille aussi considérer les difficultés propres à l'analyse séméiologique des troubles de la mémoire de l'enfant chez qui la distinction entre souvenirs récents et anciens peut être plus difficile à inventorier que chez l'adulte. Outre les tumeurs, les lésions cingulaires peuvent être le fait de *cingulectomies* (qui faisaient jadis partie de la panoplie psychochirurgicale) ou encore de complications ischémiques des anévrismes de l'artère *communicante antérieure*, exceptionnellement avant, le plus souvent après l'acte chirurgical : elles se caractérisent par la profusion des fabulations, l'existence de paramnésies de reduplication et parfois la coexistence d'une aphasie transcorticale motrice ou encore d'une apathie avec irritabilité. Le syndrome de

Korsakoff des anévrismes de la communicante antérieure pourrait être en rapport avec une ischémie localisée au *télencéphale basal*, à la jonction du diencéphale et des hémisphères cérébraux (contenant en particulier le noyau de Meynert) en lien anatomique étroit avec les piliers du trigone et les connexions amygdalo-thalamiques, riche en neurones cholinergiques dont les projections vont vers l'hippocampe, l'amygdale, le néocortex. Les *infarctus thalamiques* thalamo-perforés bilatéraux (ou paramédians) donnent une amnésie rétroantérograde avec un déficit variable du rappel indicé et peu ou pas de fabulations et de fausses reconnaissances. Des troubles oculomoteurs par atteinte associée du mésencéphale, ainsi qu'une apathie peuvent compléter le tableau clinique. C'est au cours d'un infarctus thalamique paramédian qu'a pu être observée une amnésie rétrograde autobiographique au sens strict du terme car contrastant avec une préservation relative du souvenir des événements publics et de la reconnaissance des personnages célèbres. Les infarctus tubéro-thalamiques ou polaires intéressant les noyaux antérieur et ventro-latéral peuvent aussi donner des amnésies rétroantérogrades. Les infarctus unilatéraux, qu'ils intéressent les noyaux dorso-médians ou antérieurs gauches, peuvent entraîner une amnésie antérograde affectant préférentiellement le matériel verbal. Les *traumatismes crâniens* peuvent entraîner soit un ictus amnésique, soit un syndrome de Korsakoff : un traumatisme crânien même modeste peut être suivi d'une amnésie antérograde avec un oubli à mesure qui suit la perte de connaissance initiale et que rétrospectivement le malade confond avec la perte de connaissance initiale car il en garde une amnésie lacunaire : le mode évolutif est superposable à celui d'un ictus amnésique et on a pu évoquer une sidération des hippocampes en rapport avec la commotion cérébrale ou un spasme vasomoteur de type migraineux. Le syndrome de Korsakoff post-traumatique se démasque après la période confusionnelle qui suit elle-même le coma post-traumatique. Il comporte une amnésie antérograde précédée d'une amnésie rétrograde englobant la période comateuse et confusionnelle post-traumatique, rejetant ainsi le malade plusieurs années en arrière ; cette amnésie s'accompagne d'une riche activité fabulatoire, de remémoration, mais aussi imaginative ou fantastique, parfois associée à des paramnésies reduplicatives ou à un syndrome de Capgras. (*Ainsi ce jeune homme de 21 ans, connaissant depuis un an celle qui devait devenir sa future épouse et qui, après avoir émergé de son coma post-traumatique déclare ne pas connaître cette jeune fille présente dans sa chambre d'hôpital et qui, prié d'expliquer sa présence à son chevet déclare qu'il s'agit de la fille du Préfet, que ce dernier a dépêché tout exprès pour l'accueillir et lui tenir compagnie... pour ajouter qu'elle est mignonne et qu'il pourrait en devenir amoureux... Il nie en revanche farouchement que la date de son mariage avec sa promise non identifiée ait été arrêtée alors que l'accident était survenu quelques jours avant la date des noces qui, bien sûr n'avaient pu avoir eu lieu.*) L'appauvrissement de l'activité fabulatoire annonce la régression des troubles qui se fait dans un délai de quelques semaines à quelques mois, laissant persister une amnésie lacunaire de la période korsakovienne à laquelle s'ajoute une « lacune rétrograde » de durée variable. Les lésions pourraient intéresser les gyri cingulaires mais pourraient aussi siéger en d'autres points du circuit de Papez. Bien entendu l'évolution est fonction d'éventuelles autres lésions associées qui peuvent rendre compte d'autres perturbations neuropsychologiques ou physiques associées au syndrome de Korsakoff.

Les amnésies de durée brève : ictus amnésiques et syndromes apparentés

L'ictus amnésique est de survenue brutale, le plus souvent entre 50 et 70 ans. Volontiers précédé d'une émotion (annonce d'un décès, don de sang, coït, excrétion d'un parasite intestinal…), il réalise un oubli à mesure auquel s'ajoute une amnésie rétrograde des quelques heures ou des quelques jours précédant l'ictus. Le sujet s'étonne (« *Qui m'a mis ces souliers aux pieds ?* » *disait une malade qui ne se souvenait plus avoir acheté la veille une paire de chaussures neuves*), pose des questions qu'il réitère car il en oublie les réponses, ce qui ne manque pas d'inquiéter l'entourage. Cependant, il n'existe pas de désorientation spatiale. Pour peu que le sujet soit dans des lieux connus, la mémoire didactique est préservée, le comportement du sujet reste adapté. Il existe parfois (dans un tiers des cas) des céphalées. L'ictus dure de 4 à 6 heures et régresse toujours dans les 24 heures, tandis que persiste une amnésie lacunaire de l'épisode et parfois des instants qui l'ont précédé, laissant dans la vie une page blanche, où selon l'expression de Delay, « il n'y a rien à lire parce que rien n'y a été écrit ». L'ictus peut (dans 15 à 25 % des cas) récidiver, ce qui doit conduire à rechercher un ictus symptomatique. Ni l'étude des facteurs de risque, ni les données de l'imagerie ne suggèrent une pathologie vasculaire thromboembolique, sauf s'il s'agit d'un ictus amnésique atypique par son association à d'autres signes de souffrance ischémique vertébro-basilaire (diplopie, ataxie, vertiges, nystagmus, déficits sensitivo-moteurs…). La durée de l'ictus, la normalité de l'électroencéphalogramme rendent peu crédible l'imputabilité de l'ictus à une décharge épileptique : quand des malades développent ultérieurement des crises épileptiques, en particulier de type partiel complexe, l'épisode considéré comme un ictus amnésique a été de brève durée (moins d'une heure) et volontiers récidivant. Il reste enfin l'hypothèse d'un vasospasme accompagnant une migraine ou analogue à un mécanisme migraineux, même en l'absence de céphalées. Le site d'inhibition mnésique pourrait être hippocampique ou diencéphalique. En effet, les examens réalisés au cours d'ictus ont pu montrer soit un déficit de l'encodage et de la consolidation de type hippocampique, soit une amnésie rétrograde étendue avec un déficit du rappel caractéristique des amnésies korsakoviennes (Hodges, 1991). Un déficit discret du rappel verbal peut persister après guérison de l'ictus amnésique. En tout cas l'ictus amnésique, malgré la fréquence de son déclenchement émotionnel, doit être radicalement distingué (*vide infra*) des amnésies psychogènes (Gil, 2010).

Des *ictus symptomatiques* ou *secondaires* peuvent compliquer un traumatisme crânien (voir *supra*), une angiographie cérébrale, une manipulation du rachis cervical ou révéler à court terme une tumeur thalamique, trigonale, temporale. Il est rare que des ictus amnésiques récidivants et typiques annoncent un syndrome démentiel. Les *benzodiazépines*, en particulier celles à demi-vie courte peuvent entraîner une amnésie antérograde, tandis que les *anticholinergiques* peuvent aussi altérer l'apprentissage de matériel verbal et visuospatial. Les « *blackouts* » alcooliques désignent des amnésies intéressant ou débordant la période libatoire sans que les signes d'une amnésie antérograde puissent être rétrospectivement détectés.

Troubles de la mémoire et traumatismes craniocérébraux

Les traumatismes crâniens peuvent entraîner des lésions de localisations diverses : lésions *focales lobaires* (contusion ou attrition) siégeant au point d'impact (par exemple en région frontale) mais aussi du côté opposé, par contrecoup (par exemple en occipital), ainsi qu'au niveau des régions basales, tout particulièrement fronto-temporales, menacées par les arêtes osseuses de la base du crâne. Il faut y ajouter les lésions *axonales et vasculaires de cisaillement* réparties dans la substance blanche des hémisphères cérébraux et de la partie haute du tronc cérébral. L'ébranlement fonctionnel des axones de la partie haute du tronc cérébral serait responsable de la perte de connaissance initiale.

Les traumatismes crâniens peuvent entraîner des troubles mnésiques aigus : ictus amnésique, syndrome de Korsakoff (voir *supra*). L'*amnésie post-traumatique* désigne la période au cours de laquelle existe, à l'issue du coma, une confusion mentale avec amnésie antérograde et rétrograde : sa durée est variable et généralement d'autant plus longue que le coma a lui-même été long. L'amnésie post-traumatique respecte au moins partiellement la mémoire procédurale (explorée par des apprentissages perceptivo-moteurs comme la lecture en miroir, la poursuite d'une cible en mouvement). Le retour à une orientation normale coexiste habituellement avec la fin de l'amnésie post-traumatique encore que des dissociations soient possibles entre la récupération d'une orientation satisfaisante et la récupération de l'amnésie antérograde. Au sortir de l'amnésie post-traumatique, les traumatisés crâniens graves peuvent souffrir de troubles mnésiques d'intensité variable rappelant ceux observés chez les sujets frontaux (figure 14.9). Encore faut-il sans doute se garder de vouloir cerner de manière monolithique des perturbations neuropsychologiques dont la diversité qualitative comme quantitative résulte naturellement de l'extrême diversité des localisations lésionnelles traumatiques. S'il y a des troubles mnésiques post-traumatiques, on ne voit pas comment il pourrait exister un syndrome amnésique post-traumatique. Le *syndrome postcommotionnel* est indépendant de la gravité du traumatisme et est plus fréquent après des accidents ouvrant droit à indemnisation, et chez les sujets ayant un faible niveau de formation professionnelle. Il associe des céphalées, des troubles de l'équilibre et des plaintes mnésiques souvent bruyamment alléguées mais qu'il faut évaluer avec précision.

Les amnésies du vieillissement et des démences
Elles sont envisagées au chapitre 16.

Les amnésies affectives ou psychogènes
Les amnésies électives ou amnésies rétrogrades électives
L'oubli peut, selon Freud, avoir un mécanisme psychogène et relever du refoulement dans l'inconscient d'événements « insupportables » pour le Moi. Ainsi pourraient s'expliquer des amnésies intéressant électivement une tranche de vie affligée d'événements ou de problématiques relationnelles déstabilisantes (oubli, après l'accouchement, de la naissance d'un enfant, dans un cas de Freud). L'oubli constituerait alors l'échappatoire névrotique à l'excès de tension créé par l'événement traumatisant.

Les amnésies d'identité
Au cours d'épisodes amnésiques de durée variable, des sujets oublient leur nom, leur adresse, leur passé, leur histoire, leur identité. Ils ont perdu toute capacité d'évocation de leurs souvenirs autobiographiques, que ce soit sur le

À titre d'exemple, bilan de M.G..., 40 ans
trauma crânien le 17-10-1963
pas d'intervention, coma de 7 semaines

1er examen : 5 mois après traumatisme

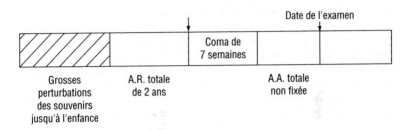

2e examen : 8 mois après le traumatisme

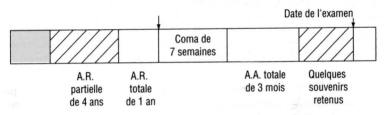

3e examen : 16 mois après le traumatisme

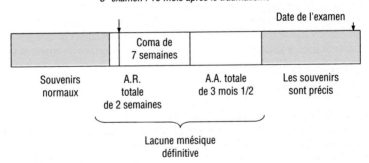

Figure 14.9
Le diagramme de l'évolution d'une amnésie post-traumatique.
D'après Barbizet J. *Pathologie de la mémoire.* Paris : PUF ; 1970

registre épisodique (qu'ont-ils fait les jours, les mois, les années précédentes ? Avec qui et dans quel cadre ont-ils vécus ?) ou sur le registre sémantique (quel est leur nom, leur métier, leur situation familiale ?). Souvent découverts en situation d'errance (« fugue dissociative ») dans les rues d'une ville, le quai d'une gare, une chambre d'hôtel où ils ne peuvent pas dire comment ils y sont parvenus, la perte de la mémoire autobiographique préserve la mémoire antéro-grade. Ce thème du « voyageur sans bagages » a été particulièrement illustré dans la littérature romanesque mais fait aussi l'objet d'un grand intérêt média-tique, non seulement de la presse du pays où l'amnésique fait irruption dans le domaine public, mais aussi de la presse internationale. Ces amnésies appar-tiennent, une fois la simulation éliminée, à la structure névrotique hystérique. Elles peuvent accompagner un syndrome de Ganser (réponses et actes à côté, ne tenant pas compte de la réalité ambiante) ou des conduites de fugue avec comportement adapté mais réalisées dans une atmosphère de dépersonnalisation dite état crépusculaire. Parfois ces épisodes récidivent et il peut y avoir alternance entre la personnalité habituelle du sujet et une nouvelle personnalité imaginaire renvoyant au concept de « psychose hystérique » ou de formes pseudo-névrotiques hystériques de la schizophrénie. Il arrive même que l'amnésie d'identité rythme l'alternance de personnalités multiples (Schacter et Kihlstrom, 1989).

Les autres amnésies psychogènes

Outre les difficultés mnésiques liées à la dépression (voir p. 387), il existe des doléances mnésiques hypocondriaques renvoyant à la crainte d'une pathologie organique cérébrale notamment démentielle. Quant à l'obsessionnel, son comportement témoigne non de l'oubli mais d'une crainte de l'oubli qui sert de justification névrotique à l'organisation de « rituels » (vérifications, répéti-tions de mots, de chiffres, d'événements).

Les hypermnésies

Les hypermnésies permanentes

Il s'agit de sujets manifestant des capacités mnésiques prodigieuses dans un secteur habituellement limité (trouver le jour de la semaine correspondant à une date, apprentissage extraordinairement rapide d'une série de nombres...). Certains sujets sont d'intelligence normale ou supérieure, utilisant des procédés mnémotechniques élaborés, d'autres ont une débilité mentale et paraissent utili-ser des procédés mnémotechniques stéréotypés accompagnant un apprentissage intensif.

Les hypermnésies brèves

Elles concernent les phénomènes de mémoire panoramique observés au cours de l'épilepsie (voir *infra*) ainsi que les reviviscences mnésiques de tranches plus ou moins importantes du passé déclenchées par des émotions intenses ou un danger de mort.

Les paramnésies

Ce sont des illusions de mémoire qui sont conçues par Delay comme une libéra-tion de la mémoire autistique, du « garde-fou » de la mémoire sociale.

Les *ecmnésies* constituent le fait de revivre des tranches du passé comme pré-sentes : ce sont des « hallucinations du passé » au cours desquelles « la mémoire constituée est prise pour la mémoire constituante ». Elles s'observent dans la démence d'Alzheimer ; on peut considérer comme ecmnésiques les « délires de réminiscence » qui peuvent être observés dans l'hystérie... Les fabulations et les fausses reconnaissances ont déjà été évoquées plus haut (voir paragraphe traitant du syndrome de Korsakoff) de même que les *paramnésies de réduplication* qui seront en outre analysées au chapitre 22).

Des phénomènes paramnésiques brefs peuvent être observés au cours de crises épileptiques « dysmnésiques » : impressions de déjà-vu, de déjà entendu, de déjà vécu ou, à l'inverse, impressions de jamais vu, jamais entendu, jamais vécu, parfois exprimées sous forme d'une impression d'étrangeté de l'environnement sensoriel. Il peut aussi s'agir de phénomènes dits de *mémoire panoramique* au cours desquels le sujet voit défiler des tranches de son passé ou encore de phénomènes ecmnésiques au cours desquels le sujet revit une expérience antérieure. Ces crises entrent dans le cadre de l'épilepsie du lobe temporal. On peut en rapprocher les crises caractérisées par une amnésie antérograde (voir *supra*).

Rappelons aussi les réminiscences au cours desquelles un épisode du passé est exalté dans une expérience émotionnelle dont l'exemple achevé reste celui de la « madeleine de Proust ».

L'examen de la mémoire

L'examen de la mémoire repose sur l'entretien avec le malade et avec son entourage, puis sur la pratique de tests dont le nombre ne cesse de grandir. L'opinion que le sujet a de ses performances mnésiques (ou métamémoire) peut être appréciée par des questionnaires standardisés comme celui de Squire (tableau 14.II).

Tableau 14.II
Échelle d'autoévaluation de la mémoire (inspirée de L.-R. Squire)

	Cotation
1. Mes capacités à me souvenir de ce que je lis ou de ce que je regarde à la télévision ou des films que je vois au cinéma ou de ce que l'on me dit est…	
2. Mes capacités à me rappeler des choses très anciennes sont…	
3. Mes capacités à me souvenir des noms et des visages des personnes que je rencontre sont…	
4. Mes capacités à me souvenir de ce que je voulais dire ou de ce que je faisais, si l'on m'interrompt pendant quelques minutes, sont…	
5. Mes capacités à suivre une conversation prolongée sont…	
6. Mes capacités à me souvenir des endroits où je range mes affaires sont…	
7. Je crois que ma famille et mes amis pensent que ma mémoire est…	
8. Si l'on me demandait d'apprendre et de retenir quelque chose (par exemple un article de journal ou une poésie) et si j'essayais en y faisant très attention, je crois que je réussirais…	
9. Mes capacités à me souvenir des choses qui me sont arrivées au cours des derniers mois sont…	
10. Mes capacités à me souvenir de choses de mon enfance sont…	

L'échelle complète de L.-R. Squire comporte 18 questions. La cotation est de 0 si la réponse est « comme avant », de 0 à − 4 si la réponse est « pire qu'avant », de 0 à + 4 si la réponse est « mieux qu'avant »

1) L'analyse de la mémoire autobiographique donne de précieux indices tant sur la mémoire des faits récents *(Depuis quand êtes-vous hospitalisé ? Quels examens vous a-t-on fait ? Qu'avez-vous fait dimanche dernier ?)* que des faits anciens : nom et localisation des écoles fréquentées, du (de la) ou des premier(e)s maître(sse)s d'école ; métier(s) exercé(s) ; date de mariage ; nom de famille de l'épouse ; prénom et âge des enfants.... Cette mémoire est pour une part épisodique et pour une part sémantique. Des entretiens semi-structurés peuvent être utilisés comme celui de Kopelman *et al.*[1] qui permet d'explorer le rappel d'informations sémantiques personnelles et de souvenirs relevant d'événements de trois périodes de la vie : enfance–adolescence, période adulte et passé récent. Le test épisodique de mémoire du passé autobiographique explore l'évocation des souvenirs de cinq périodes de la vie, de l'enfance jusqu'aux douze derniers mois (TEM-Pau de Piolino *et al.*). L'épreuve de fluence autobiographique permet d'évoquer en un temps déterminé (par exemple deux minutes) des informations autobiographiques sémantiques et épisodiques provenant des périodes successives de la vie[2].

2) L'étude de la mémoire sociale est le complément naturel de la précédente. L'actualité politique, sociale, économique, internationale peut fournir des éléments d'appréciation de la mémoire des faits récents (concernant par exemple une élection proche locale ou nationale, un événement important relaté dans la presse ou les journaux radiotélévisés) mais aussi et surtout des faits anciens : demander à un Français le nom de l'actuel président de la République et des présidents qui l'ont précédé depuis 1958, à un Britannique le nom du Premier Ministre et de ceux qui l'ont précédé... On peut aussi utiliser des tests standardisés de reconnaissance de visages célèbres comme celui d'Albert *et al.* (1979), actualisé par Hodges et Ward[3].

3) L'étude de la mémoire en situation de vie quotidienne a pour souci d'utiliser des évaluations aussi « écologiques » que possible en tentant de réduire le caractère artificiel et de la situation de *testing* et de certains tests de mémoire. Ainsi le *Rivermead Behavioural Memory Test* comporte-t-il sept subtests, comme apprendre sur photo le nom et le prénom d'une personne, se souvenir de cinq étapes d'un itinéraire et penser à déposer un message sous enveloppe à l'une d'entre elles : il s'agit donc d'apprentissages factuels isolés mais aussi séquentiels. Diverses batteries informatisées ou sur bande vidéo ont amplifié cette tentative de focalisation (à visée diagnostique et rééducative) sur une mémoire « pragmatique » (ranger des objets, apprendre un itinéraire, faire des courses...).

4) L'étude de la mémoire sémantique peut se faire à travers des tests utilisant des conditions d'accès plus ou moins automatisées : le test des automatismes verbaux de Beauregard *(La cigale et la... ; Les fourberies de...)*, les subtests de vocabulaire et d'information de la WAIS, les tests de fluence littérale et verbale, le subtest des similitudes de la WAIS, des tests de dénomination et des épreuves testant les connaissances sémantiques verbales *(Quelle couleur peut avoir une tomate ?)* ou non verbales comme le *Palm Tree Test* qui consiste à choisir, entre

---

1. *J Clin Exp Neuropsychology* 1989 ; 11 : 724-44.
2. Piolino *et al. La mémoire autobiographique (vol. 1).* Marseille : Solal ; 2000.
3. *Brain* 1989 ; 112 : 595-620.

deux images (par exemple un sapin et un palmier), celle qui s'associe le mieux à une image cible (en l'occurrence des pyramides égyptiennes).

5) L'étude de la mémoire à court terme s'effectue en appréciant l'empan auditif comme dans le subtest de mémoire de chiffres de la WAIS et l'empan visuel comme dans le test des blocs de Corsi (inclus dans la batterie 144 de Signoret) et le subtest de mémoire visuelle de l'échelle de mémoire de Wechsler.

6) L'étude des apprentissages évalue la mise en œuvre de la mémoire antérograde, explorée par divers canaux sensoriels, en particulier visuel et auditif. Le test de la figure complexe de Rey et le test de rétention visuelle de Benton explorent la mémorisation visuelle mais sont aussi altérés en cas de perturbations visuoconstructives et visuospatiales et le premier est en outre très sensible aux déficits de la planification des syndromes frontaux. Les apprentissages verbaux peuvent être explorés par le rappel d'histoires (comme le subtest de mémoire logique de l'*échelle clinique de mémoire de Wechsler révisée* ou l'*histoire du corbeau et des colombes* de la batterie Luria-Nebraska ou l'*histoire du lion* de Barbizet (encadré 14.1) que le sujet doit répéter immédiatement, après un délai d'une heure et éventuellement à des délais ultérieurs de 24 heures voire d'une semaine). Le test d'apprentissage verbal sériel des 15 mots de Rey (encadré 14.2) permet de dresser une courbe d'apprentissage tout au long des cinq essais, d'évaluer l'oubli en comparant le nombre de mots appris en rappel immédiat et en rappel différé, de distinguer ce qui revient à un déficit du stockage et à un déficit de la récupération en mémoire en comparant les performances lors du rappel libre et de la reconnaissance des mots appris mélangés au même nombre de mots distracteurs. Le test de Gröber et Buschke étudie l'apprentissage verbal en rappel libre *(hareng, gilet, domino, jonquille...)*, puis pour chaque échec en rappel indicé *(Quel était le poisson ?... le vêtement ?... le jouet ?... la fleur ?...)* puis en reconnaissance, le tout de manière immédiate et différée. Le test d'apprentissage verbal de Californie (Delis *et al.*, 1987) utilise une liste de « courses » (dite « du lundi ») faite de 16 items appartenant à

Encadré 14.1

Histoires à mémoriser

1. Le corbeau et les colombes (échelle de mémoire de la batterie Luria-Nebraska)
« Un corbeau entendit dire/que les colombes avaient beaucoup à manger/. Il se colora en blanc/et s'envola vers l'abri des colombes/. Les colombes pensèrent/qu'il était un des leurs/et le prirent avec elles/. Cependant, il ne pouvait s'empêcher de croasser/comme tout corbeau/. Les colombes s'aperçurent alors qu'il était un corbeau/et le jetèrent dehors/. Il retourna rejoindre les corbeaux/mais ils ne le reconnurent pas/et ne voulurent pas l'accepter. »

2. Histoire du lion de Barbizet et Truscelli
« Un lion/nommé Sultan/s'échappa de sa cage/par la porte mal fermée/par un gardien négligent/. La foule des visiteurs/nombreuse ce dimanche-là/s'enfuit vers les bâtiments voisins/. Une femme vêtue de bleu/qui tenait dans ses bras son enfant/d'un an/le laissa tomber/, le lion s'en saisit/. La femme en larmes/revint sur ses pas/et supplia le lion de lui rendre son petit/. L'animal la regarda/longuement/fixement/et enfin lâcha l'enfant/sans lui avoir fait le moindre mal. »

Encadré 14.2

Les mots de Rey

Liste de 15 noms communs dissyllabiques qui est lue *cinq* fois au sujet. Chaque lecture est suivie d'une évocation. On étudie le nombre de mots répétés lors de chaque évocation ce qui permet de tracer une courbe d'apprentissage.

PUPITRE, BERGER, MOINEAU, SOULIER, FOURNEAU, MONTAGNE, LUNETTE, ÉPONGE, IMAGE, BATEAU, MOUTON, FUSIL, CRAYON, ÉGLISE, POISSON.

Épreuve de reconnaissance : à la fin de l'épreuve est lue une histoire qui contient tous les mots présents dans la liste, ceux-ci doivent être reconnus par le sujet.

La classe était silencieuse. Le maître s'approcha du pupitre et se mit à lire la leçon qui traitait de la vie dans les montagnes durant l'été. Sur l'image les enfants virent un troupeau de moutons qui paissaient paisiblement, guidé par son berger. Dans un coin, un chasseur levait son fusil menaçant vers un moineau qui ne le voyait pas, occupé qu'il était à voleter vers le clocher de l'église annonçant un village. La leçon finie, les élèves posèrent tous leurs crayons et le maître ôtant ses lunettes annonça la récréation. Il en profita pour recharger le fourneau qui menaçait de s'éteindre, et relaça son soulier droit. Avant de sortir dans la cour rejoindre ses collègues, il prit l'éponge pour effacer le tableau noir qui portait encore les dessins de la veille, une mer démontée où les poissons sautent effrayés sur le pont d'un bateau.

---

quatre catégories (fruits, épices, vêtements, outils) et une liste additionnelle (dite du « mardi ») servant d'interférence ; ainsi, ce test explore certes le rappel et l'apprentissage, le rappel indicé mais aussi l'interférence proactive (intrusions de la liste du lundi dans le rappel de la liste des courses du mardi) et rétroactive (intrusions provenant de la liste des courses du mardi dans le rappel différé et la reconnaissance).

7) Des batteries composites visent à explorer plusieurs aspects de la mémoire pour fournir une évaluation diversifiée des fonctions mnésiques : il en est ainsi de l'*échelle clinique de mémoire de Wechsler révisée*, de la *batterie d'efficience mnésique de Signoret* (BEM 144), et de l'échelle de mémoire de la *batterie neuropsychologique Luria-Nebraska* qui a la particularité de faire précéder le subtest d'apprentissage de mots d'une estimation par le sujet de ses capacités de mémorisation et qui, par l'apprentissage de séries successives de trois mots avec rappel immédiat et différé, étudie ainsi les intrusions pouvant provenir de phénomènes d'interférence pro- et rétroactive.

Bibliographie

Adlam ALR, Malloy M, Mischkin M, Varga-Khadem F. Dissociation between recognition and recall in developmental amnesia. Neuropsychologia 2009;47:2207–10.

Ali Chérif A. Les troubles de la mémoire d'origine cérébrale. Nodules. Paris : PUF ; 1992.

Auxéméry Y. L'état de stress post-traumatique comme conséquence de l'interaction entre une susceptibilité génétique individuelle, un évènement traumatogène et un contexte social. L'Encéphale 2012;38:373-80. Baddeley A. La mémoire humaine : théorie et pratique. Grenoble : Presses universitaires;1993.

Baddeley A, Wilson BA. Prose recall and amnesia : implications for the structure of working memory. Neuropsychologia 2002;40:1737-43.

Bayley PJ, Hopkins RO, Squire LR. Successful recollection of remote autobiographical memories by amnesic patients with medial temporal lobe lesions. Neuron 2003;38:135–44.

Bergego C, Azouvi P. Neuropsychologie des traumatismes crâniens graves de l'adulte. Société de neuropsychologie de langue française. Paris : Les Ateliers de Garches ; 1994.

Bergson H. L'énergie spirituelle. Paris: PUF; 1965.

Brown R, Kulik J. Flashbulb memories. Cognition 1977;5:73-99.

Claparède E. Reconnaissance et moitié. Arch Psychol 1911;11:79–90.

Conway MA. Memory and the Self. J Mem Lang 2005;53:594-628.

Conway MA. Episodic memories. Neuropsychologia 2009;47(12):2305-2313.

Delay J. Les dissolutions de la mémoire. Paris : PUF;1942.

Delay J, Brion S. Le syndrome de Korsakoff. Paris : Masson;1969.

Delis DC, Kramer JU, Kaplan E, Ober BA. California verbal learning test. San Antonio : The Psychological Corporation.

Dolan RJ, Fletcher PC. Dissociating prefrontal and hippocampal function in episodic memory encoding. Nature 1997;388:582–5.

Duval C, Desgranges B, Eustache F, Piolino P. Le Soi à la loupe des neurosciences cognitives. Psychol Neuropsychiatr Vieil 2009;7(1):7-19.

Erk S, Von Kalckreuth A, Walter H. Neural long-term effects of emotion regulation on episodic memory processes. Neuropsychologia 2010;48(4):989-96.

Eustache F, Desgranges B. MNESIS : towards the intergration of current multisystem models of memory. Neuropsychol Rev 2008;18:53–69.

Eustache F, Desgranges B. Concepts et modèles en neuropsychologie de la mémoire, entre théorie et pratique. In: Meulemans T et al. Évaluation et prise en charge des troubles de la mémoire (un volume). Marseille : Solal;2003.

Ey H. Les troubles de la mémoire. Études psychiatriques (t. II). Paris : Desclée de Brouwer;1950.

Fargeau MN, Jaafari N, Ragot S, Houeto JL, Pluchon C, Gil R. Alzheimer's disease and impairment of the Self. Conscious Cogn 2010;19(4):969-76.

Fletcher PC, Shallice T, Dolan RJ. The functional roles of prefrontal cortex in episodic memory. Brain 1998;121:1239–48.

Gadian DG, Aicardi J, Watkins KE, Porter DA, Mischkin M, Varga-Khadem F. Developmental amnesia associated with early hypoxic-ischemic injury. Brain 2000;123:499–507.

Gardiner JM, Brandt KM, Varga-Khadem F, Baddeley A, Mischkin M. Effect of level of processing but not task enactment on recognition memory in a case of developmental amnesia. Cognitive Neuropsychology 2006;23:930–48.

Gil R, Abdul-Samad F, Mathis S, Neau JP. L'ictus amnésique était-il vraiment confondu avant les années 1950 avec les amnésies psychogènes ? Revue Neurologique 2010;66:699-703.

Gil R. Vieillissement et alzheimer. Comprendre pour accompagner. Paris: L'Harmattan; 2012.

Gil R, Ornon C, Arroyo-Anllo A, Bonnaud V. La maladie d'Alzheimer, délabrement identitaire de la personne humaine. Colloque Identités, un volume. Rennes : PUF;2004.

Golden CJ, Purisch AD, Hammeke TA. Luria-Nebraska neuro-psychological battery forms I et II. Manual. Los Angeles : WPS;1985.

Gonneaud J, Eustache F, Desgranges B. La mémoire prospective dans le vieillissement normal et la maladie d'Alzheimer : intérêts et limites des études actuelles. Rev Neuropsychol 2009;1(3):238-46.

Grady CL, McIntosh AR, Rajah MN, Craik FI. Neural correlates of the episodic encoding of pictures. Proc Natl Acad Sci (USA) 1998;95:2703–8.

Guillery B, Desgranges B, Katis S, De La Sayette V, Eustache F. Semantic acquisition without memories : Evidence from transient global amnesia. Neuro-Report 2001;12:1–5.

Hamann S. Cognitive and neural mechanisms of emotional memory. Trends in Cognitive Sciences 2001;5(9):394-400.

Hodges JR. Transient Amnesia. Londres : Sauders Company;1991.

Hodges JR, McCarthy RA. Autobiographical amnesia resulting from bilateral paramedian thalamic infarction. Brain 1993;116:921–40.

Holland AC, Kensiger EA. Emotion and autobiographical memory. Physics of Life Reviews 2010;7(1):88-131.

Hume D. A treatise of human nature. Book 1, 1739. The Hume Archives: www.utm.edu/research

Ingvar DH. "Memory of the future" : an essay on the temporal organization of conscious awareness. Hum Neurobiol 1985;4(3):127-36.

Janowsky JS, Shimamura AP, Squire LR. Source memory impairment in patients with frontal lobe lesions. Neuropsychologia 1989;22(8):1043–56.

Kelley WM, Miezin FM, McDermott KB et al. Hemispheric specialization in human dorsal frontal cortex and medial temporal lobe for verbal and nonverbal memory encoding. Neuron 1998;20:927–36.

Lebrun-Givois C, Guillery-Girard B, Thomas-Anterion C, Laurent B. Savoir sans se souvenir : les révélations de l'amnésie développementale. Rev Neurol (Paris) 2008;164 S1145-S1118.

Leff AP, Schofield TM, Crinion JT, Seghier ML, Grogan A, Green DW, Price CJ. The left superior temporal gyrus is a shared substrate for auditory short-term memory and speech comprehension : evidence from 210 patients with stroke. Brain 2009;132(Pt 12):3401-10.

Lhermitte F, Signoret JL. Analyse neuropsychologique et différenciation des syndromes amnésiques. Rev Neurol 1972;126(3):161–78.

Locke, J. An essay concerning human understanding. 1690. Voir : http://pedagogie.ac-toulouse.fr/philosophie/textesdephilosophes.htm#Liste.

Maguire EA, Vargha-Khadem F, Mischkin M. The effects of bilateral hippocampal damage on fMRI regional activations and interactions during memory retrieval. Brain 2001;54:1156–70.

Martin S, Guillery-Girard B, Jambaque I, Dulac O, Eustache F. How children suffering severe amnesic syndrome acquire nex concepts ? Neuropsychologia 2006;44:2792–805.

Nicolas S, Carbonnel S, Tiberghien G. Les capacités préservées d'apprentissage et de la mémoire chez les patients atteints d'amnésie organique. Revue de Neuropsychologie 1992;2(2):227–68.

Piolino P. À la recherche du Self : theorie et pratique de la mémoire autobiographique dans la maladie d'Alzheimer. L'Encéphale 2007 ; 34, 52 : 77-88.

Piolino P, Desgranges B, Belliard S, Matuszweski V, Lalevee C, De La Sayette V, Eustache F. Autobiographical memory and autonoetic consciousness : triple dissociation in neurodegenerative diseases. Brain 2003;126:2203–19.

Piolino P, Desgranges B, Eustache F. Episodic autobiographical memory over the course of time ; cognitive, neuropsychological and neuroimaging findings. Neuropsychologia 2009;47:2314–29.

Ribot T. Les maladies de la mémoire (vol. 1). Paris : Librairie Félix Alcan;1881.

Ricœur P. Soi-même comme un autre (vol. 1). Paris : éditions du Seuil;1990.

Schacter DL, Kihlstrom JF. Functionnal amnesia. In: Boller F, Grafman J, eds. Handbook of neuropsychology, vol. 3. p. 209-31.

Schacter DL, Addis DR, Buckner RL. Remembering the past to imagine the future : the prospective brain. Nature Reviews/Neuroscience 2007;8:657-6661.

Simons JS, Verfaellie M, Galton CL, Miller BL, Hodges JR, Graham KS. Recollection based memoryin front-temporal dementia : implications fot theories of long-term memory. Brain 2002;125:2523–6.

Squire LR. The neuropsychology of memory dysfunction and its assessment. In : Grant I, Adams KM. Neuropsychological assessment of neuropsychiatric disorders. Oxford : Oxford University Press;1986.

Squire LR, Zola SM. Episodic memory, semantic memory and amnesia. Hippocampus 1998;8:205–21.

Skotko BG, Kensiger EA, Locasio JJ et al. Puzzling thoughts for H.M. : cannew semantic information be anchored to old semantic memories. Neuropsychology 2004;18:756–69.

Svoboda E, McKinnon MC, Levine B. The functional neuroanatomy of autobiographical memory : a meta-analysis. Neuropsychologia 2006;44:2189–208.

Temple CM, Richardson P. Developmental amnesia : a new pattern of dissociation with intact episodic memory. Neuropsychologia 2004;42:764–81.

Temple CM, Richardson P. Developmental amnesia : fractionation of developing systems. Cognitive Neuropsychology 2006;23:782–8.

Trillet M, Laurent B, Fisher C. Les troubles transitoires de la mémoire. Paris : Masson;1983.

Tulving E. Elements of episodic memory. New york : Oxford University Press;1983.

Tulving E. Organisation of memory : quo vadis ? In : Gazzaniga S. The cognitive neuroscience (vol. 1). Cambridge (Mass) : The MIT Press;1995.

Tulving E, Markowitsh H. Episodic and declarative memory : role of the hippocampus. Hippocampus 1998;8:198–204.

Vargha-Khadem F, Gadian DG, Mischkin M. Dissociations in cognitive memory : the syndrome of developmental amnesia. Philosophical Transactions of the Royal Society London
B 2001;356:1435–40.

Vargha-Khadem F, Gadian DG, Warkins KE, Connelly A, Van Paesschen W, Mischkin M. Differential effects of early hippocampal pathology on epidodic and semantic memory. Science
1997;277:376–80.

Verfaellie M, Koseff P, Alexander MP. Acquisition of novel semantic information in amnesia :
effects of brain location. Neuropsychologia 2000;38:481–92.

15 Les disconnexions interhémisphériques

> « *Au point de vue physiologique, on peut induire de la direction*
> *[des fibres commissurales] [...] que c'est grâce à elles*
> *que les régions de deux hémisphères cérébraux sont*
> *anastomosées [...]*
> *et qu'elles sont, par cela même,*
> *les véritables agents de l'unité d'action des deux lobes*
> *cérébraux.* »
>
> J. Luys, *Le Cerveau*, 1876

C'est grâce à ses deux hémisphères cérébraux que l'être humain sent, marche, voit, entend, agit, parle, regarde, ressent. Malgré l'éparpillement des fonctions du cerveau et la latéralisation de certaines d'entre elles (comme le langage), l'être humain doit se construire et agir de manière cohérente et rassemblée. Ainsi est née l'idée que les différentes régions du cerveau doivent par conséquent communiquer entre elles et que certains troubles peuvent ne pas être liés à une lésion de « centres » spécialisés mais à une lésion de « connexions » d'un centre à l'autre ; c'est ainsi que Wernicke, en 1874, postula l'existence et la physiopathologie de l'aphasie de conduction devenue l'exemple d'une disconnexion intrahémisphérique. Ce fut ensuite Déjerine qui, en 1891 et 1892, montra le rôle de l'atteinte du splénium du corps calleux dans le déterminisme de l'alexie sans agraphie illustrant ainsi les conséquences d'une disconnexion interhémisphérique. Ce fut aussi Liepmann qui, au début du siècle, stigmatisa l'importance des connexions intra- et interhémisphériques dans le mécanisme des désordres apraxiques et rapporta en particulier à une disconnexion calleuse la survenue d'une apraxie idéomotrice unilatérale gauche. Les deux hémisphères cérébraux sont en effet unis par des trousseaux de substance blanche ou commissures. On distingue les petites commissures et trois grandes commissures : la commissure blanche antérieure, la commissure du fornix (trigone) et la plus importante, le corps calleux qui unit un néocortex à l'autre (figures 15.1 à 15.3 et encadré 15.1). Pendant longtemps pourtant, la section du corps calleux, utilisée pour traiter des épilepsies rebelles était considérée comme dépourvue de conséquences neuropsychologiques et la séméiologie des tumeurs calleuses fut rapportée à l'envahissement des structures de voisinage. Il fallut attendre le milieu du siècle pour que, sous l'impulsion des constatations faites chez l'animal commissurotomisé, la séméiologie calleuse puisse être esquissée à partir des observations faites par Sperry et Gazzaniga chez les malades commissurotomisés, par Geshwind et Kaplan chez des malades atteints d'une tumeur envahissant le corps calleux. Le syndrome de disconnexion interhémisphérique fut ensuite confirmé et amplifié

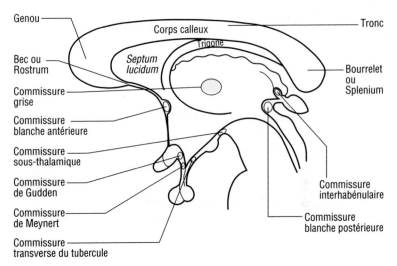

Figure 15.1
Représentation schématique des commissures interhémisphériques et des connexions du corps calleux.
D'après Lazorthes G. *Le système nerveux central*. Paris : Masson ; 1967

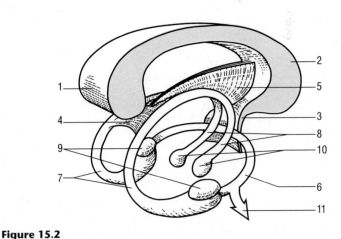

Figure 15.2
Morphologie des commissures interhémisphériques.
1. Bourrelet ou splénium du corps calleux. 2. Genou du corps calleux. 3. Bec ou rostrum du corps calleux. 4. Fornix ou trigone dont les fibres transversales constituent le psalterium ou Lyre de David. 5. *Septum lucidum*. 6. Commissure blanche antérieure. 7. Piliers postérieurs du trigone ou *Crura fornicis*. 8. Piliers antérieurs du trigone ou *columnae fornicis*. 9. Noyaux amygdaliens. 10. Tubercules mamillaires. 11. Faisceau temporal.
D'après Barbizet J, Duizabo P. *Abrégé de neuropsychologie*. Paris : Masson ; 1985

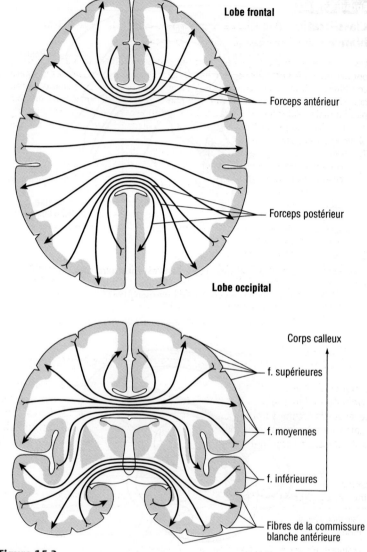

Figure 15.3
Les connexions du corps calleux et de la commissure blanche antérieure (coupe horizontale et coupe frontale).
Tiré de Lazorthes G. *Le système nerveux central.* Paris : Masson ; 1967

par nombre d'observations incluant aussi la pathologie vasculaire (la vascularisation calleuse est assurée par les artères cérébrales antérieure et postérieure) et la maladie de Marchiafava-Bignami.

Encadré 15.1

Classification des fibres d'association de la substance blanche des hémisphères cérébraux

Les neurones, dont les corps cellulaires regroupés constituent la substance grise, ont des prolongements qui constituent les fibres nerveuses dont le rassemblement constitue la substance blanche au sein de laquelle les fibres peuvent se regrouper en faisceaux. Les fibres nerveuses permettent d'interconnecter des régions du névraxe plus ou moins éloignées, en s'articulant (synapses) avec d'autres neurones, soit au niveau de leurs corps cellulaires soit au niveau de leurs prolongements. On distingue plusieurs types de faisceaux.

1. Les faisceaux de projection, qui cheminent verticalement, connectant le cortex cérébral aux régions sous-jacentes de névraxe : hémisphères cérébraux, tronc cérébral et cervelet, moelle épinière. Il en est ainsi par exemple du faisceau pyramidal (ou faisceau corticospinal) qui régit la motilité volontaire.
2. Les commissures interhémisphériques, qui relient entre eux les hémisphères cérébraux et dont la plus importante est le corps calleux (voir figures 15.1 et 15.2)
3. Les fibres d'association intrahémisphériques
3.1. Les fibres arquées ou fibres en U qui relient des circonvolutions voisines
3.2. Les faisceaux d'association longs qui relient des régions cérébrales situées dans deux ou plus de deux lobes du même hémisphère. Les principaux faisceaux sont décrits au niveau de la figure 2.13.

Séméiologie des disconnexions interhémisphériques

Les signes de disconnexion calleuse ne s'imposent pas à l'examen clinique et doivent être soigneusement recherchés (tableau 15.I) ; il faut en effet se souvenir que les sujets commissurotomisés ne sont habituellement pas gênés dans leur vie sociale routinière et que des mécanismes compensatoires masquent les troubles liés au déficit du transfert interhémisphérique d'informations qui constitue le

Tableau 15.I
Principaux gestes d'examen permettant de dépister une disconnexion calleuse

1. Palpation aveugle d'objets dans chaque main	Anomie tactile gauche
2. Écriture dictée, copiée de la main droite et de la main gauche	Agraphie gauche
3. Dessin du cube de chaque main (copie)	Apraxie constructive droite
4. Désignation verbale des index présentés simultanément dans la partie périphérique des deux hémichamps visuels	Absence de désignation verbale de l'index présenté à gauche (pseudo-hémianopsie gauche)
5. Exécution de gestes avec chaque membre supérieur (voir chapitre 5)	Apraxie idéomotrice gauche

cœur même du syndrome calleux et qui entraîne un sentiment « d'étonnement » d'un hémisphère par rapport à l'autre.

L'anomie tactile gauche

Les objets placés dans la main gauche (les yeux étant cachés) ne sont pas dénommés (figure 15.4). Il ne s'agit pas d'une astéréognosie car l'objet est correctement manipulé et reconnu si on demande au sujet d'ouvrir les yeux et de le désigner au sein d'un groupe d'objets. Il ne s'agit pas d'une aphasie car la dénomination des objets vus est normale et l'objet est nommé dès qu'il est mis dans la main droite ; il est parfois dénommé si la manipulation permet un

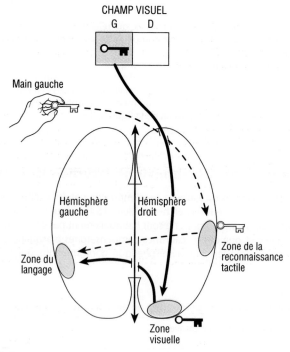

Figure 15.4
Schéma explicatif des anomies tactile et visuelle gauches.
La section ou la lésion du corps calleux empêchent les informations tactiles venues de la main gauche et traitées au niveau de l'hémisphère droit d'atteindre la zone du langage située dans l'hémisphère gauche, d'où l'anomie tactile gauche. De même les informations venues de l'hémichamp visuel gauche sont traitées au niveau de la partie postérieure de l'hémisphère droit mais ne peuvent atteindre l'aire du langage hémisphérique gauche, d'où l'anomie visuelle gauche.
D'après Les *Cahiers intégrés de médecine, Neurologie* et d'après J. Barbizet et Ph. Duizabo, *Abrégé de neuropsychologie*

bruit spécifique *(sonnette de vélo)* ou s'il a une odeur spécifique *(pipe)*. Parfois le sujet ne peut donner aucune description de l'objet ; parfois il analyse vaguement ses caractères physiques *(épingle de sûreté → « objet comprenant deux branches, dont l'une est mobile »)* ; parfois il produit des réponses erronées sans rapport avec l'objet *(décapsuleur → « blaireau »)*, ce qui montre bien qu'il n'y a pas confusion avec un objet dont les qualités sont voisines mais qu'il s'agit bien d'une incapacité de *dire* le nom de l'objet : les influx somesthésiques issus de la main gauche gagnent l'hémisphère droit permettant l'identification mais la lésion calleuse ne permet pas le transfert de ces informations aux aires du langage de l'hémisphère gauche alors que la dénomination des objets placés dans la main droite est correcte puisque les influx somesthésiques parviennent à l'hémisphère dominant et que les connexions nécessaires à la verbalisation sont intrahémisphériques. En outre, la main droite ne peut dessiner ce que tient la main gauche, tout se passant comme si l'hémisphère gauche ignorait l'hémisphère droit.

L'*alexie tactile* désigne l'incapacité de nommer des lettres mobiles placées dans la main (gauche chez le droitier), alors qu'elles ont été identifiées car les lettres palpées peuvent ensuite être désignées dans une épreuve à choix multiple : elle peut exister en l'absence d'anomie.

L'apraxie (idéomotrice) unilatérale gauche

L'apraxie idéomotrice n'intéresse que l'hémicorps gauche et n'apparaît que sur ordre verbal alors que l'imitation gestuelle par le même hémicorps est correcte et que les gestes de la vie quotidienne ne sont pas modifiés : les ordres verbaux, reçus par l'hémisphère gauche ne peuvent être transmis à l'aire prémotrice de l'hémisphère droit (voir chapitre 5). Une apraxie calleuse s'accompagne souvent mais pas toujours d'une agraphie apraxique gauche. On a aussi pu observer une apraxie unilatérale gauche sur ordre verbal, sur imitation et dans l'utilisation d'objets.

L'agraphie gauche (figure 15.5)

L'agraphie calleuse (voir p. 65) est certes souvent une agraphie apraxique, caractérisée par des lettres déformées, plus ou moins identifiables, parfois illisibles

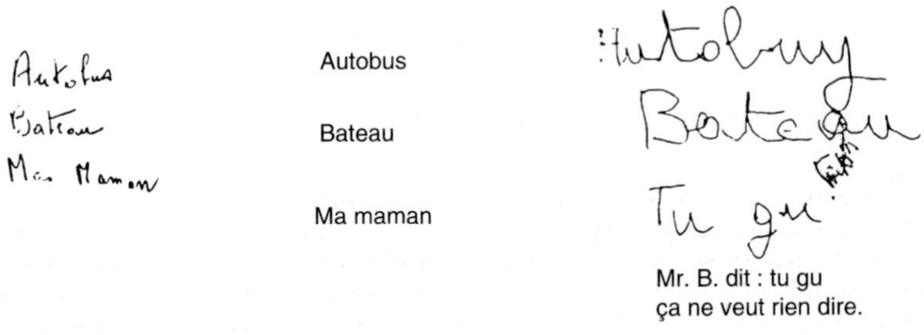

Autobus

Bateau

Ma maman

Mr. B. dit : tu gu
ça ne veut rien dire.

Figure 15.5
Agraphie unilatérale gauche (de type aphasique) au cours d'une lésion calleuse.
Tiré de Brion S, Jedynak CP. *Rev Neurol* 1972 ; 128 (4) : 257-66

ou même réduites à un gribouillis. L'écriture peut être quelque peu améliorée en copie, l'épellation est préservée, de même que l'écriture par lettres mobiles et par dactylographie. L'association à une apraxie idéomotrice est fréquente : ce tableau clinique est plutôt observé dans les lésions situées en arrière du genou et en avant du splénium, au niveau du tronc (*body* ou corps proprement dit) du corps calleux. Il serait lié à un déficit du transfert d'informations visuokines-thésiques qui permettent l'organisation spatio-temporelle du graphisme. Toutefois des lésions du tronc du corps calleux étendues au genou donnent en outre une incapacité à taper à la machine et à écrire avec des lettres mobiles, ce qui suppose que c'est par le genou du corps calleux que transitent les informations (ou engrammes) verbomoteurs.

Mais l'agraphie calleuse peut exister en l'absence d'apraxie. La réalisation graphique peut être altérée tout particulièrement en lettres cursives mais il existe aussi des paragraphies attestant de la nature linguistique du trouble et objectivées soit dans l'écriture cursive, quand elle est préservée, soit dans l'écriture en lettres capitales. Elles peuvent être interprétées comme des agra-phies aphasiques ou mixtes et sont observées dans les lésions impliquant le splé-nium. Les observations faites chez des sujets japonais montrent que l'agraphie gauche prédomine sur le système alphabétique *(kana)* et préserve relativement le système idéographique *(kanji)* qui peut aussi extérioriser des paragraphies sémantiques. Ainsi les informations proprement linguistiques pourraient-elles cheminer dans la partie postérieure (splénium) du corps calleux (figure 15.6).

L'apraxie constructive droite

De la main droite, la réalisation sur ordre verbal ou sur copie de dessins comme un cube ou une bicyclette est lente et désorganisée, alors que les performances

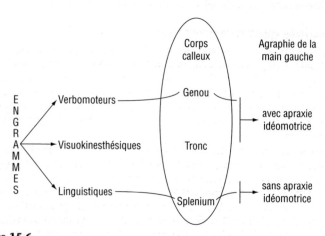

Figure 15.6
Représentation schématique des différents types d'informations « graphiques » et de leur cheminement à travers les subdivisions anatomiques du corps calleux selon les conceptions de Watson et Heilman (1983).

sont paradoxalement meilleures avec la main non dominante. Aussi, la copie de la figure complexe de Rey est massivement désorganisée quand elle est réalisée avec la main droite de même que la réalisation de constructions tridimensionnelles avec des cubes. Le trouble du transfert intéresse les informations qui doivent cheminer de l'hémisphère droit, siège des capacités visuoconstructives, vers l'hémisphère gauche qui commande la main droite.

Les troubles visuels

La double pseudo-hémianopsie sur désignation unilatérale forcée et silencieuse (figure 15.7)

Le sujet est installé face à l'examinateur, tête fixe, yeux ouverts, une main (par exemple la gauche) maintenue immobile sous une fesse : il est alors prié de ne pas parler et d'attraper avec sa main libre (par exemple la droite) le doigt de l'examinateur dès qu'il l'apercevra dans son champ visuel. On constate alors que le sujet dirige sa main vers le doigt quand ce dernier apparaît dans l'hémichamp visuel homolatéral à la main mobile (ici le droit) mais n'effectue aucun geste de préhension quand l'index est présenté dans l'hémichamp visuel controlatéral (ici le gauche) à la main mobile (ici la droite). En effet, les informations visuelles parvenues à l'hémisphère droit ne peuvent plus être transférées vers l'hémisphère gauche qui commande la main droite. Le phénomène inverse est observé pour l'autre hémichamp quand l'autre main est seule autorisée à se déplacer et cette double pseudo-hémianopsie intéresse donc l'hémichamp visuel hétérolatéral à la main mobile. Il s'agit bien d'une pseudo-hémianopsie car parfois un stimulus dans l'hémichamp apparemment aveugle entraînera une rotation de la tête et des yeux vers lui et sera attrapé. En outre, si les deux mains sont libres et si les index de l'examinateur apparaissent bilatéralement dans chaque hémichamp, ils seront normalement attrapés par le sujet.

La pseudo-hémianopsie gauche sur requête verbale

Cependant, lors de la présentation simultanée d'index dans chaque hémichamp, le sujet, prié de signaler verbalement la présence des index, ignorera et même niera la présence de l'index présenté dans l'hémichamp visuel gauche : cet index est pourtant vu car attrapé sur ordre. Les influx visuels parviennent bien à chaque hémisphère mais la verbalisation de la présence du stimulus gauche nécessite un transfert transcalleux de lobe occipital droit vers les centres du langage de l'hémisphère gauche.

Ces épreuves sont toutefois difficiles à réaliser au lit du malade et nécessitent deux précautions : la présentation des stimuli doit être très brève car il apparaît très rapidement des mouvements de balayage oculaire qui informeront les deux hémisphères et compenseront le déficit du transfert ; la présentation des stimuli doit bien se faire à la périphérie du champ visuel car la partie centrale du champ visuel (à 2 ou 3 degrés de part et d'autre du méridien vertical) se projette au niveau de la rétine sur la macula d'où partent des fibres directes et croisées, alors que les influx venus de la périphérie de chaque hémichamp parviennent aux rétines périphériques pour aboutir au lobe occipital hétérolatéral à chaque hémichamp visuel. Le tachistoscope permet de faire sur écran

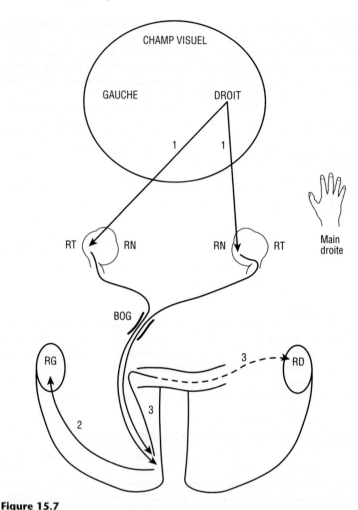

Figure 15.7
La pseudo-hémianopsie double sur requête verbale forcée et silencieuse.
Les influx visuels (1) venus de l'hémichamp droit, reçus par la rétine temporale de l'œil gauche et la rétine nasale de l'œil droit empruntent les nerfs optiques, le chiasma, la bandelette optique gauche (BOG), les radiations optiques gauches (ROG) jusqu'au lobe occipital gauche. La main droite du sujet, seule autorisée à bouger, pourra attraper l'objet présenté dans l'hémichamp visuel droit grâce à un transfert intrahémisphérique d'informations (2) entre le lobe occipital gauche et la région rolandique gauche (RG). Par contre, elle restera immobile quand l'objet sera présenté dans l'hémichamp visuel gauche car les informations parvenues au lobe occipital droit ne peuvent pas franchir le corps calleux pour rejoindre la région rolandique gauche. Le phénomène inverse est observé quand seule la main gauche est autorisée à bouger pour attraper l'objet présenté dans le champ visuel : cette main restera immobile quand l'objet sera présenté dans l'hémichamp visuel droit car les informations parvenues au lobe occipital gauche ne peuvent pas franchir le corps calleux (3) pour rejoindre la région rolandique droite (RD).

des présentations visuelles très brèves (de 1/10 à 1/25 seconde) ; il permet de contrôler la position des stimuli et on peut même y adjoindre le contrôle de l'immobilité oculaire pendant la présentation des stimuli. La présentation tachistoscopique permet de confirmer l'incapacité de dénomination des images projetées au niveau de l'hémichamp visuel gauche (anomie visuelle gauche, figure 15.6) alors que le sujet peut ensuite désigner, dans un choix multiple, l'objet qu'il n'avait pas déclaré voir. La présentation de *chimères* (accolement de la partie droite ou gauche de deux demi-images d'objets différents comme la moitié gauche d'un crayon accolée avec la moitié droite d'une paire de ciseaux) montre que le sujet normal fait des erreurs d'identification ou déclare voir deux objets alors qu'en cas de lésion calleuse, seule la demi-image projetée dans l'hémichamp visuel droit est nommée et le patient ne déclare jamais voir deux objets. Quand on demande au sujet non plus de nommer mais de désigner sur choix multiple, il a pu être observé que le choix du sujet se portait sur la demi-image projetée dans l'hémichamp visuel droit quand il s'agissait d'un objet ou d'une lettre alors que le sujet choisissait la demi-image projetée à gauche quand il s'agissait d'un visage : cette épreuve permet donc aussi de mettre en évidence la spécialisation hémisphérique dans le traitement des informations visuelles.

L'hémialexie gauche

La présentation tachistoscopique de lettres ou de mots brefs montre que leur lecture n'est possible que dans l'hémichamp visuel droit. L'association d'une lésion occipitale gauche et d'une lésion du splénium du corps calleux donne une hémianopsie droite et une alexie sans agraphie (voir p. 72).

L'extinction auditive unilatérale

Sa mise en évidence nécessite un test d'écoute dichotique qui montre une extinction de la voie « oreille droite–cerveau gauche » pour les messages verbaux (voir p. 148).

L'anomie olfactive unilatérale

En cas de commissurotomie complète intéressant le corps calleux et la commissure antérieure, il a été observé une incapacité de nommer les odeurs présentées à la narine droite, alors que le patient peut désigner sur choix multiple l'objet d'où provient l'odeur.

Les signes d'ignorance, d'étonnement ou de conflit d'un hémicorps par rapport à l'autre

La critique hémisphérique

Elle désigne l'étonnement du sujet à l'égard de l'écriture réalisée par la main gauche (« *Je n'ai pas l'impression que c'est ma main gauche qui écrit* ») ou des gestes réalisés par le membre supérieur gauche. (Au cours d'une épreuve « doigt–nez », le malade, mettant son doigt dans la bouche, dit : « *C'est drôle ; pourquoi ne veut-il pas aller sur mon nez ?* »).

La dyspraxie diagonistique et le signe de la main étrangère

Ces signes qui traduisent l'ignorance, parfois conflictuelle, d'une main par rapport à l'autre ont été envisagés au chapitre 5.

L'incapacité de duplication croisée des postures de la main

Le sujet ne peut pas, en dehors du secours de la vue, imprimer à une main les postures imprimées à l'autre main. Le déficit de transfert des informations proprioceptives est aussi constaté quand, montrant au sujet des postures de main projetées dans chaque hémichamp en présentation tachistoscopique, on constate que le sujet ne peut reproduire ces postures qu'avec la main homolatérale au champ visuel stimulé.

L'alexithymie

Les sujets commissurotomisés ont plus de difficultés que les sujets normaux à exprimer, à verbaliser leurs sentiments : cette constatation, peu accessible à un examen de cas unique a été établie de manière statistique et traduirait un déficit du transfert entre l'hémisphère droit (dont on connaît le rôle dans la régulation de la vie émotionnelle) et l'hémisphère gauche qui gère le langage (voir chapitre 17, p. 400).

Considérations anatomocliniques et étiologiques

Le tableau « complet » d'un syndrome de disconnexion concerne les lésions calleuses massives (ou les sections complètes) incluant le splénium. Il existe d'ailleurs à l'intérieur du corps calleux une ségrégation des fibres en fonction des informations qu'elles transmettent : ainsi une lésion épargnant la partie postérieure du splénium permet le transfert des informations visuelles et les lésions donnant une apraxie idéomotrice gauche sont plus antérieures que celles donnant une agraphie gauche sans apraxie. La séméiologie de la partie antérieure du corps calleux (connectant les lobes frontaux) est très fruste en cas de section mais peut curieusement entraîner une apraxie gauche en cas de lésions endogènes (tumeur, infarctus...). Des signes de disconnexion calleuse peuvent être constatés dans la sclérose en plaques et l'on sait la fréquence de l'atrophie calleuse accompagnant les lésions de la substance blanche dans les formes évoluées de la maladie : ces signes sont le plus souvent discrets. L'agénésie calleuse peut évoluer dans un contexte polymalformatif et s'accompagner d'un retard mental, voire d'un état psychotique. Mais l'intelligence peut être normale ; les investigations neuropsychologiques permettent de constater que le plus souvent les signes de disconnexion sont absents ou discrets mais certaines observations peuvent montrer des perturbations du transfert interhémisphérique des informations visuelles, tactiles, auditives. Pour expliquer la (quasi-)normalité du transfert, plusieurs mécanismes ont été évoqués. On a pu suggérer une représentation bihémisphérique des fonctions cognitives tout particulièrement du langage, ce que le test de Wada n'a qu'exceptionnellement confirmé. On a pu suggérer aussi un renforcement des voies motrices et sensorielles ipsilatérales, ce qui permettrait une information simultanée des hémisphères cérébraux palliant ainsi le déficit du transfert : ainsi pourrait s'expliquer le fait que chez les sujets agénésiques soit observée, en écoute dichotique, une réduction de l'asymétrie physiologique ou même un avantage de la voie « oreille gauche–cerveau droit », alors que les sujets droitiers et normaux ont en majorité une légère supériorité de l'oreille droite et que les sujets callotomisés ont au contraire un déficit de l'oreille gauche. On a pu aussi argumenter une compensation de l'agénésie calleuse par la commissure antérieure. Ainsi un déficit du transfert a pu être corrélé avec l'absence concomitante de commissure antérieure, tandis qu'un transfert normal a pu être corrélé à l'hypertrophie de la commissure antérieure. Les troubles discrets du transfert pourraient alors s'expliquer par un débordement des capacités de traitement des informations par la commissure antérieure ou même par une limitation qualitative du transfert visuospatial par la commissure antérieure.

Le corps calleux et la spécialisation hémisphérique
(figure 15.8)

Les lésions chirurgicales et endogènes du corps calleux sont un moyen privilégié d'interrogation de chaque hémisphère donc d'étude de la spécialisation hémisphérique. Comme de coutume, les signes ci-dessus exposés sont décrits chez les droitiers, sachant que chez les gauchers, les troubles n'obéissent pas à une inversion rigoureuse mais réalisent le plus souvent un ensemble composite comme une agraphie droite et une apraxie idéomotrice droite, une main étrangère gauche et une alexie tactile droite. En tout cas, la séméiologie calleuse isole bien chez le droitier un hémisphère investi dans le langage et un hémisphère investi dans le traitement des données visuoconstructives et visuospatiales. Mais il clair aussi qu'il n'y a pas de dichotomie absolue : ainsi les disconnexions calleuses montrent

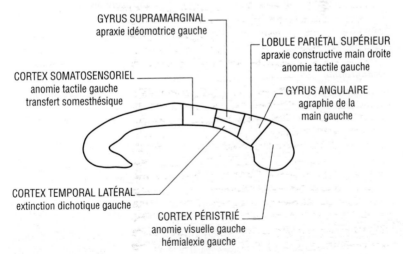

Figure 15.8
Siège présumé des lésions calleuses responsables des principales manifestations du syndrome de disconnexion interhémisphérique.
Tiré de Habib et Pelletier. *Revue de neuropsychologie* 1994 ; 4 (1) : 69-112

que l'hémisphère droit peut, seul, comprendre le sens de mots écrits et parlés : l'anomique tactile gauche peut rechercher et trouver avec sa main gauche sans le secours de la vue un objet nommé par l'examinateur de même qu'il peut désigner de sa main gauche, un objet dont il n'avait pas su nommer l'image en présentation tachistoscopique dans l'hémichamp visuel gauche. Mais qu'en est-il chez le sujet dont le corps calleux est fonctionnel ? Le corps calleux transmet-il des informations neutres ou module-t-il la spécialisation hémisphérique ? L'hémisphère gauche inhibe-t-il les capacités linguistiques de l'hémisphère droit comme le suggérerait l'observation d'enfants cérébrolésés gauches dont l'hémisphérectomie fut suivie d'une amélioration très importante des capacités linguistiques ? Le corps calleux véhicule-t-il des influences facilitatrices ce qui serait illustré par son rôle dans les décharges épileptiques et qui rendrait compte des meilleures capacités de récupération des aphasiques dont le corps calleux n'est pas lésé ? Ou bien le corps calleux exerce-t-il un rôle d'harmonisation interhémisphérique, bouleversé dans un sens facilitateur ou inhibiteur en fonction de paramètres dont l'architecture nous échappe ?

Aspects évolutifs

La séméiologie calleuse doit être recherchée avec attention ; elle peut échapper à un examen de routine ; elle peut être masquée par les signes en rapport avec l'atteinte des structures avoisinantes, notamment en cas de lésion tumorale ; elle a enfin une tendance spontanée à l'amélioration par utilisation de mécanismes aptes à surmonter le déficit de la transmission transcalleuse : il s'agit par exemple des mouvements de balayage oculaire, de la verbalisation qui permet au sujet d'informer ses deux hémisphères, de l'utilisation maximale de tous les canaux sensoriels : l'odeur, le bruit peuvent concourir à la reconnaissance des objets et la plasticité qui permettrait d'utiliser les commissures extracalleuses est-elle réservée à l'enfant ? Le cerveau divisé masque sa division et essaie sans cesse de structurer son unité.

Bibliographie

Absher JR, Benson F. Disconnection syndromes : an overview of Geschwind contributions. Neurology 1993;43:862–7.

Bogen JE. The callosal syndromes. In: Heilmann KH, Valenstein E. Clinical Neuropsychology. Oxford : Oxford University Press;1994. p. 337–407.

Brion S, Jedynak CP. Troubles du transfert interhémisphérique. À propos de trois observations de tumeurs du corps calleux. Le signe de la main étrangère. Rev Neurol 1972;2(126, 4):257–66.

Fischer M, Ryan SB, Dobyns WB. Mechanisms of interhemispheric transfer and patterns of cognitive function in callosal patients of normal intelligence. Arch Neurol 1992;49(3):271–7.

Gazzaniga MS, Risse GL, Springer SP et al. Psychologic and neurologic consequences of partial and complete commissurotomy. Neurology 1975;25:10–5.

Geshwind N. Disconnexion syndromes in animals and man. Brain 1965;88:237–94 et 585-644.

Habib M, Pelletier J. Neuro-anatomie fonctionnelle des relations interhémisphériques. Aspects théoriques et perspectives cliniques : 1. Organisation anatomo-fonctionnelle des connexions calleuses. Revue de Neuropsychologie 1994;4(1):79–112.

Karnath HO, Schumacher M, Wallesch CW. Limitations of interhemispheric extracallosal transfer of visual information in callosal agenesis. Cortex 1991;27(2):345–50.

Martin A. A qualitative limitation on visual transfer via the anterior commissure. Brain 1985;108:40–63.

Michel F, Schott B. Les syndromes de disconnexion calleuse chez l'homme. Lyon: Hôpital neurologique;1974.

Russel WR. Some anatomical aspects of aphasia. Lancet 1963;1:1173–7.

Sauerwein H, Lassonde MC. Intra- and interhemispheric processing of visual information in callosal agenesis. Neuropsychologia 1983;21(2):167–71.

Schnider A, Benson F, Rosner LJ. Callosal disconnexion in multiple sclerosis. Neurology 1993;43:1243–5.

Watson RT, Heilman KM. Callosal apraxia. Brain 1983;106:391–403.

16

Neuropsychologie du vieillissement normal et des syndromes démentiels

> « *Tout le monde se plaint de sa mémoire, et personne ne se plaint de son jugement.* »
>
> La Rochefoucauld, Maximes et Réflexions

Il est devenu habituel d'opposer le vieillissement normal au vieillissement patholo-gique. Au-delà du vieillissement normal, on évoque même le vieillissement « réussi », ou le « bien vieillir », ce qui déjà sous-entend que le vieillissement « normal » s'asso-cie à des « pertes » : des pertes minimes ou la capacité de les minimiser, de s'y adapter (*coping*), de les surmonter (*résilience*) pourraient alors propulser le sujet vers la réussite de son vieillissement. En deçà du vieillissement normal se déploie le vieillis-sement pathologique. L'avancée dans la vie se manifeste par le vieillissement de tous les organes et peut aussi additionner des maladies intercurrentes dont le vieillisse-ment n'est pas directement responsable, mais dont il est un facteur de risque. Les enjeux majeurs du vieillissement sont cognitifs, affectivo-émotionnels, comporte-mentaux, sociétaux. C'est dans cet écheveau complexe que surgissent des maladies du cerveau dont la plus fréquente est la maladie d'Alzheimer et pour lesquelles s'est imposé le terme générique de « démences ». Ce terme est lourd de son étymologie dévalorisante (« perdre l'esprit »). Or il est aujourd'hui bien difficile d'avoir une approche unitaire d'un ensemble aussi disparate que les démences « organiques ». Cette disparité tient à la séméiologie même des syndromes démentiels qui ne sont pas un mais qui sont pluriels ; elle tient aussi à la diversité des étiologies tout comme à l'hétérogénéité même des présentations cliniques au sein d'une même étiologie. En outre, en raison du poids épidémiologique de la maladie d'Alzheimer et du fait que sa fréquence croît avec l'âge, on réduit trop souvent le concept de démence à un vieillissement pathologique en oubliant qu'il existe des maladies d'Alzheimer du sujet jeune et que d'autres syndromes démentiels surviennent avant le seuil théo-rique de la vieillesse voire chez le sujet jeune (voir par exemple les « démences fronto-temporales » ou les maladies à prions ou encore le « complexe démentiel du sida »). Mais il reste aussi à définir le sens du mot « démence » tellement obscurci par son histoire et ses connotations que certains craignent de l'utiliser pour qualifier un malade, de peur d'entraîner une démotivation thérapeutique et l'abandon d'une prise en charge résolue. En fait, c'est Georget qui avait introduit en 1820 le critère d'incurabilité des démences pour les distinguer de la confusion mentale (désignée alors sous le terme de stupidité) et conçue comme liée à une « absence accidentelle de la pensée » donc potentiellement réversible. L'impaludation avait commencé en son temps à ouvrir la première brèche dans la notion d'irréversibilité des démences et Guiraud pouvait écrire dès 1952 que « si la lésion responsable de la démence est réversible, la démence peut guérir, si elle est irréversible, la démence restera incurable, si la lésion est partiellement réversible, la démence peut guérir partiellement ».

Si la démence peut ne plus être irréversible, il est difficile aussi de continuer à considérer qu'elle est due à un affaiblissement « global » : c'est en fait l'addition de déficits de diverses fonctions cognitives qui font basculer ce qu'on appelait un syndrome psycho-organique dans un processus démentiel sitôt que sont compromises l'*adaptation à la vie professionnelle, sociale et familiale* comme la capacité de gérer sa propre existence. Le DSM-IV précise que l'altération du fonctionnement social ou professionnel, pour être significative, doit représenter un déclin significatif par rapport au niveau de fonctionnement antérieur. Toutefois, la classification internationale de troubles mentaux (CIM-10) de l'OMS admet certes qu'une démence « interfère habituellement avec les activités de la vie de tous les jours » mais les exemples donnés ne peuvent concerner que des démences évoluées puisqu'il s'agit de « se laver, s'habiller, manger, observer une hygiène personnelle minimale, contrôler ses sphincters » ; en outre la CIM-10 attire l'attention sur la variabilité de la désadaptation en fonction du contexte culturel et signale que les modifications des performances professionnelles ne doivent pas être retenues comme des critères de démence. Le DSM-V a préféré situer la limite fonctionnelle de la démence (appelée dans cette cinquième version du DSM : trouble cognitif majeur ; voir encadré 16.1) dans la perte de l'indépendance dans les activités de la vie quotidienne. Quant au substratum anatomique des démences, il concerne

---

Les critères diagnostiques de « démence » et leur évolution

La CIM-10 et le DSM jusqu'au DSM-IV-TR

Le diagnostic de démence nécessite, selon le DSM-IV-TR, les éléments suivants :
1. Déficits cognitifs multiples, comme en témoignent à la fois :
   a. Une altération de la mémoire (altération de la capacité d'apprendre des informations nouvelles et/ou de se rappeler les informations apprises antérieurement)
   b. Une (ou plusieurs) des perturbations cognitives suivantes :
   – Aphasie
   – Apraxie
   – Agnosie
   – Perturbation des fonctions exécutives (faire des projets, organiser, ordonner dans le temps, avoir une pensée abstraite)
2. Les déficits cognitifs des critères 1a et 1b sont tous les deux à l'origine d'une altération significative du fonctionnement social ou professionnel et représentent un déclin significatif par rapport au niveau de fonctionnement antérieur.
3. Les déficits ne surviennent pas exclusivement au cours de l'évolution d'une confusion.

▶

Le DSM IV a ainsi remplacé les termes d'altération de la pensée abstraite et du jugement du DSM-III par la référence explicite à des troubles des fonctions exécutives et
a supprimé le critère de troubles de la personnalité, jugé trop subjectif.

La CIM-10 met l'accent sur les troubles mnésiques, accompagnés d'altération du
raisonnement, de la fluidité mentale et de difficultés à fixer son attention sur plusieurs stimuli à la fois (attention partagée). En outre, l'existence d'une obnubilation
est un critère d'exclusion, mais il est reconnu qu'une confusion peut s'ajouter à la
démence. Pour que le diagnostic de démence soit assuré, les troubles doivent évoluer depuis au moins 6 mois.

L'évaluation des activités de la vie quotidienne à travers un test comme l'IADL (*Instrument Activities of Daily Living*) permet de mieux cerner le retentissement social de
la démence. La version simplifiée a quatre items (capacités d'utiliser le téléphone, les
transports, de contrôler la prise de médicaments et de gérer son budget). L'altération d'une seule de ces capacités doit donner l'alerte si elle n'est pas expliquée par
un handicap locomoteur ou sensoriel.

Les critères du DSM-V (2013)

Les rédacteurs du DSM-V ont souhaité prendre de la distance avec le terme de
démence, jugé péjoratif et stigmatisant, même s'ils se disent conscients que le changement de terme ne suffit pas à échapper à la stigmatisation (Ganguli *et al.*, 2011). Le
DSM-V a remplacé le terme de démence par celui de « trouble neurocognitif majeur »
(TNM), mais ce dernier comporte deux degrés : le trouble neurocognitif majeur
(*major neurocognitive disorder*) qui correspond au diagnostic de démence et le trouble
cognitif léger (mild *neurocognitive disorder*) qui correspond à un degré d'atteinte
moins sévère (Blazer, 2013). Le trouble neurocognitif léger (TNL) n'est pas l'équivalent du MCI car les deux degrés du trouble neurocognitif renvoient chacun à une liste
de 12 cadres nosologiques (plus un cadre dit « non spécifié »), chacun pourvu de ses
critères diagnostiques cliniques et bien sûr paracliniques. Ainsi, il existe un trouble
neurocognitif majeur (« ancien » syndrome démentiel) et un trouble neurocognitif
léger dû à la maladie d'Alzheimer, mais aussi un trouble neurocognitif majeur et un
trouble neurocognitif mineur fronto-temporal, ou encore avec corps de Lewy, etc.

Le seuil fonctionnel entre le TNL et le TNM est la dépendance dans les activités de la
vie quotidienne (qu'il s'agisse des activités instrumentales ou des tâches plus
complexes comme payer ses factures ou encore organiser ses prises médicamenteuses). Le patient atteint de TNL reste encore indépendant dans ses activités, mais
un plus grand effort, une adaptation, des stratégies compensatoires lui sont nécessaires pour maintenir son indépendance (par exemple mettre 2 heures au lieu de
10 minutes pour vérifier son compte bancaire).

Le DSM-V liste sept domaines neurocognitifs : attention complexe, capacités exécutives, apprentissage et mémoire, capacités visuoconstructives, capacités visuoperceptives, cognition sociale. L'entrée de la cognition sociale montre l'adaptation du
DSM à l'évolution des domaines de la clinique neuropsychologique. En outre, ne
sont plus exigés ni l'atteinte de la mémoire ni l'atteinte d'au moins deux domaines
de la cognition. Pour chaque domaine est pris en compte un déclin à partir d'un
niveau antérieurement acquis de performances cognitives. Le choix opéré par le
DSM-V est de considérer que, pour chaque domaine neurocognitif, un TNL exige un
score à des tests étalonnés situé entre un et deux écarts-types au-dessous de la
moyenne (ou encore au-dessous du 16e percentile), tandis que le TCM exige un
score inférieur ou égal à deux écarts-types (ou au-dessous du 3e percentile) – voir le
paragraphe : « Les tests psychométriques », p. 252. L'individualisation d'un trouble
neurocognitif léger permet ainsi de diagnostiquer avant leur passage au stade de

▶

« démence » (trouble neurocognitif majeur) toutes les maladies dont le diagnostic ne pouvait être porté jusque-là qu'au stade démentiel. Une démarche dans ce sens avait d'ailleurs déjà été entreprise pour la maladie d'Alzheimer avec l'isolement d'une « forme prodromale » ou « débutante » (voir *infra*). Cette évolution est conforme aux progrès des neurosciences : en désolidarisant le terme suranné de démence des maladies elles-mêmes, on prend acte que ces maladies ont un substratum lésionnel, dont on doit pouvoir rechercher les manifestations cliniques avant la survenue d'une démence. Mais il faut en même temps être conscient des limites et des difficultés de cette démarche. En effet, les capacités inégales de neuroplasticité des cerveaux font qu'il n'existe pas de lien linéaire entre la charge lésionnelle et la gravité des manifestations cliniques ; les liens entre les lésions neuropathologiques, les marqueurs biologiques qui les expriment et la mort neuronale doivent être mieux définis ; telle est l'une des conditions nécessaires pour disposer de marqueurs biologiques encore plus sensibles et encore plus spécifiques. On conçoit en effet combien il serait préoccupant que l'individualisation du trouble neurocognitif léger conduise à des diagnostics par excès, dont on mesure en termes humains les conséquences pour les personnes concernées et notamment le bouleversement que ces informations pourraient entraîner sur leur projet de vie.

certes des lésions diffuses ou étendues mais aussi des lésions multifocales (comme la démence par infarctus multiples) et même plus exceptionnellement des lésions focales situées dans des zones dites stratégiques comme un infarctus bithalamique. D'une manière plus générale, il est devenu usuel de distinguer les -démences « corticales » des démences « sous-corticales » centrées sur un syndrome de disconnexion frontale. Telles sont les bases qui permettent d'aborder la séméiologie neuropsychologique et le diagnostic des syndromes démentiels.

Sur le plan épidémiologique, les démences concerneraient selon l'étude coopérative européenne, 6,4 % de la population, dont 4,4 % de maladies d'Alzheimer et 1,4 % de démences vasculaires ou mixtes ; la prévalence croît avec l'âge passant de 1,2 % entre 65 et 69 ans à près de 30 % après 90 ans ; en France, il y aurait de 600 000 à 700 000 déments, dont la moitié environ serait atteinte de maladie d'Alzheimer. D'autres études estiment que la prévalence de la maladie d'Alzheimer double tous les 5 ans après 65 ans. Compte tenu du vieillissement de la population dans les pays industrialisés, la prévalence des démences ne fait que croître et on comprend que les démences en général et la maladie d'Alzheimer en particulier soient devenues un enjeu de santé publique (Rocca *et al.* 1991 ; Dartigues *et al.* 1997, 2003). Toutefois, si l'on s'accorde pour souligner la fréquence de la maladie d'Alzheimer, la prévalence des autres démences reste encore incertaine et l'épidémiologie ne peut que s'adapter progressivement aux progrès de la classification nosologique des démences.

Mais il reste une question fondamentale qui est l'assimilation d'une maladie (comme la maladie d'Alzheimer) à un syndrome démentiel. Car si la maladie d'Alzheimer est une maladie du cerveau, tout permet de penser que, dans l'attente de thérapeutiques majeures qui restent à découvrir, tout doit être fait pour se donner les moyens de diagnostiquer la maladie avant son stade démentiel, qui devrait un jour être présenté comme le stade des complications d'une maladie qui n'a pu être ni prévenue ni traitée. Cela implique donc l'existence entre le vieillissement normal et le vieillissement cérébral pathologique « démentiel » de dysfonctionnements cognitifs en quête ou orphelins d'une signature nosologique : il s'agit des « déficits cognitifs légers » (ou *mild cognitive impairments*). L'évaluation neuropsychologique peut mettre sur la piste d'un mode d'entrée dans une maladie neurodégénérative, mais elle doit s'accompagner, comme cela sera abordé plus loin, d'arguments issus des examens complémentaires (notamment marqueurs biologiques et neuro-imagerie). C'est d'ailleurs ce mouvement de pensée qui a conduit le DSM-V à proposer le cadre nosologique de « Troubles neurocognitifs » (voir *infra*).

C'est donc en raison seulement de la plus grande fréquence des syndromes démentiels chez le sujet âgé que ce chapitre évoquera d'abord le vieillissement cérébral normal. Il soulève aussi une question épistémologique majeure : le vieillissement cérébral pathologique ne serait-il qu'une exagération du vieillissement cérébral normal ? Ou doit-on au contraire penser que le profil neuropsychologique du vieillissement cérébral normal est d'un autre ordre que celui des diverses maladies dont le vieillissement n'est qu'un facteur de risque, ce qui conduirait à souligner que le vieillissement en lui-même n'est pas une maladie.

Neuropsychologie du vieillissement normal

L'attention portée à l'évaluation neuropsychologique des personnes vieillissantes est liée à l'allongement de la durée de vie et à l'émergence des diverses manifestations d'un « mal vieillir » parmi lesquelles la maladie d'Alzheimer occupe aujourd'hui la plus grande place. Mais un certain nombre de précautions doivent être prises pour préciser des concepts qu'il serait abusif de simplifier.

Quel est le seuil qui définirait l'entrée dans la vieillesse : 65 ans, 75 ans ? Le concept même de seuil est-il adéquat et est-il d'une uniformité telle dans l'humanité que l'on pourrait arrêter l'âge qui ferait quitter l'état de stabilité de la période de maturité pour entrer dans le déclin qui caractériserait la vieillesse ? On confond en fait vieillissement et vieillesse. Si la vieillesse est une étape inscrite dans le déroulement de la vie, le vieillissement est un processus continu. Il s'inscrit dans la morphologie du corps, dans la physiologie notamment ostéoarticulaire et cardiorespiratoire, et l'on sait que le sport ne se pratique pas de la même manière à 20 ans, à 40 ans, à 60 ans. Or le vieillissement appelle moins à des renoncements qu'à des adaptations, à des reconfigurations de l'existence. Ainsi en est-il du vieillissement du cerveau. Il est sous-tendu par des modifications anatomiques, histologiques, métaboliques et vasculaires. La baisse du poids du cerveau avec l'âge coexisterait essentiellement macroscopiquement avec une baisse du volume de la substance grise et microscopiquement avec une perte neuronale régulière à partir de l'âge de 20 ans. Mais la quantification de ces données reste difficile et les chiffres relevés dans la littérature sont très disparates. Le nombre de cellules du cerveau procède d'extrapolations à partir d'échantillons cadavériques. Le chiffre habituellement donné de 100 milliards de neurones est plutôt revu à la baisse (86 milliards : Azevedo *et al.*, 2009), en soulignant toutefois que le cervelet contient le plus grand nombre de neurones (69 milliards) et que le cortex cérébral, qui représente plus de 80 % de la masse cérébrale, ne renferme que 19 % du nombre total des neurones (environ 16 milliards). Enfin, le ratio longtemps avancé d'un neurone pour 10 cellules gliales (constituant le tissu de soutien et de nutrition des neurones) est revu à la baisse, les deux populations cellulaires étant en nombre à peu près comparable Si les primates ont la plus forte concentration de neurones, l'homme ne se distingue pas des autres primates qui tous voient leur nombre de neurones lié à la taille du cerveau. Mais on ne peut pas pour autant, au sein de l'espèce humaine, lier la taille du cerveau, le nombre de neurones et les compétences cognitives : d'autres facteurs interviennent comme le nombre et l'organisation des synapses ainsi que des facteurs génétiques et épigénétiques (environnement, éducation, etc. ; Herculano-Houzel). C'est suivant ces données qu'il faut interpréter avec précaution les constats selon lesquels le poids du cerveau diminuerait de 2 % par an, cette baisse n'étant manifeste qu'à partir de la cinquantaine ; elle coexiste avec une perte neuronale régulière qui, même si elle est difficile à chiffrer, pourrait atteindre 10 % entre la vingtième et la centième année ; la dépopulation neuronale pourrait procéder d'une mort cellulaire programmée (apoptose). Cependant, la plasticité neuronale, dont témoigne l'arborisation dendritique, demeure. On peut observer dans les cerveaux vieillissants les mêmes lésions (plaques séniles et dégénérescence neurofibrillaire) que dans la maladie d'Alzheimer mais en petit nombre. Ces lésions sont constantes chez les centenaires (Escourolle *et al.*, 2001). Mais on sait aujourd'hui (voir *infra*) qu'on ne peut faire de parallélisme absolu entre la charge lésionnelle alzheimérienne et l'expression clinique de la maladie. L'hippocampe, qui joue un rôle majeur dans la mémoire épisodique et qui concentre les lésions initiales de la maladie d'Alzheimer, a fait l'objet d'études volumétriques au cours du vieillissement normal : les résultats sont contradictoires, certains travaux plaidant pour une diminution du volume avec l'âge, tandis que d'autres plaident pour son intégrité ou pour une atrophie limitée à sa partie caudale (Desgranges *et al.*, 2008). Les autres régions affectées par le vieillissement sont les régions pariétale, frontale et cingulaire antérieure. Les différentes techniques d'imagerie cérébrale dynamique indiquent que le débit cérébral baisse avec l'âge parallèlement à une baisse de la consommation cérébrale en glucose et en oxygène qui prédominerait dans les régions frontales. Mais le cerveau vieillissant peut quitter le champ de la « normalité » quand il est affecté de lésions vasculaires : infarctus témoignant d'une athérosclérose ou d'une pathologie cardiaque emboligène ; lacunes (infarctus de très petite taille) liées à une artériolosclérose compliquant des maladies comme l'hypertension artérielle ou le diabète. On voit ainsi que, sur les plans anatomique, histologique et vasculaire, la frontière entre le vieillissement cérébral normal et pathologique n'est pas étanche.

L'interprétation des études visant à évaluer l'évolution des fonctions cognitives avec l'âge se doit donc d'être très prudente. Que l'on compare des groupes de sujets jeunes et de sujets âgés (études transversales) ou que l'on suive l'évolution des performances d'une population en fonction de l'âge, comment repérer les sujets dont la baisse des performances relève de lésions cérébrales passées inaperçues ? En constatant la baisse du nombre de fonctions cognitives avec l'âge, comment être sûr qu'elle ne relève que de l'âge et non d'autres facteurs confondants, et ce tout particulièrement quand on compare par des études transversales des populations appartenant à des générations dont l'environnement éducatif, social, culturel a été notablement différent ? Et même si l'on estime les facteurs confondants assez bien contrôlés pour affirmer que les performances cognitives baissent avec l'âge et que cela caractérise un vieillissement normal, encore faut-il ne pas utiliser de termes comme celui de « détérioration » cognitive liée à l'âge. Cela reviendrait à nier paradoxalement le caractère normal du vieillissement, à assimiler les effets du vieillissement au mieux à un déclin, au pire à un processus pathologique. Le regard négatif jeté sur le vieillissement commence par une manière dévalorisante de qualifier les résultats obtenus à des tests psychométriques sans les mettre en perspective non seulement avec les autres facettes des fonctions cognitives, mais surtout avec les compétences décisionnelles et les résolutions de problèmes telles qu'elles peuvent se déployer dans les situations concrètes de la vie. Faut-il alors considérer avec Rowe et Khan (1987) que le vieillissement réussi est un mode particulier d'évolution du vieillissement qui se distinguerait d'un vieillissement « usuel » et qui prendrait acte de certains « déficits » qui resteraient dans le champ du vieillissement normal et d'un vieillissement pathologique ? Peut-on plutôt considérer que le vieillissement normal est le socle sur lequel peut s'appuyer un vieillissement réussi qui est une manière de « bien vieillir » en s'adaptant aux réalités d'une vie qui continue de valoir la peine d'être vécue même si elle laisse entrevoir son achèvement ?

C'est sur ces bases qu'il faut interpréter les principales caractéristiques du vieillissement cognitif.

Des « tests qui tiennent » et « qui ne tiennent pas » aux concepts d'intelligence fluide et cristallisée

La pratique des tests psychométriques composites censés mesurer les diverses facettes de l'intelligence, dont le plus célèbre est la WAIS (Wechsler *Adults Intelligence Scale*), a permis de constater que certains subtests résistaient au vieillissement tandis que d'autres voyaient leurs résultats diminuer lors du vieillissement. Ainsi, le subtest de vocabulaire explorant la compréhension de mots (comme « instruire », « héréditaire ») résiste au vieillissement et, d'une certaine manière, reflète le « niveau antérieur » du sujet. D'autres, comme le subtest de Similitudes explorant la capacité de discerner en quoi deux mots se ressemblent (comme table et chaise, Nord et Sud), sont sensibles au vieillissement. Il en est de même du subtest de Codes qui montre la capacité d'associer dans un temps limité un « symbole », c'est-à-dire un dessin sans signification, et un chiffre. Il est ainsi possible, à partir d'échantillons considérés comme représentatifs de la population « normale », de déterminer l'amplitude d'une baisse des performances entre « tests qui tiennent » et « tests qui ne tiennent pas », définissant un « vieillissement physiologique » au-delà duquel on évoque de manière probabiliste – c'est-à-dire avec au plus 5 chances sur 100 de se tromper – qu'il s'agit d'une détérioration psychométrique « pathologique ». Diverses méthodes d'évaluation de la détérioration psychométrique ont été proposées : outre le calcul du quotient de détérioration à partir de la WAIS, on peut citer la méthode AVSC, utilisant les automatismes verbaux de Beauregard d'une part, et les subtests de Similitudes et de Code de la WAIS d'autre part (Gil *et al.*, 1980). Toutefois, les résultats de ces évaluations doivent être utilisés avec précaution. Le constat d'une détérioration psychométrique « pathologique », c'est-à-dire dépassant les limites du « vieillissement », normal n'équivaut pas à un diagnostic de syndrome démentiel. En outre, les tests qui tiennent, comme le test des automatismes verbaux de Beauregard, le font certes en lien avec le niveau culturel, mais aussi avec les connaissances culturelles d'une population à une époque donnée. Aussi, si l'on utilise des étalonnages trop anciens, les résultats obtenus seront anormalement bas, ce qui masquera une détérioration.

Il est revenu à Cattell de proposer une théorie d'organisation des aptitudes intellectuelles fondée sur la distinction entre intelligence fluide et intelligence cristallisée.

L'intelligence fluide permet les tâches de raisonnement (inductif, déductif), de résolution de problèmes faisant appel aussi peu que possible aux connaissances acquises. Très sollicitée dans les situations nouvelles, elle est indépendante de la culture ; elle est liée à la vitesse idéomotrice et aux capacités de la mémoire de travail. Elle est sensible au vieillissement et décline régulièrement à partir de la vingtième année de vie. L'intelligence cristallisée témoigne de l'expérience, des connaissances acquises et de leur organisation. Elle est liée à la culture et elle est très résistante au vieillissement. Ces deux facteurs généraux d'aptitude intellectuelle ne sont toutefois pas indépendants mais positivement corrélés (Cattell, 2004). Les tests explorant la composante cristallisée sont des tests verbaux (subtests d'information ou de vocabulaire de la WAIS) ; les tests explorant la composante fluide sont des épreuves indépendantes du niveau et du contexte culturels (« *culture free* » tests). Il en est ainsi par exemple du test d'intelligence de Cattell, des matrices progressives de Raven, du subtest de code de la WAIS. Encore faut-il éviter toute schématisation. De la sorte, il serait abusif de lier tous les subtests verbaux de la WAIS à l'intelligence cristallisée en constatant que, globalement, l'échelle verbale de la WAIS est peu sensible à l'âge. Au sein de cette échelle, le subtest de mémoire de chiffres (qui fait intervenir la mémoire à court terme et la mémoire de travail) voit ses performances affectées par l'âge (notamment après 70 ans) ; la situation du subtest des similitudes est assez particulière puisque, si celui-ci est corrélé avec le facteur éducation qui est lié à l'intelligence cristallisée, il repose sur la recherche d'analogies qui est liée à l'intelligence fluide et il est au total sensible au vieillissement. De la même manière, il serait abusif d'assimiler toutes les épreuves de l'échelle de performance de la WAIS à l'intelligence fluide. Il faut tenir compte d'un « facteur spatial » (mémorisation spatiale, manipulations spatiales mentales), lui aussi sensible au vieillissement (Grégoire, 1993). Ces précautions étant prises, la théorie de Cattell rend assez bien compte de la reconfiguration du fonctionnement cognitif due au vieillissement : l'expérience acquise compense la baisse de l'intelligence fluide et de la vitesse perceptivomotrice et idéomotrice, ce qui explique la « sagesse » et l'efficience décisionnelle de sujets âgés dans les domaines de connaissances et de compétences qu'ils ont cultivés tout au long de leur vie.

Le vieillissement cognitif se manifeste ainsi dans un certain nombre de facettes de la cognition. Mais doit-on considérer, dans une approche analytique, que le vieillissement affecte certains secteurs du fonctionnement cognitif et en épargne d'autres ? Ou doit-on considérer, dans une approche globale, que le vieillissement diminue les ressources de traitement cognitif et notamment la vitesse idéomotrice, la mobilisation attentionnelle et la capacité de la mémoire de travail ? Ces deux approches, sans être contradictoires, se déclinent dans des constats certes contributifs dans l'évaluation des effets du vieillissement, mais n'éclairent pas sur les mécanismes qui lient le vieillissement à ces constats.

Fonctionnement exécutif, attention et mémoire de travail

On sait combien l'attention, la mémoire de travail et le fonctionnement exécutif sont interdépendants. On a vu en effet (voir p. 191) que la mémoire de travail permet l'allocation de ressources attentionnelles et est supervisée par un « administrateur central » décrit par Baddeley comme un système de contrôle attentionnel analogue au « système attentionnel de supervision » décrit par Shallice, lui-même équivalent au système de programmation, de régulation et de contrôle de l'activité que Luria avait dévolu au lobe frontal. Les nombreux travaux de recherche effectués, malgré la discordance de certains résultats et la diversité des protocoles, permettent d'avancer que le vieillissement cérébral s'accompagne d'un déclin des fonctions exécutives (ou de certaines d'entre elles) et que ce déclin ne peut être totalement expliqué par un ralentissement de la vitesse idéomotrice.

En matière d'attention divisée, les situations de double tâche, impliquant deux tâches perceptivomotrices sans intervention d'une mémorisation à court terme, voient leurs performances diminuer avec l'âge sans que l'on puisse écarter un effet non spécifique de la complexité de la tâche. En outre, les épreuves impliquant de stocker et de manipuler deux types d'informations en mémoire de travail apparaissent, selon les travaux publiés, tantôt affectées, tantôt épargnées par le vieillissement.

L'attention sélective, en ce qu'elle implique l'inhibition d'informations non pertinentes, est une composante des fonctions exécutives. Les tâches nécessitant une inhibition intentionnelle (dite aussi active) sont affectées par le vieillissement ; ainsi en est-il des procédures de *Stroop* (p. 179), du test de Hayling (qui consiste à inhiber le mot attendu en fin de phrase et à le remplacer par un mot sans relation avec le contexte comme : « *La poule vient de pondre un...* »), ou de tests de type *go/no go* (p. 182).

La mise à jour de la mémoire de travail mobilise l'administrateur central et est aussi une composante majeure de fonctions exécutives (Miyake *et al.*, 2000). Elle peut être explorée par la tâche de *running span* qui consiste à présenter des séquences de consonnes de longueurs différentes (par exemple 4, 6, 8) aléatoirement, en demandant au sujet de rappeler dans l'ordre la série des quatre dernières consonnes de chaque séquence (rappel sériel). Plus le nombre de consonnes d'une séquence croît, plus la tâche est difficile : le sujet doit en effet, dès que le nombre de consonnes d'une séquence dépasse 4, évacuer de sa mémoire de travail les consonnes les plus anciennes et ajouter les nouvelles. Cette tâche engage l'administrateur central dans la mise à jour et la boucle phonologique dans le rappel sériel. Il a pu être constaté (Van Der Linden et Hupet, 1994) que les performances en rappel sériel des quatre dernières consonnes ne diffèrent des sujets jeunes que quand la longueur des séquences à rappeler excède quatre consonnes, ce qui évoque une diminution des ressources de l'administrateur central. En notant que les sujets doivent rappeler les consonnes dans l'ordre dans lequel ils les ont entendues, il faut aussi noter que le nombre de consonnes rappelées ne différerait pas selon leur position sérielle (voir « Effets sériels », p. 194), ce qui suggère l'intégrité des capacités de stockage temporaire propres à la mémoire de travail (et qui pourrait concerner une composante de stockage de l'administrateur central (mais son existence n'est pas admise par tous), la boucle phonologique pour les informations verbales, le bloc-notes visuospatial pour les informations spatiales et le *buffer* épisodique : voir chapitre 14, p. 216). Mais l'intégrité des capacités de stockage en mémoire de travail des sujets vieillissants ne fait pas l'unanimité.

La flexibilité mentale, autre composante majeure des fonctions exécutives, serait elle aussi affectée par le vieillissement. Le *Trail Making B* voit ses temps d'exécution croître avec l'âge et le nombre de bonnes réponses décroître.

Mais les mêmes constats sont faits avec le *Trail Making A*, ce qui montre le rôle joué aussi par le ralentissement de la vitesse idéomotrice. Les performances au test de classement des cartes du Wisconsin tendent aussi à être affectées par l'âge, non pas tant dans le nombre de catégories que dans les erreurs persévératives, ce qui illustre le retentissement de l'âge sur les capacités d'alternance. Des très nombreux protocoles de recherche publiés émane l'impression générale que les tâches de flexibilité sont d'autant plus affectées par le vieillissement qu'elles imposent des contraintes de temps et qu'elles sont plus exigeantes en ressources de traitement (Collette, 2013).

Les capacités de résolution de problèmes mettant en jeu le raisonnement déductif, le raisonnement inductif et leur évolution au cours du vieillissement ont fait l'objet de nombreuses recherches. On peut en retenir que les effets du vieillissement intéressent les problèmes les plus complexes, ainsi que ceux qui nécessitent des stratégies difficiles dont le déploiement peut être limité par les ressources de la mémoire de travail ; mais les effets négatifs de l'âge peuvent être au moins partiellement compensés quand les problèmes à résoudre renvoient à un domaine dans lequel les sujets âgés possèdent une expérience et une expertise (Lories et Costermans, 1994). Les problèmes arithmétiques qui sollicitent essentiellement le raisonnement déductif ont été proposés déjà par Luria pour étudier les fonctions dites frontales qui préfigureront le concept plus vaste de fonctions exécutives (voir chapitre 13). La résolution de problèmes arithmétiques sollicite l'attention, implique l'analyse des données, la conception et la mise en œuvre d'une stratégie, c'est-à-dire d'une planification, puis l'évaluation du résultat (voir p. 173). Il a pu être montré que le vieillissement affecte les capacités de résolution des problèmes, et ce d'autant plus que les problèmes sont plus complexes. En outre, une corrélation a pu être observée entre les performances en résolution de problèmes et les scores aux tests explorant les fonctions exécutives comme le *Trail Making B* et test du Wisconsin. Ce même travail (Allain *et al.*, 2007) a pu par ailleurs montrer que les sujets âgés sont aussi performants que les sujets jeunes pour repérer les problèmes insolubles (du type : « *Dans la classe de l'école il y a 7 rangées de 4 tables, quel est l'âge du maître ?* »). Aussi a-t-il pu être proposé que le vieillissement pourrait affecter plutôt des capacités supportées par le cortex préfrontal dorsolatéral (et ses connexions sous-corticales ?) en respectant les fonctions supportées par le cortex préfrontal ventromédian (et ses connexions sous-corticales ; voir chapitre 13, p. 170).

Vieillissement, langage, discours

Les performances langagières se modifient aussi qualitativement et quantitativement avec le temps.

Les « tests verbaux »

Il a été dit plus haut que si les tests verbaux de la WAIS reflétaient globalement l'intelligence cristallisée, certains d'entre eux pouvaient être néanmoins affectés par l'âge.

Le *Token Test* (voir chapitre 2, p. 30), qui explore la compréhension auditivo-verbale et qui implique la mémoire immédiate de séquences verbales et la capacité d'utiliser la syntaxe (comme « *Touchez le cercle jaune et le carré rouge* »), voit ses scores affectés par le vieillissement, avec un nombre croissant d'erreurs au fur et à mesure de l'avancée en âge (Lezak, 1995).

Les tests de vocabulaire comme celui de la WAIS ou les tests de dénomination montrent, outre un léger fléchissement pour les âges les plus avancés, une tendance à faire des commentaires de type circonlocutions sur les items recherchés en même temps que les définitions sont moins précises pour les tests de vocabulaire, ou que les mots recherchés mettent le sujet en échec pour le test de dénomination de *Boston* ou la DO 80 (Obler et Albert, 1985 ; Botwinick, 1983). Mais en même temps, les commentaires des sujets dans des situations qui les mettent en difficulté témoignent de leur capacité de déployer des stratégies adaptatives.

Les tests de fluence verbale littérale ou catégorielle qui sollicitent de manière importante le contrôle exécutif (stratégies, vérification du résultat, voir p. 173) voient leurs performances décroître avec l'âge, ce qui conforte (voir ci-dessus) la sensibilité des fonctions exécutives au vieillissement. La fluence littérale serait plus affectée que la fluence catégorielle. On a vu aussi la sensibilité au vieillissement des tâches d'empan (à l'endroit et à l'envers) sollicitant la mémoire à court terme, et de travail comme le subtest de mémoire de chiffres de la WAIS. En outre, les performances sont encore plus sensibles à l'âge pour les suites de lettres et plus encore pour les suites de mots (Botwinick, 1983). Le ralentissement de la vitesse articulatoire diminuerait les ressources de traitement de la boucle phonologique alors que sa capacité même ne serait pas modifiée par l'âge (Kynette *et al.*, 1989) ; de la même manière, les sujets âgés s'adapteraient à la réduction des ressources de l'administrateur central comme peut le suggérer, dans la lecture de phrases, le traitement d'ensembles plus restreints de mots par les sujets âgés comparativement aux sujet jeunes (Stine, 1990). Enfin, on a vu que les tests verbaux impliquant un raisonnement verbal comme le subtest des similitudes de la WAIS étaient aussi affectés par le vieillissement.

La difficulté de l'accès aux noms propres est une plainte banale des sujets vieillissants. Est-ce parce les noms propres sont « arbitraires » ou parce qu'ils désignent des entités uniques et non des catégories (Van Der Linden et Hupet, 1994) ? En proposant à des sujets classés en fonction du niveau culturel et de l'âge une épreuve de dénomination et de reconnaissance des visages célèbres (Batterie 75), il a pu être constaté que les scores de dénomination baissent avec le niveau culturel et l'âge. En revanche, dans la procédure de reconnaissance sur choix multiples de noms, seul l'effet du niveau culturel persiste et le niveau de l'âge s'efface. Cela plaide en faveur d'un déficit de l'accès lexical qui, dans les épreuves comparatives, s'est avéré plus marqué pour les noms propres que pour les noms communs. Ces « blocages lexicaux » pourraient être expliqués par l'inhibition du mot cible par un autre mot qui occupe l'attention du sujet. Il a pu aussi être proposé un défaut d'activation du système phonologique qui n'est sollicité que par un « nœud lexical » unique lié au fait que le nom renvoie à un individu et non à une catégorie (Van Der Linden et Hupet, 1994).

Le langage spontané

Les études de la production du langage spontané chez les sujets âgés donnent des résultats souvent contradictoires. Les protocoles sont très variés : décrire une image (langage descriptif), raconter un épisode de vie (langage narratif) ou encore raconter une histoire de fiction, donner un avis sur les programmes de télévision, parler des passe-temps favoris, parler d'une personne admirée et dire les raisons qui motivent cette admiration, etc. L'âge et le niveau culturel sont bien sûr contrôlés, mais suffisent-ils pour considérer que les résultats observés dans telle ou telle cohorte sont généralisables à l'ensemble de la population vieillissante ? Même si l'on contrôle de surcroît le statut cognitif (évalué de manière rudimentaire par le MMS ou en mettant l'accent sur telle ou telle facette des fonctions cognitives comme la mémoire de travail) et le statut socio-économique, bien d'autres facteurs pèsent sur la manière d'être des sujets vieillissants : contexte social et émotionnel du vieillissement, type de personnalité, liens entre la tâche proposée et l'expérience propre à chaque sujet. Quelques points peuvent être prudemment soulignés (Hupet *et al.*, 1993).

La diversité lexicale, calculée en divisant le nombre de mots différents par le nombre total de mots, n'est pas influencée négativement par l'âge et pourrait même croître légèrement avec l'âge.

Sur le plan morphosyntaxique, le vieillissement s'accompagne d'une baisse de la complexité syntaxique, avec en particulier une diminution des constructions embranchées à gauche (c'est-à-dire celles dans lesquelles la proposition subordonnée précède la proposition principale : « *Ce que Pierre et Jacques n'avaient jamais imaginé en raison de la longue histoire de leur amitié, c'est que Jean allait partir si loin sans même leur dire au revoir* »). Mais comment interpréter cette simplification syntaxique (qui n'a d'ailleurs pas été retrouvée dans l'analyse de productions écrites) ? La corrélation parfois retrouvée avec les scores en mémoire de travail suffit-elle à faire de cette évolution syntaxique le reflet d'une diminution des ressources en mémoire de travail ? Doit-on interpréter cette simplification en termes de déclin et, en la contrastant avec la préservation du contenu sémantique de la production verbale, en faire l'image inverse de l'Alzheimer (intégrité syntaxique, altération sémantique) ? Doit-on évoquer au contraire une modification de la stratégie narrative, la simplification syntaxique s'accompagnant d'une augmentation de la complexité narrative avec l'âge ?

En effet, les histoires racontées par les personnes âgées sont parfois caractérisées par l'enchâssement de multiples épisodes, ce que peuvent corroborer les qualités de conteur reconnues à certaines personnes âgées (Hupet *et al.*, 1993). Mais parallèlement la réduction des anaphores et des conjonctions peut affecter la cohésion générale du discours, certains sujets pouvant même apparaître digressifs.

La fonction pragmatique du langage

L'étude de corpus de langage spontané recouvre en partie l'étude des « actes de langage » comme actes sociaux inscrits dans la communication interhumaine. Mais il est nécessaire de passer d'une analyse linguistique du langage spontané à une analyse du langage en situation conversationnelle. Or l'évaluation des capacités langagières pragmatiques des personnes âgées en est encore à ses balbutiements. Le caractère digressif du discours de certains sujets âgés s'inscrivant en contrepoint d'une complexité narrative correspond-il à une manière « normale » de vieillir ou à une forme de vieillissement pathologique exprimant une détérioration de l'intelligence fluide induisant une « verbosité » (Horn, 1982) qui pourrait alors nuire à la compétence pragmatique, donc conversationnelle ? Dans une tâche de communication référentielle, les sujets doivent converser, sans voir leurs mouvements, chacun devant un écran d'ordinateur pour mettre dans un certain ordre des figures complexes dont il faut échanger les références descriptives. En répétant l'épreuve, les interlocuteurs ont besoin de moins de mots et de tours de parole pour repérer les figures. Les sujets âgés sont plus lents à bénéficier de la répétition de l'épreuve et donc à construire verbalement des références communes pour repérer les figures (Hupet *et al.*, 1993). Pour certains auteurs, les personnes âgées seraient plus préoccupées par la clarté du message que par sa performativité (Ryan *et al.*, 1986). Doit-on parler de difficultés conversationnelles ou de particularités conversationnelles du vieillissement ? En quoi les particularités du contrôle exécutif au cours du vieillissement sont-elles susceptibles de retentir sur les capacités pragmatiques ? Ces questions appellent à poursuivre les recherches sur l'évolution de la fonction pragmatique du langage au cours du vieillissement (Rousseau *et al.*, 2009 ; Dardier *et al.*, 2012).

Par ailleurs, c'est aussi une moindre efficience du contrôle exécutif avec l'âge qui pourrait expliquer que les performances de sujets âgés à des épreuves de théorie de l'esprit cognitive de second ordre (voir chapitre 18, p. 421) ont pu s'avérer plus faibles que celles de sujets jeunes. Il faut dire que ces épreuves sollicitent fortement le contrôle exécutif et qu'il n'a pas encore été recueilli d'argument probant pour penser que le vieillissement s'accompagnerait de difficultés spécifiques à se représenter les pensées et les émotions d'autrui. Toutefois, un travail avance une baisse de la théorie de l'esprit affective dans un groupe de sujets âgés exploré par le test de « lecture des états mentaux dans le regard » (Bailey et Henry, 2008 ; voir chapitre 18 et encadré 18.1).

Vieillissement et mémoire

Mémoire de travail, mémoire prospective, mémoire du futur

La mémoire de travail est inséparable des fonctions exécutives. La mémoire prospective (au sens restreint de répertoire d'activités à effectuer dans le futur ; voir chapitre 13, p. 181, et chapitre 14, p. 206) permet, en s'appuyant sur le passé, de se projeter dans l'avenir. Cette projection peut être descriptive et probabiliste, le sujet déroulant un agenda des heures, des jours, des mois qui viennent en distinguant ce qui est arrêté avec une quasi-certitude et ce qui est optionnel, tout en listant des événements à venir qui pourraient l'amener à adapter ses prévisions. Cette projection peut ne pas être dépourvue de connotations émotionnelles en fonction des événements ou des tâches prévues. Envisagée comme la planification, la mémorisation, puis la mise en œuvre des intentions et leur suppression une fois réalisées, la mémoire prospective est diversement influencée par le vieillissement normal, les études donnant des résultats divergents. Certaines ne montrent aucun effet de l'âge, d'autres montrent une plus grande sensibilité à l'âge soit de la récupération induite par un indice événementiel (*event-based*), soit de la récupération auto-initiée par un indice temporel (*time-based*, voir Gonneaud *et al.*, 2011, p. 207). Certaines études montrent même des performances supérieures chez les personnes âgées. Il est intéressant de noter que les études effectuées en milieu naturel (par exemple quand l'expérimentateur demande au sujet de lui téléphoner au bout d'un certain délai après l'entretien) montrent que la mémoire prospective résiste ou est de meilleure qualité chez les sujets vieillissants. En tout cas, l'utilisation par les sujets âgés d'indices qui leur permettront de se rappeler de l'action à effectuer est une stratégie compensatoire efficace (Van Der Linden et Hupet, 1994). Parmi ces indices (encore appelés aide-mémoire), les indices externes sont plus efficaces chez les sujets âgés que chez les sujets jeunes, et les indices internes sont plus efficaces chez les sujets jeunes. Les indices (ou aide-mémoire) externes peuvent être des listes d'activités répertoriées sur agenda ou papier libre, la sonnerie d'un agenda électronique, un objet (comme un Post-it® ou un emballage vide correspondant au produit à acheter) placé dans un endroit qui sera situé sur l'itinéraire du sujet au moment de l'action à effectuer. Les indices internes sont des associations mentales ; il peut aussi s'agir de l'imagination répétée de la tâche à accomplir, donc d'une mise en œuvre de la mémoire du futur. Seuls des protocoles standardisés et reproductibles, contrôlant les indiçages, permettraient des conclusions plus affinées.

Les effets du vieillissement normal sur la simulation épisodique d'événements futurs ont déjà été envisagés (voir chapitre 14, p. 206).

Mémoire implicite et vieillissement

La mémoire procédurale et les effets d'amorçage verbal ou perceptif (voir p. 213) ne sont pas sensiblement affectés par le vieillissement.

Mémoire à long terme et vieillissement

Si la mémorisation épisodique est gérée de la phase d'apprentissage à la phase de consolidation par les régions temporales internes et notamment l'hippocampe, il a pu être proposé (voir p. 194) l'engagement du cortex frontal droit dans le rappel, et du cortex frontal gauche dans l'encodage (modèle HERA). Cette asymétrie hémisphérique tend d'ailleurs à s'atténuer lors du vieillissement, ce qui a conduit à l'élaboration du modèle HAROLD (*Hemispheric Asymmetry Reduction in older adults* ; Cabeza, 2002). Chez les sujets vieillissants, les performances en rappel sont affectées de manière plus marquée que la reconnaissance (par exemple lors de l'apprentissage d'une liste de mots). Ce profil évoquerait celui qui peut être observé lors des souffrances frontales et conduirait à faire des difficultés de la mémorisation épisodique du vieillissement l'expression d'une moindre efficience de la stratégie de récupération « active » des souvenirs, donc du contrôle exécutif. Ceci en cohérence avec la conception plus générale du retentissement du vieillissement sur les fonctions exécutives (voir *supra*). En effet, la reconnaissance peut ne pas être un souvenir mais se limiter à un sentiment de familiarité sans revivisence de l'expérience vécue avec ses coordonnées spatiotemporelles, c'est-à-dire sans le « voyage dans le temps » propre à la mémoire épisodique. D'ailleurs, la même dissociation est observée en comparant des populations jeunes à des populations âgées dans un protocole *Remember/Know* (Isingrini et Taconnat, 2008), les réponses de type « *remember* » renvoyant au souvenir, les réponses de type « *know* » au sentiment de familiarité (voir chapitre 14, p. 200). Par ailleurs, l'indiçage catégoriel (comme dans le test de Grober-Buschke) atténue les effets de l'âge observés en rappel libre ; toutefois, les scores en rappel indicé restent inférieurs chez les sujets âgés aux scores en reconnaissance, vraisemblablement parce que le rappel indicé exige plus de ressources de traitement que la reconnaissance (Craik et McDowd, 2007). Ce sont donc des constats différents que ceux qui sont faits dans la maladie d'Alzheimer (voir *infra*). L'imagerie fonctionnelle et l'imagerie morphologique confirment l'intégrité de la portion rostrale de l'hippocampe et du cingulum postérieur affectés par la maladie d'Alzheimer. En outre, les particularités de l'imagerie fonctionnelle chez les sujets âgés normaux doivent être interprétées avec prudence. Ainsi, il a pu être montré lors d'une tâche de récupération de la source en mémoire épisodique que les sujets âgés qui avaient des performances comparables aux sujets jeunes avaient une activation préfrontale bilatérale comme dans le modèle HAROLD. Cela pose le problème de savoir si le modèle HAROLD n'exprime qu'une dédifférenciation fonctionnelle ou s'il témoigne de processus de compensation par mise en jeu de réseaux neuronaux bilatéralement distribués (Desgranges *et al.*, 2008).

La mémoire autobiographique et son évolution au cours de la vie ont été étudiées au chapitre 14 (p. 210), de même que les concepts de *Self* et d'identité.

Plaintes de mémoire et vie quotidienne

Des échelles comme l'échelle de Squire (voir p. 225) ou l'échelle d'évaluation des difficultés cognitives de McNair et Kahn permettent d'explorer qualitativement et quantitativement les plaintes cognitives (comme les difficultés d'attention-concentration) et les plaintes mnésiques dans les situations de la vie quotidienne avant de procéder à l'examen neuropsychologique dont les objectifs seront exposés plus bas (Thomas-Antérion *et al.*, 2006).

Orientation et navigation spatiale au cours du vieillissement

Il n'existe pas, chez les sujets âgés normaux, de troubles de l'orientation topographique et de la navigation spatiale tels que décrits au chapitre 8. Des travaux de recherche comparant des groupes de sujets âgés à des groupes de sujets jeunes, on peut retenir que les sujets âgés ont des performances moindres en termes de rapidité et de nombre d'erreurs dans des protocoles évaluant la mémorisation des repères spatiaux, d'itinéraires, la formation ou l'utilisation des cartes cognitives de l'environnement, et ce aussi bien pour ce qui concerne les référentiels allocentriques que les référentiels égocentriques. Certains auteurs ont souligné la réticence de sujets âgés à emprunter des itinéraires ou à évoluer dans des environnements qui ne leur étaient pas familiers (Burns, 1999). Certains travaux ont voulu relier cet amoindrissement des performances à une réduction de volume (imagerie morphologique) ou d'activité (imagerie fonctionnelle) de certaines structures cérébrales comme l'hippocampe. Mais il faut sans doute accorder une certaine attention aux travaux qui ont suggéré un lien des performances en navigation spatiale avec les fonctions exécutives (dont la mémoire de travail ; Lifthous *et al.*, 2013), ce qui s'inscrirait dans la vision plus globale des diverses facettes du contrôle exécutif qui verrait ses ressources décroître avec l'âge et conduirait à des stratégies d'adaptation. Ce sont en revanche les maladies neurodégénératives qui exposent à une profonde désorganisation de l'orientation topographique (voir *infra*).

Le vieillissement et ses enjeux

Les particularités neuropsychologiques du vieillissement ne peuvent pas ne pas interagir avec la perception qu'a le sujet sur l'ensemble des transformations induites par le vieillissement au niveau morphologique, physiologique, émotionnel, sociétal, sur leurs conséquences et sur la capacité dont témoigne le sujet de les contrôler ou de les subir (Levy, 2009). L'examen neuropsychologique d'un sujet vieillissant ne peut se faire sans la prise en compte de la manière dont le vieillissement est perçu, car cette perception peut retentir sur ses compétences cognitives et sur ses capacités d'adaptation. La baisse de l'estime de soi, l'isolement social sont sources de démotivation, de souffrance, de dépression (Ingrand et Houeto, 2012). Le vieillissement opère ainsi de multiples changements qui impliquent non pas une somme d'organes ou de fonctions, mais la personne humaine tout entière et la manière dont elle peut affronter (*coping*) ou surmonter (*résilience*) les épreuves qui peuvent surgir avec le grand âge.

Il reste que, quand un examen neuropsychologique est entrepris chez un sujet âgé, c'est d'abord pour tenter de répondre à la question de savoir s'il s'agit ou s'il ne s'agit pas d'une maladie d'Alzheimer. Ce raisonnement demeurera toujours réductionniste s'il se contente de chercher une réponse dans les résultats de quelques tests neuropsychologiques. Il demeurera réductionniste si l'on considère le vieillissement comme un « déclin » dont il faudrait guetter le mode et le moment du passage vers une maladie d'Alzheimer. Le vieillissement « normal » dont quelques-uns des caractères viennent d'être décrits est une des étapes de l'existence humaine qui doit se reconfigurer tout au long de son parcours. La maladie d'Alzheimer n'est en rien l'exagération du vieillissement normal, mais elle fait basculer dans une maladie dont le vieillissement est un des facteurs de risque. De plus, la maladie d'Alzheimer ne représente sans doute que la moitié des maladies neurodégénératives qui peuvent affecter le sujet vieillissant, en sachant que celles-ci peuvent aussi atteindre des sujets plus jeunes. On comprend alors la prudence à déployer avant de se précipiter vers une étiquette diagnostique qui démobiliserait tout autre effort de compréhension des troubles. En outre, la démarche diagnostique est encombrée par le vocable peu adapté de démence, terme encore promu par des critères internationaux de diagnostic (certes remis en question en 2013 par le DSM-V), qui font par exemple du trouble de la mémoire le trouble indispensable au diagnostic de démence alors même qu'il n'est qu'une manifestation accessoire de la variante frontale des démences fronto-temporales qui désignent d'abord une pathologie de la cognition sociale. En attendant qu'une prévention ou des thérapeutiques efficaces permettent d'éviter que des maladies comme la maladie d'Alzheimer ne se compliquent d'un syndrome démentiel, le choix a été fait ci-dessous de présenter d'abord une séméiologie générale des troubles d'une manière conforme à la démarche neuropsychologique qui doit d'abord tenter de qualifier et de cerner les dysfonctionnements cognitifs, comportementaux et émotionnels issus de l'écoute des plaintes rapportées par le malade ou par son entourage et de l'examen avant d'évoquer le diagnostic différentiel des syndromes démentiels et leur nosologie. Cette longue démarche fait déjà partie d'une prise en charge soucieuse de tenter de mieux comprendre pour mieux accompagner.

Séméiologie des syndromes démentiels (encadré 16.1)

L'entrée dans un processus démentiel se fait habituellement de manière insidieuse ; les symptômes d'appel peuvent être des plaintes mnésiques exprimées par le sujet ou rapportées par l'entourage ; il peut aussi s'agir d'un désinvestissement progressif des intérêts habituels assorti ou non de plaintes de type dépressif ; il peut s'agir d'actes incongrus qui ne s'accordent pas avec la personnalité habituelle du sujet.

Les troubles de la mémoire

Même si certaines démences peuvent, comme les démences frontales, ne pas comporter initialement de troubles de la mémoire, leur absence ne permet pas de porter le diagnostic de démence quels que soient les critères utilisés (DSM-IV-TR ou CIM-10). Mais la nécessité diagnostique des troubles de la mémoire prônée par le DSM dans ses versions successives jusqu'au DSM-IV-TR a été abandonnée par le DSM-V (voir *infra*). Quoi qu'il en soit, les troubles intéressent la mémoire à court terme et la mémoire à long terme. La CIM-10 précise que le déficit mnésique est plus évident dans l'apprentissage des nouvelles informations mais que, à un degré plus avancé de la maladie, le rappel des informations précédemment acquises peut être affecté.

La *mémoire immédiate* et la mémoire de travail sont habituellement altérées dans les processus démentiels. Il en est ainsi des tâches d'empan (auditif, qu'il soit numéral ou verbal, et visuel comme le test des blocs de Corsi), du paradigme de Brown-Peterson. L'effet de récence est aussi altéré, encore qu'il puisse être supérieur à l'effet de primauté. L'altération de la mémoire à court terme ne différerait pas entre les démences frontales et les démences d'Alzheimer pour les empans et le paradigme de Brown-Peterson en modalité verbale mais les secondes entraîneraient une atteinte plus sévère en modalité visuospatiale. Au sein même de la maladie d'Alzheimer, et en considérant le modèle de Baddeley, l'atteinte de la mémoire de travail est hétérogène ; il est admis une atteinte élective de l'administrateur central, comme le suggère la faiblesse des performances dans les tâches d'attention divisée (tâches doubles comme une épreuve de poursuite visuospatiale accompagnée d'une épreuve de mémoire immédiate de chiffres, ou encore comme un paradigme de Brown-Peterson accompagné d'une autre tâche, par exemple taper sur la table avec la main). Mais les systèmes esclaves, bloc-notes visuospatial et boucle phonologique, pourraient selon les cas être altérés ou préservés de manière spécifique (Belleville *et al.*, 1995 ; Laurent *et al.*, 1998).

L'altération de la *mémoire secondaire* ou mémoire des faits récents est considérée comme la plus typique par la CIM-10, ce qui explique les difficultés rencontrées par le sujet pour « acquérir, stocker et recouvrer des informations nouvelles ». Les relations professionnelles, sociales et familiales finiront par être perturbées par l'oubli de ces « compilations » mnésiques qui tissent la vie quotidienne : rencontre de personnes, rendez-vous, courses dans les magasins, communications téléphoniques, fermeture des portes et des robinets, rangement des clés, des vêtements, paiement des factures. L'interrogatoire se doit, en supplément des échelles d'activités de la vie quotidienne nécessairement réductrices, d'adapter les questions à poser au type d'activités propre à chaque sujet et à son contexte environnemental (l'usine, la maison ou le bureau, la ville ou la campagne…). L'examen neuropsychologique de la mémoire épisodique tendra à distinguer les déficits mnésiques selon qu'ils sont liés à un déficit de l'encodage (comme peut le montrer le déficit du rappel indicé immédiat au test de Gröber-Buschke), et du stockage (dont témoigne l'oubli des informations encodées) ou à un déficit de la récupération des informations (rappel indicé différé et reconnaissance). Ainsi observe-t-on dans la maladie d'Alzheimer des performances également déficitaires en rappel et en reconnaissance (aux mots de Rey), un déficit du rappel indicé immédiat évoquant un déficit de l'encodage, et un déficit du rappel différé (aux deux tests précédents), ce qui peut témoigner d'un déficit du stockage avec défaillance de la consolidation et plus grande rapidité de l'oubli. En outre, le rappel différé peut être contaminé par des intrusions. Les démences frontales et sous-corticales montrent une amélioration des performances par l'indiçage et lors de la reconnaissance, encore que ceci puisse s'observer aux phases précoces des démences d'Alzheimer. Il est vrai aussi que la maladie d'Alzheimer associe au déficit de l'encodage et de la consolidation un déficit de la récupération des souvenirs sans que bien sûr ni l'indiçage ni la reconnaissance ne normalisent les performances.

À cette incapacité d'acquisition ou d'évocation des souvenirs va s'ajouter une dissolution progressive du stock mnésique constitué, en commençant par les souvenirs les moins consolidés, ou une incapacité d'accès à ce stock mnésique. Les amnésies d'évocation laissent donc, quand elles sont pures, le sujet capable de reconnaître ses souvenirs comme siens et comme passés dès que des réponses à choix multiple ou des indices lui sont proposés. Les amnésies par dissolution du stock mnésique abolissent cette capacité de reconnaissance des souvenirs, qu'ils concernent la mémoire sociale ou la mémoire autobiographique : ainsi est atteinte la mémoire des faits anciens (*remote memory* des auteurs anglo-saxons) qui habituellement obéit à un gradient temporel, les souvenirs étant d'autant plus atteints qu'ils sont moins éloignés dans le temps (loi de Ribot, voir *supra*). Tel est le cas de la maladie d'Alzheimer qui peut toutefois, au moins pendant les premières années d'évolution, voir les souvenirs réactivés en reconnaissance : ainsi le nom du président de la République peut ne pas être évocable mais réactivable quand il est dit au sujet au milieu du nom d'autres hommes politiques. On peut évoquer une « sémantisation » des souvenirs anciens qui rendrait compte de la loi de Ribot en montrant le contraste observé dans la maladie d'Alzheimer entre l'atteinte massive de la mémoire épisodique et l'altération moins marquée de la mémoire sémantique. Les données des protocoles *Remember/Know* vont dans le même sens. En effet, lors d'une tâche de rappel des souvenirs, les réponses R (*Remember*) correspondent à une reviviscence de l'événement et de la situation d'encodage, donc à la mémoire épisodique, tandis que les réponses K (*Know*) correspondent à un sentiment de familiarité sans reviviscence de l'encodage, donc à la mémoire sémantique. Les sujets atteints de maladie d'Alzheimer produisent, pour toutes les périodes de vie, moins de réponses R et plus de réponse K que les sujets âgés témoins. C'est un gradient inversé qui est observé dans les démences sémantiques, les souvenirs les plus sémantisés, donc les plus anciens, étant le plus atteints. Quant aux variantes frontales des dégénérescences fronto-temporales, elles se caractérisent par l'absence de tout gradient temporel d'atteinte de la mémoire autobiographique, suggérant l'anarchie de la stratégie de recherche des souvenirs en lien avec un déficit du contrôle exécutif (Piolino *et al.*, 2003 ; Matuszwecki *et al.*, 2006).

Il vient un temps dans la maladie d'Alzheimer où l'histoire personnelle du sujet paraît se dissoudre : ce sont d'abord les petits-enfants dont les noms paraissent n'éveiller aucun écho puis dont l'existence même est ignorée, oubliée ; puis l'oubli gagne les belles-filles et les gendres et arrive le jour où même les enfants ne sont pas reconnus. Certes, il peut s'agir aussi d'une agnosie des physionomies ou de l'oubli de l'aspect actuel du visage des enfants au profit de souvenirs plus anciens de physionomies plus jeunes. Le conjoint résiste mieux à l'oubli et il demeure longtemps la seule référence stable du malade, permettant ainsi la poursuite de son insertion dans la vie familiale. Il arrive aussi dans la maladie d'Alzheimer que le malade vive au présent des fragments de son passé (ecmnésie), comme il arrive que les troubles de la mémoire s'associent à des propos fabulatoires spontanés et facilement réactivés par la suggestion, réalisant la variété presbyophrénique qui semble coexister avec une meilleure préservation de la façade sociale. Une étude systématique de la confabulation dans une tâche de rappel verbal d'histoires a pu montrer que la confabulation observée au cours de la maladie d'Alzheimer était favorisée par la médiocrité de l'encodage et l'interférence, en rappel, d'informations hyper-apprises et fortement représentées en mémoire épisodique : la lésion hippocampique, fragilisant l'encodage et la consolidation en mémoire épisodique, rendrait compte de la sensibilité à l'interférence observée en encodage, mais aussi de la vulnérabilité à l'interférence des afférences venues du cortex temporo-pariétal et liées aux informations hyper-apprises (Attali). L'enjeu de telles amnésies est pathétique car elles entraînent une destruction progressive et chaotique de l'histoire même de l'individu, frappé dans sa conscience identitaire. La mémoire sémantique n'est pas épargnée (on l'a vu à propos de la mémoire autobiographique) encore que des dissociations puissent être observées entre l'atteinte de la mémoire épisodique et l'atteinte de la mémoire sémantique, la première s'avérant, dans la maladie d'Alzheimer, plus fragile que la seconde. L'altération de la mémoire sémantique concerne aussi les connaissances didactiques comme le sens et la disponibilité des mots du lexique (voir *infra*).

Les constatations faites sur la mémoire implicite au cours de la démence d'Alzheimer et des démences sous-corticales ont déjà été abordées (voir chapitre 14).

Les troubles des fonctions instrumentales

Les troubles du langage

Le langage du malade dément est un langage *quantitativement* appauvri comme le montrent l'écoute de son discours et les tests de fluence verbale au cours desquelles on demande au sujet de citer des noms appartenant à des catégories (animaux, villes, fruits, etc.) ou des mots commençant par telle ou telle lettre.

Le langage du malade dément est un langage *informativement* appauvri : les mots exacts font défaut ; l'épreuve de dénomination montre des erreurs de type aphasique avec un manque du mot, des approches synonymiques, des circonlocutions, et des paraphasies d'abord verbales et plus tardivement phonémiques, ces désordres aphasiques intéressant les démences corticales et en particulier la maladie d'Alzheimer. La compréhension du langage est, elle aussi, perturbée et associée à une répétition satisfaisante, réalisant l'aspect d'une aphasie transcorticale sensorielle. Toutefois, il a pu être observé chez des sujets déments une dénomination satisfaisante contrastant avec l'absence de compréhension, ce qui suggère qu'une dénomination correcte ne donne pas de garantie sur la possibilité ou la pertinence d'un traitement sémantique, et ce qui validerait aussi l'existence, en dénomination et à l'instar de la lecture, d'une voie lexicale asémantique. L'écriture et la lecture sont perturbées : les erreurs de lecture comme d'écriture concernent surtout les mots irréguliers surtout s'ils sont peu familiers au sujet.

Le langage du sujet dément peut aussi être affecté par de l'écholalie, de la palilalie (répétition incoercible du même mot ou de la même syllabe), de la paligraphie (itérations verbales écrites), touts faits observés dans la maladie de Pick et de la logoclonie (répétition incoercible de la dernière syllabe des mots) observée dans les formes évoluées de la maladie d'Alzheimer.

Les troubles du langage du malade dément peuvent exprimer une dégradation de la mémoire sémantique qui désigne la composante de la mémoire à long terme contenant la représentation permanente de notre connaissance du monde et qui permet aussi de lier les signifiants (c'est-à-dire les mots) à leurs signifiés. Les tests de dénomination, de fluence verbale, les subtests de similitudes, de vocabulaire, d'information de la WAIS, le test des automatismes verbaux de Beauregard explorent la mémoire sémantique dont les déficits peuvent être liés soit à une détérioration du stock des informations sémantiques, soit à une difficulté d'accès à ces informations. Il a pu être montré que les tests impliquant des processus d'accès automatique à la mémoire sémantique étaient certes altérés, mais de manière moindre que les tests impliquant des processus d'accès contrôlés aux connaissances sémantiques comme le subtest des Similitudes de la WAIS. Cela suggère aussi que la maladie d'Alzheimer entraîne une détérioration du réseau des connaissances sémantiques, mais aussi une difficulté d'accès au système sémantique (Arroyo-Anllo, Bellouard *et al.*, 2011).

La démence sous-corticale de la maladie de Huntington perturberait davantage la fluence littérale *(citer des mots commençant par une lettre donnée)* que la fluence catégorielle et le profil serait inverse dans la démence d'Alzheimer. De même, la tendance à produire des superordonnées (« *animal sauvage* » pour *tigre* par exemple) au cours des tests de dénomination et de fluence (test du supermarché) est particulière à la maladie d'Alzheimer : les sujets donnent davantage de noms de catégories (des légumes, de la viande…) que des noms d'articles (des tomates, du jambon…) ce qui suggère une détérioration du stock sémantique allant de bas en haut (dite en anglais de type *bottom-up*) : ainsi les mots comme *cheval*, *rossignol* seraient plus rapidement inaccessibles que les mots comme *animal* et *oiseau* (Arroyo-Anllo, Lorber *et al.*, 2011). Le même comportement se retrouve au cours de tests de dénomination dans lesquels les erreurs concernent surtout la production de superordonnées ou le remplacement du mot recherché par un mot appartenant à la même catégorie. Les troubles n'intéressent généralement pas une catégorie spécifique ; toutefois, une atteinte préférentielle de la représentation sémantique des mots désignant des vivants a pu être observée. C'est seulement au cours des maladies d'Alzheimer évoluées que l'on observe en outre, au cours de l'épreuve de dénomination, des erreurs de type perceptif (donc présémantiques) et des distorsions phonémiques (donc postsémantiques).

La fonction pragmatique du langage (voir *supra* et chapitre 13, p. 185) a été relativement peu étudiée dans les syndromes démentiels, et pourtant c'est elle qui donne au langage conversationnel, donc au « langage en action », au « discours », sa cohérence, sa pertinence, son efficacité dans les échanges sociaux, son aptitude à répondre aux attentes de l'interlocuteur. La fonction pragmatique fait donc partie du champ de compétences qui constituent la cognition sociale (voir chapitre 18) ; elle a ainsi partie liée notamment avec la capacité d'attribuer à autrui des états mentaux (théorie de l'esprit, voir p. 421) et avec les aspects expressifs et réceptifs de la prosodie émotionnelle (voir chapitre 17, p. 385). La fonction pragmatique est gérée par le lobe frontal et l'hémisphère droit. Ainsi, les désordres pragmatiques des démences frontales s'intègrent dans les troubles de la cognition sociale des démences frontales (voir *infra*, et encadré 16.5). Dans la maladie d'Alzheimer, les troubles aphasiques rendent peu aisée la mise en évidence de perturbations de la fonction pragmatique. Néanmoins, ces troubles peuvent être repérés précocement dans les formes légères de la maladie. Ainsi a-t-on pu mettre en évidence une moindre efficacité de la communication, une moindre cohérence du discours, avec des changements de thèmes en cours de conversation, une moindre utilisation des outils linguistiques mettant en cohésion les éléments du discours, une incohérence macrostructurelle du récit empêchant d'en dégager les aspects centraux au bénéfice d'éléments secondaires, alors que l'intention communicative du discours est longtemps maintenue. Il est difficile d'établir aujourd'hui un lien précis entre les déficits observés et leur éventuel substratum lésionnel. On a pu évoquer une corrélation entre les désordres pragmatiques et les désordres des fonctions exécutives, ce qui pourrait évoquer une rupture des flux d'information gagnant les lobes frontaux à partir des régions temporales internes (Cuerva *et al.*, 2001 ; Gil, 2007).

Les troubles des fonctions visuoconstructives et visuospatiales

La difficulté de réaliser un cube ou d'autres dessins géométriques constitue une manifestation très fréquente de la maladie d'Alzheimer mais peut aussi être observée dans les démences sous-corticales comme celle de la maladie de Parkinson.

Les perturbations de la mémoire topographique (ou désorientation spatiale ou désorientation topographique ou troubles de la navigation spatiale) expliquent aussi que le dément puisse se perdre à l'extérieur puis à l'intérieur de son domicile. Il s'agit là de troubles spécifiques de la perception et de l'orientation spatiales qui sont souvent englobés sous les appellations comportementales aspécifiques d'errance, de déambulation, de fugue. Ces comportements requièrent d'autant plus d'attention qu'ils peuvent épuiser l'entourage et mettre en danger la sécurité voire la vie des malades qui peuvent chuter, se perdre hors de leur domicile, ce qui peut les exposer à des accidents, des blessures voire, en période hivernale, à des hypothermies et de manière d'autant plus menaçante qu'ils passent une ou plusieurs nuits dehors avant d'être retrouvés (voir *infra*). Les manifestations de désorientation spatiale ont été décrites au chapitre 8. Leurs cibles lésionnelles (notamment hippocampe et gyrus parahippocampique, cortex rétrosplénial, cortex pariétal postérieur, cortex occipital) expliquent leur précocité (Pai et Jacobs, 2004) et leur fréquence dans la maladie d'Alzheimer. Effectuées chez des malades qui se sont égarés ou même faites systématiquement chez des malades ayant des formes légères de la maladie, les investigations neuropsychologiques peuvent montrer un déficit du rappel des repères situés sur un itinéraire et de leur ordonnancement tout au long du trajet, un déficit de l'apprentissage de nouveaux itinéraires ou du rappel d'itinéraires connus, une incapacité de s'orienter sur une carte, de dessiner (ce qui met aussi en jeu les compétences visuoconstructives) et de commenter le plan du lieu de résidence, de montrer les édifices significatifs ou des itinéraires sur un plan de leur ville, de leur quartier, de leur village. Les investigations peuvent être réalisées en milieu réel – ce qui peut être difficile – ou en milieu virtuel, mimant par exemple le quartier d'une ville soit sur dessin soit de manière tridimensionnelle grâce aux ressources de l'informatique. Le test de la piscine de Morris a d'abord été utilisé chez le rongeur pour tester sa mémoire spatiale en utilisant la situation aversive de l'eau pour l'inciter à détecter une plate-forme immergée dans un liquide opaque de couleur laiteuse et à s'y diriger, puis à mémoriser la position de la plate-forme qu'il rejoint donc de plus en plus vite à chaque immersion. On peut ainsi tester la formation d'une carte cognitive égocentrique si l'animal est déposé à chaque fois au même endroit, ou allocentrique si l'animal est immergé en des points différents, ce qui le contraint à utiliser des repères de l'environnement. Les lésions hippocampiques altèrent la navigation spatiale allocentrique. Des versions analogues de ce test en espace réel circulaire, dans lequel le sujet doit apprendre à localiser et à mémoriser l'itinéraire vers une cible cachée, ont été adaptées à l'homme, de même que des versions virtuelles informatisées. Les travaux suggèrent l'intérêt de ce test pour dépister une forme dite prodromale ou débutante de la maladie d'Alzheimer chez un sujet qui pourrait être considéré sans cette exploration de la navigation spatiale comme présentant un *Mild Cognitive Impairment*, ou MCI, amnésique « pur » (voir *infra*). Les troubles de la navigation spatiale constatés ont pu s'avérer corrélés au volume de l'hippocampe droit (Nedelska *et al.*, 2012).

Les troubles praxiques

Des apraxies idéatoire et idéomotrice peuvent être observées au cours de la maladie d'Alzheimer. L'utilisation d'une partie du corps comme objet (par exemple le doigt comme brosse à dents) est très particulière au comportement apraxique de la maladie d'Alzheimer qui peut aussi entraîner une apraxie de l'habillage.

Les troubles de la reconnaissance (gnosiques) et de l'identification du monde, d'autrui, de Soi

Ces troubles sont observés dans la maladie d'Alzheimer (démence aphaso-agnoso-apraxique) ou encore dans la démence à corps de Lewy diffus. Ainsi, des difficultés de la dénomination d'objets peuvent exprimer, outre des désordres linguistiques, une agnosie visuelle, c'est-à-dire un déficit de la reconnaissance de certains composants du monde visuel (voir chapitre 7). Le déficit peut intéresser aussi la reconnaissance des visages (prosopagnosie) et certains sujets ne reconnaîtront plus leur propre image dans un miroir. De la sorte, 2 à 10 % des malades Alzheimer ne reconnaissent pas leur visage dans un miroir et ils peuvent converser avec leur image spéculaire comme avec une personne étrangère. Il peut s'agir parfois d'une autoprosopagnosie, souvent d'un « délire de méconnaissance du soi spéculaire » (comparable à un délire d'identité ou d'identification ; voir chapitre 22), désigné aussi sous le terme de « signe du miroir ». En étudiant le comportement de malades en présence d'un miroir, il a pu être constaté que les malades les moins atteints se reconnaissent dans le miroir, repèrent la localisation réelle d'objets dont ils voient l'image virtuelle, mais sont incapables de désigner sur leur image spéculaire les différentes partie de leur corps. Les malades un peu plus atteints présentent d'importantes difficultés pour utiliser l'espace spéculaire et ils présentent alors soit une ataxie du miroir, soit une agnosie du miroir. Les cas les plus graves ne peuvent plus, souvent de manière fluctuante, se reconnaître dans le miroir (voir chapitre 8, p. 131).

Le test de la marque (ou test de la tache), imaginé par Gallup, consiste à peindre à l'insu du sujet une tache (par exemple de couleur rouge) sur son visage (le nez, la joue, le front) et à examiner son comportement devant un miroir. Si le sujet, en se regardant dans le miroir, touche la tache sur son visage, c'est qu'il comprend que cette tache est insolite et donc qu'il se reconnaît dans le miroir et qu'il reconnaît l'image que le miroir réfléchit comme étant une image de son visage, sa propre image. La réussite à ce test de la marque est acquise chez l'enfant entre 18 et 24 mois. L'auto-identification spéculaire du visage est l'aboutissement de différentes étapes comportementales qui se succèdent à partir de l'âge de 6 mois et que Lacan avait décrites sous le nom de « stade du miroir ». L'enfant, dès qu'il s'auto-identifie, passe ainsi d'une « image morcelée du corps » à la forme globale (orthopédique, écrivait Lacan) de son « corps propre », désormais séparé du monde environnant (Ajuriaguerra et al., 1956) : il s'agit là d'une étape fondamentale de la construction identitaire, donc de la formation du Moi. Quelques rares espèces animales (chimpanzé, éléphant d'Asie, dauphin [Herman, 2012]) réussissent le test de la tache et témoignent ainsi d'une reconnaissance « comportementale » de leur image spéculaire. Le test de la marque a été utilisé comme critère de reconnaissance de leur visage chez des malades atteints de démences, et en particulier de maladie d'Alzheimer. En associant à ce test deux autres critères (réponse explicite du malade à la question de savoir qui il voit dans le miroir et comportement spontané du malade devant le miroir pendant la toilette), il a pu être observé que les malades atteints de démence sévère manifestent un déficit d'identification spéculaire selon les trois critères utilisés. Aux stades moins sévères sont observés des comportements plus complexes : certains malades réussissent le test de la marque, mais ne disent pas verbalement (donc explicitement) que l'image qu'ils voient dans le miroir est bien leur visage ; d'autres disent qu'ils se reconnaissent mais échouent au test de la marque. La reconnaissance des visages mêle donc des aspects explicites (verbaux) et implicites (comportementaux) qui peuvent être atteints séparément (*covert versus overt self-recognition* ; Bologna et Camp, 1997). Ajuriaguerra et al. (1963) avaient noté l'angoisse que pouvait susciter chez les malades atteints de démences leur confrontation avec leur image spéculaire (voir chapitre 8, p. 132).

Les troubles du calcul

Les difficultés du calcul et de transcodage rendent compte des difficultés de gestion de la vie quotidienne (règlement de courses chez les commerçants, rédaction de chèques) observées dans la démence d'Alzheimer qui serait ainsi la cause la plus commune d'anarithmétie à laquelle s'ajoutent des difficultés de lecture et d'écriture des nombres. Les soustractions en cascade du même chiffre à partir d'un nombre donné, comme l'épreuve proposée dans le *Mini Mental State* (MMS) nécessitent la mise en jeu de multiples fonctions cognitives : attention, calcul, mémoire de travail, planification.

Les perturbations de la pensée abstraite, du jugement, du raisonnement et des fonctions dites exécutives

Elles rendent compte de l'inadaptation des actions du dément et de son absence d'autocritique.

Elles peuvent réaliser un syndrome frontal avec distractibilité, atteinte de la flexibilité mentale ainsi que des capacités d'abstraction et de planification ; ces troubles, quand ils ne s'accompagnent ni d'aphasie ni d'agnosie orientent vers une démence frontale (comme une maladie de Pick) voire une démence sous-corticale. Les démences d'Alzheimer s'accompagnent de troubles du jugement et du raisonnement tels qu'ils peuvent être explorés par la critique des histoires absurdes ainsi que des capacités d'abstraction explorées, par exemple par le sub-test des similitudes de la WAIS et par l'interprétation de proverbes.

Les compétences musicales

Les malades Alzheimer qui jouaient antérieurement d'un instrument restent capables de jouer des morceaux de musique qu'ils avaient appris en raison de la préservation de la mémoire procédurale. La même constatation a été faite chez les malades atteints de démences fronto-temporales (Hsieh *et al.*, 2009).

Des malades atteints de variantes gauches de démences fronto-temporales (aphasie progressive primaire, démence sémantique) peuvent voir des talents artistiques picturaux ou musicaux jusque-là méconnus se manifester, avec et malgré la progression de leur maladie, comme si les lésions corticales tempo-rales antérieures gauches (Miller *et al.*, 2000) levaient une inhibition des régions préservées de la partie postérieure de l'hémisphère droit (Schott, 2012). Leur production est souvent décrite comme compulsive impulsive ou irrépressible. La maladie d'Alzheimer peut altérer les qualités picturales de personnes prati-quant la peinture en raison des troubles visuoconstructifs, mais des habiletés procédurales peuvent être longtemps préservées malgré l'évolution des troubles.

La maladie d'Alzheimer, même si elle altère les compétences musicales (recon-naissance de mélodies familières et non familières, mais aussi discrimination du rythme, du timbre, de la hauteur tonale, de l'intensité, de la durée), laisse persis-ter des capacités de reconnaissance de la coloration émotionnelle de pièces musicales (joie, tristesse, peur). L'effet facilitateur de la musique, donc de l'émo-tion musicale chez le malade Alzheimer, mérite d'être soulignée. Si le malade Alzheimer qui jouait d'un instrument de musique peut continuer longtemps d'en jouer grâce à la mémoire procédurale, épargnée dans la maladie d'Alzheimer, la mémoire musicale proprement dite, c'est-à-dire la reconnaissance de mélodies familières et non familières, est altérée dans la maladie (Baird et Samson, 2009). Cependant, plusieurs travaux ont montré qu'en faisant préalablement entendre à des malades Alzheimer leur morceau favori de musique et en comparant leurs performances en dehors de toute écoute musicale, on constatait une facilitation de l'évocation de souvenirs en mémoire autobiographique. Les mécanismes de cette facilitation sont discutés : éveil attentionnel, stimulation émotionnelle, réduction de l'anxiété. Les souvenirs ainsi rappelés témoignent-ils d'une straté-gie de récupération facilitée par un indiçage musical ? S'agit-il au contraire d'un rappel autobiographique involontaire et automatique témoignant d'un rappel non pas stratégique mais associatif, l'indice musical permettant d'activer le rappel en mémoire d'événements précédemment associés à l'écoute musicale ? En tout cas, les souvenirs rappelés en condition d'écoute musicale sont plus nombreux, surgissent plus rapidement, ont un contenu émotionnel et un reten-tissement sur l'humeur plus marqués que les souvenirs rappelés en condition silencieuse. Ils sollicitent aussi beaucoup moins les fonctions exécutives (El Haj *et al.*, 2012).

Ces constats qui, comme on le voit, ne s'expriment pas qu'en termes défici-taires, conduisent à ne pas négliger la place que peuvent tenir les activités artis-tiques dans l'accompagnement des malades.

Émotions et syndromes démentiels

Les modifications des fonctions émotionnelles et de leur régulation, si elles sont patentes dans les dégénérescences fronto-temporales, ne sont pas absentes des autres affections responsables de syndromes démentiels et notamment de la maladie d'Alzheimer. Les dysfonctionnements émotionnels sont souvent intégrés aux dysfonctionnements comportementaux dans leur versant neuropsychiatrique tels que la dépression, l'anxiété, la dépression, l'apathie (voir *infra*). Mais la neuropsychologie des émotions appelle à une clinique beaucoup plus vaste, car elle engage des zones cérébrales qui sont des cibles lésionnelles des syndromes démentiels, qu'il s'agisse du lobe préfrontal, du lobe temporal et de leurs structures intégrées du cerveau limbique (comme l'amygdale), sans oublier les fonctions de régulation émotionnelle gérées par l'hémisphère droit. Pourtant, même s'ils sont encore peu inventoriés en pratique courante, la connaissance des aspects émotionnels des syndromes démentiels est un élément important de la prise en charge.

Émotions et capacités de mémorisation

Si la maladie d'Alzheimer diminue les performances de tâches de mémorisation en mémoire épisodique, qu'il s'agisse de mots, d'images, d'histoires neutres ou émotionnellement connotées, il est souvent observé, même si toutes les études ne sont pas concordantes, de meilleures performances pour le matériel émotionnel. La maladie d'Alzheimer préserve ainsi le delta émotionnel, même s'il est plus resserré que chez les sujets témoins. Cet effet *booster* des émotions, quand il existe, peut être limité soit aux items émotionnels de valence positive, soit aux items émotionnels de valence négative (Morrone *et al.*, 2012). Quant à la mémoire autobiographique, les souvenirs qui persistent le doivent souvent à leur charge émotionnelle, positive ou négative, et à l'importance qu'ils ont eue dans la construction identitaire (Piolino, 2008).

Prosodie émotionnelle et verbalisation des émotions

La prosodie émotionnelle, même si elle n'est pas toujours massivement altérée, est significativement déficitaire dans la maladie d'Alzheimer aux stades léger et modéré par comparaison avec des sujets témoins. On peut observer dans la maladie d'Alzheimer des aprosodies sensorielles (voir chapitre 17, p. 385), dont on sait qu'elles correspondent à des lésions hémisphériques droites « en miroir » de celles observées dans l'aphasie « sensorielle ». Mais la production émotionnelle spontanée peut aussi être altérée. Les dysprosodies émotionnelles de la maladie d'Alzheimer peuvent être observées à tous les stades de la maladie, et elles sont plus souvent associées à des troubles du comportement et de l'humeur que chez les malades sans perturbations prosodiques (Roberts *et al.*, 1996 ; Testa *et al.*, 2001). Un déficit de la reconnaissance de la prosodie émotionnelle a aussi été objectivé au cours des variantes frontales des démences fronto-temporales (Keane *et al.*, 2002).

La verbalisation des émotions a été diversement appréciée. La recherche d'une alexithymie (voir chapitre 17, p. 400), au sens de déficit de la verbalisation et de la description des émotions par une échelle spécifique comme l'échelle d'alexithymie de Toronto, montre que si les malades atteints de dégénérescence fronto-temporale ont des scores d'alexithymie plus élevés que les malades Alzheimer, ces derniers ont néanmoins des scores plus élevés que les témoins. Les scores d'alexi-thymie sont corrélés avec le score à l'inventaire neuropsychiatrique de Cummings évaluant les troubles psychocomportementaux, avec le score d'apathie et avec la détresse de l'aidant principal. Il n'y a pas de lien entre les scores d'alexithymie et les scores aux tests de langage. L'imagerie volumétrique implique le seul hémi-sphère droit, notamment au niveau du cortex cingulaire antérieur et fronto-temporal (Sturm et Levenson, 2011).

Toutefois, les difficultés de verbalisation et de description des émotions ne veu-lent pas dire que les malades soient incapables d'autoévaluer leur état affectif : dans une étude sur les diverses facettes de la conscience de Soi dans une popula-tion de malades Alzheimer (Gil *et al.*, 2001) à un stade léger et modéré, il a pu être montré que les malades donnaient dans la majorité des cas une appréciation correcte de leur état affectif (il leur était demandé de dire s'ils se sentaient plutôt heureux ou plutôt malheureux et pourquoi).

Par ailleurs, l'étude de la fonction pragmatique du langage (voir *supra*) de malades Alzheimer dans des tâches écologiques d'entrevue dirigée, d'échanges d'informations à partir de photos et de discussion libre a pu montrer que la communication est la plus efficiente dans la tâche d'entretien dirigé dont la thé-matique autobiographique rend compte de la charge émotionnelle. Les actes de verbalisation des émotions sont souvent utilisés, même s'ils le sont fréquemment de manière inadéquate, en dehors de toute demande de l'examinateur (Rousseau *et al.*, 2009).

En somme, les difficultés de communication émotionnelle des malades Alzheimer contrastent avec leur désir de communiquer leurs émotions. Il est donc nécessaire de manifester à leur égard une capacité d'écoute en facilitant la verba-lisation de leurs émotions ou de souvenirs autobiographiques aptes à être les vecteurs de leur ressenti émotionnel. Mais il faut aussi intégrer la communication verbale et sa composante émotionnelle dans le cadre plus vaste de la fonction pragmatique du langage qui accompagne les actes de paroles non seulement de leur coloration prosodique, mais aussi d'une activité gestuelle, de mimiques, de mouvements et d'expression du regard, d'une plus ou moins grande proximité des interlocuteurs qui peut aller jusqu'au contact corporel d'une main touchant une main, ou un bras, ou encore se posant sur un cou ou sur un visage.

Mimiques émotionnelles

La reconnaissance des visages repose sur des mécanismes neuropsychologiques distincts de ceux permettant l'identification des mimiques émotionnelles qui est une composante importante de la cognition sociale. Cela implique qu'une prosopagnosie peut ne pas s'accompagner d'un déficit de la reconnaissance des émotions du visage. Dans la maladie d'Alzheimer, la discrimination de l'identité faciale (dire si deux visages correspondent ou non à la même personne) peut être altérée alors que la discrimination des émotions faciales est préservée. La préservation des capacités de discrimination des émotions faciales peut coexister avec un déficit de la dénomination et de la désignation d'émotions faciales. La maladie d'Alzheimer altère les capacités d'identification des mimiques émo-tionnelles, mais d'une manière moindre que dans les variantes frontales et tempo-rales (démences sémantiques) des dégénérescences fronto-temporales (voir encadré 16.5). La reconnaissance des émotions faciales serait toutefois moins atteinte que la reconnaissance des émotions musicales. Enfin, la préservation de la reconnaissance du dégoût contraste avec l'altération de la reconnaissance des autres émotions : peur, colère, surprise, tristesse, joie. La reconnaissance du dégoût impliquerait l'insula et surtout les noyaux gris centraux, ce qui rendrait compte et de sa préservation dans la maladie d'Alzheimer et de son altération dans la maladie de Parkinson et dans la maladie de Wilson (Henry *et al.*, 2008).

L'absence de perception du danger explique que des comportements imprudents (par exemple en traversant une rue) puissent ainsi être imputés soit à l'atteinte amygdalienne droite sur le versant émotionnel, soit à la perte des attributs sémantiques liés au danger sur le versant sémantique des variantes temporales gauches des démences fronto-temporales.

Théorie de l'esprit et empathie

Les dégénérescences fronto-temporales (variante frontale) affectent en règle tous les aspects de la théorie de l'esprit qu'elle soit cognitive ou affective (voir chapitre 18, p. 421 et encadré 18.1), ce qui serait en lien avec l'atteinte du cortex frontal ventromédian. Les études faites dans la maladie d'Alzheimer donnent des résultats disparates : pour certains, le déficit n'intéresse que les fausses croyances de second ordre et en général les épreuves de théorie de l'esprit cognitive qui sont les plus complexes en raison des compétences mnésiques et exécutives qu'elles requièrent. La comparaison des performances à un test des faux pas a pu montrer que les malades Alzheimer réussissent aussi bien que les contrôles, contrairement aux malades atteints de démence frontale, alors qu'ils sont très déficitaires pour les questions explorant la mémorisation des histoires, tandis que le profil inverse est observé chez les malades atteints de démence frontale (Gregory *et al.*, 2002). Cela plaiderait pour l'intégrité des composants spécifiques de la théorie de l'esprit dans l'interprétation des scores des malades Alzheimer. Mais d'autres travaux indiquent que même les épreuves explorant la théorie de l'esprit cognitive de premier ordre et la théorie de l'esprit affective, qui ne sont pas exigeantes en termes de contrôle exécutif, seraient altérées dans la maladie (Laisney *et al.*, 2011).

L'empathie cognitive comme l'empathie émotionnelle sont très déficitaires dans les dégénérescences fronto-temporales. Peu étudiée dans la maladie d'Alzheimer, l'empathie semble être préservée (Alladi *et al.*, 2011). Il faut à ce sujet noter que l'empathie est étudiée par des questionnaires explorant le comportement du sujet dans des situations de vie courante (voir chapitre 18, p. XX), comme la proposition suivante : « *Habituellement le malheur des autres ne me perturbe pas particulièrement* »). À l'opposé, l'évaluation de la reconnaissance émotionnelle comme de la théorie de l'esprit n'est pas anamnestique mais est le fait d'épreuves sollicitant la mise en œuvre directe des fonctions cognitives. De ce fait, l'évaluation de l'empathie sollicite moins de pré-requis en termes de mémoire et de contrôle exécutif et est plus écologique. En outre, on a vu que la reconnaissance émotionnelle est certes perturbée dans la maladie d'Alzheimer, mais pas de manière massive. En tout cas, ces constats, même s'ils demandent à être confirmés, nécessitent une attention particulière. La théorie de l'esprit et l'empathie sont des composantes importantes des interactions sociales et de cette prise en compte d'autrui que l'on appelle l'altérité. La préservation de l'empathie indiquerait ipso facto la capacité du malade Alzheimer de « répondre » aux émotions d'autrui, d'être ému, voire de souffrir du désarroi d'autrui.

Les troubles comportementaux

La modification de la personnalité conçue comme une modification ou une accentuation des traits antérieurs fait partie des critères de démence retenus par le DSM III-R (mais curieusement pas par le DSM IV). Ainsi un individu calme et patient peut devenir agressif et colérique et son entourage dira alors qu'il ne le « reconnaît plus ». Ailleurs, un individu considéré comme économe devient avare et méfiant et son entourage dira qu'« il était un peu comme cela avant mais que peu à peu la vie est devenue impossible ».

Le sujet dément peut être décrit comme passif, désintéressé, apathique, envieux, soupçonneux, rigide, étroit, égocentrique, récriminateur. Ces distorsions comportementales contribuent à entraîner dans l'entourage familial une lassitude puis un rejet qu'atténue parfois un sentiment de culpabilité.

La dépression est inséparable de la démence et elle doit à la fois être discutée comme un diagnostic différentiel, mais aussi comme une manifestation associée à la démence voire même symptomatique de la démence. La dépression est fréquente dans la maladie de Parkinson ; elle constitue un des items du score ischémique d'Hachinski (voir encadré 16.1), elle s'observe aussi dans la maladie d'Alzheimer au cours de laquelle elle peut, en début d'évolution, accompagner les plaintes mnésiques comme elle peut survenir en l'absence de plaintes mnésiques et avec parfois les caractères d'une dépression majeure.

Le sujet dément peut manifester verbalement une *anxiété* soit à l'égard de sa mémoire, en début d'évolution, soit de manière diffuse sous forme d'une inquiétude flottante voire d'une surexcitation motrice (se relever, s'asseoir, vouloir partir lors d'une consultation ou de déplacements familiaux) ou verbale *(« On s'en va... On rentre... »)*.

Parmi les comportements dits perturbateurs, les *comportements d'errance, de déambulation ou de fugues* sont fréquents et multifactoriels. Le terme de fugue devrait être appliqué aux cas où le malade s'échappe pour fuir l'endroit où il se trouve sans qu'il ait nécessairement une destination précise. Tel peut être le cas de malades atteints de dégénérescence fronto-temporale qui partent sans forcément savoir où ils vont mais qui n'ont pas de désorientation topographique. Il n'est pas exclu bien sûr qu'un malade Alzheimer veuille fuguer, mais il présente alors aussi souvent une désorientation topographique. Il faut dire que dans l'un et l'autre cas la fugue peut devenir errance. Aussi, le comportement du malade ne suffit guère à éclairer les motivations de son déplacement en dehors de son lieu de vie. Ouvrir la porte de sa demeure pour sortir ou franchir la porte de la maison de retraite sont des gestes anodins de la vie courante caractérisée par la « liberté d'aller et venir ». Même « anosognosique », le malade atteint de maladie d'Alzheimer a du mal à vivre la privation effective de liberté qu'on peut lui imposer au nom du « principe de précaution », ce qui peut être source d'angoisse, d'agitation, jusqu'au jour où le malade échappe à la surveillance. Ce désir de sortir peut aussi être mû par une ecmnésie : le malade, revivant au présent une tranche de son passé, veut se rendre à son travail ou rendre visite à sa mère, pourtant décédée bien des années auparavant (voir p. 264). La déambulation, classée dans l'inventaire neuropsychiatrique de Cummings (Robert *et al.*, 2009) dans les comportements moteurs aberrants, est mutifactorielle. Elle peut être stéréotypée et compulsive au cours de dégénérescences fronto-temporales ou dans des formes sévères de maladie d'Alzheimer. Elle peut alors s'accompagner de manipulations des objets situés sur la trajectoire du malade évoquant une « dépendance à l'environnement » de type frontal, ou d'un comportement exploratoire (ouvrir des tiroirs, fouiller dans un buffet ou une armoire), ou encore de gestes automatisés industrieux comme épousseter les meubles. Une déambulation nocturne peut être liée à une désorganisation du rythme veille–sommeil mais aussi à une pollakiurie. C'est plutôt aussi en fin de journée et la nuit que surgissent une akatisie, avec besoin incoercible de bouger liée à la prise de neuroleptiques, ou encore un syndrome des jambes sans repos qu'il peut être difficile de diagnostiquer chez un sujet présentant des perturbations cognitives et dont la prévalence augmente pourtant avec l'âge.

Ainsi, la prise en charge de ces troubles est difficile. L'angoisse et l'épuisement qu'ils génèrent dans la famille ou chez le personnel soignant sont importants. Les risques pour la sécurité des malades ont déjà été soulignés. Le malade demande surtout une présence qui le canalise ; des aménagements architecturaux peuvent créer des espaces de circulation où la déambulation peut s'effectuer sans risque et sans contrainte. La fréquence et les conséquences des comportements d'errance, et ce d'autant qu'ils s'accompagnent d'une désorientation spatiale, ont même fait imaginer des procédés de géolocalisation des malades par système GPS pouvant équiper un bracelet, voire leurs chaussures.

La démence, que l'on doit bien sûr distinguer de la confusion mentale, peut elle-même s'accompagner de bouffées confusionnelles avec ou sans onirisme dont on imagine l'effet délétère sur des repères spatiaux et temporels fragiles et notamment sur le maintien de la conscience du rythme nycthéméral. Même régressive, une confusion mentale n'est chez le dément jamais anodine : voilà pourquoi une grande prudence doit être de mise dans la manipulation des produits anesthésiques et dans la prescription de médicaments.

Des *délires* de préjudice (le porte-monnaie que l'on ne retrouve pas est considéré comme volé), de persécution, de jalousie, parfois accompagnés d'hallucinations peuvent devenir le seul pôle productif d'une vie mentale de plus en plus dépouillée et contribuent à l'exclusion du dément de son cercle familial et social.

Des troubles du *comportement alimentaire* avec hyperphagie voire gloutonnerie peuvent s'observer aussi bien dans la démence d'Alzheimer que dans les démences frontales : ils ne réalisent qu'exceptionnellement l'aspect d'un syndrome de Klüver-Bucy.

Les démences frontales et en particulier la maladie de Pick se caractérisent par la présence ou la prédominance de signes frontaux avec une euphorie, une jovialité ou une irritabilité, une apathie ou une surexcitation stérile, une désinhibition sexuelle (calembours à connotation érotique ou gestes impudiques) ; des conduites persévérantes et imitatives depuis longtemps décrites dans la maladie de Pick (écholalie, échopalilalie, qui désigne une écholalie plusieurs fois répétée, échopaligraphie qui est le même comportement sur un mode écrit) témoignent du versant cognitif du syndrome frontal avec en outre l'atteinte des capacités de planification et de flexibilité mentale. Les formes évoluées conduisent au mutisme avec amimie et motricité gestuelle rudimentaire.

L'être humain est caractérisé par sa puissance d'agir, par la parole, par le geste, par les interactions qu'il met en œuvre avec et dans le monde qui l'entoure.

Il est poussé dans l'action par une énergie motivationnelle-émotionnelle dont le support neurophysiologique serait représenté par des boucles fronto-sous-corticales, reliant le lobe frontal aux thalamus, au striatum, au pallidum. C'est sans doute cette large distribution fronto-sous-corticale des réseaux supportant le système motivationnel qui rend compte de la fréquence de l'apathie (voir *infra* et chapitres 13, 17, 19) non seulement dans la maladie d'Alzheimer, mais aussi dans les autres affections neurodégénératives et notamment dans la maladie de Parkinson, les démences vasculaires et dans les dégénérescences fronto-tempo-rales. Dans la maladie d'Alzheimer, certaines études notent la présence d'une apathie chez plus d'un malade sur deux (Robert *et al.*, 2009), mais il ne faudrait pas en inférer la fréquence d'une placidité émotionnelle. En effet, l'intensité de l'apathie est variable et elle peut en outre s'associer à une dépression (Green et Habeych, 2010). Les régions impliquées dans la survenue d'une apathie au cours de la maladie d'Alzheimer seraient le cingulum antérieur bilatéral, la tête du noyau caudé, le putamen (Bruen *et al.*, 2008). Les anticholinestérasiques et le méthylphénidate ont été crédités de quelque activité thérapeutique, ce qui devra être confirmé. La dépression, contrairement aux apathies « pures » est en règle améliorée par les antidépresseurs. L'apathie peut s'accompagner de salves d'agitation, des compulsions, d'impulsivité. L'apathie, par le bouleversement comportemental qu'elle entraîne, accroît la détresse de l'entourage et contribue de manière majeure, avec les troubles de la mémoire autobiographique, à la rupture de la présentation identitaire du sujet (son *Self* comportemental ; Fargeau *et al.*, 2010).

L'inventaire neuropsychiatrique de Cummings (Cummings *et al.*, 1994 ; Robert *et al.*, 1998), fondé sur l'interrogatoire de l'accompagnant qui s'occupe quoti-diennement du patient, permet une évaluation qualitative et quantitative des troubles du comportement au cours des démences et son adaptation en diffé-rentes langues permet d'envisager des études transculturelles qui tendent à mon-trer, en sus de réaménagements psychologiques propres à chaque personnalité et à chaque groupe culturel, qu'il existe, au moins pour la maladie d'Alzheimer, un dénominateur commun biologique aux perturbations comportementales démen-tielles (Binetti *et al.*, 1998). L'inventaire de Cummings, dans sa version originale, isole dix groupes de distorsions comportementales : les délires, les hallucinations, l'agitation, la dépression, l'anxiété, l'euphorie, l'apathie et l'indifférence, la dés-inhibition, l'irritabilité et la labilité, les comportements moteurs aberrants. Peu-vent aussi être étudiés le comportement nocturne et le comportement alimentaire. Chaque type de trouble comportemental est, s'il est présent, pondéré par une évaluation de sa fréquence et de sa sévérité, ce qui permet donc de préciser la gravité des troubles et de suivre de manière précise leur évolution en fonction des thérapeutiques qui peuvent s'avérer nécessaires. Plusieurs autres échelles permet-tent l'évaluation de l'apathie (voir encadré 13.1).

L'anosognosie

L'anosognosie, terme consacré dans la littérature neurologique désigne le fait de ne pas être conscient des troubles dont on est atteint : on parle ainsi de l'anosognosie de l'aphasie de Wernicke, de la cécité corticale ou de l'hémiplé-gie gauche dont l'existence est niée par le malade. Il s'agit donc d'une absence de conscience *(« unawareness »)* du trouble renvoyant à une conception

« modulaire » de l'anosognosie (Markova). Le malade est ainsi privé de ses capacités de « percevoir » la modification pathologique de son état : il souffre donc, de manière co-extensive à sa maladie, d'une altération de ce que la littérature anglo-saxonne a désigné sous le terme d' « *insight* ». Si l'*insight* désigne la conscience du trouble, il désigne donc l'un des aspects de la « conscience de soi » qui est un concept multidimensionnel recouvrant aussi et notamment la conscience de son identité, de son état affectif, de son corps, comme la capacité d'introspection et de projection dans l'avenir. Mais l'anosognosie est-elle un tout ou rien comme la construction étymologique du mot pourrait le faire penser ? La littérature classique avait déjà perçu la nécessité d'introduire des nuances puisque par exemple, à côté de l'anosognosie de l'hémiplégie gauche, elle avait forgé le terme d'anosodiaphorie, pour désigner, à plus ou moins grande distance de la négation du trouble, l'indifférence à l'égard de l'hémiplégie. De plus, souligner que telle manifestation neurologique peut s'accompagner d'une anosognosie sous-tend que la méconnaissance du trouble n'est pas la règle et qu'il est assez singulier pour devoir être noté. Or, il vaut la peine de remarquer que dans le domaine de la psychiatrie, la construction du concept a été tout à fait inverse : on a en effet considéré initialement que la maladie mentale s'accompagnait par définition d'une absence de conscience du trouble (donc d'*insight*) et il a fallu attendre le XIXe siècle pour que l'on réalise que les sujets atteints de maladie mentale pouvaient avoir conscience de leurs troubles (Berrios) en ce sens qu'ils pouvaient d'une part, avoir conscience de modifications anormales de leur comportement et d'autre part, porter un jugement sur la nature de leurs troubles et leurs conséquences au sens le plus large du terme. En outre, il est souhaitable quand on traite de la conscience d'une maladie, quelle qu'elle soit, de donner au déni une place et une signification particulières car il s'agit d'un comportement d'adaptation *(coping)* par lequel le sujet se protège des conséquences qu'aurait pour lui la prise de conscience de ses troubles : doit-on en faire un diagnostic différentiel de l'anosognosie ou en faire une étiologie possible de l'anosognosie ? Le fait que certains auteurs utilisent le terme d'une manière générale a aussi pu témoigner de la conviction que les termes étaient équivalents, et que la source de l'anosognosie était motivationnelle. Si l'on doit reconnaître au déni un statut spécifique, il faut sans doute se méfier des confusions de termes entre deux concepts qui se chevauchent sans pouvoir être considérés comme synonymes.

En neuropsychologie, les troubles ont un double aspect : certains sont sectoriels comme le sont les manifestations somatiques. Il en est ainsi par exemple des aphasies, des agnosies, des apraxies, des troubles de la mémoire : ils sont en quelque sorte dans la tradition des désordres neurologiques. Mais d'autres intéressent plusieurs domaines (mémoire, langage, etc.), d'autres encore sont liés à des troubles affectant des fonctions de synthèse ou de régulation cognitivo-comportementales comme les fonctions exécutives, la sphère motivationnelle et émotionnelle, la cognition sociale et du coup altèrent de manière plus extensive la conscience de Soi. Et encore faut-il accorder une place au jugement que le sujet porte que les conséquences réelles de ces troubles. Ainsi le champ des démences réunit-il toutes les difficultés d'évaluation de l'*insight* et les études sont aussi nombreuses que les protocoles utilisés. Ainsi par exemple, la conscience des troubles de la mémoire peut sans doute permettre d'approcher l'*insight* de l'Alzheimer mais n'est bien sûr que l'un des aspects de la conscience du trouble dans la maladie.

Ainsi et au-delà de la diversité des protocoles, la conscience du trouble est altérée au cours de la maladie d'Alzheimer et cette altération est plutôt corrélée pour certains avec la gravité de la maladie pour d'autres avec le déficit des « fonctions frontales » (Derouesné). Le lien avec la gravité de la maladie bien que plausible, est diversement apprécié et s'il existe, il n'est sans doute pas linéaire. Ces constatations sont importantes car la conscience du trouble ne doit pas être envisagée comme un tout ou rien : la conscience du trouble, plus souvent imparfaite qu'abolie, ce qui apparaît clairement quand on évalue les diverses facettes de la conscience de Soi (Gil), peut toujours laisser s'infiltrer un sentiment de souffrance ; c'est une donnée à ne pas oublier dans l'exploration neuropsychologique, les protocoles de recherche clinique et la prise en charge des sujets atteints de démences. En outre, toutes les études ne montrent pas de lien entre la modicité de l'atteinte de l'*insight* et la dépression.

Au cours des démences fronto-temporales, l'altération de la conscience des troubles est habituellement plus marquée que dans la maladie d'Alzheimer, qu'il s'agisse des désordres comportementaux que du jugement porté par les malades sur l'évaluation de diverses facettes de leurs activités cognitives (Souchay, O'Keeffe).

Le gâtisme

Il constitue le terme évolutif des démences avec effondrement de la prise en charge par le malade des actes d'hygiène les plus sommaires de l'existence, incontinence urinaire puis fécale, dissolution des manifestations les plus élémentaires de la vie relationnelle et finalement de celle qui est la toute première de l'existence humaine : le sourire.

Diagnostic différentiel

Démence et dépression

De nombreux travaux ont été consacrés aux liens entre démence et dépression comme au diagnostic différentiel entre ces deux affections.

Certains symptômes sont communs à la dépression et à la démence. La restriction du champ des intérêts, la réduction de l'activité, le ralentissement psychomoteur pouvant confiner à l'apragmatisme ou même une agitation psychomotrice appartiennent à la séméiologie comportementale de la démence comme de la dépression. Cette constatation a généré le terme de pseudo-démence dépressive pour stigmatiser l'urgence d'un diagnostic différentiel justifié par la réversibilité de la dépression et par l'incurabilité ou du moins la précarité thérapeutique de la démence. En outre, la dépression entraîne un déficit cognitif et en particulier des troubles mnésiques qui font que l'existence d'une détérioration psychométrique ne doit pas exclure l'existence d'une dépression. Certes on peut considérer qu'il est rare qu'une dépression entraîne un déficit cognitif majeur ; en outre les troubles mnésiques concernent les processus de récupération et la dépression épargne la mémoire indicée et il n'y a ni intrusions en rappel différé, ni fausses reconnaissances ; on a même voulu opposer la fréquence des réponses du type « *Je ne sais pas* » du dépressif aux réponses inexactes du dément. Mais une distinction aussi linéaire est très insuffisante, d'autant plus que les démences frontales et sous-corticales voient les troubles de la mémoire respecter aussi l'encodage, ce qui n'est pas non plus impossible au stade initial d'une maladie d'Alzheimer.

La dépression accompagne des maladies comme la maladie de Parkinson ou la maladie de Huntington qui peuvent en outre se compliquer d'une démence. On peut étendre cette constatation à la fréquence de la dépression dans la démence d'Alzheimer pour rechercher une distorsion biologique commune aux deux syndromes mais combien de neuromédiateurs devraient alors être impliqués ?

La démence peut aboutir à la perte totale de l'autocritique et des capacités de jugement dont on peut considérer qu'elle protège le dément de la dépression mais cette assertion ne peut être défendue que dans les stades ultimes de la démence ; au contraire une démence débutante peut, tout particulièrement par la prise de conscience des troubles mnésiques, engendrer une détresse dépressive.

La dépression n'est probablement pas une mais multiple dans sa psychogenèse comme dans sa biogenèse. Bien qu'il soit difficile d'affirmer qu'une différence de nature et non seulement d'intensité sépare la dépression mineure de la dépression majeure, certains travaux suggèrent que la fréquence de la dépression mineure est importante aux stades initiaux de la démence d'Alzheimer, alors que le risque de survenue d'une dépression mineure reste stable tout au long de l'évolution. La dépression peut, en particulier chez certains sujets âgés, précéder l'éclosion ou plutôt l'émergence d'une démence.

En pratique, toute distorsion émotionnelle de la série dépressive nécessite l'instauration d'un traitement antidépresseur sous-tendu par deux préoccupations : ne pas aggraver par certains médicaments le déficit cognitif, et se demander à chaque fois si la posologie et la durée du traitement ont été correctes afin de pouvoir estimer le temps au terme duquel le traitement peut être déclaré inefficace tout en se demandant si l'inefficacité suffit à exclure la dépression.

Démence et confusion

La confusion mentale, avec ses caractères habituels d'acuité, de fluctuations de la vigilance, ses troubles massifs de l'attention, ses perturbations voire l'inversion du rythme veille–sommeil, sa perplexité anxieuse et son onirisme s'opposent en principe point par point à la démence, surtout s'il existe une altération concomitante de l'état général, une affection somatique connue, une fièvre, un contexte d'alcoolisme ou de médication, une distorsion métabolique évidente, un antécédent de traumatisme crânien. Mais il faut se méfier des anamnèses imprécises, celles-là mêmes qui font rapidement et ordinairement qualifier le dément de « désorienté », encore que cette approximation séméiologique ait au moins le mérite de ne pas enfermer le médecin dans l'inaction et de rechercher une cause non démentielle et peut-être curable à la désorganisation mentale et comportementale. Peu importe d'ailleurs que l'on parle de démence curable, de confusion subaiguë, de pseudo-démence si l'on sait ne pas laisser échapper une encéphalopathie hyponatrémique chez un hypertendu âgé traité par diurétiques, une tumeur frontale, un hématome sous-dural chronique voire une dépression stuporeuse.

Troubles de la mémoire associés à l'âge, déficits cognitifs légers et démences

Il est commun de recueillir des plaintes mnésiques dont la fréquence croît avec l'âge chez des sujets correctement insérés sur le plan social et qui se plaignent d'infidélités de leur mémoire concernant en particulier l'oubli de noms propres, de difficultés à retrouver des objets ou des documents, à retenir les numéros de téléphone ou des listes de courses. Ces plaintes mnésiques, exprimant la « métamémoire » peuvent être quantifiées par des échelles comme l'échelle de Squire (voir chapitre 14) ou l'échelle d'évaluation des difficultés cognitives de McNair et Kahn.

Ces plaintes mnésiques peuvent ou non correspondre à un trouble objectif des performances mnésiques. Les plaintes mnésiques que les sujets relient au stress, à l'âge ou aux deux à la fois sont de plus en plus sous-tendues, au fur et à mesure que les sujets avancent en âge, par la crainte d'avoir une maladie d'Alzheimer. Les plaintes peuvent accompagner un état dépressif, une anxiété, une appréciation pessimiste de l'état de santé. Le déficit mnésique, quand il existe, épargne la mémoire indicée (voir *supra*), éliminant ainsi une amnésie hippocampique, ce qui a donc conduit à opposer « les oublis bénins de la sénescence » (Kral) aux oublis « malins » de la démence d'Alzheimer.

Le besoin d'isoler une population vieillissante présentant objectivement des troubles mnésiques et susceptible de faire l'objet d'études évolutives ont conduit Crook *et al.* (Institut national américain de santé mentale) à forger le cadre des « troubles de la mémoire associés à l'âge » (AAMI : *Age Associated Memory Impairment*). Les critères diagnostiques proposés par l'Institut américain de la santé mentale associent un âge d'au moins 50 ans, des résultats aux tests de mémoire comparables à ceux obtenus dans la même tranche d'âge et dont les scores sont à au moins un écart type de ceux obtenus chez de jeunes adultes (par exemple, 6 ou moins au subtest de mémoire logique et 13 ou moins au subtest de mémoire associative de l'échelle de mémoire de Wechsler). En outre, un fonctionnement intellectuel satisfaisant doit être attesté par une note standard d'au moins 9 au subtest de vocabulaire de la WAIS et de 24 ou plus au MMS. Il faut toutefois remarquer qu'un score au MMS de 24 ou plus ne saurait ni attester à lui seul d'un fonctionnement cognitif optimal, ni exclure une démence débutante. Doivent être exclues toute confusion mentale, toute atteinte cérébrale organique, tout trouble psychiatrique et en particulier la dépression (le score à l'échelle de dépression de Hamilton doit être inférieur à 13), toute affection générale significative (comme une insuffisance cardiaque, rénale ou un diabète) et toute utilisation de drogues psychotropes. Ainsi seraient cliniquement et psychométriquement définis les « troubles de mémoire associés à l'âge » (initialement appelés par Kral « oublis bénins de la sénescence ») : ces *difficultés mnésiques du vieillissement* pourraient atteindre plus du tiers des sujets de 60 ans et plus et ne constitueraient ni le stade initial d'une démence ni un facteur de risque pour la survenue ultérieure d'une démence. Elles pourraient selon les cas avoir un lien avec des traits de personnalité ou avec une dépressivité liée à une vision péjorative du vieillissement, tant sur le plan personnel que social mais leur étiologie précise reste actuellement indécise.

Le « déficit cognitif léger » (*Mild Cognitive Impairment*, MCI, de Petersen, ou MCI amnésique) désigne un ensemble syndromique associant :
- des plaintes mnésiques du sujet âgé confirmées par l'entourage ;
- un trouble objectif de la mémoire caractérisé sur le plan psychométrique par des scores situés à plus de 1,5 écart type au-dessous d'une population témoin de même âge et de même niveau culturel ;
- un fonctionnement cognitif général normal ;
- une préservation des activités de la vie quotidienne ;
- l'absence de critères de démence.

Ces sujets ont un score à l'échelle clinique de démence (CDR, tableau 16.I) de 0,5. La situation nosologique de ce concept est loin d'être évidente. Est-on sûr que tous les sujets classés MCI n'ont qu'un trouble isolé de la mémoire sans troubles discrets d'autres secteurs cognitifs comme le langage ou les performances praxiques (Ritchie) ? Pourquoi ne pas plutôt qualifier le syndrome de « *Mild Memory Impairment* » ? Doit-on considérer le MCI comme le stade prédémentiel de la maladie d'Alzheimer ou comme un syndrome ouvrant vers des étiologies multiples à l'instar des syndromes démentiels ? Mais jusqu'où est-il légitime de pousser les examens complémentaires – la littérature offrant des protocoles actuellement non généralisables à la pratique quotidienne comme les mesures du volume de l'hippocampe en IRM dont la tête serait atrophiée dans les MCI, l'atrophie s'étendant vers le corps et la queue dans la maladie d'Alzheimer et au fur et à mesure de son évolution ? Et s'il existe un déficit perfusionnel bitemporo-pariétal en imagerie fonctionnelle monophotonique (SPECT) ou en tomographie à émissions de positrons (PET), est-ce déjà une maladie d'Alzheimer ? Et si l'on considère que les MCI ont une augmentation de la protéine tau et un abaissement de la protéine bêta-amyloïde dans le liquide céphalo-rachidien, doit-on alors en conclure que le MCI n'est qu'une forme précocement diagnostiquée d'Alzheimer ? En tout cas, il est assuré que le taux de conversion de sujets atteints de MCI en maladie d'Alzheimer est très supérieur (15 % par an, 50 % en 3 ans) à celui d'une population âgée témoin (environ 2 %). Cependant, à côté des MCI d'évolution « déclinante », il existe des sujets atteints de MCI « non déclinants », qui restent durablement stables et qui pourraient même pour certains s'améliorer sans qu'il ne s'agisse pour tous d'états dépressifs. Il a pu ainsi apparaître nécessaire de définir les critères de diagnostic d'une forme débutante ou prodromale, c'est-à dire non démentielle, de la maladie d'Alzheimer (voir *infra*).

Actuellement, une surveillance neuropsychologique est sans doute la manière la plus efficace de détecter l'aggravation et l'évolution démentielle des sujets atteints de MCI : déficit croissant et efficacité décroissante de l'indiçage à un test de mémoire verbale comme le test de Gröber-Buschke, détection d'un syndrome dysexécutif (avec le *Trail Making A* et *B*), déficit de la fluence verbale. Seraient à surveiller tout particulièrement les sujets ayant un score initial au MMS inférieur à 28, un test de l'horloge pathologique, ainsi que les sujets ayant l'allèle ε4 de l'apolipoprotéine E. Le suivi réadaptatif de ces malades facilite bien sûr la détection de la conversion et permet de déboucher sur un traitement anticholinestérasique. D'autres protocoles thérapeutiques destinés non au MCI transformé en

Tableau 16.I
Échelle clinique de démence de Hughes (*Br J Psychiatry* 1983 ; 140 : 566-72, traduction de R. Gil)

	En bonne santé CDR = 0	Démence douteuse CDR = 0,5	Démence discrète CDR = 1	Démence modérée CDR = 2	Démence sévère CDR = 3
Mémoire	Pas de déficit mnésique ou oublis inconstants et discrets	Oublis modérés, souvenir incomplet des événements, oublis bénins	Déficit mnésique modéré prédominant sur les faits récents et retentissant sur les activités quotidiennes	Déficit mnésique sévère ne préservant que ce qui a été appris depuis longtemps ; les acquisitions récentes sont rapidement oubliées	Déficit mnésique sévère : persistance de quelques îlots de mémorisation
Orientation	Normale	Normale	Quelques difficultés dans les relations temporelles : sait l'endroit où il se trouve mais peut avoir une désorientation géographique	Difficultés sévères dans la perception du temps Habituellement désorienté dans le temps, souvent dans l'espace	Désorienté dans le temps et dans l'espace Orienté seulement par rapport aux personnes
Jugement et résolution de problèmes	Résout bien les problèmes quotidiens, gère bien ses affaires professionnelles et financières ; jugement préservé en relation avec les performances antérieures	Perturbations discrètes dans la gestion des problèmes, des similitudes et des différences	Difficultés modérées dans la gestion des problèmes des similitudes et des différences ; jugement social habituellement préservé	Perturbations importantes de la gestion, des problèmes, des similitudes et des différences, jugement social habituellement perturbé	Incapable de formuler des jugements et de résoudre des problèmes
Vie sociale	Indépendant dans le travail, les achats, les affaires, la gestion financière, la vie sociale	Perturbations discrètes ou douteuses de ces activités	Incapacité de fonctionnement indépendant dans ses activités, bien qu'un engagement partiel demeure possible ; peut apparaître normal à un examen ponctuel	Ne peut avoir de fonctionnement indépendant à l'extérieur de son domicile, mais peut être emmené pour exercer des activités à l'extérieur de son domicile	Ne peut avoir de fonctionnement indépendant à l'extérieur de son domicile et apparaît trop malade pour être emmené exercer des activités à l'extérieur de son domicile

Tableau 16.I
Échelle clinique de démence de Hughes (*Br J Psychiatry* 1983 ; 140 : 566-72, traduction de R. Gil) (*suite*)

	En bonne santé CDR = 0	Démence douteuse CDR = 0,5	Démence discrète CDR = 1	Démence modérée CDR = 2	Démence sévère CDR = 3
Maison et passe-temps	Vie à la maison, passe-temps, intérêts intellectuels bien maintenus	Vie à la maison, passe-temps, intérêts intellectuels légèrement diminués	Perturbations discrètes mais certaines des fonctions domestiques (les tâches les plus difficiles) sont abandonnées, les passe-temps et les centres d'intérêt les plus compliqués sont abandonnés	Seules les tâches quotidiennes simples sont préservées ; les centres d'intérêts sont réduits et médiocrement maintenus	Aucune activité significative à la maison
Soins personnels	Normaux	Normaux	A parfois besoin d'être stimulé	Assistance nécessaire pour l'habillage, la toilette, pour prendre soin de ses effets personnels	Requiert beaucoup d'assistance pour les soins personnels, souvent incontinent

Cette échelle peut soit permettre une évaluation globale en quatre grades (de la « bonne santé » à la « démence sévère »), soit déterminer un score composite fait de l'addition de chaque score (0 ; 0,5 ; 1 ; 2 ; 3) aux six items explorés. Règles de cotation (Morris JC. *Neurology* 1993 ; 43 : 2412-4). Le score global (CDR = 0, 1, 2 ou 3) est dérivé du score obtenu à chacune des six catégories. Chaque catégorie doit être notée de manière aussi indépendante que possible en tenant compte seulement du retentissement du déficit cognitif et non pas d'autres facteurs comme un handicap physique ou une dépression. La mémoire est considérée comme la catégorie centrale et les autres catégories comme secondaires. Le score CDR est celui de la mémoire (M) si au moins trois catégories secondaires ont le même score que M. Si trois ou plus des catégories secondaires ont un score plus grand ou plus petit que M, le score CDR est celui de la majorité des catégories secondaires. Toutefois quand trois catégories secondaires sont d'un côté de M et deux de l'autre côté, CDR = M. Quand M = 0,5, CDR = 1 si au moins trois autres catégories ont 1 ou plus. Quand M = 0,5, CDR ne peut pas être 0, il peut être seulement 0,5 ou 1. Si M = 0, CDR = 0 sauf si deux ou plus des catégories secondaires ont 0,5 ou plus : le score CDR est alors 0,5. Quand M = 1 ou plus, CDR ne peut pas être 0. Dans ce cas, CDR = 0,5 quand la majorité des catégories sont notées 0. Quand les scores dans les catégories secondaires sont d'un côté de M, choisir pour score CDR le score le plus proche de M (par exemple, M et une catégorie secondaire = 3, deux catégories secondaires = 2 et deux catégories secondaires = 1, CDR = 2). Il est aussi possible de fournir une note composite en additionnant le score de chaque catégorie (donc de 0 à 18).

Alzheimer à forme légère mais aux MCI non démentiels sont à l'étude : mais que montreront-ils si le MCI est vraiment un trouble d'étiologie composite ?

À côté du MCI ont surgi bien d'autres entités. La CIM-10 isole un « trouble cognitif léger » défini de manière vague comme « une altération du fonctionnement cognitif, pouvant se manifester par une altération de la mémoire, des difficultés de concentration, s'accompagnant habituellement de certaines anomalies aux tests » et d'une sévérité insuffisante pour justifier un diagnostic de démence. Un tel trouble peut compliquer des affections somatiques très diverses, cérébrales et générales, et le trouble disparaît alors si le malaise physique s'éteint.

Par ailleurs, le MDI (*Multiple Domain slightly Impairment*) désigne des sujets ayant des déficits cognitifs ne se limitant pas à la mémoire qu'il s'agisse de maladie d'Alzheimer ou de démences vasculaires débutantes, la caractérisation de ces sujets comme déments dépendant de la durée des troubles et du retentissement sur la vie quotidienne. Quant au SDI (*Single Non Memory Dysfunction Impairment*), il désigne des déficits cognitifs limités à une fonction autre que la mémoire – comme un syndrome dysexécutif, un trouble du langage, des perturbations apraxiques ou encore visuospatiales – et qui renverraient selon les cas à une atrophie lobaire, à une démence fronto-temporale, à une démence parkinsonienne, à une maladie à corps de Lewy, voire à un mode d'entrée dans une maladie d'Alzheimer.

Vieillissement, conduites régressives et démotivation

Le vieillissement cérébral, associé au vieillissement général du corps, aux conséquences sociales du vieillissement, au déclin du narcissisme, peut entraîner des manifestations névrotiques diverses et en particulier des conduites régressives faites d'aboulie, d'adynamie, d'apathie, de démotivation, de puérilisme qui peuvent évoluer vers un état dépressif. Elles nécessitent une prise en charge psychothérapique.

Examens complémentaires et diagnostic des syndromes démentiels

Les tests psychométriques

La nécessité d'estimer au lit du malade et au cabinet de consultation l'existence d'un déficit cognitif a entraîné la mise au point d'instruments d'évaluation rapide des fonctions intellectuelles dont le plus répandu est le *Mini Mental State* (MMS) de Folstein. Sur le plan statistique, ce test est construit afin que la grande majorité de la population normale soit groupée sur les scores les plus élevés, ce qui donne une courbe en « J ». Cette procédure conduit à un choix difficile entre sensibilité et spécificité. Le MMS permet donc de repérer un déficit cognitif en sachant que le test peut être pris en défaut chez les sujets à fort niveau culturel et doit être interprété avec prudence chez les sujets à très faible niveau d'éducation. Le MMS ne dispense donc ni de la recherche des critères diagnostiques de démence ni d'investigations neuropsychologiques plus élaborées, inspirées de la description séméiologique du syndrome démentiel. Ces précautions étant prises, on considère habituellement qu'un score inférieur à 24 indique un syndrome démentiel, ce score seuil baissant d'un point pour un niveau d'instruction secondaire et d'un point supplémentaire pour un niveau d'instruction primaire. L'étude de populations normales en fonction de l'âge montre un étalement des scores entre 30 (valeur maximale pour tous les âges), tandis que la borne inférieure décroît avec l'âge : 28 dans la tranche 40–49 ans, 26 dans la tranche 50–59, 25 dans la tranche 60–79, et 24 dans la tranche 80–89 ans (Fleming *et al.*, 1995). Le score des démences légères s'étale entre 19 et 24, celui des démences modérées entre 10 et 18 et celui des démences sévères est inférieur à 10. Dans la maladie d'Alzheimer, la baisse annuelle moyenne du score est de 3 ou 4 points par an, avec des extrêmes allant de 1 point pour les formes d'évolution lente à environ 7 points pour les formes plus rapidement évolutives (Derouesné *et al.*, 1999). Le subtest du MMS le plus sensible aux processus démentiels est le rappel des trois mots ; le second subtest le plus sensible aux démences est, selon les études, l'orientation dans le temps ou le dessin des deux pentagones.

L'évaluation neuropsychologique des syndromes démentiels doit être conçue comme une aide au diagnostic, une méthode d'approche de la sévérité, l'un des moyens de suivre l'évolution. Tout syndrome démentiel entraîne une détérioration de l'efficience psychométrique, c'est-à-dire une baisse des performances du sujet par comparaison à ce qu'elles étaient avant le début des troubles, une fois soustrait ce qui revient à la baisse physiologique des performances en rapport avec le vieillissement. La difficulté tient à ce que les performances intellectuelles antérieures à la maladie ne peuvent être que supputées en comparant les scores du sujet à des tests « résistants » et à des tests « sensibles » au vieillissement physiologique et aux lésions organiques de cerveau. Or on a vu plus haut les difficultés de cette évaluation d'une « détérioration » quand l'étalonnage des tests utilisés pour présumer du niveau antérieur est trop ancien, et ne correspond plus au contexte culturel du sujet testé (voir ci-dessus : « Neuropsychologie du vieillissement normal »). L'existence d'une détérioration ne donne toutefois pas d'indication sur sa cause, qui peut relever de toute atteinte organique cérébrale, mais aussi d'un état dépressif ou d'un syndrome psychotique. La recherche d'une détérioration peut être complétée par la mise en évidence, lors de certains tests, d'erreurs typiquement observées dans les lésions organiques du cerveau, ce qui peut être objectivé par exemple par le test de rétention visuelle de Benton ou par la figure complexe de Rey.

En pratique, pour explorer les différents domaines de la cognition, on utilise des tests dont on interprète les scores en fonction de leur déviation par rapport à la moyenne et que l'on exprime en nombre d'écarts-types. C'est l'option qu'a explicitement retenu le DSM-V. On postule alors que la population normale qui a servi à étalonner le test a obtenu des scores qui se sont distribués sous forme d'une courbe gaussienne, courbe en forme de cloche dont le sommet correspond à la valeur moyenne (par exemple 10 aux subtests de la WAIS comme le subtest des Similitudes), deux tiers environ des sujets ayant des scores répartis entre la valeur moyenne plus ou moins un écart-type (soit 3 dans l'exemple donné), donc entre 7 et 13. De la même manière, 95 % environ des sujets se répartissent entre la valeur moyenne plus ou moins deux écarts-types, soit entre 4 et 13 dans l'exemple donné. Ce que l'on désigne parfois et à tort sous le terme de valeur normale est en fait la valeur moyenne que l'on estime, sur la foi de l'étalonnage, être celle de la population générale dont 95 % obtient des scores situés entre la valeur moyenne moins deux écarts-types et la valeur moyenne plus deux écarts-types, et ce sont ces scores (entre 4 et 13 dans l'exemple donné) qui définissent les scores « normaux » pour 95 % des sujets, donc avec une probabilité d'erreur de 5 %. En interprétant le test sur son étalonnage et les scores antérieurs du sujet étant ignorés, on constate déjà que l'on peut méconnaître un déclin pour un sujet qui avait en fait antérieurement un score supérieur à la moyenne et qu'inversement on pourra considérer à tort qu'un sujet a un déclin si son score antérieur était en fait inférieur à la moyenne. Bien entendu, toutes les interprétations doivent être faites à partir de valeurs de référence corrigées en fonction de l'âge. Mais on peut de plus atténuer les erreurs d'appréciation d'un déclin par excès ou par défaut si l'on dispose de scores étalonnés aussi en fonction du niveau culturel, ce qui n'est pas toujours le cas.

Ces limites d'interprétation étant énoncées, le DSM-V a considéré qu'un diagnostic de trouble cognitif majeur (donc de syndrome démentiel) nécessitait un score inférieur à la moyenne de deux écarts-types ou plus, c'est-à-dire statistiquement avec un risque d'erreur au plus égal à 5 % défini classiquement comme le seuil de signification statistique. Ce « seuil » correspond au 3e percentile. Par ailleurs, pour pouvoir évoquer le diagnostic de trouble cognitif léger (voir *supra* et encadré 16.1), le sujet doit avoir un score situé entre un et deux écarts-types au-dessous de la moyenne (soit au-dessous du 16e percentile). On conçoit la prudence avec laquelle il faut interpréter ces données quantitatives. La possibilité donnée par le DSM-V de poser par exemple un diagnostic de trouble cognitif mineur dû à la maladie d'Alzheimer – ce qui peut être lourd de conséquences en cas d'erreur de diagnostic – nécessite la prise en compte de l'ensemble de l'histoire du sujet, des données qualitatives issues de l'examen neuropsychologique, du contrôle de la totalité des critères cliniques et paracliniques requis ainsi qu'une discussion collégiale multidisciplinaire.

L'évaluation doit ainsi concerner les diverses facettes des fonctions cognitives dans une démarche étroitement liée à la séméiologie neuropsychologique des démences : tests de mémoire comme les mots de Rey, le test de Gröber-Buschke ou le test d'apprentissage verbal de Californie (voir chapitre 14) ; examen du langage par les tests de fluence et de dénomination ; examen des gnosies visuelles, examen des capacités visuoconstructives (dessins et figure de Rey) et visuospatiales ; examen des capacités d'abstraction (à travers par exemple le subtest des similitudes de la WAIS) et des fonctions dites exécutives.

Les examens électrophysiologiques

La place de l'*électroencéphalogramme* a reculé depuis l'essor de l'imagerie mais il serait dommage de négliger l'aide que peut fournir cet examen : un foyer delta frontal unilatéral écarte une démence frontale pour orienter vers une lésion focale, notamment tumorale ; la maladie de Creutzfeldt-Jakob induit une activité paroxystique périodique d'abord intermittente puis permanente ; et l'EEG peut fournir des indications précieuses en faveur d'une encéphalopathie métabolique ou d'un état de mal non convulsivant.

Les potentiels évoqués (par exemple auditifs) de longue latence sont formés de composantes exogènes apparaissant quelle que soit la valeur informative du signal ; il s'agit des ondes N100 et P200. L'introduction dans le protocole de recueil d'une tâche nécessitant attention et traitement de l'information, comme compter des sons aigus répartis aléatoirement au sein de sons graves, fait surgir des potentiels *évoqués cognitifs* dont les plus étudiés sont les ondes N200 et P300. Les démences corticales entraînent un allongement de la latence des ondes N200 et P300, alors que les démences sous-corticales entraînent en outre un allongement des ondes N100 et P200.

L'imagerie

L'imagerie statique (*tomodensitométrie, résonance magnétique nucléaire*) peut fournir des arguments en faveur de certaines causes de syndromes démentiels : séquelles d'infarctus, leucoaraïose, tumeur, hématome sous-dural, hydrocéphalie normopressive. Dans la maladie d'Alzheimer, l'imagerie peut être normale ou peut montrer une atrophie cortico-sous-corticale qui intéresse électivement les régions temporales internes. Dans les démences frontales, l'imagerie peut être non contributive ou peut montrer une atrophie frontale avec ou sans ballonisation des cornes frontales et disparition de l'empreinte des noyaux caudés dans les cornes frontales (Pasquier et Lebert, 1995).

L'*imagerie fonctionnelle isotopique* (à l'HMPAO ou au neurolite) montre des hypoperfusions plutôt postérieures dans la démence d'Alzheimer et des hypoperfusions plutôt frontales dans les démences frontales et dans la paralysie supranucléaire progressive. Les travaux de recherche en cours indiquent que la visualisation des dépôts d'amyloïde est possible en tomographie à émission de positrons, et peut-être bientôt en scintigraphie monophotonique. Les recherches se poursuivent par la mise au point de radio-ligands marquant et les dépôts amyloïdes et la dégénérescence neurofibrillaire.

Les examens biologiques

Ils peuvent mettre rapidement sur la piste étiologique d'un syndrome démentiel ou confusionnel : il s'agit en particulier de l'ionogramme, de la créatinine, de la glycémie, de la calcémie, de l'hormonémie thyroïdienne ; les sérologies de la -syphilis et du VIH sont à demander au moindre doute. La NFS (numération-formule sanguine) et la VS (vitesse de sédimentation) peuvent mettre sur la piste d'une maladie générale.

Les marqueurs biologiques dosés dans le liquide céphalorachidien démontrent leur intérêt dans l'aide au diagnostic de la maladie d'Alzheimer (voir *infra*).

Une distinction syndromique : démences sous-corticales et corticales

Ce sont les maladies du système extrapyramidal, donc les processus lésionnels des noyaux gris centraux, qui ont initialement permis de bâtir le concept de démence sous-corticale, ensuite étendu à certaines démences vasculaires et tout particulièrement aux états lacunaires, puis à la pathologie de la substance blanche et tout particulièrement aux leucoaraïoses et à la sclérose en plaques. Ces démences ont pour caractère essentiel d'épargner le cortex cérébral, les perturbations cognitives étant imputées à une désafférentation du cortex frontal, privé de ses connexions sous-corticales soit au niveau de leurs trajets (dans la substance blanche), soit au niveau de leurs cibles (dans les noyaux gris centraux). Ces démences sont donc caractérisées par une lenteur de l'idéation (consacrant ainsi la réalité cognitive de la bradyphrénie parkinsonienne), une difficulté d'évoquer les souvenirs sans perturbation significative de l'apprentissage (expliquant la préservation de la mémoire indicée), une apathie, et fréquemment une dépression, l'absence d'aphasie et d'agnosie. Il peut cependant exister des perturbations visuospatiales (tout au moins dans la maladie de Parkinson) et la présence de troubles des fonctions dites exécutives (capacités de planification, résolution de problèmes) caractérisant un déficit de type « frontal » : elles réalisent donc des démences fronto-sous-corticales et certaines d'entre elles perturberaient la mémoire procédurale (voir chapitre 14). Ces démences sont, compte tenu des sites lésionnels impliqués, souvent accompagnées de désordres moteurs. Elles s'opposent aux démences corticales et en particulier à la démence d'Alzheimer dont les troubles de la mémoire traduisent un déficit de l'apprentissage et qui comporte des signes d'atteinte corticale : aphasie, agnosie et acalculie.

Étiologie

Il est donc devenu habituel d'inclure dans la liste étiologique des démences un nombre impressionnant d'affections dont les manifestations pourraient selon les cas être désignées sous le nom de syndrome démentiel ou pseudo-démentiel ou de syndrome psycho-organique ou encore de confusion subaiguë ou chronique voire de syndrome confuso-démentiel.

Les encéphalopathies médicamenteuses

Un historique médicamenteux doit être pratiqué en présence de tout syndrome confusionnel ou démentiel. Il est difficile de fournir une liste exhaustive de tous les médicaments en cause : anticholinergiques, tout particulièrement chez le parkinsonien, antidépresseurs tricycliques en raison non seulement de leur effet anticholinergique, mais aussi en raison d'hyponatrémie induite par sécrétion inappropriée d'ADH, antiépileptiques, neuroleptiques, diurétiques qui peuvent entraîner une hyponatrémie, hypoglycémiants.

Les processus expansifs de présentation pseudo-démentielle

Ce sont surtout les tumeurs frontales qui peuvent en imposer pour un affaiblissement démentiel car le comportement peut être centré sur une indifférence, une apathie, des troubles mnésiques, une désorganisation des comportements sphinctériens. Les tumeurs temporales droites peuvent aussi entraîner une confusion d'évolution subaiguë. Et il reste l'hématome sous-dural chronique qui représente un piège diagnostique fréquent chez le sujet âgé, quand le traumatisme crânien a été bénin voire oublié : on doit évoquer cette hypothèse quand la confusion est fluctuante, et quand il existe des signes de localisation même s'ils sont discrets. La tomodensitométrie permet généralement le diagnostic en sachant se méfier des formes isodenses et des formes dont la bilatéralité abolit le déplacement des structures médianes.

Les encéphalopathies carentielles

Elles sont souvent dues à l'alcoolisme, mais elles peuvent aussi relever d'états de dénutrition en rapport avec des vomissements, des anorexies sévères, des syndromes de malabsorption intestinale.

L'encéphalopathie de Gayet-Wernicke

La plus fréquente est l'encéphalopathie de Gayet-Wernicke dont les signes peuvent parfois s'installer de manière subaiguë ou chronique. Outre le contexte, des troubles oculomoteurs, un nystagmus, un syndrome cérébelleux doivent orienter le diagnostic surtout s'il existe au sein de la confusion un noyau korsakovien avec oubli à mesure, fabulation et fausses reconnaissances. L'hyperpyruvicémie et la diminution de l'activité transacétolasique du sang éclairent le diagnostic, mais ne doivent pas être attendues pour mettre en œuvre le traitement de thiamine dont seule l'instauration précoce (100 à 500 mg par jour par voie intramusculaire) peut éviter la constitution de séquelles définitives et en particulier de troubles mnésiques.

Le syndrome de Korsakoff

Le syndrome de Korsakoff peut accompagner l'encéphalopathie de Gayet-Wernicke ou s'installer isolément et progressivement : la thérapeutique est identique.

La maladie de Marchiafava-Bignami

La maladie de Marchiafava-Bignami (nécrose du corps calleux) n'intéresse pratiquement que des alcooliques : elle peut avoir une présentation de démence progressive accompagnée d'hypertonie oppositionniste, d'astasie–abasie, de dysarthrie, voire de signes de disconnexion calleuse.

Les démences alcooliques

Les démences alcooliques menacent les alcoolismes invétérés et prolongés ; elles surviennent donc essentiellement chez des alcooliques âgés mais de manière plus précoce chez la femme que chez l'homme. Elles atteindraient moins de 5 % des alcooliques si l'on s'en tient aux seules démences caractérisées mais un nombre important d'alcooliques présente un déficit cognitif prouvé par les tests psychométriques. La tomodensitométrie peut objectiver une atrophie cortico-sous-corticale. Il faut y ajouter les facteurs psychologiques et sociaux qui contribuent aussi à la déchéance de l'alcoolique et dont la prise en compte est, avec la suspension de l'intoxication, le seul moyen d'espérer une régression au moins partielle des troubles.

Les encéphalopathies carentielles par carences vitaminiques autres que celles liées à l'alcoolisme

Les encéphalopathies carentielles par carences vitaminiques autres que celles liées à l'alcoolisme sont essentiellement dues à des déficits alimentaires en vitamine B_{12} et en acide folique parfois favorisés par un syndrome de malabsorption, une gastrectomie. Il existe aussi chez le sujet âgé des gastrites atrophiques occultes avec achlorhydrie et absence de facteur intrinsèque expliquant la relative fréquence des carences en vitamine B_{12}. En présence d'une démence sénile, il reste préférable de contrôler ces dosages vitaminiques.

Les encéphalopathies métaboliques et endocriniennes

Le contexte de l'encéphalopathie hépatique est trop particulier pour créer des difficultés diagnostiques. Il en est de même de l'encéphalopathie, de l'insuffisance rénale et de l'encéphalopathie des dialysés. En revanche, les encéphalopathies hypoglycémiques peuvent se présenter sous un mode chronique et se manifester par des symptômes d'allure névrotique, des troubles du caractère, une détérioration intellectuelle, une rigidité voire des mouvements choréo-athétosiques.

Une confusion mentale, une lenteur de l'idéation peuvent compliquer l'insuffisance respiratoire.

L'hypocalcémie peut provoquer des désordres encéphaliques polymorphes : crises convulsives, rigidité, mouvements anormaux ; état dépressif, confusion mentale subaiguë ou chronique voire hallucinations. Les causes les plus fréquentes sont les hypoparathyroïdies postchirurgcales et idiopathiques, les malabsorptions intestinales. La tomodensitométrie peut montrer des calcifications des noyaux gris centraux. Les hypercalcémies, outre leurs signes digestifs et généraux (soif, anorexie, vomissements, polyurie, polydipsie), entraînent des céphalées, une confusion, plus rarement des crises convulsives. Un déficit moteur proximal peut s'y associer. Les causes principales sont les hyperparathyroïdies, les cancers ostéolytiques et le myélome, les hypercalcémies paranéoplasiques, la sarcoïdose et les médicaments hypercalcémiants. Les hypercalcémies sont une urgence thérapeutique.

L'hypothyroïdie, outre une ataxie cérébelleuse, entraîne souvent des troubles de la mémoire et une apathie. L'insuffisance hypophysaire peut aussi donner une encéphalopathie de séméiologie très voisine.

Syndromes démentiels et cancers

L'encéphalite limbique est un syndrome paranéoplasique dont les manifestations sont centrées sur des troubles mnésiques auxquels peuvent s'associer un état dépressif et des crises d'épilepsie. La leucoencéphalopathie multifocale progressive est une infection à papovavirus (virus JC) qui accompagne des cancers et des états d'immunodépression. Les foyers de démyélinisation sont mis en évidence par la tomodensitométrie. Aucun traitement ne peut être opposé à cette maladie.

La radiothérapie du névraxe peut se compliquer d'une leucoencéphalopathie insidieuse donnant un tableau de démence sous-corticale à forme pseudo-dépressive et apathique.

Syndromes démentiels et collagénoses

Ils donnent un syndrome psycho-organique avec dépression. Le contexte, les autres manifestations neurologiques (syndrome choréique, syndromes focaux en rapport avec un infarctus, une hémorragie ou une thrombophlébite cérébrale) facilitent le diagnostic. L'imagerie, la ponction lombaire (pléiocytose lymphocytaire) attestent du substratum vasculaire et inflammatoire des troubles.

Les démences post-traumatiques

Les démences post-traumatiques sont facilement reliées à leur cause. La -démence pugilistique survient chez des boxeurs ayant participé à de multiples combats et qui installent progressivement une dysarthrie, un tremblement, une ataxie cérébelleuse avec des signes extrapyramidaux de type parkinsonien et parfois des signes pyramidaux, voire des crises épileptiques. Ces désordres moteurs s'accompagnent d'abord de troubles de l'attention, puis de troubles de la mémoire avec ralentissement idéomoteur et troubles dysexécutifs qui évoluent tardivement, en 10 à 20 ans, vers une démence (Mendez, 1995). Il est exceptionnel que la présentation soit celle d'une démence sans signes moteurs (Naccache *et al.*, 1999).

L'électroencéphalogramme montre un ralentissement du rythme de fond et une surcharge lente diffuse. La tomodensitométrie montre une atrophie cortico-sous-corticale et souvent un kyste du septum pellucidum. Les lésions histologiques se singularisent par l'abondance de la dégénérescence neurofibrillaire dans les neurones corticaux et la rareté des plaques séniles.

Les démences infectieuses

La paralysie générale

La paralysie générale ou méningo-encéphalite syphilitique est devenue rarissime : la démence s'accompagne volontiers d'idées délirantes et tout particulièrement d'un délire de grandeur, d'une dysarthrie, d'un frémissement ou de mouvements saccadés de la langue (mouvement de trombone). Le liquide céphalo-rachidien est inflammatoire. Avant la pénicilline, l'évolution était inexorable.

La démence liée à l'infection par le virus de l'immunodéficience humaine (VIH) ou encéphalopathie du VIH

Son substratum histologique est représenté essentiellement par l'encéphalite subaiguë (avec cellules géantes multinucléés) et par la leucoencéphalopathie du VIH. Les troubles pourraient relever d'une neurotoxicité directe du virus sur le névraxe ou de la production par la microglie infectée d'agents inflammatoires comme le *tumor necrosis factor* générant un stress oxydatif neuronal. C'est une démence sous-corticale avec troubles de la mémoire, apathie, lenteur psychomotrice, voire manifestations dépressives. Les troubles de la mémoire verbale et non verbale intéressent la récupération des souvenirs et s'accompagnent de troubles de l'attention et d'un syndrome dysexécutif (encadré 16.2). On peut aussi observer une confusion mentale ou un syndrome psychotique avec hallucinations et

---

Encadré 16.2

Arguments (en plus de la séropositivité) au diagnostic de complexe démentiel lié au sida (d'après McArthur et Harrison. *Current Neurologie* 1994 ; 14 : 275-320)

- Déclin progressif cognitif et comportemental avec apathie, déficit mnésique, lenteur idéatoire.
- Examen neurologique : signes d'atteinte diffuse du système nerveux incluant un ralentissement moteur des membres ou des mouvements oculaires, une exagération des réflexes, une hypertonie, un réflexe de préhension forcée ou de succion.
- Évaluation neuropsychologique : détérioration progressive à des tests espacés dans le temps et intéressant au moins deux domaines cognitifs dont les fonctions frontales, la vitesse motrice et la mémoire non verbale.
- Anomalies du liquide céphalo-rachidien et de l'imagerie.
- Absence de trouble psychiatrique majeur, d'intoxication, de perturbations métaboliques, et de tout signe témoignant d'une pathologie opportuniste du système nerveux.

excitation maniaque. La démence (dénommée aussi complexe démentiel du sida) s'associe volontiers à une dysarthrie, des troubles de la coordination, un *grasping*, des myoclonies, des signes de myélopathie. La démence peut révéler le sida. Le liquide céphalo-rachidien peut montrer une élévation de la protéinorachie (< 1 g/L), une petite pléiocytose (jusqu'à une cinquantaine d'éléments) et des antigènes viraux. L'imagerie par résonance magnétique nucléaire peut objectiver une atrophie cortico-sous-corticale et des plages de démyélinisation (Maruf *et al.*, 1994 ; Gray, 1998). La durée moyenne de survie est de quelques mois. Les thérapies antirétrovirales pourraient retarder ou stabiliser ou améliorer les troubles démentiels (Zheng, 1997). Certaines formes restent stables ou se détériorent lentement, ce qui pourrait relever du statut immunitaire ou des traitements antirétroviraux.

On peut observer au cours de l'infection par le VIH, et en particulier aux stades les plus précoces de l'infection, des troubles cognitifs légers. Ils peuvent être mis en évidence (Villa *et al.*, 1996) par les tests explorant la vitesse idéomotrice (comme le *Trail Making*) et par les tests de mémoire explorant la mémoire de travail (en particulier mémoire de chiffres en ordre inverse), ainsi que l'apprentissage et la récupération des informations (comme les mots de Rey qui objectivent le déficit de l'évocation). Il n'est pas sûr que ces troubles cognitifs légers soient régulièrement prédictifs d'une évolution démentielle.

Le sida peut aussi se compliquer d'une leucoencéphalopathie multifocale progressive (voir *supra : syndromes démentiels et cancers*).

Les encéphalopathies spongiformes transmissibles ou maladies à prions

Elles sont représentées chez l'homme par le kuru, l'insomnie fatale familiale, le syndrome de Gerstmann-Strausser-Scheinker et surtout par la maladie de Creutzfeldt-Jakob. Elles s'observent aussi chez l'animal où elles réalisent notamment la tremblante du mouton ou scrapie, l'encéphalopathie du vison et l'encéphalopathie spongiforme bovine révélée au grand public sous le nom de maladie de la vache folle : on sait que cette affection a décimé les bovins anglais et que les arguments tendant à craindre sa transmissibilité à l'être humain ont constitué et constituent encore un enjeu de santé publique. Elles sont liées à des agents transmissibles non conventionnels longtemps dénommés virus lents et caractérisés par leur résistance aux procédés inactivant les virus, par une longue incubation et par l'absence de réaction immunitaire de l'organisme. L'agent infectieux est en fait une protéine (PrP ou protéine-prion) dont il existe deux formes, une forme normale (La PrPc ou cellulaire) et une forme pathogène qui n'en diffère que par sa configuration spatiale : sa multiplication, sa résistance aux protéases et donc son accumulation seraient responsables de l'encéphalopathie. Sur le plan neuropathologique, les lésions associent une spongiose, une gliose astrocytaire, une dépopulation neuronale et parfois des plaques amyloïdes extracellulaires reconnues par les anticorps antiprotéine prion. La maladie de Creutzfeldt-Jakob a une répartition ubiquitaire, une incidence d'un à deux cas par million d'habitants. Elle survient le plus souvent entre 50 et 60 ans. Quinze pour cent sont des formes familiales, ce qui suggère la transmission d'une susceptibilité génétique à la contamination. Le mode de contamination est le plus souvent obscur mais a pu être exceptionnellement retrouvé : greffe d'une cornée prélevée chez un sujet décédé de Creutzfeldt-Jakob, intervention chirurgicale avec du matériel contaminé. Le prion est inactivé par l'eau de Javel pendant une heure à une concentration d'au moins 2 % de chlore libre ou par passage à l'autoclave (à au moins 134 degrés pendant au moins 30 minutes). Dans l'attente d'un mode d'identification des « porteurs » de l'affection, il est prudent de proscrire le don de sang de tout sujet suspect de détérioration et de souhaiter la pratique d'un bilan psychométrique chez tout donneur après la cinquantaine. Sur le plan clinique, les signes de démence, d'aggravation rapidement progressive, s'associent à des myoclonies, à une hypertonie oppositionnelle, à des signes pyramidaux ou cérébelleux. L'électroencéphalogramme montre, quand il est typique, une activité paroxystique périodique d'abord intermittente puis permanente. La mort survient en général en moins d'un an. Il existe des formes « amaurotiques », débutant par une cécité corticale, des formes cérébelleuses (en particulier la forme des sujets jeunes liée à l'administration d'hormone de croissance quand elle était d'origine extractive) et des formes avec amyotrophie par atteinte de la corne antérieure de la moelle. Aucun traitement ne peut aujourd'hui être opposé à cette maladie. La forme qualifiée de nouvelle variante de la maladie de Creutzfeldt-Jakob survient chez des sujets jeunes (entre 16 ans et la quarantaine), se révèle le plus souvent sur un mode psychiatrique avec des troubles du comportement associés à une ataxie, ne modifie pas l'électroencéphalogramme et pourrait exprimer la transmission à l'être humain de l'encéphalopathie spongiforme bovine.

La maladie de Whipple

Elle peut se compliquer d'une démence ou même se révéler par une démence qui peut s'accompagner d'une uvéite, de paralysies oculomotrices de fonction, de myoclonies qui peuvent être localisées aux yeux et aux muscles masticateurs. L'imagerie par résonance magnétique nucléaire peut montrer des hypersignaux hypothalamiques et temporaux. La biopsie jéjunale permet en règle générale le diagnostic. L'évolution de l'affection peut être jugulée par l'antibiothérapie.

La maladie de Lyme, la brucellose

Elles peuvent aussi se compliquer d'une démence.

Les hydrocéphalies dites à pression normale

Elles ont permis de créer le concept de démence chirurgicalement curable. Leur séméiologie, d'installation progressive, associe (triade d'Hakim et Adams) des troubles de la marche (ataxie avec rétropulsion, apraxie de la marche), avec signe de Babinski bilatéral, une incontinence sphinctérienne et tout particulièrement urinaire, une détérioration cognitive avec apathie, lenteur de l'idéation, troubles de la mémoire, euphorie et tendance dépressive. Ces hydrocéphalies sont liées à un trouble de la circulation et de la résorption du liquide céphalo-rachidien dans des espaces sous-arachnoïdiens fibrosés, l'absence d'hypertension intracrânienne s'expliquant par la constitution d'altérations épendymaires permettant la création de nouvelles voies de résorption (transépendymaire et transcérébrale) du liquide céphalo-rachidien. Ces hydrocéphalies peuvent ainsi compliquer une hémorragie méningée, un trauma-tisme crânien, une méningite mais, une fois sur deux, aucun antécédent ni aucune cause précise ne sont retrouvés. La tomodensitométrie montre la dilatation ventricu-laire contrastant avec des sillons corticaux normaux et associée à une hypodensité périventriculaire traduisant la résorption de liquide céphalo-rachidien. La soustraction de liquide céphalo-rachidien permet une régression plus ou moins durable des troubles et peut en tout cas constituer un test diagnostique préludant à la mise en place d'une dérivation ventriculo-cardiaque ou ventriculo-péritonéale.

Les démences vasculaires

Les démences par hypodébit chronique

Les démences par hypodébit chronique comme celles qui peuvent compliquer des sténoses carotidiennes bilatérales très serrées sont rares et doivent s'améliorer après restauration chirurgicale du flux carotidien.

Les chutes aiguës du débit cardiaque

Les chutes aiguës du débit cardiaque peuvent entraîner une succession d'infarctus situés aux confins des territoires artériels (derniers prés) et répartis de manière arciforme à la partie supérieure de la face externe des hémisphères cérébraux : les signes associent, en proportions variables, un déficit brachial, des troubles du langage, de la mémoire et visuospatiaux, ainsi qu'un syndrome frontal, le tout pouvant constituer un état démentiel.

Certains infarctus uniques, situés dans des *régions stratégiques*, peuvent d'emblée se compliquer d'un état démentiel comme les infarctus bithalamiques qui, outre des troubles mnésiques massifs, entraînent un apragmatisme ; une apathie, une indifférence, et les infarctus de la tête du noyau caudé qui entraînent aussi une désafférentation frontale.

Les démences par infarctus multiples

Les démences par infarctus multiples s'installent à l'ombre d'accidents ischémiques répétitifs : elles s'aggravent donc par à-coups successifs, et s'accompagnent, à l'examen clinique, de signes neurologiques de localisation. Leur diagnostic peut être aidé par le calcul d'un score ischémique (tableau 16.II). Il est difficile d'accepter le diagnostic sans constater la présence, à la tomodensitométrie, d'au moins un infarctus. Les démences peuvent être de type cortical ou sous-cortical en fonction de la topographie des infarctus.

L'état lacunaire de Pierre Marie

L'état lacunaire de Pierre Marie est la conséquence de lacunes multiples du thalamus, de la substance blanche sous-corticale, de la capsule interne, de la protubérance. Ainsi, après des ictus répétitifs, s'installe un déficit cognitif avec marche à petits pas, signe de Babinski bilatéral, syndrome pseudo-bulbaire associant troubles de la déglutition et dysarthrie. L'atteinte pyramidale rend compte aussi de la vivacité du massétérin, et de la parésie faciale bilatérale qui donne au faciès un aspect atone, hébété, mais souvent dramatiquement mobilisé par des accès de rire et de pleurer spasmodiques.

La leucoencéphalopathie vasculaire (leucoaraïose)

La leucoencéphalopathie vasculaire (leucoaraïose) témoigne d'une démyélinisation de la substance blanche périventriculaire et sous-corticale par une ischémie chronique. La tomodensitométrie a montré sa fréquence en objectivant des hypodensités plus ou moins étendues des régions périventriculaires jouxtant les cornes frontales et occipitales et des centres ovales. Elle intéresse surtout les sujets âgés et hypertendus.

Tableau 16.II
Les scores ischémiques

Signes cliniques	Score de Hachinski	Score de Hachinski modifié par Rosen	Score de Hachinski modifié par Loeb
Début brutal	2	2	2
Aggravation en marches d'escalier	1	1	
Évolution fluctuante	2		
Confusion nocturne	1		
Préservation relative de la personnalité	1		
Dépression	1	1	
Plaintes somatiques	1		
Labilité émotionnelle	1	1	
Antécédents ou existence d'une hypertension artérielle	1	1	
Antécédents d'ictus	2	2	1
Autres signes d'athérosclérose	1		
Symptômes neurologiques focaux*	2	2	2
Signes neurologiques focaux*	2	2	2 Hypodensité TDM isolée 2 Hypodensité TDM multiples 3
Score maximal Démence artériopathique Démence dégénérative primaire	18 > 7 < 4	12 > 6** < 3**	10 > 5 < 2

*Symptôme désigne une manifestation subjective (exemple : paresthésies), signe désigne une constatation clinique
**Critères de cotation proposés par Blass, d'après le score de Hachinski modifié

L'encéphalopathie sous-corticale de Binswanger

L'encéphalopathie sous-corticale de Binswanger est caractérisée par la survenue d'accidents lacunaires répétitifs compliqués de démence, chez des hypertendus. La tomodensitométrie montre l'association d'une leucoencéphalopathie et d'hypodensités lacunaires.

Le CADASIL

Le CADASIL (artériopathie cérébrale autosomique dominante avec infarctus sous-corticaux et leucoencéphalopathie) est une artériopathie génétique (due à des mutations du gène Notch3), dont les lésions des cellules musculaires lisses vasculaires aboutissent à la constitution de multiples petits infarctus sous-corticaux (substance blanche et noyaux gris centraux) et à une leucoencéphalo-pathie diffuse. Les malades ont fréquemment des crises de migraines avec aura et ils développent des accidents ischémiques cérébraux qui feront le lit d'une détérioration cognitive progressive, centrée d'abord par un syndrome dysexécu-tif avec déficit de la flexibilité mentale et qui se compliquera d'un syndrome pseudo-bulbaire et, en 10 à 15 ans, d'une démence, évidente en moyenne à la soixantaine, et qui, comme celles observées lors des états lacunaires et des leu-coencéphalopathies, est de type sous-cortical. Les troubles dépressifs majeurs sont fréquents (20 % des cas) avec un risque élevé de suicide. Ils peuvent même être inauguraux et il peut même exister des tableaux proches d'une psychose maniaco-dépressive. L'apathie est fréquente : elle peut accompagner ou non un état dépressif (Reyes).

Le syndrome des anticorps antiphospholipides

Le syndrome des anticorps antiphospholipides mérite une attention particulière : observé surtout chez les sujets jeunes, il peut entraîner une démence par infarctus multiples (voir *supra*) mais il peut exceptionnellement se compliquer d'une démence progressive qui pourrait être en rapport soit avec des micro-infarctus par obstruc-tions fibrino-plaquettaires ou vascularite, soit avec un mécanisme immunitaire.

Les hémorragies cérébrales et l'angiopathie amyloïde

Les hémorragies cérébrales peuvent aussi participer à l'éclosion d'un syndrome démentiel : l'hypertendu artériel est menacé d'hémorragie cérébrale, de lacunes, mais aussi d'infarctus cérébraux, l'hypertension étant un facteur de risque de l'athérosclérose. Les hémorragies répétitives sont surtout le fait de l'angiopathie amyloïde qui se manifeste par des plages d'hypodensité (tomodensitométrie) ou des plages d'hypersignal T2 (imagerie par résonance magnétique nucléaire) de la substance blanche des hémisphères cérébraux.

Outre la prise en charge générale à tous les syndromes démentiels, la seule théra-peutique, pour l'essentiel préventive, est le contrôle des facteurs de risque de l'athé-rosclérose des vaisseaux cérébraux et tout particulièrement de l'hypertension artérielle. Toutefois il semblerait que chez un dément hypertendu, la baisse de la tension améliore la cognition quand les chiffres de la systolique sont maintenus entre 135 et 150 mmHg mais le déficit cognitif s'aggrave si la baisse tensionnelle est plus importante. Les thérapeutiques préventives des accidents ischémiques cérébraux comme les antiagrégants plaquettaires (aspirine, ticlopidine) ou l'endartériectomie sont aussi légitimées par la prévention de la démence vasculaire. L'apparente prédo-minance féminine des démences d'Alzheimer pourrait s'expliquer par le fait que, les démences vasculaires étant plus fréquentes chez l'homme, leurs manifestations mas-quent celles d'une maladie d'Alzheimer de survenue secondaire et il est donc pos-sible qu'un nombre plus important qu'on ne le croit de démences vasculaires et en particulier de démences par infarctus multiples soit des démences mixtes.

Les démences dégénératives

Les démences dégénératives entrent dans le cadre plus large des maladies dégé-nératives du système nerveux dont le dénominateur commun est l'évolution pro-gressive et plus ou moins rapide vers la mort neuronale au sein de certaines zones du névraxe variable en fonction du type de désordres protéiques qui conduit à la dégénérescence des neurones. Une meilleure connaissance de ces désordres protéiques conduit certes à mieux classer les démences dégénératives, à mieux comprendre les propositions thérapeutiques présentes ou à venir. Mais il devient en outre cliniquement possible de relier des troubles cognitifs, affectifs et comportementaux à tel ou tel type de désordre protéique. La neuropsychologie des localisations anatomiques se double ainsi d'une « neuropsychologie moléculaire » (Cummings, encadré 16.3).

Encadré 16.3

Neuropsychologie « moléculaire » des maladies dégénératives

De la neurobiologie à la neuropsychologie et à la neurologie du comportement
À propos de la classification des désordres protéiques des maladies dégénératives

La neuropsychologie a d'abord eu pour ambition diagnostique de rechercher la localisation anatomique en fonction des troubles cliniques. Bien plus, elle s'est fondée sur les troubles cliniques (par exemple une aphasie, une apraxie) pour en déduire la localisation des fonctions altérées par la lésion (par exemple le langage, les gestes). Certes dans le sillage du diaschisis de Von Monakow, puis du connexionnisme et de l'imagerie dynamique, la neuropsychologie a appris que le retentissement d'une lésion pouvait s'exprimer non au siège lésionnel lui-même mais à distance, en fonction des réseaux neuronaux liés fonctionnellement au siège lésionnel : ainsi en est-il du syndrome frontal accompagnant des lésions sous-corticales. On parle alors de syndrome frontal pour désigner non le siège de la lésion mais la dépression fonctionnelle du lobe frontal liée aux lésions sous-corticales.

Les maladies dégénératives en général et les démences en particulier peuvent conduire à mettre en parallèle des « protéinopathies » et des désordres comportementaux. En effet, les maladies dégénératives du névraxe sont liées à la défaillance du catabolisme de certaines protéines aboutissant à l'accumulation anormale d'agrégats peptidiques qui jouent un rôle majeur dans la souffrance puis la mort neuronale. Ces désordres moléculaires s'expriment, selon les protéines en cause, au niveau de populations cellulaires dont le dysfonctionnement, localisé dans certaines régions du névraxe, tend ainsi à s'exprimer cliniquement par des troubles comportementaux électifs. Ainsi peuvent être définis les liens unissant les anomalies du métabolisme de certaines protéines, la vulnérabilité de certaines régions du névraxe et les manifestations cliniques (et en particulier neuropsychologiques et comportementales) qui expriment tout à la fois la souffrance métabolique en cause et sa topographie.

Les synucléinopathies

L'alpha-synucléine est le principal composant des corps de Lewy dont l'accumulation, toxique pour les neurones dopaminergiques, peut en fonction de sa localisation entraîner une maladie de Parkinson, une démence à corps de Lewy, une atrophie multisystémique ou un syndrome d'Hallevorden-Spatz.

Des regroupements de maladies, jusque-là distinctes, pourraient s'organiser. Ainsi Braak *et al.* (2003) ont pu proposer de classer les maladies de Parkinson en fonction de la progression séquentielle de la charge lésionnelle, débutant dans le tronc cérébral pour s'étendre aux structures limbiques (en particulier région transentorhinale, hippocampe, amygdale, gyrus cingulaire antérieur) puis au néocortex. Ils ont pu aussi suggérer que le déficit cognitif est corrélé à l'intensité de la charge lésionnelle dont la progression est décrite en six stades. Cette conception aurait au moins deux conséquences. La première est que le déficit cognitif observé dans la maladie de Parkinson n'est pas exclusivement assujetti à une disconnexion fronto-sous-corticale liée à l'effondrement dopaminergique nigro-striatal et mésocortical. La seconde conséquence est que la maladie de Parkinson peut s'accompagner de signes de dysfonctionnement limbique et néocortical et que la démence à corps de Lewy pourrait n'être qu'une variété de démence parkinsonienne (Cummings, 2004).

Les manifestations comportementales des synucléinopathies sont représentées, certes par le syndrome fronto-sous-cortical « dysexécutif » auquel on peut intégrer l'apathie, la dépression, mais aussi par le délire, les hallucinations et les désordres comportementaux du sommeil rapide. Elles pourraient être sous-tendues et par l'atteinte des structures monoaminergiques (particulièrement dopaminergiques) et par l'atteinte des structures cholinergiques corticales.

Les tauopathies

L'accumulation de protéines tau est l'expression moléculaire de deux anomalies histologiques : la dégénérescence neurofibrillaire et les corps de Pick. Ces phosphoprotéines « associées aux microtubules » du cytoplasme neuronal interviennent dans la polymérisation microtubulaire et jouent un rôle essentiel dans la stabilisation du cytosquelette neuronal et dans le flux axonal. Codées par un gène situé sur le chromosome 17, elles ont six isoformes, trois comportant trois domaines de liaison aux microtubules (dites 3R) et trois comportant quatre domaines de liaison (dites 4R). L'augmentation des formes libres, les bouleversements du ratio 3R/4R favorisent l'hyperphosphorylation et l'agrégation des protéines tau. En mettant à part la maladie d'Alzheimer (dont les dysfonctionnements protéiques ne concernent pas que la protéine tau), les principales affections liées électivement à l'accumulation de protéines tau sont la maladie de Pick, les démences fronto-temporales avec syndrome parkinsonien liées au chromosome 17, encore dénommées tauopathies héréditaires au cours desquelles l'accumulation de tau prend l'aspect de la dégénérescence neurofibrillaire, certaines autres démences fronto-temporales, et les 4R-tauopathies représentées par la paralysie supranucléaire progressive et la dégénérescence corticobasale. La question reste posée de savoir si certaines démences fronto-temporales dépourvues de signes histologiques spécifiques pourraient être liées à un déficit en protéine tau sans agrégats (tauless tauopathies).

Les tauopathies atteignent électivement les neurones des cortex frontal, temporal, pariétal et les circuits fronto-sous-corticaux, notamment les ganglions de la base, le thalamus. L'atteinte des circuits fronto-sous-corticaux rend compte du syndrome dysexécutif, de l'apathie, de la désinhibition (démences fronto-temporales et paralysie supranucléaire progressive). L'apathie s'observe aussi dans les tauopathies, y compris dans la dégénérescence cortico-basale. Très particuliers aux tauopathies sont les syndromes persévératifs et compulsifs (démences fronto-temporales, paralysie supranucléaire progressive) alors que les hallucinations et les troubles du sommeil, caractéristiques des synucléinopathies, sont inhabituels.

Les b-amyloïdopathies

L'accumulation de protéine bêta-amyloïde (peptide A-bêta) constitue les plaques séniles de la maladie d'Alzheimer. Mais cette affection est aussi une tauopathie puisqu'elle s'accompagne de dégénérescence neurofibrillaire constituée de paires hélicoïdales de filament séquestrant des protéines tau hyperphosphorylées. L'examen du cerveau de souris doublement transgéniques pour l'APP (précurseur de la protéine amyloïde) et pour la protéine tau a mis en évidence une dégénérescence neurofibrillaire plus importante que celle observée chez les souris transgéniques pour la seule protéine tau : tout se passe donc comme si l'amyloïdogenèse potentialisait l'accumulation de protéine tau. Mais la maladie d'Alzheimer s'accompagne aussi de dépôts de synucléine dans les plaques. La maladie d'Alzheimer est donc une protéinopathie « triple ». Les troubles neurobiologiques intéressent le système cholinergique (pertes neuronales dans le noyau de Meynert), la sérotonine (noyaux du raphé), la norépinéphrine *(locus cœruleus)*. La localisation des lésions et en particulier de la DNF (voir p. 300) rend compte du syndrome amnésique « hippocampique » et aphaso-apraxo-agnosique. Sur le plan comportemental, les troubles sont plus diversifiés : agitation, apathie, dépression, anxiété, désinhibition, déambulation ou fugues, délires et, moins fréquemment, hallucinations et euphorie.

Les autres protéinopathies
Elles sont nombreuses et la liste est largement ouverte…

Parmi les démences fronto-temporales à inclusions tau-négatives et ubiquitine-positives, il faut citer les TDP-43 protéinopathies en rapport avec une mutation du gène de la progranuline. Le tableau clinique recouvre celui des démences fronto-temporales avec toutefois des formes initialement amnésiques (voir texte).

Restent aussi à titre d'exemples les prionopathies responsables des encéphalopathies spongiformes ou encore les polyglutaminopathies dont fait partie la maladie de Huntington dont la mutation induit l'accumulation de huntingtine.

Des protéinopathies à la mort cellulaire
L'accumulation de certaines protéines est responsable de la mort neuronale avec production de radicaux libres, inflation calcique intracellulaire qui apparaissent comme des mécanismes aspécifiques. Mais l'implication des désordres protéiques liés aux maladies dégénératives ne concerne pas que les « protéines de structure ». L'étude du contrôle traductionnel (c'est-à-dire de la synthèse des protéines) indique par ailleurs que la mort neuronale peut être précipitée ou retardée par des protéines kinases pro-apoptotiques comme PKR ou antiapoptotiques comme M-TOR. Des expériences faites sur des souris transgéniques montrent les effets de l'Ab 1-42 sur la réduction de l'expression de la kinase p70S6k phosphorylée qui, avec MTor, favorise la synthèse protéique et la plasticité neuronale. Ces troubles du contrôle traductionnel peuvent être électivement localisées dans des zones vulnérables : c'est ainsi, par exemple, qu'il a pu être montré que l'activation de PKR est associée à la perte neuronale hippocampique dans la maladie d'Alzheimer mais aussi dans la maladie de Parkinson. D'ores et déjà, des corrélations peuvent être observées entre l'activation ou l'inhibition de ces voies de la signalisation moléculaire et le déficit cognitif de malades Alzheimer. Des corrélations ont été mises en évidence dans les lymphocytes de malades Alzheimer entre la diminution de l'activation de la p70Sk et le syndrome amnésique de stockage exploré par le Gröber-Buschke comme avec la mémoire de travail et le score en dénomination orale (DO 80). L'étude des dysfonctionnements protéiques au cours des maladies dégénératives peut ainsi contribuer à rechercher pour chaque type d'anomalie du métabolisme protéique (« protéotype ») et en fonction des populations cellulaires intéressées, les syndromes neuropsychiatriques correspondants (« phénotype »). Cette recherche peut aussi s'appuyer sur la contribution diagnostique fournie par les marqueurs biologiques de ces dysfonctionnements. La mise au point de thérapeutiques agissant sur tel ou tel système protéique (par exemple l'inhibition de l'amyloïdogenèse dans la maladie d'Alzheimer) sera aussi mieux analysée en repérant les phénotypes comportementaux dont il sera alors attendu une amélioration. À côté des troubles

▶

liés à l'altération des protéines de structures et leur exploration par dosage de biomarqueurs dans le LCR (bêta-amyloïde ; protéines tau) et dans le sang (progranuline), une attention particulière doit aussi être accordée aux protéines « régulatrices » impliquées dans la synthèse protéique et dans la vie et la mort des neurones.

Bibliographie

Bando Y, Onuki R, Katayama T, Manabe T, Kudo T, Taira K, Tohyama M. Double-strand RNA dependent protein kinase (PKR) is involved in the extrastriatal degeneration in Parkinson's disease and Huntington's disease. Neurochemistry International 2005;46:11–8.

Buee L, Delacourte A. La maladie d'Alzheimer : une tauopathie parmi d'autres ? Médecine-Sciences 2002;8:727–36.

Cummings JL. Toward a molecular neuropschiatry of neurodegenerative diseases. Ann Neurol 2003;54:147–54.

Lafay-Chebassier C, Paccalin M, Page G, Barc-Pain S, Perault-Pochat MC, Gil R, Pradier L, Hugon J. M/TORp70S6k signalling alteration by Abeta exposure as well as in APP-PS1 transgenic models and in patients with Alzheimer's disease. J Neurochem 2005;94/1:215–25.

Suen KC, Yu MS, So KF, Chang RC, Hugon J. Upstream signalling pathways leading to the activation of the double-stranded-RNA-dependent serine/threonine protein kinase PKR in b-amyloid peptide neurotoxicity. J Biol Chem 2003;278:49819–27.

La maladie d'Alzheimer

Épidémiologie et physiopathologie

La maladie d'Alzheimer (MA) a aujourd'hui le poids épidémiologique le plus important dans la liste étiologique des syndromes démentiels. Décrite au début du siècle chez une malade de 51 ans, la maladie d'Alzheimer fut longtemps considérée comme une démence du présénium. À la fin des années 1960, les premiers travaux signalèrent la similitude des lésions observées chez de nombreux déments séniles et dans la maladie d'Alzheimer tandis que des critiques commençaient à s'élever sur une physiopathologie du vieillissement cérébral longtemps enfermée dans la théorie de la baisse du débit sanguin cérébral rapportée aux altérations séniles du lit vasculaire. Il fallut néanmoins attendre la fin de la décennie 1970 pour que se développe la prise de conscience qui allait aboutir au concept actuel d'une seule maladie qui survient exceptionnellement dans le présénium et habituellement après 65 ans et dont les lésions associent une atrophie cérébrale progressive avec perte neuronale coexistant sur le plan histologique avec une *dégénérescence neurofibrillaire* (DNF) et des *plaques séniles*. Les *plaques séniles* sont situées dans le cortex cérébral au sein du neuropile et sont constituées d'un centre amorphe fait de substance amyloïde, tandis que la périphérie est constituée de prolongements argyrophiles représentant des fragments de dendrites et d'astrocytes en dégénérescence. La substance amyloïde des plaques séniles est constituée par l'accumulation de peptides de quarante et quarante-deux acides aminés, le peptide A4 (encore appelé b-amyloïde ou b-A4 ou A-b). C'est ce même peptide qui est trouvé dans les dépôts amyloïdes des trisomiques 21 décédés après l'âge de 30 ans. Il existe un lien entre la densité des plaques séniles et l'intensité de la détérioration cognitive. La DNF désigne des inclusions neuronales faites de trousseaux de fibres protéiques argyrophiles dont la microscopie électronique montre qu'elles sont constituées de paires de filaments hélicoïdaux intracytoplasmiques ; elles sont surtout localisées dans les aires cérébrales associatives, l'hippocampe, le noyau basal de Meynert, le locus niger, le *locus cœruleus*, le noyau dorsal du raphé. Le constituant essentiel des paires hélicoïdales de filaments formant la dégénérescence neurofibrillaire est une protéine associée aux microtubules du cytosquelette, les protéines tau (voir encadré 16.3). Dans la maladie d'Alzheimer, outre les protéines tau normales, existent trois types de protéines tau particulières car elles sont hyperphosphorylées et de poids moléculaire plus élevé ; c'est leur agrégation qui désorganise le cytosquelette et rend compte de la DNF. C'est essentiellement au niveau de l'hippocampe que l'on observe des vacuoles claires contenant en leur centre un granule dense et qui réalisent la dégénérescence granulovacuolaire. La clinique habituelle de la maladie d'Alzheimer s'explique bien par la progression « hiérarchique et séquentielle » de la dégénérescence neurofibrillaire de la région hippocampique vers le cortex temporal et les aires associatives temporo-pariétales puis préfrontales alors que les aires primaires (motrices, sensorielles, somesthésiques) sont longtemps épargnées. Ainsi Braak et Braak ont reconnu six stades remaniés par Delacourte *et al.* (1997) en dix stades : transentorhinal (S1), entorhinal (S2 ; ces deux stades intéressant T5 : gyrus parahippocampique) ; hippocampe (S3) ; pôle temporal (S4) ; temporal inférieur (S5) ; temporal moyen (S6) ; cortex associatif multimodal (S7 : préfrontal, pariétal inférieur, temporal supérieur) ; cortex unimodal (S8) ; cortex primaire moteur et sensitif (S9), ensemble de l'isocortex (S10).

La constatation de plaques séniles et de dégénérescence neurofibrillaire de faible abondance dans le cerveau de sujets âgés non déments pose le problème des liens entre le vieillissement cérébral normal et la maladie d'Alzheimer. Le vieillissement cérébral « normal » serait caractérisé par la présence de dégénérescence neurofibrillaire dans la région hippocampique (traduisant la vulnérabilité de cette région) alors qu'il n'existe qu'une petite quantité de plaques séniles dans le cortex. Dans la maladie d'Alzheimer, l'amyloïdogenèse serait le phénomène initial expliquant l'abondance des plaques séniles vite accompagnées de la dégénérescence neurofibrillaire dont la progression rend compte des manifestations cliniques de la maladie (Delacourte *et al.*, 1997). La maladie d'Alzheimer ne serait donc pas une « exagération » du vieillissement normal, ce dont semble aussi témoigner la topographie de la dépopulation neuronale hippocampique qui atteint massivement le secteur CA1 dans la maladie d'Alzheimer, alors que ce même secteur est épargné par le vieillissement normal (West *et al.*, 1994).

La *physiopathologie* de la maladie d'Alzheimer recèle encore bien des mystères. Une attention toute particulière a été accordée aux agrégats insolubles de bêta-amyloïde qui constituent le composant essentiel des plaques séniles et qui pourraient être responsables directement ou indirectement (en favorisant l'inflation calcique intracellulaire ou l'activité des substances excitotoxiques ou des radicaux libres) de la mort des neurones. L'observation de formes familiales de la maladie d'Alzheimer, l'accroissement du risque de maladie d'Alzheimer chez les sujets dont un parent est atteint, la constatation de lésions histologiques de maladie d'Alzheimer dans le cerveau de trisomiques 21 à partir de la quatrième décennie ont suggéré la

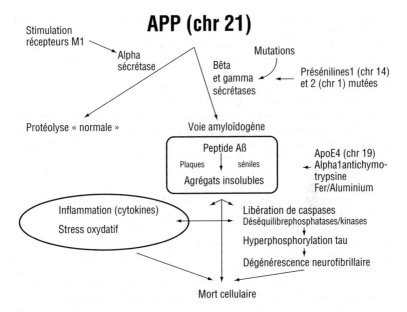

Figure 16.1
Cascade amyloïde, dégénérescence neurofibrillaire et mort neuronale dans la maladie d'Alzheimer (voir texte).
APP : *amyloid precursor protein* ; chr : chromosome, suivi de son numéro (par exemple, chr 21 = chromosome 21, où est situé le gène de l'APP).

mise en cause de facteurs génétiques et ce, d'autant plus que le chromosome 21 contient le gène codant l'APP, protéine transmembranaire qui est le précurseur du peptide A-b (voir *supra*). Une mutation de ce gène a pu ainsi être évoquée dans les formes familiales à début précoce de la maladie (figure 16.1). Le chromosome 19 contient le gène codant l'apolipoprotéine E ; or cette lipoprotéine, qui se lie aux récepteurs des LDL (*low density lipoprotein*) et qui est aussi impliquée dans les processus de régénérescence postlésionnelle du système nerveux, s'accumule dans la maladie d'Alzheimer au niveau des plaques séniles et des amas de dégénérescence neurofibrillaire. De plus, l'apolipoprotéine E se lie aisément avec la protéine b-amyloïde. Il semble établi qu'il existe une surreprésentation de l'allèle ε4 (codant l'apolipoprotéine E4) dans les formes familiales de début tardif et dans les formes sporadiques de la maladie. Les présénilines 1 et 2 sont des protéines membranaires non glycosylées encodées respectivement par deux gènes portés par les chromosomes 14 et 1. Des mutations de ces gènes ont pu être observées dans des formes familiales autosomales dominantes d'Alzheimer de début précoce : les présénilines ainsi modifiées augmenteraient la production à partir de l'APP de peptide A4 conduisant ainsi au dépôt de substance amyloïde. L'hypothèse d'une infestation virale, suggérée par la constatation de lésions de dégénérescence neurofibrillaire au sein de cultures de cellules nerveuses fœtales auxquelles sont additionnées des cellules d'un cerveau atteint de maladie d'Alzheimer, n'a jamais été confirmée par la preuve de la transmissibilité de la maladie. L'hypothèse radicalaire évoque le rôle délétère des radicaux libres à l'égard des membranes cellulaires et traduirait l'incapacité de certains cerveaux vieillissants à piéger les radicaux libres dont l'inflation finirait par provoquer la mort neuronale : l'accumulation de substance amyloïde entraînerait ainsi à la fois une réaction inflammatoire (avec activation des cytokines), une production de radicaux libres et une inflation calcique menant à la mort cellulaire. Le rôle de l'aluminium a été tour à tout évoqué et contesté. Si ce métal a une neurotoxicité prouvée par l'encéphalopathie des dialysés, les lésions observées sont différentes de celles de la maladie d'Alzheimer. La preuve formelle d'une exposition à l'aluminium chez les patients atteints d'Alzheimer n'a pas pu être apportée. Outre une toxicité directe, il a aussi été proposé que l'aluminium pourrait former avec le glutamate, dont on connaît l'implication dans la mort neuronale, des complexes stables. Les lésions de la maladie d'Alzheimer s'accompagnent de troubles de la synthèse protéique avec inflation de protéines pro-apoptotiques et baisse de la concentration des protéines antiapoptotiques (voir encadré 16.3) Les troubles de la neurotransmission intéressent les systèmes noradrénergique, dopaminergique, sérotoninergique, somatostatinergique, mais surtout le système cholinergique. Il existe ainsi dans l'hippocampe et le néocortex une baisse de la concentration en choline-acétyltransférase (ChAT) ; ce déficit cholinergique traduit la dégénérescence de terminaisons nerveuses présynaptiques en provenance des corps cellulaires de certains noyaux de la base du cerveau et en particulier du noyau basal de Meynert situé sous le noyau lenticulaire dans la substance innominée. Reste toutefois à découvrir les liens qui pourraient unir le déficit cholinergique d'une part, la mort neuronale et les altérations histologiques de la maladie d'autre part. L'acétylcholine facilite la protéolyse « normale », c'est-à-dire non amyloïdogène, en stimulant l'a-sécrétase, et l'apoE4 inhibe l'activité de la ChAT. Par ailleurs, l'acétylcholine voit sa synthèse activée par les peptides issus de la protéolyse « normale » de l'APP, ce qui rend compte a contrario d'un déficit de synthèse cholinergique dans la maladie d'Alzheimer. Ainsi commencent à être entrevus quelques-uns des liens qui pourraient unir le déficit cholinergique et l'amyloïdogenèse, donc la synthèse d'acétylcholine.

Facteurs de risque

Les facteurs de risque de la maladie d'Alzheimer sont l'âge, les antécédents familiaux de démence et de trisomie 21, la présence d'une hétérozygotie ou a fortiori d'une homozygotie Apo-E4. Un faible niveau culturel, les antécédents de traumatisme crânien constituent aussi des facteurs de risque documentés. On sait maintenant que les facteurs de risque vasculaire comme l'hypertension artérielle et le diabète sont aussi des facteurs de risque des démences et en particulier de la maladie d'Alzheimer. D'ailleurs, le traitement de l'hypertension artérielle et de l'hypercholestérolémie exerce un effet protecteur à l'égard du risque démentiel. La maladie d'Alzheimer est plus fréquente chez les femmes (dont par ailleurs l'espérance de vie est plus importante) ; les anti-inflammatoires non stéroïdiens pris au long cours et chez la femme, le traitement hormonal substitutif de la ménopause auraient un rôle protecteur, de même que la consommation modérée de vin (ou peut-être aussi d'autres boissons alcoolisées). Les liens entre la dépression et la démence ont déjà été envisagés.

Diagnostic

Le tableau clinique est celui d'une démence débutant souvent par des troubles mnésiques (voir *supra : séméiologie*) et évoluant vers un syndrome aphaso-agnoso-apraxique. La mort survient en 6 à 12 ans. L'examen peut montrer une para-tonie (rigidité des membres provoquée par une mobilisation passive soudaine et rapide), un réflexe de succion, un réflexe de préhension forcée, tous signes plus fréquents dans les formes évoluées de la maladie. Un réflexe palmo-mentonnier peut être précocement observé. Certaines formes s'accompagnent de myoclonies. Des signes extrapyramidaux akinétorigides peuvent être observés surtout en fin d'évolution.

Le *diagnostic* de démence d'Alzheimer selon le DSM IV-TR associe, aux critères du syndrome démentiel, la notion d'un début insidieux avec évolution progressive et l'exclusion de toute autre cause de démence et, en particulier, souligne la CIM-10, une hypothyroïdie, une hypercalcémie, une carence en vitamine B_{12}, une neurosyphilis, une hydrocéphalie à pression normale ou un hématome sous-dural. Mais l'argument essentiel qui met sur la voie du diagnostic est la constatation d'un déficit de la mémoire épisodique de type hippocampique, c'est-dire comportant après contrôle de l'encodage un déficit du stockage attesté par un déficit de la mémoire indicée tel qu'il peut être mis en évidence par le test de Gröber-Buschke et dans le cadre d'une consultation de dépistage par le test des cinq mots de Dubois. L'examen recherche aussi l'atteinte d'au moins un autre secteur des fonctions cognitives (voir *supra*), ce qui explique la diffusion du *Mini Mental Test* et du test de l'horloge qui peut détecter entre autres des troubles visuopraxiques ou visuospatiaux et l'on recherche aussi un retentissment sur les activités de la vie quotidienne.

L'électroencéphalogramme montre des anomalies lentes diffuses. L'apport de l'imagerie, qui objective notamment par l'IRM une diminution des volume des hippocampes que peut affiner la volumétrie, a déjà été envisagé (voir supra). Les potentiels évoqués cognitifs et en particulier l'onde P300 ne montrent pas des altérations assez spécifiques ni assez constantes pour en faire un instrument de diagnostic (Gil, 1997). Les recherches s'orientent aussi vers la mise en évidence de marqueurs biologiques qui pourraient permettre un diagnostic précoce. Le génotypage des apolipoprotéines ne décèle qu'un facteur de risque. Bien sûr, la notion de cas familiaux évoquant une transmission mendélienne peut d'emblée conduire au diagnostic, étayé par la mise en évidence d'une mutation sur les chromosomes 1, 14 ou 21 (voir *supra*). La baisse du peptide A-b 42 dans le liquide céphalorachidien, associée à une augmentation des protéines tau totales et des protéines tau hyperphophorylées auraient ensemble une sensibilité et une spécificité supérieures à 80 %. On ne peut pas aujourd'hui affirmer une corrélation entre les anomalies des marqueurs et les scores cognitifs, alors que ces derniers peuvent se trouver corréler avec un score d'anomalie structurale IRM cohérent avec les stades de Braak et chez des malades Alzheimer et chez des malades présentant un MCI (voir *supra*) amnésique (Vermuri). Toutefois certaines démences fronto-temporales relevant d'une mutation du gène de la progranuline peuvent avoir un début amnésique, ce qui incite certaines équipes à proposer le dosage sanguin de la progranuline (dont les taux sont abaissés en cas de mutation) dans toutes les démences survenant avant 65 ans même si elles évoquent une maladie d'Alzheimer (Finch ; voir *infra*).

Diagnostiquer la maladie d'Alzheimer au stade prédémentiel (encore dit prodromal de la maladie)

Les critères internationaux ont assimilé les deux termes d'Alzheimer et de démence (DSM ; CIM-10), signifiant par là que le diagnostic de maladie d'Alzheimer ne pouvait être porté qu'en présence d'un syndrome démentiel, les manifestations antérieures de la maladie étant classées dans le cadre d'attente du MCI amnésique (voir *supra*). Or la neuropsychologie peut repérer le caractère hippocampique d'une amnésie en utilisant un test d'apprentissage de mots et en montrant l'existence d'un déficit du rappel libre non normalisé par l'indiçage. L'attention est ainsi attirée vers une pathologie de l'hippocampe (gauche, et il est dommage qu'il n'existe pas de procédure standardisée d'évaluation de la navigation spatiale pour repérer selon des critères utilisables en clinique une atteinte de l'hippocampe droit). Quoi qu'il en soit, après ce constat clinique, l'imagerie morphologique peut confirmer la topographie lésionnelle en montrant une diminution de volume des hippocampes, l'examen le plus performant étant l'IRM avec volumétrie des hippocampes. La troisième étape du diagnostic d'une maladie d'Alzheimer au stade prédémentiel (ou prodromal ; Dubois *et al.*, 2010) est d'ordre physiopathologique et nécessite le recours au dosage dans le liquide céphalorachidien des trois marqueurs dont on a vu la sensibilité et la spécificité. Ces examens peuvent être complétés par une imagerie fonctionnelle dont la visée est double. Sur le plan topographique, une scintigraphie (et au mieux une TEP au fluorodésoxyglucose) peut montrer un hypodébit/hypométabolisme temporopariétal, du précunéus et du cortex rétrosplénial. Sur le plan physiopathologique, la TEP peut, avec certains marqueurs, visualiser les plaques amyloïdes.

Mais ce diagnostic précoce n'est pas dépourvu d'interrogations éthiques. Même si le risque d'erreur est faible (et d'autant plus que l'on additionne les investigations), comment gérer avec le malade l'information sur un diagnostic précoce qui ne débouche pas aujourd'hui sur des mesures thérapeutiques reconnues ? Certes, le coût des investigations peut être mis en balance dans une démarche utilitariste (« le plus grand bien pour le plus grand nombre »), avec l'intérêt de disposer de méthodes diagnostiques validées pour être prêt le jour où surgira un traitement qui modifiera significativement l'évolution de la maladie. Mais cela impose de savoir comment accompagner les malades tôt diagnostiqués. Bien entendu, reste à évaluer l'intérêt de cette démarche diagnostique dans le cadre d'essais thérapeutiques : il faudrait alors que les protocoles précisent comment gérer le suivi du malade à la fin de l'essai thérapeutique. En tout cas, le DSM-V ouvre la voie au diagnostic précoce de toutes les affections responsables de syndromes démentiels (voir supra).

Neuropathologie alzheimérienne et expression clinique de la maladie

L'acharnement à rechercher par des investigations biologiques ou d'imagerie les preuves d'une neuropathologie de la maladie d'Alzheimer ne vaut que si la clinique attire l'attention sur des manifestations exprimant la souffrance des zones cérébrales électivement atteintes par la maladie, comme une amnésie de type hippocampique. En effet, plusieurs études (dont la plus célèbre est l'étude de la Communauté des sœurs de Notre-Dame aux États-Unis), certaines sur d'importantes séries de sujets examinés cognitivement, suivis puis autopsiés, ont pu montrer qu'une à deux personnes sur dix, indemnes de toute manifestation clinique de maladie d'Alzheimer, avaient pourtant à l'autopsie des lésions typiques de la maladie. Ce constat montre l'exigence qu'il faut avoir à l'égard de l'évaluation neuropsychologique et la prudence avec laquelle il faut porter un diagnostic, surtout dans les formes prédémentielles. Cette inégalité dans l'expression clinique de la maladie pourrait être éclairée par le concept de « réserve cérébrale » ou « cognitive » (Michel *et al.*, 2009 ; Kalpouzos *et al.*, 2008). Cette réserve peut être « neuronale » et nécessite des neurones et des connexions disponibles ainsi que la neuroplasticité qui permet de les utiliser afin de compenser les conséquences cliniques du processus lésionnel. Cette réserve cognitive désigne aussi la capacité de compenser les déficits par l'utilisation de stratégies cognitives alternatives soit en utilisant les réseaux neuronaux normalement impliqués, soit en recrutant des réseaux à distance. Les diverses facettes de la réserve cérébrale sont donc très certainement liées. Témoigneraient de la réserve cérébrale un haut niveau d'éducation (on a vu d'ailleurs qu'un faible niveau culturel était à l'opposé un facteur de risque de la maladie), un quotient intellectuel élevé, le fait d'exercer des tâches socioprofessionnelles complexes, des activités occupationnelles ou de loisirs impliquant intellectuellement le sujet de manière active. La réserve cérébrale conférerait une résistance à la manifestation clinique de la maladie. L'exemple le plus remarquable de l'étude des Sœurs de Notre-Dame (*Nun Study*) est celui de Sœur Mary qui conserva un haut niveau de fonctionnement intellectuel jusqu'à l'âge de 101 ans et chez qui furent constatée à l'autopsie de la dégénérescence neurofibrillaire et des plaques séniles en abondance (Snowdon, 1997). Le volume hippocampique des religieuses fut le meilleur prédicteur d'une neuropathologie Alzheimer post-mortem, et ce bien avant que la maladie ne s'exprime cliniquement (Gosche *et al.*, 2002). Dans cette même cohorte, l'association à une neuropathologie Alzheimer de lésions cérébrales ischémiques (infarctus liés à une obstruction de gros troncs ou micro-infarctus de type lacunaire) était liée à des fonctions cognitives plus détériorées et une plus forte prévalence de démence clinique qu'en l'absence de lésions ischémiques (Snowdon *et al.*, 1997). Ces constats indiquent que l'optimisation de la réserve cérébrale doit être un souci majeur de prévention des manifestations cliniques de la maladie : traitement des facteurs de risque vasculaire et notamment de l'hypertension artérielle, les lésions ischémiques entravant les ressources neuronales disponibles mais aussi exploration, en termes de santé publique, de toutes les facettes de la lutte contre la marginalisation et l'exclusion sociales. Il reste qu'une fois déclarées, les manifestations cliniques de la maladie d'Alzheimer évoluent plus rapidement chez les sujets ayant une importante réserve cérébrale : leurs mécanismes de compensation étant dépassés, la maladie exprime alors touts sa sévérité lésionnelle. Les cas d'Alzheimer se démasquant après anesthésie relèvent sans doute d'un mécanisme analogue de basculement des mécanismes de compensation d'une réserve cérébrale qui avait atteint ses limites (Delacourte, 2008).

Les (détériorations cognitives et les) démences des maladies du système extrapyramidal

Ces démences accompagnent des maladies du système extrapyramidal et ont permis de bâtir le concept de démence sous-corticale. Ce concept doit néanmoins être nuancé. En outre, les troubles cognitifs observés dans les affections du système extrapyramidal ne réunissent pas toujours les critères nécessaires à l'appellation de démences.

Le dysfonctionnement cognitif de la maladie de Parkinson et la démence parkinsonienne

La plus fréquente, et en tout cas la plus étudiée de ces démences, est celle de la maladie de Parkinson. Il y a lieu bien sûr de distinguer les déficits cognitifs discrets ou modérés que l'on peut qualifier de non démentiels ou de prédémentiels, qui sont très fréquents dans la maladie de Parkinson et les démences parkinsoniennes qui n'apparaissent qu'après plusieurs années d'évolution et qui intéressent de 10 à 30 % des malades.

Les déficits cognitifs discrets ou modérés, qui peuvent être observés précocement, sont attribués à une disconnexion fronto-sous-corticale et plus particulièrement à une « dépression fonctionnelle » du cortex frontal dorso-latéral en rapport avec l'hypodopaminergie liée à l'atteinte des circuits fronto-striato-nigrés (voir chapitre 19) et de la voie mésocorticale issue du mésencéphale (et plus précisément de l'aire tegmentale ventrale). Mais la réalité est plus complexe. En effet, l'action nulle ou modeste de la L-dopa sur ces déficits cognitifs, leur aggravation par les anticholinergiques suggèrent entre autres arguments le dysfonctionnement d'autres systèmes de neurotransmission et notamment des voies cholinergiques ascendantes issues du noyau basal de Meynert. L'atteinte de systèmes ascendants noradrénergique (issu du *locus cœruleus*) et sérotoninergique (issu du raphé médian) participe aussi sans doute aux troubles cognitifs comme à la dépression. Quoi qu'il en soit, les signes sont centrés par un syndrome dysexécutif (voir chapitre 13), avec déficit des capacités de planification (test de le tour de Londres ou de Toronto) ; de la flexibilité mentale (*Trail Making B*, test de classement des cartes du Wisconsin, épreuves de fluence verbale alternée, moindre résistance à l'interférence [test de Stroop]). On peut y ajouter des troubles de la fonction pragmatique du langage, à relier au dysfonctionnement frontal (voir chapitre 13, p. 185). La mémoire implicite verbale étudiée par les épreuves d'amorçage est préservée, alors que la mémoire implicite picturale est précocement atteinte (Arroyo-Anllo, 2004) ; la mémoire procédurale permettant l'apprentissage « d'habiletés perceptivo-motrices » peut être aussi affectée. Il est toutefois nécessaire, dans les protocoles utilisant des tâches de temps de réaction en série après exposition à des stimulations visuelles, de tenir compte de l'existence possible chez le parkinsonien d'un trouble visuel affectant la sensibilité aux contrastes spatial et temporel en lien avec la déplétion dopaminergique rétinienne (Bodis-Wollner, 1987). Les troubles de la mémoire explicite intéressent la mémoire de travail et la mémoire épisodique. Le déficit de la mémoire de travail a aussi sa part dans les difficultés qui peuvent être observées au test de la Tour de Londres. L'atteinte de la mémoire épisodique (test des mots de Rey, test de Gröber-Buschke) se caractérise par la baisse des scores en rappel libre et leur amélioration, voire leur normalisation en rappel indicé et en reconnaissance : il s'agit donc d'une dysmnésie par déficit dit du rappel ou de la récupération. Le déficit de l'apprentissage de localisations spatiales est plus marqué que le déficit de l'apprentissage de matériel verbal (Pillon, 1998) : cette constatation montre l'importance du contrôle de l'apprentissage visuospatial par les circuits nigro-striato-frontaux ; on peut aussi souligner la plus grande difficulté de la tâche visuospatiale qui nécessite une plus grande mobilisation de ressources attentionnelles. Il faut dire que les troubles attentionnels intéressent l'attention sélective et l'attention partagée. Ils sont en cohérence avec l'atteinte de la mémoire de travail qui pourrait être liée dans le modèle de Baddeley à un dysfonctionnement de l'administrateur central, analogue au système attentionnel de supervision décrit par Shallice et lié au lobe frontal (voir chapitre 14, p. 254).

Restent les troubles visuospatiaux et visuoconstructifs : identification de figures imbriquées (comme le test des 15 objets de Pillon), lecture d'un plan ou d'une carte, discrimination d'orientation de lignes et tests d'intersection de lignes, appariement d'angles, reproduction de figures complexes (figure de Rey), dessin ou activité constructive dans les trois plans de l'espace. Parfois considérés comme électivement observés dans la maladie de Parkinson, leur interprétation reste équivoque : déficit « dysexécutif » faisant intervenir la planification des activités visuoperceptives, « artefact » en rapport avec la lenteur motrice en cas d'utilisation d'épreuves chronométrées, coexistence d'un traitement anticholinergique susceptible d'induire des distorsions cognitives ou indication de lésions dépassant les circuits nigrostriés ? La question reste ouverte et certains contestent l'existence de tels troubles chez des parkinsoniens légers, strictement sélectionnés, sans traitement anticholinergique ni psychotrope, sans aucun antécédent de troubles comportementaux ni relationnels (Della Sala, 1986).

Le dysfonctionnement cognitif de la maladie de Parkinson peut donc être envisagé de manière uniciste comme l'expression d'une disconnexion sous-cortico-préfrontale entraînant une diminution des ressources attentionnelles, une difficulté dans l'engagement et le maintien d'un programme d'action, un déficit de la planification (affectant aussi les stratégies de mémorisation) et de la flexibilité mentale.

Ces troubles s'aggravent avec le temps et le déclin cognitif du parkinsonien peut aboutir à un syndrome démentiel lui aussi considéré classiquement comme une démence sous-corticale (voir p. 286) avec lenteur idéatoire, dysmnésie de récupération des souvenirs préservant la mémoire indicée, troubles majeurs des fonctions exécutives, absence d'aphasie, d'agnosie, d'apraxie, fréquence de la dépression ou de l'apathie imputable aussi à une désafférentation de la voie mésolimbique, des boucles sous-cortico-frontales impliquant le cortex fronto-orbitaire et cingulaire (voir chapitre 19), des voies ascendantes cholinergiques issues du noyau basal de Meynert. Il n'existe typiquement ni aphasie, ni agnosie, ni apraxie. La démence parkinsonienne qui survient chez 10 à 30 % des malades est d'autant plus fréquente que l'âge de début de la maladie de Parkinson est plus tardif, que les signes moteurs et notamment l'akinésie sont plus sévères ; les autres facteurs de risque sont une histoire familiale de démence, une dépression, un faible niveau culturel, la survenue d'hallucinations sous traitement dopaminergique. On considère en outre qu'un délai de plus d'un an doit séparer le début des signes moteurs de la démence pour admettre le diagnostic : une survenue plus précoce du syndrome démentiel doit faire envisager le diagnostic de démence à corps de Lewy diffus.

Cognition, comportement et stimulation cérébrale profonde

Après que des études expérimentales eurent pu établir chez le singe intoxiqué au MPTP (1-méthyl-4-phényl-1,2,3,6-tétrahydropyridine) que la destruction des cellules dopaminergiques du *locus niger* s'accompagnait d'une hyperactivité du pallidum interne et du noyau sous-thalamique, on tenta d'obtenir une amélioration des manifestations de la maladie en inhibant ces structures par l'implantation d'électrodes cérébrales profondes délivrant des stimulations électriques de haute fréquence. À la suite des travaux de l'équipe de Grenoble qui en rapporta le premier cas en 1993, la stimulation du noyau sous-thalamique s'est peu à peu imposée comme le traitement de recours de la maladie de Parkinson, invalidante par ses fluctuations d'effet et ses dyskinésies mais restée sensible à la L-dopa. Quel est l'impact de cette neurochirurgie sur la cognition et le comportement ? La question doit être posée et le suivi cognitif et comportemental de ces malades soigneusement poursuivi, même si cette neuro-chirurgie fonctionnelle ne crée pas, en l'absence de complications, de lésions signi-catives et est réversible à l'arrêt de la stimulation cérébrale profonde (SCP). Il est admis que cette chirurgie peut se compliquer d'un déficit cognitif qui reste le plus souvent modéré. Des évolutions démentielles ont toutefois été observées notamment chez des sujets âgés et des sujets préalablement détériorés. Ceci impose une sélection très rigoureuse des patients. Les modifications comportementales (Houeto, 2002) peu-vent être des états maniaques, des états dépressifs, une apathie ou des troubles plus subtils de la personnalité qui restent à inventorier. Il a pu aussi être observé un déficit postopératoire de la reconnaissance des expressions faciales émotionnelles (Dujardin, 2004) qui pourrait être interprété comme la conséquence fonctionnelle de la stimu-lation sur les connexions sous-cortico-corticales entre les ganglions de la base, l'amyg-dale et le cortex orbito-frontal (voir chapitres 17 et 19).

Les principaux troubles comportementaux de la maladie de Parkinson (abordés dans d'autres chapitres), sont rappelés dans le tableau 16.III.

Démence parkinsonienne et démence à corps de Lewy diffus

Le problème posé aujourd'hui est celui de savoir comment situer nosologique-ment la démence parkinsonienne par rapport à la démence à corps de Lewy diffus et par rapport à la maladie d'Alzheimer.

La dépopulation neuronale responsable de la pâleur par perte des neurones à mélanine du locus niger et la présence dans ces neurones de corps de Lewy constituent la signature histologique classique de la maladie de Parkinson. On sait aujourd'hui que ces inclusion intracytoplasmiques acidophiles sont constituées d'a-synucléine (voir encadré 16.3). Leur détection a été améliorée par les tech-niques immunohistochimiques dirigées contre l'a-synucléine qui sont plus spéci-fiques et plus sensibles que les techniques qui utilisaient les anticorps anti-ubiquitine. On sait néanmoins depuis longtemps que ces altérations sont habituellement retrouvées dans la maladie de Parkinson au niveau d'autres forma-tions pigmentées du tronc cérébral, en particulier le *locus cœruleus* et le noyau dorsal du vague. Mais on sait aussi qu'au cours de la maladie de Parkinson, des corps de Lewy sont également observés dans le noyau basal de Meynert et au niveau de l'amygdale. En outre, d'autres travaux ont pu montrer qu'au cours de démences parkinsoniennes vérifiées anatomiquement, des lésions de maladie d'Alzheimer et des corps de Lewy corticaux avaient pu être observés. On peut certes admettre que deux pathologies aussi fréquentes que la maladie d'Alzheimer et la maladie de Parkinson puissent s'associer chez un même malade. En dehors de ces cas, les séries publiées ont pu noter que les démences parkinsoniennes s'accompagnaient, dans un tiers des cas environ, de lésions d'Alzheimer (Hughes, 1993 ; Mattila, 2000) mais souvent aussi de corps de Lewy corticaux : leur nom-bre dans le néocortex serait même corrélé avec le nombre de plaques séniles et, à un moindre degré, avec l'intensité de la dégénérescence neurofibrillaire (Apaydin, 2003). Après un certain nombre de controverses, il est sans doute pos-sible d'admettre que les lésions d'Alzheimer, mais aussi les corps de Lewy corticaux,

Tableau 16.III
Les troubles comportementaux de la maladie de Parkinson

Dépression	Voir chapitre 17, p. 390
Anxiété	Anxiété généralisée Attaques de panique (peuvent accompagner les périodes « off ») Phobie sociale Voir chapitre 17, p. 393
Apathie	Voir chapitre 17, p. 397 et chapitre 19, p. 430 L'apathie peut accompagner un état dépressif
Fatigue	Plus souvent associée à l'anxiété qu'à la dépression ; peut être aggravée lors des périodes « off » (Friedman, *Neurology* 1996 ; 43 : 2016-8)
Syndrome confusionnel ou confuso-onirique Hallucinations et/ou délire	Voir chapitre 21, p. 447 Peuvent être déclenchées par les traitements d'action dopaminergique (« psychose dopaminergique »)
Hyperémotivité	
Aprosodie motrice avec ou sans aprosodie « sensorielle »	Voir chapitre 17, p. 387
Déficit de la reconnaissance des émotions	Voir chapitre 17, p. 383 « Les mimiques émotionnelles »
Addiction à la L-dopa et jeu pathologique (considéré comme une addiction non pharmacologique)	Liés à la L-dopa et aux substances dopaminergiques (syndrome de dérégulation de la dopamine ; Evans, voir chapitre 19, p. 433)
Comportements stéréotypés monomorphes pouvant évoquer des troubles obsessionnels compulsifs, mais sans tension anxieuse, parfois de type collectionnisme. Parfois **désignés sous le terme de punding**	Liés comme les précédents à l'hyperdopaminergie, voir chapitre 19, p. 433
Troubles du sommeil	Fragmentation du sommeil Accès de somnolence diurne (parfois déclenchés par la L-dopa ou les agonistes dopaminergiques) Accès diurnes de sommeil paradoxal avec production hallucinatoire (voir chapitre 21) Réveils diurnes (akinésie, dystonie douloureuse, attaques de panique) Insomnie dépressive Rêves agités Désordres comportementaux du sommeil rapide (voir chapitre 17, p. 380)

peuvent contribuer de manière indépendante à la démence parkinsonienne. Sur un plan clinique, ces constatations sont importantes : sans remettre en cause le fait que les lésions sous-corticales puissent expliquer seules les manifestations de la démence parkinsonienne dans un grand nombre de cas (plus de la moitié des cas selon Hughes ?), il faut néanmoins rechercher aussi chez les parkinsoniens déments des troubles des « fonctions instrumentales » et notamment des troubles du langage (manque du mot, troubles de la compréhension), des troubles praxiques et surtout des troubles visuospatiaux dont il est difficile de croire qu'ils puissent toujours s'expliquer par le seul dysfonctionnement frontal.

C'est Kosaka qui, en 1984, a créé le terme de maladie à corps de Lewy diffus au cours de laquelle la présence de corps de Lewy corticaux expliquait la démence et il a même considéré qu'il existait trois variétés de maladies selon la topographie des corps de Lewy : du tronc cérébral (maladie de Parkinson), limbique (transitionnelle), néocorticale (démence à corps de Lewy). En 2003, Braak propose de distinguer six stades successifs de progression lésionnelle dans la maladie de Parkinson du bulbe (stade 1) au néocortex (stades 5 et 6) en passant par le mésencéphale (*locus niger*, stade 3) (tableau 16.IV). L'étude anatomique de 88 parkinsoniens (Braak, 2005) a pu montrer une corrélation entre le score au *Mini Mentat Test*, les stades 3 à 6 de la maladie et le score de gravité motrice de la maladie évaluée par l'échelle de Hoehn et Yahr. Cette étude indiquait donc clairement que le risque de développer une démence croissait avec la progression de la maladie et l'envahissement cortical des lésions. Néanmoins cette étude montre

Tableau 16.IV
Stades évolutifs des lésions a -synucléine positives (corps de Lewy) au cours de la maladie de Parkinson (d'après Braak, 2003)

	Stade	Lésions
	1. Bulbe	Noyau dorsal du vague Bulbes olfactifs et tubercules olfactifs
	2. Bulbe et pont (tegmentum)	Noyaux *cœruleus* et *subcœruleus*
	3. Mésencéphale	Stade 2 + *locus niger*
	4. Télencéphale basal et mésocortex	Stade 3 + noyau basal de Meynert, amygdale, mésocortex temporal antéromédian (zone transitionnelle entre l'allocortex et le néocortex) et en particulier la région transentorhinale (gyrus parahippocampique), allocortex (hippocampe secteur CA2). Le néocortex est intact
	5 et 6. Néocortex	Stade 4 + lésions des aires associatives et prémotrices et au stade 6 des aires primaires

aussi qu'un déclin cognitif peut se développer au cours d'une maladie de Parkinson modérée, à un stade où les lésions néocorticales sont absentes et qu'à l'inverse il pouvait ne pas exister de déclin cognitif malgré l'existence de corps de Lewy corticaux. Peut-on évoquer dans ce dernier cas au moins des variations dans l'importance de la « réserve cognitive » propre à chaque sujet (Braak, 2005) ?

Il est néanmoins légitime de laisser individualisée, à côté de la démence parkinsonienne, une autre démence dite à corps de Lewy diffus, même s'il n'est pas possible de les distinguer histologiquement car la démence à corps de Lewy diffus est caractérisée par d'abondants corps de Lewy corticaux qui ne peuvent être distingués de ceux observés au cours des démences parkinsoniennes évoluées. En effet, il existe un gradient dans la densité des corps de Lewy dans l'ordre suivant : *locus niger* > cortex entorhinal > gyrus cingulaire > insula > cortex frontal > hippocampe > cortex occipital. Mais si les densités des corps de Lewy des régions paralimbiques et néocorticales étaient étroitement corrélées entre elles, aucune ne l'était avec la densité des lésions du *locus niger*, ce qui suggère que la démence à corps de Lewy diffus ne peut pas être simplement considérée comme une forme sévère de la maladie de Parkinson (Gomez-Tortosa, 1999). En tout cas, le phénotype clinique de cette démence est très particulier.

Démence à corps de Lewy diffus

Cette affection se manifeste par une démence corticale grevée de bouffées confusionnelles fluctuantes : ces dernières entraînent ainsi d'un jour à l'autre des salves d'aggravation et d'amélioration de l'état cognitif. Sur le plan neuropsychologique, les troubles de la mémoire, qui concernent l'encodage et le rappel, plus que le stockage et l'atteinte de la mémoire indicée, sont ainsi moins marqués que dans la maladie d'Alzheimer. Les troubles des fonctions exécutives sont précoces et marqués, en cohérence avec l'atteinte des circuits fronto-sous-corticaux. Si le tableau évolue en effet progressivement comme dans la maladie d'Alzheimer vers un syndrome aphaso-apraxo-agnosique, très particulière est la sévérité des désordres visuoperceptifs, visuoconstructifs et visuospatiaux (Shimomura *et al.*, 1998). La maladie est par ailleurs caractérisée par des troubles du sommeil et des manifestations psychiatriques. Les troubles du sommeil sont représentés par des accès de somnolence diurne et par des « désordres comportementaux du sommeil rapide ». Ces derniers réalisent des comportements d'agitation nocturne, parfois agressifs exprimant des rêves intenses dépourvus de l'atonie musculaire habituelle au sommeil paradoxal, ce qui permet aux malades d'accompagner leurs rêves d'une activité gestuelle. Le clonazépam a une action favorable mais ses effets secondaires sur la vigilance diurne peuvent s'avérer préoccupants. Les manifestations psychiatriques (tableau 16.V) sont surtout des hallucinations auditives, visuelles ou encore des délires et en particulier des délires d'identité : ces troubles sont aggravés par les anticholinergiques et les agonistes dopaminergiques. Ils peuvent être favorablement influencés par les anticholinestérasiques. Il faut prendre garde à l'intolérance des malades à la prescription de neuroleptiques qui entraînent des bouffées confusionnelles, un syndrome malin des neuroleptiques avec hyperthermie, tous ces troubles pouvant engager le pronostic vital. Même les neuroleptiques atypiques (de type clozapine) ne sont pas sans danger. Les antidépresseurs inhibiteurs de la recapture de la sérotonine peuvent être prescrits si nécessaires mais peuvent parfois aussi s'accompagner de

Tableau 16.V
Critères diagnostiques de la maladie à corps de Lewy diffus, probable ou possible (d'après McKeith *et al.* **Consensus guidelines for the clinical and pathological diagnosis of dementia with Lewy bodies [DLB].** *Neurology* 1996 ; 47 : 1113-24)

Les faits essentiels, requis pour envisager un diagnostic de maladie à corps de Lewy (MCL) sont :	Un déclin cognitif progressif d'une sévérité suffisante pour retentir sur la vie sociale ou professionnelle Des troubles de la mémoire persistants ou au premier plan peuvent manquer au début de la maladie mais sont habituellement évidents au cours de l'évolution Les perturbations neuropsychologiques prédominantes sont des troubles de l'attention, des troubles exprimant un déficit des circuits fronto-sous-corticaux et des capacités visuospatiales
Des manifestations ci-contre, deux sont nécessaires au diagnostic de maladie à corps de Lewy probable et un seul est nécessaire au diagnostic de démence à corps de Lewy possible :	Fonctions cognitives fluctuantes avec variations prononcées de l'attention et de la vigilance Hallucinations visuelles récurrentes et élaborées Syndrome parkinsonien spontané
Manifestations contribuant au diagnostic :	Chutes répétées/Syncopes/Pertes transitoires de conscience/Sensibilité aux neuroleptiques/Délire systématisé/Hallucinations intéressant d'autres modalités sensorielles
Le diagnostic de MCL est moins probable en présence :	D'un ictus évident cliniquement ou en imagerie D'une maladie physique ou de toute autre perturbation cérébrale suffisante pour rendre compte du tableau clinique

réactions adverses. Les signes parkinsoniens ne sont absents que dans un cas sur quatre. Ailleurs ils réalisent un syndrome akinéto-rigide plutôt bilatéral, rarement tremblant, répondant peu à la L-dopa. Le syndrome parkinsonien est souvent contemporain du processus démentiel. S'il précède la démence, il ne peut survenir plus d'un an avant elle. S'il apparaît avant un an, il est admis qu'il faille alors retenir le diagnostic de démence parkinsonienne. Il peut être observé une instabilité posturale, des chutes et la dysautonomie, en particulier l'hypotension orthostatique est fréquemment observée.

Cette maladie représente de 15 à 20 % des diagnostics autopsiques de sujets déments et il s'agit donc, après la maladie d'Alzheimer, de la deuxième cause de démence. Elle survient électivement à partir de la sixième décennie de la vie. Les cas familiaux sont rares et, contrairement à la maladie d'Alzheimer, il existe une prévalence masculine (ratio 2/1). Sur le plan de l'imagerie, l'atrophie hippocampique est moins marquée que dans la maladie d'Alzheimer et l'imagerie dynamique monophotonique (comme l'HMPAO) montre un déficit perfusionnel occipital.

Cette maladie est une synucléinopathie comme la démence de la maladie de Parkinson (voir encadré 16.3 et tableau 16.VI) qui constitue donc l'un des diagnostics différentiels.

Tableau 16.VI
Éléments de distinction des démences des maladies d'Alzheimer à corps de Lewy diffus et de la maladie de Parkinson

	Maladie d'Alzheimer	Démence à corps de Lewy diffus	Démence parkinsonienne
Sex ratio	Prévalence féminine	Prévalence masculine (1/2)	
Signes parkinsoniens	Très tardifs et inconstants[1]	Très fréquents Concomitants à la démence ou dans l'année précédant la démence	Constants Précèdent de plusieurs années la démence et de toute façon de plus d'une année
Akinéto-rigidité		Fréquente Bilatérale	Fréquente Prévalence unilatérale
Tremblement		Rare	Fréquent
Réponse à la L-dopa		Médiocre	Présente Mais peut s'émousser avec l'évolution de la démence[2]
Troubles de la mémoire	Précoces Importants Amnésie de stockage avec altération de la mémoire indicée et intrusions	Prédominent sur la récupération des informations avec une atteinte de la mémoire indicée moins importante que le rappel libre	Intéressent typiquement la récupération des informations avec préservation de la mémoire indicée et de reconnaissance
Fonctions exécutives	Leur atteinte existe mais n'est pas au premier plan et est initialement discrète	Précocement atteintes	Précocement atteintes
Troubles visuospatiaux et visuoconstructifs	En cohérence avec l'atteinte des autres fonctions instrumentales (« démence aphaso-apraxo-agnosique »)	Précoces Intenses (liés et à la désafférentation fronto-sous-corticale et aux lésions corticales)	Présents et parfois considérés comme évocateurs (reliés usuellement aux désordres fronto-sous-corticaux)
Confusion intercurrente	Iatrogène ou par maladie intercurrente	Le plus souvent spontanée et répétitive faisant fluctuer l'état cognitif et la vigilance	Iatrogène ou par maladie intercurrente
Hallucinations	Un cas sur quatre environ Tardives[1]	Fréquentes Précoces	Parfois spontanées Souvent provoquées par le traitement dopaminergique[3]

Tableau 16.VI

Éléments de distinction des démences des maladies d'Alzheimer à corps de Lewy diffus et de la maladie de Parkinson *(Suite)*

	Maladie d'Alzheimer	Démence à corps de Lewy diffus	Démence parkinsonienne
Troubles du sommeil	Sommeil fragmenté ; errance nocturne, « inversion » du rythme nycthéméral	Accès de sommeil diurne Désordres comportementaux du sommeil rapide	Accès de sommeil diurne moins fréquents, parfois favorisés par les traitements dopaminergiques Parfois désordres comportementaux du sommeil rapide)
Dysautonomie	Rare	Fréquente	Possible
Électro-encéphalogramme	L'EEG est lui aussi anormal mais de manière moins marquée que dans la maladie à corps de Lewy diffus[4]	Lenteur du rythme de fond Bouffées d'anomalies lentes thêta-delta de prévalence bitemporale avec des ondes lentes à front raide	Le ralentissement des rythmes est tardif : ralentissement du rythme de fond et anomalies lentes de prévalence postérieure[5]
Imagerie statique	Atrophie hippocampique Atrophie cortico-sous-corticale	Atrophie hippocampique moins marquée que dans la maladie d'Alzheimer Atrophie corticale ou cortico-sous-corticale	Atrophie corticale[6]
Imagerie dynamique	Hypoperfusion du cortex associatif postérieur bilatéral et des hippocampes	Hypoperfusion du cortex associatif postérieur mais aussi des lobes occipitaux	Hypoperfusion temporo-pariéto-occiptale comme dans la maladie d'Alzheimer mais moins marquée[7]

Il faut rappeler qu'il existe des associations lésionnelles appelées parfois formes transitionnelles « maladie d'Alzheimer–maladie à corps de Lewy diffus ». Les démences de la maladie de Parkinson peuvent être difficiles à distinguer sur le plan neuropathologique des démences à corps de Lewy diffus, ce qui justifie des conceptions unicistes contre lesquelles plaide le phénotype clinique particulier de la démence à corps de Lewy diffus. La maladie de Parkinson s'accompagne d'un dysfonctionnement cognitif frontal qui s'aggrave avec le temps pour aboutir parfois à la démence. Certains ont isolé, à la manière du MCI (Mild *Cognitive Impairment*) de la maladie d'Alzheimer, un stade transitionnel précédant la démence qui pourrait correspondre aux stades 3 et 4 de Braak (atteinte lésionnelle du tronc cérébral et limbique : Kosaka, 1984 ; Apaydin, 2005)

[1] Considérées comme témoignant d'une synucléinopathie associée (voir encadré 16.3 ; Cummings, 2003)

[2] Cette détérioration de la réponse suivrait la progression lésionnelle selon les stades de Braak (voir p. 264 ; Apaydin, 2005)

[3] Les hallucinations sont fréquentes dans la maladie de Parkinson (voir chapitre 21). Elles sont néanmoins considérées comme un facteur de risque d'évolution démentielle et leur survenue précoce peut faire craindre une démence à corps de Lewy diffus

[4] Briel *et al.* EEG findings in dementia with Lewy bodies and Alzheimer's disease. *J Neurol Neurosurg Psychiatry* 1999 ; 66 : 401-3

[5] Neufeld *et al.* EEG in demented and non-demented parkinsonian patients. *Acta Neurol Scand* 1988 ; 78 : 1-5

[6] Une atrophie corticale peut déjà être observée dans la maladie de Parkinson

[7] La désafférentation frontale n'a donc pas de traduction évidente dans l'imagerie dynamique de la maladie de Parkinson, alors qu'elle peut être objectivée dans la paralysie supranucléaire progressive

L'autre diagnostic différentiel reste la maladie d'Alzheimer. S'il existe fréquemment des lésions d'Alzheimer (et surtout des plaques séniles) au cours de la maladie à corps de Lewy diffus, la densité des corps de Lewy n'est pas corrélée avec le stade de Braak et Braak de l'Alzheimer ni avec le nombre de plaques séniles. En outre, la coexistence ou l'absence de lésions d'Alzheimer ne modifie pas clairement la symptomatologie de la démence à corps de Lewy diffus (Gomez-Tortosa, 1999).

Enfin, on sait aussi que la maladie d'Alzheimer peut s'accompagner de corps de Lewy, certes limbiques et corticaux mais aussi du tronc cérébral. Dans la recherche d'une cohérence avec les molécules protéiques impliquées et la clinique cognitive et comportementale (Cummings, 2003), il a pu être remarqué que les symptômes psychotiques de la maladie d'Alzheimer, présents une fois sur quatre, étaient liés à la présence (tardive) de signes extrapyramidaux et pouvaient ainsi témoigner d'une « synucléinopathie » se surajoutant aux deux désordres protéiques majeurs de la maladie d'Alzheimer que sont les accumulations de b-amyloïde et de protéine tau (voir encadré 16.3).

Reste à savoir comment évoluera la classification nosologique de pathologies qui paraissent aujourd'hui s'imbriquer, passant des formes pures de maladie à corps de Lewy diffus aux formes associées à des lésions d'Alzheimer et des formes pures de maladie d'Alzheimer aux formes associées à des corps de Lewy. En dehors de la coexistence de deux maladies fréquentes ou encore de leur succession dans le temps expliquant la prédominance de l'un ou l'autre type de lésions, il faudrait mieux connaître les mécanismes initiateurs des désordres des systèmes protéiques : facteurs de risques communs, similitude des mécanismes moléculaires conduisant à l'agrégation protéique (Pompeu, 2005). Le débat est loin d'être achevé.

Les démences fronto-temporales avec syndrome parkinsonien liées au chromosome 17

Ces démences, qui ne sont pas des synucléinopathies mais des tauopathies, sont envisagées avec les démences fronto-temporales (voir *infra*).

Le syndrome de l'île de Guam

Il associe une démence et un syndrome parkinsonien sous-tendus par des dégénérescences neurofibrillaires identiques à celles de la maladie d'Alzheimer, localisées dans l'hippocampe, l'amygdale, le néocortex mais aussi en sous-cortical dans le *locus niger* et dans la moelle épinière, expliquant la triple association sclérose latérale amyotrophique, syndrome parkinsonien, démence centrée sur des troubles de la mémoire et du comportement (apathie, agressivité). Il ne s'agit donc pas d'une démence sous-corticale.

Le dysfonctionnement cognitif des atrophies multisystématisées

Les atrophies multisystématisées s'accompagnent d'un syndrome parkinsonien qui est au premier plan dans la dégénérescence striato-nigrique alors que le syndrome cérébelleux est au premier plan dans l'atrophie olivo-ponto-cérébelleuse. Ces affections peuvent, surtout pour le type dégénérescence striato-nigrique, être confondues au moins initialement avec une maladie de Parkinson. Doivent donner l'alerte : la bilatéralité initiale du syndrome parkinsonien, la rigidité axiale, l'instabilité posturale précoce avec chute, l'hypophonie, l'antécolis, la médiocrité de la réponse à la L-dopa, le contraste entre les dyskinésies sous L-dopa et la faible amélioration des signes parkinsoniens, la dysautonomie et

notamment l'hypotension orthostatique sans accélération du pouls dite asympa-
thicotonique, l'incontinence urinaire. Les lésions (mort neuronale, inclusions
argyrophiles intra-oligo-dendrocytaires) intéressent le *locus niger* mais aussi le
striatum donc les neurones postsynaptiques, expliquant la médiocrité de l'action
de la L-dopa ; elles intéressent aussi d'autres structures dont le cervelet, les
noyaux du pont, le *locus cœruleus*, le noyau dorsal du vague, le noyau d'Onuf
(où siègent dans la moelle sacrée les motoneurones qui contrôlent les sphincters). Sur le plan neuropsychologique, les atrophies multisystématisées et notamment le type dégénérescence striato-nigrique s'accompagnent de perturbations
des fonctions exécutives parfois considérées comme plus sévères que celles de la
maladie de Parkinson. La comparaison des performances aux tests explorant
la flexibilité spontanée (fluence verbale, *Trail Making*) et la flexibilité réactive
(Wisconsin, Stroop) ont donné des résultats contradictoires. Il n'est donc pas possible de faire un diagnostic différentiel avec la maladie de Parkinson par la seule
analyse du syndrome dysexécutif. Mais il n'y a pas d'atteinte d'autres fonctions
(même si des troubles visuospatiaux ont pu être signalés). Surtout il n'y a pas de
détérioration globale de l'efficience cognitive ni d'évolution démentielle. Les
troubles du sommeil réalisent une fragmentation du sommeil (moins fréquente
que dans la maladie de Parkinson), des désordres comportementaux du sommeil
rapide (plus fréquents que dans la maladie de Parkinson) et du stridor nocturne.

La paralysie supranucléaire progressive (PSP)

Encore appelée maladie de Steele-Richardson-Oslewski, débutant entre la quatrième et la septième décennie, elle se manifeste par un syndrome parkinsonien à
prédominance axiale, avec tendance au rétrocolis, instabilité posturale en rétropulsion responsable de chutes, ophtalmoplégie supranucléaire s'exprimant initialement par une paralysie de la verticalité du regard préservant typiquement les
mouvements automatiques mis en évidence par la mobilisation passive de la tête
(manœuvre des yeux de poupée). Une certaine hypertonie du visage donne un
aspect d'« yeux écarquillés ». Un syndrome pseudo-bulbaire entraîne une dysarthrie et des troubles de la déglutition. Les manifestations cliniques comportent
d'emblée des troubles cognitifs et comportementaux.

Cette maladie est une 4-R tauopathie (voir encadré 16.3) comme la dégénérescence cortico-basale, ce qui explique les chevauchements nosologiques entre les
deux affections. Les lésions histologiques expriment l'accumulation de protéine
tau dans les neurones sous forme de dégénérescence neurofibrillaire mais aussi
dans les oligodendrocytes sous forme de corps « enroulés » *(coiled bodies)* et dans
les astrocytes (« en touffes » : *tuff-shaped*). Elles sont localisées dans les structures
sous-corticales (noyaux du pont, *locus niger*, noyau sous-thalamique, pallidum
mais aussi striatum, noyau dentelé du cervelet, noyaux oculomoteurs). Mais il
existe aussi des lésions corticales (Verny, 1999) en particulier dans les cortex prémoteur (aire 6), moteur (aire 4) mais aussi cingulaire (aire 23), préfrontal (aire 9),
temporal (aire 22) : leur topographie n'est donc pas celle de la maladie d'Alzheimer qui intéresse électivement les aires associatives postérieures et l'hippocampe.
Toutefois l'atteinte du gyrus angulaire a aussi pu être observée.

Sur le plan neuropsychologique, la paralysie supranucléaire progressive a été
considérée comme le modèle même des démences sous-cortico-frontales avec un
ralentissement idéomoteur, des troubles dysexécutifs frappant par l'intensité des

conduites persévératives (fluence verbale, Wisconsin, *Trail Making*, séquences motrices de Luria, résolution de problèmes, Stroop). Les troubles de la mémoire intéressent la mémoire procédurale, la mémoire de travail, et l'atteinte de la mémoire antérograde intéresse la récupération des souvenirs : le déficit du rappel des informations est donc normalisé par l'indiçage. Le tableau est donc comparable a celui observé dans la maladie de Parkinson mais il est plus sévère et retentit de manière importante sur le score de l'échelle de Mattis. Il existe aussi des troubles comportementaux sévères montrant que la démodulation sous-cortico-frontale intéresse certes la boucle impliquant le cortex préfrontal dorso-latéral mais aussi des boucles sous-cortico-cingulaire antérieure et sous-cortico-fronto-orbitaire. Ainsi l'apathie (voir chapitre 17, p. 397 et chapitre 19) est souvent majeure et plus fréquente que la dépression (contrairement à la maladie de Parkinson). Il existe une dépendance à l'environnement avec imitation des gestes, comportement d'utilisation (voir chapitre 13) et un déficit d'inhibition de programmes moteurs automatiques comme le montre le signe de l'applaudissement : prié de taper trois fois dans ses mains, le malade poursuit cette activité mimant ainsi un applaudissement (Dubois). On peut aussi observer des comportements de désinhibition (agressivité, boulimie) ainsi que des manifestations compulsives ou rituelles. Même sous traitement dopaminergique, parfois prescrit à titre symptomatique, les manifestations psychotiques ne sont pas habituelles. L'aggravation de ces troubles, leur addition peuvent aboutir à une démence.

L'imagerie statique (IRM) montre une atrophie du mésencéphale et l'imagerie dynamique une hypoperfusion frontale qui serait ainsi le témoignage du diaschisis sous-cortico-frontal.

Néanmoins l'interprétation des troubles n'est pas toujours facile. On peut observer un tableau d'aphasie dynamique de Luria qui peut certes s'expliquer par une ou plusieurs atteintes du système de contrôle de l'initiation élocutoire (voir chapitre 2, p. 47 et 48). La paralysie supranucléaire progressive peut en imposer pour une dégénérescence cortico-basale quand est observée une dystonie progressive unilatérale avec lévitation du membre supérieur ; de même ont pu être observées des apraxies mélokinétiques, des apraxies idéomotrices sans déficit de la compréhension des pantomimes, des apraxies bucco-faciales. Les apraxies idéomotrices de la paralysie supranucléaire progressive prédomineraient sur les gestes transitifs. Il est difficile de faire des apraxies caractérisées la seule conséquence de l'atteinte sous-corticale (Zadikoff, 2005). La paralysie supranucléaire progressive peut aussi se présenter comme une aphasie progressive (Mochizuki). Il est possible de distinguer histologiquement la paralysie supranucléaire progressive et la DCB même si ces affections peuvent être considérées comme appartenant à un même groupe au sein duquel peuvent exister des chevauchements nosologiques (voir encadré 16.3).

La maladie de Huntington

Cette maladie neurodégénérative se transmet de manière autosomale dominante et est causée par la répétition anormale d'un triplet de nucléotides qui code pour la glutamine : le gène muté est situé sur le bras court du chromosome 4, ce qui induit la production d'une protéine mutée, la huntingtine, retrouvée dans le noyau des neurones au niveau des populations cellulaires atteintes : il s'agit donc d'une protéinopathie appartenant au groupe des polyglutaminopathies (voir encadré 16.3). Maladie rare avec une prévalence entre 10 et 20/100 000, elle a un pic de fréquence de la troisième à la quatrième décennie mais il existe des formes plus précoces dites juvéniles et des formes tardives. Les lésions (gliose et mort neuronale) intéressent le putamen mais atteignent aussi le noyau caudé, le globus pallidus, le thalamus, le cervelet, le cortex frontal.

La maladie associe des mouvements choréiques, d'installation insidieuse, accompagnés de troubles cognitifs et comportementaux qui peuvent les précéder, tous les signes s'aggravant de manière progressive pour conduire en quelques années, et de façon d'autant plus rapide que la maladie a commencé plus jeune, à un handicap sévère mêlant démence, mouvements anormaux, dysarthrie, ataxie, troubles sphinctériens aboutissant en règle à l'institutionnalisation.

Les troubles du comportement sont dès le début au premier plan et révèlent même la maladie : il s'agit initialement d'une anxiété et de modifications de la personnalité avec une impulsivité, des manifestations compulsives, un émoussement des intérêts, une certaine négligence physique. Ils peuvent être accompagnés ou suivis de troubles de l'humeur ou de troubles psychotiques, tandis que les stades ultimes sont ceux d'une démence sur fond d'apathie :

■ les troubles de l'humeur peuvent réaliser soit des états dépressifs (environ un tiers des cas) à fort risque suicidaire, soit des états maniaques avec euphorie, idées de grandeur, réduction du sommeil (un cas sur dix), soit des états bipolaires ;
■ les troubles psychotiques (un cas sur dix environ) réalisent des délires paranoïdes de type schizophrénique, des phénomènes hallucinatoires ;
■ les troubles obsessionnels compulsifs sont moins fréquents ;
■ les troubles du contrôle des impulsions sont particulièrement fréquents. Ils se manifestent par une irritabilité, une agressivité, des crises de colère et de violence pouvant aller jusqu'à réaliser un trouble *explosif intermittent* (voir chapitre 17) ;
■ l'apathie tend à s'aggraver au fur à mesure de l'évolution.

Les troubles cognitifs sont précoces et constants et s'intègrent dans un tableau de dysfonctionnement sous-cortico-frontal :

■ le syndrome dysexécutif, sur fond de ralentissement idéomoteur, se manifeste par une réduction de la fluence, des perturbations de la planification (Tour de Londres), un déficit de la flexibilité mentale qui, au test du Wisconsin, est sous-tendu par un défaut d'inhibition suscitant des réponses persévératives. De tels troubles peuvent être observés chez les porteurs de la mutation n'ayant pas encore de mouvements anormaux. S'y associent des troubles visuoconstructifs et visuospatiaux ;
■ les troubles de l'attention intéressent l'attention soutenue et l'attention partagée ;
■ les troubles de la mémoire intéressent l'apprentissage procédural d'habiletés motrices, la mémoire de travail. Les perturbations de la mémoire déclarative prédominent sur la récupération des informations, avec une amélioration des scores lors de la reconnaissance et de l'indiçage ;
■ le langage oral frappe par la réduction de la fluence, des persévérations mais aussi un manque du mot, une réduction du langage et de son initiation avec des phrases courtes et une compréhension normale. L'écriture est anormale avec de grosses lettres, des omissions et des persévérations.

Ces troubles évoluent vers un tableau de démence sous-corticale sévère avec cachexie, imposant l'assistance permanente d'une tierce personne compte tenu des troubles moteurs, de l'apathie avec inertie et des troubles de la déglutition.

Bien d'autres affections du système extrapyramidal peuvent bien sûr s'accompagner de dysfonctionnements cognitifs. La maladie de Wilson ou dégénérescence hépato-lenticulaire est une affection autosomique récessive entraînant une thésaurismose cuprique liée à un déficit de la synthèse de la céruléoplasmine qui assure le transport du cuivre. Le dysfonctionnement cognitif de type fronto-souscortical peut conduire à un syndrome démentiel mais cette maladie se singularise par la fréquence de ses manifestations psychiatriques : troubles du contrôle des impulsions, syndromes psychotiques. Le syndrome de Fahr dans sa variété idiopathique (sans hypocalcémie, voir *supra : encéphalopathies métaboliques*, p. 288) associe à des calcifications des ganglions de la base, un syndrome parkinsonien, un dysfonctionnement cognitif et des manifestations psychiatriques ; dépression, syndrome psychotique, troubles obsessionnels compulsifs.

Les démences fronto-temporales

Les démences fronto-temporales représentent la troisième cause de démence dégénérative après la maladie d'Alzheimer et la maladie à corps de Lewy diffus et la deuxième cause de démences avant 65 ans. Si la maladie de Pick ne représente plus que 20 % environ des démences fronto-temporales, sa description est à la source de l'individualisation progressive de ce groupe de démences. En effet, c'est bien Arnold Pick qui avait décrit, entre 1892 et 1904, six cas d'atrophie frontale et temporale respectant T1 dans sa partie postérieure. Mais c'est Aloïs Alzheimer qui insiste sur l'absence de plaques séniles et de dégénérescence neurofibrillaire et décrit au contraire la présence de cellules ballonnées et parfois de boules argentophiles. Et, en 1926, Onari et Spatz créent le terme de maladie de Pick fondée sur la topographie particulière de l'atrophie. Suit une période confuse où on décrit cette démence comme aphaso-apraxo-agnosique. Il est vrai que les itérations verbales, les stéréotypies, le mutisme, l'apragmatisme ont pu entraîner des erreurs séméiologiques. C'est sous l'impulsion de Delay, Brion et Escourolle que la maladie de Pick retrouve entre 1955 et 1962 son individualisation et sa distinction claire d'avec la maladie d'Alzheimer. Cette distinction repose sur la clinique, sur la topographie de l'atrophie. Elle repose aussi sur le tableau histologique associant raréfaction neuronale, spongiose, gliose astrocytaire, cellules au cytoplasme gonflé (et décoloré, au noyau excentré) dites ballonnées et inclusions intracytoplasmiques argentophiles en boules : les corps de Pick. Mais ces auteurs notèrent déjà que le ballonnement neuronal n'était retrouvé que dans deux tiers des cas et que les corps de Pick ne l'étaient que dans un quart des cas. Il revint dans les années 1980 aux équipes de Lund et de Manchester d'insister sur l'existence, à côté de la maladie de Pick, de démences frontales sans signes histologiques spécifiques (sans cellules ballonnées, sans corps de Pick) et de mettre l'accent sue le concept de « dégénérescence du lobe frontal de type non-Alzheimer ». En 1994, les mêmes équipes publiaient le consensus sur les démences dégénératives fronto-temporales conçues comme un groupe histologiquement disparate mais rassemblé par la topographie fronto-temporale de l'atrophie. À ce groupe devaient se rattacher les démences fronto-temporales associées à une sclérose latérale amyotrophique et à un syndrome parkinsonien tandis que se précisaient au sein de ces démences celles qui relevaient d'une agrégation de protéines tau. L'étude des modifications des isoformes de la protéine et de leur répartition a permis par ailleurs de mieux comprendre les liens unissant les démences fronto-temporales liées à des tauopathies et d'autres maladies comme la PSP et la DCB.

Définition et classification

Ainsi sont regroupées sous le nom de démences fronto-temporales un groupe d'affections d'histologie et de génétique composites mais unies par leur présentation clinique et la topographie frontale et temporale antérieure de l'atrophie. En effet, sur le plan anatomique l'atrophie prédomine sur F1, F2, la région fronto-orbitaire avec respect des régions centrale et précentrale, ainsi que sur le pôle temporal tout particulièrement dans les dernières circonvolutions temporales, respectant toujours les deux tiers postérieurs de T1 ; l'atrophie peut s'étendre en pariétal. L'atrophie touche aussi les noyaux gris et, de manière très élective, la tête du noyau caudé (absente toutefois dans les formes temporales pures). La substance blanche est atteinte dans les zones sous-jacentes à l'atrophie en particulier au niveau des faisceaux fronto- et temporo-pontins avec gliose et démyélinisation. Sur un plan anatomoclinique ont été isolées deux variantes de démences fronto-temporales : la variante frontale (vf-DFT) et la variante temporale (tv-DFT) intéressant le cortex temporal antérieur, l'amygdale, l'insula antérieure, la partie postérieure du cortex fronto-orbitaire et les gyri temporo-occipitaux.

Au sein des démences fronto-temporales, on peut distinguer :

- les démences fronto-temporales avec des inclusions « tau » (DLFT-T) : la -maladie de Pick (encadré 16.4), sporadique, dont le « marqueur » est représenté par les corps de Pick faits d'agrégats de protéine tau (3R-tauopathies) ; les tauopathies héréditaires et en particulier les démences fronto-temporales avec syndrome parkinsonien liées au chromosome 17 (3R ou 4R tauopathies) ; sur un plan moléculaire, on inclut dans ce groupe la dégénérescence cortico-basale où la protéine tau s'accumule sous forme de dégénérescence neurofibrillaire et de « plaques » astrocytaires (4R-tauopathie) et la paralysie supranucléaire progressive (4-R tauopathie, voir *supra*) ;
- les démences fronto-temporales sans signes histologiques distinctifs (encadré 16.4) : certaines (un petit nombre ?) pourraient relever d'un effondrement de la protéine tau corticale (peut être par anomalies de la stabilité de l'ARN messager : « *tauless* tauopathies ») ;
- les démences fronto-temporales avec des inclusions ubiquitine-positives (DLFT-U) peuvent être associées à une sclérose latérale amyotrophique. Certaines sont sporadiques mais un grand nombre de DLFT-U sont liées à une mutation siégeant, comme les DLFT-T avec syndrome parkinsonien, au niveau du chromosome 17. Cette mutation intéresse le gène de la progranuline, protéine associée à un certain nombre de fonctions biologiques, notamment neurotrophique. Cependant cette mutation ne se traduit pas au niveau des inclusions tau-négatives–ubiquitine-positives par une accumulation de progranuline mais par une accumulation de la protéine TDP-43 qui est donc une nouvelle protéinopathie. Sur le plan diagnostique, le dosage de la progranuline plasmatique qui est abaissée devrait permettre de détecter les

Encadré 16.4

Maladie de Pick et « démences fronto-temporales sans signes histologiques distinctifs »

Controverses neurobiologiques

Une maladie de Pick ou une « démence fronto-temporale sans signes histologiques distinctifs » doit associer une atrophie lobaire, une perte neuronale et un signe négatif : l'exclusion d'une maladie d'Alzheimer par l'absence ou la rareté des plaques séniles et de la dégénérescence neurofibrillaire. Les démences frontales sont avant tout des démences « non-Alzheimer ». Mais le diagnostic neuropathologique différentiel entre maladie de Pick et démence fronto-temporale sans signes histologiques distinctifs reste controversé. Si la présence de corps de Pick rend le diagnostic incontestable, doit-on admettre le diagnostic de maladie de Pick en cas de neurones gonflés mais sans corps de Pick ? Et que dire encore des cas où n'existent ni corps de Pick ni cellules ballonnées et chromatolytiques mais seulement une spongiose et une gliose astrocytaire accompagnant la perte neuronale, dénominateur commun des maladies neurodégénératives. En bref, a-t-on le droit de parler de maladie de Pick sans corps de Pick voire sans cellules ballonnées dès lors que sont réunies une atrophie lobaire, une gliose astrocytaire, une spongiose laminaire intéressant les couches superficielles du cortex, une perte neuronale sans signes histologiques de maladie d'Alzheimer ? La détection des corps de Pick par les méthodes d'imprégnation argentique (Bielchowsky) peut s'avérer faussement négative (Dickson, 1996), alors que des inclusions peuvent être observées en utilisant des anticorps anti-tau et anti-ubiquitine. Ainsi la fréquence de la maladie pourrait être sous-estimée. Mais en attendant les progrès faits dans l'analyse immuno-histochimique de la protéine tau des corps de Pick, ceci incite à considérer qu'il vaut mieux conserver, malgré sa rigidité, le critère de la présence de corps de Pick pour affirmer la maladie. On sait d'ailleurs qu'ils doivent être recherchés au niveau du gyrus denté de l'hippocampe où leur présence est constante (Hauw).

Si la neuropsychologie ne peut rester indifférente à ces débats, elle n'est pas en mesure d'apporter sa contribution à la distinction de ces deux groupes. Elle doit néanmoins rester vigilante car si la neurobiologie apporte des arguments décisifs pour isoler des maladies spécifiques, il lui revient de rechercher à son tour si ce groupe comporte des spécificités dans son dysfonctionnement cognitif, émotionnel, comportemental.

---

sujets porteurs de la mutation qu'ils soient ou non symptomatiques, ce qui devrait indiquer la pratique de cet examen dans les démences survenant avant 65 ans, même si le diagnostic initialement porté est en faveur d'une maladie d'Alzheimer. En effet, à côté des présentations usuelles aux DLFT, 10 à 20 % des sujets atteints de cette mutation ont des troubles de la mémoire épisodique. Deux autres mutations plus rares peuvent être responsables de DLFT-U (Finch). Il s'agit d'abord de la mutation, sur le chromosome 9, du gène de la Valosine-Containing-Protein qui se manifeste par une DFT associée à une maladie de Paget et à une myosite à inclusions. Il s'agit ensuite de la mutation au niveau de la région paracentrométrique du chromosome 3 du gène CHMP2B codant un composant du complexe autosomal ESCRTIII et dont les manifestations cliniques s'expriment par une DFT et/ou une sclérose latérale amyotophique ;

■ la démence à « inclusions neuronales filamenteuses » (NIFID : *neuronal interme-diate filaments inclusion disease*) ; ces inclusions sont immunoréactives à l'inter-neuxine ; elles surviennent de manière sporadique, chez des sujets jeunes (âge moyen de 40 ans), volontiers accompagnée de signes extrapyramidaux, d'une hyperréflexie, d'une paralysie supranucléaire de la motilité oculaire ; il s'agirait aussi d'une nouvelle « protéinopathie » (Dekosky).

Épidémiologie

Elle reste encore imprécise avec des variations selon les études. Les démences fronto-temporales pourraient représenter entre 8 et 10 % des démences, ce qui laisserait à la maladie de Pick une prévalence de 2,5 % des démences. Ceci ferait environ une démence fronto-temporale pour cinq maladies d'Alzheimer. C'est surtout une maladie du présénium. L'âge médian de survenue est consi-déré dans nombre d'études comme inférieur à 60 ans avec des extrêmes allant de 35 à 75 ans et il faut considérer que le diagnostic est exclu après 80 ans. Ainsi en comparant, certes, des études différentes, il est significatif de signaler que la prévalence est estimée à 15/100 000 entre 45 et 64 ans et baisse au-dessous de 4 dans la tranche d'âge 70 à 79 ans. Ces données montrent que son histoire naturelle n'est pas celle de la maladie d'Alzheimer. En outre, il est considéré soit que les démences fronto-temporales ont une légère prévalence masculine, soit que les deux sexes seraient également représentés. Uns histoire familiale est retrouvée dans 25 à 40 % des cas, mais certaines études indiquent jusqu'à 50 % ; une transmission autosomale dominante est alors assez souvent retrouvée. Une mutation du gène de la protéine tau est retrouvée dans 10 à 20 % environ des démences fronto-temporales et dans près de la moitié des formes familiales. Mais on sait que d'autres mutations sont possibles (voir *supra*).

Clinique

En se fondant sur les critères de Lund et Manchester (Neary, 1994, 1998), la dégénérescence lobaire fronto-temporale a trois présentations cliniques : la démence fronto-temporale (ou variante frontale : vf-DFT), l'aphasie progressive « non fluente » et la démence sémantique (variante temporale : vt-DFT).

La démence (ou dégénérescence) fronto-temporale, variante frontale

Au cœur du tableau clinique : les troubles du comportement

L'atrophie intéresse en fait le lobe frontal et la partie antérieure des lobes tempo-raux. Contrairement à la maladie d'Alzheimer qui est initialement une démence amnésiante, la démence frontale est d'abord une démence dyscomportementale, laissant à l'arrière-plan les troubles de la mémoire. La maladie débute insidieuse-ment par une altération précoce du comportement social (allant de la perte des convenances sociales aux actes délictueux), de la conduite personnelle (euphorie, désinhibition), par un émoussement émotionnel, le tout dans un contexte anoso-gnosique, l'inquiétude de la famille tranchant avec l'insouciance du patient. La confusion avec une maladie psychiatrique est fréquente (dépression, état maniaque). Certains patients expriment des préoccupations de type hypocon-driaque. L'échelle de dyscomportement frontal de Leber et Pasquier peut aider par sa sensibilité et sa spécificité à porter le diagnostic à un stade précoce (MMS > 18)

Tableau 16.VII
Échelle de dyscomportement frontal (Leber, Pasquier, Souliez et Petit, 1998)

1. Troubles du contrôle de soi. Apparition d'au moins un des signes ci-contre :	Hyperphagie Conduites alcooliques Désinhibition verbale Désinhibition comportementale Irritabilité, colères Troubles du contrôle des émotions : pleurs ou rires Instabilité psychomotrice
2. Négligence physique. Par rapport aux habitudes antérieures, portant sur au moins un des domaines ci-contre :	Hygiène corporelle Vêtements (harmonie, propreté, indifférence aux tâches) Cheveux (coupe, propreté)
3. Troubles de l'humeur	Tristesse apparente Indifférence affective Hyperémotivité Exaltation
4. Manifestation d'une baisse d'intérêt	Assoupissement diurne Apathie Désintérêt social

(tableau 16.VII). L'inventaire comportemental frontal de Kertesz, Davidson et Fox suggère aussi une démence fronto-temporale pour un score supérieur à 30. Il est frappant en effet de constater à ce propos l'approximation des critères diagnostiques des démences (tableau 16.VIII) puisque le trouble de la mémoire, considéré comme central dans le diagnostic d'un syndrome démentiel, est ici un symptôme accessoire alors que le retentissement sur la vie personnelle et sociale est très précoce ; en outre, depuis le DSM IV, le trouble de la personnalité a été supprimé des critères diagnostiques de démence. Mais le DSM-V ne rend plus nécessaire l'existence de troubles de la mémoire pour porter le diagnostic de trouble cognitif majeur (terme utilisé au lieu de celui de démence : voir encadré 16.1). Enfin, le MMS est un outil de piètre valeur dans l'appréciation même de la gravité d'une démence frontale dont la symptomatologie est centrée par des troubles comportementaux.

Suivant les regroupements de symptômes, on a pu isoler :

■ les formes « désinhibées » avec le puérilisme, l'euphorie, l'élation d'allure maniaque (mais typiquement sans troubles du sommeil), les comportements antisociaux d'une atteinte fronto-orbitaire (Snowden *et al.*, 1996) ;

■ les variantes « apathiques » regroupant des formes où l'apathie est majeure et qui renvoient sans doute à une atteinte cingulaire et d'autres où un ralentissement, une inertie, une présentation dépressive (Neavy *et al.*, 1998) renvoient à une atteinte du cortex dorso-latéral ; ces dernières entraîneront un syndrome dysexécutif et des troubles du langage en cas d'atteinte préférentielle de l'hémisphère majeur ; habituellement le patient ne déclare ni tristesse ni *taedium vitae* ni sentiment d'indignité ;

■ les variantes « stéréotypiques » avec conduites répétitives voire rituelles évoquant des TOC dépourvus de la tension anxieuse générée par le besoin compulsif comme de la détente qui suit leur réalisation ; on y trouve aussi du

Tableau 16.VIII
Critères diagnostiques des démences fronto-temporales (The Lund and Manchester groups. *J Neurol Neurosurg Psychiatry* 1994 ; 57 : 416-8 ; et Neary *et al. Lancet Neurol* 2005, 4 : 771-780)*

Troubles du comportement	*Début insidieux et évolution progressive*
	Négligence précoce des soins corporels
	Perte précoce des convenances sociales
	Perte précoce du contrôle de la conduite personnelle
	Désihibition (euphorie, hypersexualité, violence, déambulations)
	Rigidité mentale
	Hyperoralité
	Stéréotypies et persévérations (vagabondage, tics, conduites rituelles)
	Comportement d'utilisation
	Distractibilité, impulsivité
	Anosognosie précoce (déficit de l'insight)
	Préservation de l'orientation spatiale et des praxies
Troubles du langage	Réduction du volume verbal
	Stéréotypies
	Écholalie et persévérations
	Mutisme tardif
Troubles affectifs	Dépression et anxiété, sentimentalité excessive, idées fixes, idées suicidaires, idées fausses, précoces et éphémères
	Émoussement émotionnel précoce
	Manque d'empathie
	Apathie
Signes physiques	Habituellement absents au début de la maladie
	Réflexe de préhension forcée
	Impersistance motrice (voir encadré 13.1)
	Syndrome parkinsonien (par exemple rigidité, amimie)
	Dysautonomie (hypotension)
	Maladie du motoneurone (paralysie labio-glosso-pharyngée, paralysies avec amyotrophie et fasciculations) dans un petit nombre de cas

*Les éléments essentiels au diagnostic sont en italique. Les modifications de la personnalité et les désordres des conduites sociales, donc les troubles de la cognition sociale, sont les faits dominants au début et tout au long de la maladie. La maladie débute en règle avant 65 ans. On peut retrouver des antécédents familiaux.

collectionnisme, des déambulations répétitives ; ces formes témoigneraient d'une atteinte des noyaux gris et tout particulièrement du striatum (sans occulter l'implication du cortex orbito-frontal et temporal) ;
■ les formes hallucinatoires qui sont rares et s'observent surtout avec atteinte du motoneurone (Nitrini *et al.*, 1998).

Ces regroupements syndromiques ne peuvent donner une liste exhaustive des troubles provoqués par les démences frontales. Les variantes frontales et temporales ont des troubles de la cognition sociale qui aident à mieux cerner la manière dont les comportements humains s'adaptent dans les relations avec autrui qui sont constitutives de la condition humaine (encadré 16.5).

Le diagnostic et l'analyse d'un malade suspect de démence frontale doivent donc accorder une place centrale à l'interrogatoire soigneux du malade et de ses proches. Telle est la condition essentielle à la prise en compte et à l'interprétation des troubles

Encadré 16.5

Troubles de la cognition sociale et démences fronto-temporales

La cognition sociale, c'est-à-dire l'aptitude à adapter le comportement (et le discours : fonction pragmatique du langage) à l'environnement familial et social, est électivement altérée au cours des démences fronto-temporales (voir chapitre 18). Même si des distinctions peuvent s'opérer entre les deux variantes, frontale et temporale, des démences fronto-temporales, il est artificiel de les séparer. En effet, l'inventaire des troubles de la cognition sociale est tout juste entrepris. La distinction entre les deux variantes n'est pas toujours évidente quand il n'y a pas de trouble aphasique ni sémantique, c'est-à-dire quand l'atrophie prédomine à droite (chez le droitier). Les processus atrophiques n'ont pas la rigueur topographique d'autres processus lésionnels. Enfin, dans les variantes frontales l'amygdale et le cortex temporal antérieur ne sont pas épargnés, tandis que dans les variantes temporales, le cortex fronto-orbitaire ventro-médian est lui aussi atteint (Rosen).

Les démences fronto-temporales atteignent le système limbique rostral qui intervient dans l'évaluation motivationnelle et émotionnelle des stimuli internes et externes et permet l'adaptation des prises de décision et des comportements. Ces structures comportent le gyrus cingulaire antérieur, l'insula antérieure, le cortex préfrontal ventro-médian, le striatum ventral et l'amygdale (Boccardi). Ces mêmes structures sont impliquées dans la reconnaissance des émotions des visages et tout particulièrement des émotions « négatives » (colère, tristesse, peur, dégoût) dont le feedback joue certainement un rôle majeur dans l'adaptation du comportement à l'égard d'autrui (amygdale, insula, cortex fronto-orbitaire).

Ainsi les démences fronto-temporales peuvent-elles altérer la reconnaissance des émotions négatives (Fernandez-Duque), et le trouble a pu apparaître corrélé à l'atrophie fronto-orbitaire et amygdalienne droites (Rosen). On sait que l'apathie comporte typiquement un émoussement émotionnel et concerne les variantes frontales et essentiellement l'atteinte cingulaire. La disparition du « sens du danger » et de l'expression de la peur (à l'égard par exemple de véhicules en traversant une rue) peut relever de l'atteinte amygdalienne ou, dans la démence sémantique, d'une non-reconnaissance des attributs sémantiques liés aux situations de danger.

Le retrait social s'observe plutôt dans la variante frontale alors que c'est surtout dans la démence sémantique qu'est observée une recherche du contact social sans altération de la dominance sociale.

Les démences fronto-temporales altèrent l'empathie dans ses composantes émotionnelle et cognitive, l'empathie cognitive ayant pu apparaître plus atteinte dans les variantes temporales, alors que les deux composantes de l'empathie seraient altérées dans les variantes frontales. Les tests explorant la « théorie de l'esprit » sont altérés dans les démences fronto-temporales notamment dans les variantes frontales (voir chapitre 18), ce qui permet de souligner que le cortex fronto-orbitaire ventro-médian joue un rôle critique dans la mise en œuvre de cette compétence. Il a pu être recherché et observé, dans des tests explorant les prises de décision en fonction des risques, que les malades avaient des temps de délibération plus longs et privilégiaient les conduites à risque (Rahman *et al.*, 1999), ce qui évoque les comportements décrits par Damasio et rapportés à une altération des marqueurs somatiques (voir chapitre 13).

La désinhibition (qui peut faire surgir des discours inappropriés au contexte conversationnel), l'apathie (qui peut réduire le discours jusqu'au mutisme), le déficit exécutif (qui peut altérer la cohérence conversationnelle) retentissent sur la fonction pragmatique du langage que désorganisent aussi les autres dysfonctionnements de la cognition sociale comme le déficits émotionnels et de la théorie de l'esprit.

comportementaux. On peut s'aider « d'échelles » en forme habituellement de questionnaires mais il n'est pas assuré qu'ils couvrent l'ensemble des troubles possibles. L'inventaire neuropsychiatrique de Cummings peut être utilisé mais il ne comporte pas de détection des comportements compulsifs ou ritualisés. Il en est de même de l'inventaire comportemental frontal de Kertesz. L'échelle de Lebert et Pasquier a le mérite dresser une vaste liste de symptômes dont la lecture guide l'interrogatoire. Le questionnaire de Bozeat explore en 39 questions les domaines suivants : dépression, élation, irritabilité, anxiété, agression, distractibilité, fonctionnement exécutif, prise de risque, empathie, apathie, comportements stéréotypés ou ritualisés, comportement moteur aberrant, désinhibition, retrait social, hallucinations, délire, modifications des préférences alimentaires, soins personnels, sommeil.

Ces troubles comportementaux (encadré 16.6) s'accompagnent de troubles neuropsychologiques.

Encadré 16.6

Troubles comportementaux pouvant permettre d'aider à distinguer une démence fronto-temporale d'une maladie d'Alzheimer

La maladie d'Alzheimer et les démences fronto-temporales peuvent comporter des troubles comportementaux. Les manifestations qui sont significativement plus fréquentes dans les démences fronto-temporales sont les suivantes :
- comportements stéréotypés mentaux, verbaux, moteurs, prenant parfois l'aspect de rituels ;
- changement de personnalité (apathie, perte des convenances sociales, désinhibition, manque d'hygiène personnelle) ; plus généralement les domaines troubles du contrôle de soi, négligence physique, manifestation d'une baisse d'intérêt de l'échelle de Lebeet et Pasquier, rigidité mentale ; toutefois l'apathie est parfois considérée comme fréquente dans les deux maladies alors que la prédominance de la désinhibition dans les démences fronto-temporales est généralement retrouvée dans les études ;
- déambulation sans errance, cette dernière appartenant plutôt à la maladie d'Alzheimer ;
- hyperphagie : l'appétence pour les mets sucrés est tantôt signalée comme évocatrice d'une maladie d'Alzheimer, tantôt comme plus fréquente dans les démences fronto-temporales ;
- perte des convenances sociales, en particulier désinhibition (voir *supra*) mais aussi retrait social, réduction des conversations, perte d'intérêt pour la famille ;
- mutisme.

Les troubles de l'humeur sont retrouvés dans les démences fronto-temporales et dans la maladie d'Alzheimer, la prépondérance de l'un ou l'autre étant appréciée de manière contradictoire.

Nota bene : le syndrome dysexécutif est d'autant plus marqué que chacune des deux maladies est plus évoluée mais il ne permet pas de discriminer les deux maladies.

La maladie d'Alzheimer peut exceptionnellement (5 % des cas ?) s'exprimer, même assez précocement, par des manifestations frontales comportementales et cognitives. Ces dernières ne sont toutefois pas isolées et s'accompagnent d'autres manifestations neuropsychologiques de la maladie et en particulier de troubles de la mémoire et de perturbations visuospatiales (Johnson). Un tableau clinique de démence fronto-temporale familiale a pu être associé à une mutation du gène de la préséniline sur le chromosome 1 et correspondre en fait histologiquement à une maladie d'Alzheimer : les troubles du comportement, majeurs, s'accompagnent néanmoins de troubles mnésiques (Queralt).

Les troubles du langage

Il n'y a pas en règle de désordres phonologiques, sémantiques ou syntaxiques tels qu'on peut les observer dans la maladie d'Alzheimer. Néanmoins les troubles observés ont un caractère composite. Nombre de troubles observés renvoient à l'altération de la fonction pragmatique du langage, c'est-à-dire du langage en tant qu'instrument de relation sociale (voir p. 185).

Ainsi, la désinhibition peut s'exprimer aussi par l'inflation du volume verbal, souvent truffée de stéréotypies. La dépendance à l'environnement peut s'exprimer par de l'écholalie, de l'échopaligraphie mais aussi par une « lexomanie », le malade lisant tout texte sur lequel se pose son regard. À côté des stéréotypies s'observent des itérations avec palilalie, et même des logoclonies (même si ces dernières avaient pu être considérées comme spécifiques de la maladie d'Alzheimer). Les répétitions stéréotypées de mots et de segments de phrases peuvent donner l'illusion d'un jargon. La réduction progressive du langage est en fait une aphasie dynamique au sens de Luria du moins tant que la répétition est préservée : elle le sera longtemps tout au moins pour les mots et les phrases simples. Le manque du mot réalise une aphasie amnésique de Pitres sans paraphasie, sans dénomination par l'usage, sans intoxication par le mot. Les mots adéquats tendent à être remplacés par des mots « passe-partout » comme « chose » ou « machin », la réponse correcte pouvant parfois être obtenue après répétition incitative de la demande.

Même si peu d'études se sont intéressées aux déficits de la compréhension ou aux anomies catégorielles, ce que l'on sait du rôle du lobe frontal gauche dans le traitement des verbes conduit à considérer comme logique la mise en évidence chez ces malades de plus grandes difficultés à nommer des actions que des objets, même si le ralentissement du traitement de l'information peut rendre difficile la mise en évidence d'un déficit spécifique de la compréhension des verbes (Cappa ; Rhee).

Enfin, un cas unique a pu montrer la dissociation entre l'atteinte de la dénomination par le canal verbal et sa préservation par le canal écrit, ce qui suggère une indépendance du lexique orthographique par rapport au lexique phonologique (Tainturier).

Les troubles de la mémoire

Il est peu fréquent que la famille signale des troubles de la mémoire en début d'évolution. Toutefois même s'ils ne sont pas au premier plan, ils n'échappent pas à l'examen neuropsychologique. Les quelques études faites sur la mémoire de travail montrent qu'elle est déficitaire mais sans différence notable entre maladie d'Alzheimer et démence fronto-temporale. En mémoire épisodique apparaît une dysmnésie d'évocation par déficit de la récupération des informations avec préservation de la mémoire de reconnaissance et de la mémoire indicée, l'encodage, quand il est contrôlé, étant lui aussi préservé. La mémoire sémantique est mieux préservée que dans la maladie d'Alzheimer. La mémoire autobiographique est perturbée aléatoirement quelle que soit la période explorée sans le gradient temporel que l'on observe habituellement dans la maladie d'Alzheimer (Ergis). Peu d'études ont concerné la mémoire implicite qui serait préservée.

Les troubles de la mémoire explicite s'aggravent avec le temps et l'indiçage puis la reconnaissance s'altèrent eux aussi. Il est rigoureusement exceptionnel de constater un syndrome de Korsakoff réalisant une forme « pseudo-presbyophrénique » de la maladie (Delay). Toutefois des troubles sévères de la mémoire épisodique peuvent être observés en tout début d'évolution et donner le change avec une maladie d'Alzheimer (10 % de la série de DFT de Graham). Ce trouble amnésique doit donner l'alerte s'il s'accompagne de troubles du comportement ou d'un syndrome dysexécutif. Il est exceptionnel qu'il soit isolé et les difficultés diagnostiques sont alors majeures. Ce n'est alors que la survenue secondaire de troubles du comportement qui peut remettre sur la voie du diagnostic. Ces formes témoigneraient de lésions hippocampiques sévères.

Les troubles de l'attention et des fonctions exécutives

Les capacités attentionnelles sont précocement atteintes : il s'agit surtout de l'alerte phasique (attention automatique), alors que l'attention soutenue est mieux préservée que dans la maladie d'Alzheimer, à condition toutefois que l'on s'attache à les canaliser car certains sont très distractibles.

Les fonctions exécutives sont souvent perturbées : flexibilité (fluence, *Trail Making*), catégorisation (test du Wisconsin), planification (tours de Londres ou de Toronto), résistance à l'interférence (Stroop). Néanmoins les fonctions exécutives peuvent rester normales ou peu perturbées en début de maladie. Il est vrai qu'elles sont essentiellement régies par le cortex frontal dorso-latéral alors que l'atteinte élective des démences fronto-temporales est la région fronto-orbitaire. Les fonctions exécutives voient leur altération s'aggraver avec l'évolution (voir encadré 16.5). Les tests les plus perturbés sont les tests les plus sensibles aux lésions fronto-orbitaires comme les tests de prise de décision. Le test de Hayling, explorant les capacités d'inhibition de réponses fortement induites par le contexte, serait lui aussi sensible à l'affection. Les tests de fluence, outre les fonctions exécutives, font intervenir de nombreuses facettes des fonctions cognitives : attention, mémoire sémantique, mémoire de travail, stratégies de rappel des informations. Dans la maladie d'Alzheimer la fluence est réduite et cette réduction touche plus la fluence littérale que la fluence catégorielle. S'il est certain que la fluence est réduite aussi dans les démences fronto-temporales, son altération ne peut permettre de distinguer efficacement la maladie d'Alzheimer des démences fronto-temporales.

Les fonctions visuospatiales

La préservation de l'orientation spatiale tout comme des autres fonctions visuospatiales (localisation d'objets isolés, rotation mentale) constitue même un argument pour le diagnostic différentiel avec la maladie d'Alzheimer. Leurs « fugues » sont liées à un désir exploratoire, les sujets conservant leurs capacités d'orientation topographique, ce qui est tout à fait différent de l'errance des malades Alzheimer.

Les fonctions praxiques

Il n'y a pas d'apraxie idéatoire ni idéomotrice. En revanche, on peut bien sûr observer une perturbation de la programmation des actes moteurs qui relève d'une atteinte prémotrice. De la même manière, c'est un déficit de la programmation qui explique que les dessins soient réalisés laborieusement avec des simplifications, des ajouts, des persévérations qui peuvent simuler une apraxie constructive.

Les fonctions gnosiques

Il n'y a pas d'agnosie visuelle dans les démences fronto-temporales donc pas de prosopagnosie. En revanche, il peut exister un déficit du traitement de la composante émotionnelle des physionomies (Lavenu *et al.*, 1999) tout particulièrement les émotions dites négatives (peur, colère, tristesse) voire un Klüver et Bucy.

Les signes neurologiques

En dehors de l'association avec une SLA et un syndrome parkinsonien, l'examen neurologique, initialement normal, peut montrer des signes de dysfonctionnement frontal : réflexe de préhension forcée, impersistance motrice (voir encadré 13.1), comportement de dépendance à l'environnement. Des troubles de la marche peuvent réaliser une marche à petits pas, des enrayages cinétiques ou encore une ataxie de type apraxie de la marche. On peut observer une rigidité ou une résistance oppositionnelle à la mobilisation, une amimie, une micrographie. Les signes pyramidaux, quand ils existent, se limitent en règle à une vivacité des réflexes avec ou sans signe de Babinski encore qu'il puisse exister une négligence motrice unilatérale voire une hémiparésie. Certains malades manifestent une hyperesthésie. Une dysautonomie peut se manifester par une instabilité tensionnelle, une hypotension orthostatique, des chutes brutales avec ou sans perte de connaissance. Les crises épileptiques sont rares, l'incontinence est tardive.

Les examens complémentaires

L'électroencéphalogramme est classiquement normal, ce qui distingue les démences fronto-temporales de la maladie d'Alzheimer. Il n'y a pas de marqueur biologique fiable de l'affection ni dans le sang ni dans le liquide céphalo-rachidien. La tomodensitométrie et l'IRM objectivent une atrophie cortico-sous-corticale fronto-temporale antérieure parfois asymétrique. L'imagerie dynamique montre un hypodébit dont la localisation peut conduire à d'utiles confrontations avec les données cliniques.

Évolution et traitement

L'évolution, d'une durée superposable dans la maladie de Pick et les dégénérescences frontales aspécifiques, est d'environ 8 ans. Elle se fait peu à peu vers un apragmatisme avec inertie, amimie, mutisme, incontinence et peut associer certains des troubles décrits dans le syndrome de Klüver et Bucy (voir chapitre 17, p. 364). Le décès peut être dû à une syncope ou à une complication intercurrente.

Il n'y a pas de traitement spécifique des démences fronto-temporales. Les anticholinestérasiques pourraient aggraver les troubles comportementaux. Les sérotoninergiques peuvent améliorer quelque peu le comportement. Lebert et Pasquier ont pu améliorer l'anxiété, l'hyperphagie, l'instabilité motrice par la trazodone. Les neuroleptiques peuvent avoir des effets adverses sur le comportement et aggraver les troubles cognitifs. Comme pour toutes les démences, l'accompagnement du malade et de la famille est un élément essentiel de la prise en charge.

La démence fronto-temporale, variante temporale (t-DFT)

Elle comporte deux formes cliniques : la démence sémantique et l'aphasie « primaire » progressive. Mais une certaine confusion règne dans la littérature sur l'analyse neuropsychologique comme sur la classification nosologique des déficits sémantiques et langagiers de cause dégénérative. Ils renvoient au cadre plus général des « atrophies lobaires » dont les démences fronto-temporales font partie mais dont elles ne sont pas l'unique étiologie. Il est donc nécessaire dans une perspective clinique d'étudier, à l'occasion de la variante temporale des démences fronto-temporales, les syndromes focaux qu'elles peuvent réaliser même si elles n'en sont pas la seule cause.

La démence sémantique

Elle est la présentation prototypique de la t-DFT. Elle a été isolée par Snowden puis par Hodges (1992) qui l'appelle « aphasie progressive fluente ». Les malades qui ont effectivement un langage fluide et grammaticalement correct, présentent une anomie, un trouble de la compréhension des mots alors que la compréhension des phrases est préservée, une altération plus marquée de la fluence catégorielle que de la fluence littérale, une dyslexie et une dysgraphie de surface. La répétition des mots est préservée de même que la capacité à lire et à écrire des mots réguliers. Malgré l'appellation d'aphasie fluide, on voit que la présentation n'est pas celle d'une aphasie de Wernicke : pas de jargon, pas de désordre phonologique ni syntaxique même s'il peut exister quelques paraphasies sémantiques. De plus le trouble de la compréhension qui intéresse les mots isolés est en fait lié à une altération de la mémoire sémantique. Ceci indique donc que la démence sémantique, au-delà de l'anomie et du déficit de la compréhension lexicale, altère les connaissances du sujet qu'elle concerne le monde animé, inanimé, les lieux, les événements. Le sujet ne sait plus ce qu'est un lion : « *un animal, tout à fait grand... je ne peux rien dire d'autre* », qu'il entende le mot lion ou qu'il voit le lion sur une image. Ce déficit sémantique, outre les commentaires et définitions demandés au malade sur des mots ou des images, est mis aussi en évidence par le test de décision d'objet ou par l'appariement d'images comme le Palm Tre*e Test*. L'atteinte de la mémoire sémantique contraste avec la préservation de la mémoire épisodique. Ainsi la mémoire « au jour le jour » de la vie quotidienne est préservée. Les événements récents sont mieux préservés que les événements anciens qu'ils concernent l'histoire personnelle ou les événements publics : cette dissociation, inverse de la loi de Ribot, tient sans doute à la sémantisation des souvenirs les plus anciens. Les malades s'appuient d'ailleurs sur leur mémoire épisodique pour tenter de compenser la défaillance de leur mémoire sémantique : ainsi, le malade classe comme connus les noms de villes qui sont liés à sa propre histoire et déclare inconnues des villes aussi importantes que Moscou ou Washington, liées uniquement aux acquisitions des connaissances scolaires. Ceci donne au discours du patient un « caractère égocentré » (Belliard). Les capacités perceptives sont préservées comme le montrent les épreuves de reproduction et d'appariement de dessins mais il existe souvent, d'emblée ou secondairement, une prosopagnosie, les personnages célèbres et les personnes familiers n'étant pas reconnus. L'imagerie statique montre une atrophie temporale antérieure bilatérale prédominant en règle à gauche. La question posée est donc celle de savoir si la démence sémantique est l'association d'un trouble du langage et d'un trouble visuognosique, ce qu'explicite l'appellation « d'aphasie transcorticale sensorielle avec agnosie visuelle ». Il faut d'ailleurs souligner que, même si la répétition est préservée, le trouble de la compréhension n'est pas celui de l'aphasie transcorticale sensorielle. La démence sémantique témoigne-t-elle plutôt d'une atteinte des représentations sémantiques au niveau des aires de convergence multimodales de la portion antérieure des lobes temporaux ? En tout cas, si telle est bien la localisation de l'atrophie observée dans les démences sémantiques, comment accepter une confusion avec les aphasies transcorticales sensorielles malgré ce qui les sépare et sur le plan clinique et sur le plan topographique puisque ces dernières concernent la région temporo-pariétale postérieure à l'aire de Wernicke (voir chapitre 2). Il faut d'ailleurs souligner que le déficit d'identification des démences sémantiques n'est pas limité à la voie verbale et à la voie visuelle mais qu'il intéresse les autres canaux sensoriels (sons non verbaux comme la sonnerie du téléphone, tact, olfaction, goût). Mais le débat n'est pas clos entre deux hypothèses d'organisation du savoir sémantique : un système sémantique unique « amodal » ou des systèmes sémantiques multiples, liés chacun à une modalité sensorielle, séparés et interconnectés (voir p. 117-118).

Outre ces troubles cognitifs, la démence sémantique s'accompagne de troubles comportementaux concernant la « cognition sociale » (voir encadré 16.5) : manifestations obsessionnelles compulsives avec rituels, déficit de la reconnaissance des émotions « négatives », défaut d'identification du danger, intolérance à certaines stimulations sensorielles, manque d'empathie.

L'imagerie statique montre une atrophie temporale antérieure bilatérale prédominant à gauche avec intégrité des régions temporales internes. L'hypoperfusion peut précéder l'atrophie qui l'une et l'autre s'étendent secondairement au cortex fronto-orbitaire.

La démence sémantique et les aphasies progressives (tableau 16.IX)

Les aphasies progressives primaires décrites par Mesulam désignent un trouble progressif du langage qui reste isolé pendant au moins deux ans et sans autre retentissement fonctionnel ou social pendant cette période que ce qui peut être imputé aux troubles du langage. Elles avaient été initialement considérées, avec la démence sémantique, comme des « variantes gauches » de démences fronto-temporales. Elles constituent en fait un ensemble composite tant sur le plan séméiologique que sur le plan étiologique donc neurobiologique.

Les aphasies progressives primaires comportent deux grandes formes cliniques. La première est l'aphasie primaire progressive non fluente (APPNF) (figure 16.2), isolée initialement par Mesulam, avec une réduction du langage (qui peut évoluer vers un mutisme), une expression verbale laborieuse et hésitante avec des troubles de la réalisation phonétique et de la prosodie linguistique, une apraxie bucco-faciale, en somme un tableau rappelant l'aphasie de Broca. Il existe aussi un agrammatisme, un manque du mot, une répétition qui offre les mêmes difficultés que l'expression spontanée tandis que le discours ou la dénomination peuvent être émaillés de paraphasies phonémiques. La compréhension, normale pour les mots isolés est perturbée pour les phrases. Le langage écrit est en règle moins perturbé que le langage oral. Ces patients n'ont pas de troubles de la mémoire ni de troubles visuo-constructifs ni visuo-spatiaux ; ils n'ont pas non plus de troubles comportementaux aux stades initiaux de l'évolution. En imagerie, l'atrophie intéresse la région périsylvienne antérieure et notamment la région frontale inférieure et l'insula. L'imagerie dynamique (et notamment la scintigraphie monophotonique à l'HMPAO comme les techniques plus sophistiquées, montrent des images d'hypoperfusion concordantes. En règle, les contrôles autopsiques (Mesulam, 2009) indiquent que le plus souvent l'APPNF correspond au substratum d'une

Tableau 16.IX
Éléments de distinction des aphasies progressives et de la démence sémantique

	Aphasies progressives non fluentes	Aphasies logopéniques	Aphasies progressives fluentes	Démence sémantique
Volume verbal	Réduit	Réduit[1]	Fluide	Fluide
Réalisation phonétique	Élocution laborieuse, hésitante, désintégration phonétique avec apraxie bucco-faciale comme dans une aphasie de Broca	Élocution laborieuse mais sans troubles de la réalisation phonétique ni apraxie bucco-faciale	Normale	Normale
Expression grammaticale	Agrammatisme	Normale	Normale	Normale
Dénomination	Manque du mot avec usage de circumlocutions Parfois paraphasies phonémiques	Manque du mot, entravant l'expression verbale (pauses) Parfois paraphasies phonémiques	Anomie avec paraphasies phonémiques et/ ou sémantiques	Anomie avec circonlocutions centrées sur l'expérience personnelle Rares paraphasies sémantiques
Fluence	Phonémique pertubée		Perturbée	Catégorielle perturbée
Compréhension	Normale pour les mots isolés Perturbée pour les phrases	Normale pour les mots isolés Pertubée pour les phrases	Perturbée pour les mots et les phrases Possibilité de surdité verbale	Perturbée pour les mots isolés Normale pour les phrases
Répétition	Laborieuse (voir ci-dessus : réalisation phonétique)	Préservation de la répétition des mots isolés Perturbation de la répétition de plus de trois chiffres ou lettres sans effet positif de la non similarité phonologique[3]	Perturbée de manière variable	Préservation de la répétition des mots isolés[2]
Mémoire sémantique explorée de manière non verbale	Normale	Normale	Normale	Perturbée

Tableau 16.IX
Éléments de distinction des aphasies progressives et de la démence sémantique
(Suite)

	Aphasies progressives non fluentes	Aphasies logopéniques	Aphasies progressives fluentes	Démence sémantique
Lecture, écriture	Langage écrit en règle moins perturbé que l'expression verbale	Les performances en répétition ne sont améliorées ni sur entrée visuelle ni en réponse par pointage	Agraphie et alexie d'intensité variable Possibilité d'un syndrome alexie–agraphie	Dyslexie et dysgraphie de surface
Localisation de l'atrophie (gauche ou à prévalence gauche)	Région périsylvienne antérieure (frontale inférieure et insula)	Région temporo-pariétale (partie postérieure des gyri temporaux supérieur et moyen et régions pariétales inférieures)	Région périsylvienne postérieure Ou gyri temporaux supérieur, moyen, inférieur[4]	Temporale antérieure

[1.] Même si certains auteurs classent le langage comme fluide, car la réalisation phonétique est correcte et qu'il n'y a pas d'agrammatisme

[2.] Mais le trouble de la compréhension n'est pas celui de l'aphasie transcorticale sensorielle : aussi est-ce difficile de considérer, ainsi que certains l'ont fait, la démence sémantique comme l'association d'une aphasie transcorticale sensorielle et d'une agnosie associative

[3.] Ce qui traduit un déficit de la boucle phonologique (voir texte)

[4.] Dans la variante sémantique de l'aphasie primaire progressive associant aphasie fluide, anomie et troubles de la compréhension des mots par atteinte des réseaux de convergence permettant l'accès à l'évocation lexicale et au sens (voir figure 2.5, p. 36), l'atteinte sémantique serait donc limitée à la sphère verbale et épargnerait images et objets, ce qui la distinguerait de la démence sémantique encore qu'il y ait des formes de chevauchement (Mesulam, 2009)

démence fronto-temporale, rarement avec des inclusions d'ubiquitine (dégénérescences lobaires fronto-temporales : DLFT-U) mais relevant le plus souvent d'une taupathie (DLFT-T, soit de type Pick soit de type dégénérescence corticobasale), encore que cette prévalence des DLFT-T par rapport aux DLFT-U ne soit pas toujours retrouvée. Il existe toutefois dans la littérature des cas d'APPNF relevant d'une maladie d'Alzheimer (Alladi).

La seconde forme clinique est l'aphasie logopénique. Malgré l'absence de désintégration phonétique, de dysprosodie et d'agrammatisme, l'expression verbale est lente, laborieuse, hésitante, avec des pauses liées au manque du mot : voilà pourquoi elle peut être classée comme non fluente même en l'absence de troubles articulatoires et grammaticaux. Outre le manque du mot, des paraphasies phonémiques peuvent émailler le discours spontané et la dénomination. La compréhension est normale pour les mots isolés et perturbée pour les phrases. Cette aphasie

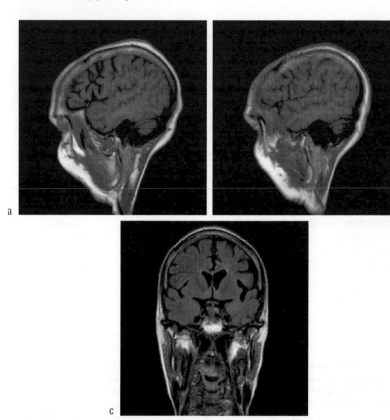

a

b

c

Figure 16.2
Aphasie progressive primaire non fluente. Imagerie par résonance magnétique nucléaire.
Atrophie frontale et insulaire gauche impliquant l'aire de Broca. Absence d'atrophie temporale.
a. coupe sagittale gauche ; b. coupe sagittale droite ; c. coupe vertico-frontale.

a pu être considérée comme liée à un déficit de la mémoire auditivoverbale à court terme (Gorno-Tempini) et plus précisément de la boucle phonologique de la mémoire de travail qui permet la mise en « mémoire tampon » pendant quelques secondes des informations verbales dans l'unité de stockage phonologique, tandis qu'un processus de contrôle articulatoire fondé sur l'auto-répétition subvocale alimente l'unité de stockage (modèle de Baddeley ; voir chapitre 1). Aussi la répétition de chiffres ou de lettres montre une réduction de l'empan, qui ne dépasse pas 3, sans facilitation par la non-similarité phonologique : les groupes de lettres phonologiquement proches (comme *B, C, D, G, P, T*) ne sont pas plus mal retenues que les lettres de structure phonologique éloignée (comme *F, K Q, R, X, W, Z*). Les performances sont identiques en présentation visuelle. La répétition des mots isolés et courts est possible mais limitée et les mots longs qui sollicitent fortement la boucle phonologique exposent à des échecs de répétion. La répétition de phrases est possible mais l'existence de substitutions sémantiques suggère que les sujets esquivent la voie phonologique au profit d'un codage sémantique, ce qui est en accord avec le modèle de Shallice et Warrington (voir figure 14.5). Cette aphasie logopénique présente quelques analogies avec l'aphasie de conduction, au cours de laquelle un déficit de la mémoire auditivoverbale a aussi été constaté, mais elle s'en distingue par d'autres points (voir chapitre 2). En imagerie, l'atrophie est temporale postérieure et pariétale inférieure. Contrairement à l'APPNF, l'aphasie logopénique indique le plus souvent une maladie d'Alzheimer et le risque est d'autant plus grand que les tests de mémoire indiquent un déficit significatif (à partir d'un score de trois fois inférieur à l'écart type dans l'expérience de Mesulam) encore que des scores peu ou pas perturbés ne puissent éliminer une maladie d'Alzheimer. L'évolution vers une démence fronto-temporale (DLFT-U et DLFT-T) est plus exceptionnelle.

On peut donc dans les cas typiques distinguer les démences sémantiques des aphasies primaires progressives avec ses deux grandes variantes : la variante non fluente qui rejoint en règle, comme la démence sémantique, le groupe des démences fronto-temporales et la variante logopénique dont la majorité relève de la maladie d'Alzheimer. Mais il s'en faut que la présentation des APP soit toujours schématique.

Le terme de démence sémantique a été utilisé dans la littérature avec deux sens différents : aphasie fluente avec trouble de la compréhension qui ne correspond qu'à une variété d'aphasie progressive et démence sémantique proprement dite. Cette dernière reste néanmoins considérée par les uns comme l'association d'une aphasie fluente et d'une agnosie visuelle, pour d'autres comme une altération élective de la mémoire sémantique quel que soit le mode de traitement des informations : verbal, tactile, visuel, etc. En attendant, il est sans doute prudent de conserver un groupe d'aphasies progressives fluentes de signification indécise et de séméiologie variable (voir tableau 16.IX). En leur sein pourrait être isolée une « variante sémantique » (Mesulam, 2009) associant aphasie fluide, anomie et troubles de la compréhension des mots, l'atteinte sémantique étant limitée à la sphère verbale, ce qui la distinguerait de la démence sémantique avec possibilité de formes de chevauchement.

Certaines formes cliniques d'aphasies progressives ont pu être qualifiées de « mixtes » car leurs caractères peuvent emprunter à l'une et à l'autre des diverses formes cliniques. D'autres ont initialement une présentation n'interessant qu'un secteur du langage comme une surdité verbale.

En attendant un consensus plus explicite, il est nécessaire, quand on évoque un « syndrome de Mesulam », de s'en tenir à la reconnaissance de syndromes neuropsychologiques aussi clairement définis que possibles.

Ainsi parler d'aphasies progressives « dégénératives », c'est désigner des aphasies combinant de manière variable des perturbations du volume verbal, des première, deuxième et troisième articulations du langage, de l'organisation grammaticale, de la compréhension ainsi que des troubles de l'écriture et de la lecture.

Les aphasies progressives se manifestent par une anomie qui est le trouble le plus communément observé et qui peut s'objectiver précocement en demandant au sujet de nommer des figures géométriques, des parties du corps ou des parties d'objets. Les verbes d'action et les noms peuvent être les uns ou les autres touchés avec prédilection, les premiers dans les lésions les plus antérieures donc dans les aphasies non fluentes (Mesulam) mais aussi dans les démences sémantiques (Cappa, 1998). Au sein même des mots, les catégories lexicales peuvent être inégalement atteintes (voir chapitre 2, p. 42). L'anomie peut, chez certains, rester isolée et s'aggraver pendant plusieurs années. D'autres développent un agrammatisme avec ou sans paraphasies phonémiques et avec une réduction de la fluence qui peut aller jusqu'au mutisme. Ceux qui développent les troubles les plus importants de la compréhension et des mots et du langage conversationnel sont ceux dont le langage est fluide. Toutefois la compréhension des phrases est atteinte dans les aphasies non fluentes mais de manière variable. Les aphasies initialement fluentes peuvent secondairement évoluer vers une aphasie non fluente.

Dans certains cas sont observés une désintégration phonétique avec apraxie bucco-faciale, une aphasie de conduction, une surdité verbale prédominante, une alexie–agraphie. Certains malades peuvent développer des troubles neuropsychologiques non langagiers et en particulier une acalculie, une apraxie constructive, une apraxie idéomotrice, un syndrome dysexécutif.

Malgré ces troubles, l'adaptation sociale des sujets est longtemps préservée et le trouble du langage dont le sujet est conscient et qu'il tente de compenser (circonlocutions, conduites d'approche, communication par les gestes ou par l'écriture quand elle est préservée) reste au premier plan pendant au moins 2 ans et jusqu'à « 10 à 14 ans » (Mesulam, 2005). Certains malades développent toutefois après 2 ans d'évolution d'autres perturbations : troubles comportementaux (et en particulier désinhibition) caractéristiques d'une démence fronto-temporale, signes extrapyramidaux caractéristiques d'une dégénérescence cortico-basale ou signes d'une atteinte du motoneurone : ainsi seraient définis les syndromes « d'aphasie primaire progressive plus ». C'est dans la démence sémantique que les troubles comportementaux explorés par l'inventaire neuropsychiatrique de Cummings seraient les plus précoces et dans les domaines similaires à ceux qui sont atteints dans les démences fronto-temporales à savoir la désinhibition, les comportements moteurs aberrants et les troubles du comportement alimentaire (Rosen).

La plupart des patients ayant une aphasie primaire progressive ont une atrophie, des anomalies lentes électroencéphalographiques et un déficit perfusionnel prédominant dans les zones du langage de l'hémisphère gauche et les régions qui les jouxtent : région périsylvienne antérieure dans les aphasies primaires progressives non fluentes, région temporopariétale postérieure dans les aphasies logopéniques, région périsylvienne postérieure, régions moyenne, inférieure ou polaire du lobe temporal dans les aphasies fluentes. Quand l'atteinte montrée par l'imagerie est bilatérale, elle prédomine à gauche. Les régions temporales internes sont épargnées.

Sur le plan neuropathologique, la démence sémantique est une variante temporale (vt-DFT) des démences fronto-temporales ; les APPNF renvoient le plus souvent à une tauopathie (Pick), à une dégénérescence cortico-basale avec neurones achromatiques, à une paralysie supranucléaire progressive (Boeve), mais une maladie des grains argyrophiles a aussi pu être retrouvée (encadré 16.7).

Encadré 16.7

La maladie des grains argyrophiles

La maladie des grains argyrophiles est une tauopathie dont la fréquence croît avec l'âge mais dont l'aspect clinique est habituellement confondu avec celui de la maladie d'Alzheimer. On ne dispose pas actuellement de moyen permettant d'apporter la preuve du diagnostic ou même sa probabilité du vivant du malade. Dans une série nécropsique, ils représentaient pourtant 5 % des démences entre 51 et 96 ans, alors que la maladie d'Alzheimer représentait 6 % des cas dans la même tranche d'âge (Braak, 1998).

Dans quelques cas la démence fronto-temporale dont l'aphasie est symptomatique est associée à une sclérose latérale amyotrophique (voir *infra*). Mais les aphasies progressives et notamment mais non exclusivement l'aphasie logopénique peuvent correspondre à une maladie d'Alzheimer. Un déficit associé de la mémoire, constaté initialement, est en faveur du diagnostic mais son absence ne l'écarte pas. La présence de l'allèle ε4 lors du génotypage de l'apolipoprotéine E n'a pas chez les malades atteints d'aphasie primaire progressive de valeur d'orientation diagnostique en faveur de la maladie d'Alzheimer, même semble-t-il pour l'aphasie logopénique. Il est possible que le caractère tardif de l'examen neuropathologique par rapport aux données cliniques surestime la fréquence de l'Alzheimer dont les lésions pourraient masquer un processus pathologique concomitant. La question est d'autant plus ouverte que les constatations nécropsiques peuvent montrer une répartition topographique des lésions qui est celle d'un Alzheimer typique sans l'asymétrie hémisphérique et la prépondérance néocorticale qu'imposerait la présentation clinique. Le dosage dans le liquide céphalo-rachidien des biomarqueurs (voir *maladie d'Alzheimer*, p. 299) pourra peut-être donner du vivant du malade une orientation diagnostique. La négativité de la tomographie à émission de positrons pourrait s'inscrire en faveur d'une DFT en l'absence de détection d'amyloïde, mais cet examen reste encore du domaine de la recherche et non de la pratique clinique.

Les variantes gauches des démences fronto-temporales
Sont parfois désignées sous ce terme les aphasies progressives primaires secondaire-ment surchargées de troubles comportementaux.

Les variantes droites des démences fronto-temporales
Les atrophies de prévalence fronto-temporale droite entraînent des troubles de la cognition sociale (voir *supra* et encadré 16.5) avec manque d'empathie, déficit de la perception et de la reconnaissance des émotions, pouvant rendre compte de conduites antisociales et des aptitudes décisionnelles, tous éléments entraînant des modifications de la personnalité, c'est-à-dire du maintien du Soi *(self)*. Rappelons encore la possibilité caricaturale d'un Klüver et Bucy. Cette latéralisation lésionnelle rend compte aussi de la désinhibition sexuelle ou de changement de préférence sexuelle (homosexualité, pédophilie).

La latéralisation lésionnelle peut accompagner l'émergence de talents musicaux restée indécise.

LA WAIS peut montrer un profil de lésion droite avec quotient intellectuel de performance inférieur au quotient intellectuel verbal (voir p. 20).

La prosopagnosie progressive peut être une présentation particulière d'atrophie temporale antérieure droite (Evans, 1995 ; voir chapitre 7, p. 123). L'évolution se fait vers un trouble de l'identification débordant la modalité « visuelle » (visages) pour intéresser aussi la modalité « verbale » : les personnages ne sont pas reconnus, que leur présentation soit faite sur photographie ou par la présentation de leur nom.

Les autres atrophies cérébrales focales

De nombreuses autres atrophies focales progressives ont été décrites. Elles sont plus souvent définies par leur symptomatologie dominante. Elles appartiennent soit au complexe nosologique des démences fronto-temporales, soit à la maladie d'Alzheimer. Beaucoup ont été publiées sur le plan purement clinique avec des données d'imagerie mais leur classement nosologique reste incertain.

Les *anarthries progressives* (Broussolle) avec apraxie bucco-faciale et intégrité du langage écrit sont donc cliniquement distinctes des aphasies primaires progressives non fluides. En imagerie, l'atrophie intéresse l'opercule frontal (voir p. 28). Elles s'accompagnent secondairement de troubles comportementaux évoquant une démence fronto-temporale (aspécifique ou maladie de Pick) ou des signes orientant vers une dégénérescence cortico-basale, ce qui pourrait en faire, au moins pour une grande part d'entre elles, des tauopathies. Une surdité corticale a pu accompagner une anarthrie progressive.

Les *atrophies corticales postérieures ou* syndrome(s) *de Benson* sont des syndromes démentiels (Duffy) qui débutent par des troubles visuospatiaux qui vont longtemps être au premier plan du tableau clinique, alors que les troubles de la mémoire, initialement discrets, ne vont s'aggraver que secondairement. Ainsi se constituent des syndromes de Balint, (voir chapitre 7, p. 127), des syndromes de Gerstmann (voir p. 68), une désorientation spatiale (voir p. 134), qui peuvent s'accompagner d'une apraxie idéomotrice, d'une aphasie transcorticale sensorielle, de déficits du champ visuel. L'imagerie montre une atrophie pariéto-occipitale bilatérale. Il s'agit le plus souvent d'une maladie d'Alzheimer dont le mode de propagation des lésions ne suit pas les stades de Braak. Il peut s'agir d'une maladie à corps de Lewy diffus mais il faut aussi savoir penser à une maladie à prions (voir p. 291). Certaines atrophies corticales postérieures se surchargent secondairement des manifestations motrices et gestuelles d'une dégénérescence cortico-basale. Des cas d'acalculie, d'apraxie constructive avec apraxie idéomotrice progressive ont aussi été rapportés.

Des *amnésies progressives* peuvent rester longtemps isolées et évoluer secondairement vers une maladie d'Alzheimer. Toutefois les scléroses hippocampiques (bilatérales), définies histologiquement comme une perte neuronale avec gliose du secteur CA1 de l'hippocampe, se manifestent aussi par une amnésie antérograde d'aggravation progressive chez des sujets qui sont dépourvus d'antécédents d'épilepsie, d'anoxie cérébrale, d'hypoglycémie sévère. L'imagerie objective l'atrophie hippocampique et l'évolution se fait secondairement sur un mode démentiel. Alors que le diagnostic clinique le plus souvent porté est celui de maladie d'Alzheimer (le profil neuropsychologique de l'amnésie étant « hippocampique »), des études comme celle de Blass, confrontant l'histoire clinique à des séries nécropsiques de sclérose hippocampique, de démence fronto-temporale et de maladie d'Alzheimer, ont pu montrer que les troubles associés secondairement à l'amnésie étaient plus souvent les troubles comportementaux observés dans les démences fronto-temporales que les signes acalculiques, agnosiques et apraxiques des maladies d'Alzheimer ; dans la majorité de leurs cas de sclérose hippocampique, les critères de démence fronto-temporale étaient réunis. Au sein des démences fronto-temporales, des cas de tauopathies ont pu être prouvés sur le plan immuno-histochimique (Beach), parfois accompagnés de grains argyrophiles (voir encadré 16.7). Certains cas ont pu aussi correspondre à des maladies à corps de Lewy diffus.

Les démences fronto-temporales avec syndrome parkinsonien liées au chromosome 17 (DFTP-17)

On a vu la fréquence des formes familiales de démence fronto-temporale : la moitié environ de ces formes familiales sont liées à une mutation du gène de la protéine tau sur le chromosome 17 (17q21-22). Transmises de manière autosomique dominante, ces formes familiales, correspondant à de nombreuses mutations du gène, regroupent sous une appellation unique des présentations cliniques très hétérogènes toutes caractérisées par une accumulation de protéines tau (3-R ou 4-R) dans les neurones (dégénérescence neurofibrillaire ou même corps de Pick) et dans les cellules gliales (« corps bobinés » des oligodendrocytes). Les manifestations cliniques associent en proportions variables des troubles comportementaux (liés à l'atteinte fronto-temporale), un syndrome parkinsonien (lié à l'atteinte des ganglions de la base), une amyotrophie (par atteinte de la corne antérieure de la moelle). Le tableau peut aussi être celui d'une dégénérescence cortico-basale ou encore d'une paralysie supranucléaire progressive. Les noms désignant les DFTG-17 dans la littérature sont nombreux (Reed) et s'inspirent soit du phénotype clinique soit de la répartition neuropathologique des lésions : démence fronto-temporale familiale rapidement progressive, liée au chromosome 17, gliose familiale sous-corticale progressive de Neumann (avec gliose de la substance blanche), dégénérescence pallido-ponto-nigrique (associant syndrome parkinsonien et paralysie supranucléaire), dégénérescence pallido-nigro-luysienne, complexe désinhibition–démence–Parkinson–amyotrophie.

D'autres cas de démence fronto-temporale familiale sans syndrome parkinsonien ont pu être associés avec d'autres chromosomes (3, 15).

Sclérose latérale amyotrophique et démence

La sclérose latérale amyotrophique (SLA), affection décrite par Charcot en 1865, entraîne une dégénérescence progressive des motoneurones de la corne antérieure de la moelle et des nerfs crâniens bulbaires ainsi que des faisceaux pyramidaux. Elle se manifeste par un déficit amyotrophiant intéressant soit un membre supérieur (forme cervicale), soit les deux membres inférieurs (formes dites pseudo-polynévritiques). Ce déficit s'étend puis s'accompagne d'une paralysie labio-glosso-pharyngée avec dysarthrie et troubles de la déglutition. Les formes bulbaires se caractérisent par la précession de la paralysie labio-glosso-pharyngée sur le déficit moteur des membres. Dix à 20 % sont des formes familiales et un petit nombre d'entre elles sont liées à une mutation du gène de la superoxyde dismutase de type 1 sur le chromosome 21. D'autres ont pu être liées à une mutation du gène de la protéine TDP-43. Avant la fin du XIXe siècle, on savait déjà que la SLA pouvait s'accompagner d'une démence. Il est maintenant établi qu'il s'agit d'une démence fronto-temporale qui est observée dans 5 % des cas et un peu plus souvent dans les formes familiales. La symptomatologie est centrée par des troubles comportementaux caractéristiques de la variante frontale des démences fronto-temporales, qui peuvent s'accompagner de troubles aphasiques et/ou sémantiques mais le tableau peut aussi être celui d'une aphasie progressive plutôt non fluente mais dont l'interprétation des troubles est rendue malaisée par la dysarthrie souvent majeure observée dans la SLA (Verceletto). La démence précède le plus souvent la SLA mais elle peut l'accompagner d'emblée ou la suivre. L'imagerie statique et dynamique ne se distingue pas de ce qui est observé dans les démences fronto-temporales. Les examens neuropathologiques mettent en évidence une perte neuronale avec gliose astrocytaire et spongiose laminaire des couches superficielles du cortex notamment au niveau du cortex orbito-frontal mais aussi du pôle temporal, du gyrus parahippocampique, du gyrus cingulaire antérieur mais aussi des régions périsylviennes. Cependant l'élément caractéristique est représenté par des inclusions marquées par les anticorps anti-ubiquitine et pas par les anticorps anti-tau. Ces inclusions s'observent d'ailleurs dans la SLA en particulier au niveau de la corne antérieure de la moelle. Elles sont particulièrement abondantes dans le gyrus denté de l'hippocampe. Il est significatif de noter que ces mêmes inclusions ont pu être observées dans la démence sémantique (non associée à une SLA : Rossor). Il a aussi pu être observé dans une famille la survenue soit d'une démence, soit d'une SLA, soit des deux pathologies. Sur le plan génétique, peuvent entraîner une DFT et/ou une SLA des mutations sur les gènes de la progranuline (chromosome 17), de la Valosine-Containing Protein (chromosme 9), du complexe CHMP2B (chromosome 3 ; voir *supra*).

Rappelons par ailleurs que des syndromes amyotrophiants par atteinte de la corne antérieure de la moelle ont pu être observés au cours des DFTP-17 (voir *supra*, p. 339). Ils sont peu fréquents.

Le syndrome de l'île de Guam (voir *supra*, p. 340) et de la péninsule de Kii au Japon est une variante de SLA accompagnée d'un syndrome parkinsonien et/ou d'une démence associant troubles de la mémoire et du comportement. Les aspects histologiques sont différents de ceux observés dans les associations DFT-SLA. On retrouve en effet des dégénérescences neurofibrillaires superposables à celles observées dans la maladie d'Alzheimer. Leur marquage montre qu'elles sont à la fois ubiquitine-positives et tau-positives. Il s'agit donc d'un cadre nosologique distinct de l'association DFT-SLA à inclusions ubiquitine-positives comme des DFTP-17. Des corps de Lewy, analogues à ceux observés dans la maladie de Parkinson, peuvent être observés dans l'amygdale comme s'il existait une double protéinopathie concernant la protéine tau et l'a-synucléine ou comme si la tauopathie favorisait l'agrégation de synucléine (Forman). Ce syndrome a pu être imputé à la consommation lors de disettes de farine extraite de graines d'un faux palmier : le cycad. Son apparition serait favorisée par une susceptibilité génétique (?) qui pourrait intéresser le gène de la protéine tau ou un autre gène (Poorkaj).

La maladie de Creutzfeldt-Jakob (voir p. 291) peut exceptionnellement se présenter comme un syndrome de la corne antérieure de la moelle qui peut transitoirement donner le change pour une SLA avant que n'apparaissent les autres signes cliniques et en particulier le syndrome démentiel.

Quant à l'association SLA–Alzheimer, il est difficile de dire si elle suppose des mécanismes physiopathologiques communs ou si elle ne fait que témoigner de la fréquence de la maladie d'Alzheimer dans la population générale.

SLA et dysfonctionnements cognitifs non démentiels

L'examen neuropsychologique systématique de patients atteints de maladie de Charcot à forme sporadique montre la grande fréquence de perturbations cognitives mineures intéressant essentiellement les fonctions exécutives, la fluence, la mémoire verbale et visuelle sans qu'un profil caractéristique n'ait pu être dégagé et sans que l'on soit certain que les dysfonctionnements cognitifs affectent davantage les formes pseudo-bulbaires (Dary-Auriol, Abrahams). L'imagerie dynamique peut montrer une hypoperfusion frontale et la latence des potentiels évoqués cognitifs (onde P300) s'est avérée allongée chez 60 % des patients (Gil). Il est possible mais encore prématuré de relier ces distorsions cognitives aux inclusions ubiquitine-positives dont a vu qu'elles sont fréquentes dans la SLA, ce qui en ferait le mode d'expression mineur des démences fronto-temporales montrant ces mêmes inclusions. Les sujets normaux ont de meilleures performances à la mémorisation de mots émotionnels qu'à la mémorisation de mots « neutres ». Cette différence n'a pas été retrouvée dans une population de malades atteints de SLA. Ceci peut être rapproché de la fréquence avec laquelle des inclusions ubiquitine-positives sont retrouvées dans l'amygdale qui joue normalement un rôle clé dans le renforcement de la mémorisation d'informations à contenu émotionnel.

La dégénérescence cortico-basale et les apraxies progressives

La dégénérescence cortico-basale (encadré 16.8) est une 4-R tauopathie (comme la PSP) décrite par Rebeiz sous le nom de dégénérescence cortico-dentato-nigrique

---

Encadré 16.8

Proposition de critères diagnostiques de la dégénérescence cortico-basale (d'après Boeve F *et al. Ann Neurol* 2003 ; 54 : S15-S19)

Critères d'inclusion
- Début insidieux et évolution progressive.
- Pas de cause identifiable (tumeur, infarctus).
- Dysfonctionnement cortical s'exprimant par au moins l'un des signes suivants :
  - apraxie idéomotrice unilatérale ou asymétrique ;
  - main étrangère ;
  - syndrome sensitif « pariétal » ;
  - héminégligence visuelle ou sensitive ;
  - apraxie constructive ;
  - myoclonies focales ou asymétriques ;
  - désintégration phonétique/aphasie non fluente.
- Syndrome extrapyramidal s'exprimant par au moins l'un des signes suivants :
  - rigidité d'un membre ou asymétrique sans réponse probante à la L-dopa ;
  - dystonie d'un membre ou asymétrique.

Investigations en faveur du diagnostic
- Dysfonctionnement cognitif d'intensité variable, focal ou latéralisé avec préservation relative de la mémoire.
- Atrophie focale ou asymétrique à la tomodensitométrie ou à l'IRM, prédominant sur le cortex fronto-pariétal.
- Hypoperfusion observée en tomographie monophotonique ou à émission de positons prédominant sur le cortex fronto-pariétal avec possibilité d'une atteinte associée du thalamus ou des ganglions de la base.

avec neurones achromatiques se caractérisant par une atteinte dégénérative intéressant d'une part le cortex (et surtout les gyri pré- et postcentral, frontal et pariétal supérieurs), d'autre part les noyaux gris centraux et tout particulièrement le
locus niger, de manière asymétrique. La perte neuronale s'accompagne de neurones achromatiques (car ayant perdu leurs corps de Nissl) ; l'accumulation de
protéine tau peut être objectivée par certaines techniques argentiques (méthode
de Gallyas) et par les anticorps antitau phosphorylés dans les neurones et les cellules gliales (plaques astrocytaires et non des « touffes » comme dans la PSP, corps
bobinés des oligodendrocytes). La maladie débute le plus souvent après 60 ans,
au niveau d'un membre, le plus souvent supérieur qui est qualifié de « maladroit », de « raide ». Cette plainte peut aussi intéresser un membre inférieur L'examen montre une rigidité, une akinésie unilatérale ou à prévalence unilatérale
résistant à la L-dopa et très rapidement surchargées d'une posture dystonique,
enraidissant les doigts ou le pied, bien révélée par la marche au cours de laquelle
le membre supérieur (dit en « lévitation ») est anormalement élevé par flexion du
coude et abduction de l'épaule. Des myoclonies s'ajoutent à la dystonie du bras,
accrues par les stimulations tactiles et l'action. Un syndrome pyramidal peut ajouter une note de spasticité à la rigidité, des réflexes vifs voire un signe de Babinski.
L'atteinte sensitive pariétale revêt l'aspect d'un syndrome de type Verger-Déjerine
avec atteinte de la kinesthésie (sens de position des segments de membre, recherché le plus souvent au niveau de l'index et du gros orteil), de la graphesthésie,
une extinction sensitive et une astéréognosie tandis que les sensibilités élémentaires sont préservées. La main devient « étrangère » (voir chapitre 5, p. 96) sous
l'effet de phénomènes composites : désafférentation, mouvements et postures
non contrôlés par la volonté, et maladresse gestuelle. Le malade dit de sa main :
« *elle fait ce qu'elle veut… elle ne m'obéit pas* » comme s'il la personnifiait pour
signifier ainsi son indépendance par rapport à lui-même. Mais la malhabileté ne
relève pas que des désordres moteurs : il existe aussi une apraxie, parfois difficile
à mettre en évidence, idéomotrice et surtout mélokinétique (Soliveri ; voir aussi
chapitre 5, p. 86). Les troubles de la marche, inauguraux une fois sur quatre, ajoutent de l'apraxie et une instabilité posturale. Les troubles oculomoteurs se résument habituellement à une difficulté d'initiation des saccades (différente de la
lenteur et de l'hypométrie des saccades de la PSP ; Rivaud-Pechoux) mais peuvent
tardivement aboutir à une paralysie supranucléaire. Peuvent aussi être observés un
blépharospasme, une dysarthrie, un réflexe de préhension forcée *(grasping)*.

Sur le plan neuropsychologique, les troubles fronto-sous-corticaux, qu'il
s'agisse des fonctions exécutives, de l'attention, de la fluence, sont moins intenses
que dans la PSP. Les troubles de la mémoire respectent la mémoire indicée. Les
troubles moteurs et l'apraxie expliquent les difficultés de reproduction de gestes
et de postures. La compréhension des gestes et notamment des gestes mimant
des utilisations d'objets est longtemps préservée et l'apraxie idéatoire ne s'observe
que tardivement (voir p. 85 *le schéma de Liepmann,* et p. 87). Il existe aussi une
apraxie constructive. La dépression est fréquente et la maladie s'accompagne
avec le temps de troubles comportementaux de type frontal (désinhibition, puis
apathie). Les hallucinations ne sont habituellement pas observées et quand elles
existent, elles doivent faire reconsidérer une synucléinopathie, c'est-à-dire en
l'occurrence une maladie à corps de Lewy diffus (voir encadré 16.3). Peuvent

s'observer des troubles du langage et des troubles visuospatiaux. Les troubles peuvent se présenter au moins initialement comme une atrophie corticale postérieure (Tang-Wai), une aphasie primaire progressive, une anarthrie progressive, une apraxie progressive.

L'imagerie statique montre essentiellement une atrophie pariétale et frontale. L'imagerie dynamique confirme l'hypoperfusion fronto-pariétale aymétrique et parfois des noyaux gris centraux, voire du thalamus.

Sur le plan évolutif, l'atteinte d'un membre se complète dans les 2 ans de l'atteinte d'un autre membre qu'il s'agisse du membre homolatéral (extension à l'hémicorps) ou du membre homologue controlatéral. En quelques années se constitue un handicap majeur ; les troubles cognitifs peuvent conduire à un état démentiel encore que la sévérité du handicap moteur et des troubles de la communication puisse conduire à surestimer l'importance du déficit cognitif.

Les apraxies progressives posent le problème des « formes pariétales » de maladie de Pick qui doivent être confirmées par l'évolution clinique des troubles et qui gardent donc leur autonomie (voir par exemple le cas vérifié sur le plan neuropathologique de Fukui). Rappelons que la DCB, la PSP, mais aussi certaines formes de maladie de Pick sont aussi des 4R-tauopathies. Les chevauchements cliniques avec la PSP ont été abordés ci-dessus.

Kertesz a proposé de regrouper sous le nom de « complexe de Pick » les DFT, la PSPet la DCB. Il ne s'agit pas d'une confusion de ces maladies qui restent distinctes sur le plan histologique et moléculaire. C'est surtout un moyen de se rappeler qu'il existe des syndromes cliniques dont la qualification peut rester indécise ou trompeuse.

La biologie moléculaire et surtout la découverte de marqueurs biologiques permettront peut-être d'affiner dans l'avenir la mise en cohérence des anomalies moléculaires, des populations neuronales touchées et des troubles neuropsychologiques et comportementaux correspondants.

Thérapeutique

Les démences constituent un vaste cadre nosologique mêlant la médecine interne, la neurologie et la psychiatrie. Certaines démences relèvent de traitements spécifiques qui ont été abordés chemin faisant et dont le cadre thérapeutique dépend de l'étiologie. Mais au-delà de cette diversité, il reste la large prépondérance épidémiologique de la maladie d'Alzheimer et des démences vasculaires autour desquelles peut être bâti le schéma général de prise en charge des démences durables et évolutives.

Les objectifs du traitement sont les suivants :

■ maintenir le plus longtemps possible le sujet dans son environnement familial et social ;
■ dépister chez l'accompagnant, donc le plus souvent chez le conjoint, les sentiments d'épuisement, d'esseulement voire de souffrance dépressive ;
■ rechercher et essayer de traiter les perturbations comportementales qui ne peuvent qu'aggraver le risque de désinsertion sociale du dément ;
■ penser à assurer les besoins biologiques élémentaires du dément et en particulier ses modalités de nourriture et d'hydratation ;

■ exclure toute médication risquant d'aggraver le déficit cognitif ;
■ savoir proposer une protection juridique adaptée.

Le cadre thérapeutique

Les examens complémentaires nécessaires au bilan étiologique d'une démence peuvent nécessiter plusieurs allées et venues du domicile à un centre spécialisé voire une hospitalisation qui devrait être aussi brève que possible. En règle générale, à ce stade, la démence est de degré 0,5 ou 1 (voir tableau 16.I). Le malade reconnaît le plus souvent que sa mémoire est défectueuse et il est capable, pour une large part, de comprendre et d'accepter la mise en œuvre des examens complémentaires. Mais l'état mnésique du sujet nécessite que des explications lui soient réitérées à la moindre manifestation d'angoisse. En outre, il est nécessaire que le conjoint ou un proche accompagnent le malade, ce qui atténue l'angoisse du patient et permet d'impliquer le proche dans la prise en charge de son malade, ce qui constitue une puissante garantie d'observance médicamenteuse, une aide dans l'évaluation de l'évolution, une manifestation de la qualité de l'insertion sociale.

Les modalités de la thérapeutique

Les thérapeutiques spécifiques

Il s'agit d'abord du traitement de la maladie cause de la démence comme le traitement de la paralysie générale par la pénicilline ou l'exérèse d'un adénome hyperparathyroïdien chez un sujet présentant une encéphalopathie hypercalcémique. Le traitement de la maladie causale peut être symptomatique comme la correction d'un trouble métabolique telle une hypocalcémie liée à une hypoparathyroïdie primitive. Le traitement de la maladie causale peut être d'ordre préventif comme le traitement médical (antiagrégants plaquettaires) ou chirurgical (endartériectomie) d'une athérosclérose des artères à destinée cérébrale.

Il s'agit le plus souvent du traitement de la démence elle-même, c'est-à-dire des perturbations cognitives. Certains médicaments ont pour but d'amender les déficits de la neurotransmission secondaires à la démence. Il peut aussi s'agir de médicaments visant à ralentir la mort neuronale, à restaurer les cellules souffrantes. Ces médicaments restent encore pour la plupart d'entre eux du domaine de la recherche et leur importance devrait croître dans les années qui viennent.

Les démences fronto-temporales (DFT)

Les pistes thérapeutiques spécifiques sont encore minces. Les DFT s'accompagnent d'un déficit sérotoninergique, ce qui peut inciter à la prescription d'inhibiteurs de la recapture de la sérotonine en particulier la paroxétine et la trazodone (300 mg pro die), ce dernier médicament ayant pu notamment améliorer les troubles comportementaux, mais aucun médicament ne paraît actuellement pouvoir agir sur l'évolution de la maladie.

La maladie d'Alzheimer

L'hypothèse cholinergique de la maladie d'Alzheimer avait d'abord suscité plusieurs essais de la physiostigmine, inhibiteur de la cholinestérase dont l'effet thérapeutique est apparu équivoque. C'est en 1986 qu'un essai préliminaire indiqua qu'un autre inhibiteur central de la cholinestérase, la tacrine, avait amélioré quelques malades atteints d'une démence d'Alzheimer, certains de manière spectaculaire. Ce fut alors le début d'une controverse alimentée par les résultats contradictoires des études qui suivirent, comme des craintes sur la tolérance du médicament. Puis deux études permirent la reconnaissance officielle de l'activité symptomatique de ce médicament, rapidement tombé en désuétude pour au moins deux raisons : la contrainte représentée par la nécessité d'une surveillance des transaminases sériques et la mise sur le marché de nouvelles molécules.

Trois substances cholinergiques ont suivi : le donépézil, la rivastgmine, la galantamine. Leurs indications ont été d'emblée centrées sur les formes légères et modérées de la maladie. On souligna certes leurs effets secondaires digestifs et bradycardisants, mais l'espérance vint de leur activité symptomatique sur le déficit cognitif. Il fut même postulé une action certes modeste mais favorable sur l'évolution de la maladie, cette action apparaissant, entre autres, en cohérence avec les liens qui unissaient l'acétylcholine et la production de b-amyloïde (voir *supra*) et encourageaient une prescription précoce (Burns *et al.*, 1999 ; Rosler *et al.*, 1999). Des travaux suggéraient aussi une activité sur le déficit cognitif et les hallucinations de la démence à corps de Lewy diffus (Shea *et al.*, 1998). Ils furent également crédités d'une activité thérapeutique dans les démences parkinsoniennes (rivastigmine). On rechercha aussi une influence favorable sur les troubles comportementaux. On sut vite néanmoins qu'il était préférable de les éviter dans les démences fronto-temporales. On espéra d'autres substances cholinergiques comme le métrifonate tandis que la préservation, au moins relative, dans la maladie d'Alzheimer, des récepteurs muscariniques corticaux postsynaptiques conduisait à évaluer des substances agonistes.

À côté de ces thérapeutiques fondées sur la restauration d'un déficit de la neurotransmission, et dont fut même espérée une avancée thérapeutique aussi importante que fut le modèle de la L-dopa pour la maladie de Parkinson, la mémantine, antagoniste des récepteurs NMDA, parut ouvrir la voie aux antiglutamates, visant à ralentir la mort neuronale ; ainsi, le médicament fut décrit comme améliorant tant sur le plan cognitif que comportemental les patients atteints de démence d'Alzheimer, mais aussi de démence vasculaire. Il obtint son autorisation de mise sur le marché dans les formes modérément sévères à sévères de la maladie d'Alzheimer avec des effets indésirables rares (hallucinations, confusion, vertiges).

C'est ainsi que s'ouvrit une période d'intenses recherches thérapeutiques, stimulées par les premiers médicaments dont l'effet même modeste fut considéré comme ouvrant la voie à de nouvelles avancées, par l'importance épidémiologique de la maladie, par le développement d'une prise de conscience internationale (tout au moins des pays industrialisés) sur les conséquences de l'accroissement de la longévité, par le développement des connaissances sur la maladie et des hypothèses sur sa physiopathologie (voir encadré 16.9 et figure 16.1). À ce jour (et depuis 2002 en France), aucun nouveau médicament ne s'est ajouté à la liste des quatre premiers. Même l'immunisation Aβ n'a pas pu faire la preuve de son efficacité (encadré 16.9).

Encadré 16.9

Les principales pistes thérapeutiques de la maladie d'Alzheimer

À lire en parallèle avec la figure 16.1 pour repérer les cibles qui pourraient être thérapeutiques. Voir aussi le texte du paragraphe traitant plus haut de la maladie d'Alzheimer.

La constatation du déficit cholinergique de la maladie d'Alzheimer a donc conduit après les balbutiements de la tacrine, au surgissement de trois inhibiteurs de la cholinestérase : le donépézil, la rivastigmine, la galantamine. L'activité de ces molécules sur les manifestations cognitivo-comportementales de la maladie d'Alzheimer est globalement similaire et modérée. Il est difficile d'imaginer que de nouveaux médicaments issus de cette classe pharmacologique puissent apporter un gain significatif par rapport aux trois produits actuellement commercialisés. Le quatrième médicament, la mémantine, est un antiglutamatergique (bloquant les récepteurs NMDA) et son efficacité, elle aussi modérée, se fonde donc sur la limitation de l'excitotoxicité du glutamate, liée entre autres à l'inflation calcique intracellulaire, à la production de radicaux libres et à l'activation des voies pro-apoptotiques.

Ces deux classes pharmacologiques dessinent les deux grandes voies de recherche thérapeutique au cours de la maladie d'Alzheimer :

- rechercher des médicaments susceptibles d'amender les conséquences des perturbations cellulaires et moléculaires de la maladie : c'est la voie « spécifique » ;
- rechercher des médicaments susceptibles de ralentir la souffrance neuronale donc la perte neuronale indépendamment des anomalies moléculaires et cellulaires qui ont induit la souffrance cellulaire : c'est la voie aspécifique.

Perspectives thérapeutiques « spécifiques »

La maladie d'Alzheimer (MA) est une protéinopathie complexe affectant au moins deux groupes de protéines : la protéine b-amyloïde dont l'agrégation constitue les plaques séniles et les protéines tau hyperphosphorylées dont l'accumulation est l'expression moléculaire de la dégénérescence neurofibrillaire (DNF). L'interaction de ces deux processus métaboliques cytopathogènes conduit à la souffrance et à la mort neuronale. Les perspectives thérapeutiques peuvent donc viser et l'amyloïdopathie et la tauopathie alzheimériennes.

Comment agir sur le processus amyloïdogène ?
Diminuer la production de peptide Ab

La production de peptide Ab est régulée par les sécrétases qui clivent l'APP : les alpha sécrétases scindent lors de ce clivage la séquence d'acides aminés constitutive du peptide Ab, tandis que les b et g sécrétases respectent cette séquence, induisant ainsi l'amyloïdogenèse. La diminution de la production du peptide Ab peut donc être obtenue en exaltant l'activité des a sécrétases ou en diminuant l'activité des b et g sécrétases.

- La stimulation des a sécrétases peut être obtenue par l'activation des récepteurs cholinergiques muscariniques M1 : des agonistes de ces récepteurs sont à l'étude.
- L'inhibition des b et g sécrétases : l'inhibition des b sécrétases en est encore aux balbutiements de phase 1. La diversité des substrats des g sécrétases, qui comprennent en particulier les récepteurs Notch, explique les effets léthaux qui ont pu être observés chez la souris en utilisant des produits inhibant totalement ces sécrétases. Les recherches s'orientent plutôt vers des substances modulatrices respectant le métabolisme des récepteurs Notch. Ainsi certains anti-inflammatoires peuvent baisser la production d'Ab42 au profit d'Ab40 moins toxique (comme le R-flurbiprofen).

▶

Inhiber l'agrégation du peptide Ab
Le peptide Ab est une métalloprotéine avec des sites de liaison pour le Zn et le Cu :
le clioquinol antibiotique chélateur du cuivre et du zinc inhibe l'amyloïdogenèse des
souris transgéniques sans que son activité chez l'Homme ait pu encore être confirmée. Le tramiposate, inhibiteur de l'agrégation d'Ab est en cours d'évaluation.
La dégradation du peptide Ab
L'insolubilité des agrégats d'Ab pourrait être contournée par certaines protéases
(comme la néprilysine) dont on recherche des facteurs activateurs potentiellement
thérapeutiques.
L'immunothérapie Ab
L'immunisation Ab active ou passive par injection du peptide ou d'anticorps anti-Ab
réduit la charge lésionnelle et améliore l'apprentissage de souris transgéniques. Après
la suspension d'un essai thérapeutique par immunothérapie active en raison de la survenue de méningo-encéphalites, d'autres essais sont en cours. Les anticorps produits
réduisent les dépôts amyloïdes par des mécanismes qui restent à préciser : induction
d'une phagocytose, désagrégation ou inhibition de l'agrégation d'Ab, séquestration
d'Ab par les anticorps circulants réduisant ainsi leur accumulation intracérébrale ? Mais
la négativité des derniers résultats conduira-t-elle à abandonner définitivement ce qui
était pourtant une espérance thérapeutique considérée comme bien argumentée ?

**Comment agir sur la dégénérescence neurofibrillaire donc sur l'hyperphosphorylation
des protéines tau ?**
La déphosphorylation de la protéine tau restaure *in vitro* leur capacité biologique à
se lier aux microtubules et à les stabiliser. Si la DNF est plutôt considérée dans la MA
comme une conséquence de l'amyloïdogenèse, certaines mutations du gène de la
protéine tau induisent des tauopathies qui sont le support moléculaire de démences
fronto-temporales et peuvent ainsi seules entraîner une mort neuronale. Un déséquilibre entre les kinases et les phosphatases peut induire l'hyperphosphorylation.
Inhibition des tau kinases
Les recherches sur l'hyperexpression de l'activité de kinases ont été faites sur des
souris porteuses de mutations diverses sur le gène de la protéine tau voire sur des
souris triplement transgéniques développant une pathologie mixte amyloïde et tau.
Ainsi peuvent être testés des substances inhibitrices de protéines kinases qui pourraient ouvrir des voies thérapeutiques dans les démences fronto-temporales comme
dans la maladie d'Alzheimer. Parmi les substances potentiellement inhibitrices de
kinases peuvent être cités le lithium et le valproate de sodium qui en raison de leur
inhibition de la GSK3 b sont entrés dans la phase des essais cliniques.
Activation des tau phosphatases
En complément de l'inhibition de kinases, l'activation de phosphatases pourrait
réduire l'hyperphosphorylation des protéines tau. L'un des modes d'action de la
mémantine pourrait être sa capacité à restaurer l'activité de la phosphatase PP2A en
agissant sur ses voies de signalisation.
Inhibition de l'agrégation de protéines tau : un débat ouvert
La progression spatiale conjointe de la DNF et de la mort neuronal au cours de la MA
ont pu suggérer que les molécules inhibant l'agrégation des protéines tau pourrait
avoir un effet favorable sur la mort neuronale. Toutefois certains auteurs suggèrent
que l'agrégation tau serait un mécanisme protecteur permettant la séquestration
des formes toxiques de la protéine tau.

Perspectives thérapeutiques aspécifiques ?
L'accumulation de protéines cytopathogènes génère une souffrance cellulaire avec
activité inflammatoire, inflation calcique intracellulaire, production de radicaux libres.

▶
Anti-inflammatoires
Les plaques séniles suscitent une réaction inflamatoire microgliale, astrocytaire avec production de cytokines inflammatoires. Il a été suggéré que la prescription d'anti-inflammatoires non stéroïdiens au long cours puisse avoir un effet préventif sur la maladie. Il est encore difficile d'apporter la preuve de l'activité thérapeutique de ces molécules qui pourraient peut-être aussi agir par une inhibition des g sécrétases (voir *supra*).

Inhibiteurs calciques
Ils n'ont pas pu faire la preuve de leur action et l'activité des substances anti-oxydantes visant à limiter la production radicalaire satellite du stress oxydatif reste encore marginale.

Mort neuronale et contrôle traductionnel
Certaines kinases interviennent (voir *supra*) sur l'hyperphosphorylation des protéines tau. Mais en outre, les modèles expérimentaux de maladie d'Alzheimer (cultures de neurones, souris transgéniques) indiquent des perturbations de la synthèse protéique s'exprimant par l'activation de protéines kinases pro-apoptotiques comme PKR ou anti-apoptotiques comme M-TOR ou p70S6k. Des données convergentes ont été obtenues par le dosage de ces protéines dans les lymphocytes de malades Alzheimer. L'inhibition ou l'activation de ces protéines kinases pourront-elles représenter aussi un approche thérapeutique ?

Parallèlement, l'évaluation des médicaments déjà commercialisés a été reconsidérée sur la base des méta-analyses relevées dans la littérature. Les effets secondaires, notamment cardiaques, des anticholinestérasiques ont conduit à remettre en cause les prescriptions au long cours « automatisées », et ce d'autant que les études n'ont pas prouvé la persistance des effets symptomatiques au-delà d'un an. Par ailleurs, on ne peut affirmer pour aucun des quatre médicaments qu'ils améliorent la qualité de vie ou retardent l'entrée en institution. Mais les conclusions contradictoires de certaines études (montrant par exemple pour l'association mémantine–anticholinestérasique qu'elle retarde l'entrée en institution) doivent-elles être mises sur le compte seulement de leur méthodologie (par exemple études observationnelles, non randomisées, avec des populations hétérogènes quant aux déficits cognitifs) ? Comment discerner éventuellement des sujets répondeurs aux thérapeutiques de sujets non répondeurs ?

Les études évaluant les anticholinestérasiques et la mémantine sur les troubles du comportement, en considérant celles qui ont utilisé l'inventaire neuropsychiatrique de Cummings, ont donné des résultats contrastés ; cependant, certaines orientent vers un effet modeste mais significatif sur l'apathie, l'anxiété et la dépression pour les anticholinestérasiques, et sur l'agitation et l'agressivité pour la mémantine (Vandel *et al.*, 2009).

Aussi est-il actuellement recommandé d'utiliser un anticholinestérasique dans les formes légères de la maladie, un anticholinestérasique ou la mémantine dans les formes modérées, la mémantine dans les formes sévères. La poursuite du traitement au-delà d'un an doit se faire au cas par cas, en mettant en balance le bénéfice escompté et les effets secondaires digestifs, cardiaques, de même que les associations médicamenteuses notamment avec des psychotropes.

Les traitements des troubles comportementaux

Décrits plus haut, les troubles du comportement doivent toujours faire d'abord l'objet d'une enquête étiologique rigoureuse, avec une attention particulière à leurs causes iatrogènes ou médicales. Certes, les troubles neuropsychiatriques ont pu être reliés à l'atteinte de telle ou telle partie du cerveau (Bruen *et al.*, 2008), mais il faut se garder d'interprétations trop automatisées qui ne tiendraient pas compte de la personnalité antérieure des malades, de leurs conditions de vie, de leur tissu familial et du fait que les troubles neuropsychologiques bouleversent les interactions sociales, la manière d'interpréter le monde, la manière d'exister dans un tissu familial et social. L'agnosie, les difficultés langagières, les modifications émotionnelles déforment cet environnement, le rendent plus difficilement compréhensible. Comment par ailleurs dire ses désirs et ses craintes quand les mots manquent, quand le lieu où l'on vit paraît étrange, quand on est contraint à de nouvelles habitudes de vie ? On ne peut donc que redire qu'il faut privilégier à l'égard des malades les attitudes d'écoute, d'accompagnement avant de se précipiter sur des médicaments. L'indication des traitements psychotropes doit, en raison de leurs effets secondaires, être mûrement pesée. Seuls doivent être traités les troubles qui sont susceptibles, en aggravant la présentation clinique de la démence, d'entraîner une souffrance morale du malade ou d'entraîner un épuisement de l'entourage.

Parmi les antidépresseurs, on est peu tenté de prescrire des produits à effets secondaires anticholinergiques marqués, compte tenu du déficit cholinergique observé dans cette maladie. On préférera donc les inhibiteurs de la recapture de la sérotonine, même si aucun médicament ne peut se prévaloir d'une indication préférentielle dans les syndromes démentiels, que ce soit en raison de son efficacité ou de sa tolérance. La dépression ne doit pas être confondue avec l'apathie (voir *supra* et chapitres 17 et 19).

Ce sont plutôt les benzodiazépines à demi-vie courte comme le lorazépam, l'oxazépam ou l'alprazolam qui peuvent être utilisées quand le besoin de recourir à un anxiolytique s'impose. Les posologies initiales doivent être faibles et l'ascension posologique progressive. Les traitements doivent être d'aussi courte durée que possible.

L'utilisation de neuroleptiques est toujours un dilemme en raison de la contre-indication de principe de cette classe thérapeutique dotée d'effets secondaires majeurs. Mais que faire par exemple devant un tableau d'agitation incontrôlable sous-tendue par une production délirante et hallucinatoire ? Leur utilisation privilégie les médicaments antipsychotiques antagonistes sérotoninergiques (comme la rispéridone ou l'olanzapine), dotés de peu d'effets extrapyramidaux. Mais les autres effets secondaires, notamment la somnolence et les chutes, demeurent, de même que les risques d'accident vasculaire cérébral et d'aggravation du déficit cognitif. Aussi doit-on privilégier les posologies les plus faibles et les traitements les plus brefs. Le sommeil du dément peut être interrompu par des salves d'onirisme ou par des réveils fréquents dont la signification dépressive peut être discutée. Tout cela peut aboutir à de grands bouleversements du rythme nycthéméral difficilement supportables pour l'entourage. On peut alors tenter la prescription de zolpidem ou de zopiclone, habituellement mieux tolérés que les benzodiazépines à vie courte.

Les prescriptions de psychotropes doivent, chez le sujet dément, être particulièrement motivées, en évitant les polymédications, en utilisant des posologies initiales faibles, une ascension posologique progressive et en contrôlant l'observance à l'aide de l'entourage. Il est sans doute souhaitable, avant d'utiliser des médicaments psychotropes, même avec les précautions énoncées ci-dessus, et sauf urgence, de recourir d'abord aux anticholinestérasiques ou à la mémantine (voir *supra*).

Les normothymiques (carbamazépine, valproate) ont fait l'objet de peu d'évaluations. Leur prescription ne peut être que soigneusement pesée (états d'agitation et d'hostilité, symptomatologie de type bipolaire) en prêtant l'attention requise à leurs effets secondaires.

Prise en charge médico-sociale

L'hétérogénéité des déficits cognitifs de la démence d'Alzheimer peut susciter une prise en charge rééducative des déficits mnésiques fondée sur une évaluation neuropsychologique détaillée qui permettra d'adapter une stratégie centrée sur les points suivants : tenter de faciliter l'apprentissage ou le rappel en fonction des facteurs d'optimisation repérés lors de l'évaluation ; faire acquérir de nouvelles connaissances en recherchant les capacités préservées tout particulièrement en mémoire implicite et en mémoire procédurale ; aménager l'environnement et utiliser des aide-mémoire externes (Van der Linden et Juillerat, 1998). La revalidation cognitive n'est pas une stimulation aspécifique. Elle nécessite des investigations neuropsychologiques approfondies pour être adaptée à chaque malade en fonction de ses troubles et de ses besoins. Il faut ajouter l'attention à porter à la marche, à l'activité gestuelle, à l'adaptation éventuelle de l'habitat. La maladie peut ainsi mobiliser de nombreuses compétences : psychologues, orthophonistes, psychomotriciens, ergothérapeutes. Mais les projets de soins ne peuvent être déployés qu'articulés avec un accompagnement social dans des structures en lien avec les médecins de famille et œuvrant au plus près des citoyens, avec des travailleurs sociaux et des infirmiers. Or, au-delà de ces aspects techniques, la prise en charge doit d'abord inscrire en contrepoint le souci de maintenir le lien social avec le malade, de lui permettre de s'exprimer et ainsi de continuer d'« être-au-monde ». La pratique d'une activité artistique (qu'on l'appelle ou non art-thérapie), d'une activité physique adaptée, la présence dans l'institution d'animaux de compagnie ou d'un jardin peuvent certes solliciter les processus cognitifs, mais elles s'inscrivent d'abord dans le souci de maintenir les interactions sociales qui sont coextensives à l'existence humaine. Les associations conseillent les familles en détresse, organisent des rencontres d'informations et de soutien, sont l'occasion pour chacun de partager ses expériences.

Aussi la prise en charge du malade ne peut-elle s'envisager sans une analyse de son tissu familial et social. La destinée d'une personne atteinte d'un syndrome démentiel n'est pas la même si elle vit seule ou accompagnée, si elle a des enfants ou non, si les enfants demeurent à proximité ou s'ils sont dispersés, si elle vit en campagne ou en milieu urbain, si elle a des revenus importants ou modestes. Le malade isolé, sans compagnon ni famille, vivant à la campagne, sera *volens nolens* un candidat précoce à l'institutionnalisation. Or, si cette dernière est un déracinement, elle est aussi le moyen de protéger le malade, incapable de subvenir à ses besoins ; elle peut aussi lui donner un nouveau cadre de vie sociale, ouverte sur la cité, soucieuse de préserver le lien intergénérationnel et d'être assez accueillante pour être un lieu de rencontre entre le malade, sa famille, des amis. Encore faut-il que les objectifs de soins de l'institution soient clairement définis et que celle-ci ne se contente pas d'être une garderie, le signe de la mort relationnelle et sociale, et l'antichambre de la mort biologique.

La prise en charge du malade Alzheimer doit idéalement associer le médecin de famille, l'équipe soignante institutionnelle et la personne, souvent le conjoint, qui représente le point d'ancrage dans une réalité fuyante, le remède à l'égard des incertitudes. Cette mission de l'accompagnant, puisée légitimement dans l'histoire personnelle, doit être reconnue par sa collaboration officielle aux soins. Son rôle est essentiel dans la gestion des prises médicamenteuses et donc dans l'observance des thérapeutiques instituées. Son opinion doit être prise en compte quand il s'agit d'apprécier l'évolution des troubles, vue à travers l'adaptation du malade à la vie de chaque jour. Sa détresse psychologique doit être écoutée quand vient le temps où l'aggravation des troubles entravera toute la vie relationnelle du malade devenu agressif ou indifférent, agité ou passif, renvoyant l'accompagnant à une douloureuse solitude. L'accompagnant est ainsi sujet à l'épuisement : il peut négliger sa propre santé et aller au-delà de ses forces. La prise en charge du malade Alzheimer est aussi la prise en charge de son accompagnant. Vient alors le moment du placement en institution : il est souhaitable que ce placement soit programmé donc anticipé. Hélas ! trop souvent encore, c'est à l'occasion d'une confusion mentale, d'un épisode infectieux que le dément est projeté vers un service de court séjour qui n'est que le prétexte à l'attente d'un moyen séjour. Parfois, plusieurs allées et venues précèdent le placement définitif en long séjour. Le dément est aggravé par l'instabilité de son cadre de vie, par son incapacité à apprendre de nouveaux environnements. Les raisons de ces atermoiements sont multiples. Un sentiment de culpabilité conduit un conjoint épuisé à refuser d'admettre le départ du malade en maison de retraite ou en long séjour. Les enfants, quand ils ne vivent pas sous le toit du malade, ont du mal parfois à apprécier l'intensité du désarroi de celui de leurs parents à qui incombe la charge du malade. Mais il faut dire aussi que le coût de la maison de retraite comme du long séjour sanitaire est souvent pour la famille une révélation qui paralyse toute décision. C'est dans cette dynamique que s'inscrit un jour la décision d'une mesure de protection juridique faite pour protéger les biens de la personne âgée et non pas l'héritage des enfants. Ce qui veut dire qu'une personne âgée comme tout être humain a droit à des caprices, qu'il ne s'agit donc pas de lui enlever la libre disposition de ce qu'elle a acquis pendant sa vie, mais qu'il s'agit en revanche de la protéger d'éventuels prédateurs, et de permettre que les biens et les revenus du patient servent à son mieux-être. Car toute mesure de protection est privative de liberté, et il faut éviter de donner au malade l'impression d'être dépouillé de ses biens comme de tout pouvoir à leur égard. Il ne faut donc pas proposer au juge une mesure de tutelle alors qu'une mesure de curatelle est suffisante au simple motif qu'une mesure de tutelle sera inéluctable à bref délai et qu'il peut au premier degré paraître logique d'éviter des procédures répétitives. Car la mesure de tutelle signifie que le sujet a besoin d'être représenté de manière continue dans tous les actes de la vie civile. Heureusement, la suppression du droit de vote n'est plus automatique en France, la décision appartenant au cas par cas au juge. Thérapeutiques médicamenteuses, décisions de placement, mises en œuvre d'une mesure de protection juridique posent sans cesse la question éthique de savoir comment respecter au maximum les désirs du patient même s'ils sont difficilement analysables. Il ne s'agit pas bien sûr de dire que le malade pourra toujours garder une lucidité décisionnelle : on sait hélas qu'il n'en est rien ; mais il faut sans cesse quêter un fragment de lucidité restante, ce qui constitue le plus sûr moyen d'éviter la chosification du sujet dément et donc de respecter sa dignité humaine.

La stimulation cérébrale profonde a-t-elle un avenir dans le traitement symptomatique de la maladie d'Alzheimer ?

Un pré-requis nécessaire : le « réseau du mode par défaut »

L'imagerie fonctionnelle a pu montrer que, quand un individu, quoique vigilant, n'est pas ou n'est plus engagé dans une tâche cognitive, les activités de réseaux centrés sur la tâche laissent place à une activité neuronale qui s'organise dans des régions cérébrales appelées réseau du mode par défaut (*default mode network*) et dont les structures-pivots (*hubs*) sont le cortex cingulaire postérieur, le précunéus et le cortex préfrontal médian ventral et dorsal. Ce réseau se désactive à chaque fois que le sujet s'engage dans une tâche cognitive. Lieu de convergence des informations venues du monde environnant (« les autres ») et de la conscience de Soi (ou Self), ce réseau, engagé dans l'introspection, assure la cohérence entre la mémoire autobiographique et la projection vers le futur. Or on a pu remarquer que :

- les malades Alzheimer perdent cette capacité d'alterner l'activité des réseaux centrés sur une tâche et celle du réseau du mode par défaut quand ils s'engagent dans une tâche cognitive puis s'en désengagent ;
- les régions sièges d'un hypométabolisme lors de la maladie d'Alzheimer sont pour certaines d'entre elles des régions impliquées dans le réseau du mode par défaut, comme la région cingulaire postérieure, connectée à l'hippocampe, et tous deux cibles du processus lésionnel alzheimérien (Mevel *et al.*, 2010) ;
- les désordres de la connectivité, consécutifs aux lésions de régions lésées par la maladie d'Alzheimer, impliqueraient aussi en cascade les structures qui font partie du réseau du mode par défaut. Il est ainsi possible de concevoir que les dysfonctionnements cognitifs observés dans la maladie d'Alzheimer sont certes le retentissement direct du processus lésionnel, mais aussi le retentissement fonctionnel à distance de toutes les structures connectées au réseau du mode par défaut (Lyketsos *et al.*, 2012), et ce même s'il s'agit de structures saines, par un mécanisme de type diaschisis.

La stimulation du fornix (donc de l'hippocampe) pourrait-elle faire plus qu'améliorer le fonctionnement mnésique ?

Le fornix (ou trigone) unit l'hippocampe aux corps mamillaires et fait partie du circuit de Papez (figure 1.3). Il a pu être constaté chez un patient en cours d'intervention pour stimulation cérébrale profonde destinée à traiter une obésité que la stimulation peropératoire de l'hypothalamus, de manière adjacente au fornix, déclenchait des épisodes de « déjà vu » liés à des reviviscences de scènes de son passé. Exploré après la pose des électrodes, il fut constaté que quand la stimulation était active (« on »), le sujet améliorait ses capacités de rappel en mémoire épisodique (Hamani *et al.*, 2008). Un essai de phase I fut ensuite entrepris (Laxton *et al.*, 2010) sur une série de six malades Alzheimer au stade léger, auxquels fut proposée une stimulation cérébrale profonde du fornix. L'imagerie montra, à 6 mois et à un an, une amélioration de la consommation de glucose des régions temporopariétales, des circuits mnésiques au niveau des aires entorhinales et hippocampiques, mais aussi au niveau de l'ensemble des structures impliquées dans le réseau du mode par défaut. Ces résultats d'imagerie pouvaient laisser espérer des résultats cliniques incontestables et dépassant même le domaine cognitif de la mémoire. Pourtant, les résultats cliniques sont loin d'être évidents : les scores au MMS pour les six malades se sont étalés en un an entre un gain de 2 points et une perte de 8 points. Sur une échelle clinique évaluant, par l'interrogatoire, l'impression que les sujets on de leur évolution, quatre ne relataient aucun changement à un an, un faisait état d'une amélioration minime et un faisait état d'une aggravation minime. Les résultats considérés comme les plus favorables ont intéressé les sujets les moins atteints. Ces résultats ont néanmoins été considérés comme assez encourageants pour mettre en place d'autres études d'évaluation de la stimulation cérébrale profonde du fornix. Une autre cible pourrait être le noyau de Meynert, précocement atteint dans la maladie d'Alzheimer (Hardenacke *et al.*, 2012).

Outre les risques opératoires après 70 ans d'une technique chirurgicale qui serait réservée aux malades jeunes avec une maladie débutante, la question reste posée de savoir si la stimulation cérébrale profonde est un objectif raisonnable de traitement d'une maladie évolutive dont les cibles de stimulation sont des structures atteintes par le processus lésionnel, et ce même si l'on espère, par analogie avec des études animales, une stimulation de la neurogenèse ou de la synthèse des facteurs de croissance nerveuse.

Bibliographie

Abrahams S, Goldstein LH, Chalabi AA, et al. Relation between cognitive dysfunction and pseudobulbar palsy in amyotrophic lateral sclerosis. J Neurol Neurosurg Psychiatry 1997;62: 464–72.

Ajuriaguerra J de, Diatkine R, Badaraco G. Psychanalyse et neurobiologie. Psychanalyse d'aujourd'hui, vol. 2. Paris: PUF; 1956. p. 437–98.

Ajuriaguerra J de, Strejilevitch M, Tissot R. À propos de quelques conduites devant le miroir de sujets atteints de syndromes démentiels du grand âge. Neuropsychologia 1963;1:59–73.

Alladi S, Sivaranjani CH, Shailaja M, et al. Empathy and frontal behavioral patterns discriminate between vascular dementia, Alzheimer's disease and frontotemporal dementia. Alzheimer's & Dementia 2011;7(4). Supplement:e43–4.

Allain P, Kauffmann M, Dubas F, Berrut G, Le Gall D. Fonctionnement exécutif et vieillissement normal : étude de la résolution de problèmes numériques ? Psychol Neuopsychiatr Vieil 2007;5(4):315–25.

Apaydin H, Ahlskog JE, Parisi JE, et al. Parkinsons disease neuropathology. Later developing dementia and loss of levodopa response. Arch Neurol 2002;59:102–12.

Arroyo–Anllo EM, Ingrand P, Neau JP, et al. Pictorial and lexical priming patterns of implicit memory in Alzheimer's and Parkinson's disease patients. European Journal of Cognitive Psychology 2004;16:535–53.

Arroyo-Anllo EM, Bellouard S, Ingrand P, Gil R. Effects of automatic/controlled access processes on semantic memory in Alzheimer's disease. Journal of Alzheimer's Disease 2011;24:1–9.

Attali E, De Anna F, Dubois B, Dalla Barba G. Confabulation in Alzheimer's disease : poor encoding a, d retrieval of over-learned information. Brain 2009;132:204–12.

Azevedo FAC, Carvalho LRB, Grunberg LT, et al. Equal numbers of neuronal and non neuronal cells make the human brain an isometrically scaled-up primate brain. The Journal of Comparative Neurology 2009;513:532–41.

Bailey PE, Henry JD. Growing less empathic with age : disinhibition of the self-perspective. J Gerontol B Psychol Sci Soc Sci 2008;63:210–26.

Baird A, Samson S. Memory for music in Alzheimer's disease : unforgettable ? Neuropsychology Review 2009;19(1):85–101.

Beach TG, Sue L, Layne K, et al. Hippocampal sclerosis dementia with tauopathy. Brain Pathol 2003;13:263–78.

Belleville S, Crepeau F, Caza N, Rouleau N. La mémoire de travail dans la démence de type Alzheimer. In: Eustache F, Agniel A, eds. Neuropsychologie des démences. Marseille: Solal; 1995. p. 167–78.

Belliard S, Duval-Gombert A, Coquet M, et al. La démence sémantique, à propos de 7 cas. In: Gely-Nargeot MC, Ritchie K, Touchon J, eds. Actualités sur la maladie d'Alzheimer et les démences apparentées. Marseille: Solal; 1998.

Berrios GE, Markova IS. Insight in the psychoses : a conceptual history. In: Amador XF, David AS, eds. Insight and psychosis, vol. 1. Oxford: Oxford UniversityPress; 1998.

Binetti G, Mega M, Magni E, et al. Behavioral disorders in Alzheimer disease : a transcultural perspective. Arch Neurol 1998;55:539–44.

Blass DM, Hatanpaa KJ, Brandt J, et al. Dementia in hippocampal sclerosis resembles frontotemporal dementia more than Alzheimer disease. Neurology 2004;63:492–7.

Blazer D. Neurocognitive disorders in DSM-5. Am J Psychiatry 2013;170(6):585–7.

Boccardi M, Sabattoli F, Laakso MP. Frontotemporal dementia as a neural system disease. Neurobiology of Aging 2005;26:37–44.

Bodis-Wollner I, Marx MS, Mitra S, Bobak P, Mylin L, Yahr M. Visual dysfunction in Parkinson's disease. Loss in spatio-temporal contrast sensitivity. Brain 1987;110:1675–98.

Boeve B, Dickson D, Duffy J. Progressive non fluent aphasia and subsequent aphasic dementia associated with atypical progressive supranuclear palsy. Eur Neurol 2003;49:72–8.

Bologna SM, Camp CJ. Covert versus overt self-recognition in late stage Alzheimer's disease. Journal of the International Neuropsychological Society 1997;3:195–8.

Bordet R, Destée A. De la maladie de Parkinson à la maladie des corps de Lewy. La Presse Médicale 1992;21(15):708–11.

Botwinick J. Aging and Behavior. New York: Springer; 1983.

Bozeat S, Gregory CA, Lambon MA, et al. Which neuropsychiatric and behavioural features distinguish frontal and temporal variants of frontotemporal dementias from Alzheimer's disease ? J Neurol Neurosurg Psychiatry 2000;69:178–86.

Braak H, Braak E. Argyrophilic grains disease : frequency of occurrence in different age categories and neuropathological diagnostic criteria. J Neural Transm 1998;105:801–19.

Braak H, Del Tredici K, Rüb U, et al. Staging of brain pathology related to sporadic Parkinson's disease. Neurobiology of Aging 2003;24:197–211.

Braak H, Rüb U, Jansen Steur ENH, et al. Cognitive status correlates with neuropathologic stage in Parkinson's disease. Neurology 2005;64:1404–10.

Broussolle E, Backhine S, Tommasi M, et al. Slowly progressive anarthria with late anterior opercular syndrome : a variant form of frontal cortical atrophy syndromes. J Neurol Sci 1996;144:44–58.

Bruen PD, McGeown WJ, Michael F, Venneri A. Neuroanatomical correlates of neuropsychiatric symptoms in Alzheimer's disease. Brain 2008;131:2455–63.

Burns A, Rossor M, Hecker J, et al. The effects of donepezil in Alzheimer's disease – results from a multinational trial. Dement Geriatr Cogn Disord (Switzerland) 1999;10:237–44.

Burns PC. Navigation and the mobility of older drivers. J Gerontol B Psychol Sci Soc Sci 1999;54(1):S49–55.

Cabeza R. Hemispheric asymmetry reduction in older adults : the HAROLD model. Psychol Aging 2002;17(1):85–100.

Cambier J, Masson M, Dairou R, Hénin D. Étude anatomoclinique d'une forme pariétale de maladie de Pick. Rev Neurol 1981;137:33–8.

Cattell RB. La théorie de l'intelligence fluide et cristallisée ; sa relation avec les tests « culture fair » et sa vérification chez les enfants de 9 à 12 ans. Revue Européenne de Psychologie Appliquée 2004;54:47–56.

Collette F, Salmon E. Les modifications du fonctionnement exécutif dans le vieillissement normal. Psychol Fr 2013;http://dx.doi.org/10.1016/j.psfr.2013.03.006.

Craik FIM, McDowd JM. Age differences in recall and recognition. Journal of Experimental Psychology : Learning, Memory and. Cognition 1987;13:474–9.

Cuerva AG, Sabe L, Kuzis G, Tiberti C, Doreego F, Starstein SE. Theory of mind and pragmatic abilities in dementia. Neuropsychiatry Neuropsychol Behav Neurol 2001;14:153–8.

Cummings JL. Toward a molecular neuropsychiatry of neurodegenerative diseases. Neurology 2003;54:147–54.

Cummings JL, Benson F. Subcortical dementia. Review of an emerging concept. Arch Neurol 1984;41:874–9.

Cummings JL, Mega M, Gray K, et al. The neuropsychiatric inventory : comprehensive assessment of psychopathology of dementia. Neurology 1994;44:2308–14.

Dardier V, Bernicot J, Goumi A, Ornon C. Évaluation des capacités langagières pragmatiques et vieillissement. In: Allain P, Aubin G, Le Gall D, eds. Cognition sociale et neuropsychologie. Marseille: Solal; 2012. p. 283–303.

Dartigues JF, Berre C, Helmes C, et al. Épidémiologe de la maladie d'Alzheimer. Médecine-Sciences 2002;18:737–43.

Dartigues JF, Commenges D, Letenneur D, et al. Cognitive predictors of dementia in elderly community residents. Neuroepidemiology 1997;16:29–39.

Dary-Auriol M, Ingrand P, Bonnaud V, et al. Sclérose latérale amyotrophique et troubles cognitifs. Étude neuropsychologique de 26 patients. Rev Neurol (Paris) 1997;153:244–50.

Dekosky ST, Ikonomovic MD. A new molecular pathology with a frontotemporal dementia phenotype. Neurology 2004;63:1348–9.

Delacourte A. Réserve neuronale : l'autre cible thérapeutique de la maladie d'Alzheimer. La Revue de Gériatrie 2008;33(3):1–3.

Delacourte A, David JP, Ghozali F, et al. Lésions cérébrales de la maladie d'Alzheimer. In: Michel BF, Derouesné C, Gély-Nargeot MC, eds. De la plainte mnésique à la maladie d'Alzheimer. Marseille: Solal; 1997.

Delay J, Brion S. Les démences tardives. Paris: Masson; 1962.

Dellasala G, Di Lorenzo G, Giordano A, et al. Is there a specific visuospatial impairment in Parkinsonians ? J Neurol Neurosurg Psychiatry 1986;49:1258–65.

Derouesné C. Les troubles de la mémoire associés à l'âge. Paris: PIL; 1995.

Derouesné C. Méconnaissance des déficits mnésiques. In: Michel BF, Derouesné C, Gély-Nargeot MC, eds. De la plainte mnésique à la maladie d'Alzheimer. Marseille: Solal; 1997.

Derouesné C, Poitreneau J, Hugonot L, et al. Le Mini-Mental State Examination (MMSE) : un outil pratique pour l'évaluation de l'état cognitif des patients par le clinicien. La Presse Médicale 1999;21:1141–8.

Desgranges B, Kalpozos G, Eustache F. Imagerie cérébrale du vieillissement normal : contraste avec la maladie d'Alzheimer. Revue Neurologique 2008;164:S102–7.

Diagnostic and Statistical Manual of Mental Disorders (DSM-5). American Psychiatric Association 2013.

Dickson DW, Feany MB, Yen SH, et al. Cytosquelettal pathology in non-Alzheimer degenerative dementia : new lesions in diffuse Lewy body disease, Pick's disease, and corticobasal degeneration. J Neural Transm 1996;47(Suppl):31–46.

Dubois B, Feldman HH, Jacova C, et al. Revising the definition of Alzheimer's disease : a new lexicon. Lancet Neurol 2010;9:1118–27.

Duffy CJ. Posterior cortical dementia. Lost but not forgetting. Neurology 2004;63:1148–9.

Dujardin K, Blairy SL, Defebvre, et al. Subthalamic nucleus stimulation induces deficit decoding emotional facial expression in Parkinson's disease. J Neurol Neurosurg Psychiatry 2004;75:202–8.

El Haj M, Fasotti L, Allain P. The involuntary nature of music-evoked autobiographical memories in Alzheimer's disease. Conscious Cogn 2012;21(1):238–46.

Ergis AM, Piolino P. Neuropsychologie des démences fronto-temporales. In: Michel BF, Derouesné C, Arnaud-Castiglion R, eds. Dysfonctionnement frontal dans les démences. Marseille: Solal; 2003.

Escourolle F, Hauw JJ, Duyckaerts C. Neuropathologie du vieillissement cérébral. Gérontologie et Société 2001;2(97):19–31.

Eustache F, Agniel A. Neuropsychologie des démences. Marseille: Solal; 1995.

Evans JJ, Heggsa J, Antoun N, Hodges JR. Progressive prosopagnosia associated with selective right temporal lobe atrophy. A new syndrome ? Brain 1995;118:1–13.

Fargeau MN, Jaafari N, Ragot S, Houeto JL, Pluchon C, Gil R. Alzheimer's disease and impairment of the Self. Consciousness and Cognition 2010;19(4):969–76.

Fernandez-Duque D, Black S. Impaired recognition of negative facial emotions in patients with frontotemporal dementia. Neuropsychologia 2005;43(11):1673–87.

Finch N, Baker M, Crook R, Swanson K, Kuntz K, Surtees R, et al. Plasma progranulin levels predict progranulin mutation status in frontotemporal dementia patients and asymptomatic family members. Brain 2009;132:583–91.

Fleming KC, Adams AC, Peterson RC. Dementia : diagnosis and evaluation. Mayo Clin Proc 1995;70:1093–107.

Forman MS, Schmidt ML, Kasturi S, et al. Tau and alpha-synuclein pathology in amygdala of Parkinsonism-dementia complex of Guam. Am J Pathol 2002;160:1725–31.

Fukui T, Sugita K, Kawamura M. Primary progressive apraxia in Pick's disease : a clinicopathologic study. Neurology 1996;47:467–73.

Gainotti G, Marra C. Some aspects of memory disorders clearly distinguish dementia of the Alzheimer's type from depressive pseudo-dementia. J Clin Experimental Neuropsychology 1994;16:65–78.

Gallup GG Jr. Chimpanzees : Self-recognition. Science 1970;167:86–7.

Ganguli M, Blacker D, Blazer DG, The Neurocognitive Disorders Work Group of the American Psychiatric Association's (APA) DSM5 Task Force. et al. Classification of Neurocognitive Disorders in DSM-5 : A work in progress. Am J Geriatr Psychiatry 2011;19(3):205–10.

Gibb WRG, Luthert PJ, Marsden CD. Corticobasal degeneration. Brain 1989;112:1171–92.

Gil R. Les potentiels évoqués cognitifs en neurologie et en neuropsychologie. Paris: Masson; 1997.

Gil R. Conscience de Soi, conscience de l'Autre et démences. Psychol Neuropsychiatr Vieil 2007;5(2):1–13.

Gil R, Arroyo-Anllo EM, Ingrand P, Gil M, Neau JP, Ornon C, Bonnaud V. Self-consciousness and Alzheimer's disease. Acta neurologica scandinavica 2001;104:296-300.

Gil R, Couradeau L, Lefevre JP. Exposé d'une nouvelle méthode rapide d'évaluation de la détérioration psychométrique. Revue de Psychologie Appliquée 1980;30(3):197–205.

Gomez-Tortosa E, Newell K, Irizarry MC, et al. Clinical and quantitative pathologic correlates of dementia with Lewy bodies. Neurology 1999;53:1284–91.

Gonneaud J, Kalpouzos G, Bon L, Viader F, Eustache F, Desgranges B. Distinct and shared cognitive functions mediate event- and time-based prospective memory impairment in normal ageing. Memory 2011;19(4):360–77.

Goodin DS, Aminoff MJ. Electrophysiological differences between subtypes of dementia. Brain 1986;109:1103–13.

Gorno-Tempini ML, Dronkers NF, Rankin KP, et al. Cognitiuon and anatomy in three variants of preimary progressive aphasia. Ann Neurol 2004;55:335–46.

Gosche KM, Mortimer JA, Smith CD, Markesbery WR, Snowdon DA. Hippocampal volume as an index of Alzheimer neuropathology : findings from the Nun Study. Neurology 2002;58(10):1476–82.

Graham A, Davies R, Xuereb J, et al. Pathologically proven frontotemporal dementia with severe amnesia. Brain 2005;128:597–605.

Gray F. Démence et infection par le virus de l'immunodéficience humaine. Rev Neurol 1998;154(2S):91–8.

Green RC, Habeych ME. Subtypes of depression among patients with Alzheimer's disease and other dementias. Alzheimer's & Dementia 2010;6(1):63–9.

Grégoire F. Intelligence et vieillissement au WAIS-R. L'Année Psychologique 1993;93(3): 379–400.

Gregory C, Lough S, Stone V, Erzinclioglu S, Martin L, Baron-Cohen S, Hodges JR. Theory of mind in patients with frontal variant frontotemporal dementia and Alzheimer's disease : theoretical and practical implications. Brain 2002;125(Pt 4):752–64.

Habib M, Pelletier J, Khalil R. Aphasie progressive primaire (syndrome de Mesulam). La Presse Médicale 1993;22(16):757–64.

Hamani C, McAndrews MP, Cohn M, Oh M, Zumsteg D, Shapiro CM, Wennberg RA, Lozano AM. Memory enhancement induced by hypothalamic/fornix deep brain stimulation. Ann Neurol 2008;63(1):119–23.

Hardenacke K, Kuhn J, Lenartz D, Maarouf M, Mai JK, Bartsch C, Freund HJ, Sturm V. Stimulate or degenerate : deep brain stimulation of the nucleus basalis Meynert in Alzheimer dementia. World Neurosurg 2012;. pii:S1878–8750(12)01437–4.

Hauw JJ, Duyckaerts C, Seilhan D, et al. The neuropathologic diagnostic criteria of frontal lobe dementia revisited. A study of ten consecutive cases. J Neural Transm 1996;47(Suppl): 47–59.

Henry JD, Ruffman T, McDonald S, O'Leary MAP, Phillips LH, Brodaty H, Rendell PG. Recognition of disgust is selectively preserved in Alzheimer's disease. Neuropsychologia 2008;46(5): 1363–70.

Herculano-Houzel S. The remarkable, yet not extraordinary, human brain as a scaled-up primate brain and its associated cost. PNAS 2012;109(1):10661–8.

Herman LM. Body and self in dolphins. Consciousness and Cognition 2012;21(1):526–45.

Hodges JR, Patterson K, Oxbury S, Funnell E. Semantic dementia. Brain 1992;115:1783–806.

Horn JL. The theory of fluid and crystallized intelligence in relation to concepts of cognitive psychology and aging in adulthood. In: Craik FIM, Trehub S, eds. Aging and cognitive processes. New York: Plenum Press; 1982. p. 237–78.

Houeto JL, Mesnage V, Mallet L, et al. Behavioural disorders, Parkinson's disease and subthalamic stimulation. J Neurol Neurosurg Psychiatry 2002;72:701–7.

Hsieh S, Mioshi E, Baker F, Piguet O, Hodges JR. Piano playing skills in a patient with frontotemporal dementia : a longitudinal case study. In: Williamon A, Pretty S, Buck R, eds. Proceedings of the International Symposium on Performance Science. Auckland New Zealand, 15–18 December, 2009. Utrecht: European Association of Conservatoires (AEC); 2009. p. 301–6. http://espace.library.uq.edu.au/view/UQ:201124.

Hughes AJ, Daniel SE, Blankson S, et al. A clinico-pathologic study of 100 cases of Parkinson's disease. Arch Neurol 1993;50:140–8.

Hupet M, Chantraine Y, Nef F. References in conversation between young and old normal adults. Psychology and Aging 1993;8(3):339–46.

Ingrand I, Houeto JL, Gil R, Mc Gee H, Ingrand P, Paccalin M. The validation of a French-language version of the Aging Perceptions Questionnaire (APQ) and its extension to a population aged 55 and over. BMC Geriatr 2012;12:17.

Isingrini M, Taconnat L. Mémoire épisodique, fonctionnement frontal et vieillissement. Rev Neurol (Paris) 2008;164:S91–5.

Johnson JK, Head E, Kim R, et al. Clinical and pathological evidence for a frontal variant of Alzheimer disease. Arch Neurol 1999;56:1233–9.

Kalpouzos G, Eustache F, Desgranges B. Réserve cognitive et fonctionnement cérébral au cours du vieillissement normal et de la maladie d'Alzheimer. Psychol NeuroPsychiatr Vieil 2008;6(2):97–105.

Keane J, Calder AJ, Hodges JR. Face and emotions processing in frontal variant frontotemporal dementia. Neuropsychologia 2002;40:655–65.

Kertesz A, Davidson W, Fox H. Frontotemporal behavioural inventory : diagnostic criteria for frontal lobe dementia. Can J Neurol Sci 1997;24:29–36.

Kertesz A, Munoz DG. Pick's Disease and Pick Complex. New York: Wiley-Liss; 1998.

Koivisto K, Reinikainen KJ, Hänninen T, et al. Prevalence of age-associated memory impairment in a randomly selected population from eastern Finland. Neurology 1995;45:741–7.

Kynette D, Kemper S, Norman S, Cheung H. Adult's word recall and word repetition. The Gerontologist 1989;29:173–4.

Lacan J. Le stade du miroir comme formateur de la fonction du *Je* telle qu'elle nous est révélée dans l'expérience psychnalytique. In : Écrits I. Paris : Le Seuil, Points ; 1966. p. 89–97.

Laisney M, Bon L, Guiziou C, Daluzeau N, Eustache F, Desgranges B. Theory of mind in Alzheimer's disease. Alzheimer's & Dementia 2011;7(4.). Supplement:S275.

Laurent B, Thomas-Anterion C, Allegri RF. Mémoires et démences. Rev Neurol 1998;154(2S): 33–49.

Laxton AW, Tang-Wai DF, McAndrews MP, Zumsteg D, Wennberg R, Keren R, et al. A phase I trial of deep brain stimulation of memory circuits in Alzheimer's disease. Ann Neurol 2010;68(4):521–34.

Levy B. Stereotype embodiment. A psychosocial approach of aging. Curr Dir Psychol Sci 2009;18:332–6.

Lithfous S, Dufour A, Després O. Spatial navigation in normal aging and the prodromal stage of Alzheimer's disease : insights from imaging and behavioral studies. Ageing Res Rev 2013;12(1):201–13.

Lyketsos CG, Targum SD, Pendergrass JC, Lozano AM. Deep brain stimulation : a novel strategy for treating Alzheimer's disease. Innov Clin Neurosci 2012;9(11–12):10–7.

North American EGb Study Group, Le Bars PL, Katz MM, Berman N, et al. A placebo-controlled, double-blind, randomized trial of an extract of Ginkgo biloba for dementia. JAMA (United States) 1997;278:1327–32.

Leber F, Pasquier F, Souliez L, Petit H. Frontotemporal behavioral scale. Alz Dis Assoc Disord 1998;12:335–9.

Léger JM, Levasseur M, Benoit N, et al. Apraxie d'aggravation lentement progressive : étude par IRM et tomographie à positons dans 4 cas. Rev Neurol 1991;147:183–91.

Lezak MD. Neuropsychological assessment. 3rd edition New York: Oxford University Press; 1995.

Lories G, Costermans J. Raisonnement et résolution de problèmes chez le sujet âgé. In: Van der Linde M, Hupet M, eds. Le vieillissement cognitif. Paris: PUF; 1994. p. 201–2.

Markova IS, Clare L, Wang M, Romero B, Kenny G. Awareness in dementia : conceptual issues. Aging and Mental Health 2005;9(5):386–93.

Markova SI, Jaafari N. L'insight en psychiatrie (vol. 1). Paris: Doin; 2009.

Maruf P, Currie J, Malone V, et al. Neuropsychological characterization of the AIDS dementia complex and rationalization of a test battery. Arch Neurol 1994;51(7):689–95.

Mattila PM, Rinne JO, Helenius H, et al. Alpha-synuclein-immunoreactive cortical Lewy bodies are associated with cognitive impairment in Parkinson's disease. Acta Neuropathol (Berl) 2000;100:285–90.

Matuzewski V, Piolino P, De La Sayette V. Retrieval mechanisms for autobiographical memories : insights from the frontal variant of frontotemporal dementia. Neuropsychologia 2006;44:2386–97.

Mendez M. The neuropsychiatric aspects of boxing. Int J Psychiatry Med 1995;25:249–62.

Mesulam M, Grossman M, Hillis A, et al. The core and halo of primary progressive aphasia and seman tic dementia. Ann Neurol 2003;54:S11–4.

Mevel A, Grassiot B, Chételat G, Defer G, Desgranges B, Eustache F. Le Réseau Cérébral par défaut : rôle cognitif et perturbations dans la pathologie. Revue Neurologique 2010;166(11):859–72.

Michel JP, Herrmann FR, Zekry D. Rôle de la réserve cérébrale en pathologie cognitive. Rev Med Suisse 2009;5:2190–4.

Miller BL, Boone K, Cummings JL, Read SL, Mishkin F. Functional correlates of musical and visual ability in frontotemporal dementia. The British Journal of Psychiatry 2000;176:458–63.

Mimura M, Oda T, Tsuchiya K, et al. Corticobasal degeneration presenting with nonfluent primary progressive aphasia : a clinicopathological study. J Neurol Sc 2001;183:19–26.

Miyake A, Friedman NP, Emerson MJ, Witzki AH, Howerter A, Wager TD. The unity and diversity of executive functions and their contributions to complex "Frontal Lobe" tasks : a latent variable analysis. Cognit Psychol 2000;41:49–100.

Mochizuki A, Ueda Y, Komatsuzaki Y, et al. Progressive supranuclear palsy presenting with primary progressive aphasia-clinicopathological report of an autopsy case. Eur Neurol 2003;49:72–8.

Morrone I, Besche-Richard C, Mahmoudi R, Novella JL. Identification et mémorisation des émotions dans la démence de type Alzheimer : revue critique de la littérature. Geriatr Psychol Neuropsychiatr Vieil 2012;10(3):307–14.

Naccache L, Slaschevsky A, Deweer B, et al. « Démence pugilistique » sans signes moteurs. La Presse Médicale 1999;25:1352–4.

Nedelska Z, Andel R, Laczó J, Vlcek K, Horinek D, Lisy J, et al. Spatial navigation impairment is proportional to right hippocampal volume. Proc Natl Acad Sci USA 2012;109(7): 2590–4.

Obler LK, Albert ML. Langage skills across adulthood. In: Birren J, Schaie KJW, eds. The psychology of aging. New York: Van Nostrand Reinhold Company; 1985.

Oide T, Ohara S, Yazawa M, et al. Progressive supranuclear palsy with asymmetric pathology presenting with unilateral limb dystonia. Brain 2002;125:789–800.

Pai MC, Jacobs WJ. Topographical disorientation in community-residing patients with Alzheimer's disease. International Journal of Geriatric Psychiatry 2004;19:250–5.

Papps B, Abrahams S, Wicks P, et al. Changes in memory for emotional material in amyotrophic lateral sclerosis. Neuropsychologia 2005;43:1107–14.

Pasquier F, Lebert F. Les démences fronto-temporales. Paris: Masson; 1995.

Petit H, Lebert F, Jacob B, Pasquier F. Démence avec corps de Lewy. Rev Neurol 1998;154(2S): 99–105.

Pillon B, Ertle S, Deweer B, et al. Memory for spatial location in "de novo" parkinsonian patients. Neuropsychologia 1997;35:221–8.

Piolino P. À la recherche du self : théorie et pratique de la mémoire autobiographique dans la maladie d'Alzheimer. L'Encéphale 2008;34(Suppl 2):S77–88.

Piolino P, Desgranges B, Belliard S, Matuszewski V, Lalevée C, De La Sayette V, Eustache F. Autobiographical memory and autonoetic consciousness : triple dissociation in neurodegenerative diseases. Brain 2003;126:2203–19.

Pluchon C, Simonnet E, Toullat G, Gil R. Les effets du vieillissement normal sur la dénomination des visages et la reconnaissance de personnes célèbres : batterie 75. Rev Neurol (Paris) 2002;158(6–7):703–8.

Pompeu F, Growdon JH. Diagnosing dementia with Lewy bodies. Arch Neurol 2005;59:29–30.

Poorkaj P, Tsuang TD, Wijsman E, et al. Tau Is a candidate gene for amyotrophic lateral sclerosis-parkinsonism-dementia complex of Guam. Arch Neurol 2001;58:1871–9.

Queralt R, Ezquerra M. A novel mutation (V89L) in teh presenilin 1 gene in a family with early onset Alzheimer's disease and marked behavioural disturbances. J Neurol Neurosurg Psychiatry 2002;72:266–9.

Rahman S, Sahakian BJ, Hodges JR, et al. Specific cognitive deficits in mild frontal variant frontotemporal dementia. Brain 1999;122:1469–93.

Reed LA, Wszolek ZK, Sima AA, et al. Phenotypic correlations in FTDP-17. Neurobiol Aging 2001;22:89–107.

Reyes S, Godin O, Dufouil C, Benisty S, Hernandez K, et al. Apathy. A major symptom in CADASIL. Neurology 2009;72:905–10.

Ritchie K, Touchon J. Mild cognitive impairment : conceptual basis and current nosological status. Lancet 2000;355:225–8.

Rivaud-Pechoux S, Vidailhet M, Gallouedec G, et al. Longitudinal ocular motor study in corticobasal degeneration and progressive supranuclear palsy. Neurology 2000;54:1029–32.

Robert P, Onyike CU, Leentjens AF, et al. Proposed diagnostic criteria for apathy in Alzheimer's disease and other neuropsychiatric disorders. European Psychiatry 2009;24(2):98–104.

Robert PH, Medecin I, Vincent S, et al. Inventaire neuropsychiatrique : validation de la version française d'un instrument destiné à évaluer les troubles du comportement chez les sujets déments. Maladie d'Alzheimer (vol. 5). Paris: Serdi Publisher; 1998. p. 63–86.

Roberts VJ, Ingram SM, Lamar M, Green RC. Prosody impairment and associated affective and behavioral disturbances in Alzheimer's disease. Neurology 1996;(47):1482–8.

Rocca WA, Hofman A, Brayne C, EURODEM-Prevalence Research Group. et al. The prevalence of vascular dementia in Europe : facts and fragments from 1980–1990 studies. Ann Neurol 1991;30:817–24.

Rosen HJ, Gorno-Tempini ML, Goldman WP, et al. Common and differing pattern of brain atrophy in frontetemporal dementia et demantic demantia. Neurology 2002;58:198–208.

Rosen HJ, Perry RJ, Murphy J. Emotion comprehension in the temporal variant of frontotemporal dementia. Brain 2002;125:2286–95.

Rosler M, Anand R, Cicin-Sain A, et al. Efficacy and safety of rivastigmine in patients with Alzheimer's disease : international randomized controlled trial. BMJ 1999;318:633–8.

Rossor M, Revesz T, Lantos P, et al. Semantic dementia with ubiquitine-positive tau-negative inclusions. Brain 2000;123:267–76.

Rousseau T, de Saint André A, Gatignol P. Évaluation pragmatique des personnes âgées saines. Neurologie, Psychiatrie, Gériatrie 2009;9:271–80.

Rowe JW, Khan RL. Human aging : usual and successful. Science 1987;237:143–9.

Ryan EB, Giles H, Bartolucci G, Henwood K. Psycholinguistic and social psychological components of communication by and with the elderly. Language and Communication 1986; 6:1–24.

Sano M, Ernesto C, Thomas RG. A controlled trial of selegiline, alpha-tocopherol, or both, as treatment for Alzheimer's disease. New England Journal of Medicine 1997;136:1216–22.

Schott GD. Pictures as a neurological tool : lessons from enhanced and emergent artistry in brain disease. Brain 2012;135:1947–63.

Shea C, McKnight C, Rockwood K. Donepezil for treatment of dementia with Lewy bodies : a case series of nine patients. Int Psychogeriatr (USA) 1998;10:229–38.

Shimomura T, Mori E, Yamashita H, et al. Cognitive loss in dementia with Lewy bodies and Alzheimer disease. Arch Neurol 1998;55:1547–52.

Snowdon DA. Aging and Alzheimer's disease : lessons from the Nun Study. Gerontologist 1997;37(2):150–6.

Snowdon DA, Greiner LH, Mortimer JA, Riley KP, Greiner PA, Markesbery WR. Brain infarction and the clinical expression of Alzheimer disease. The Nun Study. JAMA 1997;277(10):813–7.

Soliveri P, Piacentini S, Girotti F. Limb apraxia in corticobasal degeneration and progressive supranuclear palsy. Neurology 2005;64:448–53.

Souchay C, Isingrini M, Pillon B, Gil R. Metamemory accuracy in Alzheimer's disease and in frontotemporal lobe dementia. Neurocase 2003;9(6):482–92.

Stine EAL. The way reading and listening word : A tutorial review of discourse processing and aging. In: Lovelace EA, ed. Aging and cognition : mental processes, self awarenessand interventions. Den Haag: Elsevier; 1990.

Sturm VE, Levenson RW. Alexithymia in neurodegenerative disease. Neurocase 2011;17(3): 242–50.

Tang-Wai DF, Josephs KA, Boeve BF. Pathologically confirmed corticobasal degeneration presenting with visuospatial dysfunction. Neurology 2003;61:1134–5.

Testa JA, Beatty WW, Gleason AC, Orbelo DM, Ross ED. Impaired affective prosody in AD : relationship to aphasic deficits and emotional behaviors. Neurology 2001;57:1474–81.

Thomas-Antérion C, Honoré Masson S, Laurent B. The cognitive complaint interview (CCI). Geriatrics Psychology 2006;6(1):18–22.

Vandel P, Haffen E, Sechter D. Traitements pharmacologiques des troubles psychocomportementaux dans la maladie d'Alzheimer. Annales Médico-Psychologiques 2009;167:219–23.

Van Der Linden M, Hupet M. Le vieillissement cognitif. Paris: PUF; 1994.

Van Der Linden M, Juillerat AC. Prise en charge des déficits cognitifs chez les patients atteints de maladie d'Alzheimer. Rev Neurol 1998;154(2S):137–43.

Vercelletto M, Belliard S, Duyckaerts C. Démences fronto-temporales et atteinte du motoneurone. In: Michel BF, Derouesné C, Arnaud-Castiglioni R, eds. Dysfonctionnement frontal dans les démences. Marseille: Solal; 2003.

Vermuri P, Wiste HJ, Weigand SD, Shaw LM, Trojanowski JQ, Weiner MW, et al. MRI et CSF biomarkers in normal, MCI and AD subjects : diagnostic discrimination and cognitive correlations. Neurology 2009;73:289–93.

Verny M, Duyckaerts C, Hauw JJ. Les lésions corticales de la paralysie supranucléaire progressive (maladie de Steele-Richardson-Olszewski). Rev Neurol (Paris) 1999;155:15–26.

Villa G, Solida A, Moro E, et al. Cognitive impairment in asymptomatic stages of HIV infection. Eur Neurol 1996;36:125–33.

West MJ, Coleman PD, Flood DG, Troncoso JC. Differences in the pattern of hippocampal neuronal loss in normal ageing and Alzheimer's disease. Lancet 1994;344:769–72.

Zadikoff C, Lang AE. Apraxia in movement disorders. Brain 2005;128:1480–97.

Zheng J, Gendelma HE. The HIV-1 associated dementia complex : a metabolic encephalopathy fueled by viral replication in mononuclear phagocytes. Curr Opin Neurol 1997;10:319–25.

Zhukareva V, Vogelsberg-Ragaglia V, Van Derlin VM, et al. Loss of brain tau defines novel sporadic and familial tauopathies with frontetemporal dementia. Ann Neurol 1999;56:165–75.

17 Neuropsychologie des émotions

> « *Création signifie avant tout émotion. C'est elle qui pousse l'intelligence en avant… C'est elle surtout qui vivifie… les éléments intellectuels avec lesquels elle fera corps […]* »
>
> Bergson

Les pensées et les actions de l'être humain résultent de la mise en œuvre des fonctions cognitives et des processus émotionnels dont le déploiement s'interpénètre. La manière de vivre et d'exprimer nos émotions, les choix existentiels qu'elles appellent, sont à la base de la personnalité. Étymologiquement, l'émotion est un mouvement ; l'effervescence émotionnelle, quand elle parcourt l'individu, éveille son attention, colore positivement ou négativement ses sentiments, induit des modifications autonomiques (accélération du pouls, rougeur ou pâleur du visage…), endocriniennes, musculaires (crispation du visage, sourire…), comportementales (agitation, évitement ou rapprochement…). On peut considérer que les émotions se structurent autour de trois dimensions essentielles : la valence (avec le paradigme positif–agréable/négatif–désagréable), l'alerte (calme/tendu), le contrôle (possible ou impossible comme lors d'une frayeur intense).

Si l'émotion est un mouvement, son déclenchement s'enracine dans la motivation qui donne en quelque sorte le potentiel énergétique à la mise en œuvre des comportements. Certains, chez l'être humain – comme chez l'animal –, sont animés par des pulsions instinctuelles liées à ses besoins biologiques fondamentaux, c'est-à-dire à ceux qui fondent sa propre survie et la survie de l'espèce : ainsi en est-il de la nourriture, de la boisson, de la sexualité, de la défense. Ces pulsions s'inscrivent ainsi dans une dynamique motivationnelle sous-tendue par l'alternance du « manque », qui induit le comportement, et de la « satisfaction », l'« apaisement », induits à leur tour par le comportement. Les fonctions instinctuelles ont donc partie liée avec la vie émotionnelle (voir *infra*). Mais, de manière générale, la résolution d'une tension, la quête d'une satisfaction expriment les liens qui unissent les composantes motivationnelle et émotionnelle des comportements. Car l'énergie motivationnelle ne se limite pas à la déclinaison des besoins biologiques fondamentaux : elle stimule aussi les comportements les plus élaborés. La cognition est donc liée au système motivationnel–émotionnel (Buck, *in* Borod, 2000). En outre, des anticipations (conscientes) et des évaluations émotionnelles (conscientes et inconscientes) interviennent dans les événements qui s'imposent à l'être humain comme dans les prises de décisions : c'est ce qu'illustre le syndrome de sociopathie acquise décrit par Damasio (voir chapitre 13, p. 176) qui montre comment l'émotion (par l'activation de « marqueurs somatiques ») fonctionne comme levier décisionnel et du même coup est directement impliquée dans les processus cognitifs.

Les émotions : bases neurobiologiques

Le système limbique (figure 17.1 et voir chapitre 1 : tableau 1.I, figures 1.2 et 1.3) est le support des réactions émotionnelles en lien avec la substance réticulée (modulant l'alerte) et avec les structures corticales permettant les représentations (visuelles, auditives…) ainsi que les évaluations (lobe frontal) et adaptant le comportement émotionnel en fonction de l'histoire et de l'environnement propres à chaque individu. Le comportement émotionnel s'inscrit aussi dans la communication interhumaine : il existe donc un versant réceptif (identifier les émotions d'autrui) et un versant expressif qui constituent les pôles habituels de tout système de communication.

L'amygdale est considérée comme un élément central du puzzle des structures impliquées dans la gestion émotionnelle. Il faut dire qu'anatomiquement, l'amygdale, située en profondeur dans la partie antérieure du lobe temporal, est le pivot de connexions multiples. Elle reçoit ainsi des afférences corticales somesthésiques et sensorielles, elle est connectée directement ou par le thalamus avec le cortex orbito-frontal (ventral) médian (dont on a vu le rôle dans les prises de décision, voir p. 176), mais aussi à l'hippocampe (relais essentiel des circuits de mémoire), les noyaux gris centraux, les noyaux septaux. Ses efférences hypothalamiques ainsi que sur d'autres structures du tronc cérébral (voir *infra*) attestent de son rôle dans le déclenchement des manifestations neurovégétatives et neuroendocriniennes des émotions. Ainsi l'amygdale, par ses connexions, serait le lieu d'intégration de la composante émotionnelle des informations véhiculées par les voies sensitives et sensorielles dont elle permettrait en lien avec la mémoire d'en dégager la signification et de moduler les réponses biologiques et comportementales. Les expériences animales et les observations de malades atteints de lésions amygdaliennes permettent de mieux cerner les fonctions émotionnelles de l'amygdale.

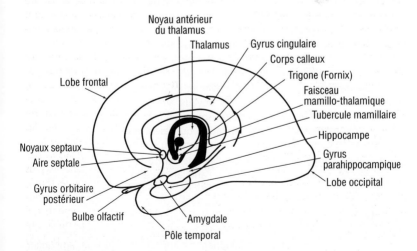

Figure 17.1
Vue schématique des principales structures limbiques et paralimbiques.
Voir aussi figures 1.2 et 1.3.

Ainsi l'illustration la plus spectaculaire des fonctions émotionnelles de l'amygdale est réalisée par le *syndrome de Klüver-Bucy*. Dans sa forme complète, ce syndrome, décrit chez le singe ayant subi une double lobectomie temporale (intéressant les régions temporo-polaires : amygdale, hippocampe antérieur et cortex), se manifeste par ce que les auteurs ont appelé une « cécité psychique » : il s'agit d'abord d'une perte de la signification émotionnelle des informations sensorielles et tout particulièrement visuelles. Ainsi les animaux tentent de manger des substances non comestibles, tentent de copuler avec tout autre congénère quel que soit son sexe mais aussi avec des animaux d'autres espèces, perdent toute peur à l'égard des êtres humains et des serpents. Mais ce terme de cécité psychique indique aussi une agnosie visuelle comportant un déficit perceptif lié à l'atteinte du néocortex temporal latéral et qui s'associent à des troubles de la mémoire incapacitant l'apprentissage et liés à l'atteinte hippocampo-parahippocampique. Le comportement se caractérise par une docilité, une placidité par hypoémotivité, une hyperoralité, les objets étant, quelle que soit leur nature, portés à la bouche. Cette hyperoralité est telle qu'elle a pu être décrite comme un « *grasping* oral », la lésion temporale induisant, *mutatis mutandis*, ce que la lésion frontale crée pour l'activité manuelle. Il existe aussi une hypersexualité, une hypermétamorphose, ce qui veut dire une attention portée à tout stimulus visuel avec besoin irrésistible, « compulsionnel », de le toucher. Ce syndrome peut être interprété comme lié aux lésions limbiques (et donc amygdaliennes) ou comme une disconnexion entre le système limbique et d'autres aires corticales en particulier visuelles. Chez l'homme, quelques cas de syndrome de Klüver-Bucy ont été décrits ; les éléments du syndrome étaient présents soit de manière complète soit le plus souvent de manière incomplète, en règle accompagnés de troubles de la mémoire et du langage. La liste étiologique est longue et encore ouverte : traumatismes crâniens avec lésions bitemporales, kystes arachnoïdiens bilatéraux, gliome multicentrique, encéphalite herpétique, déterminations encéphaliques de la shigellose, après hernie transtentorielle, lupus érythémateux aigu disséminé, leucoencéphalopathie postintervallaire de l'intoxication oxycarbonée, céroïde-lipofuscinose, démence sémantique, démences fronto-temporales, démence d'Alzheimer (Rossitch *et al.*, 1989 ; Gocinski *et al.*, 1997). Le syndrome peut être observé après résection temporale antérieure bilatérale et très exceptionnellement après résection unilatérale (Ghika-Schmid *et al.*, 1995).

Le rôle de l'amygdale dans la réactivité émotionnelle a été confirmé par des expériences de lésions sélectives des noyaux amygdaliens qui entraînent des troubles comportementaux (placidité, soumission, hyperoralité) moins sévères que les lésions provoquées par aspiration qui lèsent aussi les fibres reliant les amygdales au cortex temporal, ce qui est le cas du syndrome de Klüver-Bucy.

Le rôle de l'amygdale dans le conditionnement à la peur a été particulièrement étudié : l'amygdale est chez l'animal nécessaire à l'acquisition des comportements conditionnés à des stimulations aversives (Le Doux, 1996). Ainsi des rats normaux peuvent apprendre à associer un son (stimulus conditionnant) et un choc électrique au niveau du plancher de leur cage de telle sorte qu'une fois conditionnés, le son suffit à déclencher des modifications neurovégétatives et une agitation. Cet apprentissage conditionnant est impossible chez le rat amygdalectomisé. Des constatations analogues ont été faites chez l'être humain en testant la réponse galvanique cutanée à une stimulation conditionnante (par exemple, une diapositive bleue) couplée à une autre stimulation aversive (un bruit intense qui déclenche une émotion attestée par le réflexe cutané sympathique). Ce type de conditionnement que l'on obtient chez le sujet normal ne peut être obtenu en cas de lésions amygdaliennes bilatérales ou unilatérales (Labar *et al.*, 1995 ; Adolphs et Damasio in Borod, 2000). Les enregistrements électrophysiologiques effectués chez le singe suggèrent que les neurones amygdaliens interviennent dans le traitement de l'identité des visages, des expressions faciales, des mouvements corporels et du regard, toutes ces informations étant des signaux potentiels pour le déclenchement des réponses émotionnelles et sociales à l'égard des autres individus (voir pour revue Aggleton, 2000). Chez l'être humain, les lésions amygdalienne survenues tôt dans la vie (comme la malade S.M. étudiée par l'équipe de Damasio avec calcification bilatérale de l'amygdale – syndrome de Urbach-Weithe) entraînent un déficit de la reconnaissance des expressions faciales de peur mais aussi à un moindre degré d'expressions émotionnelles proches comme la colère, la surprise, le dégoût. Le déficit intéresse aussi les connaissances conceptuelles sur les émotions et notamment sur la peur (par exemple, à partir de mots ou d'histoires) et ce, d'autant que les lésions amygdaliennes surviennent précocement dans le cours de l'existence. Même si les lésions amygdaliennes ne donnent pas toujours la placidité régulièrement observée chez l'animal, il a pu être constaté que des sujets avec lésions amygdaliennes n'avaient aucune méfiance à l'égard de visages non familiers jugés non fréquentables et indignes de confiance par des sujets témoins (Adolphs *et al.*, in Borod, 1998). En outre, l'amygdale favorise la mémorisation déclarative d'informations à contenu émotionnel : il a pu ainsi être montré que les sujets normaux apprennent mieux les informations à contenu émotionnel que les informations neutres, alors que les sujets avec lésions amygdaliennes ont des performances similaires pour le matériel à contenu émotionnel et le matériel neutre (Adolphs *et al.*, 1997). L'amygdale favoriserait l'encodage comme le rappel en mémoire épisodique à contenu émotionnel. (voir chapitre 14, p. 205) On peut inférer de ces constatations que l'amygdale a pour fonction de lier les informations sensorielles aux systèmes permettant l'acquisition des connaissances sur les émotions et les réponses à déployer. Son intervention dans les situations générant un éveil émotionnel élevé comme la peur suggère le rôle qu'elle joue dans la perception du danger et donc dans la préservation de la vie. Les stimulations entraînent surtout peur et agressivité, hallucinations complexes et sentiment de déjà-vu.

L'*aire septale* (voir tableau 1.I, p. 6), contrairement à l'amygdale, serait impliquée dans le renforcement positif des émotions, sa stimulation induisant des sensations agréables à composante sexuelle, tandis que les lésions de cette région peuvent entraîner irritabilité, agression, voire comportement de rage.

L'*hypothalamus* joue un rôle important dans les fonctions instinctuelles et contribue à générer les manifestations neurovégétatives et neuro-endocriniennes des émotions. L'hypothalamus reçoit des afférences de nombreuses structures limbiques et paralimbiques, tout particulièrement de l'amygdale ; cette dernière se projette aussi directement sur le noyau dorsal du vague donc sur le système parasympathique mais aussi sur le noyau basal de Meynert (pierre d'angle du système cholinergique dans le « cerveau antérieur basal » ou *basal forebrain*), le *locus cœruleus* (noradrénergique), la substance grise péri-aqueducale (noyaux sérotoninergiques du raphé), les noyaux dopaminergiques du mésencéphale.

Si l'amygdale est la structure privilégiée de contrôle des manifestations végétatives et viscérales des émotions (figure 17.2), la stimulation d'autres structures

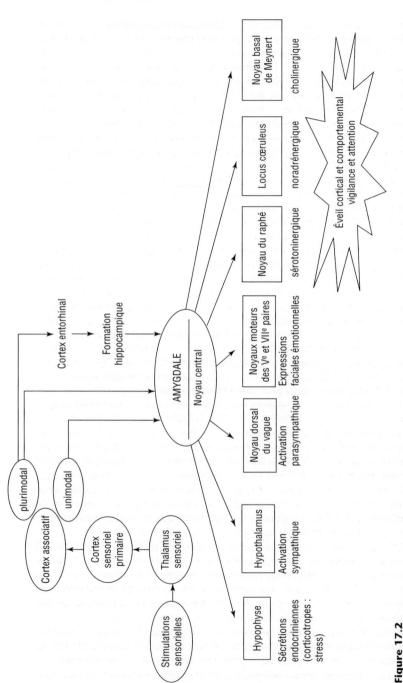

Figure 17.2
Connexions amygdaliennes sous-tendant les réponses comportementales, végétatives et endocriniennes associées aux émotions (et en particulier à la peur).

comme le cortex fronto-orbitaire et l'insula peuvent aussi entraîner des modifications végétatives et ces structures comme l'amygdale reçoivent des afférences du néocortex.

Mais les modifications « somatiques » qui accompagnent les émotions font retour en « *rétroaction* », essentiellement par le vague qui aboutit au noyau du faisceau solitaire dans le bulbe pour se projeter sur l'amygdale et l'insula et à partir d'elles sur les lobes frontal, temporal et pariétal avec sans doute une prévalence pour l'hémisphère cérébral droit qui serait ainsi particulièrement sensible aux modifications viscérales (Luria et Simernitskaya). Il faut à ce sujet rappeler que le caractère parfois intense des manifestations « périphériques » des émotions (tremblements, sueurs, tachycardie, etc.) avait conduit certains auteurs et en particulier William James à postuler que ce sont les modifications viscérales provoquées par un stimulus (la vue d'une bête sauvage, par exemple) qui induisent le vécu émotionnel : en leur absence, on pourrait prendre la fuite sans ressentir de frayeur. William James avait vu juste en montrant ainsi l'importance des modifications somatiques dans le vécu émotionnel, mais il n'avait pas envisagé le rôle joué par le cerveau dans la perception des modifications neurovégétatives « périphériques ». Il est certes possible d'admettre, comme le souligne Damasio, qu'il existe des émotions « primaires » ou « primitives », génétiquement programmées, appartenant au registre des fonctions instinctuelles, liées essentiellement à la survie de l'espèce, comme la mise en présence « visuelle » d'un animal sauvage, et qui dans l'enfance (mais aussi chez l'animal) induisent de manière automatique, après activation par les afférences sensorielles des amygdales, des réactions neurovégétatives qui à leur tour induiront la prise de conscience du vécu émotionnel et surtout les comportements de fuite ou de défense. Mais ces émotions primaires seront peu à peu l'objet par le cerveau de démarches évaluatives qui viendront modifier le vécu et le comportement émotionnel, ce qui fera en sorte, par exemple, que la vue inopinée d'un animal sauvage en pleine nature et sur une piste de cirque n'induisent plus les mêmes émotions ni qualitativement ni quantitativement. Mais il existe en outre des émotions « secondaires » que l'on pourrait appeler des émotions « apprises » et non innées. Ainsi les émotions ressenties quand on apprend la guérison ou *a contrario* le décès d'un être qui nous est cher proviennent bien de l'activation de représentations mentales propres à l'identité de chacun et qui convergent vers le cortex frontal en particulier le cortex fronto-médian qui, par l'intermédiaire de l'amygdale, déclenche les modifications neurovégétatives et endocriniennes des émotions. Ces dernières sont à leur tour perçues par le cerveau et modulées dans une boucle de rétroaction. On comprend ainsi que les modifications viscérales accroissent l'intensité du vécu émotionnel. Mais ce rétrocontrôle est finalement d'importance secondaire : ainsi l'injection d'épinéphrine qui reproduit un certain nombre de modifications végétatives des émotions ne crée pourtant pas de vécu émotionnel mais renforce le vécu émotionnel quand l'injection est associée à une stimulation émouvante.

Le *striatum ventral* (essentiellement représenté par le noyau accumbens unissant la partie antérieure et ventrale du noyau caudé et du putamen) serait « l'interface entre la motivation et l'action » (Mogenson), convertissant « les processus motivationnels en *outpout* comportemental » (Apicella). Cette structure

« dopaminergique » est en effet le lieu de connexions avec l'amygdale (qui évalue la charge émotionnelle), l'hippocampe (et ses références mnésiques), les noyaux gris centraux (qui gèrent l'initiation et la fluidité des mouvements). Elle est incluse dans une « boucle limbique » striato-pallido-thalamo-corticale qui peut être conçue comme le « système de la motivation » (Habib et Bakchine) et dont les lésions en l'un ou l'autre point de son trajet donneraient le syndrome de perte d'auto-activation psychique de Laplane ou syndrome athymormique de Habib et Poncet associant apragmatisme (en règle réversible sous stimulation externe), apathie et vide mental (voir chapitres 13 et 20).

Le rôle des aires corticales paralimbiques et notamment du *gyrus cingulaire* (aire 24) et du *cortex orbito-frontal* caudal a été envisagé au chapitre 13 (p. 174). Rappelons ici le rôle du gyrus cingulaire dans la motivation et l'action, le rôle du cortex orbito-frontal dans les prises de décision et les conduites sociales. Les fonctions émotionnelles de l'insula sont encore mal connues, mais on sait que cette structure noue des connexions multiples avec l'amygdale, le cortex orbito-frontal, le gyrus cingulaire ainsi qu'avec les régions corticales voisines et en particulier celles impliquées dans la communication verbale (partie operculaire du cortex sensori-moteur et aires auditives du cortex temporal supérieur ; Habib et Bakchine).

Restent les débats suscités par les travaux tendant à circonscrire le rôle de *chaque hémisphère cérébral* dans la régulation émotionnelle. On connaît l'opposition devenue historique entre l'indifférence des hémiplégiques gauches (anosodiaphorie) à l'égard de leur déficit moteur (qui peut aussi être nié : anosognosie ; Babinski, 1914) et les réactions de catastrophe décrites par Goldstein (1939) au cours des aphasies. Jackson en 1932, dans ses travaux sur la dissociation automatico-volontaire avait noté que les aphasiques non fluents pouvaient exprimer leurs émotions par des plaintes émises avec une intonation (prosodie émotionnelle) adaptée. Si l'on ajoute un certain nombre de travaux décrivant la dépression plus fréquente au cours des lésions gauches, on comprend que l'hypothèse ait pu être émise d'une prévalence (voire d'une spécialisation) de l'hémisphère cérébral gauche pour les émotions « positives » et d'une prévalence de l'hémisphère droit pour les émotions « négatives ». Cette hypothèse pouvait aussi se trouver confortée par d'autres travaux opposant les effets de l'injection d'amytal sodique dans la carotide entraînant à gauche une réaction de catastrophe et à droite une euphorie. On peut aussi citer la constatation dans une série de patients cérébrolésés appariés en fonction de leur âge et de leur déficit cognitif et moteur d'une élévation au MMPI de l'échelle de dépression dans la seule population ayant des lésions de l'hémisphère gauche (Gasparrini). Les émotions « négatives », préférentiellement représentées au niveau de l'hémisphère droit, correspondraient aux émotions les plus primitives tandis que les émotions représentées au niveau de l'hémisphère gauche correspondraient aux formes phylogénétiquement les plus évoluées (Ross, 1994). On a pu aussi proposer que le rôle de l'hémisphère droit ne concerne en fait que la communication non verbale émotionnelle. S'il n'est pas question de nier l'importance de l'hémisphère droit dans l'expression et la compréhension des comportements émotionnels (voir *infra*), il est plus difficile de dire que cette fonction s'exerce sans modification du vécu émotionnel lui-même. En effet, l'évaluation de l'éveil attentionnel (« arousal ») par le réflexe cutané sympathique ou par les modifications du rythme cardiaque suscitées par des stimulations à contenu émotionnel montre des réponses altérées lors des lésions droites (Gainotti), ce qui suggère donc une modification du vécu émotionnel lui-même. L'hypothèse la moins contraignante est sans doute celle d'une dominance de l'hémisphère cérébral droit dans la régulation des émotions quelle que soit leur valence. En séparant les orages émotionnels de catastrophe des états dépressifs durables, Gainotti ne trouve pas pour ces derniers une plus grande fréquence des lésions hémisphériques gauches : ceci permet de faire l'hypothèse que les réactions de catastrophe sont des réactions appropriées à une situation dramatique à laquelle le sujet ne trouve légitimement pas d'issue et devenant ainsi des réactions émotionnelles adaptées aux circonstances grâce à l'intégrité de l'hémisphère droit. Au contraire, les comportements euphoriques des lésions droites sont des comportements inadaptés par la désorganisation des fonctions émotionnelles de l'hémisphère droit. Il reviendrait ainsi à l'hémisphère droit d'être plus engagé dans la communication émotionnelle, les réactions végétatives de l'émotion (voir *supra*) ainsi que dans le vécu émotionnel. De manière encore plus nuancée, il a pu être proposé un rôle complémentaire de chaque hémisphère cérébral dans le contrôle émotionnel, l'hémisphère droit étant plus impliqué dans les composantes automatiques (expressives et végétatives) des émotions, tandis que l'hémisphère gauche serait impliqué dans les processus hiérarchiquement les plus élevés, à savoir la conceptualisation et le contrôle émotionnel (Gainotti, *in* Borod). Mais la réalité est sans doute plus intriquée : ainsi les lésions en miroir de l'aire de Wernicke au niveau de l'hémisphère droit peuvent entraîner une aprosodie (voir *supra*) mais parfois aussi des troubles comportementaux qui peuvent réaliser soit une confusion agitée avec pleurs, gémissements, soit un état d'indifférence et d'euphorie.

Dans une optique clinique, la neuropsychologie des émotions vise donc à :

- repérer les désordres de l'identification et de l'expression des aspects moteurs et prosodiques des comportements émotionnels en rapport avec des lésions cérébrales ;
- identifier les désordres du comportement et du vécu émotionnels en rapport avec des lésions cérébrales ;
- mieux reconnaître ainsi les régions du cerveau impliquées dans la régulation des émotions.

Séméiologie des fonctions instinctuelles (émotions « primitives »)

Définitions

Le concept d'instinct est composite. L'instinct concerne les animaux et les êtres humains ; il désigne une pulsion, une tendance innée commune à tous les êtres vivants (comme l'instinct alimentaire ou sexuel) ou restreinte à une espèce (comme l'instinct migratoire). L'instinct induit ainsi un comportement (manger, boire, etc.) parfois organisé chez l'animal dans un savoir-faire qui à lui seul constitue une deuxième acception du mot instinct. Il en est ainsi de la confection du nid chez l'hirondelle, ce qui montre que l'instinct se distingue de ce qui est appris et est une conduite stéréotypée même si elle enchaîne des actions complexes ;

l'instinct est ainsi opposé au caractère adapté donc flexible et appris des comportements suscités par l'intelligence encore que, même entendue au sens de savoir-faire, l'activité instinctuelle ne soit pas dépourvue de toute capacité adaptative.

Les comportements instinctuels conduisent donc l'être humain à agir dans le milieu qui l'entoure, qu'il s'agisse du milieu « naturel » ou du milieu social, et à interagir avec ce milieu. Ces comportements, s'ils ont des caractéristiques communes à tous les êtres humains, ne sont pas stéréotypés : ils peuvent donc varier d'un groupe culturel humain à un autre groupe culturel mais aussi d'un individu à un autre individu. En outre ces comportements ne sont pas irrépressibles, ce qui leur permet d'être gérés donc adaptables. La manière de manger varie ainsi d'un groupe culturel à un autre ; l'acte de manger peut ne pas être satisfait dès que l'individu ressent la sensation de faim. Il en ressort que les comportements instinctuels peuvent être contrôlés.

Il reste enfin que les comportements instinctuels ne peuvent être considérés comme la satisfaction « linéaire » d'un besoin biologique fondamental et tout se passe comme si l'être humain avait la capacité d'utiliser la satisfaction d'un besoin biologique fondamental à la survie de l'espèce ou encore de retrouver son autonomie par rapport à un besoin biologique fondamental pour accroître ou affiner les frémissements émotionnels liés aux fonctions dites instinctuelles. La mémoire, la personnalité interviennent ainsi dans le tissage de ces comportements chez chaque être humain. Le besoin de nourriture peut ainsi culminer dans la gastronomie tout comme dans l'apprentissage des saveurs et des odeurs qui conduisent à « apprécier » (donc à retirer de la satisfaction de) telle ou telle confection culinaire, tel ou tel vin. La sexualité offre l'exemple le plus typique de l'autonomisation du plaisir par rapport à la réalisation de son but « fondateur » qui est la pérennisation de l'espèce. Mais l'autonomisation est un phénomène complexe qui illustre bien l'enchevêtrement de la cognition et de l'émotion. L'être humain est en effet capable d'inclure le comportement instinctuel dans un réseau de significations et de symboles qui peuvent le transfigurer : on pourrait ainsi citer les attributs symboliques attachés au pain de même que ceux qui sont attachés aux boissons (par exemple, « le verre de l'amitié ») tout comme la création artistique qui depuis des millénaires s'inspire entre autres thèmes de la sexualité et de l'amour humains.

La régulation des fonctions instinctuelles est assurée par le système limbique dont les différentes structures sont étroitement interconnectées et qui est lui-même étroitement connecté au cortex associatif hétéromodal (Mesulam, 1985). Ainsi s'expliquent les liens entre la régulation du milieu intérieur (équilibre hydro-électrolytique, glycémie, sécrétions endocriniennes), les fonctions dites végétatives ou autonomes (cœur, respiration, sudation…), l'effervescence émotionnelle et motivationnelle, la mémoire donc l'identité de chaque être humain.

Neuropsychologie de la faim

Deux structures sont particulièrement impliquées dans la régulation du comportement alimentaire : l'hypothalamus et l'amygdale.

Le centre de la faim est situé dans l'hypothalamus dorso-latéral dont la stimulation électrique déclenche un comportement de quête alimentaire (tandis que sa destruction induit une aphagie), alors que le centre de la satiété est situé dans l'hypothalamus ventro-médian dont la stimulation interrompt la prise alimentaire alors que sa destruction provoque polyphagie et obésité. Le rôle de l'amygdale, elle-même intégrée dans l'appareil olfactif, tient à ses connexions étroites avec l'hypothalamus : ainsi les lésions bilatérales de l'amygdale stimulent la prise alimentaire ; la stimulation a au contraire un effet inhibiteur qui disparaît si l'hypothalamus est préalablement détruit. Les résections temporales antérieures entraînent chez le singe une hyperoralité, l'animal portant indistinctement tout stimulus à sa bouche : ce trouble est associé aux autres éléments du syndrome de Klüver-Bucy (voir *supra*). Le contrôle comportemental dévolu de manière générale au cortex orbito-frontal intéresse aussi le comportement alimentaire. Ainsi, la destruction du pôle orbito-frontal du chat comme du singe stimule les prises alimentaires alors qu'une destruction frontale plus étendue les réduit.

La régulation de l'absorption alimentaire s'organise à court et à long terme par l'intermédiaire de paramètres s'exerçant sur l'hypothalamus. Ainsi la glycémie, et plus précisément la différence artérioveineuse de la glycémie, stimule la sensation de faim. Le taux sanguin d'acides aminés, la température centrale, la réplétion gastro-intestinale, la mise en jeu des phénomènes moteurs (mastication, déglutition) mais aussi la mise en jeu de l'activité sensorielle gustative, la salivation déclenchent, selon les cas, satiété ou prise alimentaire, tandis que la concentration d'acides gras libres (rendant compte des réserves nutritives lipidiques) influe sur la régulation à long terme de la prise alimentaire.

Sur le plan neurochimique, les influences cholinergiques issues de l'amygdale stimulent le noyau ventro-médian de l'hypothalamus, inhibant ainsi la prise alimentaire, tandis que les neurones cholinergiques amygdaliens sont soumis aux influences inhibitrices de neurones adrénergiques qui dépriment ainsi la stimulation qu'ils exercent normalement sur l'hypothalamus ventro-médian ce qui stimule la prise alimentaire. Néanmoins les influences neurochimiques s'exerçant sur l'hypothalamus sont innombrables et si l'on y ajoute la multiplicité des récepteurs, on comprend que le rôle des neuromédiateurs paraît parfois contradictoire. Ainsi la noradrénaline peut être orexigène par stimulation des α-récepteurs du noyau paraventriculaire de l'hypothalamus médian et anorexigène par l'intermédiaire des β-récepteurs de l'hypothalamus latéral et l'on sait le rôle anorexigène des amphétamines qui se fixent sur des récepteurs hypothalamiques. La dopamine est plutôt considérée comme orexigène, cette action stimulante pouvant être intégrée dans la stimulation motivationnelle voire hédonique attribuée à ce neurotransmetteur et l'aphagie observée après lésion de l'hypothalamus latéral pourrait au moins en partie être liée à la destruction des fibres dopaminergiques qu'il contient. Les souris rendues incapables de synthétiser la dopamine par inactivation du gène de la tyrosine hydroxylase deviennent hypoactives, aphagiques et adipsiques quelques semaines après leur naissance (Zhou et Palmiter, 1995) tandis que les lésions induites par la 6-hydroxydopamine au niveau du système dopaminergique nigrostrié induisent akinésie, aphagie et adipsie. Mais les agonistes dopaminergiques inhibent plutôt la prise alimentaire alors que les neuroleptiques provoquent prise de poids voire obésité. Les peptides opioïdes endogènes stimulent l'appétit (en stimulant l'hypothalamus latéral). La sérotonine qui excite le noyau para ventriculaire favorise la satiété. Les cytokines seraient responsables en particulier de cachexies et d'anorexies cancéreuses mais il est difficile de faire la part des effets centraux (anorexigènes) et périphériques (par activation du catabolisme).

Des processus lésionnels multiples (tumoraux, inflammatoires, infectieux, vasculaires, etc.) impliquant l'hypothalamus peuvent entraîner obésité (et hyperphagie) ou amaigrissement (et hypophagie voire aphagie) comme le syndrome adiposogénital de Babinski-Frölich observé au cours de tumeurs de la région sellaire ou encore l'obésité induite par une localisation sarcoïdosique hypothalamique. Le syndrome de Prader-Willi est un syndrome hypothalamique lié à une délétion d'une bande du chromosome 15 qui se manifeste par une hyperphagie avec des manifestations auto- et hétéro-agressives compulsives (crises de colère, automutilation). Des prises de poids sont observées avec certains médicaments comme les neuroleptiques ou le valproate, parfois associées à un net effet orexigène comme avec le pizotifène. On connaît aussi des formes cachectisantes de tumeurs hypothalamiques notamment chez le tout jeune enfant et des formes vomitives avec cachexie de tumeurs de la fosse postérieure siégeant sur la ligne médiane (vermis et IVe ventricule). Mais de telles pathologies relèvent davantage de la médecine interne et de la neurologie que de la neuropsychologie. La neurologie comportementale montre des exemples de troubles des conduites alimentaires intégrés dans d'autres troubles comportementaux. Des comportements de gloutonnerie (avec éventuellement prise de poids) sont plus souvent le fait des démences fronto-temporales que de la démence d'Alzheimer ; l'hyperoralité qui désigne la tendance à tout porter à la bouche qu'il s'agisse ou non d'aliments entre dans le cadre d'un Klüver-Bucy et s'observe dans les deux types de démences. L'appétence pour les sucreries avec grignotage entre les repas est plus particulière à la démence d'Alzheimer. Des comportements de gloutonnerie sont aussi observés dans les syndromes fronto-orbitaires quelle qu'en soit l'étiologie et entrent dans le cadre de la désinhibition comportementale générale. Des rituels alimentaires peuvent être observés dans les syndromes frontaux en général et les démences fronto-temporales en particulier. Malgré les nombreuses données expérimentales, le comportement alimentaire des parkinsoniens reste peu étudié même si l'on sait l'amaigrissement parfois observé dans la maladie : l'amantadine (et tout particulièrement le sulfate utilisable par voie intraveineuse) améliorerait l'aphagie qui peut accompagner les akinésies parkinsoniennes sévères.

Quant au concept de palatabilité qui détermine le taux d'ingestion des aliments en fonction de leur goût, du plaisir procuré et de l'état ponctuel du milieu intérieur, il a fait l'objet de beaucoup d'études expérimentales dont les applications cliniques ne sont qu'empiriques et balbutiantes.

Neuropsychologie de la soif

La soif et la faim sont deux sensations distinctes même si certains produits aptes à étancher la soif ont aussi une valeur nutritive.

La sensation de soif est provoquée par l'élévation de l'osmolarité plasmatique (engendrant une déshydratation intracellulaire) qui stimule des osmorécepteurs hypothalamiques, ce qui induit et une sécrétion d'hormone antidiurétique et la réponse comportementale de prise de boisson. Il est important de constater que le sujet cesse de s'abreuver avant la correction de l'osmolarité qui est en quelque sorte anticipée tant sur le plan comportemental que sur le plan endocrinien puisque la sécrétion d'ADH est elle aussi suspendue dès l'absorption de liquides. Cette rétroaction naît donc de la stimulation d'afférences buccopharyngées et gastriques. D'autres facteurs et en particulier l'hypovolémie déclenchent aussi la soif.

Le rôle central de l'hypothalamus a été démontré par de nombreuses expériences animales de destruction, de stimulation ou encore de microinjections (modifiant *in situ* l'osmolarité) qui déclenchent selon les cas polydipsie ou adipsie accompagnées ou non de modifications parallèles de l'absorption alimentaire. Plusieurs structures du système limbique et en particulier l'amygdale interviennent aussi dans le comportement dipsique.

Des syndromes polyuro-polydipsiques peuvent être observés au cours du diabète insipide, du diabète sucré, de l'insuffisance rénale chronique, de l'hypokaliémie et doivent être distingués des potomanies. Des adipsies avec hypernatrémies neurogènes, qui sont très particulières par leur tolérance clinique, peuvent être observées lors de souffrances hypothalamiques provoquées par des processus tumoraux (gliome hypothalamique, adénome hypophysaire, pinéalome ectopique, kyste arachnoïdien du troisième ventricule), infectieux, hémorragiques, ischémiques (par exemple, après clampage d'un anévrisme de la communicante antérieure), au cours de la maladie de Hand-Schüller-Christian comme au décours de traumatismes crâniens. L'adipsie n'est toutefois pas un fait constant au cours des hypernatrémies neurogènes ; le comportement est qualifié d'hypodipsique quand la soif n'est pas en proportion de la sévérité de l'hypernatrémie et il n'est donc pas possible de considérer que l'hypernatrémie est une simple conséquence de la baisse des apports hydriques (Gil *et al.*, 1973). Une adipsie avec hypernatrémie peut aussi s'accompagner d'un diabète insipide. Il existe chez l'enfant des dysfonctionnements hypothalamiques idiopathiques avec adipsie, obésité, altération des capacités de thermorégulation, perturbations des fonctions hypophysaires voire mydriase aréflexique. De rares cas familiaux d'hypernatrémie adipsique ont aussi été observés.

Neuropsychologie de l'instinct de défense et de l'agressivité

Il est possible de considérer que la perception d'un danger déclenche selon les cas la fuite ou l'attaque, de même que la prédation est la condition de survie de certaines espèces animales et dire que l'homme préhistorique est prédateur signifie qu'il vivait grâce à la chasse et à la pêche (Larousse, 1985). On comprend ainsi les liens qui unissent l'agressivité (étymologiquement « attaque ») à l'instinct de défense en particulier et à l'instinct de survie (de soi-même donc de l'espèce) en général. Mais l'agressivité n'est-elle qu'un comportement « défensif » ? La simple observation des comportements humains montre qu'il existe aussi une agressivité « offensive » qui ne semble pas relever d'une nécessité de survie et qui a conduit à considérer l'agressivité comme une « pulsion spontanée... une énergie endogène qui doit se décharger » (Lorenz cité par Karli, 1996) donc un instinct « autonome », parfois au service de l'instinct de survie. Pour Freud, deux instincts du moi cohabitent : l'instinct sexuel ou de vie du moi libidinal et l'instinct de mort du moi. À ces deux instincts du moi répondent deux groupes d'instinct « objectaux » : un instinct sexuel objectal (instinct de vie) et un instinct de mort objectal qui s'exprime par l'agression. Ainsi Freud « fait dériver l'agression de la projection au-dehors, sous la pression des instincts de conservation de l'individu, des instincts de mort originels qui l'habitent » (Marie Bonaparte, 1951). Ces pulsions doivent être socialement gérées. Ainsi la conscience morale naîtrait selon Freud du renoncement à la satisfaction des instincts. Par ailleurs, la destinée pulsionnelle peut être le refoulement ou la sublimation, ce qui veut dire que « l'instinct s'emploie dans un autre domaine où des réalisations de valeur sociale se trouvent possibles » (Marie Bonaparte, 1951). La soif de connaître pourrait ainsi être une sublimation de l'instinct d'agression.

Neurobiologie de l'agression

L'agression ou la fuite sont provoquées par une émotion déclenchée par une situation que l'individu ressent comme une menace à son intégrité. On comprend ainsi les liens qui existent entre la douleur et les réactions agressives. Toutefois les expériences animales ont montré que l'effervescence émotionnelle précédant et accompagnant l'agression peut être d'une intensité très variable ; ainsi les stimulations de l'hypothalamus latéral déclenchent chez le chat une attaque « froide » du rat mis en sa présence, alors que les stimulations médianes entraînent un comportement agressif accompagné d'un orage émotionnel intense. La mise en jeu d'un comportement agressif ne se fait pas de manière stéréotypée dans une espèce donnée et pour un stimulus donné : elle dépend de multiples facteurs et notamment l'expérience antérieure parfois dotée d'un renforcement motivationnel de nature appétitive et d'une réduction de l'expression émotionnelle (voir en particulier les expériences chez les rats muricides : Karli). L'environnement, la position de dominant ou de subordonné, l'état endocrinien interviennent aussi dans le déclenchement du comportement d'agression. Certaines expériences militent pour un substratum différent aux agressions offensives et aux agressions défensives (les premières mais non les secondes sont réduites par des lésions hypothalamiques latérales du rat).

Le « système neuronal d'aversion » (Karli) comprend la substance grise périaqueducale et l'hypothalamus médian dont les stimulations électriques ou neurochimiques induisent des comportements de fuite ou de défense et même des comportements visant à interrompre les stimulations électriques portées sur ces régions. Des comportements de « pseudo-rage » *(sham rage)* de caractère défensif avec d'intenses manifestations végétatives (pupillaires, cardiaques, respiratoires, pilo-érection), et motrices (dos arqué, babines retroussées) désignent des manifestations stéréotypées obtenues chez l'animal décortiqué par stimulation de l'hypothalamus médian. Il a été montré que l'amygdale facilite la pseudo-rage déclenchée par la stimulation hypothalamique et que cette facilitation est transmise par un circuit dans lequel des acides aminés excitateurs agissent sur des récepteurs NMDA de la substance grise péri-aqueducale : le blocage de ces récepteurs par l'AP7 inhibe en effet ces influences facilitatrices. Les lésions du septum, des noyaux du raphé facilitent aussi le déclenchement des comportements agressifs.

On a vu que l'amygdale joue un rôle central dans la régulation émotionnelle. Les lésions amygdaliennes bilatérales entraînent chez le singe une placidité émotionnelle caractéristique du syndrome de Klüver-Bucy (voir *supra*) ; l'activité amygdalienne enregistrée par radiotélémétrie chez des singes se déplaçant librement est exacerbée lors des rencontres sexuelles et des agressions ; la destruction du septum produit chez les rats une hyperréactivité exacerbant la probabilité d'agression : cette facilitation de l'agression est nette quand le rat est mis pour la première fois dans sa cage en présence d'une souris mais ne s'observe plus quand le rat a été préalablement familiarisé avec la présence d'une souris. Il est frappant de constater que cet effet préventif de la familiarisation disparaît quand la familiarisation est effectuée avec un rat porteur de lésions bilatérales de la portion cortico-médiane des amygdales. La « gélification » comportementale du rat vaincu à l'égard du rat vainqueur s'estompe après lésions des amygdales. Ces quelques constatations expérimentales confirment le rôle joué par l'amygdale dans l'interprétation affective des informations sensorielles grâce en particulier aux liens qu'elle permet de tisser entre l'émotion « actuelle » et ses dimensions cognitives inséparables de l'histoire de chaque individu. Enfin, et de manière schématique, l'amygdale est soumise au rôle régulateur et plus précisément inhibiteur du cortex préfrontal.

Sur le plan neurochimique, le GABA et la sérotonine sont plutôt des inhibiteurs de l'agressivité de même que les endorphines. La facilitation agressive provoquée par les lésions du raphé s'accompagne de la destruction de neurones sérotoninergiques qui se projettent et sur le système limbique et sur le système nigrostrié. Les drogues antipsychotiques inhibitrices des récepteurs 5-HT2 de la sérotonine ont des propriétés agressivolytiques. Des microinjections de bicuculline qui bloque les transmissions gabaergiques entraînent, lorsqu'elles sont effectuées au niveau de la substance grise péri-aqueducale de l'animal, un comportement agressif de défense. Les catécholamines se comportent comme des stimulants de l'agressivité : il s'agit de la noradrénaline et surtout de la dopamine, neuromédiateur de la voie nigrostriée (dont on connaît le rôle dans la motricité) mais aussi des voies mésolimbique (qui intervient dans la régulation de l'humeur) et mésocorticale (qui intervient dans la mise en jeu des capacités d'attention et de planification). Les neuroleptiques qui bloquent les récepteurs dopaminergiques sont donc des substances agressivolytiques.

Les manifestations agressives sont observées dans nombre de pathologies psychiatriques et neurologiques.

Agressivité et psychiatrie

La fréquence de l'agressivité observée en pathologie psychiatrique (entendue au sens commun de pathologie ne répondant pas à des souffrances lésionnelles du cerveau) explique le développement d'échelles destinées à mieux qualifier et mieux quantifier les comportements agressifs. On peut ainsi citer l'échelle d'agressivité et de dysfonctionnement social et l'échelle d'agressivité manifeste de Yudofsky (Overt Agression Scale). La première qui doit être remplie au terme d'un entretien non structuré distingue l'agressivité tournée contre soi (humeur dépressive, impulsions suicidaires, dégoût de soi-même…) et l'agressivité tournée vers l'extérieur (en particulier irritabilité, actes provocateurs perturbant les conduites sociales, agressivité verbale, violences physiques à l'égard d'objets ou de personnes). La seconde, qui peut être remplie par l'équipe infirmière, a pour but d'améliorer la qualité de l'observation des malades agressifs hospitalisés ; elle ne comprend que cinq items : l'agressivité verbale, l'agression physique envers les objets, envers soi-même, envers autrui, et un item intitulé intervention qui regroupe la thérapeutique déployée et les conséquences physiques de l'agressivité (Guelfi, 1996). Des conduites agressives peuvent ainsi être observées dans les syndromes psychotiques, dans les états d'arriération mentale, dans les états d'addiction qu'il s'agisse d'un effet secondaire d'une substance psycho-active, d'un syndrome de sevrage, ou d'actes engendrés par le désir de se procurer de la drogue. L'absorption exagérée d'alcool, le sevrage ou les troubles du caractère accompagnant l'alcoolisme peuvent aussi expliquer des manifestations agressives et cette liste est loin d'être exhaustive. Le DSM isole des « troubles de l'adaptation » (réactionnels à des facteurs de stress) s'accompagnant de « perturbation des conduites » comprenant une violation des normes sociales (actes de délinquance, rixes, vandalisme, conduite automobile imprudente, etc.). Le DSM comme la classification internationale des troubles mentaux et du comportement (CIM-10) isolent aussi une « personnalité antisociale » (dite encore amorale ou psychopathie) caractérisée notamment par l'instabilité dans les relations et la profession, l'intolérance à la frustration avec « abaissement du seuil de décharge de l'agressivité » expliquant les bagarres, les actes délictueux, les violences au conjoint ou à l'enfant. Ce diagnostic est réservé aux adultes (après l'âge de 18 ans) et si un trouble des conduites (voir *infra*) est apparu avant l'âge de 15 ans. Le DSM isole, dans le cadre des « troubles du contrôle des impulsions », un « trouble explosif intermittent » *(dyscontrol syndrome)* débutant habituellement entre 20 et 40 ans, caractérisé par des épisodes isolés et répétitifs de perte de contrôle des impulsions agressives aboutissant « à des voies de fait graves ou à la destruction de biens » alors qu'entre les épisodes n'existe aucune manifestation d'impulsivité ou d'agressivité. Ce trouble doit donc être distingué de la personnalité émotionnellement labile type impulsif avec accès de violence et de colère et intolérance à la moindre critique (CIM-10). Chez l'enfant, peuvent être observés des troubles des conduites (parfois associés à une hyperactivité avec déficit de l'attention) caractérisés (DSM et CIM-10) par des manifestations agressives sévères (vols, incendies, cruautés envers les animaux…), débutant habituellement en période péripubertaire, un début précoce accroissant le risque d'évolution vers une personnalité antisociale ; une instabilité des figures parentales, l'absence du père ou l'alcoolisme du père constitueraient entre autres des facteurs favorisants. Ce trouble doit être distingué du trouble oppositionnel avec provocation : le comportement qui n'a pas la gravité du trouble des conduites se caractérise par une contestation régulière des paroles et des actes des adultes avec une impulsivité libérant des colères, des mots orduriers, une opposition aux demandes formulées par les adultes (DSM et CIM-10).

Certaines conduites agressives (vol, homicide, etc.) peuvent ne pas être attribuées à une personnalité antisociale ni d'ailleurs à aucun trouble mental : le DSM les qualifie de « comportement antisocial de l'adulte ». On peut à ce sujet signaler que des études en tomographie à émission de positrons ont pu montrer un hypométabolisme temporal chez des sujets ayant des comportements particulièrement violents (Seidenwurm *et al.*, 1997).

Agressivité et neurologie

Généralités

La multiplicité des cibles lésionnelles suggérées par l'expérimentation animale, l'architecture des conduites agressives centrée par le système limbique et régulée par le néocortex tout particulièrement frontal expliquent la fréquence des manifestations agressives observées lors des atteintes organiques du cerveau.

Ces états d'agitation ne facilitent pas l'examen clinique donc le diagnostic étiologique qui pourtant ne doit pas être occulté au profit d'une démarche symptomatique visant par l'administration de neuroleptiques à abolir l'agitation en oubliant de rechercher des arguments anamnestiques et cliniques en faveur d'une hypoglycémie, d'une hémorragie méningée, d'une méningoencéphalite. Le *delirium tremens* est une cause classique de confusion agitée qui peut cacher une pathologie associée (voir *infra*).

L'agressivité observée dans les autres atteintes organiques du cerveau a de multiples présentations cliniques et n'est qu'exceptionnellement envisagée de manière autonome dans les études ; on peut en effet distinguer :

- les décharges agressives sur fond d'irritabilité (voir encadré 17.1)
- les décharges agressives entrant dans le cadre d'une labilité émotionnelle : c'est ainsi que l'on peut observer pour une « contrariété » minime, une réaction de catastrophe avec pleurs et cris ou une réaction de colère avec injures ou agressivité gestuelle ;
- les manifestations agressives accompagnant des conduites d'opposition à l'égard des sollicitations de l'entourage ;
- les états d'agitation mêlés de manifestations agressives : elles peuvent exprimer un état psychotique avec délire ou hallucinations « légitimant » l'agitation accompagnée ou non d'anxiété ; elles peuvent aussi témoigner d'une hyperactivité psychomotrice avec déambulation, errance, voire fugues comme d'une akatisie sévère source d'anxiété et d'irritabilité accrues par les invigorations à l'immobilité sollicitées par l'entourage. Il faut aussi réserver une place à part aux agitations accompagnant une confusion mentale, qui peuvent soit relever de l'obscurcissement de la conscience et exprimer la réaction du patient à un environnement qu'il vit comme menaçant, soit relever de la thématique du délire onirique ;
- des conduites de désinhibition (de type frontal) au cours desquelles des propos grossiers à thème érotique ou des gestes déplacés peuvent être interprétés comme des manifestations d'agression ;
- le qualificatif d'accès de rage est parfois donné à des manifestations agressives déclenchées par des stimulations non spécifiques, d'une grande violence, dépourvues d'un but précis et ne pouvant être contrôlées par la volonté. Ces accès de rage relèvent de lésions (par exemple tumorales) temporales (amygdalienne), préfrontales orbitaires, hypothalamiques, de la région septale, du thalamus antérieur et peuvent aussi être observés après stimulation cérébrale profonde pour maladie de Parkinson, régressant à l'arrêt du stimulateur. Elles peuvent par leur violence et le caractère stéréotypé de leur déroulement et des comportements moteurs (hurlements, morsures…) rappeler la pseudo-rage expérimentale (voir *supra*). La qualification d'accès de rage est parfois donnée aux manifestations du trouble explosif intermittent quand elles sont particulièrement violentes mais s'intègrent dans les critères du DSM : il en est ainsi des deux cas de craniopharyngiome rapportés par Tokonogy et Geller (1992) au cours desquels ces troubles ont été imputés à un envahissement hypothalamique.

Des améliorations comportementales ont été observées après traitement bêtabloquant (voir *infra*).

L'agressivité peut aussi s'exprimer dans le cadre d'un trouble de la personnalité ressemblant à la « personnalité antisociale » du DSM (voir *supra* : *agressivité et psychiatrie*) en particulier lors de lésions fronto-orbitaires (Meyers).

La multiplicité des situations cliniques pouvant inclure de l'agressivité est illustrée en particulier par les items de l'inventaire neuropsychiatrique de Cummings *et al.* (1994) au cours duquel sur les dix items proposés l'agressivité est explicitement recherchée dans deux d'entre eux (agitation/agression et irritabilité) mais peut aussi être une conséquence des manifestations recherchées dans quatre autres items (délire, hallucinations, désinhibition, comportement moteur aberrant).

Quelques étiologies

La *confusion* est une grande pourvoyeuse d'agitations agressives dont le mécanisme n'est pas univoque (voir *supra*). Le problème est que le confus agité se laisse difficilement examiner et que la démarche diagnostique se voit occultée au profit du seul traitement symptomatique de l'agitation. Il faut pourtant rechercher des antécédents similaires, une notion d'alcoolisme, de fièvre, de diabète, de traumatisme crânien, d'épilepsie, d'interventions chirurgicales multiples qui guideront le diagnostic étiologique. Il faut aussi savoir se méfier du diagnostic trop rapide de *delirium tremens* qui peut faire méconnaître une autre pathologie comme une hémorragie méningée.

Le *syndrome psycho-organique* est une appellation qualifiant les manifestations « psychiques » de souffrances cérébrales lésionnelles ou métaboliques et qui dans son acception initiale désignait non seulement les troubles de la personnalité mais aussi les manifestations cognitives centrées par une lenteur de l'idéation, des troubles de l'attention, du jugement, du raisonnement, de la mémoire. Le DSM comme la CIM-10 individualisent les manifestations affectives des atteintes cérébrales organiques sous le nom de psycho-syndrome organique pour le premier, de trouble organique de la personnalité pour la seconde. Parmi les caractères de ce syndrome, l'accent est mis sur les désordres émotionnels avec labilité, le sujet passant rapidement de l'euphorie à la jovialité, de l'apathie à la colère agressive mais aussi sur des comportements antisociaux (vols ou avances sexuelles, précise la CIM-10). Le DSM considère le « type explosif » comme une présentation particulière du psycho-syndrome organique quand sa caractéristique dominante est représentée par des accès d'« agressivité ou de colère ». La liste étiologique est inépuisable. Elle mêle des lésions focales frontales (révélation ou signes séquellaires d'une tumeur) plutôt responsables de désinhibition avec impulsivité, des lésions temporales et notamment des lésions de la partie antérieure et inférieure du lobe temporal détruisant l'amygdale ou les structures qui l'entourent et dont la séméiologie peut mimer un *trouble explosif intermittent*, des lésions diffuses ou multifocales comme dans la sclérose en plaques, le lupus, les séquelles de traumatisme crânien ou d'accidents vasculaires cérébraux, les encéphalopathies métaboliques en général et les encéphalopathies anoxiques en particulier. L'agressivité observée dans la maladie de Huntington peut aussi s'intégrer dans un *trouble explosif intermittent* (voir chapitre 16).

L'agressivité est fréquente au cours des *syndromes démentiels*. Dans la démence d'Alzheimer, la série de Reisberg *et al.* (1987) faisait état de 48 % de sujets agités, 30 % de sujets violents et 24 % de sujets présentant des accès d'agressivité verbale, tandis que Mendez *et al.* (1990) rapportent une proportion de 24,9 % de sujets présentant des actes agressifs. L'agressivité peut être la conséquence d'idées délirantes et d'hallucinations et s'accompagnerait alors d'une évolutivité plus sévère de la maladie et d'un déficit de la compréhension du langage. Des gestes agressifs peuvent émailler des états d'agitation (parfois à prédominance vespérale) qui relèvent de désordres psychotiques mais aussi d'une hyperactivité motrice avec déambulation voire errance. L'agitation est souvent un motif d'institutionnalisation par épuisement du conjoint ou de l'aidant. L'akathisie peut être la conséquence d'un traitement neuroleptique. Les comportements de déambulation posent des problèmes importants tant au domicile que dans les institutions. Des perturbations du sommeil s'accompagnent de déambulation nocturne au cours desquels l'agressivité peut s'intégrer dans des comportements confusionnels. Les agressions sexuelles sont rares. L'agressivité gestuelle ou verbale au cours de la maladie d'Alzheimer peut aussi s'intégrer dans une labilité émotionnelle avec accès de colère ou de violences gestuelles. Il reste difficile de faire des corrélations précises entre l'agressivité, *a fortiori* ses diverses formes cliniques, et les sites lésionnels de la maladie d'Alzheimer dont on sait toutefois qu'ils intéressent le système limbique, en particulier l'amygdale et qu'ils n'épargnent pas le néocortex et le cortex frontal aux stades avancés de la maladie. Sur le plan neurochimique, on sait que les déficits ne concernent pas que les seuls systèmes cholinergiques et que les taux de sérotonine, de GABA et de norépinéphrine sont aussi diminués mais les liens avec les conduites agressives restent à préciser. Une augmentation des récepteurs adrénergiques, et en particulier des récepteurs $\alpha 2$, a été mise en évidence dans le cortex cérébelleux d'un groupe de patients atteints de maladie d'Alzheimer et agressifs comparés à un groupe ayant le même degré de déficit cognitif et non agressifs (Russo-Neustadt et Cotman, 1997). Les conduites agressives tendent à être plus fréquentes quand la détérioration cognitive progresse mais il ne s'agit pas toutefois d'une loi générale ; ainsi les désordres psychotiques peuvent certes provoquer une institutionnalisation plus précoce indépendamment du degré de détérioration cognitive ; ils procéderaient en effet de localisations lésionnelles électives en particulier dans l'aire temporo-prosubiculaire médiane et dans le cortex frontal moyen et s'accompagneraient de taux plus élevés de norépinéphrine dans le *locus niger* et de taux plus bas de sérotonine dans le prosubiculum.

Au cours des *démences fronto-temporales,* la désinhibition peut entraîner une impulsivité, des actes de violence ; les propos tenus sont plus souvent grossiers qu'agressifs et les conduites sexuelles déplacées ne s'accompagnent pas en règle d'agression ; quand il existe des activités rituelles, elles peuvent s'accompagner d'une agressivité quand elles sont contrariées par l'entourage (Pasquier et Lebert, 1995). L'agressivité peut enfin parfois s'intégrer dans des désordres psychotiques.

Les *démences vasculaires* peuvent s'accompagner soit d'apathie soit d'irritabilité et des désordres psychotiques peuvent aussi rendre compte de manifestations agressives. L'agressivité verbale ou gestuelle peut aussi être une des manifestations des accidents vasculaires cérébraux : les conduites d'irritabilité et de violences seraient plus fréquentes au cours des atteintes de l'hémisphère gauche et seraient favorisées par leur proximité du pôle frontal et la sévérité du déficit cognitif (Paradiso *et al.*, 1996).

La *maladie des tics de Gilles de la Tourette* peut s'accompagner de labilité émotionnelle, de crises de colère, d'agressivité.

La maladie *de Huntington* (Paulsen *et al.*, 2001) comporte souvent des manifes-tations agressives (voir *supra*) qui pourraient être plus fréquentes que dans la maladie d'Alzheimer (Burn *et al.*, 1990), alors que l'apathie et l'irritabilité appa-raissent de manière comparable dans les deux groupes de malades étudiés. Mais une irritabilité doit toujours conduire à ne pas méconnaître une dépression hostile (encadré 17.1).

Au cours de la *maladie de Parkinson* l'agressivité peut accompagner la thématique délirante ou hallucinatoire de la psychose parkinsonienne dont l'éclosion peut être favorisée par les thérapeutiques de la maladie. Les modèles animaux (Parkinson au MPTP) suggèrent que la coactivation des récepteurs D1 et D2 est nécessaire pour induire l'hyperactivité et l'agressivité et qu'à ce titre une stimulation déséquilibrée de ces deux récepteurs, par exemple action agoniste partielle D2 et totale D1, pourrait améliorer les effets secondaires comportementaux des agonistes dopaminergiques. Très particulier est le cadre des « désordres comportementaux du sommeil rapide »

Encadré 17.1

Agressivité ou irritabilité ?

Même si leurs causes se chevauchent, même si elles sont souvent confondues, il y a pourtant lieu de distinguer l'irritabilité de l'agressivité, mais aussi de concepts voisins tels que la colère et l'impulsivité.

L'impulsivité témoigne comme l'irritabilité d'une difficulté de contrôle de soi mais le sujet impulsif n'est pas nécessairement irritable.

L'agressivité comme la colère peuvent être une conséquence de l'irritabilité ; aussi certains auteurs considèrent-ils l'agressivité comme une forme sévère d'irritabilité (Snaith et Taylor, 1985). Mais un sujet irritable n'est pas obligatoirement agressif, sauf à considérer les manifestations d'agacement et d'impatience engendrées par l'irritabi-lité comme des manifestations mineures d'agressivité, en somme des manifestations mineures de « passage à l'acte » si l'on souhaite conserver au concept d'agressivité son sens étymologique d'« attaque ». L'agressivité renvoie donc à l'action (agresser), tan-dis que l'irritabilité renvoie à un sentiment désagréable de tension psychique, d'aga-cement qui s'impose au sujet et qui suscite agacement et impatience. L'irritabilité est donc un désordre de l'humeur dont la pénibilité altère le contrôle se soi.

L'irritabilité n'est pas seulement sollicitée par le comportement d'autrui ; elle peut aussi se manifester à l'égard de soi-même. Tel est le cas des dépressions « hostiles » (Feline, 1991 ; Stringaris *et al.*, 2013) au cours desquelles l'agressivité peut en impo-ser pour des manifestations caractérielles, mais la dépression peut aussi entraîner une irritabilité à l'égard de soi-même. L'échelle IDA de Snaith évalue ainsi la dépres-sion, l'anxiété et l'irritabilité dans ses composantes « externe » (à l'égard d'autrui) et « interne » (à l'égard de soi-même).

En attendant une meilleure délimitation des concepts, on peut considérer que les contextes « neurologiques » au cours desquels peut être observée une irritabilité « externe » recoupent ceux au cours desquels peut être observée une agressivité (voir *supra* dans le texte). Même en l'absence de passage à l'acte agressif, l'irritabilité peut entraîner une importante souffrance psychologique du malade et de ses proches. Elle peut être évaluée par un certain nombre d'outils dont l'échelle de Craig *et al.* (2008). On conçoit l'importance que revêt le diagnostic des irritabilités dépressives.

caractérisés par des accès d'agressivité gestuelle nocturne à l'égard du conjoint pris pour un ennemi dans le cadre d'un rêve agité dont la polygraphie pourra montrer qu'il est contemporain du sommeil paradoxal.

Les *traumatismes craniocérébraux* peuvent se compliquer dès leur prise en charge initiale mais aussi de manière prolongée d'états d'agitation et de manifestations agressives qui, avec la désinhibition et l'isolement social, constituent les modifications post-traumatiques de la personnalité le plus souvent observées. Il peut s'agir d'agressions physiques, de crises de colère, d'agressions verbales, d'impulsivité, d'une hyperactivité motrice, parfois mêlées à un contexte confusionnel (Fugate *et al.*, 1997). Un trouble explosif intermittent a pu être observé lors de contusions temporales antérieures ; des études faites chez des anciens combattants traumatisés crâniens lors de la guerre du Vietnam ont montré que la violence et l'agressivité n'étaient pas liées à l'étendue de lésions cérébrales mais à leur localisation au niveau de la portion ventro-médiane du lobe frontal. Des études en tomographie monophotonique ont pu montrer un lien entre les conduites de désinhibition et les anomalies du débit frontal d'une part, l'agressivité et les anomalies de débit de l'hémisphère droit d'autre part.

Les liens entre *épilepsie, agressivité et violence* ont fait l'objet de fort nombreux débats.

Les travaux de F. Minkowska avaient en 1923 dégagé la notion d'une caractérologie épileptique ou « glischroïdie » qui comportait deux pôles, un pôle adhésif (bradypsychie, viscosité) et un pôle explosif avec décharges agressives subites et violentes. Ces travaux ont ensuite été très critiqués (Marchand et Ajuriaguerra, 1948) tant il apparaît difficile de savoir ce qui, dans les troubles de la personnalité observés dans les épilepsies, peut revenir aux éventuelles lésions cérébrales, à une psychopathologie antérieure, au retentissement psychologique de l'épilepsie et de ses conséquences sociales, aux traitements suivis, notamment quand les crises ont débuté dans l'enfance et sont mal contrôlées. Pourtant l'existence de modifications de la personnalité au cours des épilepsies temporales a été attribuée à un état de stimulation, d'embrasement des structures limbiques par les décharges du foyer épileptique. Une hyperconnexion est créée entre le néocortex temporal et les structures limbiques, expliquant ainsi l'exacerbation émotionnelle dont témoigneraient des traits tels que la tendance obsessionnelle, l'hyperreligiosité ou des préoccupations philosophiques, l'hypergraphie, la tendance dépressive, l'hyposexualité, l'irritabilité et l'impulsivité, ces deux dernières plus particulièrement liées aux embrasements de l'hémisphère droit : ainsi serait en quelque sorte réalisé « le négatif du syndrome de Klüver-Bucy » (Favel). Même si ces constatations ont relancé les débats sur une dangerosité « épileptique », les études épidémiologiques n'apportent pas la ferme conviction que les épisodes de violence soient plus fréquents chez les patients atteints d'épilepsie temporale que dans la population normale ou dans les groupes de sujets ayant des problèmes d'insertion sociale. Certaines études n'ont pas pu prouver un lien entre les différents paramètres de l'histoire de l'épilepsie (en particulier le type clinique des crises) et les actes de violence. L'inventaire d'hostilité de Buss-Durkee a pu montrer que les épilepsies temporales gauches s'accompagnaient plus fréquemment de sentiments hostiles, les épilepsies temporales bilatérales apparaissaient les plus agressives alors qu'il n'y avait pas de différence significative entre les épilepsies–absences et les sujets témoins (Devinsky *et al.*, 1994). Comme on le voit, la diversité des populations étudiées, la diversité des méthodes aptes à « mesurer » les comportements agressifs font qu'il est bien difficile de conclure sur la réalité d'une agressivité interictale spécifiquement liée à l'épilepsie temporale.

Aussi apparaît-il nécessaire d'analyser dans quelles conditions l'épilepsie pourrait rendre compte de manifestations d'agressivité et de violence :

■ l'agressivité « critique » peut concerner des crises partielles complexes (avec décharges intéressant les structures limbiques particulièrement l'hippocampe et l'amygdale) et ne relève pas encore d'une explication univoque : réaction du sujet à un environnement qu'il considère comme menaçant, réaction aux tentatives de contention, réaction du sujet à un sentiment de peur ou de colère, automatismes psychomoteurs créant des décharges verbales ou des postures corporelles agressives. Ces « violences » critiques sont en tout cas soudaines, non planifiées, inorganisées et leur fréquence est faible : 33 comportements violents ont pu ainsi être répertoriés chez 19 patients dans une série de 5 400 sujets (soit 0,4 %, Delgado *et al.*, 1981) ;

■ une irritabilité avec décharges d'agressivité peut être l'une des manifestations des psychoses postictales et interictales comme des psychoses postlobectomie temporale (voir p. 404) ;

■ les agressivités médicamenteuses telles qu'elles ont été observées chez des enfants traités par clobazam pour épilepsie réfractaire : les manifestations agressives s'accompagnent d'insomnie, d'une activité motrice incessante et cèdent en quelques semaines à l'arrêt du produit ; ces complications doivent être particulièrement redoutées chez des enfants ayant des troubles développementaux (autisme, retard mental, etc.).

Le *syndrome de Lesch-Nyhan* est une affection liée à l'X caractérisée par la survenue dans la petite enfance de troubles associant un comportement compulsif d'auto-agressivité (avec en particulier automutilation des lèvres) et d'hétéro-agressivité, des mouvements choréoathétosiques, une dystonie, une spasticité, une hyperuricémie. Cette maladie s'accompagne d'un déficit en hypoxanthine guanine phosphoryltransférase et d'un déficit dopaminergique présynaptique intéressant tous les circuits impliquant la dopamine (Ernst *et al.*, 1996). La question est posée de savoir si le déficit dopaminergique peut rendre compte des comportements auto- et hétéroagressif, ce qui apparaît paradoxal mais pourrait être dû à la survenue du déficit dopaminergique dès la période embryonnaire, au retentissement de ce déficit sur d'autres systèmes de neuromédiation (par exemple, une augmentation du taux de mét-enképhaline et une déplétion du taux de substance P du striatum montrée dans des modèles expérimentaux animaux de destruction dopaminergique – Sivam, 1989 ; Pickel *et al.*, 1994). Des comportements d'automutilation avec des crises de colères peuvent aussi être observés dans le syndrome de Prader-Willi.

Agressivité et sommeil

Les actes de violence perpétrés pendant le sommeil peuvent inquiéter l'entourage et en cas de meurtre, générer de difficiles problèmes médico-légaux.

Certaines violences peuvent survenir dans une période confusionnelle accompagnant l'éveil (Bonkalo, 1974) et pourraient être favorisées par l'alcoolisme ou un syndrome d'apnées du sommeil : elles rejoignent le problème plus général des ivresses confusionnelles. Il peut aussi s'agir de violences « épileptiques » critiques survenant pendant le sommeil (voir *supra*).

Le somnambulisme ou plus rarement les terreurs nocturnes de l'adulte (qui sont des parasomnies du sommeil lent) peuvent s'accompagner de manifestations agressives.

Les désordres comportementaux du sommeil rapide sont des actes de violence dirigés contre le partenaire lors de rêves terrifiants dont la « mise en action » est permise par l'absence de l'atonie musculaire normalement observée lors du sommeil paradoxal. Ces troubles intéressent une fois sur deux (Tan *et al.*, 1996) des sujets présentant une pathologie associée : maladie de Parkinson, démence, atrophie multisystématisée, maladie à corps de Lewy diffus, accident vasculaire cérébral, narcolepsie.

Perspectives thérapeutiques

Le traitement des crises agressives aiguës se confond pratiquement avec celui des états d'agitation et les deux grandes classes thérapeutiques utilisées sont les benzodiazépines et les neuroleptiques. Ceci n'exclut ni la tentative d'instauration d'un dialogue avec l'agité, ni surtout la recherche d'une cause impliquant un traitement spécifique (voir encadré 17.1).

De multiples médicaments ont été proposés dans le traitement des agressivités chroniques ou récidivantes. Ainsi en est-il du lithium (en particulier dans les agressivités post-traumatiques et des retards mentaux), des β-bloquants (en particulier dans les lésions organiques cérébrales et les retards mentaux), de l'acide valproïque et de la carbamazépine (en particulier dans les agressivités des épilepsies mais aussi dans les agressivités post-traumatiques et pour la carbamazépine pour les agressivités des sujets âgés). Bien entendu les benzodiazépines et les neuroleptiques gardent leurs indications. La prise en charge de la maladie causale doit aussi améliorer l'agitation (psychose, syndrome d'hyperactivité avec déficit de l'attention). Les agressions sexuelles peuvent relever de la dépomédroxyprogestérone (Sheard, 1988). Ces avancées médicamenteuses n'annulent pas le rôle que doivent jouer le dialogue et la psychothérapie.

Rappelons que le somnambulisme comme les désordres comportementaux du sommeil rapide peuvent être améliorés par le clonazépam.

Il reste à ajouter que malgré les problèmes éthiques posés par la création de lésions cérébrales, certaines publications font état des résultats de la psychochirurgie : amygdalotomies bilatérales, hypothalamotomies postéro-médianes (Ramamurthi, 1988).

Les mimiques émotionnelles

L'*identification des mimiques émotionnelles* présentées sur photographies ou sur dessins est indépendante (car souvent dissociée) de la reconnaissance des physionomies elles-mêmes. Chez l'individu normal, la supériorité de l'hémichamp visuel gauche dans l'identification des mimiques émotionnelles est généralement admise. Parmi les sujets ayant des lésions cérébrales, il existe dans la plupart des cas de moindres performances des sujets atteints de lésions de l'hémisphère droit pour reconnaître, sélectionner dans une épreuve à choix multiple, et apparier des expressions émotionnelles (triste, gai, surpris, inquiet, en colère, indifférent) même si elles proviennent de visages différents, mais chez ces mêmes sujets, les performances sont aussi plus médiocres dans des épreuves d'appariement de visages neutres, explorant donc la reconnaissance de physionomies. Toutefois, les performances dans les deux types d'épreuves (reconnaissance de l'émotion et reconnaissance de l'identité) ne sont pas liées (Benton *et al.*, 1968), ce qui tend à montrer que le déficit des sujets atteints de lésions droites dans la discrimination des mimiques émotionnelles est indépendant du déficit visuoperceptif même si ces deux déficits peuvent coexister. Il n'est actuellement pas possible d'affirmer, même avec des études chez les sujets normaux, qu'il existe une supériorité de l'hémisphère droit dans l'identification des émotions négatives bien qu'un déficit électif dans la reconnaissance de cette catégorie d'émotions ait pu être observé chez des sujets atteints d'une lésion de l'hémisphère droit. L'identification émotionnelle reste encore plus du domaine de la recherche que de celui de la pratique clinique. Toutefois des perturbations électives de la reconnaissance des émotions avec respect des capacités de reconnaissance de l'identité des visages ont été observées chez des sujets atteints de lésions de l'hémisphère droit, tout particulièrement de la région temporo-pariétale, dont l'importance dans le traitement des mimiques émotionnelles est confirmée par l'imagerie dynamique. Les travaux d'Adolphs et Damasio (in Borod) ont pu montrer que les sujets ayant un déficit de la reconnaissance des mimiques émotionnelles ont des lésions impliquant le cortex primaire somato-sensitif, peut-être SII, l'insula, la partie antérieure du *gyrus supramarginalis* mais aussi la substance blanche sous-jacente qui assure la connexion entre le cortex somato-sensitif et le cortex visuel. Ces résultats ont pu constituer un argument important pour faire de l'hémisphère droit, hémisphère « dominant » pour la représentation du corps (comme l'atteste l'anosognosie des hémiplégiques gauches), l'hémisphère spécialisé dans le traitement des informations corporelles d'ordre émotionnel. Mais un déficit de la reconnaissance des expressions faciales et de la prosodie émotionnelle peut être aussi observé dans les lésions frontales, tout particulièrement ventrales (Hornak). On a vu plus haut que les lésions amygdaliennes pouvaient aussi entraîner un déficit de la reconnaissance des expressions émotionnelles de peur ou des expressions voisines (colère, surprise). La maladie de Parkinson peut s'accompagner d'un déficit de la reconnaissance des expressions faciales émotionnelles (Borod) que l'on pourrait penser en lien avec l'atteinte des circuits fronto-striataux ou avec l'existence de lésions de l'amygdale (corps de Lewy, voir chapitre 16, *les démences des maladies du système extrapyramidal* : p. 305). La première hypothèse pourrait être privilégiée quand ces troubles apparaissent après intervention pour stimulation du noyau sous-thalamique (Dujardin). Selon d'autres auteurs, la maladie de Parkinson s'accompagnerait d'un déficit spécifique de l'expression faciale de peur sans que l'on puisse établir la reponsabilité de circuits liant les noyaux gris centraux à l'insula ou encore de lésions extra-nigrostriées, qu'elles intéressent, par exemple les structures olfatives ou l'amygdale (Suzuki ; voir tableaux 16.III et 16.IV).

Les déficits de la reconnaissance des émotions exprimées par les visages contribuent à altérer la capacité à interagir de manière adaptée avec autrui, c'est-à-dire la cognition sociale et en particulier l'empathie (voir chapitre 18).

L'*anomie catégoriellement spécifique* à l'expression faciale peut être observée en cas de lésion calleuse : le sujet ne peut nommer ni désigner sur ordre verbal les mimiques émotionnelles, alors que les différentes expressions faciales sont reconnues et classées, ce qui pourrait signifier la disconnexion entre l'hémisphère droit où seraient stockées les « représentations » émotionnelles faciales et les aires du langage.

Les *déficits de l'expression des mimiques émotionnelles* ont fait l'objet d'appréciations divergentes. Il y a lieu de distinguer les expressions faciales volontaires, sur ordre de l'examinateur, des expressions faciales spontanées en réponse à des scènes plaisantes ou déplaisantes. Les lésions frontales, quel que soit l'hémisphère lésé, provoquent un déficit de l'expressivité émotionnelle spontanée et volontaire, encore que certains travaux indiquent une expressivité faciale plus déficitaire dans les lésions frontales droites. Les observations faites en comparant l'expressivité faciale spontanée et volontaire des sujets atteints de lésions hémisphériques droites et gauches ont parfois montré un déficit des sujets lésés à droite, alors que parfois les résultats ne sont pas différents quel que soit l'hémisphère lésé.

La *parésie faciale émotionnelle*. Il était classique de considérer que les parésies faciales centrales liées à une atteinte du faisceau pyramidal, dont on sait qu'elles intéressent avec prédilection le territoire facial inférieur, apparaissaient électivement dans la mimique volontaire (en demandant au malade de tirer la langue, de souffler, de siffler) et qu'elles étaient atténuées lors de la mimique spontanée (dissociation automatico-volontaire) ; toutefois dans certains cas de paralysie faciale centrale, il était observée une dissociation automatico-volontaire inverse, c'est-à-dire que la paralysie faciale apparaissait électivement dans la mimique automatique et tout particulièrement émotionnelle. Les parésies faciales émotionnelles relèvent de lésions corticales ou sous-corticales du lobe frontal et en particulier de l'aire motrice supplémentaire, de lésions thalamiques antérieures (infarctus du territoire de l'artère tubéro-thalamique) mais aussi postérieures, du lobe temporal (portion mésiale), du territoire lenticulo-strié, de la région sous-thalamique et du mésencéphale dorsal, tandis que les parésies faciales volontaires épargnant la mimique émotionnelle indiquent une lésion hémisphérique épargnant les lobes frontal et temporal ainsi que les noyaux gris centraux et intéressant le cortex moteur ou le faisceau pyramidal jusqu'à la capsule interne.

Les réactions émotionnelles autonomiques

L'état d'alerte provoqué par l'émotion et lié à la mise en jeu d'un réseau cortico-limbo-réticulaire se manifeste en périphérie par une activation du système nerveux sympathique. L'exploration de cette activation par la réponse galvanique de la peau (réflexe cutané sympathique) ou par l'accélération du rythme cardiaque montre une réduction de ces réponses chez les sujets atteints de lésions de l'hémisphère droit, alors qu'au cours des lésions de l'hémisphère gauche, ces mêmes réponses peuvent être exagérées. Il semble donc que l'hémisphère droit exerce normalement une influence activatrice sur la substance réticulée, alors que l'influence de l'hémisphère gauche serait plutôt de type inhibiteur.

La prosodie émotionnelle et ses perturbations

Le contenu linguistique du langage parlé est couplé avec une « intonation » qui peut être neutre ou qui peut contribuer à colorer affectivement le contenu linguistique. Ainsi définie, la prosodie émotionnelle, sous-tendue par les caractères mélodiques de l'expression verbale, dépend à la fois du désir du locuteur (un événement triste ou gai peut être annoncé d'une voix « neutre ») et du contenu linguistique avec lequel l'intonation (gaie, triste, en colère) se met en harmonie. L'intonation peut aussi s'accompagner d'une expression gestuelle du visage, des membres, en cohérence avec la signification affective des messages verbaux. L'examen de la prosodie émotionnelle comporte donc :

■ l'observation de la manière avec laquelle le sujet parle et répond aux questions qui lui sont posées ;
■ l'étude de la compréhension émotionnelle : une phrase sémantiquement neutre (« *Toto joue aux billes* ») est prononcée de manière neutre, triste, gaie, étonnée, en colère, en demandant au sujet de reconnaître, éventuellement sur choix multiple, l'intonation émotionnelle et en se plaçant derrière lui afin de ne pas faire procéder la reconnaissance auditive de la mimique de l'examinateur ;
■ l'étude de la répétition avec la même intonation que l'examinateur d'une phrase neutre dite de manière neutre, triste, gaie, étonnée, en colère.

On pourra ainsi reconnaître des déficits de la prosodie émotionnelle spontanée et répétée ainsi que de la compréhension de la mélodie affective du langage qui sont gérées par l'hémisphère cérébral droit. Ainsi, une étude comparée de la compréhension des prosodies émotionnelles (heureux, triste, en colère) et non émotionnelles (interrogations, ordres…) chez des sujets atteints de lésions hémisphériques droites et gauches a pu montrer que, comparés à des sujets normaux, les deux groupes malades ont des performances plus médiocres dans les deux types de tests ; toutefois, les performances des sujets atteints de lésions droites étaient bien plus mauvaises que celles de sujets atteints de lésions gauches au test de compréhension émotionnelle. La *classification de Ross et al.* (1981) et *de Mesulam* (1985) a ainsi tenté un parallèle entre les aphasies et les aprosodies (tableau 17.I). L'*aprosodie motrice* se caractérise par une préservation de la compréhension émotionnelle prosodique et gestuelle, alors que l'expression prosodique spontanée et répétée est très déficitaire : les malades parlent de manière affectivement monotone qu'ils soient ou non dépressifs ; les lésions intéressent les opercules frontal et pariétal antérieur droits (en miroir des lésions qui donnent à gauche l'aphasie de Broca) mais aussi les noyaux gris centraux et la capsule interne du côté droit et il existe une hémiplégie gauche accompagnée ou non de troubles sensitifs. L'*aprosodie sensorielle* est une « surdité » et même une « cécité » émotionnelles (les patients ne comprenant pas la prosodie émotionnelle ni même les gestes qui l'accompagnent) associées à un déficit de la répétition prosodique, alors que

Tableau 17.I
Classification des aprosodies (d'après Ross et Mesulam)

	Prosodie spontanée	Répétition prosodique	Compréhension prosodique	Compréhension des expressions gestuelles émotionnelles
Aprosodie motrice	–	–	+	+
Aprosodie sensorielle	+	–	–	–
Aprosodie globale	–	–	–	–
Aprosodie transcorticale motrice	–	+	+	+
Aprosodie transcorticale sensorielle	+	+	–	–
Aprosodie transcorticale mixte	–	+	–	–

l'expression prosodique spontanée est normale. Les signes neurologiques comportent une hémianopsie latérale homonyme gauche et parfois un syndrome de Verger-Déjerine de l'hémicorps gauche ; les lésions intéressent l'hémisphère droit, en miroir de celles donnant l'aphasie de Wernicke. L'*aprosodie globale*, qui s'associe à une lourde hémiplégie sensitivo-motrice gauche avec hémianopsie, intéresse tous les aspects réceptifs et expressifs de la prosodie et est le fait de vastes lésions périsylviennes ou sous-corticales droites analogues à celles donnant, à gauche, une aphasie globale. Les autres aprosodies sont plus exceptionnelles et les corrélations anatomocliniques incertaines. L'*aprosodie transcorticale motrice* affecte la prosodie spontanée, alors que la compréhension et la répétition sont préservées. L'*aprosodie transcorticale sensorielle* affecte la compréhension prosodique alors que l'expression prosodique est normale. L'*aprosodie transcorticale mixte* affecte la prosodie spontanée et la compréhension prosodique alors que la répétition prosodique est normale.

La maladie de Parkinson pourrait s'accompagner de troubles de l'expression verbale des émotions, distincts de la dysarthrie parkinsonienne qui certes donne une hypophonie avec une voix lente et « monotone ». Des troubles de la compréhension émotionnelle intéresseraient les parkinsoniens ayant un dysfonctionnement cognitif (Benke) mais les études consacrées aux aprosodies parkinsoniennes et à leurs éventuels mécanismes restent encore exceptionnelles (voir tableaux 16.III et 16.IV).

Les aphasiques, même très réduits, peuvent exprimer des intonations émotionnelles variées qui peuvent nuancer l'intonation d'une stéréotypie en fonction de ce que le patient désire communiquer de même que l'émotion peut permettre occasionnellement l'émission d'un segment de phrase et peut donc être un des éléments déclenchant la dissociation automatico-volontaire du langage. En outre, l'aphasique peut voir ses capacités de compréhension du langage améliorées grâce à la prosodie émotionnelle.

On peut à ce sujet rappeler qu'en dehors de l'intonation les mots ou les phrases riches en contenu émotionnel tendent aussi à améliorer la compréhension des aphasiques.

Désordres émotionnels et souffrances lésionnelles du cerveau

La dépression

Il n'est plus possible aujourd'hui d'ignorer la fréquence avec laquelle des manifestations dépressives peuvent accompagner les lésions du cerveau. La dépression a suscité une abondante littérature qui a pu formuler des hypothèses sur l'influence des localisations lésionnelles et au premier chef de la latéralisation hémisphérique sur la gestion émotionnelle en général et la régulation de l'humeur en particulier (voir *supra*). Mais l'attention portée à l'existence d'une dépression chez les sujets cérébrolésés ne se justifie pas par son seul intérêt heuristique. La dépression est synonyme de souffrance et déjà, à ce titre, elle ne peut être ignorée dans une démarche diagnostique qui ne trouve son sens que parce qu'elle est le prélude à une démarche de soins ; la dépression retentit aussi sur les performances cognitives, sur la qualité de vie et sur le pronostic du handicap, comme cela a été par exemple montré dans les dépressions qui suivent les accidents vasculaires cérébraux

(Parikh *et al.*). Enfin, la dépression peut bénéficier d'un traitement médicamenteux et d'une écoute psychothérapique.

Repérer, diagnostiquer et évaluer la dépression

La dépression est un trouble de l'humeur qui devient triste, durablement et de manière envahissante. La dépression n'est donc pas un sentiment ponctuel mais un état de tristesse durable qui peut aller jusqu'au « dégoût de la vie » *(taedium vitae)*. Elle s'accompagne de deux autres symptômes : une douleur morale et une baisse de l'élan vital. La baisse de l'élan vital (ou inhibition) s'exprime par l'apathie, avec anhédonie, c'est-à-dire incapacité à ressentir le plaisir, à prendre goût aux activités familiales et sociales et à tout ce qui constituait les centres d'intérêt habituel, professionnels ou de loisirs. Cette incapacité à ressentir ne vit pas dans l'indifférence, mais dans une douleur morale intense : le déprimé souffre de son « anesthésie affective » qui n'est pas une placidité mais une hyperthymie douloureuse. Il éprouve des sentiments d'incapacité, d'indignité, de baisse d'estime de soi, avec une sensation de culpabilité, d'échec et une vision pessimiste de l'avenir ; il est un fardeau pour lui-même et pour ceux qui l'entourent et il peut ainsi être envahi par une « rumination dépressive ». Les sentiments dépressifs prédominent volontiers le matin : au lever, la journée qui s'annonce paraît interminable. Ainsi s'explique le relatif mieux-être vespéral qui est parfois observé et l'allongement du temps vécu. Autour de ce noyau dépressif gravitent des troubles du sommeil, typiquement de milieu de nuit avec de grosses difficultés pour se rendormir et des manifestations somatiques (troubles de l'appétit, fatigue apparaissant souvent dès le matin, et intégrée dans le malconfort matinal, amaigrissement). Les difficultés diagnostiques ne manquent pas : manifestations anxieuses « cachant » la dépression, plaintes hypocondriaques qui sont tout à la fois selon l'expression d'Henri Ey, « crainte et désir de la maladie » et qu'il faut savoir relier à un état dépressif, réactions d'hostilité avec plaintes et récriminations où se rassemblent des sursauts d'énergie d'autant plus dangereux qu'ils peuvent faire méconnaître la dépression et rejeter le déprimé dans une solitude qui le confortera dans ses sentiments d'indignité. La douleur morale est parfois telle que le dépressif pense de manière lancinante à terminer ses jours et échafaude ainsi une véritable planification suicidaire. Il peut aussi être soudainement envahi par une pulsion suicidaire avec passage à l'acte immédiat : c'est le raptus. Il a pu être suggéré que les états dépressifs de type réactionnel avaient un malconfort et des plaintes plus vespérales que matinales, parfois une présentation hostile, une moins grande inhibition et une propension plus grande à menacer l'entourage de suicide. Une « personnalité névrotique » pourrait ainsi faire le lit des dépressions réactionnelles.

Reconnaître la dépression ne peut se résumer en l'administration de l'une ou l'autre des nombreuses échelles proposées comme aide diagnostique et évaluative. En outre, il faut sans doute dépasser les débats entre les dépressions qui seraient « réactionnelles » et celles qui seraient de cause organique. Il est sans doute plus efficace de considérer que la part de ce qui relève d'un trouble de l'adaptation à la maladie et la part de ce qui relève des conséquences organiques de la maladie sont souvent intriquées et que la seule question fondamentale est de reconnaître la dépression et d'évaluer sa gravité pour pouvoir organiser sa prise en charge. Car plutôt que de parler d'une étiologie réactionnelle ou biologique de la dépression, il faut plutôt considérer les facteurs de risque de la dépression au cours des lésions cérébrales. Certains sont aspécifiques : il s'agit par exemple de la manière dont l'équipe médicale et le patient gèrent l'annonce du diagnostic et les connotations pronostiques qui lui sont associées ; il s'agit aussi de la manière dont le malade va pouvoir faire face *(« to cope »)* à l'angoisse générée par les représentations mentales de sa maladie comme aux conséquences de la maladie sur sa vie familiale et sociale : il mettra ainsi en œuvre des stratégies d'adaptation psychologique et comportementale *(« coping »)* qui dépendront aussi de sa propre personnalité, d'éventuels antécédents dépressifs, comme de son environnement familial et social. On sait en effet combien certaines manifestations morbides (aphasie, hémiplégie, paraplégie, etc.) peuvent désorganiser la cellule familiale, déstructurer l'insertion sociale, bouleverser la vie relationnelle au sein du couple, de la famille, des amis. Il est donc important de bien évaluer le vécu du patient à la phase aiguë des affections de début brutal (comme les accidents vasculaires cérébraux) mais aussi tout au long de l'évolution, qu'il s'agisse d'une affection initialement aiguë ou d'une affection d'évolution progressive comme la maladie de Parkinson ou la sclérose en plaques. Il faut aussi savoir que les espoirs initiaux peuvent laisser au patient un dynamisme qui s'effondrera quand, par exemple, après un ictus ayant nécessité un séjour dans un service de neurologie puis dans un service de médecine physique et réadaptation, le malade constatera au fil du temps qu'il lui faudra faire le deuil d'une mobilité « normale » et qu'il lui faudra composer sa vie durant avec un handicap. Mais si l'on admet qu'à handicap « égal » (encore que les comparaisons de handicaps d'étiologie neurologique et non neurologique comme les handicaps de cause rhumatologique ne soient guère aisées), les dépressions sont plus fréquentes chez les malades porteurs de lésions cérébrales (ictus, sclérose en plaques), il faut donc considérer la ou les lésions cérébrales comme facteurs de risque dépressif. Cette opinion est confortée par d'autres constatations : dans la sclérose en plaques par exemple, la fréquence de la dépression est plus importante que dans des affections tout aussi invalidantes du système nerveux périphérique. On a vu les liens entre dépression et démence (voir chapitre 16) et entre dépression et certaines localisations lésionnelles encore que les données recueillies dans la littérature dépassent la trop simple opposition entre les lésions dépressogènes de l'hémisphère gauche et les lésions euphorisantes de l'hémisphère droit. En tout cas, ces facteurs de risque de cause lésionnelle renvoient à des perturbations biochimiques qui restent incomplètement comprises même s'il a pu être proposé des distorsions dopaminergiques (par exemple, maladie de Parkinson), noradrénergiques (par exemple, pour les lésions proches du pôle frontal), sérotoninergiques (par exemple, pour les lésions de l'hémisphère gauche). L'activité des différentes classes thérapeutiques d'antidépresseurs (par exemple, les sérotoninergiques dans les dépressions parkinsoniennes ou après accidents vasculaires cérébraux) montre qu'il faut éviter les explications trop schématiques.

Les troubles dépressifs observés chez les sujets cérébrolésés sont souvent classés en trouble dépressif majeur et en dépression mineure (dysthymie) en fonction des critères proposés par le DSM (III-R et IV) (tableau 17.II). La création dans le DSM d'une rubrique intitulée « trouble de l'humeur lié à une affection médicale » met l'accent sur le lien entre le trouble de l'humeur et la maladie organique mais ne modifie pas le diagnostic de l'état dépressif lui-même. Rappelons que le diagnostic de trouble dépressif nécessite obligatoirement la présence soit d'une humeur dépressive (le malade se dit triste, découragé, « au bout du rouleau ») soit d'une perte

Tableau 17.II

Questionnaire de diagnostic d'un état dépressif (DED. *Can J Neurol Sci* 2002 ; 29 : 139-46)

A1	Vous sentez-vous triste, découragé, au bout du rouleau ?
A2	Êtes-vous sans espoir pour l'avenir ?
B3	Avez-vous moins de goût pour faire ce qui vous intéressait auparavant ?
B4	Votre entourage dit-il que vous êtes devenu(e) apathique ?
C5	Avez-vous moins d'appétit qu'auparavant ?
C6	Avez-vous perdu du poids ?
D7	Dormez-vous beaucoup ?
D8	Vous endormez-vous difficilement ?
D9	Vous réveillez-vous souvent la nuit et avez-vous alors du mal à vous endormir ?
D10	Vous réveillez-vous trop tôt le matin ?
E11	Vous arrive-t-il de vous sentir agité(e) et de ne pas pouvoir rester en place ?
E12	Vous dit-on que vous êtes ralenti(e) dans vos gestes ou dans vos paroles ?
F13	Vous sentez-vous anormalement fatigué(e) ?
F14	Ressentez-vous comme une baisse d'énergie ?
F15	Vous sentez-vous fatigué(e) dès le matin ?
G16	Avez-vous l'impression de n'être pas à la hauteur, de ne rien faire de bien ?
G17	Avez-vous perdu confiance en vous-même ?
H18	Avez-vous du mal à vous concentrer ?
H19	Avez-vous des difficultés avec votre mémoire ?
I20	Avez-vous l'impression que la vie ne vaut pas la peine d'être vécue ?
J21	Vous sentez-vous moins bien le matin que le soir ?

Les critères diagnostiques d'un état dépressif majeur selon le DSM-III R nécessitent la présence de cinq des vingt premiers symptômes incluant au moins l'un des symptômes A1 ou A2 (humeur dépressive) ou l'un des symptômes B3 ou B4 (perte d'intérêt ou de plaisir). Ces symptômes doivent avoir été présents pendant au moins deux semaines.Les critères diagnostiques d'une dysthymie (ou état dépressif mineur) associent une humeur dépressive (symptômes A1 ou A2) et deux au moins de l'un des symptômes des groupes C, D, F, G, H, I. Le symptôme I20 peut être remplacé par le symptôme A2 si A1 est présent. Pour le diagnostic d'état dépressif mineur au cours des affections organiques, il est habituellement appliqué le même critère de durée que pour l'état dépressif majeur (au moins deux semaines).Le score à l'échelle dépression de Goldberg (voir chapitre 1, p. 21) peut être obtenu en comptant un point pour chacun des symptômes présents parmi F14, B3, G17, A2. Si deux ou plus de ces deux symptômes sont présents, un point de plus est compté pour chacun des symptômes H18, C5, D10, E12, J21

d'intérêt ou de plaisir (le malade n'a plus goût à rien, n'éprouve plus de plaisir pour ses activités habituelles, ce que l'entourage peut décrire comme une apathie). Le diagnostic peut s'aider de questionnaires (voir tableau 17.II) reprenant les critères diagnostiques du DSM. Le diagnostic de trouble dépressif majeur nécessite un critère de durée d'au moins deux semaines ; si le diagnostic de dysthymie du DSM implique « une humeur dépressive présente la majeure partie du temps pendant au moins deux ans », il est d'usage chez les malades atteints d'affections organiques, d'ignorer ce facteur de durée et de faire le diagnostic de dépression mineure sur les seuls critères symptomatiques. Il est toujours nécessaire d'évaluer parallèlement les manifestations anxieuses associées à la dépression et parfois même au premier plan.

Les échelles de dépression quantifient la gravité de la dépression mais elles permettent aussi de repérer l'existence d'un état dépressif en fonction du score obtenu par les réponses aux questions posées au malade. L'échelle de Goldberg (voir chapitre 1 et tableau 17.II) est ainsi destinée au dépistage de l'anxiété et de la dépression chez les patients atteints de maladies organiques. Mais il existe bien d'autres outils : l'échelle de Beck *(Beck Depression Inventory)* est une échelle d'auto-évaluation tout comme l'échelle de Zerssen, qui propose au patient des choix binaires d'adjectifs, et les questionnaires de dépression de Pichot. Parmi les échelles d'hétéro-évaluation, on peut citer les échelles de dépression et d'anxiété de Hamilton, l'échelle d'évaluation de Montgomery et Asberg (MADRS), le diagramme HARD de Rufin et Ferreri, l'échelle HAD de Zigmond et Snaith *(Hospital Anxiety and Depression scale)*. L'échelle de Cornell fondée sur la seule observation du comportement des malades a été préconisée chez les sujets déments. L'échelle NPI de Cummings (inventaire neuropsychiatrique) évalue les troubles comportementaux des sujets déments à partir de l'interrogatoire de l'entourage et comporte dix ou douze domaines comportementaux dont la dépression, l'anxiété, l'apathie, les troubles du sommeil…

L'extrême diversité des échelles, les difficultés à s'assurer de la validité de certaines réponses chez des sujets ayant des troubles du langage et d'autres déficits cognitifs, expliquent sans doute les variations observées dans l'estimation de la fréquence des dépressions au cours des affections cérébrales. Il faut ajouter que même en analysant les critères dépressifs du DSM certains d'entre eux peuvent prêter à confusion avec les manifestations mêmes de la maladie causale comme les troubles du sommeil et le ralentissement pour la maladie de Parkinson. En outre, une fatigue « anormale » ne relève pas toujours d'un état dépressif.

Dépression et accidents vasculaires cérébraux

La dépression est le trouble émotionnel le plus souvent associé aux ictus, même si l'évaluation de sa fréquence varie dans une importante fourchette qui va de 20 à environ 50 %. Des importants travaux effectués par l'équipe de Robinson (voir revue générale *in* Bogousslavsky et Cummings), on peut retenir qu'à proximité de l'ictus, une dépression majeure est significativement associée aux accidents vasculaires de l'hémisphère gauche et tout particulièrement au niveau du lobe frontal (la sévérité de la dépression est corrélée avec la distance séparant la lésion du pôle frontal tout particulièrement au cours des six premiers mois) et des ganglions de la base. Les sujets atteints de lésions hémisphériques droites ont plus fréquemment des antécédents dépressifs familiaux (ce qui pourrait suggérer un mécanisme différent de celui des dépressions observées lors de lésions gauches). Les scores dépressifs les plus élevés sont observés au cours des accidents vasculaires cérébraux de l'hémisphère droit, chez les patients ayant les lésions les plus antérieures et les plus postérieures. En outre, les dépressions majeures et mineures sont numériquement plus importantes chez les patients ayant des lésions pariétales (tout particulièrement celles intéressant la substance blanche pariétale), temporales et des lésions du cortex frontal dorso-latéral.

Les dépressions observées après les accidents vasculaires du territoire vertébro-basilaire sont moins fréquentes et surtout moins durables que les dépressions observées après les infarctus sylviens, peut-être parce que ces accidents ischémiques vertébro-basilaires entraînent moins de lésions des circuits noradrénergiques et sérotoninergiques.

Sur le plan évolutif, les dépressions postictus ne sont pas des épisodes transitoires mais constituent des états durables : les troubles dépressifs majeurs durent en moyenne un an mais parfois plus longtemps ; les dépressions mineures ont des durées plus courtes (une étude cite 12 semaines contre 40 semaines pour les troubles dépressifs majeurs) mais elles évoluent parfois vers des troubles dépressifs majeurs et peuvent alors durer plusieurs années.

Mais toutes les études sont loin de retrouver l'influence de la latéralisation hémisphérique et de la localisation lésionnelle sur la fréquence et la gravité des dépressions (Carson). La plus grande fréquence des états dépressifs lors des lésions de l'hémisphère gauche n'est-elle pas liée qu'à la détresse particulièrement intense provoquée par les aphasies ? Certains travaux annoncent jusqu'à 70 % de dépressions au troisième mois et 62 % 12 mois après l'ictus (Kauhanen) ; en revanche, pour l'équipe de Robinson, la fréquence des dépressions n'est pas plus élevée en cas d'aphasie ; les aphasies à langage réduit s'accompagneraient plus souvent d'une dépression que les aphasies à langage fluide. Toutefois d'autres auteurs ont constaté que le risque dépressif est lié à la gravité de l'aphasie, qu'elle soit à langage réduit ou à langage fluide. Il a pu aussi être avancé que l'influence de la latéralisation hémisphérique gauche et de la proximité du pôle frontal gauche s'exerce dans la période aiguë de l'ictus, qu'entre trois et six mois, la sévérité de la dépression est liée à la proximité du pôle frontal qu'il soit droit ou gauche, tandis qu'au-delà du douzième mois apparaît un lien entre la dépression, la localisation hémisphérique droite avec une influence de la localisation postérieure et du volume lésionnel.

Reste le lien avec le handicap moteur. Comme pour l'aphasie, certaines études retrouvent et d'autres ne retrouvent pas de lien entre la fréquence et la sévérité de la dépression d'une part, la gravité du handicap fonctionnel d'autre part ; certains auteurs ont pu opposer la dépression majeure indépendante du handicap physique et la dépression mineure liée à la gravité du handicap physique et qui du coup est considérée comme une dépression réactionnelle ou un trouble de l'adaptation. En tout cas, l'existence d'une dépression s'accompagne d'une moins bonne évolution du handicap fonctionnel et même d'un accroissement de la mortalité, tout particulièrement en cas d'isolement social. Les dépressions majeures compliquant les lésions de l'hémisphère gauche ont des perturbations cognitives plus marquées que les malades non déprimés ayant des lésions comparables en taille et en localisation, alors que les patients avec lésions hémisphériques droites ayant des troubles dépressifs majeurs, n'ont pas de déficit cognitif plus marqué que les malades ayant de lésions comparables mais non déprimés.

Le traitement des dépressions postictus n'a guère de spécificité : les tricycliques sont actifs mais avec plus d'effets secondaires que les inhibiteurs de la recapture de la sérotonine. La stimulation magnétique transcrânienne du cortex préfrontal dorso-latéral gauche pourrait être une technique prometteuse. L'accompagnement psychothérapique du malade et de la famille devrait faire partie de la prise en charge habituelle des accidents vasculaires cérébraux.

Dépression et traumatismes craniocérébraux

Des manifestations dépressives intéresseraient plus du quart des traumatisés craniocérébraux : certaines transitoires, d'autres prolongées sur plusieurs mois. Si les premières sont de cause biologique, les secondes ont des mécanismes plus composites faisant intervenir les conséquences cognitives et physiques du traumatisme et l'environnement médico-légal et social. Les sujets atteints de dépression majeure ont davantage de troubles psychiatriques dans leurs antécédents que les non-déprimés et les patients déprimés davantage de perturbations du fonctionnement social tant avant qu'après le traumatisme. Les localisations lésionnelles avec la partie antérieure de l'hémisphère gauche et les ganglions de la base du côté gauche ont les plus fortes associations avec les dépressions majeures (Robinson, *in* Borod).

Dépression et autres lésions focales du cerveau

Même si elles n'ont pas fait l'objet de travaux aussi nombreux qu'en pathologie vasculaire cérébrale, les autres atteintes lésionnelles du cerveau peuvent s'accompagner de dépressions. Il en va ainsi des tumeurs intracrâniennes dont certaines ajoutent toute la problématique propre à la pathologie oncologique.

Dépression et affections des noyaux gris centraux

Au cours de la maladie de Parkinson, la dépression est fréquente et trop peu souvent traitée. Il faut dire que son diagnostic est souvent difficile car nombre de symptômes et de signes sont communs à la maladie de Parkinson et à la dépression (Anguenot). Il en est ainsi du ralentissement moteur, des troubles du sommeil, des troubles de l'appétit, de la fatigue. En outre, des vécus dépressifs intenses mais réversibles peuvent accompagner les fluctuations motrices de la maladie pour s'améliorer avec l'amélioration de l'état moteur créant ainsi tout au long de la journée de bien pénibles fluctuations thymiques auxquelles il faut ajouter l'anxiété voire les attaques de panique qui peuvent surgir lors des résurgences des signes extrapyramidaux. Ces difficultés diagnostiques, tout comme la diversité des outils utilisés, rendent compte sans doute des variations dans l'estimation de la fréquence de la dépression qui est en moyenne de l'ordre de 40 à 50 % des cas. Certaines études retrouvent un lien entre l'existence d'une dépression et d'un déficit cognitif, mais cette constatation n'est pas constante. La dépression peut précéder les signes physiques de la maladie. Toutes les études ne retrouvent pas un lien significatif entre la sévérité de la dépression et la sévérité des manifestations motrices de la maladie. La dépression paraît plus fréquente dans les formes akinétiques bilatérales, les formes fluctuantes, les formes mal contrôlées par les traitements. Certaines études retrouvent un lien entre la dépression, les signes de dysfonctionnement frontal et les signes « axiaux » de la maladie (rigidité axiale, troubles de l'équilibre). Ainsi la dépression ne peut relever des seules lésions dopaminergiques. La fréquence respective des dépressions majeures et des dépressions mineures a fait l'objet d'appréciations contradictoires. La dépression parkinsonienne pourrait revêtir plusieurs formes cliniques : forme riche en manifestations somatiques (troubles du sommeil, fatigue, etc.), formes dominées par l'apathie, formes dominées par la fatigue. Dans la liste des symptômes du DSM, doivent donner l'alerte les plaintes suivantes : impression que la vie ne vaut pas la peine d'être vécue, perte d'espoir pour l'avenir, fatigue apparaissant dès le matin, impression de ne pas être à la hauteur, de ne rien faire de bien, baisse d'énergie, sentiments de tristesse à prédominance matinale. Le traitement pharmacologique n'a rien de spécifique. Le traitement de la maladie de Parkinson peut améliorer la dépression, que l'on considère alors cette dépression comme « réactionnelle » ou comme une dépression de cause biochimique dopaminergique. En règle, il faut recourir à un antidépresseur au sein desquels les tricycliques ne peuvent plus être privilégiés en raison de leurs effets secondaires anticholinergiques.

L'anxiété peut accompagner la dépression ou exister de manière isolée. Elle peut prendre l'aspect d'une anxiété généralisée, d'une phobie sociale, d'attaques de panique qui peuvent être ou non contemporaines des fluctuations motrices.

Les *atrophies multisystématisées* peuvent aussi s'accompagner d'un état dépressif. La maladie de Wilson et surtout la chorée de Huntington peuvent se compliquer d'états dépressifs qui, dans cette dernière affection, peuvent être particulièrement sévères avec un risque élevé de suicide.

Dépression et sclérose en plaques

La fréquence de la dépression dans la sclérose en plaques est un fait établi et, malgré les divergences habituelles dans les études des manifestations dépressives au cours des affections du système central, la prévalence de la dépression concerne environ un patient sur deux et le taux de suicide est plus élevé (7,5 fois plus, Sadovnick) que celui de la population générale. Le diagnostic de dépression n'est pas toujours aisé en raison de la fréquence de la labilité émotionnelle (voir *infra*), d'autres symptômes confondants comme la fatigue, des perturbations cognitives qui peuvent accompagner la maladie et peut-être aussi de la difficulté qu'éprouvent certains malades à verbaliser leurs émotions (alexithymie, voir p. 400). L'analyse des études n'est pas facilitée par la diversité des échelles utilisées. Un lien avec la gravité du handicap physique est inconstamment retrouvé mais le caractère réactionnel des troubles dépressifs peut être étayé par le fait que 10 % seulement d'entre eux surviennent avant l'annonce du diagnostic. Cependant, d'autres études permettent de retenir aussi le rôle favorisant des lésions cérébrales : ainsi la dépression n'est pas plus fréquente au cours de la sclérose en plaques que chez des malades ayant des lésions médullaires traumatiques mais elle y serait plus sévère (Rabins, *in* Habib et Bakchine). Un lien entre dépression et troubles cognitifs a été parfois retrouvé mais doit-on alors faire du trouble dépressif un trouble associé, ou un trouble réactionnel au déficit cognitif ? La confrontation avec les données de l'IRM a permis de retenir le rôle favorisant des lésions du faisceau arqué gauche ou du lobe temporal droit, tandis que d'autres études suggèrent une disconnexion entre le système limbique et le cortex (Sabatini). Le rôle de facteurs génétiques ne doit être soigneusement considéré qu'en cas de trouble bipolaire.

Quoi qu'il en soit, cette maladie nécessite un suivi psychiatrique régulier car les facteurs de risque dépressif sont innombrables : déstabilisation émotionnelle provoquée par l'annonce du diagnostic, connotations angoissantes du nom même de la maladie, anxiété anticipatrice à l'égard des poussées, crainte d'un handicap que certains patients vivent comme devant être majeur et inéluctable, aménagements de la vie familiale et sociale avec les troubles sexuels, les troubles sphinctériens, le handicap moteur, les douleurs, risque de bouleversement de la vie des couples qui peut aller jusqu'à la rupture. Et il faut ajouter les risques dépressifs des bolus de corticoïdes et surtout de l'interféron β. Il faut donc soigneusement analyser la manière dont le malade fait face *(coping)* à sa maladie et repérer ainsi les manifestations dépressives pour instaurer dès que la dépression est évidente, un traitement pharmacologique (tricycliques, inhibiteurs de la recapture de la sérotonine).

Dépression et pathologie sous-corticale

La pathologie sous-corticale, qu'elle atteigne les ganglions de la base ou la substance blanche des hémisphères cérébraux, qu'elle soit de causes vasculaire, traumatique, inflammatoire ou dégénérative, est donc un facteur de risque dépressif et l'on sait que la dépression est intégrée aux désordres cognitifs des « démences sous-corticales ». Il n'y a donc rien d'étonnant à ce que de nombreux cadres nosologiques ayant en commun une atteinte sous-corticale puissent être révélés par des troubles dépressifs ou se compliquer de troubles dépressifs.

Il en est ainsi par exemple du CADASIL (*Cerebral Autosomal Dominant Arteriopathy with Subcortical Infarcts and Leucoencephalopathy* ; voir chapitre 16, p. 294).

Dépression, migraines et céphalées

La dépression est de deux fois à quatre fois plus fréquente chez les migraineux que chez les non-migraineux, sans que l'on puisse sur le plan physiopathologique aller au-delà de la constatation de cette comorbidité : la dépression n'est-elle que réactionnelle à la pathologie migraineuse, les stress et les événements de vie sont-ils un facteur de risque commun et à la migraine et à la dépression, y aurait-il des facteurs génétiques communs aux deux affections ? Un dysfonctionnement sérotoninergique pourrait-il constituer le lien « biologique » entre ces deux pathologies ? En pratique, il est nécessaire de rechercher une dépression en présence de toute pathologie migraineuse rebelle ou aggravée et ce, d'autant que les patients migraineux atteints de céphalées chroniques quotidiennes par abus d'antalgiques ont un risque de dépression plus de huit fois supérieur à la population générale. La dépression aurait ainsi une influence péjorative sur l'évolution des migraines. Un traitement antidépresseur s'impose, parfois associé à une psychothérapie. D'ailleurs la migraine s'accompagne aussi de troubles anxieux de deux à cinq fois plus fréquents que dans la population générale, qu'il s'agisse d'anxiété généralisée, d'attaques de panique ou de troubles phobiques.

Les céphalées psychogènes constituent un diagnostic différentiel de la pathologie migraineuse mais peuvent aussi s'intriquer à une pathologie migraineuse. Leur séméiologie doit être rigoureusement analysée pour permettre de distinguer :

■ les céphalées dites « par tension » ou syndrome d'Atlas, qui sont des céphalées postérieures, accompagnées d'une tension des masses musculaires de l'occiput et de la nuque qui sont douloureuses à la palpation. Elles peuvent certes être parfois liées à un trouble de la réfraction oculaire mais elles sont le plus souvent l'expression d'une anxiété somatisée générant un cercle vicieux engrenant anxiété, douleur, tension, et améliorables par des antalgiques associés à des anxiolytiques et des myorelaxants. Elles peuvent tirer bénéfice d'une psychothérapie et en particulier de techniques de relaxation oculaire, mais elles sont le plus souvent l'expression d'une anxiété somatisée générant un cercle vicieux engrenant anxiété, douleur, tension, et améliorables par des antalgiques associés à des anxiolytiques et des myorelaxants. Elles peuvent tirer bénéfice d'une psychothérapie et en particulier de techniques de relaxation ;

■ les céphalées hypocondriaques sont de localisation variée. Elles s'accompagnent de la crainte d'une pathologie organique, ce qui explique l'avidité des patients à l'égard des examens complémentaires. Certaines d'entre elles témoignent d'un état dépressif.

Les céphalées dépressives peuvent donc s'intégrer dans des tableaux de céphalées chroniques quotidiennes du migraineux, tandis qu'ailleurs elles peuvent revêtir l'aspect de céphalées par tension ou de céphalées hypocondriaques ; elles sont améliorées par les traitements antidépresseurs.

Les liens entre céphalées et dépression montrent combien il est important de tenir compte du contexte psychopathologique dans le diagnostic et la prise en charge des céphalées (Radat).

Dépression et épilepsie

Certaines crises épileptiques partielles peuvent provoquer des manifestations affectives et émotionnelles au sein desquelles outre la tristesse, on peut retrouver une gamme étendue d'affects : peur, terreur, joie, extase, faim. Il s'agit de manifestations brèves, de nature « critique » et dont le traitement est celui des crises.

Quant à la dépression, sa fréquence chez les sujets atteints d'épilepsie est beaucoup plus importante que dans la population générale, de l'ordre de 20 à 30 % et cette fréquence est encore plus importante au cours des épilepsies partielles complexes pharmaco-résistantes. La dépression peut avoir les caractères d'une dépression névrotique mais elle peut aussi se présenter comme une dépression endogène avec des traits psychotiques (hallucinations, délire, paranoïa) alternant rarement avec des épisodes maniaques. La dépression endogène atypique intéresse particulièrement l'épilepsie temporo-limbique avec une latéralisation droite ou gauche. Le risque suicidaire est ainsi multiplié par cinq par rapport à la population générale. Et pourtant la dépression ne serait reconnue qu'une fois sur deux et la grande majorité des malades serait non traités ou incorrectement traités (Kanner). Ceci est d'autant plus troublant que certains antiépileptiques sont crédités d'une activité thymo-régulatrice (valproate, carbamazépine). Il faut ajouter que certains patients peuvent décrire une amélioration de leur humeur après une crise convulsive généralisée. Quant à la mise en œuvre d'un traitement antidépresseur, elle n'est pas favorisée par la mention faite par les fabricants de médicaments, au nom du principe de précaution, du caractère épileptogène de nombre d'antidépresseurs dont la prescription suscite chez le malade une angoisse bien légitime. Prescrits avec la prudence requise et avec une surveillance attentive, les antidépresseurs et en particulier les sérotoninergiques ne doivent pas être refusés à un malade atteint d'épilepsie.

La manie

Le concept de « manie secondaire » est aujourd'hui admis par opposition à la manie « primitive », affection génétique intégrée dans le « trouble affectif bipolaire » même si les sujets n'ont, ce qui est assez rare, que des épisodes maniaques sans épisodes dépressifs (CIM-10). La CIM comme le DSM intègrent donc la manie comme la dépression dans le cadre des troubles de l'humeur « liés à une affection médicale » (DSM) ou « organiques » (CIM). À l'instar de la dépression, un certain nombre de précautions sont nécessaires. La première est une enquête précise sur les antécédents personnels et familiaux. La seconde tient aux critères de diagnostic de la manie, tout particulièrement quand il existe une désinhibition frontale. La troisième tient au délai d'apparition par rapport à la lésion causale, des délais allant jusqu'à deux ans ayant été rapportés. On doit considérer que sa fréquence est beaucoup plus exceptionnelle que celle de la dépression.

Les accidents vasculaires cérébraux et les traumatismes craniocérébraux ont permis de déterminer la localisation préférentielle des lésions aux régions corticales (cortex orbitofrontal, régions polaires et basales du lobe temporal) et sous-corticales de l'hémisphère droit (tête du noyau caudé, thalamus).

En matière d'accidents vasculaires cérébraux, les facteurs de risque sont par ailleurs des antécédents familiaux de pathologie psychiatrique et une atrophie sous-corticale.

En matière de traumatismes craniocérébraux, la sévérité du traumatisme, la coexistence de crises épileptiques pourraient être des facteurs favorisants.

Il a pu être proposé par Starkstein (1990) que les sujets ayant un trouble bipolaire avec épisodes maniaques et dépressifs avaient des lésions sous-corticales droites (tête du noyau caudé, thalamus), tandis que les sujets qui n'avaient que des épisodes maniaques sans épisodes dépressifs avait des lésions corticales préférentiellement au niveau du cortex orbito-frontal et baso-temporal. Les épisodes maniaques résulteraient de l'interruption de circuits inhibiteurs du système limbique.

Le traitement des manies secondaires est superposable à celui des manies « primitives » : neuroleptiques, lithium et plus exceptionnellement clonidine (Bakchine, *in* Habib).

L'apathie

Le terme d'apathie est parfois employé de manière intuitive aux dépens de sa signification réelle. Dire d'un déprimé qu'il est apathique signifie qu'il n'exprime aucun désir, qu'il n'entreprend rien, qu'il se confine dans la passivité. Mais cette définition ne vise qu'à la description d'un comportement et le terme d'apathie doit être considéré non comme une manifestation de la dépression mais comme un diagnostic différentiel de la dépression sitôt qu'on se réfère au vécu du malade, c'est-à-dire à la douleur morale et à la souffrance qu'entraîne chez le déprimé l'incapacité à ressentir qui l'envahit. L'apathie au contraire désigne dans le vocabulaire courant l'absence d'énergie, le manque d'initiative, « l'indifférence affective… avec disparition de l'initiative et de l'activité ». L'apathie est donc une baisse de la motivation et de la capacité d'initier des actions sur fond d'indifférence affective et elle rejoint ainsi le concept de perte d'auto-activation psychique (privilégiant le « vide mental ») décrit par Laplane et assimilé par Habib et Poncet à un syndrome athymhormique (privilégiant la perte de l'affectivité et de l'élan) lié à l'atteinte d'une boucle limbique, clé de voûte des systèmes émotionnels–motivationnels (voir chapitres 13 et 19).

Le rire et le pleurer pathologiques

Le rire et le pleurer pathologiques constituent une pathologie complexe de l'expression émotionnelle.

Ils peuvent réaliser, et c'est les cas le plus fréquent, *le rire et le pleurer* « *spas-modiques* », survenant isolément ou en association, apparemment spontanés ou déclenchés par une stimulation environnementale anodine, irrépressible et ne correspondant pas, typiquement, à une modification significative de l'état affectif sous-jacent. S'ils sont donc parfois désignés sous le nom d'incontinence émotion-nelle, il faut plutôt entendre qu'il s'agit d'une incontinence de l'expression émo-tionnelle, n'affectant pas le « contenu » donc le vécu émotionnel et à distinguer de la labilité émotionnelle, encore que certains auteurs utilisent indistinctement ces termes (voir Robinson, *in* Borod).

Ils s'observent dans les syndromes pseudo-bulbaires, évoquant donc une inter-ruption des voies cortico-bulbaires qui ainsi n'exerceraient plus leur contrôle sur des centres sous-corticaux impliqués dans l'expression émotionnelle, qu'il s'agisse de la protubérance ou du diencéphale (disconnexion limbo-motrice). Il en résul-terait une décharge d'un programme moteur émotionnel de l'expression faciale qui ne serait pas déclenchée par un « vécu » émotionnel. Les lésions pourraient aussi impliquer les voies cortico-ponto-cérébelleuses : ainsi les structures céré-belleuses qui auraient pour fonction d'ajuster l'exécution du rire ou du pleur au contexte cognitif et situationnel, opéreraient sur la base d'informations incomplètes, rendant compte du caractère chaotique et inadéquat de l'expression émo-tionnelle (Parvisi). Un rire et un pleurer spasmodiques peuvent s'observer dans des lésions cérébrales bilatérales ou diffuses qu'elles soient vasculaires, inflam-matoires (sclérose en plaques), dégénératives ou traumatiques mais ils ne sont pas l'apanage des lésions bilatérales. Dans la sclérose latérale amyotrophique, le rire et le pleurer spasmodiques ont été rattachés aux manifestations « (pseudo-)bulbaires » de la maladie, mais ont pu aussi s'avérer corrélés avec des signes neuropsychologiques de dysfonctionnement frontal. Un rire spasmodique isolé et sans signe de syndrome pseudo-bulbaire peut s'observer dans des lésions focales capsulo-lenticulaires droites ou du tronc cérébral, le pleurer spasmodique isolé peut s'observer dans des lésions de l'hémisphère droit ou de la protubérance. Il est donc encore difficile d'affecter à chaque hémisphère la régulation d'une caté-gorie émotionnelle même s'il a pu être fait état, en cas de lésions bilatérales et de pleurer spasmodique, d'une prévalence pour les lésions gauches, l'inverse ayant été observé en cas de rire spasmodique. Les tricycliques et les inhibiteurs de la recapture de la sérotonine peuvent améliorer les troubles suggérant une atteinte des noyaux sérotoninergiques du raphé ou de leurs projections ascendantes vers les hémisphères cérébraux.

Mais dire que typiquement le rire et le pleurer spasmodiques ne s'accompa-gnent pas d'un vécu émotionnel déclenchant ne veut pas dire que ces troubles se vivent dans l'indifférence, ni même qu'il ne puisse y avoir de dépression associée. Comment en outre imaginer que même sans émotion adéquate déclenchante, les modifications de la motricité faciale, transmises en retour au cerveau et engendrant la prise de conscience de l'expression émotionnelle, soient toujours sans conséquences psychologiques ?

La *labilité émotionnelle*, définie comme une amplification du vécu et de l'expres-sion des émotions, a pour conséquence des effusions émotionnelles qui peuvent rester sur le même mode ou s'inverser (rire, pleurs) en écho exagéré à des modi-fications du contexte environnemental ou des représentations mentales. Elle est observée dans une multitude de conditions pathologiques : accidents vasculaires cérébraux, démences, sclérose en plaques, sclérose latérale amyotrophique, traumatismes craniocérébraux. Elle a pu être associée à une dépression, à une détérioration cognitive, à une atrophie sous-corticale, à une atteinte frontale. Sur le plan séméiologique, la labilité émotionnelle désigne parfois des changements rapides, répétés et spontanés de l'état affectif et le terme d'incontinence affective (ou émotionnelle) est réservé aux cas où il existe une hyperexpressivité émotionnelle s'exprimant de manière déferlante et non maîtrisable (Lyon-Caen, *in* Habib).

Le rire et le pleurer « épileptiques » réalisent les crises gélastiques et dacrystiques. Ils peuvent bien sûr s'associer à d'autres types de crises, ce qui peut constituer un premier argument diagnostique. Les crises gélastiques réalisent des accès de rire indépendants du contexte environnemental ou mental, durant en règle une à deux minutes, avec ou sans modification affective dont la tonalité peut d'ailleurs être agréable ou désagréable. L'expression sonore du rire peut être considérée comme normale ou comme caricaturale (comme un « ricanement ») ou encore comme différente des rires habituels du sujet. Les crises peuvent s'accompagner d'une rupture du contact. La décharge, avec ou sans foyer lésionnel visualisable, peut être frontale, temporale (et dans ce cas s'accompagnerait de modifications affectives) ou diencéphalique (et dans ce cas sans modification affective). L'association d'une puberté précoce et de crises gélastiques est ainsi évocatrice d'un hamartome hypothalamique. À l'inverse des processus lésionnels destructeurs (voir *supra*), les crises gélastiques seraient, en cas de décharge latéralisée, plus fréquentes à gauche. Les crises dacrystiques sont plus rares et réalisent des accès de pleurs dont les critères diagnostiques à l'instar des crises gélastiques sont la récurrence stéréotypée, l'absence de facteur déclenchant, l'association à d'autres types de crises épileptiques, la présence de décharges épileptiques à l'électroencéphalogramme. Elle témoignerait plus souvent d'une décharge hémisphérique droite mais elles peuvent aussi coexister avec une lésion diencéphalique (comme un hamartome hypothalamique).

Le *fou rire prodromique de Féré* (Couderq) est un rire immotivé, irrépressible, isolé, durant quelques minutes à plus d'une heure et précédant un épisode neurologique qui s'installe à l'arrêt du rire après un délai de plusieurs heures. L'épisode neurologique est le plus souvent un accident vasculaire cérébral, plus rarement hémorragique qu'ischémique : infarctus vertébrobasilaire (protubérantiels ou intéressant le territoire profond de l'artère cérébrale postérieure – gyrus parahippocampique, thalamus postérolatéral, partie adjacente de la capsule interne), infarctus sylviens (en règle profonds impliquant les noyaux gris centraux, exceptionnellement sylvien superficiel postérieur). Les accidents hémorragiques peuvent être une rupture d'un anévrisme du tronc basilaire, des hémorragies capsulo-thalamiques bilatérales. L'étiologie est très rarement tumorale (glioblastome prérolandique droit, astrocytome bulboprotubérantiel). Le fou rire prodromique est en règle générale unique et ses récidives les jours suivants sont exceptionnellement observées. Il a pu par la suite laisser place à un rire et pleurer spasmodique, suggérant un mécanisme physiopathologique commun.

Le *« rire forcé »* *(forced laughter)* réalise des épisodes récidivants, irrépressibles, brefs, sans autres manifestations associées et notamment sans pleurs ni syndrome pseudo-bulbaire, et survenant de manière transitoire lors de la phase de récupération d'un infarctus cérébral, plus fréquemment sous-cortical et latéralisé à droite (Ceccaldi).

L'alexithymie

Ce terme désigne l'incapacité (a-) à verbaliser (lexis) les émotions (thymie). Il faut en effet pour Sifneos, qui a forgé ce terme, distinguer les « émotions viscérales » correspondant aux modifications biologiques (voir *supra*) ou « corporelles », et les « émotions ressenties » *(feeling émotions)*, c'est-à-dire les sentiments qui correspondent aux représentations mentales, à la conceptualisation donc à la mise en paroles des effervescences émotionnelles.

Sur le plan comportemental, l'alexithymie est quantifiable à partir d'échelles dont les plus utilisées sont le *Beth Israel Questionnaire* de Sifneos (tableau 17.III), la *Schalling-Sifneos Personality Scale Revised*, la *Toronto Alexithymia Scale,* tandis que le MMPI peut dégager une sous-échelle (plus controversée) d'alexithymie. Ainsi reconnue à partir des scores seuils mais en la considérant aussi comme un trait de personnalité plus ou moins intense, il est considéré qu'au sein de la population générale de 3,5 à 27 % des sujets peuvent être considérés comme alexithymiques. Ce concept a suivi et amplifié celui de « pensée opératoire » de la psychanalyse « psychosomatique » (Marty et M'Uzan) : le discours du patient est d'ordre « événementiel » ou descriptif, enfermé dans la concrétude, sans référence à des représentations affectives et coexiste avec des troubles psychosomatiques. Le terme d'alexithymie y ajoute (Pedinielli) l'appauvrissement de la vie imaginaire et la tendance à recourir à l'action pour éviter les situations conflictuelles. On a pu parler d'une « aphasie émotionnelle » impliquant donc un déficit de verbalisation mais aussi de la représentation symbolique des émotions. Il n'existe pas d'accord dans

Tableau 17.III
Le Beth Israel Questionnaire (BIQ)

Le patient...	Item
Décrit-il sans fin des détails, des événements, ou des symptomes plutôt que des sentiments ?	1
Emploie-t-il des mots appropriés pour décrire des sentiments ?	2
A-t-il une vie fantasmatique (imaginaire) riche (peut rêvasser longtemps) ?	6
Agit-il au lieu d'exprimer ses sentiments ?	7
Passe-t-il à l'acte pour éviter des situations conflictuelles ?	8
A-t-il tendance à décrire des circonstances relatives à un événement plutôt que des sentiments ?	12
A-t-il du mal à communiquer avec celui qui mène l'entretien ?	13
Le contenu de ses pensées est-il plutôt associé à des événements externes qu'à des fantasmes ou à des sentiments ?	16

Questions « discriminantes » du BIQ, prises en compte pour établir le score d'alexithymie. En comptant un point pour « oui » aux items 1, 7, 8, 12, 13, 16, et un point pour « non » aux réponses 2 et 6, on estime qu'il existe une alexithymie quand le score se situe entre 5 et 8 (d'après Smith *et al. L'Encéphale* 1992 ; 18 : 171-4) la littérature pour ce qui concerne la préservation ou l'altération de l'expression et de la reconnaissance des émotions mais en tout cas la réactivité neurovégétative émotionnelle mesurée par le rythme cardiaque et le réflexe cutané sympathique est exagérée. Lane suggère que l'alexithymie correspondrait au contraste existant entre l'intégrité voire l'exagération des modifications corporelles des émotions et le déficit de la conscience émotionnelle, c'est-à-dire de la capacité à éprouver l'émotion. Il s'agirait donc, sur le modèle de la cécité corticale *(blindsight)* qui préserve pourtant les mouvements oculaires sur ordre et la motilité oculaire automatico-réflexe, d'une cécité des sentiments *(blindfeel)*.

L'alexithymie a été initialement très liée aux phénomènes de somatisation (troubles somatoformes) mais aussi aux maladies psychosomatiques et même à certaines maladies somatiques. Mais elle n'en est pas spécifique, car elle s'est trouvée associée aux troubles anxieux, aux troubles obsessionnels-compulsifs, aux troubles phobiques, aux troubles des conduites alimentaires, aux conduites addictives. L'alexithymie compromettrait l'efficacité des psychothérapies fondées sur « l'écoute », tandis que la propension des alexithymiques à « somatiser » rendrait compte de la découverte plus précoce de maladies organiques.

Ainsi dans le cadre d'une « psychogenèse », l'alexithymie a pu être envisagée comme un facteur « étiologique » des troubles psychosomatiques, le déficit de la « conscience émotionnelle » rejetant le sujet vers l'expression somatique où s'enferme la vie émotionnelle. Elle a ensuite été considérée comme un phénomène secondaire : mécanisme de défense à l'égard d'affects perturbateurs, comme un état dépressif ou à des situations stressantes. Mais d'emblée une théorisation a eu lieu sur les mécanismes « neurologiques » d'ordre « fonctionnel » qui pourraient rendre compte de l'alexithymie : disconnexion, selon un modèle « vertical » entre le système limbique et les régions néocorticales, mais aussi déficit fonctionnel de l'hémisphère droit avec hyperactivité de l'hémisphère gauche. Ces modèles « neuropsychologiques » ont connu un intérêt grandissant en raison de la mise en évidence de profils alexithymiques « lésionnels » en cas de pathologie du corps calleux, agénésie calleuse, commissurotomisés. L'existence d'un profil alexithymique est fréquemment observée dans la sclérose en plaques (Montreuil) et pourrait être liée à un déficit du transfert des informations émotionnelles de l'hémisphère droit vers l'hémisphère gauche. On sait en effet la fréquence de l'atrophie calleuse dans cette maladie ainsi que d'autres manifestations associées d'un trouble du transfert interhémisphérique (comme l'extinction de l'oreille gauche au test d'écoute dichotique). Les scores d'alexithymie se sont avérés corrélés chez ces malades avec les mesures en IRM de l'aire calleuse, tout particulièrement dans sa partie postérieure (Habib), lieu de transfert des informations sensorielles notamment visuelles : l'hémisphère gauche ne pourrait plus donc utiliser normalement les informations sensorielles à contenu émotionnel traitées par les régions corticales associatives de l'hémisphère droit. Reste donc à savoir si un déficit lésionnel ou fonctionnel du transfert interhémisphérique par le corps calleux pourrait être une modalité explicative de toutes les alexithymies. Même si d'autres hypothèses sont envisagées, comme un dysfonctionnement du cortex cingulaire antérieur, rien ne dit en l'absence de processus lésionnel si les déficits fonctionnels sont la conséquence de troubles psychologiques ou s'ils constituent une particularité préexistante et donc un facteur de vulnérabilité aux troubles somatiques et comportementaux associés aux alexithymies.

Désordres émotionnels et sclérose en plaques

On a vu que la sclérose en plaques, de même qu'elle peut générer des désordres cognitifs, peut aussi générer des troubles dépressifs et anxieux, une labilité émotionnelle ou une incontinence affective, un rire et un pleurer spasmodiques (voir *supra*). L'*euphorie* s'observe surtout dans les formes évoluées de la maladie, avec un handicap important, un déficit cognitif, une dilatation des ventricules cérébraux : elle est imputée à la démyélinisation frontale isolant et ne modelant plus le système limbique. Elle ne doit pas être confondue avec un état hypomaniaque ou maniaque, qu'il soit lié à la maladie elle-même, qu'il fasse discuter le rôle d'éventuels antécédents familiaux ou qu'il soit la complication d'une corticothérapie. L'euphorie doit aussi être distinguée du *déni* de la maladie, mécanisme de défense permettant de poursuivre son existence en évitant une trop grande déstabilisation émotionnelle et qui s'observe dans les formes débutantes ou récentes sans handicap neurologique significatif. Chez certains patients les plaintes paraissent « exagérées » et donnent à la symptomatologie une amplification névrotique. Le diagnostic différentiel entre certaines manifestations hystériques et poussées nécessite parfois une écoute soigneuse des doléances à confronter à un examen clinique attentif. Certains malades s'installent dans un comportement régressif de passivité et de dépendance. On sait aussi les travaux qui ont signalé la fréquence d'événements de vie précédant les poussées, ce qui a pu, entre autres, faire discuter des liens entre psychologie et immunologie. L'alexithymie est aussi significativement plus fréquente en cas de sclérose en plaques que dans la population générale (voir *supra*).

Désordres émotionnels et épilepsies

Certains *désordres émotionnels aigus* font partie de la séméiologie des crises ou même les résument : crises dacrystiques ou gélastiques avec ou sans modification du vécu affectif (voir *supra*), sensations de peur, de joie, de bien-être, d'anxiété accompagnant essentiellement les crises épileptiques du lobe temporal. La peur pourrait accompagner soit une décharge de l'amygdale, soit une décharge du gyrus cingulaire sans que l'on puisse en inférer une latéralisation précise. Un accès de violence peut exceptionnellement accompagner ou suivre une crise partielle complexe mais doit-on y voir un dysfonctionnement limbique ou une manifestation confusionnelle ?

Les désordres émotionnels durables sont multifactoriels et ont pu faire l'objet d'explications organicistes ou psychodynamiques pouvant donc privilégier les réactions psychologiques aux conséquences familiales et sociales des crises, le caractère déstructurant des orages moteurs, sensoriels, somatognosiques, affectifs des crises partielles, les symptômes en rapport avec la lésion cérébrale elle-même dans les épilepsies lésionnelles, ou encore les effets secondaires de thérapeutiques parfois lourdes. C'est ainsi qu'a pu être décrit un ensemble de troubles dont l'adhésivité, la viscosité, l'irritabilité parfois explosive, ainsi que d'autres manifestations plus particulièrement signalées dans l'épilepsie du lobe temporal : hyperémotivité, instabilité, méticulosité, tendance obsessionnelle, hypergraphie, goût prononcé pour les questions métaphysiques. Une hyperconnexion sensorilimbique a pu être évoquée : les structures limbiques, embrasées par les décharges épileptiques, investissent les stimulations environnementales d'une intense composante émotionnelle.

L'épilepsie est un facteur de risque dépressif (voir *supra*).

Les psychoses « épileptiques » ou plutôt les syndromes psychotiques survenant chez des sujets atteints d'épilepsie ont suscité une vaste littérature. La classification suivante peut être proposée (de Toffol) :

■ les psychoses ictales et péri-ictales correspondent à une désorganisation critique du fonctionnement cortical (psychoses ictales) ou à l'intrication de manifestations critiques et postcritiques (psychoses péri-ictales) au cours d'états de mal épileptique. Elles coexistent avec des anomalies électroencéphalographiques épileptiques critiques et éventuellement postcritiques. Les *états de mal-absence* coexistent avec une activité épileptique généralisée continue et se caractérisent par une confusion fluctuante sans authentique phénomène psychotique. Les *états de mal partiels complexes de type temporal* comportent une confusion fluctuante surchargée de troubles hallucinatoires ou délirants, voire de troubles de l'humeur et selon les cas de secousses myocloniques focales, d'automatismes psychomoteurs, de bizarreries comportementales. Ils doivent être distingués des ictus amnésiques et des états de stupeur hystérique. Ils laissent une amnésie postcritique. En l'absence de diagnostic et de traitement, ils peuvent durer plusieurs mois et c'est dans ce cadre qu'ont été décrites des « fugues épileptiques ». Les *états de mal frontaux* peuvent se présenter comme une confusion fluctuante avec troubles comportementaux sous forme de stupeur ou d'agressivité. Il peut exister des automatismes gestuels et l'état de mal est suivi d'une amnésie. Mais ils peuvent aussi se présenter comme un trouble de l'humeur et du comportement sans note confusionnelle : désinhibition de type hypomaniaque, prostration. Le rôle néfaste d'une médication antiépileptique est parfois suspecté ;

■ les psychoses postictales surviennent après une ou plusieurs crises chez des sujets ayant une épilepsie partielle réfractaire, quelle soit ou non lésionnelle. L'électroencéphalogramme est le tracé habituel « intercritique » du sujet : ni normal ni siège d'une activité critique, il montre souvent des anomalies bitemporales. Le tableau clinique associe des troubles de l'humeur, des hallucinations, un délire peu systématisé, parfois de type persécutoire, durant quelques jours, améliorables par le renforcement du traitement antiépileptique, l'existence à l'IRM d'une sclérose hippocampique étant considérée comme un facteur de risque ;

■ les psychoses interictales n'ont aucune relation chronologique avec les crises :
  • les *psychoses périodiques* peuvent inconstamment éclater lors de l'amélioration voire de la normalisation de l'électroencéphalogramme lors des épisodes psychotiques (normalisation forcée) ; parallèlement il peut être observé une alternance entre les périodes psychotiques et les périodes de crises comme s'il y avait entre elles un antagonisme : on parle alors de psychose alternative. Elles durent de quelques jours à quelques semaines. Elles peuvent compliquer des épilepsies partielles (volontiers temporales) réfractaires et mêlent habituellement des éléments hallucinatoires et délirants. Elles peuvent aussi compliquer des épilepsies généralisées, après cessation des crises et normalisation de l'électroencéphalogramme. Elles sont précédées d'une

insomnie avec anxiété et pourraient être prevenues par les benzodiazépines, accompagnées d'une réduction du traitement antiépileptique et le tableau clinique est dominé par un délire de persécution. Enfin certaines psychoses interictales sont imputables aux médicaments,

- les psychoses interictales chroniques schizophréniformes correspondent à des syndromes schizophréniques, coexistant avec une épilepsie temporale. La latéralisation gauche n'est pas considérée comme un facteur de risque dans toutes les études ;

■ les psychoses postlobectomie temporale réalisent des états délirants et hallucinatoires chroniques pouvant s'accompagner d'irritabilité voire de décharges agressives.

La conduite thérapeutique est résumée dans le tableau 17.IV.

Tableau 17.IV
Résumé de la conduite thérapeutique des syndromes psychotiques observés au cours des épilepsies (d'après de Toffol. *Syndromes épileptiques et troubles psychotiques*. Paris : John Libbey Eurotext ; 2001)

Psychoses ictales et péri-ictales	États de mal-absence : benzodiazépine IV (diazépam ou clonazépam) États de mal partiels complexes : benzodiazépine ou phénytoïne IV
Psychoses postictales	Augmentation des antiépileptiques + benzodiazépine de type diazépam ou clonazépam en IV Une prescription conjointe de neuroleptiques est occasionnellement nécessaire
Psychoses interictales épisodiques	Compliquant une épilepsie partielle réfractaire : neuroleptique Compliquant l'épilepsie généralisée idiopathique : benzodiazépine dans la phase d'insomnie pro-dromique avec baisse du traitement antiépileptique (concept de normalisation forcée)
Psychoses interictales chroniques	Les antidépresseurs tricycliques (qui s'opposent à l'état d'hyperinhibition qui ferait le lit de la psychose) pourraient être plus efficaces que les neuroleptiques On a pu cependant préconiser leur association à un neuroleptique atypique Ils n'augmentent pas la fréquence des crises malgré leur action proconvulsivante La carbamazépine a une action synergique
Psychoses médicamenteuses	Elles peuvent avoir la chronologie de toutes les psychoses épileptiques sauf les psychoses interictales chroniques Elles nécessitent la baisse prudente sous surveillance hospitalière du traitement imputé
Psychoses postlobectomie	L'activité des neuroleptiques est très variable

Désordres émotionnels et maladies des noyaux gris centraux

Outre les troubles dépressifs déjà envisagés dans les affections des ganglions de la base (voir *supra*), la maladie de Parkinson peut s'associer à des manifestations anxieuses parfois importantes et même des attaques de panique survenant lors des périodes *off*. La maladie de Wilson peut s'accompagner de troubles du caractère, avec une impulsivité, une labilité émotionnelle et même une dépression ou des idées délirantes. Le syndrome athymormique est discuté au chapitre suivant. Une synthèse des troubles comportementaux au cours de la maladie de Parkinson peut être consultée au tableau 16.III.

Bibliographie

Adolphs R, Cahill L, Schul R, Babinsky R. Impaired declarative memory for emotional material following bilateral amygdala damage in humans. Learning and Memory 1997;4:291–300.

Aggleton JP. The Amygdala : a functional analysis. Oxford : Oxford University Press;2000.

Anguenot A, Loll PY, Neau JP, Ingrand P, Gil R. Dépression et maladie de Parkinson : étude d'une série de 135 parkinsoniens. Can J Neurol Sci 2002;29:139–46.

Apicella P, Lundberg T, Scarnati E, Schultz W. Responses to reward in monkey dorsal and ventral striatum. Exp Brain Res 1991;85:491–500.

Bauer RM. Visual-hypoemotionality as a symptom of visual-limbic disconnection in man. Arch Neurol 1982;39:702–8.

Bear DM. Temporal lobe epilepsy : a syndrome of sensory-limbic hyperconnection. Cortex 1979;15:357–84.

Benke T, Bösch S, Andree B. A study of emotional processing in Parkinson's disease. Brain Cogn 1998;38:36–52.

Benton AL, Van Allen MW. Impairment of facial recognition in patients with cerebral disease. Cortex 1968;4:344–58.

Bogousslavsky J, Regli F, Assal G. The syndrome of unilateral tuberothalamic artery territory infarction. Stroke 1986;17:434–41.

Borod JC. The neuropsychology of emotion. Oxford : Oxford University Press;2000.

Bowers D, Bauer RM, Coslett HB, Heilman KM. Processing of faces by patients with unilateral hemispheric lesions. Brain Cognition 1985;4:258–72.

Caplan LR, Kelly M, Kase CS et al. Infarctus of the inferior division of the right middle cerebral artery : mirror image of Wernicke's aphasia. Neurology 1986;36:1015–20.

Carson AJ, Machale S, Allen K, Dennis M, House A, Sharpe M. Depression after stroke and lesion location : a systematic review. Lancet 2000;356(2226):122–6.

Catapano F, Galderisi S. Depression and cerebral stroke. J Clin Psychiatry 1990;51(9):9–12.

Ceccaldi M, Poncet M, Milandre L, Rouyer C. Temporary forced laughter after unilateral strokes. European Neurology 1994;34:36–9.

Couderq C, Drouineau J, Rosier MP, Alvarez A, Gil R, Neau JP. Fou rire prodromique d'une occlusion du tronc basilaire. Rev Neurol (Paris) 2000;156(3):281–4.

Craig KJ, Hietanen H, Marková IS, Berrios GE. The Irritability Questionnaire : A new scale for the measurement of irritability. Psychiatry Research 2008;159:367–75.

Damasio AR. *L'erreur de Descartes*. La raison des émotions. Paris : Odile Jacob;1995.

Delgado-Escuet, Mattson RH, King L, Goldenson ES, Spiegel H, Madsen J et al. The nature of aggression during epileptic seizures. N Engl J Med 1981;305:711–6.

Dujardin K, Blairy S, Deferbvre L. Subthalamic nucleus stimulation induces deficits en decoding emotional facial expressions in Parkinson's disease. J Neurol Neurosurg Psychiatry 2004;75:202–8.

Feline A. Les dépressions hostiles. In: Féline A, Hardy P, de Bonis M, eds. La dépression, études. Paris: Masson; 1991. p. 33–52.

Favel P. Les troubles de la personnalité dans les épilepsies sévères de l'adulte. Épilepsies 1991;213:129–41.

Gainotti G. Bases neurobiologiques et contrôle des émotions In : Seron X, Jeannerod M. Neuropsychologie humaine. Liège : Mardaga;1994. p. 471–86.

Guelfi JD. L'évaluation clinique sandardisée en psychiatrie. Boulogne : Éditions médicales Pierre Fabre;1996.

Habib M, Bakchine S. *Neurologie des émotions et de la motivation*. Congrès de psychiatrie et de neurologie de langue française. Paris : MEDIAS flashs;1998.

Heilman KM. *Emotion and the brain*. In : Zaidel DW. Neuropsychology. San Diego : Academic Press;1994. p. 139–58.

Hopf HC, Müller-forell W, Hopf NJ. Localization of emotional and volitional facial paresis. Neurology 1992;42:1918–23.

Hornak J, Rolls ET, Wade D. Face and voice expression in patients with emotional and behavioral changes following ventral frontal lobe damage. Neurpsychologia 1996;34:247–61.

House A, Dennis M, Warlow C et al. Mood disorders after stroke and their relation to lesion location. Brain 1990;113:1113–29.

Johnson SC, Baxter LC, Wilder LS, Pipe JG, Heiserman JE, Prigatano GP. Neural correlates of self-reflection. Brain 2002;125:1808–14.

Karli P. L'Homme agressif. Paris : Odile Jacob;1996.

Kauhanen ML, Korpelainen JT, Hiltunen P, Maatta R, Mononen H, Brusin E, Sotaniemi KA, Myllyla VV. Aphasia, depression and non verbal cognitive impairment in ischemic stroke. Cerebrovasc Di 2000;10(6):455–61.

Kent J, Borod JC, Koff E et al. Posed facial emotional expression in brain-damaged patients. International J Neuroscience 1988;43:81–7.

Labar KS, Le Doux JE, Spencer DD, Phelps EA. Impaired fear conditioning following unilateral temporal lobectomy in humans. J Neurosci 1995;15:6846–55.

Lane R, Ahern GL, Schwartz GE. Is alexithymia the emotional equivalent of blindsight ? Biol Psychiatry 1997;42:834–44.

Laplane D, Orgogozo JM, Meininger V, Degos JD. paralysie faciale avec dissociation automatico-volontaire inverse par lésion frontale. Rev Neurol 1976;132(10):725–34.

Le Doux J. The emotional brain. New York : Simon et Schuster;1996.

Luria AR, Simernitskaya EG. Interhemispheric relations and the functions of the minor hemisphere. Neuropsychologia 1977;15:175–8.

Mahler ME. Behavioral manifestations associated with multiple sclerosis. Psychiatric Clinics of North America 1992;15(2):427–39.

Mammucari A, Caltagirone C, Ekman P et al. Spontaneous facial expression of emotions in brain-damaged patients. Cortex 1988;24:521–33.

Mandel M, Tandon S, Asthana H. Right brain damage impairs recognition of negative emotions. Cortex 1991;27:247–53.

Marty P, M'Uzan M. De la pensée opératoire. Rev Fr Psychanalyse 1963;27:347–56.

Mesulam MM. Principles of behavioral neurology. Philadelphie : FA Davis Company;1985.

Meyers CA, Berman SA, Scheibel RS. Case report : acquired antisocial personality disorder associated with unilateral left orbital frontal lobe damage. J Psychiatry Neurosci 1993;17:121–5.

Minden SL, Schiffer RB. Affective disorders in multiple sclerosis. Arch Neurol 1990;47:98–103.

Mogenson GJ, Jones DL, Yim CJ. From motivation to action : functional interface between the limbic system and the motor system. Progress in Neurobiology 1980;14:69–97.

Montreuil M, Lyon-Caen O. Troubles thymiques et relations entre alexithymie et troubles du transfert dans la sclérose en plaques. Revue de Neuropsychologie 1993;3:287–304.

Paradiso S, Robinson RG, Arndt S. Sef-reported aggressive behavior in patients with stroke. J Nerv Ment Dis 1996;184, 12:746–53.

Parikh RM, Robinson RG, Lipsey JR, Starkstein SE, Fedoroff JP, Price TR. The impact of post-stroke depression on recovery in activities of daily living over two-year follow-up. Archives of Neurology 1990;47:787–9.

Parvizi J, Anderson SW, Martin CO, Damasio H, Damasio AR. Pathological laughter and crying : a link to the cerebellum. Brain 2001;124:1708–19.

Paulsen JS, Ready RE, Hamilton JM, Mega MS, Cummings JL. Neuropsychiatric aspects of Huntington's disease. J Neurol Neurosurg Psychiatry 2001;71(3):310–4.

Pedinielli JL. *Psychosomatique et alexithymie.* Nodules. Paris : PUF ; 1992.

Poeck K. Pathophysiology of emotional disorders associated with brain damage. In: Vinken PJ, Bruyn GW. Handbook of clinical neurology. Amsterdam : North Holland Publishing Company;1997.

Radat F. Migraine et dépression. L'Encéphale 2000;3:7–11 hors-série.

Rapscak S, Kasniak A, Rubins A. Anomia for facial expression : evidence for a category specific visual verbal disconnection. Neuropsychologia 1989;27:1031–41.

Reuterskiold C. The effects of emotionality on auditory comprehension in aphasia. Cortex 1991;27:595–604.

Robinson RG, Kubos KL, Starr LB et al. Mood disorders in stroke patients. Importance of location of lesion. Brain 1984;107:81–93.

Ross ED. The aprosodias : functional-anatomic organization of the affective components of language in the right hemisphere. Ann Neurol 1981;38:561–89.

Ross ED, Homan RW, Buck R. Differential hemispheric latéralisation of primary and social emotion. Neuropsychiatry, Neuropsychology and Behavioral Neurology 1994;7:1–19.

Sabatini U, Pozzilli C, Pantano P. Involvement of the limbic system in MS patients with depression disorders. Biol Psychiatry 1996;39:970–5.

Sadopvnick AD, Eisen K, Paty DW, Eberts GC. Cause of death in patients attending MS cliniques. Neurology 1991;41:1193–6.

Sifneos PE. Alexithymia : past and present. AM J Psychiatry 1996;153(7):137–42.

Snaith RP, Taylor CM. Irritability : definition, assessment and associated factors. British Journal of Psychiatry 1985;147:127–36.

Starkstein SE, Fedoroff P, Berthier ML, Robinson RG. Manic-depressive and pure manic states after brain lesions. Biol Psychiatry 1990;29:149–58.

Stringaris A, Maughan B, Copeland WS, Costello EJ, Angold A. Irritable mood as a symptom of depression in youth : prevalence, developmental, and clinical correlates in the great smoky mountains study. J Am Acad Child Adolesc Psychiatry 2013;52(8):831–40.

Suzuki A, Hoshino T, Shigemasu K, Kawamura M. Digust-specific impairment of facial expression recognition in Parkinson's disease. Brain 2006;129:707–17.

Weddel RA, Trevarthen C, Miller JD. Voluntary emotional facial expression in patients with focal cerebral lesions to success or failure. Neuro-psychologia 1990;28:49–60.

Zhou QY, Palmiter RD. Dopamine deficit mice are severely hypoactive, adipsic and aphagic. Cell 1995;83(7):1197–209.

18 Neuropsychologie de la cognition sociale

La cognition sociale désigne l'ensemble des compétences et des expériences cognitives et émotionnelles qui régissent les relations et rendent compte des comportements de l'être humain avec son entourage familial et social.

La construction identitaire et la conscience de soi

La cognition sociale se fonde sur l'histoire de chaque être humain donc sur sa mémoire qui permet la construction de l'identité de chacun et contribue à la cohérence du Soi *(Self)* qui s'exprime par ce que William James appelait le Moi matériel, le Moi social, le Moi spirituel. Le comportement d'un être humain est, pour ceux qui l'entourent et le connaissent, une manifestation identitaire dont l'altération provoque dans l'entourage surprise ou détresse. C'est ainsi qu'après le délabrement de son lobe frontal par la barre à mine, les compagnons de travail de Gage avaient dit : « Gage n'est plus Gage », ce qui renvoie aussi à la consternation de l'entourage des malades atteints de démence fronto-temporale : « Je ne le reconnais plus. » La mémoire est donc une condition nécessaire mais non suffisante à la cohérence identitaire. Il faut aussi avoir conscience de ses actions, de ses pensées, de ses émotions, exercer ensuite son jugement et prendre, en interaction avec l'entourage, les décisions adaptées. La mise en œuvre de jugements de sujets sur certains aspects de leur propre personnalité (conscience réflexive ou conscience de soi) active ainsi en imagerie fonctionnelle le cortex préfrontal interne et cingulaire postérieur (Johnson).

Les prises de décision

Quant à la capacité de prendre des décisions adaptées, elle suppose, au-delà de la nécessité « cognitive » de la mémoire de travail (dont l'efficacité est liée au cortex préfrontal dorso-latéral), une analyse de chaque situation en référence aux représentations cognitives et émotionnelles propres à chaque individu. Ces données préalables étant énoncées, on peut de manière schématique ajouter que toute prise de décision nécessite :

■ un élan motivationnel, géré par le cortex cingulaire ;
■ un état émotionnel (« état somatique » au sens de Damasio, 1999) géré par les amygdales ;
■ une planification, avec mise en œuvre de la mémoire prospective (mémoire du futur) gérée par le cortex préfrontal dorso-latéral ;
■ un « levier émotionnel » assurant à la décision sa mise en œuvre adaptée aux conséquences possibles du choix décisionnel grâce à l'activation des marqueurs somatiques en lien avec l'ensemble de la cicuiterie émotionnelle et des structures supportant la mémoire : telle est la gestion assurée par le cortex fronto-orbitaire en lien avec l'insula.

Neuropsychologie

Ainsi la sociopathie acquise, décrite par Damasio, est l'exemple même de dysfonctionnement des « aptitudes décisionnelles » (*judgment and decision making* :
Bechara) qui pourrait être lié au défaut d'activation des « marqueurs somatiques »
(voir chapitre 13). L'anarchie décisionnelle, qui n'a pour levier que le hasard,
génère une instabilité sociale, familiale, affective rappelant la sociopathie appelée
classiquement en psychiatrie « déséquilibre mental » mais il est vrai, dans ces cas
purs, sans conduite délictueuse. La mise en situation décisionnelle du sujet par le
Test du jeu (Gambling *Task* de Bechara : figure 18.1) montre l'incapacité des
sujets à discerner et à acquérir les choix les plus fructueux, c'est-à-dire ceux qui
permettent d'obtenir des gains modérés mais réguliers. En modifiant le protocole
du *Gambling Task* de manière à creuser l'écart entre les gains (« récompense ») et
les pertes (« punition »), il a pu être montré que les patients atteints de lésions
ventro-médianes généraient un réflexe cutané sympathique (manifestation suda-
toire de l'émotion) analogue à celui des témoins, mais s'enlisaient néanmoins
dans les paquets de cartes « désavantageuses ». Les résultats du protocole suggéraient ainsi que le trouble n'était lié ni à une hypersensibilité aux récompenses ni
à une insensibilité aux punitions, mais à une incapacité de se détacher des conséquences immédiates et donc de se projeter dans les conséquences à long terme
des choix : les malades avaient une « myopie pour le futur » (Bechara *et al.*, 2000).
Les lésions responsables siègent dans la région ventro-médiane du cortex préfrontal : aire de Brodman 25, partie basse de l'aire 24, 32 et portions internes des aires
10, 11, 12. Cette région peut ainsi être conçue comme le centre de convergence
des systèmes neuronaux impliqués dans la mémoire et dans la gestion des émotions (amygdale, insula, cortex pariétal adjacent et gyrus cingulaire). Néanmoins,
malgré leur désadaptation sociale, ces sujets sont capables de jugements tout à
fait adaptés quand on les questionne de manière théorique sur les normes de la
vie en société, ce qui avait conduit Damasio à montrer l'importance des « leviers
émotionnels » des prises de décision.

a 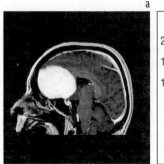 b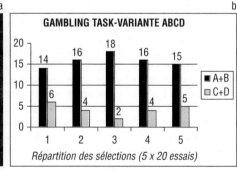

Figure 18.1
**Méningiome olfactif droit (a) et exploration des aptitudes décisionnelles par le
test du jeu de Bechara (b). a. Le méningiome refoule la portion orbitaire du lobe
frontal et la partie antérieure du gyrus cingulaire. A + B = conduites à risque.
b. Gambling Task. Mme B., 54 ans. 12.06.2009. La malade privilégie les conduites
à risque et malgré ses pertes, ne modifie pas ses choix décisionnels (voir texte).**

Par ailleurs, des troubles analogues des prises de décision peuvent être objectivés par le *Gambling Task* lors de lésions amygdaliennes bilatérales ; ces dernières, contrairement aux lésions du cortex frontal ventro-médian, ne génèrent aucun flux émotionnel, comme le montre l'absence de tout potentiel d'action à l'enregistrement du réflexe cutané sympathique (Bechara *et al.*, 1999).

Quant à l'insula, elle interviendrait en anticipant les conséquences désagréables de prises de décision à risques, vraisemblablement en anticipant les états émotionnels qui leur sont associés, tandis que le rôle du cortex frontal ventro-médian serait plutôt d'anticiper les choix aux conséquences favorables (Clark *et al.*, 2008).

Il est intéressant de noter que le déficit décisionnel de malades présentant des addictions aux amphétamines et aux opiacés a pu montrer des similitudes comportementales avec les malades atteints de lésion du cortex frontal ventro-médian. Même si la physiopathologie est biens sûr différente, une meilleure caractérisation des anomalies des prises de décision de ces malades permettrait de mieux comprendre les dysfonctionnements neuronaux qui sous-tendent leurs comportements (Bechara *et al.*, 2000).

Le savoir social, les jugements moraux, les comportements antisociaux

Néanmoins, les sujets atteints de lésions de ces mêmes régions préfrontales survenant dans la petite enfance (avant l'âge de 16 mois dans les deux cas d'Anderson) paraissent incapables d'acquérir un savoir social et manifestent, parfois dès l'enfance, une non-réponse aux réprimandes, une propension aux conflits, à l'agressivité et aux délits. Ils présentent en outre une absence d'intérêt pour leurs proches et, parvenus à l'âge adulte, pour leurs enfants, et ont en somme un comportement immoral. Ils n'ont pas de déficit cognitif. Dans la construction du sens moral tel que l'envisage Colby et Kohlberg (tableau 18.I), ces sujets restent au premier stade du niveau « préconventionnel » caractérisé par le confinement dans une perspective égocentrique ne fondant les décisions que sur l'évite-ment des punitions. Ils n'atteignent ainsi même pas la capacité de reconnaître que, pour satisfaire à ses propres besoins, il faut reconnaître que les autres ont aussi des droits, ce que les enfants perçoivent avant l'âge de 9 ans. Ainsi pour des lésions similaires, le tableau clinique a des différences notables de celui de la sociopathie acquise où la lésion survient à l'âge adulte : les comportement antisociaux par impulsivité sont peu fréquents et ce sont finalement les malades eux-mêmes qui sont, par l'inadéquation de leurs choix, les premières victimes de leurs comportements. Tout se passe donc comme si les lésions ventromédianes frontales bilatérales ou droites, quand elles surviennent précocement dans la vie, empêchent l'acquisition, sur le mode émotionnel comme sur le mode factuel, des connaissances qui régulent le comportement social. Ainsi, il y a dans la sociopathie acquise de l'adulte une persistance du savoir social y compris des « compétences morales » au sens de Kohlberg, alors qu'elles restent à un niveau rudimentaire en cas de lésion précoce. Dans ce dernier cas, les troubles comportementaux ont des analogies avec la « personnalité antisociale » du DSM IV même si, chez les malades ayant eu des lésions dès l'enfance, les conduites agressives sont plus souvent impulsives que relevant d'un projet de nuisance.

Tableau 18.I

Les six stades du développement moral selon Kohlberg

NIVEAU 1 : PRÉ-CONVENTIONNEL Stade 1 : le stade de la punition et de l'obéissance	L'obéissance ne procède que de la peur de la punition et de la puissance supérieure de l'autorité A. « *parce qu'Heinz sera arrêté et mis en prison* » B. « *parce que Dieu le punira s'il laisse mourir sa femme* »	B. « parce que sa femme pourra continuer *à s'occuper de la maison* » Enfant jusqu'à 5 ans : les règles sont « extérieures », « hétéronomiques » : peur de la punition, désir de la protection des parents Ce qui est mal, c'est ce qui entraîne un punition ; l'obéissance garantit son propre bien
Stade 2 : le stade « donnant–donnant »	Ce que l'on doit faire à l'égard d'autrui, c'est ce qui est conforme à ses besoins et à ses propres intérêts, dans un cadre de réciprocité : le bien et l'utile se confondent A. « *parce que Heinz pourra se remarier* » B. « parce que sa femme pourra continuer à s'occuper de la maison »	De 5–7 ans jusqu'à la préadolescence Le fonctionnement au sein du groupe se fait sur le mode d'une justice commutative : satisfaire ses propres intérêts dans des échanges équitables où par loyauté le même droit est concédé aux autres
NIVEAU 2 : CONVENTIONNEL Stade 3 : faire en sorte de mériter la confiance des autres	Ce qui compte, c'est la conformité sociale : le respect de règles comportementales permet d'acquérir et de conserver l'estime du groupe A. « *parce que ses camarades de travail ne feront plus confiance à un voleur* » B. « *parce que ses camarades de travail seront impressionnés par son courage* »	C'est ainsi qu'est réalisé le besoin d'être une bonne personne à ses yeux et aux yeux des autres
Stade 4 : l'ordre social et la loi	On reconnaît ses obligations et ses responsabilités à l'égard de la société dont on fait partie, qu'il faut soutenir et dont on doit obéir aux lois A. « *parce que le vol est interdit par la loi* » B. « *parce que la loi demande de porter assistance à toute personne en danger ou encore parce qu'il y va de sa responsabilité d'époux* »	Agir de manière droite c'est préserver l'institution de toute fracture C'est autour de l'adolescence ou juste avant que le jeune accède au niveau conventionnel L'adolescent construira son identité en parcourant ces deux stades, d'abord « fusionnel » (3) puis « institutionnel » (4)

Tableau 18.I

Les six stades du développement moral selon Kohlberg *(suite)*

NIVEAU 3 : POSTCONVENTIONNEL Stade 5 : morale et loi. Le bonheur du plus grand nombre et les droits de chacun	La personne devient juge de la pertinence des règles et peut constater que le point de vue moral peut être en conflit avec la loi. Le contrat social et ses règles comportementales sont mus par le souci rationnel « du plus grand bien pour le plus grand nombre »[1] A. *« parce que le droit de propriété est nécessaire au bonheur de tous »* B. *« parce que la santé est le droit de tous »*	Les liens familiaux, de l'amitié, du travail sont des engagements libres fondés sur le respect d'autrui. On reconnaît ainsi la valeur fondatrice de la dignité de chaque être humain et on s'ouvre à la prise en compte de « conflits de valeurs »
Stade 6 : les principes éthiques universels	Le sujet se réfère à des principes éthiques universels. Les lois ne sauraient y déroger et si elles le font, ce sont les principes de justice (égalité des êtres humains dans leurs droits, respect de la personne) qui guident les décisions. A. *« parce que le droit de propriété est un principe éthique universel et qu'on ne saurait donc y déroger »* B. *« parce que le droit à la vie est un principe éthique universel et qu'il prime sur tous les autres »*	La conscience morale, au nom des principes universels à laquelle elle se réfère, devient l'instance décisionnelle

Les réponses proposées en italique concernent le célèbre dilemme moral de Heinz. Dans sa version simplifiée (voir par exemple C. Leleux. réflexions d'un professeur de morale. Recueil d'articles 1993-1994, Démopédie, Bruxelles : web.wanadoo.be/editions.demopedie), ce dilemme est le suivant : « *La femme de Heinz est très malade et seul un médicament coûteux peut la sauver de la mort. Heinz se rend chez le pharmacien et il constate alors que le prix du médicament est tel qu'il ne peut pas le payer. Le pharmacien ne veut pas baisser le prix ni faire crédit. Heinz est désespéré : que doit-il faire ? laisser mourir sa femme ou voler le médicament ?* ». Les réponses A illustrent la manière de légitimer en fonction des stades du jugement moral le choix de la résignation qui entraînera le décès de l'épouse et les réponses B concernent le choix du vol du médicament qui permettra la survie de l'épouse Dans les versions initiales, le personnage du pharmacien est davantage noirci : il a découvert le médicament qu'il fabrique, il multiplie à la vente le coût du médicament par dix mais il refuse de réduire sa marge bénéficiaire ou de se faire payer plus tard, au motif qu'il a découvert la drogue et qu'elle doit être pour lui une source de profits (Colby A, Kohlberg L, Gibbs J, Lieberman M. A longitudinal study of moral judgment. *Monographs of the Society for Research in Child Development* 1983 ; 48, n° 1-2)

[1] Kohlberg assimile donc ce stade à l'éthique utilitariste

Il doit donc se poser la distinction à faire entre le jugement moral tel qu'il peut être évalué par l'échelle de Kohlberg et les comportements donc les prises de décision comportant des enjeux moraux. Peut-on en première approximation considérer que la base de l'échelle de Kohlberg renvoie à un déploiement rationnel, mais qu'il faut aussi évaluer les décisions concrètes pour accéder à la compétence décisionnelle qui nécessiterait d'opérer le lien entre la raison et l'émotion ?

L'une des difficultés en clinique est de faire des hypothèses à partir des comportements observés ou rapportés dans un contexte éthologique à partir d'interviews et d'échelles en situation de « tests ».

Un premier pré-requis est que le dilemme exposé suscite bien un raisonnement moral permettant d'approcher spécifiquement la compétence du sujet en matière morale. Il est donc nécessaire que le déploiement d'un raisonnement moral soit sous-tendu par des capacités globales à comprendre le problème posé, ce qui nécessite une intégrité des fonctions langagières et des aptitudes hypothético-déductives. Il faut ensuite comme l'a souligné Lind que les réponses du sujet ne témoignent pas de ses seules intentions morales, c'est-à-dire son adhésion à certains idéaux ou principes moraux, mais témoignent aussi de sa capacité à raisonner et à agir en accord avec ses principes, ce qui nécessite d'intégrer les aspects affectifs et cognitifs du jugement moral. Le propre en effet d'un dilemme est de transgresser un principe ou une règle morale en conflit avec un autre principe ou une autre règle (voir *infra* : *dilemme de Heinz* et tableau 18.I). Le propre du test de jugement moral proposé par Lind est d'évaluer la capacité des sujets à fournir les arguments qui selon eux peuvent légitimer leur choix propre mais aussi le choix opposé. La prise en compte et l'argumentation de la position opposée à celle du sujet avait été initialement envisagée dans le « *Moral Judgment Interview* » de Kohlberg puis avait été abandonné par les versions ultérieures, au risque de privilégier « l'attitude morale », c'est-à-dire les aspects affectifs de la morale même s'il est vrai que Piaget avait cependant considéré qu'ils étaient inséparables des aspects cognitifs.

Une autre voie d'approche est de tenter de distinguer les facteurs émotionnels des facteurs rationnels des choix moraux en comparant les réponses (de type oui/non) des sujets à des dilemmes dits personnels et à des dilemmes dits impersonnels. Les premiers proposent une violation d'une règle morale infligeant directement à autrui un mal physique extrême en vue d'éviter un plus grand mal. Tel est le dilemme de la passerelle : « *Un tramway lancé sur la voie va écraser cinq personnes qui travaillent un peu plus loin sur les rails. Vous êtes sur une passerelle qui domine la voie et vous voyez la scène. Près de vous se trouve un homme, un étranger, qui est de forte corpulence. La seule manière de sauver les cinq hommes est que vous poussiez cet homme corpulent pour qu'ainsi il chute sur la voie et son corps arrêtera le tramway. Bien sûr cet homme mourra mais les cinq autres seront sauvés. Pousse-riez-vous cet étranger de forte corpulence sur les rails afin de sauver les cinq travail-leurs ?* »

Cette histoire à fort poids émotionnel expose un conflit de valeurs particulièrement vif qui affronte deux perspectives morales : l'une, utilitariste ou conséquentialiste, qui admet le geste car la mort d'un homme en sauve cinq (« le plus grand bien pour le plus grand nombre »), l'autre, déontologique, fondée sur le respect de la vie, donc l'interdit du meurtre. Dans la série de dilemmes proposés par l'équipe de Damasio (Koenigs), celui dont la valence émotionnelle est la plus intense, est le dilemme du « bébé qui pleure » : « *Des soldats ennemis ont pris possession de votre village. Ils ont reçu l'ordre de n'épargner aucun habitant. Avec quelques villageois, vous avez trouvé refuge dans la cave d'une grande maison et vous entendez les voix des soldats qui viennent piller dans la maison les objets de valeur. Votre bébé commence à pleurer bruyamment. Vous lui mettez votre main sur la bouche pour qu'il ne soit pas entendu. Si vous enlevez votre main, les pleurs de votre bébé attireront l'attention des soldats qui vous tueront, vous, votre enfant et tous ceux qui se cachent dans la cave. Pour que votre vie et celle des autres soit sauves, vous devrez étouffer votre enfant jusqu'à le faire mourir. Étoufferiez-vous votre enfant pour sauver votre vie et celle de vos concitoyens ?* »

Les seconds dilemmes confrontent aussi à un conflit de valeurs, mais ils sont dits impersonnels car la décision proposée ne remplit pas l'un des critères suivants : la *gravité* du mal (en règle la mort), infligé à *un autre être humain*, dont le sujet est *l'agent direct*. Il en est ainsi du dilemme du tramway : « *Vous êtes au volant d'un tramway qui approche à grande vitesse d'un aiguillage : sur les rails qui se dirigent vers la gauche se trouve un groupe de cinq travailleurs. Sur les rails qui se dirigent vers la droite, se trouve un seul travailleur. Si vous ne faites rien, le tramway prendra la voie de gauche, et causera la mort de cinq personnes. Le seul moyen d'éviter la mort de ces travailleurs est d'appuyer sur un bouton situé sur le tableau de bord, ce qui permettra au tramway de prendre la voie de droite, et de causer la mort d'un seul travailleur. Appuyeriez-vous sur le bouton pour éviter la mort des cinq travailleurs ?* »

Ce dilemme est dit impersonnel car le sujet n'est pas l'agent direct de la mort (troisième condition du dilemme personnel) même si sa valence émotionnelle n'est pas négligeable. On peut le comparer avec le dilemme de la sculpture : « *Vous visitez le jardin d'un riche collectionneur de sculptures. Ce jardin surplombe une vallée où se trouve une ligne de chemin de fer. Un employé travaille sur les rails et un tramway vide se dirige vers l'employé. Le seul moyen de lui sauver la vie est de précipiter l'une des précieuses sculptures qui roulera ainsi sur le flanc de la vallée, tombera sur les rails et stoppera le tramway. Bien sûr, en faisant ainsi, la sculpture sera détruite. Accepteriez-vous de détruire la sculpture pour sauver la vie de cet employé ?* »

En règle, dans la population générale, la réponse est plutôt de type déontologique pour le dilemme de la passerelle ou du bébé qui pleure (on ne peut pas tuer une personne, fut-ce pour en sauver cinq) et plutôt de type utilitariste pour le dilemme du tramway au cours duquel une personne meurt aussi au lieu de cinq mais la mort de l'employé solitaire est une conséquence du changement de direction et ne procède pas d'un geste homicide personnel et direct du sujet. Pour un certain nombre d'auteurs, ce profil décisionnel distinct tiendrait à ce que les dilemmes dits personnels induisent une intense réaction émotionnelle peut-être ontogénétiquement fondée, tandis que les dilemmes impersonnels moins déstabilisants sur le plan émotionnel induiraient des réponses plus « cognitives » laissant le temps et le champ à une analyse rationnelle et évaluative, notamment du rapport entre les bénéfices et les risques des choix à opérer. Et d'ailleurs dans les réponses aux dilemmes personnels, l'approbation de la solution déontologique est beaucoup plus rapide que son refus : ce dernier suggère un conflit à surmonter avec l'intuition initiale dont la rapidité (« quasi automatique ? ») plaide en faveur d'un déclenchement émotionnel « aversif », alors que cette différence n'apparaît pas dans les réponses aux dilemmes impersonnels. En outre, les études en IRMf ont montré que les sujets confrontés aux dilemmes personnels activent préférentiellement trois régions dédiées au traitement des émotions : le cortex cingulaire postérieur, le cortex préfrontal médian et l'amygdale ; cette activation est aussi observée dans le sulcus temporal supérieur, qui intervient dans certains processus cognitifs (voir tableau 18.II). À l'inverse, la confrontation à des dilemmes impersonnels active plutôt le cortex préfrontal dorso-latéral et le lobe pariétal inférieur. Encore faut-il se garder à travers ces dilemmes, de toute généralisation hâtive. Ainsi dans la réponse au dilemme du « bébé qui pleure », les temps de réaction sont longs et les réponses sont plus partagées, un nombre non négligeable de sujets choisissant la réponse utilitariste. Parallèlement, à un dilemme évoquant une décision d'infanticide prise par une adolescente au moment de la naissance de son bébé, à l'issue d'une grossesse restée secrète, la réponse majoritaire s'inscrit contre l'infanticide. Si les dilemmes du bébé qui pleure et de l'infanticide ont tous deux une forte valence émotionnelle (toutefois un peu moins forte pour le second) par contre le niveau conflictuel est beaucoup plus élevé pour le dilemme du bébé qui pleure : même si le père n'étouffe pas son bébé, l'enfant est destiné à la mort et tous les rescapés mourront avant lui. Ainsi ce dilemme, outre son impact émotionnel nécessite un fort investissement cognitif, ce qui est corroboré par le fait que les temps de réaction sont plus longs. En outre, ce dilemme active davantage le cortex cingulaire antérieur (ce qui signerait l'intensité du conflit) tout comme le cortex préfrontal dorso-latéral et les lobes pariétaux inférieurs, régions éminemment impliquées dans la cognition (Greene, 2004). Par ailleurs, la réalisation d'une tâche cognitive concurrente pendant l'étude du temps de réaction au dilemme du « bébé qui pleure » a pu montrer que seules les réponses « utilitaristes » allongent le temps de réaction (Greene, 2008).

Il était donc logique de contrôler cette hypothèse du double traitement émotionnel et cognitif des décisions morales en examinant des sujets atteints de lésions préfrontales bilatérales ventro-médianes, présentant une sociopathie acquise (voir *supra* et chapitre 13), dont on sait qu'elle comporte une hyporéactivité émotionnelle affectant en particulier les émotions sociales, comme les sentiments de compassion, de honte, de culpabilité, qui sont liées aux valeurs morales tandis que les capacités cognitives sont globalement préservées : ces malades dont les signaux émotionnels internes sont déficients, ne se distinguent des sujets témoins que pour les dilemmes personnels à haut degré conflictuel et à haute valence émotionnelle dont ils privilégient la décision utilitariste (acceptant par exemple de précipiter l'homme corpulent de la passerelle pour arrêter le tramway et sauver les cinq employés travaillant plus loin sur la voie : Ciaramelli, 2007 ; Koenigs, 2008). Ceci démontre aussi leurs capacités cognitives à mettre en œuvre un raisonnement moral. Il faut en effet préciser que ces sujets peuvent certes développer des réactions émotionnelles aversives mais seulement dans les situations les exposant à une frustration personnelle, ce qui n'est pas le cas pour les dilemmes moraux. En outre pour les dilemmes peu conflictuels, les choix des sujets sont superposables à ceux du groupe contrôle. Par ailleurs, en comparant trois groupes – sujets témoins, malades atteints d'Alzheimer et malades atteints de démence frontale (vDFT) –, il a pu être observé que les trois groupes gardent leurs connaissances du savoir socio-moral et ne diffèrent pas dans les réponses au dilemmes impersonnels, seuls les malades atteints de démence frontale manifestant un comportement de type utilitariste en réponse aux dilemmes personnels.

Ces constatations pour importantes qu'elles soient dans la compréhension des comportements des malades ne doivent pas enfermer les décisions morales dans des schémas simplifiés. Dire que les réponses aux dilemmes personnels bénéficient d'un déclenchement émotionnel permet de souligner la valeur de signal, ce qu'on pourrait appeler en quelque sorte la fonction d'alerte, voire même « sémiotique » de l'émotion, mais il peut paraître excessif d'en inférer que, parce qu'émotionnelle, la réponse est automatique, voire innée, ce qui impliquerait presque de la considérer comme une fonction instinctuelle : certains commentaires des travaux de recherche cités ont franchi ce pas. Or, que l'imagerie dynamique avec sa méthodologie probabiliste indique une activation plus marquée des zones cérébrales liées aux émotions ne veut pas dire que les autres sont silencieuses et que le cerveau fonctionne de manière compartimentée. L'émotion peut être une aide à la décision, ce qui n'exclut pas que la décision fasse aussi l'objet d'un déploiement rationnel même s'il est en décalage avec le surgissement émotionnel. D'ailleurs, la plus grande lenteur des réponses affirmatives (donc « utilitaristes ») aux dilemmes personnels, (dont Greene *et al.* [2001] avaient fait l'équivalent d'un effet Stroop avec même l'implication du cortex cingulaire antérieur), n'est pas retrouvée par tous, d'autres auteurs constatant seulement une plus grande rapidité de réponse aux dilemmes personnels quelle que soit la réponse, déontologique ou utilitariste, choisie (Moore). Il apparaît aussi que si les jugements moraux sur la licéité du meurtre d'une personne pour en sauver plusieurs autres, sont influencés par la nature personnelle ou impersonnelle du mal infligé, interviennent aussi le bénéfice secondaire que peut en retirer le sujet (en particulier si le geste qu'il commettrait peut aussi lui sauver la vie) ainsi que le caractère évitable ou inévitable du danger qui menace autrui. Il s'en faut par ailleurs que l'on puisse considérer comme établi que le contrôle exécutif efface la composante émotionnelle des jugements de type utilitariste : en effet, les performances en mémoire de travail, considérées comme un indice du fonctionnement exécutif, interagissent certes avec le caractère personnel *versus* impersonnel du dilemme mais pas seulement avec lui, ce qui aurait été le cas si le contrôle cognitif avec pour seul effet de restreindre ou d'effacer la composante émotionnelle des jugements moraux. Les sujets ayant de meilleures performance en mémoire de travail sont plus enclins à accepter la mort d'autrui comme solution « utilitariste » mais seulement quand le mal attendu est inévitable *(de toutes façons la course folle du tramway entraînera la mort)*, ce qui suggère un raisonnement délibératif élaboré, et non un simple contrôle exécutif sur l'émotion. Certains auteurs ont souligné que la distinction entre les dilemmes personnels et impersonnels peuvent renvoyer à la doctrine du double effet de Thomas d'Aquin : une action qui inflige du mal à une autre personne peut être moralement acceptée si l'intention première n'est pas le mal mais est au contraire la conséquence non désirée d'une action visant au bien ; ainsi le dilemme de la plate-forme ne relève pas de cette doctrine, alors qu'en relève le dilemme du trolley où le but visé est de sauver les cinq travailleurs, la mort du travailleur solitaire n'étant que la conséquence involontaire du détournement de la voie que devait emprunter le tramway. L'internalisation de cette doctrine comme d'autres facteurs tenant à l'histoire personnelle du sujet interviennent dans les jugements moraux.

Un grand nombre de travaux faits chez le sujet sain et utilisant l'imagerie dynamique ont tenté de cerner les aires cérébrales impliquées dans les jugements moraux (figure 18.2 et tableau 18.II). Mais doit-on limiter la cognition sociale à la connaissance des normes sociales et comportementales à leur respect ou à leur transgression ? Ou doit-on de manière plus large considérer que le champ de la cognition sociale concerne tous les comportements humains qui interagissent avec autrui ? Il est vrai que, dans ce cas, toute la circuiterie neuronale fondant le jugement

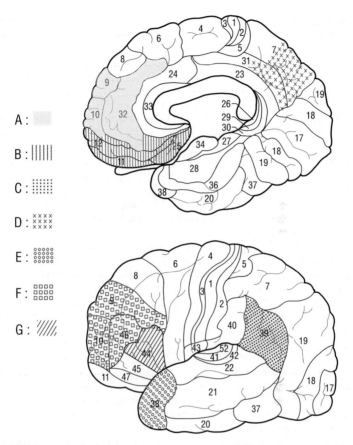

A :

B : ||||||

C : ⁝⁝⁝⁝⁝

D : ××××
    ××××
    ××××

E : 88888
    88888

F : ▢▢▢▢
    ▢▢▢▢

G : ⫽⫽⫽

Figure 18.2
**Les principales zones cérébrales impliquées dans l'intelligence sociale. La zone
« nodale » serait représentée par le cortex préfrontal ventro-médian et fronto-
orbitaire. Les lettres renvoient à la première colonne du tableau 18.II.**

et les prises de décision est concernée : traitement des entrées sensorielles, évaluation puis planification des réponses « motrices » en fonction de la récompense
escomptée ou de la punition redoutée et l'on sait en particulier le rôle des structures
dopaminergiques dans les réseaux neuronaux impliqués. De même est concerné le
système limbique rostral qui intervient dans l'évaluation émotionnelle et motivationnelle permettant (voir encadré 16.1), en réponse à des stimuli, l'adaptation des
comportements. Sont concernées de manière plus large l'organisation et la régulation de la vie émotionnelle et notamment la reconnaissance des émotions d'autrui,
mais aussi la reconnaissance du danger (avec le rôle central de l'amygdale : voir
chapitre 17). Enfin, les comportements sociaux se construisent aussi d'informations
véhiculées par d'autres systèmes et notamment la mémoire. Dans ces conditions,

Tableau 18.II

Principales aires cérébrales impliquées dans la cognition sociale (d'après Greene, Gallagher, Bechara, Shamay-Tsoory, Zahn)

A	AB 9/10 : gyrus frontal interne	Intégration de l'émotion dans les prises de décision et la planification des actions
	AB 9/32 : cortex frontal paracingulaire	Théorie de l'esprit : interprétation des intentions d'autrui
B	AB 25/partie basse de 24/32 et portions internes des AB 10/11/12 : cortex fronto-orbitaire/cortex ventro-médian	Jugements moraux Représentation de la récompense et de la punition Empathie émotionnelle ; empathie cognitive (AB 10/11) Contrôle du caractère approprié ou désavantageux des comportements (sociopathie acquise, conduites asociales si lésions de l'enfance) Centre de convergence de la circuiterie neuronale permettant la cognition sociale
C	AB 39 : sillon temporal supérieur et gyrus angulaire	Compréhension des mouvements, des mimiques, du regard et des histoires mettant en jeu des personnes. Participation à la théorie de l'esprit
D	AB 31/7 : cortex cingulaire postérieur, *precunéus* et cortex rétrosplénial	Intégration de l'imagerie émotionnelle *(precunéus)* et de la mémoire dans les interactions avec autrui
E	Poles temporaux (AB 38) et amygdale	Évaluation rapide de l'alternative récompense/punition en particulier pour les informations visuelles vectant des émotions négatives Rappel en mémoire épisodique, autobiographique, émotionnelle Reconnaissance des émotions visuelles Connaissance sémantique des concepts sociaux (AB 38)
F	AB 9/10/46 : cortex frontal dorso-latéral	Assiste la cognition sociale par la mémoire de travail et la flexibilité Empathie cognitive
G	AB 44 : gyrus frontal inférieur	Structure clé de l'empathie émotionnelle (liée au système des neurones miroirs)

Les lettres de la colonne de gauche renvoient à la figure 18.2. AB = aire de Brodmann. Ces aires sont par ailleurs activées dans les jugements moraux pour les unes sur entrée verbale, pour les autres sur entrée visuelle

est-ce que la transgression des normes sociales relève de traitements neuronaux spécialisés dans l'information sociale, ou ne font-ils que dépendre de mécanismes connus de la mémoire, de l'émotion, des prises de décision (Bechara) ? Dans les études d'imagerie, comment distinguer ce qui revient aux jugements spécialisés et ce qui revient à l'activation de zones non spécifiques : fonctions exécutives avec contrôle inhibiteur, mémoire, etc.

Ainsi la pathologie de la conscience morale, ainsi que des savoirs, des jugements et des comportements se référant à des valeurs morales peut s'inscrire dans des situations multiples :

- un déficit cognitif global quelle que soit sa cause peut s'accompagner d'un déficit des connaissances morales, encore qu'il faille distinguer ce qui relève des données morales fondamentales (comme l'interdit du meurtre, du vol, etc.) et du raisonnement moral élaboré visant à analyser des situations morales complexes permettant au sujet de mettre en œuvre ses capacités de discernement en lien avec les valeurs auxquelles il se réfère. En fonction de la complexité des tâches demandées, de l'intensité de l'atteinte neuropsychologique et en particulier du langage, donc du degré d'évolution de la maladie, les connaissances et le jugement moral ont pu être considérés comme normaux ou perturbés dans la maladie d'Alzheimer. Quand les données morales, au sens cognitif du terme, sont considérées comme perturbées dans la maladie d'Alzheimer, elles ne sont pas corrélées aux troubles du comportement mais au déficit des fonctions cognitives ;
- un déficit de la construction du savoir social secondaire à une lésion préfrontale de l'enfance (Anderson) ;
- une distorsion des fonctions émotionnelles telle qu'elle peut être observée dans le cadre de la sociopathie acquise par lésions « focales » frontales ventro-médianes ou comme la conséquence d'une pathologie dégénérative (démence fronto-temporale) : ces troubles ont été analysés ci-dessus ;
- un déficit de l'empathie et de la théorie de l'esprit ne paraît pas pouvoir altérer en cas d'atteinte isolée les composantes morales de la cognition sociale mais peut être associé à d'autres troubles comme une hyporéactivité émotionnelle, un déficit de contrôle des impulsions (démence fronto-temporale, personnalité antisociale) ;
- un déficit du contrôle des impulsions, sociopathie acquise par lésion focale ou pathologie dégénérative (DFT), mais aussi trouble explosif intermittent du DSM et manifestations de type « personnalité antisociale » du DSM (voir chapitre 17, p. 376) ;
- des délires peuvent bien sûr générer des distorsions des jugements et des comportements moraux.

Cognition sociale et langage

Le savoir social conceptuel ou la connaissance sémantique des concepts sociaux

Lors de l'étude des aphasies au chapitre 2 et des agnosies au chapitre 7 a été abordée l'existence de dissociations affectant la dénomination mais aussi la compréhension de catégories conceptuelles (items animés *versus* inanimés, objest manipulables *versus* non manipulables…), ce qui avait conduit à évoquer une organisation catégorielle du lexique et, au-delà de lui, des connaissances sémantiques (agnosie asémantique). Les zones cérébrales électivement lésées lors des troubles affectant tel ou tel secteur catégoriel ont été conçues comme des centres de convergence de réseaux initialement impliqués dans l'apprentissage (Damasio, voir p. 34). Des déficits catégoriels des connaissances sémantiques concernant les mots abstraits contrastant avec l'intégrité du traitement des mots concrets ainsi que des dissociations inverses ont été rapportés (Warrington).

Or, le savoir social, c'est-à-dire le savoir qui traite des comportements sociaux, comporte un large éventail conceptuel comme *poli, loyal, avare, ambitieux, timide, etc.* Il a pu être montrré en IRMf que les jugements concernant l'existence ou l'absence de liens sémantiques entre des paires de deux mots (« honneur–brave ») activaient préférentiellement la partie supérieure et antérieure des lobes temporaux (aires de Brodmann 38). En outre, seule l'activité du cortex temporal antérieur et supérieur mais non du cortex préfrontal médian ou fronto-orbitaire était corrélée avec la richesse des détails avec lesquels les concepts sociaux décrivent les conduites sociales et ce, indépendamment de la valence émotionnelle. La corrélation la plus forte concernait le cortex temporal antérieur et supérieur droit. Cette cons-tatation s'ajoute à ce que l'on savait déjà sur le rôle de la partie antérieure du lobe temporal dans la cognition sociale en général et, sur le plan sémantique, dans le savoir sémantique sur les visages (voir *la prosopagnosie progressive* aux chapitres 7 et 16). Bien entendu l'activation observée en IRMf se situe au sein d'un chapelet d'activations intéressant notamment le cortex fronto-orbitaire latéral (AB 47/45), le cortex préfrontal dorso-médian (AB 8) et la jonction temporo-pariétale gauche (AB 22/40). L'étude d'une série de patients atteints de démences fronto-temporales a pu montrer que les malades qui avaient un hypométabolisme temporal supérieur et antérieur droit, à la tomographie à émission de positrons, avaient une altération élective des concepts sociaux. En sélectionnant ces derniers, on pouvait aussi constater qu'ils avaient les troubles comportementaux les plus importants (désinhibition) et que l'hypométabolisme intéressait aussi le cortex fronto- orbitaire latéral droit et le cortex préfrontal dorso-médian (Zahn). Ces constatations suggèrent donc l'existence d'un lien entre l'altération du savoir social conceptuel « indépendant du contexte » et les troubles du comportement des malades atteints de démence fronto-temporale.

La fonction pragmatique du langage

La cognition sociale s'exprime aussi de manière générale dans la cohérence du discours à autrui. C'est, au-delà des aspects lexico-sémantiques, morphosyntaxiques du langage, et en se fondant sur eux, savoir produire des actes de langage adaptés aux circonstances : telle est la fonction pragmatique du langage, désorganisée dans les lésions frontales (voir chapitre 13) mais aussi dans les lésions de l'hémisphère droit. Ainsi les lésions de l'hémisphère droit altèrent la compréhension de l'humour et de l'ironie. La compréhension du sarcasme, qui est une forme particulière d'ironie (Shamay-Tsoory) est altérée par les lésions du lobe préfrontal et en particulier de sa portion ventro-médiane droite et non pas par les lésions postérieures. Les déficits de la compréhension du sarcasme s'associent à un déficit de la théorie de l'esprit, car il s'agit bien en fait d'interpréter l'intention d'autrui. Ils s'associent aussi à des difficultés de la reconnaissance émotionnelle (mimiques, prosodie).

La théorie de l'esprit et l'empathie

Le comportement face à autrui, qu'il soit gestuel ou verbal, qu'il concerne les « valeurs morales » ou, de manière générale, l'adaptation de la relation au contexte cognitif et affectif ne peut se faire sans s'appuyer sur la capacité à attribuer aux autres les contenus mentaux (pensées, intentions, croyances, émotions) les plus vraisemblables : il s'agit de la *théorie de l'esprit* (dénommée aussi parfois ToM, acronyme de *theory of mind*). Cette capacité de métacognition permet *une mentalisation, une conceptualisation, une représentation des contenus mentaux d'autrui,* qu'il s'agisse de ses intentions, de ses croyances, de ses connaissances ou de ses sentiments.

En cohérence avec les deux facettes (cognition et émotion) des contenus mentaux, il a été proposé de distinguer une théorie de l'esprit (ToM) cognitive et une théorie de l'esprit (ToM) affective. La première désigne la capacité de se représenter les pensées d'autrui ; la seconde désigne la capacité de se représenter les émotions d'autrui. La première est liée aux fonctions exécutives du cortex préfrontal dorso-latéral, la seconde est liée au cortex préfrontal ventro-médian.

La théorie de l'esprit peut être de premier ordre ou de second ordre. La ToM de premier ordre correspond à ce qu'une personne (appelée observateur) pense qu'une autre personne (A) pense. Elle peut être testée par exemple par la mise en jeu de deux personnages A et B entrant dans une même pièce. A met son livre dans un tiroir puis quitte la pièce. En son absence, B prend le livre et le met sous le tapis. À la question posée de savoir où A ira chercher son livre en revenant dans la pièce, la théorie de l'esprit permet à l'observateur de dire que A (« fausse croyance ») ira le chercher dans le tiroir. L'observateur peut ainsi faire abstraction de ce qu'il sait pour se mettre à la place du personnage qui, lui, ne sait pas. La ToM de second ordre correspond à ce qu'une personne (appelée observateur) pense de ce que B pense de ce que A pense (voir exemple encadré 18.1). Cette capacité à inférer le contenu mental d'autrui apparaît vers l'âge de 4 ans et continue de se développer jusqu'à l'âge de 11 ans. Une incapacité du sujet à cerner les contenus mentaux des personnages A et B lui fera dire au contraire que A (dans cet exemple de ToM de premier ordre) ira chercher le livre sous le tapis. Outre les lobes frontaux avec une prévalence pour le cortex frontal médian et notamment le cortex frontal paracingulaire (correspondant à peu près aux aires de Brodmann 9/32 tout particulièrement droites), les autres régions impliquées sont le sillon temporal supérieur et le pôle temporal, tout particulièrement l'amygdale (voir tableau 18.II).

Le *sillon temporal supérieur droit* est activé avec la compréhension du sens d'histoires et de dessins mettant en scène des personnes mais aussi par les mouvements des mains, du corps, de la bouche, du regard et des mimiques émotionnelles. Son rôle serait ainsi de détecter et d'expliquer les comportements d'autrui en leur attribuant soit une cause physique soit une « intention » à l'égard de soi. Les *pôles temporaux* sont activés dans les situations de rappel en mémoire épisodique, visuelle et auditive, en mémoire émotionnelle et autobiographique : la capacité à inférer les contenus mentaux d'autrui peut avoir à s'appuyer sur l'expérience du sujet, donc sur sa mémoire personnelle, épisodique et sémantique. Si ces deux régions contribuent ainsi à la théorie de l'esprit, des arguments solides indiquent que la région essentielle à la « mentalisation » des intentions d'autrui est le *cortex paracingulaire* : ainsi s'active-t-elle quand un individu joue un jeu permettant des

---

Encadré 18.1

Quelques épreuves d'exploration de la théorie de l'esprit

1. Épreuves explorant la ToM cognitive

Le test des fausses croyances de premier ordre

Un exemple a été donné dans le texte et peut faire appel soit à une bande dessinée soit, pour les enfants, à des poupées (dénommées Sally et Anne dans l'épreuve imaginée par Baron-Cohen).

Le test des fausses croyances de second ordre

Dans ce scénario, le personnage B change aussi l'objet de place quand le personnage A quitte la pièce mais B surprend la scène à l'insu de A. Quand A revient dans la pièce, la question posée à l'observateur est de savoir ce que B pense de l'endroit où A pense que l'objet se trouve. Ce test nécessite cependant une bonne efficience des diverses composantes du contrôle exécutif qui est fortement sollicité ; il est réussi à partir de 6–7 ans.

Le test du faux pas

Il consiste à lire aux sujets des histoires au cours desquelles un sujet A tient à un sujet B des propos qui constituent une « gaffe », une maladresse. Une personne A venant juste d'emménager dans un appartement achète de nouveaux rideaux pour sa chambre. À peine vient-il de terminer la décoration que sa meilleure amie, la personne B, lui rend visite. Quand A lui demande si elle aime sa chambre, B répond que les rideaux sont horribles et qu'elle espère que A pourra les changer rapidement. On demande ensuite au patient de dire qui (de la personne A ou de la personne B) a dit quoi que ce soit qu'il ne fallait pas dire. Ce type d'histoire nécessite que l'observateur comprenne qu'au moment où la gaffe a été faite, la personne B ne savait pas à ce moment-là qu'elle ne devait pas faire cette remarque et que la personne A en serait irritée ou blessée.

Le test des Smarties

On demande à un enfant A ce qu'il y a à l'intérieur d'une boîte de Smarties et l'enfant fait bien sûr une réponse adéquate. Mais, l'expérimentateur ouvre la boîte et montre à l'enfant A que la boîte contient en fait un crayon.
On explique ensuite à l'enfant que son copain va venir tout à l'heure et on lui demande : « Que va-t-il répondre quand on va lui demander ce que contient la boîte ? »

2. Épreuve explorant la ToM affective

La ToM affective est explorée par le test de « lecture états mentaux dans le regard » (Baron-Cohen *et al.* Reading the mind in the eyes. *J Child Psychol Psychiatry* 2001 ; 42 : 241-51).
Il est constitué d'une série (36) de photographies de « regards » limités à la région des yeux qui sont présentées au sujet en lui demandant de choisir pour chaque regard photographié et parmi une liste de quatre mots celui qui correspond le mieux à ce que pense ou ressent le sujet (par exemple : exaspéré, déçu, déprimé, accusateur).

---

gains contre une personne mais ne s'active pas si ce jeu est dirigé contre un ordinateur. Mais la « mentalisation » recrute dans les régions du cerveau impliquées dans l'interprétation générale des comportements, contribuant ainsi aux réseaux neuronaux impliqués dans la cognition sociale et en particulier l'amygdale et le cortex orbito-frontal (Gallagher et Frith).

Des perturbations de la théorie de l'esprit sont observées dans l'autisme, le syndrome d'Asperger, les schizophrénies à forme paranoïde. Un déficit des fonctions exécutives est souvent, mais non constamment, associé à une altération de la théorie de l'esprit. De même, l'altération de la théorie de l'esprit pourrait être au cœur des perturbations de la cognition sociale observées dans les démences fronto- temporales ; ainsi la comparaison (Gregory) de malades atteints de démence fronto-temporale « variante frontale » à des malades Alzheimer a pu montrer que les patients frontaux avaient des altérations dans tous les aspects explorés de la théorie de l'esprit, alors que les Alzheimer n'échouaient qu'aux fausses croyances de second ordre et au test du faux pas en raison de la défaillance de leur mémoire de travail et de leurs capacités d'apprentissage. En outre, l'atteinte de la théorie de l'esprit est liée au degré d'atrophie frontale ventromédiane et aux perturbations comportementales évaluées par l'inventaire neuropsychiatrique de Cummings (NPI).

L'*empathie* désigne d'abord la capacité de partager les émotions d'autrui (« je ressens ce que vous ressentez »). Mais à l'empathie émotionnelle s'adjoint une empathie cognitive, qui recoupe la théorie de l'esprit et qui est la capacité de comprendre ce que ressent et pense autrui comme si l'on pouvait se mettre à la place de l'autre tout en restant soi et d'y répondre de manière appropriée (« je comprends ce que vous ressentez… J'essaie de comprendre comment les choses se présentent de votre point de vue… »). L'empathie émotionnelle serait fondée sur un système de contagion émotionnelle phylogénétiquement ancien qui serait en lien avec le système des neurones miroirs. Certains travaux permettent de penser que ce système serait activé non seulement par les actes moteurs d'autrui, mais aussi par la reconnaissance des émotions exprimées par la voix et le visage d'autrui. Ces constatations suggèrent que le gyrus frontal inférieur (aire de Brodmann – BA-44) est particulièrement impliqué dans l'imitation et la reconnaissance des émotions. L'empathie cognitive renvoie aux structures impliquées dans la théorie de l'esprit.

L'empathie émotionnelle peut être évaluée par le questionnaire de Mehrabian et Epstein, tandis que les aspects cognitifs de l'empathie fondés sur la capacité à se mettre à la place de l'autre peuvent être mesurés par l'échelle d'empathie de Hogan. Le questionnaire de Davis est fait de 28 items qui permettent de mesurer de manière multidimensionnelle les deux composantes émotionnelle et cognitive de l'empathie.

Les premiers travaux avaient indiqué un lien entre les scores d'empathie et le déficit à des épreuves de flexibilité mentale, ce qui attirait naturellement l'attention sur le cortex frontal dorso-latéral que certains auteurs (Eslinger) pensaient préférentiellement impliqué dans les aspects cognitifs de l'empathie, tandis que le système orbito-frontal serait préférentiellement impliqué dans les aspects émotionnels de l'empathie. Mais il convient de considérer la topographie des réseaux neuronaux qui sous-tendent l'empathie avec prudence. La liste des structures impliquées dans la théorie de l'esprit (voir *infra*) ne concerne pas, loin s'en faut, que les systèmes frontaux. La comparaison de malades ayant soit des lésions cérébrales antérieures soit des lésions cérébrales postérieures a pu ne pas montrer de différence significative des scores d'empathie, pourtant plus bas que les témoins (Eslinger). Si la flexibilité mentale est nécessaire, sa fonction est-elle ancillaire ou spécifique ? La première question est de savoir si les systèmes régissant l'empathie émotionnelle d'une part, l'empathie cognitive d'autre part sont deux systèmes séparés. Sur la base d'une étude mesurant les capacités empathiques d'une série de malades évalués par l'échelle multidimensionnelle de Davis, et atteints de lésions intéressant soit le gyrus préfrontal ventromédian (AB 10/11, voir tableau 18.I et figure 18.1), soit le gyrus frontal inférieur (AB 44), il a pu être mis en évidence une double dissociation qui s'inscrit donc en faveur de deux sytèmes séparés. La structure clé de l'empathie émotionnelle serait le gyrus frontal inférieur (AB 44), impliqué dans le système des neurones mémoires, cortex unimodal, cytoarchitectoniquement dysgranulaire, phylogénétiquement ancien. L'empathie émotionnelle appartiendrait ainsi à un système de simulation avec la contagion émotionnelle, la détresse personnelle (« quand je vois quelqu'un qui souffre, je ne peux pas rester calme »), la préoccupation empathique (« je me sens attendri à l'égard de gens moins fortunés que moi ») et la reconnaissance des émotions. Autour de cette aire se tresserait un réseau impliquant notamment l'amygdale, le cortex somatosensitif, l'insula, le pôle temporal droit. L'empathie émotionnelle s'installe précocement chez le bébé. La structure clé de l'empathie cognitive serait le cortex préfrontal ventro-médian au niveau des aires de Brodmann 10 et 11, cortex hétéromodal, granulaire, phylogénétiquement plus récent et connectée à un réseau impliquant notamment le sillon temporal supérieur, les pôles temporaux et la jonction temporo-pariétale. Sur le plan développemental, l'empathie cognitive se construit plus tardivement dans l'enfance et l'adolescence. Ces deux systèmes fonctionneraient de manière autonome mais pourraient être déclenchés simultanément en fonction du contexte et de la situation avec lesquels l'individu interagit. Un déficit de la théorie de l'esprit et de l'empathie peut être observé au cours de lésions cérébrales focales, au cours des démences fronto-temporales mais aussi dans l'autisme et la schizophrénie.

La cognition sociale permet ainsi à l'individu de mettre en œuvre sa capacité à « inter-réagir » avec son environnement ; cette capacité adaptative qui peut être dénommée intelligence sociale est fondée sur des processus cognitivo-émotionnels qui permettent de nouer dans un écheveau complexe la cons-cience de soi et la conscience (c'est-à-dire la connaissance) de l'autre par soi tout en restant soi. Ce champ d'études et donc de compréhension de troubles comportementaux jette les bases d'une nouvelle approche des liens entre la neurologie et la psychiatrie.

Bibliographie

Anderson SW, Bechara A, Damasio H, et al. Impairment of social and moral behavior related to early damage In human prefrontal cortex. Nat Neurosci 1999;2:1032–7.
Bechara A. The neurology of social cognition. Brain 2002;125:1673–5.
Bechara A, Damasio H, Damasio AR, Lee GP. Different contributions of the human amygdala and ventromedial prefrontal cortex to decision-making. The Journal of Neuroscience 1999;19(13):5473–81.
Bechara A, Tranel D, Damasio H. Characterization of the decision-making deficit of patients with ventromedial prefrontal cortex lesions. Brain 2000;123:2189–202.
Clark L, Bechara A, Damasio H, Aitken MRF, Sahakian BJ, Robbins TW. Differential effects of insular and ventromedial prefrontal cortex lesions on risky decision-making. Brain 2008;131:1311–22.
Damasio A. L'erreur de Descartes. La raison des émotions. Paris: Odile Jacob; 1999.
Davis MH. Measuring individual differences in empathy : evidence for a multidimensionnal approach. J Pers Soc Psychol 1983;44:113–26.

Ciaramelli E, Muccioli M, Ladavas E, Di Pellegrino G. Selective deficit in personal moral judgment following damage in ventromedial prefrontal cortex. Social Cognitive and Affective Neuroscience 2007;2:84–92.

Eslinger PJ. Neurological and neuropsychological bases of empathy. Eur Neurol 1998;39:193–9.

Gallagher HL, Frith CD. Functional imaging of "theory of mind". Trends in Cognitive Neurosciences 2003;7:77–83.

Greene JD, Morelli SA, Lowenberg K, Nystrom LE, Cohen JD. Cognitive load selectively intgerferes with utilitarian judgment. Cognition 2008;107(3):144–1154.

Greene J, Nystrom LE, Engeli AD, Darley JM, Cohen JD. The neural basis of cognitive conflict and control in moral judgment. Neuron 2004;44:389–400.

Gregory C, Lough S, Stone V, et al. Theory of mind in patients with frontal variant frontotemporal dementia and Alzheimer's disease : theoretical and practical Implications. Brain 2002;125:752–64.

Hogan R. Development of an empathy scale. Journal of Consulting and Clinical Psychology 1969;33:307–16.

Koenigs M, Young L, Adolphs R, Tranel D, Cushman F, Hauser M, Damasio A. Damage to the prefrontal cortex increases utilitarian moral judgments. Nature 2008;446:908–11.

Lind G. The meaning and measurement of moral judgment competence. A dual-aspect model. In: Fasko D, Wayne W, eds. Contemporary philosophical and psychological perspectives on moral development and education. Creskill: Hampton Press; 2008.

Mendez FM. What fronto-temporal dementia reveals about the neurobiological basis of morality. Medical hypotheses 2006;67:411–8.

Mendez MF, Anderson EBA, Shapira JRN. An investigation of moral judgment in fronto-temporal dementia. Cognitive and Behavioral Neurology 2005;18(4):193–7.

Moore AB, Clark BA, Kane MJ. Who shalt not kill ? Psychological Science 2008;19(6):549–57.

Shamay-Tsoory S, Aharon-Peretz J, Perry D. Two systems for empathy : a double dissociation between emotional and cognitive empathy in inferior frontal gyrus versus ventromedial prefrontal lesions. Brain 2009;132:617–27.

Shamay-Tsoory SG, Tomer R, Aharon-Peretz J. The neuroanatomical basis of understanding sarcasm and Its relationship to social cognition. Neuropsychology 2005;19:288–300.

Zahn R, Moll J, Lyengar V, Huey ED, Tierney M, et al. Social conceptuel impairments in fronttemporal lobar degeneration with right anterior temporal hypometabolism. Brain 2009;132:604–16.

19 Neuropsychologie du thalamus, des noyaux gris centraux du cervelet

Les noyaux gris centraux (*basal ganglia* dans la terminologie anglo-saxonne) sont des amas cellulaires, donc constitués de substance grise, disposés dans la profondeur des hémisphères cérébraux et de la partie haute du tronc cérébral. Les formations les plus importantes sont le noyau caudé, le noyau lenticulaire (putamen et pallidum), le noyau sous-thalamique (ou corps de Luys), le *locus niger* (voir figure 1.1). Ces formations ne peuvent être physiologiquement séparées du thalamus avec lequel elles ont de multiples connexions qui les relient aussi à la substance réticulée, au cervelet (par l'intermédiaire du noyau rouge), aux noyaux vestibulaires (par l'intermédiaire du cervelet) et au cortex préfrontal.

Le thalamus

Le thalamus n'est pas que le relais des voies des sensibilités conscientes, qu'elles soient somesthésiques ou qu'elles soient spécifiques (comme l'audition, la gustation, l'olfaction, la vision). Il noue aussi des connexions multiples avec :
- la substance réticulée mésencéphalique (et il dispose lui-même d'un noyau réticulaire) ;
- le système limbique (notamment le complexe amygdalo-hippocampique) et l'hypothalamus ;
- le lobe préfrontal (cingulum, cortex fronto-orbitaire, cortex dorso-latéral) ;
- le cortex associatif pariéto-temporo-occipital.

Ses connexions d'amont et d'aval s'organisent à partir de noyaux nombreux (figure 19.1). La séméiologie thalamique est à la mesure de la profusion de ses connexions donc de ses fonctions : elle est ainsi particulièrement composite, parfois déroutante, pouvant intéresser, en fonction des structures thalamiques atteintes mais aussi en fonction des aires cérébrales désactivées par diaschisis, la vigilance, le comportement, la cognition et ce, sous de multiples aspects.

Le mutisme akinétique

Le mutisme akinétique réalise une immobilité non paralytique avec mutisme et parfois somnolence, notamment après un infarctus thalamique paramédian bilatéral ou latéralisé à gauche (voir chapitre 1 et figure 19.1).

Un mutisme accompagné d'une confusion mentale (Kothare *et al.*, 1998) ou de fluctuations de la vigilance (Pluchon *et al.*, 2011) a pu être observé chez l'adolescent et l'enfant lors d'infarctus artériel (paramédian) ou veineux induisant des lésions thalamiques-bilatérales.

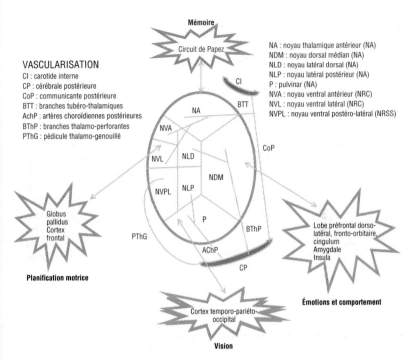

Figure 19.1

Les principaux noyaux du thalamus. Vascularisation. Connexions.

C'est la lame médullaire interne qui divise le thalamus en parties antérieure, médiane, latérale et postérieure.

NRSS : noyaux de relais sensitif spécifique (ici le NVPL, relais de la somesthésie, connecté avec le gyrus post-central).

NRC : noyaux de relais cortical, connectés à une région corticale circonscrite.

NA : noyaux d'association connectés au cortex associatif (voir détails sur la figure). Ne sont pas représentés le noyau réticulaire, qui est un noyau thalamique, intrinsèque et les noyaux thalamiques non spécifiques connectés avec la formation réticulée et avec le néocortex cérébral de manière diffuse : ils jouent un rôle majeur dans l'éveil et l'attention. On été représentées schématiquement les connexions pouvant rendre compte de certains des syndromes neuropsychologiques observés en cas de lésion thalamique. Il faut y ajouter les connexions du noyau ventral antérieur avec le cortex frontal dorso-latéral et fronto-orbitaire, du noyau latéral dorsal avec le gyrus cingulaire et le cortex pariétal postérieur, du noyau latéral postérieur avec le cortex temporo-pariétal.

Il faut aussi noter que le territoire paramédian des deux thalami peut être vascularisé par une artère unique (artère de Percheron ou artère paramédiane ou artère mésencéphalique) issue de la cérébrale postérieure et dont l'obstruction provoque un infarctus paramédian bilatéral (voir texte).

Troubles du sommeil, confusion, hallucinations

Les lésions thalamiques bilatérales médianes et paramédianes peuvent induire une hypersomnie. Mais les lésions thalamiques peuvent aussi donner une insomnie : ainsi en est-il de l'insomnie fatale familiale qui est une encéphalopathie spongiforme (voir chapitre 16) liée à une anomalie du gène codant la protéine prion et caractérisée par une insomnie progressive et rebelle, accompagnée de troubles dysautonomiques (tachycardie, hyperthermie, troubles sphinctériens), secondairement compliquée de démence, évoluant vers la mort en moins de 3 ans. La destruction neuronale intéresse les noyaux dorso-médian et antérieur des thalami.

Une confusion mentale avec troubles plus ou moins marqués de la vigilance, ralentissement et désorganisation de la pensée, troubles de l'attention, altération des capacités d'évocation des souvenirs, désorientation temporo-spatiale, voire onirisme (voir chapitre 1) peut être aussi observée lors de lésions thalamiques bilatérales et plus exceptionnellement localisées à droite.

Des hallucinations surtout visuelles, de type hallucinosique (voir chapitre 2), ont pu être observées certes dans des infarctus mésencéphaliques (hallucinose pédonculaire) étendus au thalamus, mais aussi au cours d'infarctus capsulo-striés et d'infarctus ou d'hémorragies strictement localisés au thalamus et impliquant notamment le pulvinar et le noyau ventral postérieur (hémorragies ou infarctus choroïdien postérieur), le noyau dorso-médian (hémorragie ou infarctus para-médian), voire même après infarctus tubéro-thalamique (voir figure 19.1). Les lésions sont le plus souvent droites, parfois bilatérales ou gauches. Leur physiopathologie est composite et ne fait pas intervenir les seuls noyaux thalamiques non spécifiques (Neau, 1997).

Thalamus et mémoire : les amnésies diencéphaliques

Les troubles de la mémoire observés au cours des lésions thalamiques ont été décrits au chapitre 14.

Thalamus et langage : les aphasies thalamiques

Les troubles du langage observés au cours des lésions thalamiques ont été décrits au chapitre 2.

Les anomies des noms propres sont rares et peuvent être observées lors de lésions polaires antérieures (infarctus) gauches, comme elles peuvent aussi être observées dans les atteintes de la partie antérieure du lobe temporal (aire de Brodmann 38).

Les agraphies observées lors de lésions thalamiques gauches peuvent réaliser une agraphie lexicale (voir chapitre 3) qui peut ne s'accompagner que de troubles modérés du langage oral. On peut aussi observer une agraphie apraxique.

Une palilalie a pu être rapportée (infarctus paramédian).

Thalamus et héminégligences

Une négligence unilatérale gauche (voir chapitre 9) peut survenir lors de lésions intéressant le thalamus droit (en particulier dans les infarctus du territoire tubéro-thalamique voire dans les infarctus du territoire paramédian ainsi que dans le syndrome de l'hémorragie thalamique postérieure qui comporte en outre un myosis avec léger ptosis ipsilatéral et une hémiparésie sensitivo-motrice). Cette négligence peut être spatiale, motrice, multimodale tout comme elle peut aussi comporter une extinction sensorielle, sensitive, visuelle, auditive. La négligence peut s'accompagner d'autres signes habituellement observés dans les lésions de l'hémisphère droit et en particulier de perturbations asomatognosiques et visuo-constructives, ainsi que de perturbations de la reconnaissance des visages.

Thalamus et activités gestuelles : les apraxies thalamiques

Les apraxies thalamiques surviennent en cas d'atteinte du thalamus dominant. Elles accompagnent inconstamment une aphasie. Elles peuvent réaliser :

■ un syndrome d'utilisation du corps comme objet ;

■ une apraxie idéomotrice limitée aux gestes intransitifs (sans manipulation d'objets) mais intéressant aussi parfois les pantomimes (gestes transitifs avec manipulation virtuelle et simulée d'objets). L'utilisation réelle d'objets est soit normale soit moins perturbée que les pantomimes. Mais l'apraxie a pu aussi parfois intéresser et les gestes intransitifs et les gestes transitifs, qu'il s'agisse de pantomime ou d'utilisation réelle d'objets. La préservation de la capacité d'utilisation réelle d'objets a pu être interprétée comme témoignant de l'intégrité de la mémoire procédurale (Nadeau, 1994). L'imitation des gestes peut être compromise et il a pu être décrit des difficultés pour choisir entre deux gestes le geste correctement effectué. Il est difficile de préciser les régions thalamiques dont les lésions sont nécessaires à la production d'une apraxie. Les observations publiées intéressent notamment des infarctus tubéro-thalamiques et du pulvinar (qui peut aussi être le siège d'hématomes). Les zones critiques seraient le noyau ventral latéral (territoire tubérothalamique), latéral postérieur (pédicule thalamo-genouillé), le pulvinar (artères choroïdiennes postérieures). Ainsi, l'activité gestuelle mobilise un vaste réseau incluant les cortex frontal et pariétal, les ganglions de la base, le thalamus, la substance blanche hémisphérique qui les relie ainsi que le corps calleux (voir chapitre 5).

À noter qu'il a pu être observé lors d'un infarctus polaire antérieur (territoire tubéro-thalamique) une apraxie bucco-faciale sans aphasie associée (Ghicka-Schmid, 2000). Une apraxie de l'ouverture des yeux a pu aussi être observée lors d'un infarctus paramédian bilatéral.

Lobe frontal et thalamus : les disconnexions fronto-sous-cortico-thalamiques

Le thalamus est connecté au cortex frontal dorso-latéral, mais aussi au cortex fronto-orbitaire et au cortex cingulaire antérieur (voir figures 19.1 à 19.3). Même si les déficits sont peu apparents, l'exploration neuropsychologique des souffrances thalamiques peut objectiver un déficit de la mémoire de travail et un syndrome dysexécutif.

Des délires d'identité (voir chapitre 22) à type de reduplication mnésique environnementale ont pu être observés après lésion thalamique droite (Berthier, 1993) générant en scintigraphie un hypodébit de l'hémisphère prédominant en frontal droit.

Les lésions thalamiques internes disconnectant le cingulum et/ou la portion orbitaire du lobe frontal peuvent donner, suivant leur étendue, leur extension à d'autres structures thalamiques et au-delà, leur uni- ou bilatéralité :

- un état de type maniaque (lésion droite) ou une désinhibition euphorique avec syndrome de Ganser (réponses approximatives ou « à côté » des questions posées, avec méconnaissance de la réalité ambiante) ;
- une dépression (plutôt par lésion gauche) ;
- une apathie ;
- un mutisme akinétique (voir *supra*).

Quelques regroupements syndromiques

Les « démences thalamiques »

Les lésions thalamiques bilatérales, certaines limitées au thalamus interne (infarctus paramédians bilatéraux) peuvent donner une apathie massive avec euphorie ou indifférence, des troubles de la mémoire antérograde et rétrograde, une confusion avec des perturbations plus ou moins marquées de la vigilance. Il s'agirait donc d'une « démence sous-corticale » au sens anatomique du terme dont on ne voit pas cependant pourquoi elle ne pourrait pas s'accompagner d'aphasie ou d'apraxie, cependant difficiles à rechercher dans un tableau où les troubles comportementaux sont majeurs (Katz).

Le syndrome comportemental de l'infarctus thalamique antérieur

Les obstructions artérielles tubéro-thalamiques entraînent un infarctus du pôle antérieur du thalamus et peuvent provoquer des troubles comportementaux complexes pouvant associer de manière variable les éléments suivants :

- un comportement persévératif qui peut être sévère et qui affecte le discours, les tests de mémoire, les tests explorant les fonctions exécutives, ce qui génère un déficit marqué de la flexibilité mentale intéressant aussi la programmation des actes moteurs. Il existe une sensibilité marquée à l'interférence (effet Stroop). Par ailleurs, les activités mentales diverses se superposent : le malade peut ainsi donner des informations biographiques alors qu'il fait une tâche de calcul ; prié de faire successivement un dessin d'un animal puis d'un autre animal, il contamine la seconde production par la morphologie de la première, mettant par exemple le cou d'une girafe (second dessin) sur le corps de l'éléphant (premier dessin demandé) : ce trouble a été dénommé palipsychie (Ghika-Schmid et Bogousslavsky) ;
- une apathie ;
- des troubles de la mémoire antérograde verbal en cas de lésion gauche, visuospatiale en cas de lésion droite. Très particulier est le trouble de l'ordonnancement temporel des informations apprises qui peut exister isolément : le malade se souvient des informations délivrées mais se trompe pour se rappeler l'ordre dans lequel ces informations ont été apprises ;
- une héminégligence ou une désorientation topographique (voir chapitre 8) ;
- des troubles du langage : manque du mot, hypophonie voire dysarthrie.

Les noyaux gris centraux

Les noyaux gris centraux sont unis au cortex par des boucles fronto-sous-cortico-frontales (figures 19.2 et 19.3) organisées de manière parallèle en cinq circuits :

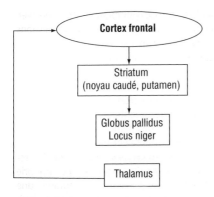

Figure 19.2
Schéma général des boucles fronto-sous-cortico-frontales (d'après Cummings, 1993).

l'un est moteur et naît de l'aire motrice supplémentaire, le deuxième est oculomoteur et naît des aires oculomotrices frontales impliquées dans l'oculogyrie
(aire 8) et dans l'oculocéphalogyrie mais aussi du cortex pariétal postérieur. Les
trois autres sont impliqués dans le contrôle cognitif et émotionnel ; il s'agit du circuit préfrontal dorso-latéral (à partir des aires 9 et 10), du circuit fronto-orbitaire
(à partir de l'aire 10), du circuit cingulaire antérieur (à partir de l'aire 24). On sait
qu'aux lésions de chacune de ces subdivisions du lobe préfrontal peuvent être rat-
tachées des manifestations cognitives et affectives particulières (voir tableau 13.I).

Les lésions de noyaux gris centraux provoquent des perturbations de la motricité qui peuvent s'accompagner d'un dysfonctionnement cognitif et émotionnel
rattaché à une disconnexion frontale : c'est ainsi qu'a été bâti le concept de
démence sous-corticale qui peut être observée dans la maladie de Parkinson, la

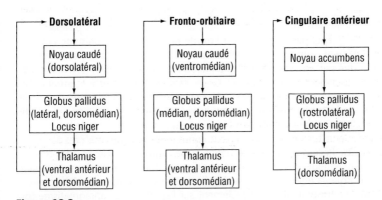

Figure 19.3
**Les trois boucles fronto-sous-corticales impliquées dans les fonctions cognitives
et la régulation émotionnelle (d'après Alexander, 1986 et Cummings, 1993).**

paralysie supranucléaire progressive de Steel-Richardson-Oslewski, la chorée de Huntington, la maladie de Wilson, le syndrome de Fahr, la neuroacanthocytose. On sait aussi que des troubles de la *mémoire* (et en particulier de la mémoire procédurale) peuvent être observés dans certaines affections des noyaux gris centraux (voir chapitre 14). Les *aphasies sous-corticales* putamino-caudées et les *syndromes hallucinosiques* ou psychotiques sont abordés aux chapitres 16 et 22. Enfin, une *héminégligence gauche* peut être observée certes dans les vastes lésions capsulo-striées et notamment les infarctus des artères lenticulo-striées, mais aussi dans des infarctus limités au noyau caudé ou dans des hémorragies du putamen. Toutefois, les lésions respectant le thalamus ne donneraient pas d'anosognosie.

Les autres perturbations neuropsychologiques observées au cours des lésions des noyaux gris centraux peuvent de manière schématique (et sans méconnaître les formes intriquées) se rattacher à la souffrance de chacun des trois grands circuits. Elles peuvent comporter des troubles du contrôle exécutif et de la programmation des actes moteurs, un état d'irritabilité–agitation–désinhibition ou encore un état d'apathie–aboulie.

Le *syndrome aboulique* s'observe surtout dans les lésions du noyau caudé et il associe une aspontanéité motrice et verbale, une inertie, une apathie, une lenteur idéatoire et motrice, une distractibilité. Il serait plutôt lié à des lésions de la portion dorso-latérale du noyau caudé, en lien avec la convexité frontale dorso-latérale. Le *syndrome d'hyperactivité* des lésions du noyau caudé se traduit par une agitation motrice et verbale, parfois une agressivité, une confusion mentale ; il serait plutôt lié à des lésions de la région ventro-médiane du noyau caudé, en lien avec le cortex fronto-orbitaire. L'hyperactivité peut alterner avec une aboulie. Des états dépressifs ou bipolaires, des paroxysmes anxieux peuvent aussi être observés de même que des hallucinations et des délires : il s'agit soit de lésions dorso-latérales soit de lésions étendues du noyau caudé. Les perturbations cognitives intéressent les fonctions de contrôle exécutif quelles que soient les localisations lésionnelles à l'intérieur du noyau caudé.

Un syndrome frontal avec apathie–aboulie peut être associé à des lésions bilatérales localisées au pallidum.

La *perte d'auto-activation psychique* (voir encadré 13.1 et chapitre 17, p. 397), décrite initialement par Laplane au cours de deux cas de lésions pallidales (par piqûre de guêpe, par intoxication à l'oxyde de carbone), se présente comportementalement comme une apathie dont l'interrogatoire montre qu'elle est sous-tendue par un vide mental, une inertie par perte de l'élan psychique, une absence de projection dans l'avenir. Cependant, l'hétéroactivation entraîne une réversibilité du trouble, les malades pouvant, sur stimulation, exécuter des tâches simples ou même complexes comme la passation des tests qui montrent des performances cognitives satisfaisantes mises à part une réduction de la fluence et quelques perturbations des fonctions de contrôle exécutif. Les malades paraissent indifférents. Récusant une désactivation aspécifique d'un circuit sous-tendant l'activité psychique, Habib et Poncet qualifient le trouble de syndrome athymormique (jusque-là réservé à la perte de l'élan vital des schizophrénies déficitaires). Ces auteurs insistent ainsi non seulement sur l'apathie avec apragmatisme (qui ne serait pas toujours réversible par hétéro-activation), l'altération de la capacité à exprimer les sentiments mais aussi une perte de l'élan sous-tendant le déficit de l'action et de l'affectivité. Ce comportement peut s'observer dans les lésions pallidales (en particulier anoxiques) ou dans des lésions du striatum (lacunes des noyaux caudés et des putamens) mais aussi dans des lésions thalamiques médianes (incluant les noyaux dorso-médians) et dans des lésions sous-corticales du lobe frontal, intéressant les connexions entre le noyau caudé d'une part, le cortex préfrontal et le gyrus cingulaire d'autre part. Le syndrome athymormique serait ainsi lié à l'atteinte d'une « boucle limbique » striato-pallido-thalamo-corticale conçue comme un élément clé du système motivationnel–émotionnel donnant ainsi la charge énergétique nécessaire à l'activité cognitive et à l'activité motrice.

Certains syndromes de perte d'auto-activation psychique comportent malgré le vide mental et l'inertie motrice, un état dépressif : doit-on considérer qu'il s'agit de l'association de deux troubles en rapport avec l'atteinte des noyaux gris centraux (Laplane) ou d'une forme incomplète de perte d'auto-activation psychique avec apathie sans composante d'indifférence affective (Habib) ?

Des activités de type *compulsivo-obsessionnel* peuvent inconstamment s'associer à la perte d'auto-activation : il s'agit habituellement de manifestations pseudo-obsessionnelles ne générant pas les phénomènes de tension émotionnelle observés dans la psychonévrose obsessionnelle. Ont pu ainsi être observés des activités mentales stéréotypées, du collectionnisme tandis que certains stéréotypes moteurs évoquent des tics. De telles manifestations ont été observées dans des lésions des noyaux lenticulaires mais aussi dans des lésions des noyaux caudés. La maladie de Parkinson peut aussi s'accompagner de manifestations stéréotypées, monomorphes mais dépourvues de la tension anxieuse qui accompagne les troubles obsessionnels compulsifs. Parfois dénommées « *punding* », elles se manifestent ainsi par des activités inlassablement répétées (chansons, nettoyage) ou du collectionnisme (Evans), parfois accompagnées d'une addiction aux substances dopaminergiques, ou encore des comportements de jeu pathologique. Ils sont liés à l'hyperdopaminergie par stimulation excessive des récepteurs dopaminergiques du striatum ventral (noyau accumbens) entraînant un déficit du système de récompense. Il est intéressant de rapprocher ces constatations des manifestations compulsivo-obsessionnelles de la maladie des tics de Gilles de la Tourette dont il est admis qu'elle pourrait être due à un dysfonctionnement des noyaux gris centraux. D'ailleurs, dans la névrose obsessionnelle elle-même, pourrait intervenir un dysfonctionnement fronto-cingulaire et du striatum, tandis que l'amélioration des signes compulsionnels par les antidépresseurs sérotoninergiques pourrait survenir en réduisant une hyperactivité métabolique fronto-striée. On sait aussi maintenant les effets favorables que peut induire la stimulation cérébrale profonde chez des parkinsoniens qui avaient conjointement une histoire de troubles obsessionnels compulsifs (Mallet). La question se pose donc aujourd'hui de savoir si la stimulation cérébrale profonde pourrait représenter le traitement de recours des troubles obsessionnels compulsifs invalidants ayant résisté aux médicaments inhibiteurs de la recapture de la sérotonine et aux thérapies cognitivo-comportementales.

Dans la maladie de Huntington (dont le siège lésionnel est le noyau caudé), peuvent être observées des manifestations correspondant à l'implication des trois circuits cognitivo-émotionnels fronto-sous-corticaux. Ainsi, nombre d'arguments convergent pour relier les troubles comportementaux des lésions des noyaux gris centraux à une dysfonction des circuits fronto-sous-corticaux, ce que suggèrent d'ailleurs les études isotopiques quand elles objectivent un hypométabolisme préfrontal renvoyant au concept de diaschisis (retentissement, dépression à distance du foyer lésionnel) créé par von Monakov.

Les boucles fronto-sous-corticales peuvent aussi être lésées dans la *substance blanche* des hémisphères cérébraux, expliquant l'existence de syndromes de type frontal voire de démences sous-corticales dans les atteintes inflammatoires (comme les formes évoluées de la sclérose en plaques), génétiques (leucodystrophies), infectieuses (comme l'encéphalopathie du VIH), vasculaires de la myéline (voir chapitres 13, 16 et 20).

En tout cas pour Habib et Bakchine, « l'apathie, l'aboulie, la perte d'autoactivation et l'athymormie réalisent donc très probablement un seul et même syndrome mental ». Il reste néanmoins à repérer l'apathie conçue comme l'association d'une démotivation avec perte de l'initiative et émoussement affectif en sachant qu'elle peut faire l'objet d'une évaluation comportementale soit par l'inventaire neuropsychiatrique de Cummings soit par l'échelle de Marin. L'apathie est fréquente dans la maladie d'Alzheimer et peut être confondue avec une dépression ; et elle est d'autant plus fréquente que le déficit cognitif est plus sévère : elle pourrait être liée initialement à l'atteinte des afférences cholinergiques sous-cortico-frontales issues du noyau basal de Meynert, et plus tardivement du cortex préfrontal lui-même et de ses afférences venant des régions temporales antérieures et internes. La fréquence de l'apathie serait plus importante en cas d'association de la démence à des signes extrapyramidaux, ce qui suggère l'implication des circuits dopaminergiques ascendants à destinée frontale. L'apathie retentit sévèrement sur les activités de la vie quotidienne et est, comme l'agitation, un facteur d'épuisement de l'aidant. Les traitements cholinergiques peuvent améliorer l'apathie. Des antidépresseurs, des substances dopaminergiques ont été proposés, voire des psychostimulants amphétaminiques. Les patients doivent faire l'objet de stimulations familiales et sociales. Les principales causes d'apathie sont résumées dans l' encadré 19.1.

Le cervelet

Les modifications neuropsychologiques provoquées par les lésions (dégénératives ou vasculaires) mais aussi tumorales du *cervelet* pourraient au moins en partie relever du diaschisis lié à la rupture des circuits unissant le cervelet au cortex

---

Encadré 19.1

Les principales causes d'apathie (voir aussi chapitre 17)

- Syndromes frontaux (dorso-latéral, cingulaire).
- Lésions fronto-sous-corticales avec ou sans syndrome démentiel (substance blanche, noyaux gris centraux, thalamus, noyau dorso-médian).
- Démences corticales (en particulier maladie d'Alzheimer).
- Syndrome de Klüver-Bucy.
- Douloureux chroniques.
- Isolements sensoriels et sociaux.
- Schizophrénie à forme hébéphrénocatatonique.

préfrontal, pariétal postérieur, temporal supérieur et limbique. Les perturbations observées peuvent en effet concerner les tests explorant l'organisation visuo-spatiale et les capacités de planification et de programmation, la fluence verbale, la *résistance aux interférences (effet Stroop)* et la mémoire de travail. Des déficits du langage à type d'agrammatisme et de dysprosodie ont aussi été décrits. Le cervelet pourrait aussi intervenir directement dans la vitesse de traitement des informations, ce qui expliquerait l'allongement des temps de réaction simples visuels et auditifs. Des troubles de la personnalité peuvent s'observer avec émous-sement des affects ou désinhibition. Ce syndrome affectivo-cognitif cérébelleux (Schmahmann) est le plus évident en cas de lésions du lobe postérieur et du vermis. Les lésions du lobe antérieur n'entraînent que de très discrets troubles des fonctions exécutives et visuospatiales. Quant aux anomalies cérébelleuses macroscopiques ou histologiques constatées dans la schizophrénie ou l'autisme infantile, elles pourraient, entre autres arguments, conforter l'hypothèse de l'in-tervention du cervelet dans la vie affective et la régulation émotionnelle, encore qu'il faille se garder d'interprétations trop hâtives.

Bibliographie

Alexander G, Delong M, Strick P. Parallel organization of functionally segregated circuits linking basal ganglia and cortex. Annual Review of Neuroscience 1986;9:357–81.

Berthier ML, Posadas A, Puentes C. Subcortical environmental reduplication : SPECT findings in a patient with a right thalamocapsular haemorrhage. J Neurol Neurosurg Psychiatry 1993;56:423–9.

Bhatia KP, Marsden D. The behavioural and motor consequences of focal lesions of the basal ganglia in man. Brain 1994;117:859–76.

Bogousslavsky J, Ferrazzini M, Regli F. Manic delirium and frontal-like syndrome with parame-dian infarction of the right thalamus. J Neurol Neurosurg Psychiatry 1988;51:116–9.

Botez MI. The neuropsychology of the cerebellum : an emerging concept. Arch Neurol 1992;49:1229–30.

Caplan LR, Schmahmann JD, Kase CS, Feldmann E. Caudate infarcts. Arch Neurol 1990;47: 133–43.

Croisile B, Tourniaire D, Confavreux C et al. Bilateral damage to the head of the caudate nuclei. Ann Neurol 1989;25:313–4.

Cummings JL. Frontal-subcortical circuits and human behavior. Arch Neurol 1993;50:873–80.

Evans AH, Lees AJ. Dopamine dysregulation syndrome in Parkinson's disease. Neurol Sci 2004;25:98–101.

Ghika-Schmid F, Bogousslavsky J. The acute behavioral syndrome of anterior thalamic infarc-tion : a prospective study of 12 cases. Ann Neurol 2000;48:220–7.

Habib M, Poncet M. Perte de l'élan vital, de l'intérêt et de l'affectivité (syndrome athymor-mique) au cours de lésions lacunaires des corps striés. Rev Neurol 1988;10:561–77.

Katz DI, Alexander MP, Mandell AM. Dementia following strokes in the mesencephalon and diencephalon. Arch Neurol 1987;44:1127–33.

Kothare SV, Ebb DE, Rosenberger PB et al. Acute confusion and mutism as a presentation of tha-lamic strokes secondary to deep cerebram venous thrombosis. Journal of Child Neurology 1998;13, 6:300–3.

Laplane D, Levasseur M, Pillon B, Dubois B. Obsessive-compulsive and other behavioural changes with bilateral basal ganglia lesions. Brain 1989;112:679–725.

Mallet L, Mesnage V, Houeto JL. Compulsions. Parkinson's disease and stimulation. Lancet 2002;26:1302–4.

Marin R, Biedrzycki R, Firinciogullarti S. Reliability and validity of the apathy evaluation scale. Psychiatry Research 1991;38(2):143–62.

Mendez MF, Adams NL, Lewandowski KSL. Neurobehavioural changes associated with caudate lesions. Neurology 1989;39:349–54.

Nadeau SE, Roeltgen DP, Sevush S et al. Apraxia due to a pathologically documented thalamic infarction. Neurology 1994;44:2133–7.

Neau JP, Rosier MP, Bailbe M et al. Hallucinosis and thalamic infarcts. Cerebrovasc Dis 1997;7:53–4.

Pluchon C, Jaafari N, Loiseau-Corvez MN, Parizel A, Vandermarcq P, Hankard R, Gil R. A child with mutism after bilateral thalamic infarction. Journal of Clinical Neuroscience 2011;18:1738–40.

Sandson TA, Daffner KR, Carvalho PA, Mesulam MM. Frontal lobe dysfunction following infarction of the left-sided thalamus. Arch Neurol 1991;48:1300–3.

Schmahmann JD. An emerging concept. The cerebellar contribution to higher function. Arch Neurol 1991;48:1178–87.

Schmahmann JD, Sherman JC. The cerebellear cognitive affective syndrome. Brain 1998;121:561–79.

Trillet M, Croisile B, Tourniaire B, Schott B. Perturbations de l'activité motrice volontaire et lésions des noyaux caudés. Rev Neurol 1990;146:338–44.

Weinberger DR. A connectionist approach to the prefrontal cortex. J Neuropsychiatry Clinical Neurosciences 1993;5:241–53.

Neuropsychologie des affections démyélinisantes

La sclérose en plaques

L'imagerie par résonance magnétique nucléaire nous ayant appris que l'existence de lésions démyélinisantes de la substance blanche des hémisphères cérébraux est devenue l'un des critères diagnostiques de la sclérose en plaques, il n'y a donc plus lieu de s'étonner de la fréquence avec laquelle cette affection s'accompagne de dysfonctionnements cognitifs. Ces derniers viennent s'additionner aux désordres de la sphère affectivo-émotionnelle qui sont pour partie de cause lésionnelle et pour partie réactionnels aux bouleversements existentiels provoqués par la maladie (voir chapitre 17, p. 376).

Manifestations psychiatriques

Dépression, manie, euphorie, comportements névrotiques peuvent donc accompagner l'évolution de la maladie. Il faut ajouter des syndromes psychotiques décrits comme des syndromes confusionnels et hallucinatoires, des bouffées délirantes souvent considérées comme des schizophrénies paranoïdes, plus exceptionnellement un état de type hébéphréno-catatonique. Un délire de négation de Cotard a aussi pu être observé (voir chapitre 22, p. 456). Ces manifestations peuvent précéder les manifestations neurologiques. Elles peuvent se répéter pour se chroniciser secondairement ou évoluer d'emblée sur un mode chronique. Les lésions de ces formes psychotiques de la maladie prédomineraient dans la substance blanche de la région temporale (jouxtant les cornes temporales) ou temporo-pariétale, encore que d'autres prévalences lésionnelles aient été signalées (lobe frontal, par exemple).

Dysfonctionnements cognitifs

Quant aux troubles cognitifs, ils atteindraient selon les études de 40 à 65 % des malades et ils peuvent être observés précocement (Lyon-Caen, in Taillia). La diffusion habituelle des lésions, leur localisation à la substance blanche expliquent que ces dysfonctionnements renvoient à une disconnexion « fronto-sous-corticale » et donc, pour les formes les plus sévères, peuvent mériter le qualificatif de démence sous-corticale. Encore doit-on remarquer que l'appréciation de la fréquence des déficits cognitifs souffre de la diversité des batteries de tests utilisés et des critères choisis pour définir la frontière séparant les performances normales et pathologiques. On sait qu'outre les qualités métrologiques des tests utilisés, les critères définissant un déficit cognitif font intervenir l'âge, le niveau culturel et des facteurs confondants comme le retentissement des déficits moteurs ou sensoriels, la dépression, la fatigue, les traitements, qu'il s'agisse de psychotropes, de myorelaxants, de corticoïdes. Pourtant, le dépistage d'un déficit cognitif n'est pas de nature spéculative car ces déficits, retentissant sur la qualité de vie, doivent faire partie, comme les manifestations neurologiques, d'une évaluation de leur éventuelle réponse aux thérapeutiques. Enfin, le soutien apporté aux malades ne peut se concevoir sans une connaissance des modalités de leur fonctionnement cognitif.

Modalités d'exploration

Le *Mini Mental State* est un outil peu sensible et apprend peu sur les facettes du déficit cognitif.

Les *troubles de la mémoire déclarative* épargneraient la mémoire immédiate explorée par l'empan verbal (direct) ou par l'empan visuel (test des blocs de Corsi) mais intéresseraient plutôt la mémoire de travail (explorée par exemple par l'empan inverse). Les études de la mémoire épisodique à l'aide de matériel verbal donnent des résultats disparates ; certes l'existence d'un déficit du rappel libre est généralement admise tout comme celle du déficit du rappel indicé. Mais la reconnaissance est considérée soit comme normale soit comme pathologique (*California Verbal Learning Test*, *Selective Reminding Test*, test de Gröber-Buschke, mots de Rey). Certains n'écartent pas la part jouée par un déficit du stockage, ce qui ne simplifierait pas le concept de démence sous-corticale, tandis qu'un déficit de l'encodage est plus généralement accepté. L'apprentissage visuel (figure de Rey) et visuospatial (*Spatial Recall Test)* peut être lui aussi déficitaire mais il faut prendre garde que le sujet n'ait pas un déficit visuel qui altère ses capacités à réaliser le test. Le subtest « mémoire logique » de la WAIS, qui est un apprentissage d'histoires, montre un déficit des performances en rappel immédiat et en rappel différé. La mémoire implicite (mémoire procédurale, amorçages visuel et perceptif) serait préservée. La préservation de la mémoire procédurale serait ainsi un des éléments distinctifs entre le retentissement cognitif de la pathologie de la substance blanche et de la pathologie de la substance grise. Aussi certains auteurs réservent le nom de démence sous-corticale aux conséquences neuropsychologiques des lésions de la substance grise qu'ils opposent aux démences de la substance blanche (Filley). Il a même pu être montré, en utilisant une procédure dissociant les traitements cognitifs dans une tâche d'amorçage verbal, que l'utilisation inconsciente de la mémoire était préservée (Seinela). Ont aussi été décrites des perturbations de la mémoire autobiographique et de la mémoire sociale (test des présidents) montrant donc l'atteinte de la mémoire rétrograde.

Les *troubles de l'attention* et notamment de l'attention soutenue peuvent interférer avec les performances de mémoire : en tout cas le déficit attentionnel est bien mis en évidence par le PASAT (*Paced Auditory Serial Attention Test*, additions successives d'un chiffre avec le chiffre que le sujet avait entendu avant de donner le résultat de l'addition précédente comme *3...* **5***... réponse : 8...* **6***... réponse : 11...* **3***... réponse : 9*, etc.). Le test de Stroop est lui aussi déficitaire, mais il faut souligner que ces tests sont très sensibles au stress. Le *Trail Making* montre le ralentissement idéomoteur, mais est vite contaminé par une atteinte motrice, tandis que le déficit au *Trail making B* montre l'atteinte de la flexibilité mentale tout comme le Wisconsin.

Les *fluidités verbales* littérale et catégorielle sont déficitaires mais en règle la rareté des aphasies explique que les études de série ne mettent en évidence habituellement ni troubles de la dénomination ni troubles de la compréhension.

Les *performances visuospatiales* explorées par le test de jugement de lignes de Benton peuvent être déficitaires de même que les tests de discrimination visuelle et de reconnaissance de visages.

Les *échelles composites d'intelligence* comme la WAIS donnent des résultats variables. Certes les subtests de performance définissant le QIP doivent être interprétés avec circonspection car ils dépendent des capacités motrices. Les subtests du QIV (échelle verbale) peuvent être pathologiques quand on se réfère non à l'étalonnage fourni avec le test mais quand on procède par comparaison avec une population témoin.

La comparaison de la fréquence d'atteinte des différents tests a conduit à proposer des batteries comme celle de Rao (test de mémoire verbale – *Buschke Verbal Selective reminding Test* – et test d'attention soutenue – PASAT – ou test de fluence verbale – COWAT, *Controlled Oral Word Association Test*).

Déficits cognitifs et histoire naturelle de la maladie

Même si l'existence d'un handicap fonctionnel important et précoce est un facteur de risque de détérioration cognitive, il n'y a que peu ou pas de corrélation entre l'intensité du handicap et la gravité du déficit cognitif, ce qui implique que des formes peu invalidantes physiquement puissent avoir une détérioration cognitive importante. La durée d'évolution de la maladie ne paraît pas influencer le déficit cognitif. En revanche, une fois installé, le déficit cognitif tend à s'aggraver avec le temps et ce, d'autant que les sujets sont plus âgés, plus handicapés et évoluent vers une forme progressive (Amato *et al.*, 2001). L'euphorie, l'hyperexpressivité émotionnelle sont aussi liées aux déficits cognitifs. L'existence d'une relation entre le volume lésionnel et le dysfonctionnement cognitif est l'objet de suggestions disparates, les éléments les plus importants paraissant être l'importance des lésions de la substance blanche frontale ou temporale, des lésions juxtacorticales objectivées en séquences FLAIR et des lésions périventriculaires. L'atrophie sous-corticale (mesurée par le volume des ventricules latéraux et du troisième ventricule), l'atrophie corticale frontale, l'atrophie calleuse, liées aux lésions axonales, sont associées au déficit cognitif surtout dans les formes progressives. L'altération des potentiels évoqués cognitifs (P300, N200) est liée à l'intensité de la détérioration cognitive (Gil).

Comme cela a aussi été observé dans la maladie d'Alzheimer (voir chapitre 16, p. 305), une bonne réserve cognitive (attestée par un bon niveau d'éducation, un quotient intellectuel prémorbide plus élevé (notamment évalué par des tests de vocabulaire), et d'autres marqueurs comme la réussite professionnelle et les activités de loisirs, minimisent la dégradation des performances cognitives, et ce, indépendamment de l'atrophie cérébrale. Toutefois, le suivi longitudinal des malades montre que les deux facteurs qui peuvent annoncer la défaillance de la réserve cognitive sont la progression de l'atrophie et l'avancée en âge (Amato *et al.*, 2013).

Manifestations neuropsychologiques focales pseudo-corticales

On voit donc que le profil, composite, des déficits cognitifs observés dans la sclérose en plaques dépasse, compte tenu sans doute de la diffusion et de la variabilité topographique des lésions sous-corticales, le cadre strict d'une disconnexion sous-cortico-frontale et les troubles de la mémoire en sont un exemple. En outre, la confluence lésionnelle dans certaines régions sous-corticales entraîne des disconnexions qui provoquent des syndromes neuropsychologiques que l'on pourrait qualifier de « pseudo-corticaux ». Il en est ainsi des troubles suivants :

■ la négligence unilatérale est exceptionnelle mais elle peut s'observer dans d'autres lésions sous-corticales (voir chapitre 9) ;

■ les aphasies, même peu fréquentes, sont des aphasies « sous-corticales » de séméiologie très variable. Il peut s'agir de crises épileptiques voire d'un état de mal épileptique avec cliniquement paraphasies, troubles de la compréhension et électriquement des décharges périodiques latéralisées épileptiques (PLED). Il peut aussi s'agir d'aphasies de début aigu ou subaigu dont on peut considérer qu'elles correspondent à des poussées, régressives spontanément ou sous traitement. Ont pu ainsi être décrites une anarthrie pure (avec plaque de la substance blanche frontale gauche), des aphasies non fluentes de type Broca avec réduction du langage et désintégration phonétique (avec plaques de la substance blanche frontale et du centre semi-ovale gauche), des aphasies mixtes avec réduction du langage et paraphasies (avec plaques de la substance blanche temporale gauche), des aphasies de conduction avec plaque sous le gyrus *supramarginalis*, une aphasie amnésique, voire une aphasie globale ou même une alexie pure. Des associations symptomatiques peuvent être observées avec en particulier des troubles du calcul, des désordres apraxiques, voire certains éléments d'un syndrome de Gerstmann. Ailleurs, des troubles du langage parlé et écrit peuvent être durables comme si leur permanence témoignait d'une atteinte axonale, répondant, *mutatis mutandis*, aux formes rémittentes avec séquelles, aux formes progressives et aux formes secondairement progressives de la maladie (voir, par exemple, Primavera, 1996 ; Jonsdottir, 1998).

La sclérose en plaques montre en tout cas que la distinction entre les détériorations cognitives corticales (« aphaso-apraxo-agnosiques ») et les détériorations sous-corticales ne tient finalement que dans l'opposition schématique entre les démences d'Alzheimer et les démences liées aux affections dégénératives des noyaux gris centraux qui privilégient la disconnexion fronto-sous-corticale. Les pathologies non dégénératives des noyaux gris centraux peuvent donner des syndromes « pseudo-corticaux » et en particulier des aphasies mais aussi des apraxies et des agnosies tout comme les lésions de la substance blanche des hémisphères cérébraux.

Les autres affections démyélinisantes

Outre la sclérose en plaques, on peut considérer que toutes les maladies de la substance blanche peuvent provoquer des perturbations cognitives, émotionnelles ou du registre psychotique. Ces maladies ont des mécanismes étiologiques multiples : vasculaires (voir p. 293) ; infectieuses comme la leucoencéphalopathie multifocale progressive (LEMP) qu'elle évolue ou non au cours d'une infection par le virus de l'immunodéficience humaine (VIH) ou le complexe démentiel du sida (voir p. 290 et 291) ; métaboliques comme les leucodystrophies, affections génétiques responsables d'une dysmyélinogenèse. Ces dernières peuvent se révéler chez l'adulte par des désordres psychotiques qui peuvent précéder les manifestations neurologiques, essentiellement pyramidales et cérébelleuses. Il en est ainsi notamment de la leucodystrophie métachromatique (liée à un déficit en arylsulfatase que l'on peut démontrer dans les leucocytes ou les fibroblastes) et de l'adrénoleucodystrophie (associant aux manifestations neuropsychiatriques une insuffisance rénale et, biologiquement, une élévation de la concentration plasmatique des acides gras à très longue chaîne) ou même de l'ovarioleucodystrophie qui doit être systématiquement évoquée chez toute femme présentant des troubles neurologiques ou psychiatriques et chez laquelle existe une ménopause précoce.

Les leucoencéphalopathies post-radiothérapiques doivent être suspectées devant tout état d'apathie pseudo-dépressive survenant chez un sujet ayant eu une tumeur intracrânienne traitée par radiothérapie (voir p. 289).

Les carences en vitamine B_{12}, dont la cause la plus fréquente est la maladie de Biermer, peuvent entraîner des déficits cognitifs avec troubles de la mémoire voire syndrome démentiel de type sous-cortical ; la présentation clinique peut aussi être un trouble de l'humeur avec dépression, parfois hypomanie. Le substratum en serait une leucoencéphalopathie. Les carences en folates (d'absorption, d'apport, médicamenteuse) peuvent entraîner les mêmes types de troubles. Rappelons qu'il est d'usage de rechercher de telles carences en présence de tout syndrome démentiel.

Ainsi, les traits principaux des syndromes neuropsychologiques en rapport avec les affections démyélinisantes associent des troubles psychiatriques et des déficits visuospatiaux qui pourraient être liés à l'atteinte des connexions entre les lésions profondes et les régions corticales de l'hémisphère droit qui est plus riche en substance blanche que l'hémisphère gauche. Les troubles de l'attention, la dysmnésie d'évocation témoignent de la disconnexion frontale. La préservation de la mémoire procédurale oppose l'atteinte de la substance blanche à celle des noyaux gris centraux. Comme dans les démences sous-corticales par atteinte de la substance grise, il n'existe en règle pas des manifestations aphaso-apraxo-agnosiques, sauf si des lésions « stratégiques » (par exemple, une volumineuse plaque de démyélinisation) entraînent un syndrome de disconnexion intrahémisphérique.

Bibliographie

Amato MP, Ponziani G, Siracusa G, Sorbi S. Cognitive impairment in early-onset multiple sclerosis : a reappraisal after 10 years. Arch Neurol 2001;58:1602–6.

Amato MP, Razzolini L, Goretti B, Stromillo ML, Rossi F, Giorgio A, et al. Cognitive reserve and cortical atrophy in multiple sclerosis : a longitudinal study. Neurology 2013;80(19):1728–33.

Filley CM. The behavioral neurology of cerebral white matter. Neurology 1998;50:1535–40.

Gil R, Zai L, Neau JP, Jonveaux T, Agbo C, Rosolacci T, Burbaud P, Ingrand P. Event-related auditory evoked potentials and multiple sclerosis. Electroencephalogr Clinical Neurophysiol 1993;88:182–7.

Jonsdottir MK, Magnusson T, Kjartansson O. Pure alexia and word-meaning deafness in a patient with multiple sclerosis. Arch Neurol 1998;55(11):1473–4.

Primavera A, Gianelli MV, Bandini F. Aphasic status epilepticus in multiple sclerosis. Eur Neurol 1996;36(6):374–7.

Seinela A, Hamalainen P, Koivisto M, Ruutianen J. Consciouss and uninconscious uses of memory in multiple sclerosis. J Neurol Sci 2002;198:79–85.

Taillia H, Clervoy P, Renard JL, Bequet D. Troubles psychiques et neuropsychologiques dans la sclérose en plaques. Paris : Medias Flash;2000.

21 Neuropsychologie des illusions et des hallucinations

> « *Nihil est in intellectu quod non prius fuerit in sensu.* »
> Adage scolastique

> « *Toute conscience est conscience de quelque chose.* »
> Husserl

C'est grâce aux perceptions, qui désignent l'interprétation des sensations, que l'être humain, par son cerveau, élabore et gère la nécessaire connaissance du monde. Car il est vrai que la connaissance procède d'abord d'une nécessité vitale, celle de s'adapter au monde. Mais, de surcroît, l'homme peut choisir volontairement d'accroître sa connaissance de tel ou tel domaine de son environnement, conçue comme une activité occupationnelle dont les motivations peuvent être d'ordre culturel ou professionnel. L'activité perceptive peut aussi mobiliser cet aspect particulier de la vie émotionnelle qu'est l'émotion esthétique, dont les entrées sont aussi nombreuses que les organes des sens (regarder une œuvre picturale, entendre une pièce musicale ou respirer le parfum d'une rose).

La perception n'est pas le miroir d'une réalité sensorielle, mais elle est bien une interprétation de cette réalité, expliquant en particulier les illusions et les ambiguïtés perceptives. Ainsi, au niveau des toutes premières étapes du traitement de l'information, des illusions peuvent concerner le contour, la forme, la luminosité comme l'illustre par exemple la figure de Kanizsa (figure 21.1). Il s'agit là de codages sensoriels précoces et automatiques. Mais les connaissances perceptives élaborées peuvent faire l'objet de deux interprétations entre lesquelles le sujet oscille quand les figures sont ambiguës comme le livre de Mach (figure 21.2) ou l'image de Jastrow (figure 21.3). Cette ambiguïté met en œuvre une forme particulière de la flexibilité mentale et les sujets frontaux auraient de plus grandes difficultés, que les sujets normaux et les sujets atteints de lésions postérieures du cerveau, pour passer d'une interprétation à l'autre.

Les agnosies désignent l'incapacité à identifier par tel ou tel organe des sens et il existe même des agnosies polymodales. Les illusions et les hallucinations désignent des symptômes productifs réalisant, pour les premières des falsifications des perceptions, et pour les secondes, des perceptions sans objet. Elles peuvent être de durée brève, correspondant alors, soit à des manifestations épileptiques, soit à des aura migraineuses. Elles peuvent aussi être durables.

Neuropsychologie
© 2014 Elsevier Masson SAS. Tous droits réservés.

Figure 21.1
La figure de Kanizsa.
Sur le dessin du haut, le carré central paraît plus clair que le fond. Sur le dessin du bas,
le carré central apparaît plus sombre que le fond.

Les illusions

Les illusions visuelles ou métamorphopsies

Leurs aspects sont multiples. Les déformations perceptives peuvent intéresser
la taille des objets, avec, soit une macropsie, soit une micropsie, la couleur des
objets avec soit une dyschromatopsie soit une achromatopsie (voir chapitre 7,
p. 116). Il existe aussi des illusions de mouvement d'objets immobiles ou au
contraire une non-perception du mouvement (akinétopsie). Les modifications de
la configuration des objets par rapport au sujet peuvent réaliser soit une téléopsie,

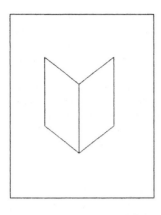

Figure 21.2
Le livre de Mach.
Ce dessin est perçu comme la représentation en trois dimensions d'un livre qui peut être perçu soit comme un livre ouvert, soit comme un livre vu de dos du côté de sa couverture.
Tiré de Bonnet C. *Rev Neurol* 1995 ; 151 (8-9) : 442-50

quand les objets sont vus de loin et de petite taille, soit une pélopsie quand les objets sont vus de près et de grande taille. La multiplication d'un objet unique peut réaliser soit une diplopie (dont le caractère monoculaire la distingue des diplopies par paralysies oculomotrices) soit une polyopie. Les métamorphopsies des visages ont déjà été examinées (voir p. 123). L'alloesthésie visuelle désigne la perception d'objets non dans l'hémichamp où ils se trouvent mais dans l'hémichamp opposé. La palinopsie désigne un phénomène de persévération visuelle : elle peut concerner soit le temps (les objets continuant d'être vus alors même qu'ils ont disparu du champ visuel), soit l'espace (les objets occupant une surface plus grande que leur surface réelle). D'autres illusions entraînent une inversion de la vision, une perte de la vision stéréoscopique.

Figure 21.3
La figure de Jastrow.
Ce dessin peut être alternativement interprété comme la représentation d'un canard ou d'un lapin.

L'attribution d'une cause neurologique à une métamorphopsie nécessite que soit éliminée une pathologie oculaire, qu'elle intéresse les milieux transparents de l'œil ou la rétine. Ainsi délimitées, les illusions visuelles correspondent en règle générale à une lésion occipitale ou pariéto-occipitale, le plus souvent hémisphérique droite. L'akinétopsie est liée à des lésions épargnant le cortex strié et qui intéressent l'analogue humaine de l'aire V5 du singe, au niveau de la partie postérieure du gyrus temporal moyen (voir chapitre 7, p. 118). Les métamorphopsies épileptiques peuvent s'accompagner de manifestations vertigineuses, traduisant une décharge au niveau du cortex vestibulaire pariétal. Les illusions unilatérales expriment une souffrance lésionnelle de l'hémisphère opposé.

Les autres illusions

Les illusions auditives ou paracousies s'observent dans l'épilepsie et se traduisent par des déformations variées des sons (plus ou moins intenses, plus ou moins lointains), voire par une paliacousie qui est, sur le plan auditif, l'équivalent de la palinopsie. Elles répondent à une décharge de la circonvolution temporale supérieure.

Les illusions gustatives (le plus souvent à type de renforcement de goût : hypergueusie) répondent habituellement à une décharge supra-insulaire, operculaire, rolandique ou pariétale. Les illusions olfactives (le plus souvent à type de renforcement de la perception des odeurs : hyperosmie) répondent habituellement à une décharge du cortex temporal antérieur.

Les illusions somatognosiques brèves réalisent des sensations d'absence, de déformation, de déplacement, d'addition d'un membre ou d'un segment de membre. La décharge épileptique intéresse la partie postérieure du lobe pariétal, surtout du côté droit. Des illusions somatognosiques peuvent faire partie d'une aura migraineuse. Des illusions de membres fantômes peuvent s'observer chez les amputés et peuvent s'accompagner de vives douleurs, tandis que des illusions de déplacement des membres inférieurs peuvent être perçues au cours de paraplégies.

L'*héautoscopie* ou autoscopie ou hallucination spéculaire est une hallucination dont le sujet lui-même est l'objet : en effet, le sujet croit se voir lui-même comme dans un miroir avec un double situé en dehors de lui. Dans d'autres cas, le sujet peut aussi avoir l'impression de sortir de son corps qu'il peut ainsi voir, habituellement d'en haut (comme du plafond ou d'un balcon). Des phénomènes héautoscopiques peuvent être de nature épileptique, qu'ils soient isolés ou associés à des crises partielles simples ou complexes ou à des crises généralisées. Les décharges épileptiques enregistrées à l'électroencéphalogramme intéressent le plus souvent les régions temporales droite ou gauche ; les lésions, quand elles existent, intéressent les régions temporale, pariétale ou occipitale. Des phénomènes héautoscopiques peuvent aussi être observés dans les migraines. Il reste que l'héautoscopie a aussi été observée dans des situations très diverses et notamment au cours d'états confuso-oniriques. L'héautoscopie peut faire partie des manifestations de syndromes psychotiques, au même titre que les autres hallucinations. Des héautoscopies peuvent aussi accompagner des états anxieux, ou survenir dans des contextes de fatigue extrême, ou même faire partie d'hallucinations hypnagogiques (voir *infra*). Le thème de l'héautoscopie a été amplement investi par la littérature, de Goethe à Dostoïevski, de Maupassant à Musset.

Les hallucinations

Les hallucinations visuelles

Les hallucinations épileptiques et migraineuses

Les crises épileptiques visuelles peuvent réaliser des hallucinations élémentaires (phosphènes, tâches, traits, étoiles, zigzags) intéressant soit un hémichamp soit la totalité du champ visuel et elles expriment une décharge occipitale. L'épilepsie peut aussi réaliser des hallucinations élaborées mettant en jeu des personnages, des lieux, des objets, parfois groupés en véritables scènes mouvantes. Elles peuvent s'accompagner d'un état de rêve défini soit par un sentiment d'étrangeté (de jamais vu, jamais entendu) soit par des sentiments erronés de remémoration (de déjà-vu, déjà entendu) et expriment une décharge des circonvolutions temporales supérieures. Des hallucinations visuelles élémentaires (zigzags, lignes brisées) accompagnées d'un déficit scotomateux hémianopsique ou bilatéral (le scotome scintillant) constituent les plus fréquentes des auras migraineuses.

Les autres hallucinations visuelles

La *pathologie oculaire* peut induire des hallucinations accompagnant les chutes importantes de l'acuité visuelle (syndrome de Charles Bonnet) ou encore des hallucinations monoculaires se projetant dans la portion de champ visuel rendu aveugle par le scotome central d'une lésion rétinienne ou du nerf optique.

L'*onirisme* qui accompagne la confusion mentale et ses troubles de la vigilance désigne des hallucinations proches du rêve par leur caractère multisensoriel, mobile et profus, enchaînées de manière chaotique et intensément vécues : les hallucinations à thème professionnel ou animalier (zoopsies) impliquent le sujet lui-même dans des scènes terrifiantes ou des actions dans lesquelles il doit se débattre. Le délire onirique est volontiers agité car il est vécu et « agi » comme celui du *delirium tremens* et il laissera une amnésie lacunaire. Mais parfois, gardant en mémoire quelques fragments de son expérience onirique, le sujet restera convaincu de leur réalité : il s'agit alors d'un syndrome d'idées fixes postoniriques de Régis qui pourra se comporter comme un délire chronique.

Les *hallucinations hypnagogiques* sont des expériences hallucinatoires visuelles, à l'imagerie riche, survenant à l'endormissement, en général vite perçues comme irréelles. Elles peuvent s'accompagner d'hallucinations auditives ou somesthésiques (comme le frôlement d'un animal). Elles peuvent être perçues sans émotion mais elles peuvent aussi effrayer le sujet. Elles durent quelques secondes à peine mais ont un caractère récidivant. Elles sont particulièrement fréquentes dans la narcolepsie (pouvant s'associer à des hallucinations du réveil dites hypnopompiques) ; elles s'observent en outre dans le syndrome d'apnées du sommeil, dans les hyperthermies de l'enfant. Les hallucinations hypnagogiques s'observent aussi chez le sujet normal ; elles sont favorisées par les états de grande fatigue.

Le terme d'hallucinose est employé pour désigner des expériences hallucinatoires dont le sujet perçoit l'irréalité. L'*hallucinose pédonculaire* de Lhermitte est faite de la perception colorée, mouvante et multiple d'animaux, d'objets, de personnages surgissant volontiers au crépuscule et dont le sujet devient un spectateur critique. L'hallucinose peut se transformer en hallucinations non critiquées dès qu'il existe un fléchissement significatif du niveau de vigilance : elles seront toutefois remémorées et critiquées au réveil.

Les hallucinations auditives

Les crises épileptiques peuvent se traduire par des hallucinations auditives élémentaires (sifflements, bruissements, vrombissements, bourdonnements) traduisant une décharge au niveau des gyri de Heschl (circonvolutions temporales transverses) ou par des hallucinations complexes (voix humaines disant des mots ou des phrases, chants ou airs de musique) traduisant une décharge au niveau des aires associatives auditives de la première circonvolution temporale. Les surdités peuvent entraîner des hallucinations élémentaires ou élaborées, ces dernières volontiers à thèmes persécutoires.

Quelques autres aspects étiologiques

Les déprivations sensorielles environnementales peuvent générer des expériences hallucinatoires.

Nombre de syndromes hallucinatoires accompagnent des maladies mentales comme la schizophrénie ou les psychoses hallucinatoires chroniques. L'*hallucinose des buveurs de Wernicke* désigne des hallucinations auditivoverbales souvent hostiles, menaçantes, non critiquées donc délirantes (malgré le terme d'hallucinose employé avant que Claude et Ey ne lui donnent le sens restrictif d'hallucinations critiquées) ; ces hallucinations surviennent en l'absence de troubles de la vigilance ou de la mémoire et elles régressent en général en quelques jours ou quelques semaines.

Les hallucinoses décrites dans des lésions variées de la calotte pédonculaire peuvent aussi être observées dans des lésions thalamiques ou striato-capsulaires, qu'il s'agisse d'hémorragies ou d'infarctus et même au cours de la sclérose en plaques, de même que lors des lésions occipitales (hallucinose des hémianopsies).

La narcolepsie (ou maladie de Gélineau) associe des attaques de cataplexie, volontiers déclenchées par l'émotion et entraînant un effondrement du sujet et des accès de narcolepsie, accès de sommeil invincible. Ces manifestations sont liées à des intrusions de sommeil paradoxal. Les hallucinations, hypnopompiques et surtout hypnagogiques (voir *supra*) sont visuelles, auditives, voire multisensorielles et bien critiquées. Alors que les hallucinations hypnagogiques du sujet normal surviennent à dans la phase transitionnelle veille–sommeil lent, celles des sujets narcoleptiques s'associent à l'irruption de sommeil paradoxal comme peut le montrer l'étude des latences multiples d'endormissement ou l'électroencéphalogramme de longue durée. Si le modafinil est inefficace, on peut proposer des antidépresseurs, tricycliques ou sérotoninergiques voire des IMAO (inhibiteurs de la mono-amine-oxydase), toutes substances tendant à restreindre le sommeil paradoxal.

Au cours de la *maladie de Parkinson*, peuvent être observées des manifestations hallucinatoires variées. Certaines s'intègrent dans des états confuso-oniriques déclenchés par la thérapeutique. On peut aussi observer des hallucinations, certaines critiquées d'autres non critiquées, durant quelques minutes ou quelques heures, récidivantes, survenant souvent en fin de journée ou dans la nuit, favorisées par la thérapeutique, associées ou non à des épisodes confusionnels, des rêves animés, des idées délirantes. Il s'agit le plus souvent d'hallucinations visuelles (Fénelon, Bailbé) qui surviennent chez un parkinsonien sur quatre ou cinq ; il peut aussi s'agir d'hallucinations de présence ou des hallucinations de « passage », qui sont de brèves salves hallucinatoires en périphérie du champ de vision. Les hallucinations auditives sont plus rares. Ces manifestations intéressent parfois des malades indemnes de détérioration cognitive, et souvent des malades présentant une détérioration débutante ou une démence. Leur déclenchement par la thérapeutique évoque une hyperstimulation des récepteurs dopaminergiques du système mésolimbique ou des récepteurs sérotoninergiques, le relargage de la sérotonine étant favorisé par l'administration de L-dopa. La diminution du traitement (en commençant par les agonistes dopaminergiques et l'amantadine) peut améliorer les troubles mais un compromis difficile est à faire entre la résurgence d'un handicap moteur majeur et l'amélioration des troubles mentaux. Les médicaments antipsychotiques usuels, bloquant les récepteurs dopaminergiques, aggravent le Parkinson et sont, par leur action pharmacologique, difficilement compatibles avec l'activité thérapeutique de la L-dopa et des agonistes dopaminergiques. La clozapine, neuroleptique atypique, outre une faible activité bloquante sur les récepteurs dopaminergiques D2 a une forte activité antagoniste 5-HT2 et se caractérise par la rareté et la discrétion des effets secondaires extrapyramidaux : aussi ce médicament peut-il avoir une action intéressante sur la psychose parkinsonienne bien que son utilisation soit limitée par des effets secondaires sédatifs (mais de petites doses, de l'ordre de 12,5 mg, peuvent être suffisantes) et surtout par sa toxicité hématologique. Les antagonistes des récepteurs sérotoninergiques 5-HT3, jusqu'ici utilisés dans la prévention des vomissements liés aux chimiothérapies anticancéreuses, pourraient aussi avoir une action favorable sur les psychoses parkinsoniennes. Les anticholinestérasiques pourraient aussi avoir un effet favorable. Certaines hallucinations visuelles pourraient être liées à des intrusions de sommeil paradoxal, ce qui les rapprocherait des hallucinations de la narcolepsie (Arnulf). Elles pourraient alors correspondre à des lésions du noyau subcœruleus, noyau cholinergique impliqué dans le contrôle du sommeil paradoxal. Il faut rappeler que des hallucinations survenant précocement dans l'évolution d'un syndrome parkinsonien doivent conduire à évoquer une démence à corps de Lewy diffus. Parmi les souffrances lésionnelles des noyaux gris centraux, la chorée de Huntington, les syndromes de Fahr (calcifications de noyaux parfois accompagnées d'une hypocalcémie) peuvent aussi entraîner des états psychotiques. Les psychoses observées dans les atteintes des noyaux gris centraux évoquent un dysfonctionnement du système limbique et en particulier du striatum ventral, de l'amygdale et de la partie interne du lobe temporal, toutes structures recevant des influences dopaminergiques en provenance du tegmentum mésencéphalique.

Rappelons que des lésions temporales droites et en particulier des infarctus (des branches de division inférieures) de l'artère sylvienne peuvent entraîner des confusions agitées, voire des rêves animés et des hallucinations. Ces dernières peuvent se limiter à la vision de personnes ou de visages connus, ce qui renvoie à l'importance de l'hémisphère droit dans la reconnaissance des visages.

Ainsi, s'il existe nombre d'hallucinations appartenant au champ de la psychiatrie et en particulier au cours des schizophrénies, il ne faut pas oublier la fréquence des hallucinations « organiques » du moins jusqu'à ce qu'une meilleure connaissance de la physiopathologie permette une analyse plus cohérente des hallucinations ou une nouvelle manière d'envisager leur classification.

Bibliographie

Arnulf I, Bonnet AM, Damier P, Bejjani BP, Seilhan D, Derenne JP, Agid Y, Hallucinations. REM sleep, and Parkinson's disease : a medical hypothesis. Neurology 2001;57:1350–1.

Bailbe M, Karolewicz S, Neau JP, Dumas P, Gil R. Hallucinations, idées délirantes, événements nocturnes chez 152 patients atteints de maladie de Parkinson. Rev Neurol 2002;158(2): 203–10.

Bonnet C. Processus cognitifs dans la perception. La connaissance perceptive. Rev Neurol 1995;151(8–9):442–50.

Boudin G, Barbizet J, Lauras A, Lortat Lacob O. Ramollissements temporaux droits : manifestations psychiques révélatrices. Rev Neurol 1963;108(5):470–5.

Caplan R, Kelly M, Kase CS et al. Infarctus of the inferior division of the right middle cerebral artery. Neurology 1986;36(8):1015–20.

Cohen L, Verstichel P, Pierrot-Deseilligny C. Hallucinatory vision of a familiar face following right temporal hemorrhage. Neurology 1992;42:2052.

Cummings JL. Psychosis in basal ganglia disorders. In: Wolters EC. Mental Dysfunction in Parkinson's disease. Dordrecht : icg Printing;1993.

Devinsky O, Feldmann E, Burrowes K, Bromfield E. Autoscopic phenomena with seizures. Arch Neurol 1989;46:1080–8.

Fénelon G, Mahieux F, Huon R, Ziegler M. Hallucinations in Parkinson's disease. Brain 2000;123:733–55.

Loiseau P, Jallon P. Dictionnaire analytique d'épileptologie clinique. Paris : John Libbey Eurotext;1990.

Nicolai A, Lazzarino LG. Peduncular hallucinosis as the first manifestation of multiple sclerosis. European Neurology 1995;35:241–2.

Ricci C, Blundo C. Perception of ambiguous figures after focal brain lesions. Neuropsychologia 1990;28(11):1163–73.

Zeki S. A Vision of the brainvol. 1. Oxford : Blackwell Scientific Publications;1993.

Zoldan J, Friedberg G, Godberg-Stren H, Melamed E. Ondansetron for hallucinosis in advanced Parkinson's disease. Lancet 1993;341:562–3.

22 | Les délires d'identité

Les délires d'identité ou d'identification sont définis par une altération de l'identification des personnes, des objets, des lieux, des événements, des parties du corps. Ils sont accompagnés de la conviction d'un dédoublement, d'une multiplication voire d'un remplacement de ce qui fait l'objet de l'altération identitaire. Ils ont la particularité de survenir en l'absence ou en présence de lésions cérébrales.

Description séméiologique

Les paramnésies de reduplication

Les paramnésies de reduplication peuvent concerner un lieu, une personne ou un événement. Décrites par Pick en 1903, les paramnésies de reduplication environnementales (ou spatiales) désignent l'allégation d'une dualité de deux sites du même nom. Ainsi peut-il exister deux hôpitaux du même nom, le faux où le patient se trouve, et le vrai situé ailleurs, où le patient dit avoir séjourné antérieurement. Ainsi encore peut-il exister deux avenues qu'il nomme du même nom, la fausse où il se trouve, et la vraie où il va incessamment se rendre. Ainsi y a-t-il allégation de la duplication d'un site en deux sites géographiques, celui où est situé le sujet, que ce dernier déclare ressemblant, mais différent du site authentique qu'il faut bien alors situer ailleurs. Tout se passe comme si certains détails choquaient le sujet et l'empêchaient d'aboutir à une identification plénière ; il s'agit donc d'une hypo-identification liée à un déficit du sentiment de familiarité accompagnée du délire que constitue l'allégation de duplication. La coexistence d'une amnésie antérograde est possible. Les paramnésies de reduplication peuvent aussi concerner des personnes, des objets, des animaux de compagnie, des parties du corps (avoir plus d'une tête, plus de deux bras…). Le sujet peut aussi alléguer qu'il est en deux endroits en même temps, ce qui peut être interprété soit comme la collusion en un même lieu de deux sites distincts (la maison et l'hôpital, Roane *et al.*, 1998) soit comme un délire d'ubiquité.

La reduplication de soi-même est la croyance selon laquelle il y a un autre soi-même ou que le vrai soi-même a été remplacé ou encore que d'autres personnes se métamorphosent pour prendre l'apparence de soi-même : c'est le délire des doubles subjectifs. La présentation clinique peut être différente quand certains sujets (en particulier au cours de la maladie d'Alzheimer) ne se reconnaissent pas dans un miroir mais en outre identifient leur propre image comme celle d'une autre personne. L'héautoscopie est une hallucination dont le sujet lui-même est l'objet (voir p. 445).

On peut aussi observer des reduplications d'événements : un sujet victime d'un accident (de la circulation, de ski, etc.) avec traumatisme crânien déclare qu'un ou plusieurs accidents similaires sont survenus au cours des années précédentes.

Le délire d'illusion de sosies

Appelé syndrome de Capgras (1924) et décrit dans un cas de psychose paranoïde chronique, il est une « non-identification de personnes familières avec affirmation de différences imaginaires et croyance subséquente que la (ou les) personne(s) réelle(s) a (ont) été remplacée(s) par un double ». Ainsi et typiquement, un proche (souvent le conjoint ou un enfant) induit une reconnaissance partielle (« *il ressemble à...* ») mais insuffisante pour accéder à son identité réelle. Il s'agit donc d'une forme particulière de reduplication au cours de laquelle le proche, non reconnu comme tel, est déclaré remplacé par quelqu'un qui lui ressemble, un sosie : « *ce n'est pas Georgette* », dit ce malade en montrant son épouse assise à côté de lui, « *car Georgette a un bouton sur le menton et elle porte une casquette* », ce qui est d'ailleurs inexact, et elle est « *plus voûtée et plus âgée* ». Ainsi peuvent s'additionner des détails morphologiques censés valider la substitution d'identité (la teinte des yeux, l'écartement des dents, le type de moustache, la forme générale du visage...). Ces sosies peuvent être multiples.

Le syndrome d'illusion de Fregoli

Ce syndrome a été décrit par Courbon et Fail (1927) et concernait une malade, âgée de 27 ans, passant son temps libre au théâtre où elle pouvait voir des actrices célèbres comme Robine ou Sarah Bernhardt qui, dans son délire, la poursuivaient en s'incarnant (comme le transformiste italien Fregoli) dans d'autres personnes qui l'entouraient ou qu'elle rencontrait, « *pour lui prendre sa pensée, l'empêcher de faire tel ou tel geste, la forcer à en exécuter d'autres, donner des ordres et des envies...* ». La personne cible du délire peut en outre imposer à d'autres personnes des transformations d'identité désignées sous le nom de « frégolification ». Ainsi dans le cas princeps, la malade a la conviction que l'actrice Robine « frégolifie » le médecin de l'hôpital psychiatrique, qui devient son père décédé ou un autre médecin qui la soigna dans son enfance. Contrairement au syndrome de Capgras, où un sosie est censé prendre l'apparence physique de la personne non reconnue, le délire « d'incarnation » du syndrome de Fregoli laisse à l'Autre son apparence physique : la femme croisée dans la rue et dont la patiente sent « *l'influx* » est Robine, les infirmières de l'hôpital qui l'empêchent de « *penser et d'agir* » ou « *la poussent à se masturber* » sont Robine ou Sarah Bernhardt, « *bien que n'ayant ni leurs traits ni leur aspect* ». En somme, le (ou les) persécuteur(s) emprunte(nt) le corps d'autres personnes pour poursuivre le délirant. Ainsi dans le syndrome de Capgras, l'Autre est vécu comme remplacé par un sosie, en raison de dissemblances minimes et imaginaires ; dans le syndrome de Fregoli, l'Autre remplace et investit d'autres personnes en dépit de dissemblances physiques réelles.

L'illusion d'intermétamorphose

Décrite par Courbon et Tusques, l'illusion d'intermétamorphose désigne l'illusion d'une fausse ressemblance physique entre des individus différents qui s'incarnent « corps et âme » dans le corps du même individu.

Les délires de méconnaissance du Soi spéculaire

Parfois désignés sous le nom de « signe du miroir », ces délires ont été décrits au chapitre 8, p. 123.

Étiologie

Des délires d'identité différents peuvent s'associer chez la même personne. Ainsi, parmi de multiples exemples, peut-on citer le cas de patient qui avait à la fois un syndrome de Fregoli, une reduplication environnementale et l'illusion que lui-même et sa compagne étaient incarnés dans le même corps (hermaphrodisme délirant, Mulholland, 1999). La particularité des délires d'identité est de survenir aussi bien dans des pathologies psychiatriques (donc à première vue non organiques ou non clairement lésionnelles, en l'état actuel de nos connaissances) que dans des pathologies neurologiques (donc clairement sous-tendues par une souffrance lésionnelle du cerveau). Ils sont en outre susceptibles de déclencher des conduites violentes. Il avait été traditionnellement considéré que les syndromes de Capgras, de Fregoli et d'intermétamorphose étaient plutôt de cause psychiatrique, tandis que les paramnésies reduplicatives relevaient plutôt de causes neurologiques et étaient volontiers associées à un syndrome confusionnel ou amnésique. On a pu aussi opposer les délires d'identité concernant des personnes, qui relèveraient de causes psychiatriques ou lésionnelles, aux délires d'identité concernant des lieux, qui relèveraient électivement d'une souffrance lésionnelle cérébrale tout particulièrement de l'hémisphère droit (Forstl *et al.*, 1991a). Mais la réalité est plus complexe. En effet, si le syndrome de Capgras est observé dans des schizophrénies à forme paranoïde (avec dépersonnalisation et déréalisation, Christodoulou, 1977) et dans des états dépressifs, il est aussi observé lors de lésions cérébrales focales (corticales ou cortico-sous-corticales ou, plus rarement, dans la maladie de Parkinson). Dans la maladie d'Alzheimer, la démence à corps de Lewy diffus, la démence sémantique, le syndrome de Capgras est volontiers associé à un autre délire d'identité comme une paramnésie de reduplication (Harciarek et Kertesz, 2008). Le syndrome de Capgras est aussi observé dans les traumatismes craniocérébraux ou encore lors de souffrances métaboliques comme dans l'encéphalopathie hépatique, l'hypothyroïdie ou après une myélographie au métrizamide. Les paramnésies de reduplication peuvent être observées dans la schizophrénie, ce qui n'élimine pas une pathologie organique associée ; elles peuvent survenir en l'absence de syndrome amnésique ; elles sont le plus souvent secondaires à un large éventail de pathologies organiques du névraxe : traumatismes craniocérébraux, infarctus cérébral, démences, complication de l'électroconvulsivothérapie.

Bases neuropathologiques

Les délires d'identité relèvent de lésions impliquant plus souvent l'hémisphère droit que l'hémisphère gauche. Le dénominateur commun lésionnel des paramnésies de reduplication est représenté pour certains auteurs (Benson *et al.*, 1976 ; Hakim *et al.*, 1988) par l'association d'une lésion hémisphérique droite et d'une lésion bifrontale. Cependant, des lésions du seul hémisphère droit, et de topographie limitée mais variable, peuvent parfois entraîner un délire d'identité de type « spatial », qu'il s'agisse de lésions frontale, pariétale, temporo-pariétale, de la partie postérieure de l'hémisphère, du thalamus (Kapur *et al.*, 1988 ; Vighetto et Aimard, 1992), du noyau caudé (Pluchon *et al.*, 2010). Toutes ces localisations lésionnelles pourraient avoir comme dénominateur commun une dépression lésionnelle ou fonctionnelle (par diaschisis) du lobe frontal droit. Un hématome sous-dural frontal droit (Alexander *et al.*, 1979), une cysticercose localisée au lobe temporal gauche ont pu entraîner un syndrome de Capgras (Ardila et Rosselli, 1994). Les formes psychiatriques du syndrome de Capgras s'accompagnent, à l'imagerie, d'une atrophie fronto-temporale (Joseph *et al.*, 1999), tandis que dans les paramnésies reduplicatives psychiatriques, est constatée une atrophie frontale bilatérale, du tronc cérébral et du vermis cérébelleux (Joseph *et al.*, 1999). Au cours de la maladie d'Alzheimer, les délires d'identité (syndrome de Capgras ou paramnésies de reduplication) s'accompagnent d'une atrophie plus marquée du lobe frontal droit (Forstl *et al.*, 1991b).

Hypothèses explicatives

De très nombreuses hypothèses ont tenté de proposer une interprétation des délires d'identité. Certaines d'entre elles prônent la diversité des mécanismes en fonction des formes cliniques des délires d'identité tandis que d'autres tentent de rechercher un dysfonctionnement commun à tous les délires d'identité.

Le syndrome de Capgras a ainsi été distingué de la prosopagnosie : il a pu être ainsi interprété dans le modèle de Bruce et Young comme une incapacité d'accès aux « nœuds d'identité des personnes », donc comme une « agnosie d'identification », alors que la reconnaissance des visages serait préservée (voir p. 120 et figure 7.7, p. 121). Ellis et Young (1990) ont proposé une hypothèse de double système de traitement visuolimbique hémisphérique droit : l'un, ventral, reliant le cortex visuel au cortex inféro-temporal, à l'hippocampe, à l'amygdale puis au cortex fronto-orbitaire ; l'autre, dorsal, reliant le cortex visuel au cortex pariétal inférieur, au gyrus cingulaire et au cortex frontal dorso-latéral (figure 22.1). La voie ventrale serait responsable de la reconnaissance consciente et son altération rendrait compte de la prosopagnosie. La voie dorsale véhiculerait l'émotion liée aux visages et serait altérée dans le syndrome de Capgras. Ainsi l'« hypo-identification » du syndrome de Capgras serait liée, non à un déficit de la reconnaissance des visages, mais à un déficit de la valence émotionnelle qui leur est associée.

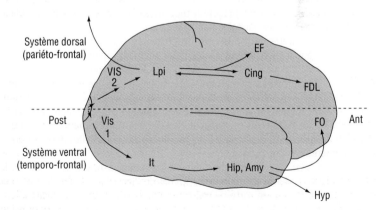

Figure 22.1
Représentation des deux systèmes visuolimbiques du cerveau du primate et (peut-être) de l'hémisphère cérébral droit de l'Homme.
Vis : visuel ; Lpi : lobule pariétal inférieur ; It : cortex visuel inféro-temporal ; Cing : gyrus cingulaire ; Hip : hippocampe ; Amy : amygdale ; FDL : cortex frontal dorso-latéral ; FO : cortex frontal orbitaire ; hyp : hypothalamus. Post : postérieur ; Ant : antérieur.
D'après Bear. *Rev Neurol* 1983 ; 139 (1) : 27-33, Modèle de Ellis et Young

Le décapage des connotations émotionnelles de l'identification explique que le « proche » qui véhicule normalement les connotations émotionnelles les plus intenses soit, en leur absence, pris pour un « sosie », pour un « imposteur ». On a par ailleurs vu (p. 118) comment la prosopagnosie pouvait *a contrario* altérer la reconnaissance « explicite » en préservant les réactions émotionnelles satellites de la mise en présence de visages familiers.

Les phénomènes de duplication de segments du corps (somatoparaphrénie), parfois désignés sous le terme de « membres fantômes », sont observés dans des circonstances très disparates. Outre le membre fantôme perçu par les amputés, un membre fantôme peut aussi être perçu par des sujets présentant des lésions sévères (traumatiques) du plexus brachial ou des racines cervicales. Les sujets présentant une lésion de la moelle épinière et atteints d'une paraplégie ou d'une tétraplégie (en particulier de cause traumatique) peuvent percevoir deux membres inférieurs ou quatre membres surnuméraires : les patients critiquent cette perception qui apparaît ainsi moins comme un délire que comme un phénomène de type hallucinosique. Au cours de perturbations unilatérales de la somatognosie accompagnant une lésion de l'hémisphère mineur, le patient peut considérer un membre, et en particulier sa main gauche, comme étrangère, donc comme surnuméraire et l'attribuer à quelqu'un d'autre (voir chapitre 10, p. 153-154) mais on peut aussi observer l'allégation délirante de la perception d'un ou plusieurs membres fantômes surnuméraires, non seulement du côté de l'hémicorps atteint, mais aussi de manière bilatérale : ainsi un patient présentant un infarctus sylvien droit se plaignait-il d'avoir un « nid de mains » dans son lit, tandis qu'un autre patient se plaignait d'avoir jusqu'à six bras répartis sur ses deux hémicorps. Cette conviction peut s'insérer dans des allégations délirantes plus vastes : un nouveau bras a été cousu, le patient déclare être mort et avoir été « mis dans une nouvelle peau » (Sellal *et al.*, 1996). Le patient peut avoir d'ailleurs du mal à admettre le caractère plausible de ce qu'il perçoit et tout un continuum existe entre un vécu de type illusionnel ou hallucinosique et un vécu de type hallucinatoire et délirant. Des somatoparaphrénies ont aussi été observées au cours de lésions pariétales bilatérales (la duplication intéressait les deux membres inférieurs : Vuilleumier *et al.*, 1997), au cours de lésions sous-corticales (sclérose en plaques avec troubles sensitifs de l'hémicorps, hématome des noyaux gris centraux : Donnet *et al.*, 1997). Ces phénomènes de duplication de segments du corps pourraient résulter et d'une désafférentation sensitive et d'un désordre spatial empêchant la représentation des positions du corps dans l'espace. Ainsi le patient ne peut-il mettre en accord ce qu'il perçoit de ses modifications corporelles avec la représentation mentale de son corps.

Les paramnésies de reduplication environnementales (ou délires spatiaux) conjugueraient un déficit du traitement spatial de l'information (par atteinte de l'hémisphère droit) et une sorte de méconnaissance de ce déficit (par lésion ou dépression fonctionnelle du lobe frontal).

Il faut toutefois remarquer que des paramnésies reduplicatives de plusieurs types (segments de corps, lieux, événements) peuvent s'associer chez un même malade. C'est pourquoi on a pu, de manière plus globale, évoquer une disconnexion. Ainsi une disconnexion entre l'hippocampe et d'autres régions cérébrales impliquées dans le stockage des souvenirs aboutirait à l'incapacité d'associer les informations nouvelles avec les souvenirs anciens, conduisant à la reduplication

(Staton *et al.*, 1982). De même, une disconnexion entre les régions temporo-limbiques droites et le lobe frontal affecterait la mise en cohérence des perceptions, de la mémoire et des contextes émotionnels donc du sentiment de familiarité des personnes et des sites (Alexander *et al.*, 1979). Aussi a-t-on pu considérer une rupture de l'équilibre interhémisphérique, la lésion droite « désinhibant » l'hémisphère gauche, en outre privé d'informations adéquates, ce qui conduirait à une verbalisation « délirante » (Vighetto, 1992).

Les délires d'identité pourraient se construire à partir d'un sentiment de dépersonnalisation/déréalisation qui relèverait selon les cas soit d'un état psychotique soit d'une lésion cérébrale (Christodoulou, 1977). Pour Feinberg et Roane (1997), les délires d'identité se classeraient en fonction de la mise en relation du sujet avec « l'objet », ce dernier pouvant désigner une personne, un événement, un lieu, un segment du corps. Cette mise en relation pourrait se faire soit sur le mode d'un « désinvestissement », d'un « retrait » (mode négatif), soit sur le mode d'un « surinvestissement » (mode positif) ou sur les deux modes réunis (figure 22.2).

Ainsi pourrait-on avoir, selon les cas, soit un sentiment de « jamais vu », d'étrangeté ou de négation de personnes, de lieux, d'événements soit un sentiment de déjà-vu, de familiarité anormale, ou encore une intrication de ces deux modes de mise en relation : un traumatisé crânien niait avoir été blessé sérieusement dans un accident (mode de retrait ou de « désinvestissement ») en même temps qu'il disait avoir deux sœurs portant le même prénom, l'une qui vivait encore et l'autre, imaginaire, qu'il disait être décédée lors d'un accident de voiture (mode du « surinvestissement »). Ainsi un sentiment de dépersonnalisation/déréalisation (actuellement

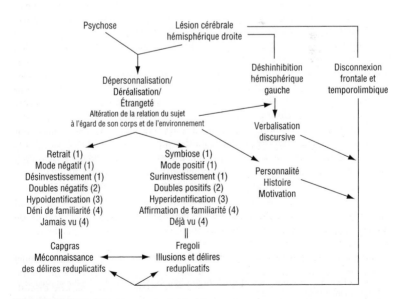

Figure 22.2
Mécanismes hypothétiques des délires d'identité.
1. Feinberg et Roane. 2. Vié. 3. Christodoulou. 4. de Pauw.

et sans doute temporairement classable selon un mécanisme psychopathologique ou neurologique) induirait, en fonction des motivations, de l'histoire, de la personnalité du sujet, une mise en relation de type positif ou négatif et interviendrait dans le contenu de la production délirante (Feinberg *et al.*, 1999). Ceci peut même conduire à des interprétations psychopathologiques des délires d'identité, tout particulièrement ceux qui concernent l'identité des personnes, conçus comme une atteinte de l'image du corps et opposant deux versants du sentiment d'étrangeté : celui de la reconnaissance qui est dans le champ de l'agnosie et celui de l'identification qui est dans le champ de la psychose (Thibierge, 1999).

Le délire de négation de Cotard

Le délire de négation ou syndrome de Cotard a lui aussi été d'abord décrit dans des affections psychiatriques, le plus souvent au cours de dépressions mélancoliques, parfois au cours de schizophrénies. Il consiste en des idées de négation qui peuvent concerner des organes ou des parties du corps dont le malade nie l'existence (les intestins, les yeux, le cœur). Quand ces idées intéressent les membres, elles ne doivent pas être confondues avec les asomatognosies qui sont unilatérales. Le malade peut également nier l'existence de son corps ; il peut dire qu'il est mort comme il peut croire aussi qu'il ne mourra pas. La négation d'existence peut encore se projeter sur le monde environnant, qu'il s'agisse de personnes ou de lieux. Dans le cadre des affections organiques du cerveau, le syndrome de Cotard a été décrit lors de lésions vasculaires, tumorales, traumatiques, impliquant les régions temporo-pariétale et frontale de l'hémisphère droit. Il a aussi pu être observé lors de migraines et dans la sclérose en plaques. La physiopathologie du délire de négation reste incertaine. Ce dernier a pu s'associer à des difficultés pour reconnaître des visages familiers, mais aussi des lieux ou des bâtiments avec un sentiment envahissant d'irréalité, ce qui a conduit à le considérer comme proche des délires d'identité (Young *et al.*, 1992 ; Nishio et Mori, 2012) et relevant d'anomalies du sentiment de familiarité (voir *supra*) par disconnexion perceptivo-émotionnelle qui découplerait les informations somesthésiques des structures limbiques. D'ailleurs, il a pu être observé en pathologie psychiatrique l'association d'un syndrome de Cotard et d'un syndrome de Capgras, d'une paramnésie de reduplication, d'un délire des doubles subjectifs (Ramirez-Bermudez *et al.*, 2010). Un syndrome de Cotard a aussi pu être observé lors d'une démence sémantique, sans état dépressif. L'existence d'un déficit sémantique sévère concernant les organes qui ne pouvaient être ni nommés ni localisés ni identifiés à partir de leur nom ou de leur image évoque une dissociation des sensations somatiques et de leur signification, conduisant à la conviction de dépérir intérieurement et de mourir (Mendez et Ramirez-Bermudez, 2011).

Bibliographie

Alexander MP, Stuss DT, Benson DF. Capgras syndrome : a reduplicative phenomenon. Neurology 1979;29:334–9.

Ardila A, Rosselli M. Temporal lobe involvment in Capgras syndrome. International Journal of Neuroscience 1988;43:219–24.

Benson DF, Gardner H, Meadows JC. Reduplicating paramnesia. Neurology 1976;26:147–51.

Capgras J, Reboul-Lachaux J. L'illusion des « sosies » dans un délire systématisé. Bull Soc Clin Med Ment 1923;11:6–16.

Christodoulou GN. The syndrome of Capgras. Br J Psychiatry 1977;130:556–64.

Courbon P, Fail G. Syndrome « d'illusion de Fregoli » et schizophrénie. Ann Med Psychol 1927;85:289–90.

De Pauw KW. Delusional misidentification : a plea for an agreed terminology and classification. Psychopathology 1994;27:123–9.

Donnet A, Schmitt A, Poncet M, et al. Hallucinations de membres surnuméraires, héminégligence gauche et hypersexualité dans un cas d'hématome capsulo-lenticulaire. Rev Neurol 1997;153:587–90.

Ellis HD, Young AW. Accounting for delusional misidentifications. Br J Psychiatry 1990;147:239–48.

Feinberg TE, Eaton LA, Roane DM, Giacino JT. Multiple Fregoli delusions after traumatic brain injury. Cortex 1999;35:373–87.

Feinberg TE, Roane DM. Misidentification syndromes. In: Feinberg TE, Farah MJ, eds. Behavioral neurology and neuropsychology. New York: McGraw-Hill; 1997. p. 391–6.

Forstl H, Almeida OP, Owen AM, et al. Psychiatric, neurological and medical aspects of misidentification syndromes : a review of 260 cases. Psychol Med 1991;21:905–10.

Forstl H, Burns A, Jacoby R, Levy R. Neuroanatomical correlates of clinical misidentification and misperception in senile dementia of the Alzheimer type. J Clin Psychiatry 1991;52:268–71.

Hakim H, Verma NP, Greiffenstein MF. Pathogenesis of reduplicative paramnesia. J Neurol Neurosurg Psychiatry 1988;51:839–41.

Harciarek M, Kertesz A. The prevalence of misidentification syndromes in neurodegenerative diseases. Alzheimer Dis Assoc Disord 2008;22(2):163–9.

Joseph AB, O'Leary DH, Kurkland R, Ellis HD. Bilateral anterior cortical atrophy and subcortical atrophy in reduplicative paramnesia : a case-control study of computed tomography in 10 patients. Can J Psychiatry 1999;44:685–9.

Kapur N, Turner A, King C. Reduplicative paramnesia : possible anatomical and neuropsychological mechanisms. J Neurol Neurosurg Psychiatry 1988;51579–81.

Luaute JP. Les délires d'identification des personnes. Une approche neuropsychologique. Neuro-Psy 1992;7:364–80.

Mendez MF, Ramírez-Bermúdez J. Cotard syndrome in semantic dementia. Psychosomatics 2011;52(6):571–4.

Mulholland C, O'Hara AG. An unusual case of delusional misidentification : delusional hermaphroditism. Psychopathology 1999;32:220–4.

Nishio Y, Mori E. Delusions of death in a patient with right hemisphere infarction. Cogn Behav Neurol 2012;25(4):216–23.

Pluchon C, Salmon F, Houeto JL, Listrat A, Vandermarcq P, Gil R. Reduplication of an event after right caudate nucleus haemorrhage. Can J Neurol Sci 2010;37(4):468–72.

Ramirez-Bermudez J, Aguilar-Venegas LC, Crail-Melendez D, Espinola-Nadurille M, Nente F, Mendez MF. Cotard syndrome in neurological and psychiatric patients. J Neuropsychiatry Clin Neurosci 2010;22(4):409–16.

Roane DM, Rogers JD, Robinson JH, et al. Delusional misidentification in association with parkinsonism. J Neuropsychiatry Clin Neurosci 1998;10:194–8.

Sellal F, Renaseau-Leclerc C, Labrecque R. L'homme à six bras. Un examen de membres fantômes surnuméraires après ramollissement sylvien droit. Rev Neurol 1996;152(3):190–5.

Staton RD, Brumback RA, Wilson H. Reduplication paramnesia : a disconnection syndrome of memory. Cortex 1982;18:23–36.

Thibierge S. Pathologies de l'image du corps. Paris: PUF; 1999.

Vié J. Étude psychopathologique des méconnaissances systématiques. Ann Med Psychol (Paris) 1944;102:410–55.

Vighetto A, Aimard G. Le délire spatial. Neuro-Psy 1992;7:351–8.

Vuilleumier P, Reverdin A, Landis T. Four legs. Illusory reduplication of the lower limbs after bilateral parietal lobe damage. Arch Neurol 1997;54:1543–7.

Weinstein EA. The classification of delusional misidentification syndromes. Psychopathology 1994;27:130–5.

Young AW, Robertson IH, Hellawell DJ, de Pauw KW, Pentland B. Cotard delusion after brain injury. Psychol Med 1992;22(3):799–804.

Éléments de neuropsychologie développementale

Les troubles développementaux du langage oral et écrit

Le terme de troubles développementaux du langage (TDL) désigne des perturbations durables de la fonction langagière qui sont liées à des perturbations des acquisitions ne relevant ni de malformations des organes phonatoires, ni d'une encéphalopathie caractérisée, ni d'une lésion cérébrale focale, ni d'une déficience mentale, ni d'un trouble envahissant du développement, ni de problèmes sensoriels ou moteurs, ni d'un contexte social qui n'a pas permis l'apprentissage. On distingue les dysphasies et les dyslexies du développement dont l'évocation diagnostique doit faire l'objet d'un diagnostic différentiel rigoureux. La fréquence des TDL serait de 5 % des enfants abordant la scolarité.

Les dysphasies développementales

Les dysphasies développementales concernent donc le langage parlé. L'attention de la famille est attirée par l'absence d'installation du langage ou encore par la pauvreté ou le caractère laborieux de l'expression verbale. Ailleurs, il peut s'agir d'un échec de scolarisation ou mêmes de troubles du comportement déclenchés par la scolarisation. C'est donc dire l'importance d'un examen neurologique normal, de l'exclusion d'un autisme comme aussi de troubles de l'acquisition verbale secondaires à une surdité. Un nombre important d'arguments suggère que les troubles développementaux du langage (comme ceux d'autres fonctions cognitives) sont d'origine prénatale et qu'un rôle non négligeable doit être attribué à des facteurs génétiques. La classification des dysphasies a été inspirée par les hypothèses neurolinguistiques générées par l'observation des désorganisations aphasiques du langage. L'écart entre le Quotient intellectuel et le niveau de lecture, l'écart entre le déficit de l'échelle verbale de la WISC par rapport à l'échelle de performance (même si des enfants dysphasiques peuvent avoir des résultats faibles à des tests non verbaux) ont certes le mérite d'attirer l'attention sur un déficit langagier mais ne constituent aujourd'hui qu'une approche aspécifique et imprécise des troubles du langage de l'enfant.

Ainsi se réfère-t-on d'abord à une structuration du langage entre un pôle réceptif assurant le décodage et l'encodage aux niveaux phonologique et sémantique, et un pôle expressif assurant l'initiation élocutoire, sa programmation motrice et la formulation lexicale, ces deux pôles reposant sur les interactions entre trois groupes de structures : les aires antérieures, les aires temporo-pariétales et les centres sous-corticaux, thalamus et noyaux gris centraux (Crosson, 1985, voir

p. 50). Sur le plan neurolinguistique, plusieurs niveaux de traitement fonctionnant en série et de manière parallèle peuvent être individualisés (Rapin et Allen, 1983) :

- le niveau phonologique concerne le décodage et l'encodage des phonèmes (voir p. 24) et il a pu être montré que, dès l'âge de 6 mois, les enfants ont appris à répondre sélectivement aux phonèmes de la langue maternelle (Kuhl, *in* Tallal, 1993). L'assemblage des phonèmes définit les plus petites unités de sens ou monèmes ;
- le niveau syntaxique concerne la mise en œuvre des règles grammaticales nécessaires à l'enchaînement des monèmes. Ce niveau nécessite d'ailleurs l'utilisation de « monèmes » auxquels est dévolue une fonction grammaticale (voir p. 24), qu'ils soient associés à un monème à fonction lexicale (Pierre chanter-a) ou qu'ils soient autonomes (mots dits de classe fermée : articles, prépositions, etc.) ;
- le niveau sémantique traite du sens des mots (eux-mêmes constitués d'un ou plusieurs monèmes) contenus dans un lexique. Outre les régions rétrosylviennes de l'hémisphère gauche, l'imagerie dynamique a pu montrer que l'interprétation du langage entraîne aussi une activation préfrontale plus marquée à gauche (Ingvar, *in* Tallal, 1993), ce qui renvoie probablement au rôle joué par la mémoire de travail dans la tâche séquentielle que représente aussi la compréhension du langage ;
- le niveau pragmatique concerne l'utilisation du langage dans la communication interhumaine et en particulier la prosodie linguistique et émotionnelle (voir p. 23 et 35), l'adaptation du langage au contexte environnemental et l'activité mimique et gestuelle accompagnant la verbalisation.

Classification des dysphasies

La classification de Rapin et Allen s'inspire des modèles neurolinguistiques d'organisation du langage autour des pôles expressif et réceptif, tandis que la classification de Gérard (1997) prend pour appui le modèle de Crosson (voir p. 50).

Les syndromes uniquement expressifs

Les troubles de la compréhension y sont nuls ou modérés. Les enfants parlent tardivement et avec d'importantes difficultés expressives. Il peut s'associer des troubles de la motricité oro-faciale avec bavage et des difficultés de contrôle des mouvements complexes de la langue. Deux variétés peuvent être distinguées.

La *dyspraxie verbale*, avec une réduction massive de la fluence, comporte une expression nulle ou réduite à quelques mots mal articulés, sans structure grammaticale et répond à un trouble de l'organisation motrice de la parole entravant la réalisation phonétique.

Le *déficit de la programmation phonémique* est la variété fluente, les perturbations du choix et de l'agencement des phonèmes pouvant aboutir à un jargon avec une conscience du trouble qui se manifeste par des conduites d'approche et des tentatives d'autocorrection. Ce syndrome correspond au trouble de la production phonologique (conçu comme un trouble du contrôle phonologique dans la classification de Gérard).

Les syndromes mixtes réceptifs-expressifs

À la différence de l'adulte, le langage de l'enfant étant en cours d'acquisition, les troubles réceptifs s'accompagnent toujours de troubles expressifs et ils représentent les variétés les plus fréquentes de troubles de l'acquisition du langage.

L'*agnosie auditivoverbale* (dysphasies réceptives dans la classification de Gérard) est liée à l'incapacité d'effectuer le décodage phonologique, ce qui altère gravement la compréhension auditive et compromet l'expression du langage qui se fait de manière retardée avec langage non fluent, manque du mot, paraphasies phonémiques et verbales. Une agnosie auditive pour les bruits familiers non verbaux peut y être associée. La compréhension visuelle est préservée et la lecture labiale est aussi un moyen de facilitation de la communication.

Le *syndrome phonologico-syntaxique* (le plus fréquent) est considéré comme une variante peu sévère de la précédente alors que, pour Gérard, il résulte d'un trouble au niveau de la jonction formulation lexicale–programmation motrice. La compréhension est moins perturbée que l'expression verbale, le langage est peu fluent et agrammatique avec des distorsions phonémiques et un appauvrissement du stock lexical. Il existe toutefois une préservation de la conscience syntaxique comme le montrent le jugement de grammaticalité et une tendance à surmonter leur déficit d'intelligibilité par un recours aux gestes et aux mimiques.

Les syndromes lexico-sémantiques

Le *syndrome lexico-syntaxique* est centré sur un manque du mot. L'articulation verbale est normale, le langage fluent mais les difficultés de l'évocation verbale génèrent un pseudo-bégaiement et des paraphasies verbales qui intéressent aussi les mots grammaticaux, expliquant la dyssyntaxie. L'enfant est tout à fait conscient de ses difficultés. Ce syndrome, dénommé aussi dysphasie mnésique dans la classification de Gérard, renvoie, pour cet auteur, à un trouble du système de contrôle sémantique.

Le *syndrome sémantique–pragmatique* permet une expression verbale dont la fluidité, l'absence de troubles phonologiques et syntaxiques masquent le déficit linguistique : et pourtant en situation conversationnelle, le discours, émaillé de paraphasies verbales « étranges », voire de néologismes, est incohérent et inadapté aux circonstances sans que l'enfant ne paraisse réaliser l'inadéquation de son discours, ce qui peut le rendre perplexe quand les réactions de son interlocuteur ne lui paraissent pas conformes à ce qu'il attend. Ce syndrome, selon Rapin et Allen, est plus fréquemment observé chez les autistes de bon potentiel intellectuel (syndrome d'Asperger) que chez ceux atteints d'une dysphasie pure. Selon Gérard, la dysphasie sémantique–pragmatique serait liée à l'atteinte de la fonction de formulation.

Le diagnostic différentiel

Les *retards simples de parole et de langage* sont, très schématiquement, des retards d'acquisition du langage, alors que les dysphasies sont des désorganisations des processus d'apprentissage du langage. Il s'ensuit que l'amélioration d'une dysphasie relève plutôt de la constitution de stratégies vicariantes, tandis que les retards simples se comporteraient davantage comme un retard de maturation, ce qui explique leur bien meilleur pronostic (Rapin et Allen, 1983 et 1988). Les dyslalies sont ainsi liées à une immaturité de production phonologique des sons. Les retards simples de langage entraînent, en principe, une atteinte homogène des performances phonologiques, lexicales et syntaxiques, les tests de langage révélant un profil « harmonieux » dont le caractère essentiel est le décalage par rapport aux groupes témoins du même âge. Le retentissement scolaire est nul ou modéré et les enfants acquièrent un langage satisfaisant vers l'âge de 6 ans.

Les *troubles articulatoires par anomalies des organes phonatoires* devraient être dénommés *stricto sensu dysphonies* et peuvent être liés à une fente palatine, un bec de lièvre, des malformations des mâchoires. Ils doivent être distingués des dysarthries accompagnant des lésions pyramidales bilatérales (comme une diplégie cérébrale avec syndrome pseudo-bulbaire) ou encore des pathologies cérébelleuses ou extrapyramidales : leur caractère essentiel est donc leur environnement neurologique qui doit être soigneusement analysé. Il existe néanmoins des « troubles phonétiques purement fonctionnels » (Launay et Borel-Maisonny, 1972) avec des défauts de prononciation portant sur les voyelles (comme l'oralisation abolissant la nasalité et faisant dire *a* pour *an*, *o* pour *on*, *è* pour *in*, *oé* pour *un*) ou portant sur les consonnes comme le sigmatisme interdental (zozotement) ou des substitutions (cocola pour chocolat).

Tous les troubles de l'acquisition du langage, quelle que soit leur gravité, nécessitent la recherche d'une surdité (potentiels évoqués auditifs du tronc cérébral, audiogramme).

Les *retards mentaux* peuvent se présenter comme des retards d'acquisition du langage même s'il est vrai que les retards mentaux les plus importants sont précédés et accompagnés d'un retard des différentes acquisitions psychomotrices. Les tests psychométriques démontrent typiquement que le déficit n'atteint pas que la fonction langagière et qu'il n'existe pas d'écart important entre la baisse de l'intelligence verbale et la baisse de l'intelligence non verbale, ce qui s'oppose au profil des dysphasiques (voir *supra*).

L'*autisme* (ou trouble envahissant du développement, selon la terminologie du DSM IV, Rapin, 1997), décrit par Kanner en 1943, entraîne très habituellement des troubles du langage qui peuvent réaliser un syndrome sémantique–pragmatique, mais qui peuvent aussi réaliser un syndrome mixte auditif–réceptif ou un trouble de la production phonologique indissociable de ce qui est observé dans la dysphasie développementale. Toutefois le déficit linguistique est associé à un déficit des interactions sociales précoces : pauvreté des capacités de jouer (donc de l'imagination), difficultés d'imitation des gestes d'autrui, perturbations des comportements relationnels non verbaux, existence de comportements moteurs répétitifs et stéréotypés, difficultés ou incapacité d'attribuer aux autres des sentiments ou des pensées (théorie de l'esprit). Trois enfants sur quatre ont un retard mental et, sauf dans le syndrome d'Asperger, les tests non verbaux sont supérieurs aux tests verbaux. L'autisme s'accompagne assez souvent (16 à 35 % des cas) de crises épileptiques. Il peut compliquer des encéphalopathies épileptiques comme le syndrome de West (spasmes en flexion) ou le syndrome de Lennox-Gastaut. Une fois sur dix environ, il révèle un syndrome de Landau-Kleffner ou un syndrome de pointe-ondes continues du sommeil (voir p. 53). Au total, dans un cas sur trois environ, l'autisme accompagne un état pathologique qui peut aussi être un syndrome de l'X fragile, une trisomie 21, une sclérose tubéreuse, un syndrome de

Rett (encadré 23.1), sans que cette liste ne soit exhaustive. La majorité reste des autismes « primitifs » pour lesquels une susceptibilité génétique est évoquée et pourrait relever d'une anomalie développementale de l'organisation neuronale. L'imagerie peut objectiver une hypoplasie cérébelleuse vermienne et calleuse tandis que, sur le plan histologique, a pu être observé un faible nombre de cellules de Purkinje et de cellules granulaires cérébelleuses. L'imagerie dynamique n'a pas fourni, malgré le nombre important des études réalisées, de résultats cohérents. On a pu constater l'importance de l'EEG. Sur le plan biochimique, on a pu incriminer un dysfonctionnement des systèmes dopaminergique mésolimbique, opioïdes endogènes et sérotoninergique. De multiples traitements symptomatiques ont été proposés : leur but ne peut être que l'amélioration des manifestations cliniques les plus invalidantes (qui sont, selon les cas, l'agressivité, l'anxiété, les stéréotypies motrices, l'instabilité psychomotrice et les troubles de l'attention qui l'accompagnent, les crises épileptiques) mais il est clair qu'il n'existe pas de médicament actif sur l'autisme lui-même et l'essentiel reste les programmes éducatifs visant les troubles de la communication et du comportement. Les parents doivent être aidés, conseillés et déculpabilisés. C'est aujourd'hui à ce prix que le pronostic de l'autisme pourra être quelque peu amélioré.

Encadré 23.1

Le syndrome de Rett et le syndrome de l'X fragile

Le syndrome de Rett est une affection génétique dominante liée à l'X, létale chez les garçons, et se manifestant chez des filles dont la naissance et le développement psychomoteur initial ont été normaux. Les troubles débutent entre 5 et 48 mois et associent un ralentissement de la croissance de la tête, une perte des mouvements adaptés des mains qui sont en proie à des mouvements stéréotypés, une détérioration cognitive, une ataxie, parfois des crises épileptiques ou encore un bruxisme. L'imagerie peut montrer une discrète atrophie cérébrale. Le traitement est symptomatique.

Le syndrome de l'X fragile lié à la mutation du gène FMR 1 est la cause la plus fréquente de retard mental héréditaire dont l'incidence est de 1 sur 4000 chez les hommes, 1 sur 7000 chez les femmes. Les troubles neuropsychologiques s'accompagnent d'une dysmorphie, avec allongement du visage, un large front, des oreilles de grande taille et une macro-orchidie. On peut constater un retard mental, un syndrome autistique, un trouble de l'attention avec syndrome d'hyperactivité. Le traitement n'est que symptomatique.

Les bases de l'examen neuropsychologique du langage de l'enfant

Le langage doit être examiné dans son expression spontanée et dans son expression induite par des épreuves visant à analyser, aussi rigoureusement que possible, les différents niveaux de compréhension et d'expression du langage. Rappelons que l'enfant utilise des mots isolés de 18 à 24 mois et qu'il commence à faire des phrases entre 24 et 30 mois.

La compréhension sur le plan phonologique est étudiée par une épreuve de discrimination phonémique (comme celle d'Autesserre *et al.*, 1988). La compréhension verbale et syntaxique peut être examinée par le *Token Test* et la version française du *Northwestern Syntax Screening Test* (NSST) (Weil-Halpern *et al.*, 1981).

L'expression doit analyser les capacités phonologiques, morpho-syntaxiques et lexico-sémantiques. On peut ainsi utiliser les épreuves de l'examen du langage de l'enfant de Chevrie-Muller *et al.* (1981), le test de construction de phrases de Murphy *et al.* (1990), le test de closure grammaticale de Deltour (1991), le test de vocabulaire de Deltour et Hupkens (1979), le test de fluence et d'associations de Gérard (1990). La fonction de formulation est étudiée à travers l'entretien et par des instruments comme l'adaptation française du test du Reporter de Renzi *et al.* (1979). L'échelle de dysphasie de Gerard (1988) permet de quantifier les troubles linguistiques en se fondant sur l'interrogatoire et de suivre leur évolution.

Bien entendu, l'examen du langage doit être intégré dans un examen plus global analysant notamment les diverses facettes de l'efficience cognitive (en particulier les performances visuoconstructives), et le traitement des informations auditives (mémoire auditivoverbale, reconnaissance des sons non verbaux).

Les hypothèses étiologiques et les données des examens complémentaires

L'étiologie exacte des dysphasies reste à ce jour inconnue. L'existence de facteurs génétiques est étayée par la surreprésentation des garçons et l'incidence familiale élevée des dysphasies à forme expressive. L'imagerie statique est en principe normale et les quelques anomalies constatées en IRM (notamment au niveau des régions périsylviennes) ne sont guère spécifiques. L'imagerie fonctionnelle a pu montrer des hypoperfusions de topographie variable en fonction du type de dysphasie : par exemple, temporale gauche en cas d'agnosie auditivoverbale, préfrontale gauche en cas de dysphasie expressive. On a pu évoquer une difficulté du traitement des informations auditives et verbales, altérant ainsi la perception et la production du langage. La constatation de figures épileptiques est fréquente, tout particulièrement pendant le sommeil (voir *supra*). Le rôle des carences éducatives et affectives est imprécis.

La conduite thérapeutique

Le traitement est d'abord fondé sur la rééducation orthophonique. Elle vise à la fois à stimuler les conduites déficitaires (sans toutefois engloutir l'enfant dans un sentiment d'échec) et à les contourner. Le travail doit aussi porter, chaque fois que nécessaire, sur l'attention et la mémoire. Mais il faut aussi apprendre à dépister et à gérer les bouleversements émotionnels qui pourront être suscités par l'échec scolaire et les difficultés qu'il peut générer dans le cadre familial (parents et fratrie). Voilà pourquoi le recours à une psychothérapie est parfois nécessaire. Le maintien dans le cursus scolaire usuel est laborieux, avec des redoublements et un passage vers des classes d'adaptation. L'idéal serait sans doute le maintien dans un cursus scolaire normal dans des classes à petit effectif. L'orientation ultérieure vers des métiers non centrés sur les capacités verbales peut permettre de rejoindre un cursus de formation universel (comme la préparation d'un certificat d'aptitude professionnelle).

Les dyslexies développementales

Décrites pour la première fois à la fin du xixe siècle sous le nom de « cécité verbale congénitale » (Morgan, 1896), les dyslexies développementales désignent, comme le précise leur dénomination dans le DSM, un trouble de l'acquisition de la lecture pouvant intéresser et la reconnaissance des mots et la compréhension de la lecture, ne pouvant être imputé ni à un retard mental, ni à une scolarisation inadaptée, ni à un trouble sensoriel, qu'il soit visuel ou auditif, ni à une souffrance lésionnelle cérébrale. Ce trouble, dont la prévalence est estimée entre 2 et 8 % des enfants d'âge scolaire, altère le cursus de scolarisation alors que le quotient intellectuel verbal ou de performance (le QIV ou le QIP de la WISC) est supérieur à 90. Le QIV peut être inférieur au QIP. Ce « trouble spécifique de la lecture » (CIM-10) survient parfois chez des enfants qui ont des antécédents de troubles du développement du langage oral et s'accompagne habituellement de difficultés de l'orthographe. Les difficultés d'acquisition de la lecture peuvent s'associer à des comportements « perturbateurs » (hyperactivité, troubles oppositionnels).

Sur le plan clinique, l'hypothèse d'une dyslexie doit être envisagée quand il existe un décalage des capacités de 18 mois à 2 ans à des tests de lecture étalonnés. Le trouble peut se manifester dès l'âge de 7 ans mais il peut se révéler soit plus tôt (6 ans) soit quelques années plus tard. Mais le dyslexique n'est pas un mauvais lecteur, que l'on considérerait comme un sujet présentant un simple retard de l'acquisition de la lecture. Du moins doit-on penser qu'il n'est pas qu'un mauvais lecteur mais qu'il présente une altération spécifique des mécanismes d'acquisition de la lecture responsable d'erreurs analogues à celles observées au cours des dyslexies « acquises » de l'adulte.

Classification des dyslexies développementales

Par analogie avec les dyslexies acquises (voir chapitre 4, p. 79), l'analyse des erreurs de lecture des enfants ayant un trouble de l'acquisition de la lecture a permis d'isoler deux grands types de dyslexies.

Les *dyslexies phonologiques* (encore appelées dysphonétiques), les plus fréquentes (deux tiers des cas environ), sont typiquement caractérisées par une préservation de la lecture des mots, réguliers ou irréguliers, alors que les logatomes (ou « nonmots » ou « pseudo-mots ») comme *tapulo* ou *prali* ne peuvent être correctement déchiffrés, de même d'ailleurs que les mots appartenant au lexique mais inconnus du sujet. La lecture, lente, hachée, laborieuse, est d'autant plus difficile que les logatomes comportent plus de lettres. Il existe en particulier :

- des paralexies phonémiques, bouleversant plus ou moins la structure phonologique des logatomes ou des mots non familiers *(tuprilu → turlipu)* ;
- des erreurs de lexicalisation, convertissant les logatomes en mots *(trulipo → tulipe)* ;
- des substitutions verbales : certaines correspondent à des erreurs visuelles entraînant la production d'un mot morphologiquement proche du mot cible (paralexie visuelle comme *voiture* pour *toiture*), d'autres à des erreurs morphologiques (comme *jardin* pour *jardinier*).

Il est tentant d'attribuer ce type de dyslexie à une atteinte de la voie phonologique de la lecture empêchant la conversion des lettres (graphèmes) en sons (phonèmes). Quand, en sus des troubles ci-dessus décrits, la lecture des mots concrets que l'on peut facilement imager *(cheval, marteau)* est meilleure que celle des mots abstraits *(tristesse, joie)*, et quand l'enfant produit des erreurs sémantiques (comme *bébé* pour *enfant* ou *mouton* pour *chèvre*), on a pu, par analogie avec les dyslexies acquises, classer le trouble comme dyslexie profonde développementale (Valdois, 1996).

Sur le plan orthographique, les difficultés sont bien moindres pour les mots familiers que pour les mots non familiers et sont aussi fonction de la longueur des mots. Les difficultés de transcription des logatomes sont bien sûr majeures.

Les dyslexies développementales de surface (dites dysédéitiques) se caractérisent par une préservation au moins relative de la lecture des mots réguliers et des logatomes, alors que la lecture des mots irréguliers est très difficile, l'enfant manifestant une tendance à la régularisation par application stricte des règles de conversion graphème–phonème (ainsi oignon est lu « oi/nion » et non « o/nion »). Sur le plan de l'écriture, de même qu'il a tendance à prononcer tous les phonèmes, l'enfant écrit les mots comme ils se prononcent. Ce type de dyslexie suggère la préservation du traitement phonologique et l'atteinte de la « voie » lexico-sémantique de la lecture.

Diagnostic et évaluation

Le motif de consultation susceptible d'aboutir au diagnostic de dyslexie est d'abord la conjonction d'un retard d'acquisition de la lecture et de perturbations de la lecture, lente, difficile, qui rappellent les erreurs de lecture de normolecteurs plus jeunes. C'est en tout cas, en pratique quotidienne, la constatation, par des tests de lecture, d'un décalage de 18 mois à 2 ans, exprimé en niveau d'âge ou en niveau scolaire, qui suggère le diagnostic. Les paramètres étudiés sont la *vitesse* et la *correction* de la lecture pour *Émile, René et Marie* de Burion (1960) ou L'*Alouette* de Lefavrais (1967). On peut ensuite analyser qualitativement les erreurs produites : omissions, additions, substitutions, confusions de lettres, de sons, de parties de mots. Certaines confusions peuvent être classées comme auditives (« d » pour « t ») ou morphologiques (« c » pour « e ») ou en miroir (« b » pour « d »). Il est nécessaire aussi d'évaluer la compréhension des textes lus, ce que permet le *Jeannot et Georges* de Hermabessière et Sax (1972) et surtout les tests d'évaluation de la compétence en lecture de Khomsi (1990 et 1994, *in* Grégoire et Piérart). Ces derniers étudient d'abord l'identification des mots sans imposer de lecture à voix haute : le sujet, examinant des paires d'étiquettes et d'images, doit dire si le mot écrit est « le bon mot » en distinguant les paires totalement exactes (comme le mot champignon avec l'image correspondante), les pseudo-synonymes de champ sémantique proche (comme le mot *chat* avec l'image d'une vache), les pseudo-logatomes écrits (comme le mot *téléqhone* avec l'image du téléphone), les homophones (comme *brossadan* avec l'image de la brosse à dents). La seconde épreuve évalue la compréhension, en demandant au sujet de choisir, dans une série de choix multiple de quatre images, celle qui correspond à un texte écrit. D'autres tests s'intéressent exclusivement à la *conscience phonologique*, comme les tests de jugement ou de création de rimes, ou encore de création de mots par substitution ou adjonction de phonèmes.

Valider l'existence de troubles de la lecture impose ensuite de s'assurer des qualités expressives et réceptives du langage parlé (Grégoire et Piérart, 1995). De même faut-il s'assurer de l'absence de retard mental. La comparaison des résultats obtenus aux différents subtests de la WISC peut montrer des « patrons psychométriques » particuliers : ainsi les notes obtenues au groupe de subtests spatiaux *(cubes, assemblages d'objets, complément d'images)* peuvent-elles s'avérer supérieures au groupe de subtests explorant les aptitudes conceptuelles *(vocabulaire, similitudes, compréhension)*, elles-mêmes supérieures au groupe de subtests explorant les aptitudes séquentielles *(mémoire de chiffres, code, arithmétique)*, ce qui définit le « profil » de Bannaytine. De même, le profil ACID est-il caractérisé par une baisse des scores aux subtests arithmétique, code, information et mémoire de chiffres (Spafford, 1989). Si ces profils ne sont ni constants ni spécifiques, ils invitent en tout cas à approfondir l'environnement perceptif et neuropsychologique de la dyslexie : étude des fonctions visuospatiales et visuoconstructives, exploration éventuelle des capacités perceptives visuelles et auditives, exploration de la mémoire verbale et visuelle (mots de Rey ; batterie d'efficience mnésique 144 de Signoret, 1991).

Les hypothèses étiologiques

Si le déficit des aptitudes phonologiques est sans doute au cœur des troubles de la lecture, la nature exacte des dysfonctionnements reste peu connue. On a pu évoquer une perturbation de la discrimination auditive des fréquences, ce qui semble corroboré par l'enregistrement de la négativité de discordance (*Mismatch Negativity* ou MMN) qui est anormale dans les variations de la fréquence d'un son mais qui reste normale en cas de variation de sa durée (Baldeweg *et al.*, 1999). C'est ainsi que pourrait être perturbé le rétrocontrôle nécessaire au développement des habiletés phonologiques. Par ailleurs, l'altération des potentiels évoqués visuels dans leurs composants précoces, lors de stimulations visuelles rapides et de bas contraste, est en cohérence avec la constatation autopsique d'une atrophie des magnocellules des noyaux géniculés latéraux (Livingstone et Hubel, 1987). Il y aurait ainsi une difficulté du traitement rapide des informations visuelles. Cette double défaillance du traitement séquentiel des informations visuelles et auditives pourrait aussi être corroborée par la constatation en IRM fonctionnelle de l'absence d'activation de l'aire V5/MT liée aux magnocellules des noyaux géniculés latéraux (corps genouillés latéraux) et aux autres aires du cortex pariétal postérieur.

De nombreuses anomalies morphologiques ont aussi été observées, parmi lesquelles l'absence d'asymétrie du *planum temporale* par développement excessif du planum droit ainsi que des microdysgénésies suggérant un trouble de la migration embryonnaire des neurones. Les études en tomographie par émission de positrons (PET-scan) montrent des anomalies diverses d'activation de nombreuses régions cérébrales, la diversité des protocoles comme des régions sollicitées ne permettant guère de dégager une conception unitaire de la physiopathologie des troubles (Robichon et Habib, 1996) : incapacité d'activation simultanée de l'aire de Broca et de l'aire de Wernicke en raison d'un dysfonctionnement insulaire (Paulesu *et al.*, 1996) ou encore disconnexion fonctionnelle entre le gyrus angulaire et les autres structures impliquées dans la lecture, comme le cortex visuel extrastrié et l'aire de Wernicke (Horwitz *et al.*, 1998).

Il existe incontestablement une prévalence masculine des dyslexies, et les observations de familles suggèrent l'intervention de facteurs génétiques, la transmission pouvant être monogénique (et en particulier autosomique dominante) ou polygénique. Des travaux tentent même de relier certains phénotypes de dyslexies à des sites géniques spécifiques, en particulier sur les chromosomes 1, 6, 15, 16 (Grigorenko *et al.*, 1997).

Conduite thérapeutique et pronostic

L'aide rééducative est fondée sur une évaluation rigoureuse du trouble de la lecture, sur les caractères de la dyslexie, sur les autres perturbations neuropsychologiques associées de même que sur l'évaluation de la vue et de l'audition. Il s'agit donc d'une rééducation personnalisée qui doit s'accompagner d'une prise en compte des désordres psychologiques qui peuvent accompagner la dyslexie. Des classes scolaires adaptées aux dyslexiques (petit nombre, formation des maîtres) demeurent un idéal. L'apprentissage de la lecture laisse souvent persister des difficultés à l'âge adulte. L'incidence de la dépression est plus élevée chez les jeunes adultes dyslexiques que dans la population générale.

Les dyscalculies développementales et les dysfonctionnements développementaux de l'hémisphère droit

Les dyscalculies développementales

Elles concernent 5 % des enfants scolarisés sans prévalence de sexe. Elles intéressent moins la compréhension et la production des nombres que le système de calcul (faits arithmétiques, procédures de calcul, voir chapitre 6, p. 98). La WRAT *(Wide Change Achievement Test Revised)* évalue les performances en lecture, orthographe et arithmétique, avec un niveau 1 de 7 à 11 ans et un niveau 2 de 12 à 75 ans (Jastak et Wilkinson, 1984). La partie arithmétique a fait l'objet d'une adaptation française (De Joussineau *et al.*, 1995). Les dyscalculies développementales s'associent une fois sur cinq à un trouble déficitaire de l'attention et une fois sur six à une dyslexie (Gross-Tsur *et al.*, 1996). Les dyscalculies pures s'accompagnent de performances normales en lecture et en orthographe et surviennent dans un environnement scolaire correct et en l'absence de tout trouble sensoriel. Toutefois l'examen neuropsychologique des dyscalculies révèle un environnement composite qui a permis de suggérer qu'il existait tantôt un dysfonctionnement développemental de l'hémisphère droit (QIV > QIP, capacités langagières orales et écrites satisfaisantes, médiocrité des performances visuospatiales), tantôt un dysfonctionnement de l'hémisphère gauche (QIP > QIV, capacités en arithmétique supérieures aux capacités langagières, capacités visuospatiales satisfaisantes), tandis qu'ailleurs peut être observé un déficit plus diffus des capacités langagières et visuoverbales (Rourke, 1985). Les dyscalculies les plus sévères accompagneraient les dysfonctionnements de l'hémisphère gauche (Shalev *et al.*, 1995). Des associations de déficits peuvent même construire un syndrome de Gerstmann développemental avec dysgraphie, dyscalculie, déficit de la reconnaissance des doigts et de l'orientation droite–gauche (Van Hout, 1995).

Les dysfonctions développementales de l'hémisphère droit

Décrites en particulier par Weintraub et Mesulam en 1983 qui les dénommèrent « syndrome d'incompétence sociale » ainsi que par Rourke en 1985 qui les dénomma « déficits non verbaux de l'apprentissage », elles se caractérisent par une incapacité d'interpréter le comportement non verbal de l'entourage (expression faciale, prosodie émotionnelle) tandis que le langage, même dysprosodique, a un contenu lexical satisfaisant. Il existe sur le plan psychométrique une dissociation entre le quotient intellectuel verbal et le quotient intellectuel de performance, au détriment du second par déficit des capacités visuospatiales et visuoconstructives reflété en particulier par les faibles scores aux subtests de *cubes* et d'*assemblage d'objets*. Le calcul est lui aussi déficitaire. La classification nosologique des troubles est loin d'être univoque : imagerie normale ou montrant des processus lésionnels aspécifiques, caractère familial ou non familial du trouble. Certains cas sont considérés comme proches d'un syndrome d'Asperger (voir *supra* et McKelvey *et al.*, 1995).

Le syndrome de Turner caractérisé par la présence d'un seul chromosome X a une incidence de 1/10 000 filles et se révèle par une petite taille, une aménorrhée primaire, un impubérisme. Il s'accompagne de déficits neuropsychologiques qui intéressent le plus souvent les performances visuospatiales et le calcul, ce qui évoquerait un dysfonctionnement hémisphérique droit. L'anarithmétie intéresserait plutôt les procédures de calcul (voir p. 98), encore que des difficultés de mémorisation des faits arithmétiques (tables de multiplication) aient aussi été signalées, tout au moins dans les épreuves à temps limité (Rovet *et al.*, 1994). Mais il est difficile de cerner un profil homogène puisque certaines études rapportent aussi un déficit des fonctions langagières associé au déficit visualisable (Murphy *et al.*, 1994) dans les syndromes de Turner complets, tandis que les syndromes mosaïques (qui associent la juxtaposition dans les tissus de clones X à des clones XX ou XXX ou XY) ne se distingueraient des sujets témoins que par un plus faible résultat aux tests de langage. L'imagerie statique (IRM) ne montre pas d'anomalies tandis que l'imagerie fonctionnelle indique plutôt un déficit métabolique dans les régions postérieures des deux hémisphères (Watkins *et al.*, 1991), ce qui indique, d'une manière encore fragmentaire, le rôle joué par le chromosome X et les hormones sexuelles dans le fonctionnement du néocortex.

Le syndrome de Williams (ou de Williams-Beuren) associe une petite taille, une micrognathie, une sténose aortique et une hypercalcémie qui s'estompe après le 9e mois et qui s'accompagne de taux élevés de 1,25-dihydroxyvitamine D. Il existe une délétion du gène de l'élastine sur le chromosome 7 (7q11.23). Ce syndrome s'accompagne de perturbations neuropsychologiques, réalisant une relative dissociation entre les performances verbales (relativement épargnées) et les performances visuoconstructives, plus nettement altérées, avec perturbations sévères de capacités de calcul évoquant un syndrome de dysfonctionnement hémisphérique droit. Les aptitudes musicales sont étonnamment développées, non pas en solfège (lecture et transcription de partitions peuvent être difficiles), mais dans la reconnaissance et la production des rythmes et des mélodies, allant jusqu'à l'oreille absolue, c'est-à-dire la possibilité de reconnaître les notes (donc la hauteur tonale) sans référence à une note de base. Ces enfants sont hyperkinétiques et manifestent une « hypersociabilité ». Il peut survenir des infarctus cérébraux liés ou non à des sténoses des artères cérébrales. L'IRM montre une réduction de volume des régions postérieures du cerveau. Les aptitudes musicales semblent coexister avec une accentuation de l'asymétrie « normale » du *planum temporale*, telle qu'elle a pu aussi être observée chez des musiciens dotés de l'oreille absolue (Robichon et Seigneuric, 1999).

La maladie des tics de Gilles de la Tourette peut s'associer à des manifestations obsessionelles–compulsives ou à une hyperactivité avec déficit de l'attention. Elle peut aussi s'accompagner d'un déficit des performances visuospatiales et visuo-constructives évoquant un dysfonctionnement de l'hémisphère droit (Sandyk, 1997).

Des déficits évoquant une dysfonction de l'hémisphère droit ont aussi été observés dans le syndrome de déficit de l'attention, tout particulièrement quand il ne s'accompagne pas d'hyperactivité (Garcia-Sanchez et al., 1997).

Les amnésies développementales

Elles ont été abordées au chapitre 14, car elles ont beaucoup contribué à alimenter les débats noués au sein de la mémoire dite déclarative entre la mémoire épisodique et la mémoire sémantique. Rappelons que ce terme a été appliqué non seulement pour des amnésies survenant chez des enfants indemnes de toute lésion acquise mais aussi chez des enfants ayant constitué des lésions in utero, au moment de la naissance (encéphalopathies anoxo-ischémiques) et même chez de jeunes enfants de 7 à 14 ans (Vargha-Khadem, 2001). Les lésions qui intéressent l'hippocampe affectent, de la même manière tout au long de cette tranche d'âge, la mémoire en entraînant une altération de la mémoire épisodique contrastant avec la préservation (totale ou partielle) de la mémoire sémantique. Ces enfants, examinés en âge scolaire ont néanmoins eu un cursus scolaire satisfaisant et malgré le déficit de leur mémoire épisodique, ils ont pu acquérir des connaissances générales satisfaisantes, tandis que dans la vie quotidienne, la mémorisation factuelle est possible, les difficultés concernant l'incapacité de référer un fait (par exemple une chute accidentelle) à un contexte spatio-temporel précis. La répétition favorise la mémorisation en permettant grâce à la mémoire sémantique de consolider la mémorisation de faits qui, affranchis de leur contextualisation, pouvaient être enregistrés malgré le déficit de la mémoire épisodique. Il se constitue une mémoire autobiographique de type sémantique (noms des membres de la famille, des amis, des enseignants), alors que le rappel épisodique au sens autonoétique est très déficitaire (voir chapitre 14, p. 210). C'est sans doute la neuroplasticité propre à l'enfant qui permet, avec des lésions hippocampiques pures, d'acquérir une mémorisation factuelle de bonne qualité. Par contre, l'atteinte des structures voisines de l'hippocampe entraîne aussi une altération de la mémoire sémantique. S'il existe un accord pour considérer que ces amnésies de l'enfant peuvent être soit épisodiques avec respect de la mémoire sémantique, soit mixtes intéressant les deux systèmes de mémoire, par contre l'accord n'est pas réalisé sur la possibilité d'observer des amnésies sémantiques respectant la mémoire épisodique : ce débat a été analysé au chapitre 14.

Tout permet de penser que la mémoire sémantique de l'enfant se développe plus précocement que sa mémoire épisodique (Tulving, 2002). Des connaissances factuelles peuvent ainsi être acquises très tôt dans la vie. Par contre, l'amnésie des premières années de la vie et en moyenne des trois premières années indiquerait la mise en œuvre plus tardive de la mémoire avec conscience autonoétique qui s'établirait ensuite graduellement pour n'être vraiment opérationnelle que vers l'âge de 5 ans (Fivush et Nelson). L'amorçage perceptif sous-tendu par le système de représentations perceptives est efficace très précocement chez l'enfant et probablement dès l'âge de 3 ans (Nelson). On sait que ce système contribue à la mémorisation explicite (voir *modèle de Tulving* : tableau 14.I, p. 214) en permettant le stockage de la forme visuelle et auditive des mots, de la structure des objets, des visages mais à l'exclusion de leurs propriétés sémantiques : il est ainsi la première étape du processus d'encodage qui chemine ensuite de manière sérielle vers les autres systèmes et d'abord vers le système de mémoire sémantique. Ainsi des enfants de l'âge de 4 ans mémorisent moins bien des étiquettes verbales désignant des objets que des images d'objets ou que la présentation combinée des étiquettes verbales et des images d'objets (Perlmutter), ce qui privilégie le lien entre la représentation picturale des informations visuelles et la mémoire sémantique. Enfin, les études de la mémoire procédurale de l'enfant effectuées à partir de l'âge de 4 ans, telle qu'elle peut être explorée par des tâches de temps de réaction sériel, ont montré l'efficience de cette mémorisation implicite même si, en cas de tâches complexes, les performances restent inférieures à celles de sujets adultes (Thomas).

La fréquence des troubles de la mémoire explicite (déclarative) chez les enfants scolarisés est sans doute sous-estimée. Une étude systématique a été effectuée chez 239 enfants, normalement scolarisés, âgés de 8 à 9 ans. Ont été évalués l'efficience intellectuelle *(Raven's Standard Progressive Matrices)*, la mémoire sémantique (subtest *Information* de la WISC) et la mémoire épisodique *(Rey Auditory-Verbal Learning Task)*. En ne considérant que les enfants d'efficience intellectuelle moyenne, c'est-à-dire avec un score ne variant de pas plus d'un écart type par rapport à la moyenne du groupe (soit 134 enfants), la fréquence des troubles mnésiques était de 5,9 %, voisin de la proportion retrouvée dans une autre étude portant sur 70 enfants entre 11 et 12 ans (Temple). Les enfants atteints de troubles de la mémoire sémantique développent bien sûr des troubles du langage avec un déficit d'acquisition du vocabulaire, un déficit de la dénomination et des connaissances sémantiques sur entrée verbale et il est rigoureusement exceptionnel d'observer une atteinte dissociée. Cette même atteinte conjointe des différents aspects de la mémoire sémantique est aussi observée chez l'adulte ayant une démence sémantique. De même, l'atteinte de la voie lexico-sémantique de la lecture entraîne une dyslexie de surface (voir chapitre 4). Le déficit de la mémoire sémantique peut épargner les connaissances arithmétiques. La mémoire procédurale est, à l'instar de ce qui est observé chez l'adulte, préservée en cas d'amnésie développementale affectant la mémoire périodique. Elle a pu s'avérée atteinte conjointement à la mémoire sémantique dans le cas CL de Temple et Richardson (voir chapitre 14), cette observation ne demeurant qu'un constat isolé.

Les dyspraxies développementales

La dyspraxie est au geste ce que la dysphasie est au langage. L'isolement de ces syndromes neuropsychologiques, qui expriment une perturbation dans l'acquisition de tel ou tel domaine des fonctions cognitives et schématiquement langage parlé et écrit, activité gestuelle, calcul, fonctions visuognosiques et visuospatiales, a permis de rapprocher avec, bien sûr, les nuances qui s'imposent les troubles de l'adulte qui correspondent à la destruction d'une fonction existante et les troubles de l'enfant qui correspondent à un retard et un déficit de l'acquisition de différents apprentissages.

De la maladresse motrice aux dyspraxies développementales

L'isolement des dyspraxies a pourtant été plus laborieuse. Les raisons en sont multiples. Elles tiennent certes à une plus grande difficulté de l'analyse du geste comme de l'analyse des fonctions visuognosiques et visuospatiales par rapport à l'analyse des fonctions langagières qui sont l'instrument privilégié de la communication inter-humaine. En outre, fallait-il distinguer ce qui relève de la pathologie motrice ou même sensitivo-motrice et de l'organisation même du geste. L'enfant qui ne parle pas est à première vue plus handicapé dans sa scolarisation que l'enfant « maladroit ». Mais il faut faire aussi la part à la difficulté générale que pose la neuropsychologie développementale : distinguer un trouble « spécifique » et donc « sectoriel » des acquisitions par rapport à un trouble général des acquisitions, distinguer un simple retard d'un trouble développemental durable, ne pas s'enfermer dans la seule conviction que tout retard des acquisitions relève d'une carence affective et sociale, admettre enfin, grâce à l'apport de la neuropsychologie de l'adulte les similitudes qui peuvent exister entre des fonctions qui sont totalement ou partiellement détruites (comme les aphasies ou les apraxies de l'adulte) et des fonctions qui ne s'installent pas ou ne s'installent que partiellement (comme les dysphasies ou les dyspraxies développementales). Ceci ne conduit pas à nier mais au contraire à rechercher ce qui fait la spécificité de l'un ou l'autre type d'atteinte et surtout les caractères propres que donnent à des troubles similaires la neuroplasticité si différente de l'enfant et de l'adulte. Les amnésies développementales ont fourni à cet égard des enseignements exemplaires (voir *supra*) qui montrent combien la fonction mnésique a été mieux analysée en intégrant les observations faites chez l'enfant et chez l'adulte. Quant à la distinction elle repose au moins symboliquement sur le préfixe « dys » (renvoyant à la notion de désordre) affecté préférentiellement aux troubles développementaux et le préfixe « a », résolument privatif, affecté aux troubles lésionnels intéressant des fonctions acquises chez l'adulte comme d'ailleurs chez l'enfant. La fréquentation de la littérature montre toutefois que cette distinction lexicale n'est pas absolue. Le qualificatif de développemental suffisant à caractériser le désordre du langage, du geste, du calcul, etc.

Quoiqu'il en soit, s'il est vrai que les dyspraxies développementales ont eu du mal à se dégager de la maladresse motrice ou encore dite congénitale, de la « débilité motrice », le terme d'apraxie et même d'agnosie développementales est utilisé par Walton *et al.* dès 1962, bientôt suivi par le terme de « dyspraxies de l'enfant » (Stambak, 1964), puis par celui de dyspraxie développementale qui sera utilisé préférentiellement à partir des années 1980 (Lesny). L'Organisation mondiale de la santé, à travers la CIM-10, a isolé « le trouble spécifique du développement moteur », tandis que le DSM IV isole le « trouble de l'acquisition des coordinations » (TAC) au sein des troubles de la coordination motrice. Fidèle à son athéorisme étiologique et à la primauté donnée à la description comportementale, le DSM qualifie d'atteints de TAC les enfants dont « les performances dans les activités quotidiennes nécessitant une bonne coordination motrice sont nettement au-dessous du niveau escompté compte tenu de l'âge chronologique du sujet et de son niveau intellectuel mesuré par les tests ». Et le DSM précise que ces troubles peuvent se traduire par « des retards importants dans les étapes du développement psychomoteur » (par exemple, ramper, s'asseoir, marcher), par le fait de laisser tomber des objets, par de la « maladresse », de mauvaises performances sportives ou une mauvaise écriture, « à condition que les perturbations ne soient pas dues à une affection médicale générale » ou une pathologie somatique connue comme une infirmité motrice cérébrale et ne répondent pas aux critères d'un « trouble envahissant du développement ». En cas de retard mental, le diagnostic ne peut être retenu que si les difficultés motrices dépassent celles « qui lui sont habituellement associés ». Cette définition assimile donc les dyspraxies aux TAC mais on peut dire plutôt qu'elle englobe les dyspraxies dans les TAC. Quant à l'OMS, elle définit le trouble spécifique du développement moteur comme « une altération sévère du développement de la coordination motrice », regroupant les appellations de débilité motrice et de dyspraxie de développement, en l'absence de retard mental global et d'affection neurologique spécifique, congénitale ou acquise.

En somme et de manière schématique, les dyspraxies développementales concernent non pas le mouvement mais concernent le geste. Ne peuvent donc être qualifiés de dyspraxies les troubles de la motilité volontaire (donc les syndromes pyramidaux comme ceux observés dans l'infirmité motrice cérébrale quelle que soit la part relative du déficit moteur des membres et de l'hypertonie), les troubles de la motilité automatique affectant la fluidité des mouvements ainsi que la coordination de l'équilibre statique et cinétique et des mouvements volontaires, comme on peut en observer dans les atteintes des noyaux gris centraux, du cervelet et des voies cérébelleuses. De la même manière, doivent être exclus les troubles de la précision des mouvements et de l'équilibre liés à l'atteinte des voies des sensibilités profondes grâce auxquelles l'enfant peut avoir conscience de la position et des mouvements de son corps dans l'espace. Ces troubles affectent certes les gestes mais seulement parce qu'ils affectent les mouvements qui constituent le socle à partir duquel les gestes vont se déployer. Car les gestes se distinguent des mouvements en ceci qu'ils correspondent globalement à des mouvements adaptés à un but, c'est-à-dire « intentionnels ». C'est donc, en principe, en l'absence d'une pathologie du mouvement que l'on peut repérer un anomalie de la gestualité.

L'activité gestuelle nécessite donc typiquement une *représentation mentale* de l'action à accomplir, son *déploiement intentionnel* au sein d'une *planification « exécutive »* dont la complexité dépend du projet d'action. Ainsi, on peut observer en condition d'examen ou en condition écologique des gestes isolés comme faire un pied de nez ou envoyer un baiser avec la main, mais l'adaptation à l'environnement et les interactions nouées avec lui sont aussi faites de la succession de gestes qui doivent être correctement séquencés. Il en est ainsi pour enfiler des chaussettes, nouer des lacets de chaussures, manger un yaourt avec une petite cuillère, faire un jeu de construction, dessiner, écrire.

Pour éclairer quelque peu les conceptions actuelles, il n'est pas inutile de revenir sur un débat illustré par deux éditoriaux du *British Medical Journal*, publiés à plus de 25 ans d'intervalle (Hall) et dont le premier proclamait que nombre de comportements pour lesquels un enfant s'attirait des ennuis à l'école n'étaient pourtant pas toujours de sa faute. À travers une analyse de la littérature, l'accent était mis sur les graves conséquences psychologiques et sociales qu'entraîne, pour l'enfant, la méconnaissance par l'entourage et le milieu scolaire du trouble dont il est atteint. Ces enfants sont mal considérés par leurs éducateurs : en effet, alors qu'ils n'extériorisent aucun handicap moteur patent, ils sont malhabiles dans leurs mouvements, que ce soit pour s'habiller, pour manger, pour jouer dans la cour d'école ; médiocres en danse comme en gymnastique, ils laissent leurs lacets dénoués, se cognent aux meubles, donnent des coups de pieds à leur bureau, échappent des objets et, de plus, écrivent et dessinent mal. Ils sont taxés d'inattentifs, de désordonnés et ils peuvent parfois être marginalisés. Les auteurs s'accordaient pour dire combien il fallait savoir reconnaître le trouble, adresser ces enfants à un pédiatre, et ne pas les abandonner à leur détresse et à leurs blessures narcissiques. Par contre, certains auteurs faisaient de ces troubles la manifestation « minimale » d'une forme spastique d'infirmité motrice cérébrale, d'autres plaidaient pour un retard de maturation sans admettre qu'il s'agissait d'une réelle pathologie. Mais Walton isolait au sein de ce syndrome de « difficultés d'apprentissage » des habilités motrices et parfois cognitives « sans anomalie structurale du cerveau » des cas relevant d'un apraxie (et d'une agnosie) développementale.

Actuellement, certains auteurs (Mazeau) distinguent deux types de gestes. Les uns sont universels et acquis de manière naturelle sans apprentissage explicite comme marcher, courir, sauter, danser ou réaliser des enchaînements moteurs comme marquer un rythme avec les doigts ou les pieds, ou encore pianoter. D'autres sont socialement et culturellement acquis qu'il s'agisse de gestes symboliques comme saluer, dire au revoir, des gestes imposant la manipulation d'objets, les gestes impliqués dans l'habillage, les gestes relevant d'un activité constructive dans les deux ou trois plans de l'espace (dessin) et l'activité gestuelle nécessaire à l'écriture. Les premiers troubles relèveraient de TAC, les seconds d'une dyspraxie, les deux types de troubles pouvant éventuellement s'associer. Cette distinction, pour intéressante qu'elle soit, ne doit pas méconnaître les gestes associant des éléments génétiquement déterminés et des éléments culturels ; la marche est « naturelle » à l'être humain et survient certes sans besoin d'apprentissage explicite mais la manière de marcher d'un mannequin ou la marche particulière au rythme de la musique pop ajoutent bien à l'habilité naturelle un apprentissage « culturel ». Enfin, la mémorisation implicite renvoie à la mémoire procédurale qui permet l'acquisition d'habiletés motrices sans apprentissage explicite et qui est gérée par les noyaux gris centraux. (voir chapitre 14). L'automatisation des apprentissages ferait aussi intervenir le cervelet. On peut ajouter que tout geste associe en proportions variables des éléments automatisés et des éléments qui demeurent sous contrôle attentionnel : dans l'entraînement sportif ou dans l'entraînement instrumental musical, l'acquisition d'automatismes donne aux gestes de plus en plus de précision et de rapidité, l'attention permettant au sujet d'optimiser ses performances tant sur le plan qualitatif que quantitatif.

Les étapes de l'activité gestuelle

On pourrait aussi en s'inspirant des modèles utilisés en neuropsychologie de l'adulte tenter de distinguer dans l'activité gestuelle les étapes suivantes :

- au niveau organisationnel, s'inscrit la programmation de l'activité gestuelle conçue comme un enchaînement de gestes faisant intervenir la capacité d'anticiper, d'enchaîner un geste avec un autre, comme des choix successifs au cours desquels le changement de geste nécessite l'inhibition du geste en cours *(shifting)*. Cette étape relèverait des fonctions dites exécutives gérées par le lobe frontal. Elle est illustrée en clinique par les épreuves explorant l'organisation dynamique des actes moteurs selon Luria (voir chapitre 13 : *concept de programmation appliqué au mouvement*) et elle intervient bien sûr aussi dans l'activité constructive (voir la figure complexe de Rey) ;

- au niveau praxique, le geste nécessite une représentation mentale de l'acte dont l'atteinte apparaît surtout évidente dans la désorganisation de l'adaptation des gestes aux outils et c'est ainsi l'exploration des gestes imposant des manipulations d'objets qui objective au mieux cette dyspraxie de conception dite idéatoire. Pour chaque geste, sa représentation motrice doit ensuite être activée pour pouvoir être transcodée dans un programme moteur : l'atteinte de cette étape pourrait rendre compte des dyspraxies idéomotrices qui s'explorent par la réalisation de gestes arbitraire ou expressifs (dire au revoir avec la main), et des gestes mimant l'utilisation d'objets (qu'ils soient réflexifs, c'est-à-dire dirigés vers le corps comme faire le geste de boire un verre d'eau, de se brosser les dents) ou non réflexifs comme mimer l'utilisation d'un téléphone. Ces deux étapes impliquent essentiellement le lobe pariétal. La réalisation du geste nécessiterait ensuit l'activation des engrammes cinétiques représentant la programmation des activités musculaires élémentaires nécessaires à la réalisation des gestes ainsi que la régulation kinesthésique du mouvement volontaire. Il s'agirait là de dyspraxies d'exécution ou de dyspraxies motrices rendant compte de difficultés d'exécution de certains mouvements automatisés (pianotage, marche, etc.) et qui seraient considérés par certaines équipes comme des TAC (voir *supra*) ;

- au niveau visuospatial, l'activité gestuelle nécessite une mise en relation du corps avec et dans l'espace environnant, ce qui nécessité la mise en œuvre de multiples compétences gérées à partir des confins pariéto-temporaux-occipitaux :

  • pouvoir diriger son regard sur une cible, ce qui dépend de la qualité de l'exploration visuelle et sur la conjugaison harmonieuse des mouvements de poursuite et des saccades, mouvements oculaires rapides qui permettent de porter le regard, spontanément ou sur ordre sur tout objet apparaissant dans le champ visuel,

  • pouvoir sur le plan visuomoteur atteindre l'objet (préalablement identifié, ce qui nécessite un pré-requis visuognosique) conjuguant le « *what* », le « *where* » et le « *how* » (est-ce bien la cible que je désire atteindre ? Où est-elle ? Comment l'atteindre ? voir chapitre 7),

  • pouvoir sur le plan constructif configurer les relations spatiales dans les deux plans (dessins) ou les trois plans de l'espace,

  • pouvoir harmoniser dans l'écriture, ce qui relève de compétences strictement langagières, de performances strictement praxiques (savoir réaliser la forme des lettres) et de performances spatiales (savoir agencer l'écriture avec les codes requis sur le plan socio-culturel : de haut en bas et de gauche à droite, mais par exemple de droite à gauche dans les langues hébraïque et arabe),

  • pouvoir harmoniser dans le calcul ce qui relève des mécanismes opératoires et ce qui relève de l'agencement spatial des nombres.

Ainsi, à côté de ce qui relève de l'organisation gestuelle *stricto sensu*, des désordres apraxiques peuvent relever d'un déficit de l'acquisition du traitement des données spatiales donc de données gnosiques, ce qui fait de certaines apraxies spatiales des apractognosies, rejoignant ainsi l'analyse suggérée par Walton au début des années 1960.

Aspects séméiologiques des dyspraxies developpementales

Il s'ensuit que les aspects séméiologiques des dyspraxies développementales sont multiples de même que leurs signes d'appel.

Signes d'appel

Si la porte d'entrée des dyspraxies est la maladresse gestuelle, il faut bien sûr soigneusement comparer les compétences déficitaires avec l'évolution psychomotrice normale de l'enfant. Il faut aussi s'assurer de l'absence de troubles moteurs élémentaires (voir *supra*), de l'absence de troubles sensoriels, en particulier visuels, qu'ils soient ou non accompagnés de troubles oculomoteurs, de l'absence enfin de retard intellectuel et psychomoteur global. Dans l'exploration psychométrique aux échelles de Wechsler étalonnées en fonction de l'âge (WPPSI de 1 à 4 ans, puis WISC), le signe d'alerte le plus important déjà signalé par Walton est un écart important entre les échelles verbale et de performance au détriment de cette dernière.

En âge préscolaire, la maladresse de l'enfant se double d'un désintérêt mêlé d'échecs, de comportements désordonnés et approximatifs à l'égard des jeux de construction, d'assemblage, de puzzle, de moulages d'objets, de personnages, d'animaux, de dessins, de découpages. Ces enfants ont du mal à apprendre à manger « proprement » avec une cuillère, puis à s'habiller et à se déshabiller, à agrafer leurs boutons, à se laver et à s'essuyer de manière idoine, etc. (tableau 23.I).

En âge scolaire, il convient de prêter attention aux raisons invoquées de cet échec : enfant maladroit considéré comme inattentif, brouillon, ou encore renfermé, triste, solitaire, opposant, tentant parfois de surcompenser son manque d'estime de soi par de l'agressivité, de l'insolence, des pitreries, difficultés d'acquisition du calcul, de l'écriture, du dessin, voire de la lecture (en cas d'atteinte visuospatiale), alors que le langage verbal dans les cas purs est normal.

Il faudra bien sûr s'enquérir de tout antécédent de souffrance neurologique et d'une prématurité.

Les dyspraxies : tentative de classification et d'inventaire

Les dyspraxies stricto sensu *par désorganisation spécifique du geste*
Elles conduisent à éliminer :

- les troubles généraux de la planification des activités relevant des fonctions exécutives gérées par le lobe préfrontal avec l'enchaînement de programmation, de flexibilité mentale nécessitant d'inhiber une séquence pour se porter sur la suivante. Nombre de difficultés visuoconstructives (extériorisés par exemple par la figure complexe de Rey) peuvent relever d'un syndrome dysexécutif et il existe aussi des cas de troubles de la programmation des gestes moteurs (voir *supra*) ;

Tableau 23.I
Les principales étapes des acquisitions gestuelles de l'enfant

Âges	Activités de construction	Graphisme	Vie quotidienne
2 ans	Fait une tour de 4–6 cubes, un train de 3 cubes	Fait des traits circulaires, loops	Mange seul de la purée Enfile de grosses perles
3 ans	Fait un pont avec 3 cubes Fait des puzzles de 4 morceaux	Reproduit un trait vertical, un trait horizontal	Se déshabille en partie Utilise une fourchette Se brosse les dents (maladroitement !)
3,5 ans	Fait une tour de 10 cubes	Reproduit une croix	Met son pantalon et ses chaussons, sa culotte Va seul faire pipi
4 ans	Fait une pyramide avec 6 cubes Fait des puzzles de 8–12 morceaux	Reproduit un carré Reproduit des diagonales	Coupe entre deux lignes avec des ciseaux Actionne la fermeture Éclair, se boutonne
5 ans	Fait un « escalier » avec 8–10 cubes ou blocs (sur modèle)	Reproduit un triangle Copie son prénom	Découpe suivant des courbes avec des ciseaux Utilise le couteau (début) S'habille seul
6 ans		Écrit son prénom sans modèle Reproduit un losange	Se coiffe, se mouche Noue ses lacets (début) Tartine avec un couteau

Tiré de Mazeau M. *Conduite du bilan neuropsychologique de l'enfant (vol. 1)*. 2ᵉ éd. Paris : Elsevier Masson ; 2008, p. 102

- les troubles modestes de la motilité peuvent conduire à des difficultés d'interprétation d'une maladresse gestuelle surtout pour des gestes élémentaires, tressant une zone de chevauchement entre les troubles très discrets de la motilité (pyramidaux, cérébelleux, extrapyramidaux) et ce qui est nommé en neuropsychologie adulte l'apraxie motrice et notamment l'apraxie mélokinétique entravant les mouvements fins et successifs comme le pianotage ou la réalisation alternée du geste de serrer le poing et de faire un anneau entre le pouce et l'index, les gestes se surchargeant de réitérations, d'hésitations sur fond de lenteur ;
- les troubles liés à un déficit de la compréhension ou à un retard mental. On a vu que le DSM écarte le diagnostic de TAC en présence d'un trouble envahissant du développement. On sait aussi que le déficit des capacités d'imitation des gestes est communément rapporté dans l'autisme (voir p. 461). Or, il a pu être montré que les enfants atteints d'autisme sont aussi déficitaires dans la réalisation de gestes sur commande, avec ou sans utilisation d'objets : doit-on utiliser le terme de dyspraxie ? (Mostofsky ; Dewey).

Ces préalables étant posés, les dyspraxies peuvent réaliser :

- des dyspraxies idéatoires au cours desquelles l'enfant n'arrive pas à enchaîner de manière adaptée les gestes élémentaires successifs d'une activité imposant une manipulation d'objets ou l'utilisation d'un outil (mettre de l'eau d'un verre dans une bouteille à l'aide d'un entonnoir, se servir d'un double décimètre et d'un crayon pour tracer une ligne continue ou discontinue, etc.) ;

- des dyspraxies idéomotrices avec l'immense palette (voir *supra*) de gestes expressifs et non expressifs, réflexifs et non réflexifs et tout particulièrement les mimes d'utilisation d'objets (outils, instruments de musique, couverts, peigne, brosse à cheveux, brosse à dents) ;
- des dyspraxies de l'habillage, l'enfant ayant des difficultés pour manipuler les boutons, les fermetures Éclair, pour enfiler correctement un vêtement surtout si le vêtement lui est présenté de manière inhabituelle (plié de manière anarchique, ou avec une des deux manches mise à l'envers) ;
- des dyspraxies bucco-faciales qui appartiennent au versant expressif des dysphasies développementales.

Les dyspraxies par désorganisation du geste et/ou du traitement des données spatiales

Les dyspraxies constructives incapacitent le dessin spontané et sur copie, les activités d'assemblage et de construction. Elles font chuter les performances aux subtests de cubes et d'assemblage d'objets. Certaines relèvent de troubles visuospatiaux et dans ce cas ne seraient pas améliorées par l'existence d'un modèle ou de repères notant certaines étapes du contour du dessin à réaliser.

Les dysgraphies dyspraxiques se caractérisent par les difficultés à réaliser les lettres quel que soit le type d'écriture alors que les lettres sont reconnues. Elles peuvent s'associer à une dysgraphie spatiale (voir *infra*).

Les troubles du traitement des données spatiales (ou dysgnosies spatiales) perturbent en eux-mêmes l'activité gestuelle et peuvent exister isolément ou s'associer à une dyspraxie. Ils forment un ensemble particulièrement composite où l'on peut repérer :

- des troubles de l'exploration visuelle de l'espace qui, en l'absence d'anomalie ophtalmologique, ne permettent pas à l'enfant de fixer son regard sur une cible, d'explorer de manière adaptée une scène visuelle, de suivre les mouvements d'une cible, de porter son regard sur une cible apparaissant inopinément dans l'espace (voir *supra*). L'exploration électro-oculographique permet d'enregistrer les mouvements oculaires rapides (saccades), les mouvements de poursuite ainsi que le nystagmus optocinétique constitué, en présence d'un paysage qui défile, de secousses nystagmiques faites chacune d'un mouvement lent dans le sens de défilement du paysage puis d'une secousse rapide de « rappel ». L'exploration du regard dont chaque mouvement est le vectogramme des mouvements oculaires élémentaires n'est pas pratiqué en routine mais permet d'enregistrer la stratégie de l'exploration visuelle intriquant des facteurs visuoperceptifs mais aussi exécutifs. Ces troubles peuvent rendre compte de difficultés d'acquisition de la lecture ;
- des troubles de la coordination visuomotrice (voir *supra*) ;
- des troubles de la perception spatiale, comme peut le montrer le test de jugement de direction des lignes de Benton (voir chapitre 8, p. 131), ou encore une indistinction droite/gauche. Ces troubles peuvent s'étendre à des difficultés pour s'orienter dans le quartier, la ville, ou pour se repérer sur un plan ou une carte de géographie.

■ Les troubles du traitement des données spatiales s'accompagnent :

■ de dysgraphies spatiales, les tentatives d'écriture se répartissant de manière anarchique sur la page ;

■ de dyscalculies spatiales altérant l'apprentissage de l'agencement spatial des nombres (place des chiffres dans les nombres), manière de disposer et d'aligner chiffres et nombres pour réaliser des opérations (addition, soustraction, etc.).

Les dyscalculies peuvent s'intégrer dan un syndrome de Gerstmann développemental (voir chapitre 3).

Un diagnostic complexe

La démarche diagnostique est complexe. L'inventaire des troubles constitutifs des dyspraxies a néanmoins l'intérêt malgré ses incertitudes de mieux comprendre les mécanismes de difficultés dont la méconnaissance peut avoir pour l'enfant de lourdes conséquences psychologiques et sociales. Les difficultés s'accroissent en cas de troubles associés (dyspraxie et pathologie du mouvement ; dyspraxie et dysphasie développementale). On a vu l'importance de l'examen neurologique, ophtalmologique et l'apport de l'électro-oculographie.

L'évaluation de la motricité et de la gestualité se réfère à des instruments en cohérence avec l'âge : échelle de coordination motrice de Charlop-Atwell (Albaret et Noak), échelle de développement psychomoteur de Lincoln-Oseretsky (Rogé), batterie NP-MOT (Vaivre-Douret). Les épreuves de Wechsler (WPPSI, WISC) outre la dissociation entre l'échelle de performance (effondrée) et l'échelle verbale (normale) permet déjà par l'étude du « patron psychométrique » (voir chapitre 1, p. 16) de repérer les subtests électivement déficitaires (voir *supra*) : on sait ainsi par exemple la sensibilité du subtest de cubes aux troubles visuoconstructifs et visuospatiaux, tandis que le subtest d'arrangement d'images implique certes un bon traitement des informations visuelles mais explore aussi les capacités « exécutives » de planification. Les tests des matrices progressives de Raven sont très sensibles aux dysfonctionnements spatiaux. La figure de Rey explore la stratégie générale et aussi les compétences constructives et spatiales. Le test des bâtonnets, étalonné chez l'enfant permet aussi d'explorer les capacités visuoconstuctives (Albaret). Les tests de barrage explorent la vitesse visuomotrice. Les fonctions exécutives, s'il n'y a pas de troubles de l'exploration visuelle, peuvent être aussi étudiées par le test des labyrinthes ou de la tour de Londres. L'exploration du langage élimine une dysphasie associée.

L'imagerie n'apporte actuellement aucune contribution diagnostique mais garde bien sûr son intérêt en recherche.

Du bilan à la prise en charge

Mieux comprendre les mécanismes des troubles permet de mieux prendre en charge les troubles en évitant d'enfermer l'enfant dans ses échecs et en tentant d'améliorer les déficits en utilisant les fonctions neuropsychologiques intactes, mais reconnaître le handicap de l'enfant est déjà la première étape de la prise en charge : elle permet à l'enfant de se sentir « compris » et elle permet d'informer l'entourage et les acteurs du milieu scolaire. L'apprentissage accordera une place de choix à la verbalisation des gestes et des actions ; la verbalisation pourra aussi être le support intériorisé de l'imagerie mentale. L'apprentissage de la manipulation de l'ordinateur pourra venir au secours de difficultés graphiques majeures que ce soit à la maison ou dans le cadre scolaire qui pourra faciliter le travail de l'enfant en le dispensant des prises de notes et en lui fournissant des photocopies. Au terme d'une réflexion collégiale, sera sollicitée l'intervention plus particulière de tel ou tel professionnel de santé ; orthophoniste, orthoptiste, psychomotricien, ergothérapeute. L'état de santé psychologique de l'enfant fera l'objet d'une attention toute particulière.

Bibliographie

Albaret JM, Couderc C. Étalonnage du test des bâtonnets chez des enfants de 7 à 11 ans. ANAE 2003;72:89–94.

Albaret JM, Noak N. Manuel de l'échelle de coordinations motrices de Carlop-Atwell (vol. 1). Paris : Éditions du Centre de psychologie appliquée ; 1994.

Autesserre D, Lacert P, Deltour JJ. Épreuve de discrimination phonémique. Issy-les-Moulineaux : Éditions scientifiques et psychologiques ; 1988.

Baldeweg T, Richardson A, Watkins S et al. Impaired auditory frequency discrimination in dyslexia detected with mismatch evoked potentials. Ann Neurol (United States) 1999;45(4):495–503.

Bannaytine A. Langage, reading and learning Disabilities (vol. 1). Springfield : Charles C. Thomas ; 1971.

Bellugi U, Lichtenberger L, Mills D et al. Bridging cognition, the brain and molecular genetics : evidence from Williams syndrome. Trends Neurosci 1999;22:197–207.

Chevrie-Muller C, Simon AM, Decante P. Épreuves pour l'examen du langage. Paris : Éditions du Centre de psychologie appliquée ; 1981.

CIM 10/ICD 10. Classification internationale des maladies. 10e révision. (Traduction française par Pull CB. ; vol. 1.) Paris : Masson ; 1994.

De Joussineau S, Crepin C, Bouhier B, Sabouret de Nedde C. Adaptation française de la partie arithmétique de la WRAT-R. ANAE 1995; hors-série 74.

Deltour JJ. Test de closure grammaticale (TCG). Université de Liège ; 1991.

Deltour JJ, Hupkens D. Test de vocabulaire actif et passif. Issy-les-Moulineaux : Éditions scientifiques et psychologiques ; 1979.

Dewey D, Cantell M, Crawford SG. Motor and gestural performance in children with autism spectrum disorders, developmental coordination disorder, and/or attention-deficit hyperactivity disorder. J Int Neuropeychol Soc 2007;13:246–56.

DSM IV. Manuel diagnostique et statistique des troubles mentaux (vol. 1). 4e édition, traduction française par Guelfi JD. Paris : Masson ; 1995.

Fivush R, Nelson K. The emergence of autobiographical memory : a sociocultural developmental theory. Psychological Review 2004;2:486–511.

Garcia-Sanchez C, Estevez-Gonzalez A, Suarez-Romero E, Junque C. Right hemisphere dysfunction in subjects with attention-deficit disorder with and without hyperactivity. J Child Neurol 1997;12:107–15.

Gérard CL. Échelle de dysphasie. Service de psychopathologie de l'enfant et de l'adolescent, hôpital Robert-Debré, Paris ; 1988.

Gérard CL. Test de fluence et d'associations. Service de psychopathologie de l'enfant et de l'adolescent, hôpital Robert-Debré, Paris ; 1990.

Gérard CL. L'enfant dysphasique. Bruxelles : De Boeck Université ; 1994.

Gérard CL, Le Douarec A, Suire I. Adaptation française du test du Reporter (de Renzi E et Ferrari C). Cortex 1979 ; 15 : 279–91). Service de psychopathologie de l'enfant et de l'adolescent, hôpital Robert-Debré, Paris ; 1988.

Grégoire J, Pierart B. Évaluer les troubles de la lecture. Bruxelles : De Boeck Université ; 1995.

Grigorenko EL, Wood FB, Meyer MS et al. Susceptibility loci for distinct components of developmental dyslexia on chromosomes 6 and 15. Am J Hum Genet 1997;60:27–39.

Gross-Tsur V, Manor O, Shalev RS. Developmental dyscalculia : prevalence and demographic features. Dev Med Child Neurol 1996;38:25–33.

Hall DMB. Clumsy children. BMJ 1988 ; 296 : 375-376 et 644. Voir aussi Clumsy children. BMJ 1962;1665-6.

Horwitz B, Rumsey JM, Donohue BC. Functional connectivity of the angular gyrus in normal reading and dyslexia. Proc Natl Acad Sci (United States) 1998;95:8939-44.

Jambaque I, Dellatolas G, Dulac O, Signoret JL. Validation de la batterie d'efficience mnésique 144 chez l'enfant d'âge scolaire. ANAE 1991;3:125-35.

Jastak S, Wilkinson GS. Wide Range Achievement Test Revised. Wilmington DE : Jastak Assessment Systems ; 1984.

Launay CI, Borel-Maisonny S. Les troubles du langage, de la parole et de la voix chez l'enfant (vol. 1). Paris : Masson ; 1972.

Lesny IA. Developmental « dyspraxia-dysgnosia » as a cause of congenital children's clumsiness. Brain Dev 1980;2:69-71.

Livingstone MS, Rosen GD, Drislane FW, Galaburda AM. Psychophysiological and anatomical evidence for a magnocellular defect in developmental dyslexia. Proc Natl Acad Sci (United States) 1991;88:7647-52.

Mazeau M. Conduite du bilan neuropsychologique chez l'enfant (vol. 1). Paris : Masson ; 2003.

Mc Kelvey JR, Lambert R, Mpttron L, Shevell MI. Right-hemisphere dysfunction in Asperger's syndrome. J Child Neurol (United States) 1995; 10:310-4.

Morgan WP. A case of congenital word-blindness. BMJ 1896;2:1378.

Mostofsky SH, Dubey P, Jerath VK, Jansiewicz EM, Goldberg MC, Denckia MB. Developmental dyspraxia is not limited to imitation in children with autism spectrum disorder. J Int Neuropsychol Soc 2006;12:314-26.

Murphy DG, Allen G, Haxby JV et al. The effects of sex steroids, and the X chromosome, on female brain function : a study of the neuropsychology of adult Turner syndrome. Neuropsychologia 1994;32:1309-23.

Murphy E, Sagar D, Gérard CL. Test de construction de phrases. Service de psychopathologie de l'enfant et de l'adolescent, hôpital Robert-Debré, Paris ; 1990.

Nelson CA, Webb SJ. A cognitive neuroscience perspective on early memory development. In: M. De Haan M, Johnson MH. The cognitive neuroscience of development (vol. 1). Howe : Psychology Press ; 2006.

Paulesu E, Frith U, Snowling M et al. Is developmental dyslexia a disconnection syndrome ? Evidence from PET scanning. Brain 1996;119:143-57.

Perlmutter M, Myers A. Young children's coding and storage of visual and verbal material. Child Development 1975;46:215-9.

Rapin I. Autism. The New England Journal of Medicine 1997;337:97-103.

Rapin I, Allen DA. Developmental language disorders : nosologic considerations. In: Kirk U. Neuropsychology of language, reading and spelling (vol. 1). New York : Academic Press ; 1983. p. 155-84.

Rapin I, Allen DA. Syndromes in developmental dysphasia and adult aphasia. In: Plum T. Language communication and the brain (vol. 1). New York : Raven Press ; 1988. p. 57-75.

Robichon F, Habib M. Neuro-anatomo-pathologie de la dyslexie de développement. In: Carbonnel S, Gillet P, Martory MD, Valdois S. Approche cognitive des troubles de la lecture et de l'écriture chez l'enfant et l'adulte (vol. 1). Marseille : Solal ; 1995.

Robichon F, Seigneuric A. Syndrome de Williams et Beuren : caractérisation biologique et psychologique. Revue de neuropsychologie 1999;9:183-9.

Rogé B. Manuel de développement psycho-moteur de Lincoln-Oseretsky (vol. 1). Paris : Éditions du Centre de psychologie appliquée ; 1984.

Rourke BP. Neuropsychology of learning disabilities : essential of subtype analysis. New York : Guilford Press ; 1985, 167-83.

Rovet J, Szekely C, Hockenberry MN. Specific arithmetic calculation deficits in children with Turner syndrome. J Clin Exp Neuropsychol 1994;16:820-39.

Sandyk R. Reversal of a visuoconstructional disorder by weak electromagnetic fields in a child with Tourette's syndrome. Int J Neurosci 1997;90:159-67.

Shalev RS, Manor RS, Amir N et al. Developmental dyscalculia and brain laterality. Cortex 1995;31:357-65.

Signoret JL. Batterie d'efficience mnésique. Paris : Elsevier ; 1991.

Spafford CS. Wechsler Digit Span subtest : diagnostic usefulness with dyslexic children. Perceptual and Motor Skills 1989;69:115–25.

Stambak M, L'herireau D, Auzias M, Berges J, de Ajuriaguerra J. Les dyspraxies chez l'enfant. La Psychiatrie de l'Enfant 1964;7:381–96.

Tallal P, Galaburda AM, Llinas RR, Von Euler C. Temporal information processing in the nervous system : special reference to dyslexia and dysphasia. Annals of the New York Academy of Sciences 1993;682.

Temple CM, Richardson P. Developmental amnesia : a new pattern dissociation with intact episodic memory. Neuropsychologia 2004;42:764–81.

Thomas KM, Hunt RH, Vizueta M, Sommer T, Durston S. Evidence of developmental differences in emplicit sequence learning : an fMRI study in childres and adults. Journal of Cognitive Neuroscience 2004;16:1339–51.

Tulving E. Episodic memory : from mind to brain. Annal Review of Psychology 2002;53:1–25.

Vaivre-Douret L. Troubles d'apprentissage non verbal : les dyspraxies développementales. Archives de pédiatrie 2007;14:341–9.

Vaivre-Douret L. Un outil normé pour l'évaluation des fonctions neuro-psycho-motrices de l'enfant : la batterie NP-MOT. ANAE 2006;18:237–40.

Vaivre-Douret L. Précis théorique et pratique du développement moteur du jeune enfant. Paris : Éditions du Centre de psychologie appliquée ; 2004.

Vaivre-Douret L. Évaluation de la motricité practo-gnosique distale (EMG) [révision et adaptation du test de Bergès-Lézine]. Paris : Éditions du Centre de psychologie appliquée ; 1997.

Valdois S. Les dyslexies développementales. In: Carbonnel S, Gillet P, Martory MD, Valdois S. Approche cognitive des troubles de la lecture et de l'écriture chez l'enfant et l'adulte (vol. 1). Marseille : Solal ; 1995.

Van Hout A. Troubles du calcul et fonctions de l'hémisphère droit chez l'enfant. ANAE 1995;hors-série:34–41.

Varga-Khadem F, Gadian DG, Mishkin M. Dissociations in cognitive memory : the syndrome of developmental amnesia. Philosophical Transactions of the Royal Society London B 2001;356:1435–40.

Walton JL, Ellis E, Court SDM. Clumsy children : a study of developmmental apraxia and agnosia. Brain 1962;85:603–13.

Watkins JM, Chugani HT, Elliott TK. Positron emission tomography and neuropsychological correlations in Turner syndrome. Ann Neurol 1991;30:454.

Weil-Halpern F, Chevrie-Muller C, Simon AM. (Adaptation française du) Northwestern Syntax Screening Test. Paris : Éditions du Centre de psychologie appliquée ; 1981.

Neuropsychologie de la douleur chronique et de la souffrance

Définitions : douleur aiguë et douleur chronique

La douleur[1] est une expérience sensorielle désagréable suscitant des ajustements émotionnels, cognitifs et comportementaux dont le déploiement varie en fonction de la durée de la douleur, de son intensité, de ses caractères qualitatifs qui sont eux-mêmes liés aux mécanismes de la douleur et à la personnalité du sujet.

La première distinction à opérer concerne la douleur aiguë et la douleur chronique. En effet, la première privilégie le traitement de la cause, même s'il ne faut pas négliger le traitement symptomatique de la douleur qui peut aussi parfois résumer la conduite thérapeutique (comme la prescription d'antalgiques usuels dans le traitement de certaines migraines). La seconde, si elle peut appeler un traitement de sa cause (comme un cancer), devient par sa chronicité même une maladie appelant une évaluation et une prise en charge argumentée de la douleur elle-même.

En effet, la douleur permet certes à l'organisme de ressentir la menace de lésions tissulaires et elle permet ainsi d'éviter ou d'atténuer l'atteinte à l'intégrité du corps et de prolonger la survie. Il en est ainsi, par exemple, de la douleur suscitée par une brûlure qui illustre la fonction de signal d'alarme, d'alerte, de protection, de l'expérience douloureuse. Et, effectivement, les enfants qui ont une insensibilité congénitale à la douleur ont une diminution de l'espérance de vie. La douleur favoriserait la guérison de lésions tissulaires en imposant le repos comme par exemple en interdisant l'appui sur un membre fracturé. Mais ces considérations, si elles peuvent s'appliquer à certaines douleurs aiguës, sont inapplicables à la douleur chronique qui est comme un signal qui ne sait plus s'interrompre et qui, du même coup, perd sa fonction de signal et, débilitant l'organisme, devient une maladie en soi. Une douleur chronique ne peut donc se définir seulement par une différence de durée avec la douleur aiguë (de 3 à 6 mois ?). Le tableau 24.I résume les caractères distinctifs des douleurs aiguës et des douleurs chroniques.

Mais quels sont les liens entre les termes douleur et souffrance ? Le mot douleur (dont l'équivalent issu de la langue grecque est « algie ») est un terme descriptif : une sensation ou un ensemble de sensations pénibles. Le verbe correspondant est en latin « *dolere* » qu'on devrait traduire par « avoir mal ». Le mot « souffrance » désigne par contre non pas une sensation mais un état, une posture.

---

1. La douleur est définie par l'association internationale de l'étude de la douleur (International Association for the study of pain : IASP) comme une « expérience émotionnelle et sensorielle désagréable associée à une lésion tissulaire réelle ou potentielle ou décrite en des termes évoquant une telle lésion ».

Neuropsychologie

Tableau 24.I
Quelques caractères distinctifs des douleurs aiguës et des douleurs chroniques

	Douleur aiguë	Douleur chronique
Fonction	Alarme ou exprimant un dysfonctionnement algogène transitoire (migraine, crise de goutte, etc.)	Débilitante
Mécanisme causal	Celui de la maladie prime sur celui de la douleur Souvent bien établi	D'abord celui de la douleur (par excès de nociception, par désafférentation, psychogène…) Souvent composite
Effets physiologiques de type sympathique (hyperventilation, tachycardie, dilatation pupillaire, hypersuda-tion, etc.)	Importants	Atténués par habituation
Manifestations affectives	Dominées par l'anxiété	Dominées par la dépression
Comportement familial et social	Faible disponibilité ou indis-ponibilité transitoire	Déstabilisation et reconfiguration durables
Ré-assurance	Efficace	Peu ou pas efficace
Approche thérapeutique	Réponse médicale sympto-matique et/ou étiologique	Réadaptation après prise en compte des composantes multidimensionnelles du syndrome douloureux chronique

Il vient du latin « *suffere* » qui contient l'idée de « porter », de « supporter », dont les connotations se tressent dans un vaste champ lexical avec des mots comme affronter, endurer, ou encore pâtir dont le sens glisse encore vers patience et pas-sion. La douleur est donc un *message* reçu comme douloureux, c'est-à-dire en première approximation comme désagréable par le sujet. Elle est une expérience sensorielle et, pour le médecin, un symptôme dont on peut analyser les caractères descriptifs ou somesthésiques : où est la douleur ? Où irradie-t-elle ? est-ce un serre-ment, une brûlure ou une pulsation ? dure-t-elle quelques minutes ou quelques heures ? se renouvelle-t-elle chaque jour ? En ce sens, la douleur décrite est une expérience *universelle* : aiguë ou chronique, ces caractères d'universalité permet-tent de distinguer une douleur hépatique, une douleur osseuse, une douleur rénale comme ils permettent de dire quel tel type de mal de tête est une migraine. Mais contrairement aux autres expériences sensorielles, la douleur, dès qu'elle atteint un certain seuil, dès qu'elle atteint une certaine intensité, est un message qui envahit le cerveau comme une vague déferlante. C'est en effet ce que nous enseigne la neurophysiologie. Et ce préalable est nécessaire à la compréhension de ce qui distingue la douleur et la souffrance.

Neurophysiologie des voies de la douleur : pour comprendre ce qui lie et distingue douleur et souffrance

Classification des sensibilités : les sensibilités lemniscales et extralemniscales

La douleur fait partie des sensibilités dites générales et plus précisément des sensibilités générales *conscientes* qui avec les sensibilités dites spécifiques (vue, audition, équilibration, goût, odorat) informent l'être vivant des modifications et des événements qui surviennent en lui-même et dans son environnement.

Les sensibilités peuvent être classées de manière descriptive en distinguant les sensibilités superficielles ou extéroceptives et les sensibilités profondes ou intéroceptives ; ces dernières peuvent à leur tour être segmentées en sensibilités proprioceptives, issues des tendons, des articulations, des os et les sensibilités à point de départ viscérales dites viscéroceptives. Les sensibilités proprioceptives et viscéroceptives sont pour partie conscientes, pour partie inconscientes. Les sensibilités proprioceptives inconscientes participent à la régulation de l'équilibre statique et cinétique et du mouvement. Les sensibilités proprioceptives conscientes renseignent sur la position du corps dans l'espace et sur les mouvements du corps, constituant ainsi un véritable sens des attitudes et du mouvement, nous permettant hors du contrôle de la vue de ressentir la position des différents segments du corps et leur mobilisation dans l'espace. Les sensibilités viscéroceptives, quand elles se manifestent à la conscience, le font essentiellement sur le mode douloureux (douleurs des péritonites, des occlusions intestinales, de l'infarctus du myocarde, etc.). Les sensibilités superficielles comportent le tact, la température, la douleur. Il est resté classique de distinguer le tact épicritique, fin, localisé avec précision, rapidement perçu, du tact protopathique, qui à l'instar de la douleur est moins bien localisé.

En fait, la classification la plus opérationnelle conduit à distinguer deux grandes catégories de sensibilités selon que les voies nerveuses cheminent ou non au niveau du tronc cérébral dans le ruban de Reil médian ou *pes lemniscus median*. Car à cette distinction anatomophysiologique correspond une distinction neurophysiologique. En effet, les sensibilités extralemniscales, celles qui ne passent pas par le ruban de Reil médian ont une fonction d'alarme, d'alerte, de défense de l'organisme. Elles sont représentées par les sensibilités à la douleur (et à la température). Les sensibilités lemniscales, celles qui passent par le ruban de Reil médian, ont une fonction de connaissance. Elles sont représentées par le tact (dit épicritique) et par les sensibilités proprioceptives conscientes.

Tous les influx sensitifs en provenance des membres et du tronc convergent vers les racines postérieures de la moelle ; le corps cellulaire de ces premiers neurones est situé dans le ganglion rachidien. Les influx issus de l'extrémité céphalique convergent vers les racines sensitives des nerfs crâniens avant de pénétrer dans le tronc cérébral.

La simple comparaison du cheminement dans le névraxe des voies des sensibilités lemniscales (tact et proprioception consciente) et extralemniscales (douleur) est essentielle à la compréhension de la neuropsychologie de la douleur.

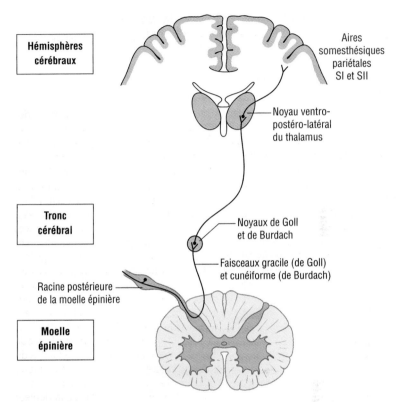

Hémisphères cérébraux

Aires somesthésiques pariétales SI et SII

Noyau ventro-postéro-latéral du thalamus

Tronc cérébral

Noyaux de Goll et de Burdach

Faisceaux gracile (de Goll) et cunéiforme (de Burdach)

Racine postérieure de la moelle épinière

Moelle épinière

Figure 24.1
Voies lemniscales (voir tableau 24.II).
Illustration Éléonore Lamoglia

Parcours des voies des sensibilités (figures 24.1 et 24.2 et tableau 24.II)

Les sensibilités lemniscales

Les sensibilités lemniscales, dispositif de connaissance, nées de récepteurs spécifiques extéroceptifs et proprioceptifs, cheminent dans des fibres myélinisées, de vitesse de conduction nerveuse rapide. Parvenues au niveau des racines postérieures de la moelle, les fibres passent dans la corne postérieure de la moelle, et pénètrent ensuite les cordons postérieurs de la moelle du même côté. La première étape les conduit par les faisceaux de Goll et de Burdach dans la moelle jusqu'au bulbe où elles font relais au niveau des noyaux de Goll et de Burdach. Les deuxièmes neurones croisent la ligne médiane pour constituer le ruban de Reil médian, qui reçoit au niveau de la protubérance les fibres sensitives du nerf trijumeau (qui assure l'essentiel de la sensibilité de la face) et aboutissent au noyau ventro-postéro-latéral du thalamus. Les troisièmes neurones thalamo-corticaux aboutissent au cortex somesthésique primaire S1, au niveau de la circonvolution pariétale ascendante

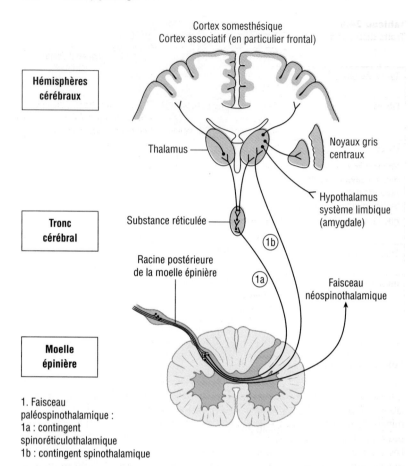

Cortex somesthésique
Cortex associatif (en particulier frontal)

Hémisphères
cérébraux

Thalamus

Noyaux gris
centraux

Hypothalamus
système limbique
(amygdale)

Tronc
cérébral

Substance réticulée

1b

Racine postérieure
de la moelle épinière

1a

Faisceau
néospinothalamique

Moelle
épinière

1. Faisceau
paléospinothalamique :
1a : contingent
spinoréticulothalamique
1b : contingent spinothalamique

Figure 24.2
Voies extralemniscales (voir tableau 24.II).
Illustration Éléonore Lamoglia

(gyrus postcentral). À chaque étape de leur parcours (cordon postérieur de la moelle, thalamus, cortex pariétal), les voies lemniscales ont une somatotopie précise en ce sens que tous les endroits du corps y sont représentés de manière topographiquement précise en une mosaïque de points différents. Ainsi au niveau pariétal, le corps se projette sous forme d'une représentation tête en bas au sein de laquelle la surface de représentation des parties du corps n'est pas fonction de leur taille mais de la richesse de leur innervation donc de la finesse de leur perception sensitive, la face, la main, et surtout les doigts ayant une surface beaucoup plus vaste que les autres segments du corps et réalisant une représentation difforme du corps classiquement nommée homunculus sensitif. Des fibres issues de S1 se projettent aussi au niveau du cortex somesthésique secondaire S2 situé en bas et en arrière de S1 et sur la lèvre supérieure de la scissure de Sylvius.

Tableau 24.II
Traits distinctifs des sensibilités lemniscales et extralemniscales

	Sensibilités lemniscales	Sensibilités extralemniscales
Types de sensibilité	Tactile (épicritique) Proprioceptive consciente	Douleur Température
Fibres	De gros diamètre (A bêta) Myélinisées Vitesse de conduction rapide	De petit diamètre (A delta et C) Peu ou pas myélinisées Vitesse de conduction lente
Voies	Paucisynaptiques	Multisynaptiques
Phénomène de convergence (davantage de seconds neurones que de premiers neurones)	Non	Oui
Cibles cérébrales	Spécifiques Limitées	Aspécifiques Multiples
Somatotopie	Précise	Imprécise (sauf pour le faisceau néo-spino-thalamique)
Interactions	Contribuent à moduler la transmission des messages douloureux : - au niveau métamérique - au niveau central	

Les sensibilités extralemniscales

Les fibres extralemniscales, dispositif d'alarme, frappent d'emblée par leur plus grande complexité liée à leur caractère multisynaptique et à la diversité de leurs cibles cérébrales. Nés de thermorécepteurs spécifiques et pour la douleur de terminaisons nerveuses libres, les influx cheminent dans des fibres peu (A delta) ou pas myélinisées (C), de petit diamètre et de vitesse de conduction nerveuse lente. Les premiers neurones pénètrent la moelle par la racine postérieure et la corne postérieure où elles font synapse avec les deuxièmes neurones qui traversent la ligne médiane pour former, au niveau du cordon latéral du côté opposé, le faisceau spino-thalamique. Un phénomène dit de convergence (moins de deuxièmes neurones que de premiers) contribue à donner à la douleur son caractère volontiers irradié. Le faisceau spino-thalamique monte alors dans la moelle et le tronc cérébral en constituant deux contingents :

- le faisceau néo-spino-thalamique, phylogénétiquement le plus récent (primates et *Homo sapiens*), suit le même trajet que les voies lemniscales jusqu'au cortex somesthésique et est le mieux organisé sur le plan somatotopique ;
- le faisceau paléo-spino-(réticulo)-thalamique, phylogénétiquement le plus ancien (commun à tous les vertébrés), dépourvu de somatotopie précise, se projette sur des cibles cérébrales multiples et bilatérales :
  - un grand nombre de fibres se dirigent vers la substance réticulée (noyau bulbaire giganto-cellulaire et noyau dorsal du raphé dans la substance grise péri-aqueducale), expliquant les liens entre l'expérience douloureuse et les fonctions qui régissent les rythmes veille–sommeil,

- elles rejoignent ensuite le thalamus (faisceau paléo-spino-réticulo-thlamique) que d'autres fibres (faisceau paléo-spino-thalamique) atteignent directement. Mais les synapses ne s'effectuent pas au niveau du noyau ventro-postéro-latéral du thalamus mais au niveau du thalamus dit non spécifique (système thalamique diffus et noyaux associatifs). Des collatérales atteignent le cervelet,

- du thalamus, des collatérales se projettent sur les *noyaux gris centraux* (pallidum, putamen, noyau caudé) rendant compte des liens entre la douleur et la motricité automatique (agitation, prostration en particulier de la douleur de l'enfant), l'*hypothalamus* qui suscite les réponse neuro-hormonales au stress, le *système limbique et en particulier l'amygdale* dont on connaît le rôle dans la gestion de la vie émotionnelle (voir chapitre 17),

- les fibres thalamo-corticales ont des projections plus diffuses que celles issues des voies lemniscales. Les études d'imagerie dynamique par la tomographie à émission de positons (TEP) et par l'imagerie fonctionnelle par résonance

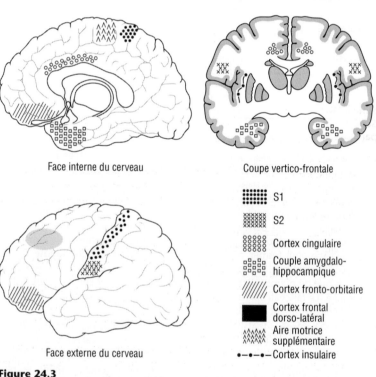

Face interne du cerveau

Coupe vertico-frontale

S1
S2
Cortex cingulaire
Couple amygdalo-hippocampique
Cortex fronto-orbitaire
Cortex frontal dorso-latéral
Aire motrice supplémentaire
Cortex insulaire

Face externe du cerveau

Figure 24.3
Représentation cérébrale de la douleur.
La liste des aires cérébrales actives est issue d'une littérature abondante relatant des protocoles multiples et ne peut être considérée comme exhaustive. D'autres aires cérébrales sont aussi citées come le cortex cingulaire postérieur, le cortex pariétal postérieur, le cortex prémoteur. Il reste à ajouter les multiples structures sous-corticales citées dans le texte.
Illustration Éléonore Lamoglia

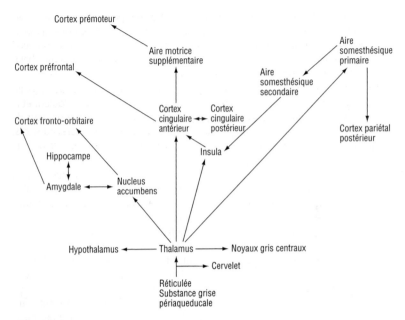

Figure 24.4
**Schéma simplifié des principales connexions des structures cérébrales activées
par la douleur.**

magnétique nucléaire (Laurent *et al.*, 2000) tendent à dresser une véritable
cartographie des modifications cérébrales (interprétées comme « réponses
cérébrales » à la douleur). Sont ainsi impliqués de manière uni- ou bilatérale
(figures 24.3 et 24.4) :
- l'aire somesthésique primaire S1,
- l'aire somesthésique secondaire S2 mais aussi le cortex insulaire (dont l'activation est proportionnelle à l'intensité de la douleur), ces régions ayant des
  liens avec l'amygdale (dont on connaît le rôle central dans l'intégration et la
  réactivité émotionnelles ; voir chapitre 17) et l'hippocampe (dont les fonctions de mémorisation sont en lien étroit avec l'activation amygdalienne),
- l'aire motrice supplémentaire (impliquée dans la préparation et la mise en
  œuvre des réponses motrices),
- le cortex cingulaire antérieur, dont l'activation est proportionnelle au
  désagrément provoqué par la douleur et qui intervient dans les aspects émotionnels, attentionnels et comportementaux mis en œuvre par la douleur,
- le cortex fronto-orbitaire, dont l'activation serait inversement corrélée à
  celle du cortex préfrontal et qui serait engagé dans les dimensions affectives de la douleur, peut-être au sein d'un réseau (Lorenz, 2003) comprenant aussi le thalamus médian et le noyau accumbens ((voir chapitre 19),
- le cortex préfrontal activé dans les douleurs chroniques et dans l'effet analgésique des situations d'évaluation et de contrôle de la douleur (Wiech

et al., 2006), ce qui suggère son intervention dans les aspects cognitifs de la douleur alors que son activation n'est pas corrélée à l'intensité de la douleur (Buschnell et Apkarian, 2006),

- le cortex pariétal postérieur, impliqué dans les traitements de l'espace et la perception physique du Soi (schéma corporel).

Ces constatations montrent les liens qui se tressent entre l'analyse qualitative de la douleur (S1, S2), son retentissement émotionnel (insula, amygdale, cingulum, cortex fronto-orbitaire), la mise en œuvre de réponses motrices (cingulum, aire motrice supplémentaire), ses aspects attentionnels et comportementaux (cingulum), la mémoire (couple amygdalo-hippocampique), l'évaluation et le contrôle cognitifs du vécu douloureux (cortex préfrontal).

De la douleur à la souffrance

Toutefois cette liste de structures ne doit pas donner du fonctionnement cérébral une conception compartimentée. Le nombre des structures impliquées tout au long du cheminement des voies de la douleur montre au contraire que par la multiplicité des cibles cérébrales investies tant dans les régions sous-corticales que corticales, la douleur dès qu'elle devient intense ou chronique envahit l'ensemble du champ de conscience d'un individu et tend à le rendre indisponible à toute autre chose que le souffrir, et c'est ainsi que l'on glisse du concept de douleur comme message à celui de souffrance comme posture : les cibles cérébrales affectées par la douleur – qu'elles intéressent l'éveil, les réactions neuro-hormonales au stress, la déstabilisation affectivo-émotionnelle, l'attention, les tentatives d'adaptation motrice et plus généralement comportementale, la mémoire, la cognition – démontrent la capacité aliénante d'une douleur devenue souffrance. Au caractère universel et communicable de l'expérience douloureuse, qui peut être décrite en termes de localisation, d'irradiation, etc., s'oppose le caractère personnel, insubstituable et plus difficilement communicable de la souffrance. Cet embrasement cérébral qui rétracte le sujet de l'agir vers le pâtir et brise sa dynamique existentielle introduit la nécessité éthique d'une prise en charge de la douleur qui sache prendre en compte l'ensemble de ses dimensions, c'est-à-dire non seulement ses aspects somesthésiques mais aussi ses aspects émotionnels et cognitifs. Car s'il existe par sa fonction protectrice une nécessité biologique de la douleur, la neurophysiologie montre que l'organisme tend de manière permanente à contrôler et à inhiber la transmission des messages douloureux aux centres supérieurs.

Mécanismes de contrôle de la douleur

Le contrôle métamérique : la théorie de la porte

Les sensations douloureuses nées de l'activation des terminaisons libres et cheminant dans les fibres de faible calibre A delta et C ne sont pas transmises telles quelles au deuxième neurone : arrivées au niveau de la corne postérieure de la moelle, elles doivent franchir ce que Wall et Melzach ont appelé une « porte » ou encore un « guichet » dont la porte d'entrée est initialement fermée par l'activation concomitante des fibres lemniscales qui de manière indirecte tendent à inhiber le franchissement de l'information douloureuse. Cette inhibition sera levée quand l'action activatrice des fibres de faible diamètre prédominera sur l'action inhibitrice des grosses fibres (figure 24.5).

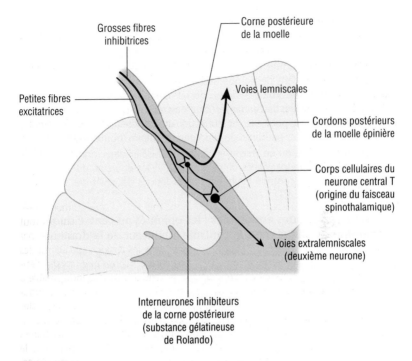

Grosses fibres
inhibitrices

Corne postérieure
de la moelle

Petites fibres
excitatrices

Voies lemniscales

Cordons postérieurs
de la moelle épinière

Corps cellulaires du
neurone central T
(origine du faisceau
spinothalamique)

Voies extralemniscales
(deuxième neurone)

Interneurones inhibiteurs
de la corne postérieure
(substance gélatineuse
de Rolando)

Figure 24.5
Théorie de porte *(gate control)* **de Wall et Melzack.**
Les décharges douloureuses activent à la fois les fibres de gros diamètre, protoneurones des voies lemniscales, de vitesse de conduction nerveuse rapide et les fibres de petit diamètre, protoneurones des voies extralemniscales, de vitesse de conduction nerveuse lente. Ces dernières font synapse au niveau de la corne postérieure de la moelle avec le deuxième neurone (neurone central T), qui croise la ligne médiane pour constituer le faiceau spino-thalamique qui transmet les messages douloureux aux centres supérieurs.
Or, l'activité de ce deuxième neurone est modulée par des interneurones inhibiteurs situés dans la substance gélatineuse de Rolando au niveau de la corne postérieure de la moelle et qui tendent à exercer sur les neurones T une action inhibitrice.
Or, les grosses fibres peu après leur entrée dans la moelle décochent des collatérales qui exercent sur ces interneurones inhibiteurs une action facilitatrice, entravant ainsi la transmission du message douloureux ; ces fibres dont les influx arrivent à la moelle de manière rapide, « ferment » la porte. Les petites fibres au contraire qui vectent la sensation douloureuse décochent aussi des collatérales qui exercent sur les interneurones inhibiteurs une action inhibitrice. Ainsi quand l'activité des petites fibres, en raison de l'intensité et de la répétition des sensations douloureuses, devient prépondérante, l'inhibition exercée par les interneurones est levée, la porte s'ouvre et la douleur est transmise.
La transmission des messages douloureux au niveau métamérique dépend donc de l'affrontement permanent de deux influences au niveau de la corne postérieure, l'une inhibitrice, lemniscale, l'autre facilitatrice, extralemniscale.
Illustration Éléonore Lamoglia

Le contrôle central de la douleur

Le contrôle central est initialisé par les voies lemniscales qui informent rapidement les centres supérieurs et dont le rôle modulateur est suggéré par l'action antalgique des stimulations électriques des cordons postérieurs de la moelle. Le contrôle inhibiteur s'organise dans de nombreuses structures : cortex somesthésique S1 et S2, cingulum, cortex orbitaire, noyau dorsal du raphé dans la substance grise péri-aqueducale. Les voies descendantes (peut-être réticulo-spinales), sérotoninergiques gagnent la moelle pour exercer leur action inhibitrice sur la transmission des influx nociceptifs par les neurones de la corne postérieure (figure 24.6).

On comprend ainsi qu'on puisse en pathologie isoler deux grands types de douleurs : les douleurs par excès de nociception et les douleurs dites neuropathiques par défaut du contrôle inhibiteur lors de lésions des voies des sensibilités lemniscales (encadré 24.1).

Morphine et peptides endogènes : les opioïdes au centre du puzzle biochimique impliqué dans le contrôle inhibiteur de la douleur

La culture du pavot *(Papaver somniferum)*, « *que la nature n'a pas en vain au sommet de ses capsules doté d'une couronne* », a accompagné les habitats humains depuis la nuit des temps. C'est, en effet, du suc des capsules de pavot que l'opium était extrait. Et la morphine, l'un des alcaloïdes de l'opium, a été isolée au début du XIXe siècle. Elle a ensuite été largement utilisée sur les champs de bataille pour contrôler les douleurs des blessés. Elle est un antalgique puissant et demeure l'antalgique de référence. Son nom a ainsi été associé à la douleur, mais il l'a aussi

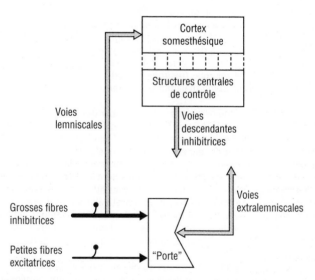

Figure 24.6
Schéma résumant les contrôles métamérique et central de la douleur.
Illustration Éléonore Lamoglia

Encadré 24.1

Les différents types de douleurs

Il est devenu classique de distinguer les douleurs dites par excès de nociception des douleurs dites par désafférentation, elles-mêmes incluses dans le cadre des douleurs observées lors des lésions du système nerveux et appelées douleurs neurogènes ou encore douleurs neuropathiques.

Les douleurs par excès de nociception

Elles sont donc liées à l'activation excessive des nocicepteurs par des stimulations mécaniques, thermiques, chimiques, électriques qui induisent la libération de substances « algogènes ».Ce sont les douleurs des processus inflammatoires aigus ou chroniques, mais aussi les douleurs provoquées par distension des parois des organes mais aussi par lésions tissulaire qu'elles soient de causes inflammatoire, anoxo-ischémique, nécrotique, compressive. Ce sont donc aussi les douleurs des cancers. Ces douleurs d'origine « profonde » peuvent être « projetées » ou « référées » à « distance » et le plus souvent sur le territoire cutané dont les fibres convergent vers les mêmes niveaux métamériques radiculaires postérieures et de la corne postérieure de la moelle*. Ainsi les douleurs cardiaques peuvent être projetées au niveau de l'épaule gauche, les coliques « hépatiques » peuvent revêtir la topographie d'un « baudrier douloureux droit ». Ces douleurs projetées doivent être distinguées des douleurs « rapportées » qui intéressent le ou les dermatomes correspondant à une ou plusieurs racines, que les lésions intéressent les racines, les plexus ou les nerfs. Ainsi la névralgie crurale par atteinte du nerf crural ou des racines L3 et L4 se projette au niveau de la face antérieure de la cuisse et de la face antéro-interne de la jambe. Ces douleurs s'accompagnent typiquement d'une hyperalgésie dite primaire située au niveau du territoire douloureux et d'une hyperalgésie secondaire en périphérie du territoire (Guilbaud *et al.*). Ces douleurs peuvent s'accompagner de troubles vasomoteurs témoignant d'un hyperactivité du système sympathique comme elle peuvent aussi s'accompagner de contractures musculaires. Elles ont volontiers un caractère mécanique exacerbé par l'action, comme elles peuvent aussi pour les douleurs inflammatoires avoir une exacerbation nocturne.

Les douleurs par excès de nociception sont sensibles aux antalgiques périphériques, (qu'ils soient ou non pourvus d'effets anti-inflammatoires, ainsi qu'aux antalgiques centraux, donc aux opiacés). Elles sont aussi sensibles aux blocs anesthésiques et aux interventions chirurgicales visant à interrompre la transmission des messages nociceptifs ; radicotomie postérieure, cordotomie antérolatérale sectionnant les voies qui y circulent et notamment le faisceau paléo-spino-(réticulo)-thalamique.

Les douleurs dites par désafférentation

Ces douleurs surviennent typiquement en l'absence de stimulation de nocicepteurs et elles sont donc imputées au déficit des contrôles inhibiteurs vectés par les fibres des voies lemniscales. Ces douleurs ne sont donc pas modifiées par les interventions décrites au paragraphe précédent et qui visent à interrompre la transmission des influx nociceptifs aux centres supérieurs. Elles sont par définition liées à des lésions du système nerveux qui interrompant la transmission des messages sensitifs, induisent dans le territoire intéressé un déficit sensitif mais aussi des douleurs. Ce territoire en effet ne peut plus être soumis aux influences inhibitrices générées par les fibres afférentes, car les messages ne peuvent plus

---

* Le territoire cutané innervé par une racine postérieure est appelé dermatome. Les dermatomes sont disposés en « bandes », transversales au niveau du tronc, longitudinales au niveau des membres. Chaque racine, et le segment de corne postérieure qui lui fait suite, aboutit à un « métamère » médullaire. Il y a ainsi de haut en bas de la moelle 31 métamères : 8 cervicaux, 12 dorsaux, 5 lombaires, 5 sacrés et 1 coccygien.

▶

atteindre les structures centrales de contrôle de la douleur qui génèrent normalement les contrôles inhibiteurs descendants. Parce qu'imputables à des lésions du système nerveux, ces douleurs ont aussi été qualifiées de neuropathiques ou de neurogènes. Ces douleurs apparaissent volontiers de manière décalée par rapport à la constitution de la lésion et elles ont tendance à se pérenniser voire à s'aggraver avec le temps. Certains auteurs souhaitent réserver le terme de douleurs de désafférentation aux douleurs générées par une lésion du système nerveux périphérique, c'est-à-dire générée en amont de la moelle. D'autres auteurs incluent sous ce terme des douleurs liées à des lésions du système nerveux central dès lors qu'elle interrompent les voies lemniscales inhibitrices comme les douleurs observées lors des atteintes des cordons postérieurs de la moelle. Mais le mécanisme de certaines douleurs neurologiques centrales peut aussi être lié à une souffrance des voies de la nociception comme les douleurs observées dans les atteintes du faisceau spinothalamique ou du thalamus. On comprend aussi que certaines lésions périphériques (cancer) ou centrales puissent intriquer les deux mécanismes : excès de nociception et désafférentation.

Quoi qu'ils en soit les douleurs dites neuropathiques outre leur survenue retardée, occupent un territoire cohérent avec une distribution nerveuse (d'un ou plusieurs nerfs ou racines, d'un hémicorps – comme le syndrome thalamique – des membres inférieurs ou des quatre membres en cas d'atteinte cordonale postérieure). Elles ont une tonalité algoparesthésique avec des décharges électriques fulgurantes sur fond paresthésique, alors qu'ailleurs prédominent les sensations de cuisson ou de brûlure. La composante émotionnelle de ces douleurs est souvent très marquée. Elles surviennent électivement au repos et la nuit. La stimulation mécanique douce comme l'effleurement peut parfois être douloureuse (allodynie) alors qu'ailleurs un massage doux de la région douloureuse peut soulager le malade comme si la manœuvre stimulait les fibres afférentes qui ne seraient pas alors strictement interrompues. Certaines douleurs neuropathiques s'accompagnent de complications trophiques imputées à un dysfonctionnement sympathique et elles sont appelées causalgies décrites lors de lésions de troncs nerveux (en particulier le nerf médian) par Weir-Mitchell chez des blessés de la guerre de Sécession des États-Unis. Les douleurs, intenses, pénibles s'exacerbent en crises particulièrement éprouvantes déclenchées par toute stimulation sensitive, sensorielle, émotionnelle : elles s'accompagnent de troubles vasomoteurs, sudoraux et trophiques : téguments rouges, chauds, tendus, luisants (« *glossy-skin* »), hypersudation.

Les douleurs neuropathiques relèvent de traitements médicamenteux d'action centrale comme les antidépresseurs tricycliques et les antiépileptiques mais aussi la morphine, voire la toxine botulinique (Jin). La neurostimulation transcutanée ou cordonale postérieure améliore aussi les douleurs par désafférentation. Les troubles pourraient être améliorés par le traitement dit du miroir qui agit par rétroaction visuelle virtuelle : le sujet réalise des mouvements avec son membre sain, tandis qu'un miroir donne l'illusion que les mouvements sont effectués par les deux membres (Mercier *et al.*, 2009).

Le cas particulier des douleurs et membres fantômes

Trois situations doivent être distinguées :

- Il est fréquent d'observer chez les amputés le phénomène du membre fantôme qui est la sensation de présence voire de mouvement du membre amputé. Des phénomènes semblables sont observés chez des sujets paraplégiques ayant un syndrome de « section médullaire ». Ce trouble qui n'apparaît qu'après l'âge de 6 ans montre que le schéma corporel, tel qu'il est organisé progressivement dans le cerveau pendant l'enfance, devient ensuite relativement indépendant des processus somesthésiques qui ont permis son élaboration ;

- les douleurs du membre fantôme ou algohallucinoses sont plus rares et constituent une réactualisation de la douleur qui précédait l'amputation (douleur mémoire : Laurent). Ces douleurs font intervenir des mécanismes spinaux comme le montre l'hyperactivité

▶ observée au niveau des neurones désafférentés du tractus spinothalamique de la corne dorsale, leur amélioration par un bloc anesthésique des racines concernées ou encore par une pathologie intercurrente comme une myélopathie cervicale. Des processus thalamiques ou corticaux sont aussi invoqués sans doute par un phénomène de neuroplasticité secondaire : ils peuvent rendre compte et de l'inefficacité secondaire des blocs anesthésiques radiculaires et de l'amélioration des douleurs par une lésion corticale intercurrente comme un infarctus intéressant le lobe pariétal. Les douleurs du membre fantôme pourraient être prévenues par une analgésie (péridurale lombaire) précédant l'intervention au moins douze heures avant l'opération (Staehelin *et al.*) ou encore par une neurostimulation du moignon réalisée précocément après l'intervention. Les traitement restent d'une efficacité aléatoire : bêta-bloquants, antidépresseurs, carbamazépine et un antagoniste non compétitif des récepteurs NMDA : la kétamine ;

- les douleurs du moignon sont des douleurs de désafférentation. Elles peuvent s'intriquer aux précédentes.

Les douleurs psychogènes

Si les douleurs organiques peuvent entraîner des réactions anxio-dépressives, si l'anxiété peut majorer par elle-même une douleur organique, il est des douleurs sans substratum organique dont le diagnostic offre des difficultés variables.

Certaines douleurs par tension musculaire (comme des céphalées) peuvent être générées par l'anxiété mais aussi par une cause intercurrente comme une hétérophorie, tendance à la déviation des axes visuels impliquant du sujet un effort de convergence pour permettre la fusion des images nées de chaque rétine.

Les douleurs des hypocondriaques se fondent sur la crainte d'être atteints d'une maladie sévère et s'accompagnent volontiers d'asthénie. Les examens médicaux normaux n'arrivent guère à rassurer le malade. Aussi, il est inutile de recourir à des examens onéreux et à des traitements agressifs qui sont sans effet sur une affection d'évolution chronique avec des phases d'amélioration et d'aggravation et qui peut mettre à l'épreuve les qualités d'écoute du thérapeute. Des préoccupations hypocondriaques peuvent être au premier plan de certains états dépressifs, exprimant en quelque sorte le sentiment péjoratif que le sujet a de lui-même. L'hypocondrie dépressive est améliorée par le traitement de la dépression.

Un certain nombre de douleurs relève d'un mécanisme de conversion (dit somatoforme dans la terminologie anglo-saxonne). Elles peuvent ou non s'intégrer dans des plaintes somatiques multiples. L'absence d'une cause organique est rejetée par le patient même si, contrairement à l'hypondriaque, le malade est moins préoccupé par la crainte d'une maladie grave que par une quête thérapeutique qui peut le rendre avide de médicaments. On peut chercher la relation des troubles à un événement, à l'évitement d'activités néfastes, au désir d'obtenir un soutien de l'entourage. La prise en charge est pour l'essentiel d'ordre psychothérapique. Les troubles somatoformes peuvent s'accompagner d'anxiété et de dépression.

été au bien-être et à l'addiction. Les antimorphiniques sont des produits dont les effets sont voisins de ceux de la morphine. Ils sont ainsi dénommés car quand ils sont administrés conjointement à la morphine, ils exercent à son égard un antagonisme compétitif. C'est ainsi qu'ils sont des antidotes de la morphine lors des intoxications aiguës et que leur administration entraîne, chez les toxicomanes à la morphine, un syndrome de sevrage. Les paradigmes morphine et antimorphiniques, accoutumance et sevrage, intoxication et antidotes, renvoient à deux notions fondamentales :

- l'existence, dans l'organisme, de « récepteurs » morphiniques ;
- donc l'existence de *substances morphinomimétiques endogènes ou « opioïdes »*, susceptible d'expliquer l'accoutumance (par multiplication des sites), le sevrage par libération soudaine des sites mais aussi l'antagonisme avec les antimorphiniques qui déplacent la morphine de ses sites, créant ainsi un syndrome de sevrage quand ils sont administrés à des morphinomanes.

Il existe ainsi quatre grandes classes de récepteurs largement distribués dans le système nerveux. Leurs ligands, spécifiques, appartiennent aussi à plusieurs familles de peptides opioïdes dont les gènes ont été identifiés :

- la propiomélanocortine, qui est notamment le précurseur de la bêta-endorphine ;
- les enképhalines ;
- les dynorphines, les néoendorphines et les dérivés de la prodynorphine.

De très nombreuses expériences et travaux scientifiques ont cherché à déterminer la localisation des récepteurs des opioïdes. Les plus classiques ont ainsi commencé par montrer que des micro-injections de morphine dans la substance grise péri-aqueducale provoquaient une analgésie puissante, alors que des micro-injections de naloxone (antimorphinique) dans cette même région annulaient les effets analgésiques obtenus par l'administration parentérale de morphine. La stimulation électrique de cette même région entraîne une analgésie comparable à celle de l'analgésie morphinique qui est elle-même réduite ou supprimée par l'administration de naloxone. Et c'est ainsi qu'a pu être établie progressivement une cartographie des récepteurs morphiniques par essence indissociable de nombre de structures déjà citées comme impliquées dans le contrôle de la douleur. Il s'agit en particulier de :

- la corne dorsale de la moelle et, tout particulièrement, la substance gélatineuse de Rolando ;
- la substance grise péri-aqueducale et la région bulbaire rostro-ventro-médiane (noyau raphé magnus, noyau paraginganto-cellulaire, noyau giganto-cellulaire) ;
- le *locus niger*, le noyau accumbens, le noyau caudé, le putamen, le thalamus ;
- l'amygdale, le cortex insulaire, le cortex orbito-frontal et le cortex cingulaire antérieur.

Ainsi, le « système analgésique à médiation endorphinique » est l'élément central mais non exclusif d'un puzzle biochimique impliqué dans le contrôle inhibiteur de la douleur dont les informations sont transmises par des systèmes descendants dont la pharmacologie particulièrement complexe fait aussi et notamment intervenir des voies bulbo-spinales sérotoninergiques (voir *supra*) de même que des voies noradrénergiques, ainsi que d'autres systèmes impliquant l'histamine, l'adénosine, la dopamine, la neurotensine.

Il reste aussi à évoquer le rôle joué par le système endocannabinoïde dont les récepteurs commencent à être individualisés (CB1 et CB2) et dont un certain nombre de ligands ont été identifiés, en particulier l'anandamide et la virodhamine. Le récepteur CB1 est largement distribué dans le cerveau. Les fonctions physiologiques des endocannabidoïdes ne sont guère des fonctions fondamentales mais plutôt des fonctions modulatrices agissant sur la cognition, la mémoire, la coordination motrice, la régulation de la température, le sommeil, l'appétit (Rice). Les fonctions analgésiques, peut-être modestes mais réelles et encore imparfaitement connues, semblent concerner et le système nerveux périphérique et le système nerveux central.

La clé de voûte de la lutte de l'organisme contre la douleur repose ainsi sur une « rétroaction » négative ; les agents algogènes activent le système analgésique dont la mise en activité vise à alléger ou suspendre la douleur. Il s'ensuit que si les neurones modulateurs de la douleur peuvent être activés par des stimulations portées sur pratiquement n'importe quel endroit du corps, les douleurs, quand elles sont administrées en plusieurs endroits, tendraient à s'inhiber mutuellement : ce pourrait être une des modalités d'action de l'acupuncture et on peut ajouter que certains comportements comme se mordre les lèvres pourraient contribuer à améliorer quelque peu une douleur corporelle. Un certain nombre de travaux tendent à montrer que l'activation du système analgésique à médiation endorphinique pourrait être associé à « l'impuissance apprise » *(learned helplessness)*. Ceci implique donc que l'activation du système endomorphinique dépend non seulement de l'intensité de la douleur, de sa durée, mais aussi de la capacité qu'a l'individu à la contrôler. Ainsi si l'on soumet des rats à des stimulations douloureuses, les rats qui ne peuvent échapper aux chocs électriques développent une analgésie, les rats qui reçoivent une quantité égale de chocs auxquels ils peuvent échapper et de chocs inévitables développent une analgésie moindre et les rats qui peuvent stopper la stimulation électrique en tournant une roue ne développent pas d'analgésie. L'analgésie observée chez les rats qui ne peuvent échapper aux chocs est réversible par la naloxone (antimorphinique) : elle est donc à médiation endorphinique. Ces constatations de Maier *et al.* ont été confirmées par des travaux ultérieurs de leur équipe (Drugan *et al.*, Hyson *et al.*) et d'autres équipes (Altier *et al.*) : l'activation du système opioïde survient après des expositions douloureuses prolongées et est majeure quand les douleurs ne peuvent pas du tout être évitées. L'analgésie induite par les stress douloureux fait aussi intervenir des mécanismes non opioïdes impliquant notamment les endocannabinoïdes (Suplita *et al.*).

Comme on le voit, la modulation de la douleur envisagée dans son enracinement neurobiologique, ramène à la mise en jeu de comportements. Ceci incite à dépasser le cadre strict de la douleur pour tenter même sommairement de prolonger le parallélisme morphine–endomorphines, cannabinoïdes–endocannabinoïdes au niveau des comportements humains en général et de la vie affective en particulier. Les consommateurs réguliers de cannabis ont un risque accru de survenue de symptômes psychotiques (Henquet *et al.*). On connaît aussi les effets « psychodysleptiques » dits « stupéfiants » de la morphine et de son proche parent, l'héroïne : état d'euphorie, sédation ou excitation avec onirisme, diminution de la perception du monde extérieur, suppression de la faim et de la soif ; ces effets renvoient sans doute à la fixation des opiacés sur les sites récepteurs de la réticulée et du système limbique. Ils peuvent permettre de penser que les endorphines, outre leur rôle antalgique, interviennent dans la genèse des processus de tension et d'apaisement, de crainte et de satisfaction. Ils montrent aussi que, de quelque angle qu'on l'aborde, la douleur par les arborescences que son déploiement neurobiologique tisse avec les émotions, la cognition, les comportements, ne peut être analysée que dans la perspective plus générale du fragment de vie qu'elle assaille et déstabilise par sa présence.

Les dimensions somesthésique, émotionnelle et cognitive de la douleur et leurs composantes comportementales

Parler de la douleur, est-ce renvoyer d'abord à un « état de conscience », et à un guide séméiologique, ou est-ce d'abord se remémorer les paroles, les cris, la crispation, l'agitation anxieuse ou la pétrification des douloureux ? Et si les traités classiques de médecine abondent en formules séméiologiques propres à analyser – certes pour secondairement les traiter – les douleurs aiguës et même les douleurs chroniques envisagées comme douleurs–symptômes, il importe aussi de savoir prendre en charge et, pour ce faire, savoir analyser ces douleurs, devenues chroniques et devenues souffrance et dont la neurobiologie permet déjà de comprendre comment elles sont en elles-mêmes une maladie. Or, si la douleur est d'abord, ou donne d'abord à voir, « un comportement » et, pour l'essentiel un mélange de paroles et de gestes, c'est bien parce qu'elle véhicule une neuropsychologie émotionnelle et cognitive trop longtemps négligée par rapport à l'analyse « sensitive » des messages douloureux. Il ne s'agit pourtant que d'un retour, sous une forme plus scientifique, de débats qui ont toujours préoccupé les philosophes. Pour ces derniers, en effet, la douleur était classée dans les états affectifs avec les plaisirs, les sentiments, les passions. Pour Aristote, la douleur est bien une expérience affective qui suscite une activité de répulsion, d'évitement (sens de la défense) et s'oppose au plaisir, « sens du besoin », couronné de la conquête d'un « objet » convoité. Pour les épicuriens, le plus doux plaisir est la cessation de l'agitation douloureuse. Les stoïciens s'efforcent de considérer la souffrance comme un simple objet : l'esprit se tient au-dessus d'elle, s'efforçant de rester indifférent. Spinoza pensait aussi que la douleur pouvait être dominée par l'exercice de l'intelligence. On pourrait multiplier ces réflexions aussi anciennes que l'humanité mais l'essentiel est bien de s'être arrêté un court instant sur la richesse de ces réflexions philosophiques qui, longtemps laissées au second plan derrière l'analyse physique de la sensation douloureuse, ont permis grâce aux progrès neurobiologiques de mettre en lien ces pensées philosophiques et l'examen du malade douloureux.

Ainsi le questionnaire élaboré par Melzack *(The McGill Pain Questionnaire)* a permis d'écouter le langage de la douleur, d'établir les classes qualitatives des mots dont usent les douloureux, de montrer ainsi les diverses dimensions de la douleur, et d'en apprécier l'intensité, fournissant ainsi un score quantitatif. Le questionnaire comprend vingt classes de mots permettant d'apprécier les dimensions sensorielle (ou somesthésique), affectivo-émotionnelle et cognitive de la douleur. Cet outil a été adapté dans plusieurs langues et son équivalent en France est le questionnaire douleur de saint Antoine de Boureau *et al.* (encadré 24.2). Il en existe une version simplifiée (tableau 24.III). Il est bien sûr important de faire le point sur les caractères quantitatifs et topographiques de la douleur (à reporter sur un schéma du corps humain : tableau 24.IV) ainsi que sur ses signes d'accompagnement. L'objectif de ces questionnaires, en dehors de leur intérêt

Encadré 24.2

Le questionnaire douleur de saint Antoine (Boureau *et al.*) Adaptation française du *McGill Pain Questionnaire*

Il permet d'évaluer les dimensions somesthésique ou sensorielle (classes de mots de A à I) et affective (classes de mots de J à P) de la douleur. Ce type de questionnaire nécessite une bonne compréhension du sujet et de bonnes aptitudes à verbaliser, ce qui peut poser problème chez les sujets alexithymiques ou chez les sujets de faible niveau culturel, aphasiques et déments. Ceci montre l'intérêt de la version abrégée et bien sûr des échelles comportementales.

Nom :   Prénom :   Date :

Ci-dessous, une liste de mots utilisés pour définir une douleur.
Choisissez dans chaque groupe le terme qui définit le mieux votre douleur. Donnez à chaque mot une note de 0 à 4 :
0 = absent/pas du tout
1 = un peu/faible
2 = modéré/moyennement
3 = fort/beaucoup
4 = extrêmement fort/extrêmement

A	G	M
Battements	Froid	Harcelante
Pulsations	Glace	Obsédante
Élancements		Cruelle
En éclairs		Torturante
Décharges électriques		Suppliciante
Coups de marteau		

B	H	N
Rayonnante	Picotements	Gênante
Irradiante	Fourmillements	Désagréable
	Démangeaisons	Pénible
		Insupportable

C	I	O
Piqûre	Engourdissement	Énervante
Coupure	Lourdeur	Exaspérante
Pénétrante	Sourde	Horripilante
Transperçante		
Coup de poing		

D	J	P
Pincement	Fatigante	Déprimante
Serrement	Épuisante	Suicidaire
Compression	Éreintante	
Écrasement		
En étau		
Broiement		

▶

| **E** Tiraillement Étirement Distension Déchirure Torsion Arrachement | **K** Nauséeuse Suffocante Syncopale | |
| **F** Chaleur Brûlure | **L** Inquiétante Oppressante Angoissante | |

Tableau 24.III
Version abrégée du questionnaire douleur de saint Antoine (Boureau *et al.*) constituée de 16 qualificatifs (huit somesthésiques et huit affectifs) dont chacun doit être quantifié

	Absent/non	Faible/un peu	Modéré/ modérément	Fort/ beaucoup	Extrêmement/ extrêmement fort
Élancement					
Pénétrante					
Décharge électrique					
Coup de poignard					
En étau					
Tiraillement					
Brûlure					
Fourmille-ment					
Lourdeur					
Épuisante					
Angoissante					
Obsédante					
Insupportable					
Énervante					
Exaspérante					
Déprimante					

Tableau 24.IV
Questionnaire général du sujet douloureux d'après Melzack

Nom :	Prénoms :
Date de naissance :	Âge :
Dossier n° :	Date :
Données cliniques :	

Première partie :
Localisation de la douleur

E : douleur externe
I : douleur interne
EI : douleur interne et externe

Deuxième partie

A) Intensité actuelle de la douleur :
La douleur est :

1. Discrète, légère

2. Désagréable

3. Pénible

4. Cruelle, horrible

5. Atroce, insupportable

B) Qu'est-ce qui soulage la douleur ?

C) Qu'est-ce qui aggrave la douleur ?

Troisième partie

A) la douleur est :	Continuelle, permanente, persistante			
	Rythmique, périodique, intermittente			
	Brève, transitoire, momentanée			
	Calmée par le repos allongé			
	Calmé la nuit			
B) Avez-vous besoin d'un médicament pour dormir ?	Oui	Non		
C) Vous sentez-vous somnolent le jour ?	Oui	Non		
D) Avez-vous besoin d'un médicament pour vous endormir ?	Oui	Non		
E) Vous réveillez-vous souvent la nuit ?	Oui	Non		
F) la douleur s'accompagne de :	Nausées	Oui	Non	
	Vomissements	Oui	Non	
	Constipation	Oui	Non	
	Diarrhée	Oui	Non	
	Perte d'appétit	Oui	Non	
	D'autres troubles	Oui	Non	Lesquels ?

Illustration Éléonore Lamoglia.

« métrologique », est d'apprendre à repérer dans le discours du patient la manière dont il exprime les dimensions somesthésique, émotionnelle, cognitive et même spirituelle de la douleur (encadré 24.3). Ces éléments sont essentiels à la prise

---

Encadré 24.3

Illustration de mots ou de bribes de conversation avec le malade ou de témoignages littéraires permettant de repérer les différentes dimensions de la douleur

Somesthésique–discriminative

« *Frémissante, battante, pulsatile, comme des coups, comme des éclairs, comme une piqûre, un fourmillement, une démangeaison, cuisante, comme un pincement, comme une crampe, elle ronge, elle écrase, comme un poids très lourd.* »

« *Formes de la douleur. Quelquefois… une coupure… ou bien des coups de canif… des dents de rats très aiguës grignotant les doigts.* »[3]

Affective et émotionnelle

« *Fatigante, exténuante, écœurante, étouffante, effroyable, cruelle, terrifiante, tuante, épuisante, éprouvante, elle déprime le moral.* »

« *La torture… pas de mots pour rendre ça, il faut des cris.* »[1]

« *Bien singulière, cette peur que me fait la douleur maintenant.* »[1]

« *Étendu sur ma couche, je me dis : à quand le jour ? Sitôt levé ; quand serai-je au soir ?* »[2]

Cette dimension peut ainsi s'exprimer par la peur, l'anxiété, la dépression, la colère, l'agressivité.

Cognitive ou évaluative

Elle permet l'évaluation, l'interprétation des douleurs, dégageant ou recherchant leur signification. Se hissant parfois à un niveau philosophique et métaphysique cette dimension s'intrique avec ce qui pourrait être nommé la dimension spirituelle de la douleur.

« *Il ne faut pas que je me tourne de ce côté…*

Je lis, longtemps, assis sur mon lit – la seule position endurable, pauvre vieux Don Quichotte blessé, à cul dans son armure, au pied d'un arbre. »[1]

« *S'il y a du bruit, la douleur va revenir…*

« *cette sciatique qui est venue s'ajouter au cancer…*

« *tout cela est absurde…*

« *je pense au mariage de ma fille…*

« *sois sage,ô ma douleur et tiens toi plus tranquille…* »[3]

« *Je me demande pourquoi la souffrance n'accable qu'une minorité.* »[4]

« *La douleur s'aviva, mais il ne fit pas un geste… Il se disait seulement : "Vas-y, vas-y, tape, cogne !… Mais pourquoi ?… Que t'ai-je fait ?… Pourquoi ?…"* »[5]

« *À souffrir le mal, on arrive au mépris de la souffrance.* »[6]

« *A priori, accueille l'épreuve, strictement, poliment. Alors, ayant accepté de cohabiter, fais-en le tour, jauge-là, cherche les défauts de sa cuirasse. Et puis, réagis, déclare toi-même une guerre d'offensive, un guerre de conquête.* »[7]

« *Il pleurait sur son impuissance, son affreuse solitude, la cruauté des hommes, la cruauté de Dieu, l'absence de Dieu.* »[5]

[1] Alphonse Daudet. *La Doulou.*
[2] *Le Livre de Job*, 7, 4.
[3] Charles Baudelaire. *Les Fleurs du mal.*
[4] Émil Cioran. *Sur les Cimes du désespoir.*
[5] Léon Tolstoï. *La Mort d'Ivan Illitch.*
[6] Sénèque. *La Providence.*
[7] Suzanne Fouché. *Souffrance, école de vie.*

en charge de la douleur chronique, à l'adaptation des protocoles thérapeutiques et ils doivent être intégrés dans les soins dits palliatifs et l'accompagnement des malades en fin de vie. Les outils d'évaluation comportementale, comme l'échelle de Boureau *et al.* (tableau 24.V), sont d'un secours d'autant plus grand que les difficultés de verbalisation sont importantes.

Les méthodes les plus rapides tentent d'évaluer quantitativement la douleur, mais elles n'ont pas la palette de nuances des questionnaires, voire de l'écoute attentive du malade. L'échelle visuelle analogique (EVA) consiste à demander au patient de situer sa douleur sur une ligne horizontale de dix centimètres dont le début et la fin, clairement identifiés indiquent au début, l'absence de douleur et à la fin, la douleur maximale imaginable. On peut aussi utiliser une échelle numérique qui en plus de la précédente a des graduations de 0 à 10. Des échelles verbales demandent au malade de choisir un qualificatif parmi plusieurs autres : (absence, légère ou faible, moyenne ou modérée, importante ou intense, extrêmement intense). On peut utiliser un nombre plus important de qualificatifs, ce qui ne facilite pas la tâche d'appréciation.

L'appréciation de la douleur de l'enfant est plus difficile et ne doit pas méconnaître la prostration (ou atonie psychomotrice) de l'enfant algique. Si à partir de l'âge de 4 ans et surtout de 6 ans, l'échelle visuelle analogique peut être utile, on y associe aussi l'échelle des six visages SPS allant de l'absence de douleur à une douleur particulièrement intense et en demandant à l'enfant de désigner le visage qui a autant mal que lui (échelle d'Oucher). On peut aussi utiliser le test

Tableau 24.V
Échelle d'observation comportementale de Boureau *et al.* (*Réan Urg* 1993 ; 2, 3 bis : 331-5) modifiée par l'équipe Soutien Douleur du CHU de Bordeaux et le CCEQA*

Nom : Prénom : Date :	Score (de 0 à 2)
Pousse des gémissements, des plaintes (expression de pleurs, de gémissements, de cris, avec ou sans larmes)	
Front plissé, crispation du visage (Expression du visage, du regard et mimique douloureuse)	
Attitudes antalgiques visant à la protection d'une zone en position de repos « assis ou allongé » (Recherche active d'une posture inhabituelle ou adoption spontanée et continue d'une zone présumée douloureuse)	
Mouvements précautionneux (À la sollicitation, réaction de défense coordonnée ou non d'une zone présumée douloureuse, ou évitement de la mobilisation d'une zone présumée douloureuse)	
Agressivité/agitation ou mutisme/prostration (Communication intensifiée traduite par une forte agitation absence/refus de communication traduit par une absence de mouvements ou repli sur soi)	

Pour chaque item, l'observateur doit attribuer une note (0 = absent ; 1 = faible ; 2 = marqué). Le patient est considéré comme douloureux si le score total atteint ou dépasse 2
*www.cceqa.asso.fr

des cinq jetons d'Hester, l'enfant devant prendre d'autant plus de jetons qu'il a davantage mal (voir revue générale in Williams et Asquith). Mais les difficultés de verbalisation (qui sont à l'étymologie du mot « enfant ») légitiment le recours préférentiel à des échelles comportementales comme la DEGR (encadré 24.4).

Encadré 24.4

Grille comportementale DGER (Douleur Enfant Gustave Roussy) de Gauvain-Piquard *et al.**

Nom :   Prénom :   Date :

Item 1 : position antalgique au repos
Spontanément l'enfant évite une position ou bien s'installe dans une posture particulière, malgré une certaine gêne, pour soulager la tension d'une zone douloureuse. À évaluer lorsque l'enfant est SANS ACTIVITÉ PHYSIQUE, allongé ou assis. À NE PAS CONFONDRE avec l'attitude antalgique dans le mouvement.
Cotation :
- 0 : absence de position antalgique : l'enfant peut se mettre n'importe comment ;
- 1 : l'enfant semble éviter certaines positions ;
- 2 : l'enfant ÉVITE certaines positions mais n'en paraît pas gêné ;
- 3 : l'enfant CHOISIT une position antalgique évidente qui lui apporte un certain soulagement ;
- 4 : l'enfant recherche sans succès une position antalgique et n'arrive pas à être bien installé.

Item 2 : manque d'expressivité
Concerne la capacité de l'enfant à ressentir et à exprimer sentiments et émotions, par son visage, son regard et les inflexions de sa voix. À étudier alors que l'enfant aurait des raisons de s'animer (jeux, repas, discussion).
Cotation :
- 0 : l'enfant est vif, dynamique, avec un visage animé ;
- 1 : l'enfant paraît un peu terne, éteint ;
- 2 : au moins un des signes suivants : traits du visage peu expressifs, regard morne, voix marmonnée et monotone, débit verbal lent ;
- 3 : plusieurs des signes ci-dessus sont nets ;
- 4 : visage figé, comme agrandi. Regard vide. Parle avec effort.

Item 3 : protection spontanée des zones douloureuses
En permanence l'enfant est attentif à éviter un contact sur la zone douloureuse.
Cotation :
- 0 : l'enfant ne montre aucun souci de se protéger ;
- 1 : l'enfant évite les heurts violents ;
- 2 : l'enfant protège son corps, en évitant et en écartant ce qui pourrait le toucher ;
- 3 : l'enfant se préoccupe visiblement de limiter tout attouchement d'une région de son corps ;
- 4 : toute l'attention de l'enfant est requise pour protéger la zone atteinte.

---

* Gauvain-Piquard A, Rodary C, Rezvani A, Serbouti S. Development of the DEGR : a scale to assess pain in young children with cancer. Eur J Pain 1999 ; 3 : 165-76 et www.pediadol.org/grille-degr-douleur-enfant-gustave-roussy.html

▶

Item 4 : plaintes somatiques

Cet item concerne la façon dont l'enfant a dit qu'il avait mal, spontanément ou à l'interrogatoire, pendant le temps d'observation.

Cotation :

- 0 : pas de plainte : l'enfant n'a pas dit qu'il a mal ;
- 1 : plaintes « neutres » : sans expression affective (dit en passant « j'ai mal ») et sans effort pour le dire (ne se dérange pas exprès) ;
- 2 : au moins un des signes suivants : a suscité la question « qu'est-ce que tu as, tu as mal ? », voix geignarde pour dire qu'il a mal, mimique expressive accompagnant la plainte ;
- 3 : en plus de la COTATION 2, l'enfant : a attiré l'attention pour dire qu'il a mal, a demandé un médicament ;
- 4 : c'est au milieu de gémissements, sanglots ou supplications que l'enfant dit qu'il a mal.

Item 5 : attitude antalgique dans le mouvement

Spontanément, l'enfant évite la mobilisation, ou l'utilisation d'une partie de son corps. À rechercher au cours d'ENCHAÎNEMENTS DE MOUVEMENTS (ex. : la marche) éventuellement sollicités. À NE PAS CONFONDRE avec la lenteur et rareté des mouvements.

Cotation :

- 0 : l'enfant ne présente aucune gêne à bouger tout son corps. Ses mouvements sont souples et aisés ;
- 1 : l'enfant montre une gêne, un manque de naturel dans certains de ses mouvements ;
- 2 : l'enfant prend des précautions pour certains gestes ;
- 3 : l'enfant évite nettement de faire certains gestes. Il se mobilise avec prudence et attention ;
- 4 : l'enfant doit être aidé, pour lui éviter des mouvements trop pénibles.

Item 6 : désintérêt pour le monde extérieur

Concerne l'énergie disponible pour entrer en relation avec le monde environnant.

Cotation :

- 0 : l'enfant est plein d'énergie, s'intéresse à son environnement, peut fixer son attention et est capable de se distraire ;
- 1 : l'enfant s'intéresse à son environnement, mais sans enthousiasme ;
- 2 : l'enfant s'ennuie facilement, mais peut être stimulé ;
- 3 : l'enfant se traîne, incapable de jouer. Il regarde passivement ;
- 4 : l'enfant est apathique et indifférent à tout.

Item 7 : contrôle exercé par l'enfant quand on le mobilise (mobilisation passive)

L'enfant que l'on doit remuer pour une raison banale (bain, repas) surveille le geste, donne un conseil, arrête la main ou la tient.

Cotation :

- 0 : l'enfant se laisse mobiliser sans y accorder d'attention particulière ;
- 1 : l'enfant a un regard attentif quand on le mobilise ;
- 2 : en plus de la COTATION 1, l'enfant montre qu'il faut faire attention en le remuant ;
- 3 : en plus de la COTATION 2, l'enfant retient de la main ou guide les gestes du soignant ;
- 4 : l'enfant s'oppose à toute initiative du soignant ou obtient qu'aucun geste ne soit fait sans son accord.

Item 8 : localisation de zones douloureuses par l'enfant

Spontanément ou à l'interrogatoire, l'enfant localise sa douleur.

Cotation :

- 0 : pas de localisation : à aucun moment l'enfant ne désigne une partie de son corps comme gênante ;
- 1 : l'enfant signale, UNIQUEMENT VERBALEMENT, une sensation pénible dans une région VAGUE sans autre précision ;

▶
- 2 : en plus de la COTATION 1, l'enfant montre avec un geste vague cette région ;
- 3 : l'enfant désigne avec la main une région douloureuse précise ;
- 4 : en plus de la COTATION 3, l'enfant décrit, d'une manière assurée et précise, le siège de sa douleur.

Item 9 : réactions à l'examen des zones douloureuses
L'examen de la zone douloureuse déclenche chez l'enfant un mouvement de défense, ou de retrait, et des réactions émotionnelles. Ne noter que les réactions provoquées par l'examen, et NON CELLES PRÉ-EXISTANTES À L'EXAMEN.
Cotation :
- 0 : aucune réaction déclenchée par l'examen ;
- 1 : l'enfant manifeste, juste au moment où on l'examine, une certaine réticence ;
- 2 : lors de l'examen, on note au moins un de ces signes : raideur de la zone examinée, crispation du visage, pleurs brusques, blocage respiratoire ;
- 3 : en plus de la COTATION 2, l'enfant change de couleur, transpire, geint ou cherche à arrêter l'examen ;
- 4 : l'examen de la région douloureuse est quasiment impossible, en raison des réactions de l'enfant.

Item 10 : lenteur et rareté des mouvements
Les mouvements de l'enfant sont lents, peu amples et un peu rigides, même à distance de la zone douloureuse. Le tronc et les grosses articulations sont particulièrement immobiles. À comparer avec l'activité gestuelle habituelle d'un enfant de cet âge.
Cotation :
- 0 : les mouvements de l'enfant sont larges, vifs, rapides, variés, et lui apportent un certain plaisir ;
- 1 : l'enfant est un peu lent, et bouge sans entrain ;
- 2 : un des signes suivants : latence du geste, mouvements restreints, gestes lents, initiatives motrices rares ;
- 3 : plusieurs des signes ci-dessus sont nets ;
- 4 : l'enfant est comme figé, alors que rien ne l'empêche de bouger.
SCORE TOTAL = .../40
Sous-scores exprimant :
- les signes directs de douleur : 1 + 3 + 5 + 7 + 9 =
- l' expression volontaire de douleur : 4 + 8 =
- l'atonie psychomotrice : 2 + 6 + 10 =

La composante somesthésique (voir encadré 24.3)

Elle concerne la description de la douleur et notamment sa localisation, ses irradiations, ses conditions d'apparition ou d'aggravation (le jour ou la nuit), le mode évolutif qu'il s'agisse d'une douleur permanente, de crises douloureuses avec ou sans fond douloureux permanent), le type de la douleur (brûlure, élancement, décharges électriques, etc.). La neurophysiologie permet de comprendre la localisation souvent approximative de la douleur, la projection sur les dermatomes cutanés de douleurs profondes. L'examen clinique peut affiner la description donnée par le malade en mettant en évidence une douleur provoquée, une anomalie de l'examen général, des signes indiquant une lésion neurologique.

Cette dimension nécessite et l'écoute attentive du malade et un interrogatoire orienté.

La composante affectivo-émotionnelle

La neurophysiologie permet de comprendre les liens étroits que tissent les structures nerveuses impliquées dans le traitement des informations douloureuses et les structures impliquées dans la gestion du stress et des émotions. Mais les interactions entre la douleur et l'émotion ne sont pas univoques. C'est certes la composante affectivo-émotionnelle qui confère à la douleur sa pénibilité et nous avons vu combien le langage du malade peut rendre compte de la déstabilisation émotionnelle qui lui est associée. D'ailleurs les composantes somesthésique et émotionnelle de la douleur peuvent être dissociées : ainsi les lobotomies préfrontales laissaient persister la discrimination des sensations douloureuses mais engendraient à leur égard un comportement d'indifférence. Les opiacés agissent plus sur les qualités émotionnelles que sur les qualités somesthésiques de la douleur, montrant en quelque sorte que l'on peut avoir mal (douleur réduite à un message) sans souffrir. Au vécu émotionnel proprement douloureux peut s'ajouter l'impact de symptômes non douloureux qui accompagnent la maladie causale et qui exacerbant l'inconfort exacerbent aussi la douleur ; il s'agit par exemple de la diarrhée, de nausées, de vomissements, du hoquet, du prurit, de la dyspnée, de la sécheresse de bouche. Ces manifestations, si fréquentes chez les malades en soins palliatifs, doivent donc être soigneusement dépistées et traitées.

Certes le plus souvent c'est la douleur qui est directement responsable de la détresse émotionnelle avec ces sentiments mêlés de désagrément, de pénibilité, de peur, d'incertitude qui expriment la « posture douloureuse » qu'est la souffrance. On comprend dès lors l'intérêt thérapeutique des substances qui, sans agir sur le message douloureux lui-même, émoussent son retentissement affectif et allègent la souffrance. La déstabilisation émotionnelle peut aussi générer une dépression, de l'anxiété, mais aussi des troubles du caractère avec agressivité, irritabilité et l'occurrence de ces troubles est d'autant plus importante que la douleur dure plus longtemps. Leur diagnostic repose sur l'écoute et l'interrogatoire du malade, de l'équipe soignante, de la famille ; il peut être facilité soit par des entretiens semistructurés reprenant les manifestations cliniques de la dépression (par exemple selon le DSM comme le questionnaire de diagnostic d'un état dépressif, voir chapitre 17), soit par des échelles quantifiées comme le *Hospital Anxiety and Depression Scale*. Toutefois les manifestations somatiques de la dépression peuvent se confondre avec celles liées au caractère débilitant de la douleur chronique, ou des thérapeutiques antalgiques ou de la maladie causale : il en est par exemple ainsi des troubles du sommeil, de l'appétit, de la perte de poids, de la fatigue. Il faut donc être attentif aux manifestations qui relèvent de la psychologie dépressive : la tristesse, le manque d'espoir, le désintérêt à l'égard des activités habituelles, de la famille alors même que ce désintérêt est vécu douloureusement tout comme cette perte douloureuse de toute motivation à entreprendre qui caractérise l'apathie dépressive. Il s'agit aussi du sentiment d'auto-dépréciation, du *taedium vitae*, de l'inconfort plus marqué le matin que le soir, de l'allongement du temps vécu. Les idées suicidaires et les tentatives de suicides sont plus fréquentes chez les douloureux chroniques que dans la population générale (Magni). L'intensité de la dépression est aussi en lien avec la sévérité des douleurs. Mais il ne faut pas pour autant en inférer que la dépression est inéluctable : sa fréquence chez les douloureux chroniques oscillerait de 10 (Pilowski) à 18 % (Magni) des cas, le pourcentage de 18 % devant être contrasté avec la fréquence de 8 % de dépressions dans la population générale. Ainsi, sans pouvoir être confondues, la douleur chronique et la dépression nouent des liens complexes et discutés : les antécédents dépressifs accroissent le risque de dépression lors d'une douleur chronique ; le risque de dépression serait aussi d'autant plus grand que la douleur limite la vie relationnelle et donc les interactions sociales, ce qui génère un déficit de l'estime de soi. La douleur, par l'inconfort et la détresse qu'elle entraîne, pourrait aussi favoriser la réminiscence d'événements de vie désagréables, engluant le malade dans un cercle vicieux qui renforce et le pessimisme et la douleur (Eich). La culpabilité dépressive pourrait conduire aussi, par un glissement vers la dimension cognitive de la douleur, à une culpabilité qui tendrait à considérer la douleur comme une punition et ce, aussi bien chez l'adulte que chez l'enfant (Gaffney).

L'anxiété, multiple dans ses aspects, est souvent associée à la douleur. Elle peut être source de tension musculaire, qui elle-même exacerbe la douleur. Elle peut être liée à la crainte d'une menace à l'égard de l'intégrité mentale et corporelle. Elle peut devenir une anxiété anticipatrice à l'égard de la possible récidive d'un paroxysme douloureux, ce qui suscite des distorsions comportementales nuisibles au contrôle de la douleur : il a pu être montré que les frayeurs anticipatrices des enfants à l'égard des personnels soignants vaccinateurs commençaient à partir de l'âge de 6 mois (Lévy). L'anxiété peut être provoquée par la peur de la séparation des êtres chers comme elle peut, diffuse et variable dans ses surgissements, être « ce sentiment obscur et pénible d'attente » dont parlait Lévy-Valensi.

Certains malades douloureux ont des manifestations d'agressivité, de colère, d'impatience, multipliant les exigences à l'égard de leurs proches ou des équipes soignantes. Il faut savoir reconnaître parfois les manifestations d'une dépression hostile. L'agressivité peut aussi témoigner d'une posture anaclitique de sujets qui se sentent dépendants d'autrui (la proche famille, le médecin, l'infirmier) et qui en souffrent alors même qu'ils sollicitent de l'aide. L'agressivité peut alterner avec un sentiment de honte ou de culpabilité provoqué par l'irritation que ressent le malade à l'égard de ceux dont il espère la guérison. Il faut en tout cas que ceux qui ont des responsabilités de soins maîtrisent les réactions primaires que pourrait susciter la colère ou les exigences de douloureux pour s'en tenir à une attitude psychothérapique d'écoute à l'égard de manifestations agressives qui sont soustendues par la détresse et qui en s'exprimant permettront à terme de revenir aux vrais problèmes : la douleur et l'intense déstabilisation émotionnelle d'une vie que la douleur chronique (et la maladie qui en est la cause) bouleversent sur le plan personnel, familial, social.

Ainsi on voit que la détresse émotionnelle peut être provoquée par la douleur, comme elle peut susciter ou aggraver une douleur ; elles peuvent aussi exister ensemble, l'une aggravant l'autre. Chez les patients céphalalgiques, par exemple, ce sont ceux dont la détresse affective est la plus importante qui se plaignent le plus et consomment le plus de médicaments (Philips). Les liens entre les lombalgies chroniques ou tout au moins leur intensité, la dépression et les événements de vie déstabilisants ont aussi été soulignés (Atkinson).

À l'inverse des émotions de valence positive sont susceptibles d'atténuer le vécu douloureux : ainsi il a pu être expérimentalement montré que des douleurs liées au froid *(« cold-pressor pain »)* étaient mieux supportées quand les sujets étaient invités à susciter une imagerie émotionnelle faite de classes d'images suscitant des sentiments d'estime de soi, d'orgueil, de gaieté (Horan *et al.*).

Il reste que quelques malades peuvent surmonter les émotions négatives suscitées par la douleur qu'ils affrontent de manière résolue : ce type de comportement *(coping)* peut relever de la personnalité du sujet, de sa capacité à gérer les événements de vie désagréables, comme de la fonction que peut acquérir la douleur dans le déroulement de sa vie ou encore du sens qu'il peut donner à sa douleur. Ceci montre encore les liens que peuvent tisser les dimensions émotionnelle et cognitive de l'expérience douloureuse.

La composante cognitive

La dimension cognitive permet l'évaluation, l'interprétation des douleurs, recherchant ou dégageant leur signification, élaborant des stratégies d'évitement, d'adaptation d'affrontement *(coping)* de la douleur, en se fondant sur l'analyse du vécu douloureux mais aussi sur la mémoire, le jugement, le raisonnement, l'imagination, la philosophie et la personnalité propres à chaque sujet.

Cette dimension cognitive est à la fois culturelle et personnelle. Les douleurs de l'accouchement (syndrome de la couvade) sont vécues par les hommes de certaines populations primitives. Si l'on peut voir dans le cycle anxiété–tension–douleur l'une des causes des douleurs de l'accouchement et si l'on peut voir dans la relaxation l'un des moyens d'atténuer la tension donc les douleurs, il est incontestable que des données culturelles ont aussi contribué à pérenniser le caractère « inévitable » des douleurs obstétricales jusqu'au renversement de vapeur opéré par le slogan : « accouchement sans douleur ». De même, l'accession à une signification métaphysique de la douleur modifie le comportement du sujet à son égard.

Ces dimensions cognitives s'enracinent dans l'histoire propre à chaque sujet. Ainsi dans *La Mort d'Ivan Illitch*, Tolstoï signale que c'est seulement quand il a réalisé l'absurdité de la vie qu'il est submergé par la douleur. Les soldats en campagne et les civils n'ont pas le même comportement pour des blessures identiques (Beecher) : les plaintes et les demandes de soins des soldats sont moindres, vraisemblablement parce que leur blessure, les éloignant du front, leur permettait d'échapper à des risques encore plus grands et de rentrer chez eux, alors que chez les civils, l'accident signifiait la rupture avec leur vie antérieure et l'irruption dans un environnement plus menaçant. De nombreuses expériences ont appuyé ces constatations cliniques. Wolff et Horland demandaient à des volontaires d'imaginer qu'ils recevraient mille dollars s'ils attendaient avant de dire « stop » au moment où ils rêvaient une stimulation électrique : cette imagerie mentale accroissait la tolérance à la douleur. Blitz et Dinnerstein étudiant le seuil d'une douleur provoquée par le froid (« *cold-pressor test* ») constataient que par rapport au groupe témoin, le groupe auquel on demandait de fixer son attention sur le froid en ignorant la douleur et le groupe auquel on demandait de considérer le froid comme agréable, avaient tous deux un élévation de la tolérance à la douleur. Davison et Valins ont montré combien la tolérance à la douleur pouvait être augmentée quand les sujets peuvent attribuer leur comportement à leurs propres efforts en opposition à ceux qui l'attribuent aux effets d'un médicament. Ainsi, deux groupes de sujets sont soumis à des chocs électriques, reçoivent un placebo et sont soumis à des chocs moins intenses : le groupe qui sait qu'il a reçu le placebo tolère mieux les chocs suivants que le second groupe de sujets qui attribuent leur amélioration de tolérance à la prise du médicament.

Les aspects cognitifs de la douleur renvoient aussi à la somme d'informations dont dispose le sujet et qui dépendent certes de sa propre histoire mais aussi des avis, bavardages, sollicitations de l'entourage. Il faut y ajouter le propre désir de savoir qui anime le sujet tout comme l'attention que le médecin ou l'équipe soignante attachent au contenu de l'information à délivrer au patient. Les comportements des malades sont très variables. Certains ne souhaitent aucune information, soit parce qu'ils font une confiance aveugle au médecin, soit par déni et ainsi pour fuir une angoisse trop déstructurante. D'autres se lancent dans la quête avide des moindres détails, tandis que d'autres enfin se contentent d'informations globales plus ou moins vagues. L'essentiel dans la relation soignant–soigné est de trouver un langage commun et la configuration des informations qui, en fonctions des personnalités de chacun, permettent au malade de participer à sa prise en charge thérapeutique. Ainsi, l'information du malade en préopératoire diminue l'utilisation des antalgiques après l'acte chirurgical et raccourcit la durée d'hospitalisation. Wolfer et Visintainer ont utilisé pour 40 enfants et leurs parents, une technique de préparation préopératoire associant une information précise concernant la séquence des événements, les expériences somesthésiques, les prévisions de procédures de soins. Comparés à 40 enfants non préparés, ce groupe a montré moins de comportements douloureux, une plus grande coopération aux soins, une moindre résistance à l'induction anesthésique, une plus grande rapidité à parler au réveil, une anxiété parentale moindre et une plus grande satisfaction à l'égard des soins reçus. Une information bien construite, bien adaptée, est donc susceptible de favoriser le contrôle, en tout cas, de favoriser un meilleur contrôle des douleurs. Ainsi en est-il de la constatation aujourd'hui banalisée de Keeri-Szanto qui, en 1979, montra que, quand en période postopératoire, les malades sont responsables de l'administration de leurs opioïdes, la douleur est mieux contrôlée, alors que les doses de médicaments utilisées ne sont pas excessives. Ainsi la prise de conscience active de la douleur et la possibilité donnée au malade d'être lui-même un acteur dans la gestion de son vécu douloureux peut contribuer à l'arracher à la passivité de la seule plainte.

Mais l'interprétation que donne le sujet à sa douleur joue un rôle fondamental dans la capacité qu'il pourra déployer à « affronter » *(coping)* sa douleur. Ainsi chez les malades atteints de cancer, la douleur est d'autant plus difficile à contrôler qu'elle est attribuée à l'évolution même du cancer plutôt qu'à un trouble intercurrent. Ainsi, un malade peut voir sa douleur contrôlée par de la codéine tant qu'il la pense due à une « sciatique », alors même que le contrôle de la même douleur devient beaucoup plus difficile et nécessite une augmentation des doses d'antalgiques sitôt qu'il apprend que la sciatique est due à une métastase du cancer (Cassell). Le catastrophisme désigne les pensées négatives qu'a le malade à l'égard des douleurs, et de ses capacités à les gérer (tableau 24.VI). Ce comportement, suivi de manière journalière, s'associe à des douleurs plus importantes, un handicap plus marqué, et une plus importante dépressivité (Turner). À l'opposé, les stratégies d'affrontement *(coping)* permettent au sujet de déployer des pensées ou des actions lui permettant de composer avec

Tableau 24.VI
Déclarations permettant de contraster le catastrophisme et l'affrontement
(coping), inspiré de Flor et Turk

Catastrophisme *(catastrophizing)*	Affrontement *(coping)*
« Quoique je fasse, ma douleur ne s'améliore pas »	« Il me faut gérer cette douleur »
« Je ne peux plus supporter cette douleur plus longtemps »	« Si j'arrive à me détendre, les choses pourront aller un peu mieux »
« Tout ceci ne finira jamais »	« Je dois pouvoir composer avec la douleur »
« Il n'y a rien de pire que cette douleur »	« Il peut y avoir pire que ma douleur »
« Cette douleur me tue »	« J'espère aller mieux bientôt »
« Mon cas est sans espoir »	« Je dois faire face à ma douleur »
« Je ne peux plus continuer ainsi plus longtemps »	« Il faut que je puisse prendre les choses en main »
« Je souffre et je ne peux pas m'occuper du mariage de ma fille. D'ailleurs je ne serai plus de ce monde »	« J'ai mal et pourtant il faut aussi que je participe à l'organisation du mariage de ma fille »
« Ivan Illitch voyait qu'il se mourait et se trouvait dans un état de désespoir perpétuel »[1]	« Non, non et non, je ne dois pas me laisser aller ! »[1] « À présent, Ivan Illitch s'efforçait de rétablir les circuits de sentiments qui, jadis, l'empêchaient de penser à la mort. Ou bien, il se disait : " Je vais travailler..." »[1]

[1] Léon Tolstoï. *La Mort d'Ivan Illitch.*

la douleur, d'atténuer son intensité et le désarroi émotionnel satellite de la douleur. Mais on distingue l'affrontement « actif » dépendant de la volonté propre du sujet de l'affrontement « passif » au cours duquel les sujets abandonnent le contrôle de leurs douleurs aux autres ou laissent certains domaines de leur existence négativement influencés par la douleur (Brown et Nicassio). L'affrontement actif permet des comportements d'adaptation, alors que l'affrontement passif expose davantage à la pénibilité de la douleur et à la dépression. Mais il faut se garder de conclure de manière schématique, car tout dépend aussi de la personnalité du sujet. Des stratégies d'affrontement actif inefficaces peuvent induire un sentiment d'impuissance et faire que les sujets s'abandonnent à des méthodes passives comme l'inactivité, l'automédication, l'alcool pour réduire leur détresse émotionnelle (Flor et Turk). Certains auteurs distinguent l'affrontement *(coping)* du comportement d'acceptation *(acceptance)* qui ne vise pas à éviter ou à diminuer la douleur mais qui vise à agir malgré la douleur en changeant en quelque sorte la cible du contrôle qui ne concerne pas les événements considérés comme non contrôlables (la douleur elle-même et les émotions négatives qui lui sont associées) mais qui concerne les facteurs contrôlables, c'est-à dire les changements comportementaux permettant de mieux mettre en œuvre les activités de la vie quotidienne. De nombreux outils (encadré 24.5) tentent aujourd'hui de mieux approcher la cognition de la douleur en les comparant avec l'évaluation

---

Encadré 24.5

Quelques échelles permettant d'approcher la complexité des dimensions cognitivo-comportementales de la douleur chronique

- Questionnaire d'acceptation de la douleur chronique. Esteve R *et al.* In : EAPA. Ed. 7th European Conference on psychological assessment. Malaga, EAPA, 2004[1].
- L'inventaire de gestion de la douleur : *The Vanderbilt Pain Management inventory*–VMPI[2].
- Échelle des déclarations liées à la douleur (*Pain-related Self Statement Scale* : PRSS) avec deux sous-échelles, l'une concernant les déclarations de catastrophe (négatives), l'autre les déclarations d'affrontement (positives : *coping*).
- Échelle de contrôle de la douleur (*Pain-Related Control Scale* : PRCC) avec deux sous-échelles : le sentiment d'impuissance *(helplessness beliefs)* et la croyance du sujet en ses ressources *(ressourcefulness beliefs)*[3].
- L'échelle douleur–catastrophisme *(Pain Catastrophizing Scale)*[4].
- Questionnaire des stratégies d'affrontement *(Coping Strategies Questionnaire)*[5].

---

[1] Esteve R *et al. Ann Behav Med* 2007 ; 33, 2 : 179-88.
[2] Brown PM, Nicassio GK. The development of a questionnaire for the assessment of active and passive coping strategies in chronic pain patients. *Pain* 1987 ; 3 : 53-65.
[3] Flor H, Behle D, Birbaumer N. Aseesment of pain-related cognitions in chronic pain patients. *Behavior Research and Therapy* 1993 ; 31 : 63-73.
[4] Sullivan *et al. Psychological Assessment* 1995 ; 7 : 524-32.
[5] Rosentiel AK, Keefe FJ. *Pain* 1983 ; 3 : 1-8.

---

de l'intensité de la douleur, de l'anxiété, de la dépression et des activités de la vie personnelle, familiale, sociale. Ainsi, il a pu être suggéré que le comportement d'acceptation était le seul à influencer significativement le fonctionnement du sujet dans la vie quotidienne sans modifier l'intensité de la douleur, alors même qu'il est négativement corrélé avec le catastrophisme comme avec l'affrontement passif. Mais le comportement d'acceptation est aussi fortement corrélé avec l'affrontement actif et avec la conviction qu'a le sujet en ses capacités à exercer un contrôle sur ses douleurs. L'affrontement passif est plutôt corrélé avec l'anxiété et avec la dépression, alors que les sujets qui ont les scores les plus élevés en affrontement actif sont les moins déprimés. Le catastrophisme est lié à l'anxiété et à l'intensité de la douleur et indirectement à la dépression et au handicap fonctionnel (Esteve *et al.*). Mais il faut rappeler que ces données, si elles permettent de guider la réflexion du thérapeute ou de l'équipe soignante ne permettent pas de dire qu'elle est pour tel malade l'attitude qui lui permet de mieux composer avec son expérience douloureuse d'autant que la stratégie adoptée peut évoluer et se modifier avec le temps (figure 24.7).

Mémoire et douleur

Évoquer l'intensité, la tonalité, le sens même que peut prendre la douleur en fonction de la personnalité et de l'histoire même du sujet renvoie aussi aux liens que tressent la douleur et la mémoire, situé phylogénétiquement au carrefour de la cognition et de l'émotion, donc de toutes les dimensions de la douleur. Une illustration particulière des liens entre mémoire et douleur est largement suggérée par

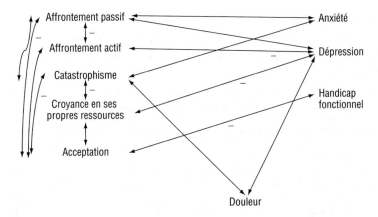

Figure 24.7
Aperçu des liens entre les différents comportements suscités par la douleur chronique (d'après R. Esteve, 2007).

les ictus amnésiques déclenchés par une douleur, sans doute par l'intermédiaire du désarroi émotionnel qu'elle entraîne.

La mémoire explicite de la douleur

Malgré le caractère personnel et par essence subjectif de l'expérience douloureuse sitôt qu'elle devient souffrance (voir *supra*), tout sujet est capable de se rappeler d'une douleur et donc de la décrire de manière rétrospective et ce, de manière à peu près stable dans le temps même s'il peut avoir tendance à la surestimer ou à la sous-estimer : telles sont en tout cas les constatations émanant de la remémoration de douleurs aiguës (douleurs postopératoires, coliques néphrétiques par exemple) ou de douleurs expérimentales. En outre, les protocoles de recherche comparant la remémoration de douleurs aiguës montrent que certains rappels ont essentiellement recours à des descripteurs émotionnels, surtout pour les douleurs éprouvantes alors que d'autres rappels ont essentiellement recours à des descripteurs sensoriels (Morley). Les circuits de stockage de la mémoire de la douleur sont donc composites, encore qu'il soit difficile d'imaginer qu'ils fonctionnent de manière indépendante. D'ailleurs la douleur n'est pas le seul événement mémorisable qui intègre une dimension émotionnelle à d'autres dimensions cognitives. Il faut ainsi tenir compte de la verbalisation initialement associée à la douleur et qui, si elle a été particulièrement marquée, fait aussi que le sujet évoque ce qu'il se souvient avoir alors dit de sa douleur. On peut aussi ajouter la mémorisation des comportements qui ont accompagné l'expérience douloureuse mais aussi le contexte et même, comme pour les autres aspects de la mémoire épisodique, la mémoire de source. Et restent aussi les difficultés d'appréciation que peut entraîner l'évocation de souvenirs douloureux chez un sujet qui continue de souffrir. Mais si cette mémoire explicite de rappel de la douleur est essentiellement verbale, on peut aussi ajouter l'efficacité de la mémoire d'évocation qui permet au sujet de reconnaître une douleur déjà survenue et même à ses manifestations débutantes, ce qui permet au malade atteint de colique néphrétique de se précipiter sur l'antalgique antérieurement prescrit et au malade atteint d'angine de poitrine d'inhaler aussitôt un vasodilatateur coronarien. Ceci montre donc que si la mémoire de la douleur peut être grevée de distorsions, l'essentiel est bien de mettre en évidence la manière dont le sujet a inscrit sa ou ses expériences douloureuses dans son histoire.

D'ailleurs l'évocation d'une douleur passée peut-elle se faire sans composante émotionnelle ? De nombreux travaux ont montré que l'évocation d'événements de vie douloureux exacerbe l'attention et induit des modifications végétatives (fréquence cardiaque, réflexe cutané sympathique) et une tension musculaire (Moulton). En outre, le fait de souffrir induit une propension à se rappeler des douleurs passées et parfois à développer des comportements d'évitement qui peuvent être excessifs ou inadaptés surtout quand les patients développent une anxiété anticipatrice vive, source de désarroi émotionnel et d'une invalidité disproportionnée (Asmundson). Et on a vu aussi (voir *supra*) que la douleur favorisait la réminiscence d'événements de vie désagréables et ce, chez les douloureux chroniques, même quand ils sont transitoirement soulagés (Wright).

La mémoire implicite

De nombreux arguments tendent à montrer qu'il existe aussi une mémoire implicite ou inconsciente de la douleur. Il est à ce sujet classique de citer l'observation de Clarapède concernant un malade atteint d'un syndrome de Korsakoff qu'il salua en lui tendant sa main où il avait caché une aiguille. La poignée de mains entraîna chez le malade une douleur inattendue. Quand Clarapède revit le malade, ce dernier déclara qu'il ne l'avait jamais vu mais retira vivement sa main quand Clarapède lui tendit la sienne. La mémorisation inconsciente de l'événement s'avéra ainsi manifeste et indépendante des circuits de Papez.

C'est surtout la composant somesthésique de cette mémoire qui a été suggérée en particulier par les études d'imagerie dynamique qui ont montré une augmentation de la surface de représentation des segments du corps affectés par la douleur au niveau du cortex somesthésique primaire S1. L'expérience douloureuse est ainsi susceptible d'entraîner une réorganisation corticale qui accroît la perception douloureuse (Gracely). Il s'agit ainsi d'une mémoire apprise de la douleur, « *d'une douleur–mémoire* » (Laurent) qui trouve une illustration spectaculaire dans les douleurs du membre fantôme (voir encadré 24.1). Ainsi le traitement de la douleur s'impose non seulement à but curatif mais à but préventif (encadré 24.6).

Attention et douleur

La neurophysiologie de la douleur montre la mobilisation attentionnelle qu'elle entraîne et ce, d'autant plus que la douleur est plus intense et que son retentissement émotionnel est plus marqué. C'est sans doute à cette diversion attentionnelle liée à l'expérience douloureuse que l'on peut imputer les performances déficitaires dont peuvent témoigner les douloureux à des épreuves psychométriques diverses. Les épreuves de Stroop (voir chapitre 13) montrent une plus grande sensibilité à l'interférence que les sujets témoins (Hart) sans doute sous l'effet cumulé de la diversion attentionnelle et du stress. Il faut aussi tenir compte chez les douloureux chroniques du possible retentissement des antalgiques d'action centrale, selon les douleurs et leur cortège affectif, des médicaments

---

Encadré 24.6

Neuroplasticité cérébrale et douleur de l'adulte et de l'enfant

Réorganisation cérébrale et fonctionnelle du cerveau chez les douloureux chroniques

De très nombreux travaux d'imagerie statique et dynamique on été consacrés aux modifications durables de l'organisation cérébrale tant au point de vue fonctionnel que structural chez les douloureux chroniques.

Ainsi outre l'augmentation de la surface de représentation des segments du corps affectés par la douleur au niveau du cortex somesthésique S1, il a été décrit une diminution du volume de la substance grise dans le cortex frontal dorso-latéral bilatéral et le thalamus droit, ce qui en raison du rôle du thalamus et de l'inhibition exercée par le CFDL sur le cortex fronto-orbitaire pourrait rendre compte d'un déficit du contrôle douloureux. Des constatations analogues ont été faite au niveau du cortex cingulaire, de l'insula antérieure et postérieure, du cortex fronto-orbitaire, de la région para-hippocampique. Des constatations voisines ont été faites en imagerie dynamique. Il est certes difficile de dépasser le stade des hypothèses pour établir les significations sans doute multiples de ces modifications. Mais tout ceci suggère que les aires cérébrales et les réseaux neuronaux impliqués dans la transmission et le contrôle de la douleur ne sont pas confinés dans un rôle passif et que les modifications durables qui les affectent sont susceptibles d'influencer l'ensemble des mécanismes somesthésiques, affectifs et cognitifs impliqués dans la douleur. Il a déjà été montré que le cerveau de l'enfant pouvait conserver des modifications fonctionnelles même après sédation d'une douleur chronique. Ainsi sont indiquées des données dont on peut inférer que l'expérience douloureuse pourrait modifier à long terme le comportement à l'égard de la douleur. C'est donc un argument de plus pour redire la nécessité éthique d'une prise en charge optimale de la douleur de l'adulte tout comme celle de l'enfant.

---

antiépileptiques prescrits dans les douleurs neuropathiques ainsi que des traitements psychotropes.

Douleur et prises de décision

L'exploration des capacités décisionnelles des sujets douloureux telles qu'elles peuvent être sondées par le *Gambling Task* de Bechara (voir chapitre 18) montre une altération des processus décisionnels avec des difficultés pour repérer les choix les plus fructueux et pour les maintenir (Apkarian). Doit-on aussi imputer ces troubles à la diversion attentionnelle : si ce facteur est contrôlé, on pourrait invoquer des troubles liés spécifiquement à la douleur dont on sait que les informations atteignent le cortex fronto-orbitaire nécessaire, par ailleurs, à l'activation des « marqueurs somatiques ».

Spiritualité, religion et douleur

Certains travaux utilisant le questionnaire des stratégies d'affrontement (*Coping Strategies Questionnaire*, voir encadré 24.5) qui comporte une échelle dite d'espérance et de prière mesurée par des items qui témoignent pour l'essentiel d'un affrontement passif (du type : « Je prie Dieu pour que ça ne dure pas longtemps ») ont relaté que cette échelle était corrélée avec des douleurs plus sévères, un handicap et une détresse plus marquées (Boothby), mais cette étude ne donne qu'une vision parcellaire de la religiosité (Haythornthwaite).

D'autres travaux plus récents et de plus en plus nombreux s'intéressent à la dimension spirituelle de la douleur et à la manière dont les sujets concernés par la religiosité ou de manière plus générale la spiritualité se comportent à l'égard de leur souffrance. Une enquête effectuée aux États-Unis a indiqué que les deux réponses les plus fréquentes à la douleur étaient les médicaments (89 %) et la prière (61 %), les sujets interrogés déclarant que Dieu ou une autre puissance spirituelle peut les aider à affronter la douleur ou être une source de bonheur et un moyen d'éclairer le sens de la vie (Glover-Graf), ce qui rejoint les constatations de Büssing *et al.* dans une étude de 580 patients effectuée en Allemagne : 42 % ne se déclarèrent ni religieux ni concernés par la spiritualité, tandis que la moitié des patients déclaraient prier et espérer l'aide de Dieu pour recouvrer la santé. Et pourtant les patients qui se déclaraient religieux ne se réfugiaient pas dans une stratégie d'affrontement passif (voir *supra*) ; ils manifestaient de manière significative un affrontement actif, se sentant concernés par la gestion de leur douleur et plutôt enclins à des interprétations positives de leur maladie considérée comme une opportunité pour changer de vie ou encore pour apprendre à discerner « ce qui est essentiel ». S'exprimant en d'autres termes, d'autres auteurs ont pu constater que la spiritualité favorisait le comportement d'acceptation (voir *supra*) tel qu'il a été défini plus haut : « faire avec la douleur ». D'autres études seront nécessaires pour déterminer dans quelles conditions les formes religieuses ou spirituelles d'affrontement de la douleur pourraient aider ou entraver le processus d'affrontement *(coping)*. En tout cas et quelles que soient les opinions personnelles des thérapeutes, on ne voit pas comment la prise en charge de la douleur chronique et tout particulièrement des malades en fin de vie pourrait ignorer cette dimension des comportements humains.

Empathie et douleur

Le fait d'observer une autre personne qui souffre entraîne en imagerie dynamique une activation de zones superposables à celles qui s'activent lors de la perception d'une douleur ressentie par soi-même et en l'occurrence de l'insula antérieure et du cortex cingulaire antérieur. La douleur et l'empathie pour la douleur auraient ainsi un support neurobiologique « partagé ». Mais au-delà du chevauchement de zones communes, des travaux de recherche tendent ensuite de distinguer les aires cérébrales plus spécifiquement engagées dans le processus empathique. Il pourrait s'agir du cortex préfrontal rostral dorsolatéral, du cortex fronto-orbitaire médian et de l'amygdale. Les autres régions impliquées sont le cortex prémoteur et le cortex pariétal supérieur, (impliqués dans le contrôle de l'attention visuospatiale et de la mémoire de travail spatiale) mais aussi le cortex pariétal médian incluant le précunéus (impliqués dans les tâches cognitives nécessitant de prendre en compte le point de vue d'autrui : Oschner). D'autres travaux visent même à distinguer les zones impliquées dans la compassion pour les douleurs physiques et pour les douleurs psychosociales d'autrui (chagrin, désespoir rejet social). La zone cruciale serait le cortex postéromédian, formé du précunéus, du cortex cingulaire postérieur et de la région rétrospléniale : sa partie postérieure et inférieure est davantage activée par la compassion pour les douleurs psychosociales, la partie antérieure et supérieure serait davantage activée par la compassion pour les douleurs physiques ; il a par ailleurs été montré que la partie supérieure était interconnectée avec le cortex pariétal supérieur (informations extéroceptives et musculosquelettiques), tandis que la partie inférieure l'était avec le cortex cingulaire antérieur et médian (informations intéroceptives). Par ailleurs si toutes les émotions engagent l'insula antérieure, le cortex cingulaire antérieur et médian et le cortex pariétal supérieur, il existe une prévalence d'activité pour les deux premières structures en cas de compassion pour les douleurs psychosociales et de la troisième pour les douleurs physiques. Enfin l'activité pour l'insula antérieure est plus rapide et plus brève en cas de douleur physique. Il est intéressant de noter que les zones activées pour les douleurs psychosociales et pour l'admiration pour les vertus d'autrui sont apparemment identiques, de même que sont identiques les zones activées pour les douleurs physiques et l'admiration pour les performances (par exemple athlétiques) d'autrui (Immordono-Yang). Enfin quand le contexte de l'admiration et de la compassion sont d'ordre psychosocial, les traitement neuronaux dans l'insula antérieure sont plus longs que pour la compassion pour les douleurs physiques, ce qui laisse entendre une processus de mise en œuvre plus laborieux pour les douleurs psychosociales qui nécessitent un travail introspectif plus coûteux (intégrant des données culturelles et éducationnelles). Ceci conduit à ramener les données d'imagerie à leurs justes proportions : elles expriment des constatations probabilistes, elles indiquent que le cerveau est fonctionnellement modifié par ce que l'être humain pense et ressent mais elle ne permettent pas de dire ce que l'être humain pense et ressent.

Perspectives de prise en charge

Outre les traitement médicamenteux, voire la neurostimulation ou la chirurgie, la prise en charge de la douleur et tout particulièrement de la douleur chronique se doit de tenir compte de la manière dont le malade mêle les dimensions somesthésique, affective et cognitive–évaluative de la douleur chronique de même que les aménagements qu'il met en œuvre à l'égard de sa souffrance. L'écoute du malade doit être complétée par des échelles qui à chaque fois que possible tendront à dépasser la simple évaluation quantitative pour tenter de percevoir comment la douleur reconfigure la vie tout entière du malade. Les questionnaires de la douleur mais aussi d'autres échelles peuvent fournir une aide importante. On sait que l'évaluation de la détresse émotionnelle et en particulier de la dépression et de l'anxiété doit être systématique. Telles sont les bases qui permettent souvent de mieux adapter les traitements médicamenteux mais qui permettent aussi de mettre en œuvre une posture psychothérapique conçue au moins comme une relation d'aide, tout en sachant qu'il est aussi possible de recourir à des thérapies cognitives et comportementales. Hackett et Horan ont utilisé les trois dimensions pour conceptualiser des méthodes d'affrontement et de contrôle de la douleur. Pour moduler la composante somesthésique, la relaxation peut avoir un heureux effet. Pour contrecarrer la composante affective, on peut utiliser des tâches distractrices comme le calcul mental ou changer le contexte douloureux en suscitant une imagerie mentale aux antipodes du vécu douloureux comme les images qui peuvent évoquer l'orgueil ou l' affirmation de soi. Pour tenir compte de la dimension cognitive, six catégories de stratégies ont été décrites par Turk et par Tan :

- inattention imaginative en demandant au sujet d'utiliser une imagerie incompatible avec le vécu douloureux comme une journée ensoleillée sur la plage ;

- transformation imaginative de la douleur en demandant au sujet d'interpréter ses sensations comme autre chose que de la douleur ;
- transformation imaginative du contexte en demandant au sujet de changer le cadre de la situation d'aversion, par exemple imaginer qu'on est pourchassé par des ennemis ;
- attention–diversion externe en demandant au sujet de focaliser son attention sur tel ou tel détail de l'environnement ;
- attention–diversion interne en demandant au sujet de générer des pensées personnelles comme faire du calcul mental ;
- somatisation en demandant au sujet de focaliser son attention de manière détachée sur la partie du corps souffrante.

Les thérapies cognitivo-comportementales reposent sur un certain nombre de préalables centrés sur la participation du malade avec qui le thérapeute doit repérer les comportements, les pensées et les sentiments déterminés à la fois par des facteurs personnels et environnementaux. Le malade doit renforcer tous les comportements, pensées, sentiments qui sont source d'une meilleure adaptation et il doit collaborer de manière active à modifier ceux qui sont source de dés-adaptation à l'égard de la douleur (Turk et Flor).

Ainsi la douleur et la souffrance, éclairées par les progrès de la neurobiologie, ne peuvent être prises en charge qu'en tenant compte de toutes leurs dimensions dans une vision totalisante de l'être humain. Telle est la seule réponse éthique à l'intolérable enfermement du douloureux dans le « pâtir ».

Encadré 24.7

Souffrance et conscience

Les réflexions menées sur l'existence ou non de la douleur chez le fœtus engendrent des conclusions contrastées. Le fœtus réagit à la piqûre intra-utérine à la 23e semaine de gestation. Il déclenche une réponse hormonale au stress et manifeste, en réponse à des explorations invasives, des réponses hémodynamiques cérébrales objectivées par effet Doppler à la 18e semaine de gestation. Mais réagir à un stimulus douloureux, est-ce ressentir la douleur, est-ce souffrir ? Certains auteurs (Fitzgerald, Derbyshire) répondent par la négative. Certes c'est vers la 7e semaine gestationnelle que s'organisent les terminaisons nerveuses libres « sensibles » aux influx nociceptifs et que leurs projections atteignent l'hypothalamus. Elles progressent ensuite vers le cortex mais le cerveau n'étant pas encore une unité fonctionnelle, il faut attendre au moins la 23e semaine pour que les fibres thalamo-corticales pénètrent le manteau cortical. À la 26e semaine, la cytoarchitectonie du thalamus et du cortex sont visibles et comparables à celles du cerveau adulte. tandis que que les terminaisons nerveuses libres et leurs afférences médullaires atteignent leur pleine maturité. Ainsi ce serait l'activité de ces fibres thalamo-corticales qui permettraient l'accès du message douloureux à la conscience. L'activité de 40 Hz recueillie en magnétoencéphalographie traduirait l'activation des boucles thalamo-corticales et serait ainsi le témoignage électrophysiologique de la conscience. Ainsi chez le fœtus avant la 23e semaine, voire la 26e semaine, la douleur ne serait pas consciente car ne serait pas ressentie et le terme même de douleur fœtale serait, pour Derbyshire et Furedi, inapproprié. Ainsi l'observation d'un comportement réactionnel à la douleur, tel qu'il a pu être suggéré en échographie fœtale, n'est pas considérée comme la preuve de l'existence d'une authentique

▶

expérience douloureuse. En outre, l'environnement utérin n'est pas l'environnement du monde (Derbyshire, 2006) : le placenta génère un contexte chimique qui favorise le sommeil et déprime la réactivité corticale aux stimulations intrusives. Par ailleurs, poursuit Derbyshire (2006), l'expérience douloureuse ne peut être identique sur un cerveau qui sans être la tablette de cire vierge des scholastiques, n'a rien reçu de l'environnement sensoriel du monde sur lequel l'être humain bâtira son vécu psychologique. Il est donc difficile d'inférer l'existence d'une fonction à la seule vue de son substratum neurophysiologique. Si la larve d'un papillon se rétracte lorsqu'on approche une flamme, peut-on dire qu'elle ressent la douleur ? La douleur est une expérience subjective qui nécessite la convergence de traitements sensoriels, émotionnels et cognitifs sans lesquels elle serait réduite à une nociception qui n'a pas les attributs de la douleur puisque la définition même de la douleur donnée par l'IASP implique une expérience subjective. Ainsi on a pu soutenir (Szawarski) qu'il n'y a probablement pas de douleur en l'absence de prise de conscience de son propre corps et de sa propre existence, donc en l'absence de conscience réflexive.

Ces opinions doivent être considérées avec circonspection. En effet, elles pourraient conduire à nier ou minimiser la douleur animale en postulant l'absence d'une conscience réflexive dans l'ensemble du monde animal et en limitant la perception « achevée » du vécu douloureux aux mammifères les plus évolués. L'existence d'une sensation douloureuse serait ainsi récusée de manière spéculative en présence d'un comportement témoignant pourtant d'une expérience douloureuse mais à laquelle le qualificatif de douleur serait récusée en l'absence de sa « plénitude » multidimensionnelle.

L'expérience douloureuse serait-elle un tout ou rien ? Le manteau cortical assume-t-il toute la cognition ? Quel est le rôle du thalamus et des structures sous-corticales ? Doit-on avoir une conception orthopédique de la prise de conscience ? Entre une absence de prise de conscience et une prise de conscience plénière (qui resterait à définir), n'y a-t-il pas place pour une conscience qui s'organise de manière graduelle, d'abord partielle, fragmentaire, naissante ?

D'autres auteurs (Joseph) insistent sur le fait que le fœtus et le nouveau-né n'ont pas complètement développé leurs mécanismes inhibiteurs de la douleur et sont donc plus vulnérables et la perception de la douleur serait plus globale. On a vu l'importance des voies lemniscales, myélinisées dans le contrôle de la douleur. Or, si les PES sont détectables au niveau cortical dès le 7e mois gestationnel, leur latence diminuera au fur et à mesure que se complètera la myélinisation. Et ainsi d'autres auteurs s'insurgent contre le mythe qui nierait au fœtus la capacité de souffrir (Page, Anand).

Certes les uns et les autres ne méconnaissent pas les travaux indiquant que les expériences douloureuses (que certains pensent que l'on devrait seulement qualifier de nociceptives) du nouveau-né peuvent agir sur la neuroplasticité cérébrale et avoir des conséquences comportementales à long terme. Et l'on sait l'attention qu'il faut déployer lors des actes invasifs pratiqués chez le fœtus comme chez le nouveau-né, tout comme la nécessité absolue d'un traitement adapté de la douleur de l'enfant. Mais l'argumentation développée par les premiers soutient pour eux la conviction qu'il est inutile d'administrer des antalgiques directement au fœtus ou indirectement à sa mère en cas d'interruption volontaire de grossesse même à partir de la 22e semaine. Le débat se poursuit...

Mais en attendant, que sait-on réellement ? Avons-nous les moyens de négliger les comportements douloureux en établissant un concept de nociception non algique sans « médecine fondée sur les preuves » ? Et dans le doute, qu'est-il sage de faire ?

En tout cas, les débats sur la souffrance réelle ou inexistante du fœtus et du nouveau-né invitent à analyser à l'autre extrémité de la vie comment se tressent les liens entre douleur et conscience.

Les états végétatifs persistants réalisent des états de préservation de la vigilance et de cycles veille–sommeil avec abolition de la conscience. Ils sont dus à des lésions cérébrales étendues (volontiers traumatiques ou anoxo-ischémiques) respectant totalement ou partiellement

▶ le tronc cérébral et l'hypothalamus. Si les malades respirent, grimacent, avalent, il n'est guère possible d'entrer en relation avec eux : il y a bien abolition de la communication, ces sujets ne manifestant aucune réponse comportementale volontaire aux stimulations dont ils sont l'objet. Il n'y a pas de conscience au sens où la conscience (con-science) est comportementalement un partage. Ils paraissent ne pas ressentir la douleur selon l'opinion de 87,5 % des membres de l'*American Neurological Association* et les études en tomographie à émission de positrons indiquent une consommation cérébrale de glucose analogue à celle de sujets normaux en état d'anesthésie profonde, c'est-à dire incapables de percevoir la douleur. Quelques auteurs n'excluent toutefois pas que l'intégrité des voies spinothalamiques permette à ces sujets d'avoir des sensations rudimentaires même s'ils n'ont pas de manifestation observable d'une prise de conscience (McQuillen, 1992). Des réflexions voisines pourraient être proposées, *mutatis mutandis*, à propos des enfants anencéphales. Des études qui paraissent à première vue éloignées puisque portant sur le fœtus et sur les états végétatifs stigmatisent ainsi le rôle que pourraient jouer les connexions thalamocorticales dans la prise de conscience de la douleur mais aussi du même coup dans l'accès à la conscience de soi ou conscience réflexive. Est-ce la raison pour laquelle le fœtus comme les sujets en état végétatif persistant ne sont pas *volens nolens* reconnus par notre société comme des personnes humaines plénières comme si un tel statut nécessitait de faire la preuve de l'accès à la conscience de soi et de la capacité à souffrir ?

Mais à l'heure où l'on réfléchit à l'anosognosie au cours des démences en glissant ensuite vers les liens qui uniraient les démences à l'altération de la conscience de soi, que dire de la capacité à souffrir des sujets déments ? On pourrait aussi douter de leur capacité à souffrir en arguant de l'altération de la conscience réflexive mais aussi de l'altération de la mémoire. Une douleur reste-t-elle une douleur si elle ne peut s'exprimer ensuite dans un souvenir explicite ? Une douleur reste-t-elle une douleur si elle ne se relie pas à une histoire et si, oubliée, elle n'est plus l'objet d'une anticipation craintive ? Une douleur reste-t-elle une douleur si l'amnésie l'efface aussitôt du champ de conscience ? Car même ce que l'on sait sur les effets néfastes d'une mémorisation implicite de la douleur perd de son importance en l'absence d'une capacité de mémorisation explicite. Et de délabrement en délabrement, le sujet dément est-il regardé comme un être capable de souffrance ? Et si la réponse est négative, continuera-t-on à considérer le dément comme une personne plénière ou comme un être qui est peu à peu dépouillé des attributs qui qualifient une personne humaine plénière ?

Ainsi, en insistant – à juste titre certes – sur le caractère multidimensionnel de la douleur, on peut en venir à en faire la condition *sine qua non* de l'expérience douloureuse (Derbyshire et Furedi, 1996). Ainsi, en insistant – et à juste titre – sur les mécanismes et les connexion neuronales qui pourraient sous-tendre l'accès à la prise de la conscience, on peut en venir à exiger leur intégrité pour admettre l'existence d'une capacité à souffrir. Ainsi, en insistant – et à juste titre – sur les liens qui unissent l'expérience douloureuse et la mémoire, on peut en venir à minimiser la capacité à souffrir au nom d'une altération de la mémoire.

Doit-on fonder la notion de souffrance sur des bases hypothético-déductives ou se laisser interroger sur ses fondements émotionnels et sur des comportements observables ? Le comportement douloureux de l'Autre est douleur dans la mesure aussi où il renvoie celui qui en est le témoin à sa propre expérience de la douleur et que du même coup il invite à la compassion. Ce qui manque à la conscience du sujet en état végétatif persistant, du fœtus, du nouveau-né, du dément interroge la conscience du témoin d'autant plus qu'il se laisse émouvoir. La douleur de l'Autre est d'abord faite de plaintes, de gémissements, de mouvements ou de frémissements, de tension ou de pétrification : cette douleur existe et fait violence à un être quelles que soient les supputations qui peuvent être faites sur ce que pourrait être la douleur amputée totalement ou partiellement de la conscience réflexive ou de la mémoire. Car l'Humanité de l'Autre se bâtit aussi dans la souffrance partagée et dans le statut qui est issu de ce partage.

▶

Bibliographie

Anand KJS. The International Evidence-Based Group for Neonatal Pain. Consensus statement;2001.

Derbyshire SWG. Can fetus feel pain ? BMJ 2006;332:909–12.

Derbyshire SWG, Furedi A. Do fetuses feel pain ? "Fetal pain" is misnomer. BMJ 1996;313:795–9.

For the prevention and management of pain in the newborn. Archives of Pediatrics & Adolescent Medicine; 155 (2):173-80.

Johnson JS. Life in trouble waters. Journal of Perinatal Education 2007;16(2):44–6.

Joseph MH, Brill J, Zeltzer LK. Pediatric pain relief in trauma. Pediatrics in Review 1999;20(3):75–83.

Linas RR, Ribary U. Rostrocaudal scan in human brain : a global characteristic of the 40-hz response during sensory input. In : Basar E, Bullock T. Induced rhythms in the brain. Boston : Birkhäuser;1992.

McQuillen MP. Can people who are unconscious or in the "vegetative state" feel pain ? Issues in Law and Medicine 1991;6:373–83.

Meaney M, Bhatnagar S, Diorio J, Larocque S, Francis D et al. Molecular basis for the development of individual differences in the hypothalamic-pituitary-adrenal stress response. Cell Mol Neurobiol 1993;13:321–47.

Page GG. Are there long-term consequences of pain in newborns or very young infants ? Journal of Perinatal Education 2004;13(3):10–7.

Sava S, Lebel AA, Leslie DS, Drosos A, Berde C, Becerra L, Borsook D. Challenges of functional imaging research of apin in children. Molecular Pain 2009;5(30) open access : http://molecularpain.com.

Szawarski Z. Probably no pain in the absence of "self". BMJ 1993;313:796–7.

Bibliographie

Altier N, Stewart J. Opioid receptors in the ventral tegmental area contribute to stress-induced analgesia in the formalin test for tonic pain. Brain Res 1996;718(1, 2):203–6.

Apkarian AV, Sosa Y, Krauu BR, Thomas PS, Fredrickson BE, Levy RE. Chronic pain patients are impaired on an emotional decision-making task. Pain 2004;108:129–36.

Asmundson GJG, Vlaeyen JWS, Crombez G. Undestanding and treating fear of painvol. 1. Oxford : Oxford University Press;2004.

Atkinson JH, Slater MA, Grant I et al. Depressed mood in chronic low back pain : relationship with stressful life events. Pain 1988;35:47–55.

Beecher HK. Measurement of subjective responses : quantitative effects of drugsvol. 1. New York : Oxford University Press;1959.

Blitz B, Dinnerstein AJ. Role of attentional focus in pain perception : manipulation of response to noxious stimulation by instructions. Journal of Abnormal Psychology 1971;77:42–5.

Boothby JL, Thorn BE, Stroud MW. Coping with pain. In : Gatchel RJ, Turk DC. Psychosocial factors in pain. New York : Guilford;2001.

Boureau F, Luu M, Doubrere JF, Gay C. Élaboration d'un questionnaire d'auto-évaluation de la douleur par une liste de qualificatifs. Comparaison avec le McGill Pain Questionnaire de Melzack. Thérapie 1984;39:119–39.

Brown GK, Nicassio PM. The development of a questionnaire for the assessment of active and passive coping strategies in chronic pain patients. Pain 1987;3:53–67.

Bushnell C, Apkarian A. Representation of pain in the brain. In : McMahon SB, Martin Koltzenburg M. Wall and Melzack's. Texbook of pain, 5th edition. Elsevier, Churchill Livingstone;2006.

Büssing A, Michalsen A, Balzat HJ, Ostermann T, Neugebauer EA, Matthiessen PF. Are spirituality and regiosity ressources for patients with chronic pain conditions ? Pain Med 2009;10(2):327–39.

Cassel EJ. The nature of suffering and the goals medicine. New England Journal of Medicine 1982;96:639–45.

Davison GS, Valins S. Maintenance of self-attribued and drug-attribued behaviour change. Journal of Personality and Social Psychology 1969;11:25–33.

Drugan RC, Basile AS, Ha JH, Healy D, Ferland RJ. Analysis of the importance of controllable versus uncontrollable stress on subsequent behavioral and physiological functioning. Brain Res Brain Res Protoc 1997;2(1):69–74.

Eich E, Rachman S, Lopatka C. Affects, pain and autobiographical memory. Journal of Abnormal Psychology 1990;99:174–8.

Esteve R, Ramirez-Maestro C, Lopez-Martnez AE. Adjustment to chronic pain : the role of pain acceptance, coping strategies, and pain-related cognition. Ann Behavl Med 2007;33(2): 179–88.

Flor H, Turk DC. Cognitive and learning aspects. In : McMahon SB, Martin Koltzenburg M. Wall and Melzack's. Texbook of pain, 5th edition. Elsevier, Churchill Livingstone;2006.

Gaffney A, Dunne EA. Children's understanding of the causality of pain. Pain 1987;29:91–104.

Gracely RH, Petzke F, Wolf JM. Functional magnetic resonance imaging evidence of augmented pain processing in fibromyalgia. Arthritis and Rheumatism 2002;46:1333–443.

Hackett G, Horan JJ. Stress inoculation for pain : what's really going on ? Journal of Counseling Psychology 1980;27:107–16.

Hart RP, Martelli MF, Zasker ND. Chronic pain and neuropsychological functioning. Neuropsychol Rev 2000;10:131–49.

Haythornthwaite JA. Assessment of pain beliefs, coping and function. In : McMahon SB, Martin Koltzenburg M. Wall and Melzack's. Texbook of pain, 5th edition. Elsevier, Churchill Livingstone;2006.

Henquet C, Krabbendam L, Spauwen J. Prospective cohort study of cannabis use, predisposition for psychosis, and psychotic symptoms in young people. BMJ 2005;330:11.

Horan JA, Dellinger DK. « In vivo » imagery : a preliminary test. Perceptual and Motor Skills 1974;39:359–62.

Immordino-Ynag MH, Mc Coll A, Damasio H, Damasio A. Neural correlates of admiration and compassion. Proc Nat Acad Sci (United States) 2009;106(19):8021–6.

Jensen TS, Nikolajsen L. Douleurs fantômes. In : Braseur L, Chauvin M, Guilbaud G. Douleurs, bases fondamentales, pharmacologie, douleurs aiguës, douleurs chroniques, thérapeutiquesvol. 1. Paris : Maloine;1997.

Jin L, Kollewe K, Krampfl K, Dengler R, Mohammadi B. Treatment of phantom limb par botulinum toxin type A. Pain Med 2009;10(2):300–3.

Laurent B, Peyron R, Garcia-Larrea L, Mauguière F. La tomographie à émission de positons. Rev Neurol (Paris) 2000;156(4):341–451.

Laurent B, Queneau P. Mémoire de la douleur et douleur-mémoire. Pour une prévention de certaines douleurs chroniques par une analgésie précoce. In : Queneau P, Ostermann G. Le médecin, le patient et sa douleurvol. 1. Paris : Masson;1994.

Levy DM. The infant's earliest memory of inoculation. Journal of Genetic Psychology 1960;96: 3–46.

Magni G, Rigatii-Luchini S, Fracca F et al. Suicidality in chronic abdominal pain : an anlysisof the Hispanic Health and Nutrition Examination Survey. Pain 1998;76:137–44.

Maier SF, Drugan RC, Grau JW. Controllability, coping behavior, and stress-induced analgesia in the rat. Pain 1982;12(1):47–56.

Melzack R. The McGill Pain Questionnaire : major properties and scoring methods. Pain 1975;(1):277–99 Jin L.

Mercier C, Sirigu A. Training with virtual visual feedback to alleviate phantom limb pain. Neurorehabil Neural Repair 2009;23(6):587–94.

Morley R. Vivid memory for « eveyday » pains. Pain 1993;55:55–62.

Moulton B, Spence SH. Site-specific muscle reactivity in musicians with occupational upper limb pain. Behaviuor Recherche and Tehrapy 1992;30:375–86.

Ochsner KN, Zaki J, Hanelin J, Ludlow DH, Knierim K, Ramachandran T, Glover GH, Mackey SC. Pain or mime. Common and distinct neural systems supporting yhe perception of pain in self and other. Scan 2008;3:144–60.

Philips C, Hunter M. Headache in a psychiatric population. Journal of Nervous and Mental disease 1982;170:1–12.

Pilowski I, Chapman CR, Bonica JJ. Pain, depression and ilness behaviour in a pain clinic population. Pain 1977;4:183–92.

Rice ASC. Cannabinoids. In : McMahon SB, Martin Koltzenburg M. Wall and Melzack's. Texbook of pain, 5th edition. Elsevier, Churchill Livingstone;2006.

Suplita RL, Gutierrez T, Fegley D, Piomelli D, Hohmann AG. Endocannabinoids at the spinal level regulate, but do not mediate, nonopioid stress-induced analgesia. Neuropharmacology 2006;50(3):372–9.

Tan SY. Cognitive and cognitive behavioural methods for pain control : a selective review. Pain 1982;12:201–28.

Turk DC. Cognitive behavioural techniques in the management of pain. In : Foreyt JP, Rathjen DP. Cognitive behavior therapy. New York : Plenum Press;1978.

Turk DC, Flor H. The cognitive-behavioural approach to pain management. In : McMahon SB, Martin Koltzenburg M. Wall and Melzack's. Texbook of pain, 5th edition. Elsevier, Churchill Livingstone;2006.

Turner JA, Manel L, Aaron IA. Pain-related catastrophizing :a daily process study. Pain 2004;110:103–11.

Wiech K, Kalisch R, Weiskopf N, Pieger B, Stephan KE, Dolan RJ. Anterolateral prefrontal cortex mediates the analgesic effect of expected and perceived control over pain. J Neurosc 2006;26(44):11501–9.

Williams C, Asquith J. Paediatric intensive care nursingvol. 1. Philadelphia : Churchill Livingstone; 2000.

Wolfer JA, Visitainer MA. Pediatric surgical patient's and parents'stress responses and adjustment. Journal of Abnorma Psychology 1975;72:402–7.

Wolff BB, Horland AA. Effects of suggestion upon experimental pain ; a validation study. Journal of Abnormal Psychology 1967;72:402–7.

Wright J, Morley S. Autobiographical memory and chronic pain. British Journal of Clinical Psychology 1995;34:255–65.

Index

A

AAMI, 279
Aboulie, 174, 432
Acalculie, 68, 98, 120, 287, 336
– aphasique, 98
– primaire, 98, 101
– secondaire, 98
– spatiale, 98, 100, 102, 133, 134
Accès
– au sens, 36
– de rage, 377
Accolement au modèle, 93
Acétylcholine, 302
Achromatopsie, 108, 111, 116, 120, 134, 443
Acquisition du langage, 26
Actes
– de langage, 257
– manqués, 172
Addiction, 410
Adénome hyperparathyroïdien, 344
Adipsie, 373
Administrateur central, 172, 192, 253, 262
Adrénoleucodystrophie, 441
Adynamie, 174, 283
Agencement phonémique, 39
Agénésie calleuse, 242, 243
Agitation, 275
Agnosie, 287, 442
– aperceptive, 108, 115, 161
– asémantique, 112, 113
– associative, 110, 111, 160, 161
– auditive, 53, 158–160, 460
– – affective, 160
– – aperceptive, 160
– – associative, 160
– auditivoverbale, 460
– catégorielle, 113
– d'accès sémantique, 115
– d'identification, 121, 453
– d'objets, 113
– d'utilisation, 86
– de transformation, 115
– des bruits, 161
– des couleurs, 115, 120
– des formes, 115, 120
– des lieux familiers, 134
– des objets, 107
– des physionomies, 263
– digitale, 68, 155
– du miroir, 131, 267
– environnementale, 134
– intégrative, 115
– multimodale, 111
– paralinguistique, 164
– polymodale, 442
– pour les bruits, 158
– pour les formes, 108
– pour les images, 78
– pour les objets, 78
– simultanée, 108
– spatiale, 100, 130, 134
– – unilatérale, 100
– tactile, 168
– – aperceptive, 168
– – associative, 168
– – primaire, 168
– – secondaire, 168
– topographique, 135
– visuelle, 32, 69, 78, 107, 111, 121, 158, 267, 329
– – aperceptive, 120
– – des objets, 107
Agrammatisme, 25, 42, 46, 47, 51, 67, 69, 336, 435
– expressif, 39
– impressif, 40
Agraphie, 40, 42, 68, 78, 79, 102, 133, 134
– aphasique, 40, 41, 67
– apraxique, 70, 237
– calleuse, 70, 237
– composite, 70
– confusionnelle, 69
– de surface, 71
– directionnelle, 70
– gauche, 237, 242
– idéatoire, 70, 73
– isolée pour les nombres, 99
– lexicale, 71
– orthographique, 71
– pariétale, 69
– phonologique, 73
– pour les chiffres isolés, 99
– profonde, 73
– pure, 69

473777 – (I) – (3) – CMM90

Elsevier Masson S.A.S - 62, rue Camille-Desmoulins,
92442 Issy-les-Moulineaux Cedex
Dépôt Légal : mai 2014

Composition : Thomson

Imprimé en France Normandie Roto s.a.s.
N° d'impression : 1401315